《当代中国人物传记》丛书

书名手迹：毛泽东

萧劲光传

《萧劲光传》编写组 著

当代中国出版社
Contemporary China Publishing House

图书在版编目(CIP)数据

萧劲光传 /《萧劲光传》编写组著 . -- 北京 : 当代中国出版社 , 2011.5（2022.8 重印）

（当代中国人物传记丛书）

ISBN 978-7-80170-995-0

Ⅰ . ①萧… Ⅱ . ①萧… Ⅲ . ①萧劲光（1903~1989）—传记 Ⅳ . ① K825.2

中国版本图书馆 CIP 数据核字(2011)第 085323 号

出 版 人　周五一
策划编辑　陈德仁
责任编辑　陈立旭　陈　莎　周显亮
责任校对　王小芸
封面制作　古　手
出版发行　当代中国出版社
地　　址　北京市地安门西大街旌勇里 8 号
网　　址　http://www.ddzg.net　邮箱：ddzgcbs@sina.com
邮政编码　100009
编 辑 部　（010）66572264　66572154　66572132　66572180
市 场 部　（010）66572281　66572161　66572157　83221785
印　　刷　北京润田金辉印刷有限公司
开　　本　720 毫米 × 1060 毫米　1/16
印　　张　26.5 印张　3 插页　插图 88 幅　445 千字
版　　次　2011 年 5 月第 1 版
印　　次　2022 年 8 月第 2 次印刷
定　　价　70.00 元

萧劲光（摄于1955年）

《萧劲光传》编写组

顾　　问　李俊琏　　王祖尧

　　　　　魏艾民　　傅东启

编写人员　吴殿卿　　吴宏博　　张忠云

目　录

第一章　漫漫求学路

一、贫苦人家的“书憨子”

湖南省长沙市西郊的岳麓山下，有一个只十几户人家的小村落——赵州港（今照州港）。1903 年 1 月 4 日，共和国开国大将萧劲光就诞生在这里。

赵州港西靠岳麓山的天马山峰，东临北去的湘江，与美景天成的橘子洲隔江相望。江边有一个不大的渡口，叫朱张渡。据说南宋理学家朱熹、张栻当年从江东到岳麓书院讲学时，经常在这里上下船，渡口的名字即由此而来。

据村里的老人说，赵州港不是萧劲光家族的祖籍。萧家的祖籍在距长沙百里外的乡下。萧劲光的祖父、父亲都是乡间以纺织为业的穷苦手艺人。为了养家糊口，他们带着简单的行头和织布工具，成年累月地走街串巷，后来流落到赵州港。萧劲光两岁那年，积劳成疾的祖父、父亲相继去世。从此，全家生活的重担就落在年仅 30 多岁的母亲傅氏身上。

萧劲光故居

萧劲光的母亲傅氏，是橘子洲北部的傅家洲人。有一年发大水，傅家洲被淹，在生计无着的情况下，她到赵州港给一户周姓人家做了养女。数年后，经人说合与萧劲光的父亲结为夫妻。到萧劲光的父亲去世时，她已生下六个孩子。萧劲光最小，上有三个哥哥、两个姐姐。在摇摇欲坠的清王朝的腐朽统治下，帝国主义铁蹄横行，山河破碎，城乡灾荒遍地，满目疮痍。一个无依无靠、无地无产的家庭妇女，带着六个未成年的孩子度日，其艰难可想而知。在乡亲们的资助下，萧家盖了三间茅草房。傅氏托人从庙上租了一块社地（产权归庙主的荒地）。白天，她在社地上辛苦扒刨，种些菜、果，晚上在昏暗的油灯下绩麻、打草鞋。大点的孩子每日上岳麓山打柴，用以换点米。就这样，母子们相依为命，苦巴巴维持着半饥半饱的生活。在晚年回忆录中，萧劲光怀着对母亲深深的追念记述了这段辛酸的往事：

> 每天清晨，母亲就送哥哥们上岳麓山去打柴。到了傍晚，母亲就坐在门口，一边把锅里的水烧开，一边望着通往朱张渡的小路，等着去橘子洲卖柴的哥哥们换米回来。如果哥哥们手中无米，母亲就要到邻居家借米做饭，生活非常艰难。那时岳麓山属庙主管，上山打柴要是碰到和尚，不仅抢走柴，还要挨打挨骂……童年的生活给我留下的深刻印象是，一家人谋生艰辛，度日如年。它使我饱尝了生活在半殖民地半封建中国社会底层的劳动人民的苦难。

或许真的是命运所致，萧劲光的母亲傅氏是一个非同寻常的人。她不仅勤劳能干，而且很有眼光、坚强不屈。在她一手支撑、拉扯下，孩子们渐渐地大了。转眼间，萧劲光的大哥、三哥在饭馆学徒，先后出道当了厨师。两个姐姐也以自己的聪慧勤敏成了湘绣的好手。他们都可以用自己的劳动换取微薄的收入，以贴补家用。家中生活有了转机，傅氏便产生了让小儿子上学读书的念头。

1910年深秋。一天晚饭后，忙碌了一天的兄弟姊妹倚高就低围坐在狭小的房门前。劳作了一天，大家都累了。傅氏长话短说，试探着提出了已反反复复考虑多日的想法："玉林，满伢子不小了，是不是让他读点书？"她首先征求长子萧玉林的意见。

满伢子即萧劲光，乳名满哥。

"我看要得。"老实木讷的萧玉林虽然不识字，但艰难的世道使他懂得，家中没个读书识字的人是受气的。所以母亲一提出，他就接过去说："我们萧家兄弟四个没有一个读书的。满弟头脑灵光，又愿意读书，就让他去读吧！说不上日后能有出息呢！学费么，慢慢凑，总可以解决。"

其他几个哥哥姐姐也一致赞成。萧劲光上学读书的事，就这样决定了。只是全家的积蓄加上哥哥、姐姐突击筹集的款项，还凑不足学费的最低数目。无奈，母亲从箱底拿出了一枚金戒指。这枚金戒指是她当年出嫁时，养父母作为嫁妆送给她的。十几年来，她一直精心珍藏着，时间长了拿出来擦一擦、看一看，一天也没有舍得戴。儿子上学的钱不够，再无办法了。她把金戒指送进当铺换回了六块银元，才最后凑够了学费。

"我要进学堂读书了！"一向不爱讲话的满哥高兴地逢人就讲。

不日，他便进了村里的一家私塾。大哥和私塾先生按照兄弟排行，给他起了大号“萧玉成”。先生说：“艰难困苦，玉汝于成啊！”

萧劲光上学不久，传来消息，辛亥革命成功，皇帝下台了。风云际会、交通发达的湖南省会长沙提倡新学，开始办“洋学堂”。在私塾读了两年书后，萧劲光又被送入了镇上一所“洋学堂”读书。

穷人的孩子成熟早。萧劲光虽然年幼，也懂得生活的艰辛、全家的期望，深知母亲和哥哥姐姐供自己上学不容易，因此学习十分用功。每天早出晚归往返 20 多里路，附近山里常有野兽出没，不管刮风下雨，他从不缺课。上学路上，他总是一路走一路背书。放学后，上山砍柴也把书带在身上，一有空闲就拿出来看两眼，背几句。邻里的小伙伴们见他如此着迷，都笑闹着叫他“书憨子”。

萧劲光上小学期间，正是中国社会大变革的时代。清政府土崩瓦解，帝国主义列强纷至沓来，数千年文明古国被推入民族危机的深渊。大批爱国志士为挽民族危亡、救苍生于水火，振臂而起，前赴后继。戊戌变法、保路运动、辛亥革命等，湖南都是率先响应的省份之一。作为湖南首府的长沙，民主思潮极其活跃。“维新六君子”“反袁护法”等故事，广为传颂，献身变法的谭嗣同、为唤起民众愤然跳海的陈天华，是人人景慕的英雄。1917 年 4 月，于上年末逝世的辛亥革命元勋黄兴、蔡锷，安葬岳麓山，长沙各界举行了隆重的追悼仪式，萧劲光参加了送葬队伍。这些使萧劲光受到了最初的爱国主义教育。在晚年回忆录中他讲道：那时听人们讲辛亥革命、护国战争的故事，深受感动，“在我的心目中，黄兴、蔡锷、谭嗣同、陈天华都是英雄。他们为了国家、民族的利益，不惜舍身捐躯，是我们学习、效法的榜样”。

二、在长沙长郡中学

1917 年夏，萧劲光已满 14 岁。这年他以优异成绩考入长沙长郡中学。

长郡中学是在清朝末年废科举、兴学堂的潮流中创办的。开始叫“长沙府中学堂”，辛亥革命后废除府制，定名“湖南长郡公立中学校”。后来增办师范科，又改

长郡中学外景

名“长郡公学”。但习惯上简称“长郡中学”。学校以“朴实、沉毅”为校训。校歌称“雄兮古潭州，襟带江湖居上游，旧时人材渊薮。中华兴复，共道湘人多造就”。教师中集中了一大批当地新学派领军人物，在湖南名气很大。后来，该校也的确出了不少名人。共产党的著名活动家李维汉、李富春、李立三、陈赓、曾三等，都先后在长郡中学读过书。萧劲光是这个学校第二十五班的学生。

有人上中学，对乡下一般家庭来说都是大事，更何况孤儿寡母的贫寒之家！萧劲光考入长郡中学，全家都高兴，当然也不免为交学费的事犯愁。在筹措无计的情况下，傅氏把曾进过一次当铺的那枚陪嫁的金戒指再次送进当铺，当得一些钱，才使萧劲光顺利地上了学。

自此之后，成了一个规矩：每学年一开始她便把戒指送进当铺，当年全家省吃俭用，攒够钱赎出来，第二年开学交学费时，再把它送进当铺。上中学的几年里，这枚戒指就这样反复当进、反复赎出，直到后来为赴苏留学送进当铺。之后再没有能力赎出，或许是在生活无计的情况下卖掉了。总之，以后这枚戒指没有了下落。

长郡中学教员队伍名气大，教学也相当规范、严格。学校除了开设国语、算术、英文等主课外，还设了地理、历史、音乐、体育、修身等多门课程。萧劲光天资聪颖，求知心切，对每门功课都感兴趣，学得如饥似渴。除了主课外，萧劲光还特别爱好体育。长郡中学作为新学的典范，提倡开展体育运动，尤其是足球方面，在长沙很著名。从 1912 年始，他们的足球队连续多年在长沙市各校中称雄。学校每个年级都有自己的球队。踢得好的便被同学们封为“球王”。早在萧劲光入学前，学校就有“八大球王”的说法。萧劲光比同龄人个子大，身体结实，爱活动又肯动脑，入校不长时间就踢出了名气。渐渐地，萧劲光及与他常在一起踢球的几个同学被师生们称为“八小球王”。

长郡中学特别重视爱国主义教育，注意引导学生为挽救民族危亡、富国强兵而读书，教育学生关心社会、走向社会，不能“两耳不闻窗外事”。萧劲光在这里学习，开阔了眼界，丰富了阅历，结交了任弼时（时名任培国）等一批志同道合的朋友，并逐步树立了救国救民的远大理想。

1918 年初，皖系军阀张敬尧以湖南督军的身份率北洋军进入长沙。大批部队驻无定所，竟不顾社会各界的强烈反对进占了长郡中学，把校舍当成了兵营。学校无奈，只得停课放假。萧劲光回家后，听说美国人在长沙办了个“湖滨大学”，不用交学费，只收点伙食费就可以入校学习。他喜出望外，于是约了几个同学匆匆忙忙赶去考试，结果顺利考取了。

在这里学了一段时间，萧劲光大失所望。这个所谓的“大学”实际是美帝国主义进行思想控制、文化侵略的教会学校。主要课程是《圣经》，教员是牧师，学生们每天都要拿出大量时间背诵《圣经》的章节。萧劲光毫无兴趣，也不大用功。牧师发现了他的情绪，一天故意叫他当众背诵《圣经》。萧劲光背不出，牧师大为光火，厉声训斥道：“你必须讲清，你为什么背不下来、为什么不读书？”并当即宣布他在全班同学面前罚站。萧劲光深感受辱，抓起桌上的《圣经》狠狠地摔在地上，大声喊道：“我就是不读这劳什子！”牧师没有想到萧劲光敢如此顶撞，气得面目失色，喝令：“滚出去！”萧劲光毫不示弱，拿起书包，昂着头大踏步地走出教室。

北洋军占据校舍后，民怨沸腾。迫于社会各界的压力，张敬尧有所收敛，遂将部队撤出校舍。长郡中学恢复上课，萧劲光遂又回到母校继续读书。

俄国十月革命的胜利，马列主义震动了世界，也传入中国。与此同时，自由主义、无政府主义等各种各样的新思潮，也在人才荟萃的湖南教育界迅速传播开来。受新文化运动的影响，长郡中学也提倡学术自由，主张开展各种主义、思潮的研究、讨论。求知若渴、喜欢独立思考的萧劲光，是这些讨论和学术活动的积极分子。他虽然发言不多，但每次发言都引人注目，在同学中有很大影响。

1919 年 5 月 4 日，北京爆发了震撼中外的反帝爱国运动。长沙各界闻风而动，群起响应。萧劲光和任弼时等一批进步学生，全身心投入到运动中，参加湖南学生联合会组织的罢课、游行，抵制日货等一系列活动。直到半个世纪以后，他仍然清楚地记得当年“外争国权，内惩国贼”“请斩曹陆，以谢天下”等许多口号和几个重大活动的细节，能够熟练背诵长郡中学“救国十人团”动人心魄的《宣言》文稿。

在晚年回忆录中，他这样写道：

> 那时我是一个学生，还不懂得更多的革命道理，听了“救国十人团”宣读这个宣言，激动地流下了眼泪。我们不能容忍帝国主义这样欺负我们！我想讲，但讲不出更多的道理；我想喊，但不知喊什么好，只恨恨地大叫一声“岂有此理”，一拳打在墙上，血顺着紧握的拳头流下来。同学们都惊讶地看着我……这是我平生第一次参加社会性的政治活动，那时思想很朴素，就是国难当头，匹夫有责。

在长郡中学，萧劲光结交了一批进步同学，最好的朋友是任弼时。任弼时比他小一岁，父亲是一个穷教书先生，母亲在家中经营年收几担谷米的薄田，日子也很拮据艰难。父亲教书，任弼时又是独子，尽管家中衣食不保，父母还是咬牙供他上学。每次开学交学费，他家也须和萧家一样东借西凑。共同的生活境遇使萧劲光与任弼时思想接近，感情融洽。入学不久，两人便无话不说，形影不离，亲如兄弟。任弼时天资聪颖，加之从小跟着父亲读书，学习成绩突出，处事也很有头脑。“交友投分，切磨箴规”。他们在学习思考、理想追求中，增进了理解，加深了友谊，一起走上了为共产主义奋斗的道路。

1920 年夏天，长沙市成立了一个青年社会团体“俄罗斯研究会”。这一青年团体吸引了萧劲光，并影响了他的一生。

这年暑假，萧劲光和任弼时相约没有返乡。一来为节约路费，二来他们也在思谋下一步的路怎么走。马上就要中学毕业了，以后怎么办？依靠家庭供给继续升学，显然不可能；就业谋生，找什么门路呢？假期里，他们四处奔走、活动。为了维持生计，他们甚至买了图画纸和炭笔，试着为人画像，也得过一点收入。但 3 年的中学生活，萧劲光逐步树立起一个目标：“绝不在内忧外患的国度里做任人宰割的牛马，不做一个仅仅为了谋生而活着的人，要服务社会，走自己的路。”他不甘心就这样走下去。就在这期间，萧劲光获悉了“俄罗斯研究会”成立的消息。

消息是任弼时首先得到的。他告诉萧劲光，俄罗斯研究会是毛泽东和他的朋友何叔衡、方维夏等人发起成立的。研究会以研究十月革命后的俄罗斯为主旨，会务主要有三项内容："一、从事俄国一切事情之研究，以研究所得发行《俄罗斯丛刊》；二、派人赴俄从事实际调查，结合本国具体情况，研究、宣传马克思主义和十月革命的经验；三、组织留俄勤工俭学。"听到这一消息，萧劲光大为振奋。他与任弼时由此萌生了一个大胆的想法：加入俄罗斯研究会，到俄国去！半个多世纪后，萧劲光对当年的情景仍记忆犹新：

> 正当俄罗斯研究会筹备之时，弼时和我找到了线索。那天中午，天气很热，我们躺在宿舍的床上，辗转反侧，兴奋地睡不着。去不去？还有几个月就要毕业了，文凭还要不要？商量来商量去，两人都横下一条心，去！文凭不要了。我们立即找到任岳，通过船山中学校长贺明范的关系，提出申请，填了表，加入了俄罗斯研究会。

在俄罗斯研究会，萧劲光第一次听讲演就见到了久仰大名的学生运动和民主运动的领袖毛泽东。

毛泽东是韶山人，这时已是名满三湘的社会活动家。他主持创办的《湘江评论》周刊，在长沙社会上特别是文化教育界反响强烈。萧劲光读过毛泽东的文章，看过《湘江评论》周刊，也听过不少关于毛泽东的种种神奇的传说。他由衷地敬佩毛泽东的胆识和才华，一直希望能有机会结识毛泽东。

俄罗斯研究会成立后，毛泽东任书记干事，是主要的领导组织者。萧劲光则是最热诚的会员。研究会每周都安排几次报告会、讨论会，有计划地系统介绍俄罗斯各方面的情况，萧劲光每次都积极参加。特别是毛泽东上课时，萧劲光早早就去等着，生怕漏掉一句话、一个字。在这里，在一次次听课中，萧劲光强烈的爱国意识里融入了革命道理，融入了马克思主义的基础知识。他第一次知道，俄国已建立了工农当家作主、没有剥削没有压迫的社会，而要实现这样一个社会，就必须进行一场俄国式的革命。在这以前，萧劲光听说前几年曾有人到法国勤工俭学，希望自己也能到法国去，一边工作一边求学，以寻找救国救民的道路。他把自己的想法告诉了任弼时，任弼时很赞同。后来任弼时打听清楚，说赴法勤工俭学已不派了，萧劲光很失望。参加俄罗斯研究会活动后，他被崭新的俄罗斯迷住了。马克思主义、共产党、工人当家作主，这些新鲜名词和毛泽东等人在演讲会上绘声绘色介绍的情景，时时在萧劲光脑子里打转。什么时候能到俄罗斯去学习就好了！

萧劲光没有想到，机会竟很快来了。当年秋天，研究会决定组织第一批学生会员去俄罗斯勤工俭学。在毛泽东等人主持下，经反复研究，最后选定了6个人，萧劲光是其中之一。同去的还有任弼时、任岳、周兆秋、胡士廉和陈启沃。

去俄罗斯，既能够继续读书又可以见世面，萧劲光如愿以偿，太高兴了。母亲虽然舍不得他漂洋过海，远走他乡，但也深知，学费逐年提高，以家中的收入，儿子要继续上学已不可能。此时萧劲光主意已定，哥哥姐姐们都支持。"也许这是一条路，孩子能有出息。"傅氏这样想着，又一次把家中值点钱的东西和陪嫁的金戒指送进当铺，连同儿子、女儿打工、绣花积攒的钱，凑在一起，不声不响地为小儿子远行做准备。

看着母亲和哥哥姐姐四处凑钱、打点行装，为自己出行做准备，萧劲光不免有些怅然和依恋，但他更多的是振奋、向往。诱人的俄罗斯，谜一样的俄罗斯！中国，灾难深重的中国，太需要俄罗斯式的革命了！

三、应着时代的呼唤，到俄国去

1920年秋，萧劲光和任弼时等一行六人，由新民学会介绍，从长沙乘一条小船到岳阳，尔后登上一艘江轮顺流而下，直赴上海。

萧劲光站在江轮的甲板上，望着千里明月、滚滚长江，不由一阵心潮激荡，两句诗脱口而出："碧海蓝天秋风劲，江天万里明月光。"到上海后，考虑到保密的需要，前来参加学习的人大都改了名字（任培国改名任弼时）。萧劲光想起江轮上的诗句，便将诗句的最后两个字"劲"和"光"集在一起作为自己的名字。自此始，由"萧玉成"改称"萧劲光"。

"十里洋场"的上海，洋人横行，租界林立。萧劲光他们就居住在法租界贝勒路（今黄陂路）的一个亭子间里。学习的地方，是距此不远的霞飞路渔阳里六号的"俄文专修馆"。

上海淮海路渔阳里六号"外国语学社"旧址

"俄文专修馆"，对外称"外国语学社"，是上海共产主义小组专为赴俄学习的青年举办的培训机构。根据赴俄留学的需要，培训内容分为两部分，一是学习初级俄文，二是学习关于无产阶级革命的基本知识。在洋人和军阀统治的上海，"俄国"两个字讳莫如深。萧劲光他们公开的身份是穷学生，学俄文是为了谋生糊口。萧劲光在这里参加集中学习半年多。这期间，他们住在不见阳光的亭子间，吃最廉价的包饭，晚上睡觉连床板也没有。好在萧劲光苦惯了，特别是一想到将去俄国学习革命本领，回来改变中国殖民地、半殖民地的落后面貌，就浑身是劲。

在外国语学社，萧劲光除按照计划上课学习外，还秘密参加一些政治活动。最经常做的事，是为上海共产主义小组编辑、出版的刊物《劳动界》和华俄通讯社做抄写、校对工作。遇有纪念日，则参加游行。在这些活动中，有着强烈正义感、进取心的萧劲光，大胆、心细，每次都干得很出色。到上海不久，由俄文班学员刘少奇主持，在外国语学社的学员中间成立了一个叫"工读互助团"的组织。对外人讲，"工读互助团"是学员之间生活上互相帮助的机构，实则是进步青年的政治组织。萧劲光是这个组织最初的成员之一。后来"工读互助团"的成员先后转入社会主义青年团。萧劲光与刘少奇、任弼时，都是首批转入青年团的成员。

转眼半年过去了。1921 年春节刚过，萧劲光等第一批赴俄学习的十几人，在刘少奇、罗觉（罗亦农）、吴芳的带领下，从吴淞港码头登上一艘日本客轮，开始了远涉重洋的赴俄之旅。

1921 年 1 月萧劲光赴苏留学。图为萧劲光、任弼时等四人赴苏留学前和送行朋友的合影，后排右七为萧劲光。

路途漫长遥远，困难重重。他们从上海上船时天依然很冷，没想到漂洋过海、船车交替一路行来，越走越冷。到了海参崴，放眼一片冰天雪地。十几个学员基本上都是南方人，有的人连雪花都没有见过，大家都没有准备足以抵御这等寒冷的衣服。下船后，他们便挤在一家中国旅馆里，门也出不去。领队刘少奇、罗觉等人按照预定的暗号与海参崴大学的教授伊万诺夫接上了头。伊万诺夫是第三国际派在这里做秘密工作的。此后的行程，乘火车到伯力西行，便由他安排。

由于那时十月革命胜利不久，从海参崴到伯力，基本上仍由白匪控制。海参崴有白俄，有日本人，还有东北军阀张作霖的“总领事馆”。为避免麻烦，在第三国际前来接洽的人员的组织下，大家都化了装。任弼时扮作理发师，萧劲光和刘少奇扮作裁缝，每个人都根据自己的形象和携带的东西选择自己的“角色”，应付了路上一次次盘查。

在海参崴与伯力间，有一条“红白”交界的伊曼河。河南边是“白区”，河北边是“红区”，交界处有白匪和日本人设卡盘查。为能顺利通过，萧劲光他们十几个人分成若干小组行动，有人白天走，有人晚上走，然后按约定在伯力一条街道口会合。

萧劲光和任弼时两人一组，假装互不认识，一前一后走着。当时海参崴发生了鼠疫，凡过河的都测体温，进行检疫。萧劲光体温正常，查来查去没发现什么，放行了。任弼时有点感冒，体温稍高一些，结果以鼠疫患者的嫌疑被扣下来。萧劲光心里着急又无法帮助他，只得只身一人继续往伯力方向走。他一边急速走着，打算见到刘少奇他们后想办法接任弼时，一边暗暗为任祈祷，盼望他很快脱险，赶上队伍。萧劲光按照约定的时间、地点与刘少奇等顺利相会。见面后，萧劲光把任弼时被扣的情况告诉了刘少奇，才知道，还有其他同志以不同理由被扣。大家都很着急，一边等任弼时他们的消息，一边商量解救他们的办法。结果，两天后，任弼时回来了。原来在重新量体温时，任弼时想了办法，体温正常了。日本人和白匪一再盘问也问不出什么，无奈只得把他放了。

总之，一路饥寒交迫、险象环生。但这些在萧劲光脑海中留下的记忆是美好的。若干年后，萧劲光与人谈起这段经历，曾口有余甘地说：

> 那时“俄国”是希望和光明的象征，对我们的吸引力太大了。推翻了旧世界，建立了工农政府，没有剥削、没有压迫……这些在书本中、课堂上读到、听到的崭新世界，就要展现在我们面前。一想到这些，我们都抑制不住内心的兴奋。颇有文采的任弼时同志临行前在给家中的信中写道：“人生原出谋幸福，冒险奋勇男儿事。况现今社会存亡生死，亦全赖我辈青年。将来造成大福世界，同天共乐，此以我辈青年人的希望和责任，达此便算成功。”这是我们大家共同的心声。那时我们就是怀着这样的救国救民的革命抱负，踏上赴俄学习的漫长路途的。

经过 3 个多月长途跋涉，萧劲光终于在当年 7 月初到达莫斯科。不久即进入东方大学，开始期盼已久的留俄大学生活。

四、学不到本事不回国

东方大学，全称是“莫斯科东方劳动者共产主义大学”，坐落在莫斯科市区特维尔斯卡娅大街15号、苏共中央机关报《真理报》社的对面。这所大学是列宁领导的共产国际（即第三国际）创办起来的，斯大林担任名誉校长。

1920年7月，列宁在共产国际第二次代表大会上，提出了著名的民族和殖民地问题的纲领。他认为："在先进国家无产阶级的帮助下，落后国家可以不经过资本主义发展阶段而过渡到共产主义。""在帝国主义和无产阶级革命的时代，殖民地、半殖民地国家迫切需要有一批职业革命家。"在这种思想指导下，共产国际于同年9

原"东方大学"外景

月在巴库召开的"东方民族代表大会"上作出决定，在莫斯科创立一所"东方大学"，集中为殖民地、半殖民地国家培养职业革命家。"东方大学"于1921年5月正式成立。萧劲光他们到时，学校刚开始招生。入校的学生基本上都是苏俄远东地区各少数民族的代表。萧劲光他们是该校第一批外国学生，称"旅俄中国青年共产团"。除萧劲光、任弼时等长沙俄罗斯研究会的6人外，还有刘少奇、罗觉、韩慕涛、蒋光慈（光赤）、彭述之、卜士奇等20多人。以后又陆续从中国来了部分人，蒙古、日本、朝鲜、印度等国也到了部分学生。中国赴法勤工俭学的赵世炎、陈延年、陈乔年、王若飞等，也于1923年前后转到东方大学。这些人中，相当部分当时在国内就是革命活动的骨干分子。当时在莫斯科的中国学生人数很多，国内建党不久，各校就联合成立了中国共产党旅俄支部。1922年底，萧劲光在旅俄支部履行转党手续，加入了中国共产党。按照当时的惯例，学校党组织同时颁发了联共（布）党证，他也成为联共党员。为了学员回国以后的安全，每个外国学员都起了一个俄文名字。萧劲光叫查戈洛斯基，任弼时叫布林斯基。

东方大学是个政治学校，学习的主要课程是政治理论和俄语。教材有马克思和恩格斯的《共产党宣言》、列宁的《青年团的任务》、布哈林的《共产主义 ABC》、波格丹诺夫的《政治经济学》，及西方革命史、俄国革命史等。由于共产国际总书记季诺维也夫、苏联军事委员会主席托洛茨基不赞成列宁关于民族和殖民地问题的理论，认为当时的中国是军阀统治，民族资产阶级的力量微乎其微，“中国以及朝鲜等国，无产阶级还没有形成一个阶级，不存在直接革命的形势”，所以，东方大学不应该培养职业革命家，而应培养以社会职业为掩护的地下工作者。苏联党内的这种思想分歧和斗争，影响到学校的培养方向。开始，东方大学的培养目标不是很明确。一度试图把中国、朝鲜等国家的学生培养成医生、文学家、翻译等。至于具体到每个人学什么，学校发给大家一个调查表，由学生根据自己的特长、爱好自行选定。

刚满 18 岁的萧劲光虽然理论上不完全明白，但他思想很明确：到苏联来就是为了学习革命本领，回去搞革命。所以，他接到调查表，毫不犹豫地在“学习职业”栏里填写了两个字“军事”。据此，萧劲光与任岳、周昭秋、胡士廉等，不久即被选调到“苏联红军学校”学习。

红军学校是一所初级军官学校，主要培养连、排基层军官。爱好军事的萧劲光，到了这里如鱼得水。他个子高大，身体条件好，理论学习刻苦，实地操练认真，在各方面都显示了过人的天分。各学科教官众口一词：“查戈洛斯基，难得的军事人才！”但萧劲光在这里只待了不到一年的时间，没有学到毕业，1923 年初又回到了东方大学。

由于战争结束不久，俄国经济尚在恢复中，加之学校初建，东方大学设施简陋，师生的生活条件也很差。虽然苏联政府（1922 年底，成立苏维埃社会主义共和国联盟，简称“苏联”）本着国际主义精神对外国学生给予特殊照顾，萧劲光他们的学习生活仍然非常艰苦：每天的伙食定量，是两个巴掌大的黑面包和几个土豆。因吃不饱饭，白天上课难以一口气爬上四楼，晚上躺在床上翻来覆去睡不着。冬天天气冷，缺少烤火的煤、柴，衣服、被褥又不足，睡觉时只得一个紧挨一个，大家挤在一起取暖。但萧劲光他们不怕。一天晚饭后，任弼时对萧劲光说：“听说了吗？有人嫌这里生活太苦，要求提前回国。”萧劲光说：“这太没骨气了！苏联党和政府给了我们最好的待遇，列宁的生活也只这个水平，苏联人民比我们苦得多，怎么能提这样的要求！”任弼时赞同地说：“这样的人还能革命？太丢人了！”萧劲光又接过去说：“什么本事还没学到，现在回国算怎么回事呢？不管谁回去反正我不回去！”萧劲光明白，在苏维埃政府领导下，苏联经济正在迅速恢复，困难是暂时的。他更明白，此番学习的目的是将来回到祖国搞革命，使处于水深火热中的祖国人民像苏联人民一样当家做主，走上和平幸福的道路。他不仅学习劲头十足，而且积极参加文化活动，在学校非常活跃。1924 年，东方大学第一批学生即将毕业。这年元旦，学校组织盛大的节日晚会。中国的学生自编自演了一个活报剧，刘少奇扮演工人，萧劲光扮演军阀，其他一些学生分别扮演资本家和群众。虽然艺术上不一定有多高，但大家编演极其认真，作品内容思想性强，场面宏大，剧场效果相当好。

最令萧劲光终生难忘的是，1924 年 1 月下旬的一天（24 日或 25 日）晚上，他以东方民族代表的身份，和刘少奇、任弼时等几位中国留学生一起，为无产阶级的革命导师、苏联人民的伟大领袖列宁守灵。

列宁是1月21日病逝的。噩耗传出，苏联举国同悲，世界无产阶级为之震动。列宁的遗体被安放在工会大厦的大厅里。在低沉的哀乐声中，成千上万的苏联群众、国际友人川流不息地前往吊唁、瞻仰遗容。萧劲光回忆说：

> 1921年，我们刚到莫斯科的时候，还在召开共产国际第三次代表大会，我们便被分配到代表住的旅馆里，享受代表的待遇。我和其他同志，作为东方国家的代表，轮流出席会议。当我第一次看到列宁时，情不自禁高喊“乌拉，乌拉！”虽然语言不通难以听懂报告的全部内容，但列宁独特的手势和腔调，仍强烈感染着我。

后来，萧劲光在课上课下读过列宁的许多著作，逐步理解了列宁主义的真谛，进一步增加了对列宁的敬仰之情。听到列宁逝世的消息，想到这些，联想到国内蓄势待发的革命形势，萧劲光不由得热泪盈眶。

按照治丧委员会的安排，每人守灵时间是5分钟。在这短暂的时间里，萧劲光望着安放在鲜花丛中的列宁的遗体，回想起列宁关于世界革命的那些热情、中肯的教导，禁不住泪水满面，内心绞痛。回到学校宿舍后，他从当天《真理报》上剪下了列宁的肖像，并在背面恭恭敬敬地写下一行字：“永远记住这一天：1月21日。列宁，你永远活着！”写完后，他将剪报郑重地夹在笔记本里，永久珍藏。

萧劲光在苏联学习的几年里，中国国内工人运动有了很大发展。继香港海员、安源路矿工人大罢工之后，1923年2月7日，又爆发了震撼全国的“二七”大罢工。这次大罢工充分显示了中国工人阶级的力量，揭开了中国革命史新的一页。至此，列宁与季诺维也夫等人关于中国的政治形势及工人阶级问题上的分歧和争论，已由事实作了总结：中国同样具备直接革命的形势，中国需要职业革命者。中共中央发来通知，要求中国留学生尽快回国。刘少奇、罗觉、彭述之、任弼时等，于同年底启程回到祖国。

1923年6月，中国共产党全国第三次代表大会确立了国共合作的方针。1923年10月后，孙中山在共产国际的直接帮助和共产党的推动下，改组国民党，推行“联俄、联共、扶助工农”三大政策。1924年1月，中国国民党第一次全国代表大会召开，标志着国共两党实现了第一次合作。国内革命斗争形势的发展急需大量干部。这时萧劲光已完成了东方大学的全部学业，只是尚未进行最后的毕业考试。接到国内的通知，他不愿再等着拿毕业证，于1924年春夏之交，与任岳、胡士廉、周昭秋等，按照党组织的安排提前离校，一起踏上了回国的道路。

第二章　在大革命洪流中

一、在安源路矿工人俱乐部

1924年夏，萧劲光经过万里辗转到达上海，回到了离别3年的祖国。在这里，他通过联络员与上海党中央接上关系后，党组织随即分配他回湖南工作。于是，萧劲光立即登上江轮，逆流而上，赶赴故乡长沙。

虽然离家只3年多的时间，萧劲光一踏上长沙的土地就感到与过去有明显的不同。在中国共产党的领导下，城乡工农运动蓬勃发展。特别是以安源为中心的工人运动，开展得十分红火。衣衫褴褛的各界群众生活上没有大的改善，但眉宇间多了自信和坚毅，精神面貌远非昔日可比。这使萧劲光感到说不出的高兴。为尽快投入工作，与湖南省委接上关系后，他立即回赵洲港探望母亲。

萧劲光是中午到家的。没有想到，迎接他的不是日夜思念的母亲，而是已显得异常苍老的大嫂。大嫂告诉他，两个月前母亲已去世了。去世前，老人家很安详，只是一直念叨你，说不知你啥时回来……听着大嫂木讷地述说，萧劲光泪流满面。哥哥姐姐以及闻讯跑来的近邻一阵劝慰后，问起萧劲光在俄国学习的情况，萧劲光作了介绍：俄国现已与多个共产党领导的国家联合在一起，叫苏联。那里的地主老财都被打倒了，工人有工做，农民有地种，工农群众当权做主。虽然大家还不富裕，但人人都有饭吃……讲得大家啧啧连声，显出满脸的艳羡和神往。这使萧劲光更意识到自己的使命和责任。在家吃了一餐午饭，下午他便匆匆离家，按照省委的安排前往江西安源报到。分配的工作单位是路矿工人俱乐部。

安源路矿工人俱乐部，是江西安源煤矿和株萍铁路工人的工会组织。1922年2月，在以毛泽东为书记的中共湘区委员会的组织领导下，安源建立了中国共产党的支部，创办了工人夜校。同年5月1日，成立了工人俱乐部，作为工会的机构和组织形式。安源工会最早的领导人（称主任）是李立三，这时是提前从苏联回国的刘少奇。俱乐部成立时仅300来人，逐步发展到700多人。同年9月，俱乐部发动了著名的安源路矿工人大罢工，取得了胜利。1923年“二七”惨案后，全国多数地区工人运动转入低潮，安源俱乐部由于基础扎实，没受太大影响，仍然在刘少奇的领导下活动得有声有色，有“小莫斯科”之称，俨然成了全国工人运动的中心。

安源路矿工自筹资金建造的俱乐部旧址，萧劲光曾在这里工作。

刘少奇对萧劲光是了解的。他知道萧劲光懂乐器，会拉二胡、吹箫，爱好文体活动，在莫斯科东方大学学习期间还学会了跳交谊舞、水兵舞。于是安排萧劲光担任俱乐部的游艺股长，主管宣传工作。尽管这一工作不太符合酷爱军事的萧劲光的意愿，但他仍然尽力发挥自己的长处，干得有声有色。

前后算起来，萧劲光在安源待了一年多的时间。按照巴黎公社的组织原则，在这里工作的同志每月工资不超过工人的平均水平，通常就是5块钱，交了饭费，所剩无几。但这是他走上职业革命家的第一步，给他留下了终生难忘的印象。晚年的回忆录中，在记述了这段经历后，他深情地写道：

> 在安源的时间虽然不长，但与工人们朝夕相处、患难与共，使我深深体验到煤矿工人的悲惨生活和团结斗争的力量。在斗争中，工人阶级团结一致的组织性和坚定不移的革命性，无时不在教育着我们这些初次参加革命实践的青年人……在政治上逐步成熟了。

1925年，上海发生了震惊中外的五卅惨案。在中共中央的号召下，全国数百城市罢工、罢课、罢市，举行游行示威。安源工人俱乐部也领导所属1.3万多名工人，开展了声势浩大的罢工、游行等声援活动。工人俱乐部还发出倡议，动员路矿工人及各界群众捐钱、捐物，支援上海的罢工工人。6月底，萧劲光携带数万元捐款和慰问信前往上海，代表安源党组织和工会慰问上海罢工工人。在上海，他见到了领导罢工的李立三、刘少奇（年初已离开安源），并对罢工运动作了考察。从上海返回长沙不久，萧劲光就接到中共湖南省委的通知，调他到广东工作。

1924年6月，萧劲光和刘少奇等与安源路矿工会工人学校教职员合影。前排左起第二人为萧劲光、右起第一人为陈潭秋，第三排右起第二人为刘少奇。

是年秋，萧劲光交代了安源工会的工作，再返上海，在上海码头登上了南下广州的客轮。

二、投笔从戎，22岁的国民革命军中将

1925年的广州，是广东国民政府所在地，全国革命的中心。萧劲光一下船就感到热浪扑面：新到的船、待发的船，人流如潮。客运码头上，“打倒卖国军阀”“打倒帝国主义”“庆祝国民革命军东征的伟大胜利”之类的大标语，举目可见。他兴冲冲地跨下跳板，没走几步，就被一个身材魁梧、举止洒脱的青年军人迎面截住。

“你是萧劲光!”来人抓住萧劲光的行李，肯定地说。

萧劲光愣了：“你是——”那人一把把行李提过来，干脆地说：“没错吧？我是来接你的，走吧!”

满脸含笑，一口乡音。几句交谈后，萧劲光知道此人名叫陈赓，湖南湘乡人，黄埔军校政治部主任周恩来的秘书，是专门到码头来接他的。从交谈中，他还知道，陈赓也在长沙长郡中学上过学，是不同班的校友，更觉得分外亲切。

望着满街的大标语，萧劲光很振奋，遂问道：“这次调我来，是不是来与你一起搞军事的?”他知道国民革命军正在东征，军队扩编，急于问清楚自己的工作。

“差不多。过两天周主任会找你谈，先住下再说。”

在陈赓的带领下，萧劲光到东山中共广东区委机关驻地，向区委书记陈延年报了到。

陈延年是中央总书记陈独秀的长子。他不仅善于独立思考，有见解，而且办事

果断，立说立行。萧劲光与他是莫斯科东方大学的同学，向来无话不谈。问候过后，萧劲光开门见山地说："接到通知，我就估计是要我来搞军事的。看外面的架势，错不了。告诉我，到哪里去？"

"到哪里去？吃饭去！"陈延年笑道，"这么急呀！你现在的任务是吃饭、休息。工作有你干的，只怕到时候你想休息都休息不成！"接着，他告诉萧劲光，你的工作由周恩来主任定。周恩来在党内负责军事工作，现在是黄埔军校的政治部主任、国民革命军第一军政治部主任，同时还兼着东征军总政治部主任。陈赓就是代表他去接你的。最后，陈延年又强调："知道你是军事迷，愿意干军事。恩来同志回来会找你谈的。你有什么想法，我可以提前先转告他。"

此后一段时间，萧劲光一边等随军出征的周恩来，一边配合陈延年做些党务工作。在这期间，通过陈延年、陈赓等人的介绍，萧劲光了解到，国共合作以后，为了进行北伐，国民政府整编了军队，共有 6 个军。遵照孙中山先生"以俄为师"的精神，国民政府接受苏联顾问的意见，在军队中建立了党代表和政治工作制度，因而迫切需要一批共产党员去国民革命军中工作。为此，中国共产党第三次全国代表大会通过决定，共产党员可以以个人名义加入国民党，参加国民革命军的工作。这些情况使萧劲光基本上估计到了党组织调自己南下的意图。他急切盼望见到景仰已久的周恩来。

时过不久，国民革命军二次东征大获全胜。周恩来抽暇回到广州。第二次东征胜利后，东江地区建立新政权的问题已提上日程。周恩来又兼任了东江行政委员，工作头绪多，十分繁忙。回广州的当天晚上，他就在寓所会见了萧劲光。陪同会见的是国民革命军第二军党代表（由于各军党代表均由国民政府主席汪精卫兼任，在各军中实际担任党代表的人，均被称为"副党代表"）兼政治部主任李富春。

周恩来首先礼节性地询问了萧劲光个人的情况。

"听说你在苏联学过军事，喜欢搞军事工作。"

此前萧劲光虽没与周恩来见过面，但一点儿不感到陌生。只是由于心存已久的钦佩和崇敬，使他仍有点拘谨："我喜欢军事工作。在苏联学过一年军事，后来陈独秀同志不同意，又回东方大学了。"

周恩来笑了。接着，简约地介绍了广东当前的革命形势，交代了任务。他说，孙中山先生强调军队要党化，党要掌握军队。现在学习苏联的做法，新改编的国民革命军实行党代表制度，需要一批懂军事的共产党员到军队做政治工作。不久前我们有部分同志已经到部队任职了。现也准备派你去，你看怎么样？

这正是萧劲光所期望的。周恩来话刚讲完，他便痛快地回答："我服从组织安排。"

这时，一直在旁边默默听着他们谈话的李富春，听说萧劲光曾留学莫斯科东方大学，还在苏联的初级红军学校学过军事，又是湖南人，如获至宝。看了看周恩来，转脸正对着萧劲光，插话说："到我们二军来吧。我们还缺一个师党代表。二军是湘军的底子，劲光同志是湖南人，做这工作再合适不过了。"

"师党代表？"萧劲光心里一震。他知道此前周恩来也只是第一军第一师的党代表，遂坦诚地说："我只学了一年军事，未做过实际工作，怕难以胜任……"

“这没关系，可以学着做。党代表制度从来没有过，大家都是学着做。”周恩来说着，扭头看了看李富春：“是否到二军，要等任命。原先我不了解，你们不仅是同乡，还是同学。具体情况，富春你多和劲光同志谈谈，我不多讲了。”

此后几天里，李富春按照周恩来的要求，陆续向萧劲光介绍了国民革命军特别是第二军的情况。

第二军，原是谭延闿的湘军。1923 年谭（延闿）赵（恒惕）战争时从湘军中分化出来，南下广东依附孙中山。不久前被改编为国民革命军第二军。谭延闿任军长，鲁涤平任副军长，下辖四个师，即第四、第五、第六师和教导师，共一万余人。军、师部配有苏联顾问。军、师直到营连各级，都设党代表（尚未配齐）。考虑到旧军阀部队有浓厚的地方观念，党组织派往二军的党代表基本上都是湖南人：军党代表兼政治部主任李富春、四师党代表李六如、五师党代表方维夏。由于一直没找到合适人选，六师党代表暂空缺。

萧劲光清楚，方维夏、李六如这时都已 40 岁左右，是湖南久负盛名的学人、教育家、革命前辈，而自己只是个初出茅庐的青年。想到要与他们并肩为伍，心里难免有点打鼓。通过几天的交往，李富春已经很喜欢、欣赏知识面宽、有见解的萧劲光，非常希望由萧劲光担任六师的党代表。他似乎知道了萧劲光的想法，遂鼓励说：“现在国民革命军中实行孙中山、廖仲恺倡导的‘联俄联共扶助农工’三大政策，对苏联特别崇拜和尊敬。你有留苏这一身份，工作起来有不少方便条件。一起来吧，我们会做出成绩的！”

年底，为了工作方便，萧劲光按照中共中央有关规定以个人身份加入了国民党。接着，22 岁的萧劲光接到了平生第一张正式任命书。任命书是广州国民政府颁发的：任命萧劲光为国民革命军第二军第六师党代表兼政治部主任，中将军衔。

1925 年 7 月，被授予中将军衔的萧劲光。

是时，第二军第六师驻在韶关。

萧劲光在广州还没动身，师部机关已一片哗然。从师长戴岳到各位团长、营长，众官佐共同的问题是：“萧劲光，什么人？没听说过。”“据说就 20 来岁，是个娃娃。”“什么来头？”

不能怪他们议论，更不能怪他们探询出身、来头。本来，六师的官佐都是有来头的：师长戴岳，保定军官学校毕业，1916 年曾在天津参加过秘密倒袁活动，是军长谭延闿的心腹、得力臂膀；副师长朱耀华、十六团团长黄友鹄、十七团团长廖新甲、十八团团长刘风、教导团团长陈嘉佑等，也都已30岁开外，在军旅中经营有年，与戴岳甚至军里的头头们，都或多或少有点儿故旧亲情。突然而至的党代表居然是个20多岁的年轻人，能不议论、猜测？

萧劲光上任第一天，戴岳循例安排得井然有序：提前派车接萧劲光到师部，师部大门前威风凛凛地站立着两排荷枪实弹的卫兵。萧劲光一走下车，随着一声口令，卫兵行注目礼，一名副官跑步向前报告。尔后谦和地说："党代表请，师长已恭候多时了。"萧劲光干练地答礼，大步随副官跨进大门。

不大的会议室里坐满了人，团以上官佐、机关主要部门的首脑都到了。戴岳从副师长朱耀华开始，一一向萧劲光作介绍。苏联顾问米柳史切维奇（大家都简称他"米柳史"）匆匆赶来，戴岳当即介绍他们相见。

"米柳史切维奇同志，您好！今后我们在一起工作，请您多关照。"萧劲光握着米柳史的手，用俄语说。

米柳史惊喜地晃着萧劲光的手："萧党代表懂俄语，好极了！以后工作方便、方便！"

全场官佐望着他们又说又笑，没有人知道他们讲些什么。但萧劲光流利的俄语、标准的军姿、不卑不亢的举止，给大家留下了深刻印象。

戴岳不愧是科班出身的老军人，欢迎词简洁又不失全面："萧党代表曾留学苏俄，专攻军事，见多识广，年轻有为。能到我们六师来，是我们大家的荣幸。大家要以热烈的掌声表示欢迎！"疏疏落落的掌声中，他扭头看了一眼萧劲光，接着讲下去："我们这些人，行伍出身，长期靠枪把子吃饭，不懂政治。但我们竭诚拥护总理的主张，拥护国共合作，拥护国民革命。政治工作，就仰仗萧党代表了。大家都要全力配合萧党代表工作。下面，请萧党代表讲话。"短短的欢迎辞中，有客套，也不无含着摆资格的成分。

萧劲光作了简短的答词："能到六师来和大家共事，我很高兴。我早就知道，二军、我们六师，是国民革命军的主力。戴师长和各位军事经验丰富，部队有着优良的、光荣的传统。本人虽学过军事，但缺少实践，没有经验，诚望在座各位配合协助。大家精诚团结，又有米柳史顾问的指导，我们一定会合作愉快，一定会在实现总理的遗训，完成国民革命的历史任务中，取得新的胜利，建立新的功勋。"

答词干净、利索、不枝不蔓，透着真诚又朗朗得体。话音落地，立即响起热烈的掌声。戴岳从萧劲光沉着从容的讲话中，从他高大的身躯、棱角分明的脸上，看到了自信和胆魄。"此人年纪虽轻，不可小视！"

从来带兵不是易事，萧劲光带兵尤其难。一则部队原本官兵、上下成建制，而自己是后来的；二则同级甚至下级军官，都比自己资历深、年龄大。更重要的是，有许多明确的限制：共产党员不当军事指挥官，在部队不设党支部、不准发展党员、不过组织生活。这样一来，党代表活动的舞台、空间极其有限。好在萧劲光在苏联学了一年军事，也到苏联红军中见习过，在对部队作了初步了解后，遂放开胆子展开工作。晚年回顾这段生活，萧劲光说，整个工作概括起来是三句话：把名正言顺的工作做好，把务虚的工作做实，把可唱的戏唱够。

党代表制度在国民革命军中刚开始实行。萧劲光到任时，六师中团以下各级党代表大部分还没配。所以萧劲光到职抓的第一件事，就是组建政治部，配齐从团到连各级的党代表。以此为契机，在军党代表兼政治部主任李富春的支持、配合下，萧劲光把一批进步青年和没暴露身份的共产党员调入部队，使六师从上到下有了一支坚强有力的政治工作队伍。年轻的共产党员、燕京大学学生刘隽，就是这时调入六师政治部的。

按照规定，党代表的主要职责是做部队政治工作。而政治工作的使命是："对于官长、官佐要巩固其革命观念，对于士兵要使之有革命常识。"具体说就是宣传国共合作，宣传反帝反封建，改革部队旧的军阀制度和作风，使部队团结在党的周围，英勇杀敌，不断革命。本此精神，萧劲光逐步完善确立了三项制度：一是每天早上队前背诵"总理遗嘱"；二是每三天举行一次党小组会；三是每个星期举行一次"总理纪念周会"。这样一来，政治工作就有了具体内容，党代表制度就有了依托。特别是每星期的"总理纪念周会"，主要官长要进行讲演。这是萧劲光的优势。那时，他刚从苏联回国不久。共产主义的理论，苏联社会主义的现实，工农兵联合起来打倒帝国主义、打倒军阀，建设人民当家作主的国家，使大家人人有饭吃、有衣穿、有屋住等，新名词、新鲜事，有理论、有实例，萧劲光讲得绘声绘色，头头是道。而这些，对于六师官兵们来说，可谓闻所未闻。会上听得津津有味，会后啧啧连声：萧党代表，有水平！

萧劲光很注意接近和联系基层官兵。每天只要没有会议和法定的活动，他就抽时间到部队中去。通过小规模的演讲或个别交谈，向官兵宣传三民主义的宗旨，宣传军事政治工作的意义，讲革命军队和军阀部队的本质区别，鼓励大家忠于国家、民族，服从指挥，英勇作战。

转眼两个月过去了，党代表制度、政治工作的一些做法，逐步被官兵认可，部队的思想观念、作风也有了不小转变。对这些转变，兵士、官佐反应大不一样。纠正军阀作风、废除肉刑、经济公开、不准克扣兵饷，是兵士梦寐以求的。所以下级军官特别是兵士，极其欢迎，大家齐声为政治工作叫好；营团官佐，特别是其中军阀习气浓重的一部分人则大为恼火。

十八团团长刘风是最典型的。萧劲光到十八团去了两次后，他坐不住了。气哼哼地跑到师部向戴岳诉苦："萧劲光一天到晚往团里跑。到处讲什么民主、自由，鼓吹反军阀作风，讲苏联的故事。弄得那些兵像喝了迷魂汤，谁的话都不听，一张口就是萧党代表怎么说怎么说。这样下去这兵还能管吗？怎么了？六师是他的了！"

"六师是谁的？党代表到团里去有什么不好？不要乱讲。只要你屁股上没有屎，怕什么！"

戴岳是个精明人，具有一定的民主主义思想。对萧劲光的所作所为，他有自己的看法。这两个月来，像刘风这样的反映不少（有的还有书面报告），认为萧劲光的做法有利于部队团结、有利于提高部队组织纪律性的反映也不少。不久前他亲自带着人到几个营连单位作了一番调查，多数人感到开展政治工作是有成效的。最明显的是下级军官和士兵了解了自身所处的地位，了解了三民主义、三大政策的主要内容，懂得了反帝反封建的意义，知道为什么当兵为什么打仗了。部队废除肉刑、体罚，不打骂士兵，不吃空额，不喝兵血，成立军需委员会，实行经济公开等改革后，士兵精神焕发，练兵热情高了。一些过去用鞭子抽都懒得参训的士兵，也劲头十足地参加训练了。部队纪律好多了，官兵关系、军民关系也有了明显的改善。看到这些，戴岳当然不赞同刘风的说法。他真切地觉得军队政治工作确实有用，应当得到支持和尊重。况且党代表制度、政治工作制度才刚刚开始，正在兴头上，能说什么呢？走着瞧吧！

三、初历战阵，率部参加北伐

广东革命军两次东征，歼灭了盘踞东江地区的叛军陈炯明部，统一了广东全境，解除了革命政府的后顾之忧，根据地巩固了。1926 年 7 月，革命政府决定国民革命军出师北伐（后统称参战部队为“北伐军”）。

是时，全国大部分地区处于北洋军阀的统治之下。奉系军阀张作霖以东三省为基地，势力范围伸及山东、河北北部和北京、天津，控制津浦线北段；直系军阀吴佩孚占有湖南、湖北、河南三省，控制京汉线；原直系军阀孙传芳自成一派，盘踞江苏、安徽、浙江、江西、福建五省，控制长江下游及津浦线南段。此外，山西、新疆、四川、云南、贵州、陕西等省区，均为地方军阀所霸占。大小军阀独霸一方，各自为政，与侵入中国的帝国主义列强勾结起来，欺压百姓，为所欲为。中华大地分崩离析，满目疮痍，老百姓遭受层层盘剥，苦不堪言。因此，出师北伐，推翻帝国主义和封建军阀在中国的统治，是革命形势发展的客观需要，是广大民众人心所向。

按照国民革命军政府议定的作战计划，第一步首先出师湖南、湖北，消灭直系军阀吴佩孚。待两湖问题解决，再向长江中下游发展，消灭孙传芳。之后，相机向长江以北发展，消灭奉系军阀张作霖。当时国民革命军有 8 个军：蒋介石为北伐军总司令，以黄埔军校训练部为主体的第一军（时何应钦为军长），谭延闿所部湘军为第二军，朱培德所部滇军为第三军，李济深所部粤军为第四军，李福林、程潜、李宗仁、唐生智等各部，分别为第五、第六、第七、第八军。总的兵力部署是：第四、第七、第八军担任湖南战场的正面进攻；第二、第三军为右翼，监视江西方面的敌人，策应正面战场；第六军、第一军为预备队。对这种部署，明眼人一看便知蒋介石“用心良苦”。他考虑到了部队特点、实力强弱，但更多注意的是各部之间的旧仇新怨、能否协同。当然，他更没有忘记保存自己的实力：嫡系部队第一军的两个师，待机行事。即此可见，北伐战争一开始，国民革命军内部就矛盾重重，蒋介石就打着自己的小算盘。

据此部署，7 月 7 日，国民革命军第二军两个师（第五师暂留南雄，担负广东方向的警戒任务），即萧劲光、戴岳所率之第六师和第四师，从韶关出发，沿仁化、城口、汝城、桂东、酃县北进。当月下旬，进抵湘赣边区的茶陵。按照总司令部的命令，在此担负监视江西敌人、策应醴陵进攻的任务。

一路之上，基本上没有战事。萧劲光抓住这一时机把政治工作搞得异常活跃。部队每到一地，便组织宣传队上街贴标语、组织演讲，由政治部出面与地方联合召开军民联欢会，宣传革命军的宗旨，宣传出师北伐的意义。六师的官佐，基本上都是军官学校出身，平时拉帮结派，欺压士兵，军阀作风严重；士兵中除破产农民、失业工人外，相当部分属流氓无产者。纪律涣散，雇佣思想严重，欺民扰民不以为耻，反以为荣。针对这种情况，萧劲光按照军里下发的宣传大纲，不间断地对官兵进行思想教育。行军途中，不仅严格坚持了既定的各项政治工作制度，还将“不怕死、不扰民”的口号制成臂章，人人佩戴，强化纪律教育。使广大官兵真正明白，革命军是为拯民于水火出征打仗的，必须遵纪守法，热爱民众，绝不可欺民、扰民。军队过汝城时，十六团团长黄友鹄私自向地方抽税两千多元。被发现后，萧劲光当即与戴岳商量，给予黄撤销职务的处分。

师里长官言信行果，执法如山，全师上下大受震动。自此，严重扰民现象，很少再发生。加上各地共产党组织广泛发动群众支持北伐，部队所到之处都受到人民群众热诚地接待和支持。特别是到了茶陵，老百姓夹道欢迎，送水送饭、主动送信带路、协助驻扎宿营，个个倾力相助。3年前，第二军作为“湘军”曾在这里驻扎过。那时，由于部队军纪涣散，官兵偷鸡摸狗、欺男霸女，老百姓深恶痛绝。待到离湘南下时，老百姓已避之不及，背后跺脚、吐唾沫，视为瘟神了。此次到来，今昔相比，官兵们真正感受到了正义之师的光荣，体会到了唤起民众的力量。代理军长鲁涤平深有感慨地说：“部队面貌变，民众的态度就变。大不一样了！”相交共处半年多，目睹并领略了萧劲光工作绩效的戴岳，感触尤深：这个娃娃党代表，厉害！

然而，更令戴岳佩服的还在一系列战斗之后。

北伐军的既定作战计划，是在拿下湖南、湖北，消灭吴佩孚后再掉转头向长江中下游发展，消灭占据闽、浙、赣、苏、皖五省的孙传芳。所以，北伐战争打响初始，孙传芳没有急于作出反应，而是打着“保境安民”的旗号坐山观虎斗，企图待两败俱伤后坐收渔人之利。一个多月来，北伐军正面主战场湖南、湖北的战斗打得异常顺利，势如破竹，“胜利的呼声，已经传遍全国，四、七、八军的捷电，几乎天天报纸上都有”。至8月底，大军已兵临武汉城下。这时，孙传芳感到形势不妙，遂改变其静观待变的方针，调兵遣将，以十万大军进入江西。妄图重兵出击，以攻为守，既打退立足未稳的北伐军，又赶走元气大伤的吴佩孚，收一箭双雕之效，保住自己的既得利益。

对孙传芳之战迫在眉睫了！于是，北伐军总司令部迅即调整部署，在进攻武汉的同时，把江西作为另一个主战场。具体部署是：第二军的第四、第六两师和第三军自茶陵、攸县、醴陵出击，进攻赣西；作为总预备队的第六军和第一军第一师，向赣西北进击，直指南昌；留守南雄、担负警戒任务的第二军第五师，第十四军（新收编的军阀部队赖世璜部）和第五军的一个团进攻赣南，牵制敌人。

1926年9月6日，向孙传芳部总攻战役打响。戴岳、萧劲光率第六师之第十七、十八团参加萍乡之战，副师长朱耀华率十六团（朱兼该团团长）东出茶陵，驱逐莲花镇之敌。萍乡是个县城，驻有敌唐福山部6000余人。这些部队缺乏应有的训练，欺负老百姓拿手，真正打仗不在行。一个多月来，北伐军在各地连战皆捷已威震八方。所以稍一接战，唐福山部便四散而逃，第六师两个团当日即进占了萍乡。

萍乡是北伐军进入江西后占领的第一个县城。饱受军阀部队欺压之苦的人民群众欣喜若狂，排着队涌上街头迎接北伐军入城。县党部会同各界团体在县城西大门外校操坪举行了隆重的欢迎大会。这天，烈日高照，操场又无遮挡，参加大会的群众依然十分踊跃，转眼间便汇集了五六千人。萧劲光在会上发表了演说。他说，各界同志、父老乡亲欢迎我们、支持我们，非常感谢。北伐军是干什么的？北伐军是国民革命军，是党国的军队。所以要北伐，就是因为孙传芳、吴佩孚、张作霖这些大大小小的军阀伙同帝国主义各霸一方，欺压百姓、掠夺人民的劳动成果，使劳苦大众衣食不保，难以为生。我们之所以要北伐，就是要打倒列强，打倒军阀，统一我们的国家，实行总理的三民主义，使劳苦大众永远不受帝国主义、军阀、资本家、大地主的压迫、摧残、掠夺、剥削，都能过上自由平等的生活。各界团体、工农代表也在会上发言，含着眼泪痛斥军阀的腐败，揭露贪官污吏的暴行，表示坚决拥护革命军，支援北伐战争。第二军党代表李富春、第三军党代表朱克靖也在会上讲话，感谢群众对北伐军的支持，号召工农兵学商联合起来、团结起来，把北伐战争进行到底，把反帝反封建革命进行到底。所有发言的人，北伐军将领，各界群众，人人慷慨激昂。讲话不时被雷鸣般的掌声打断。“打倒帝国主义！”“打倒军阀！”的口号此起彼伏。大会场面壮观、热烈，十分感人。

占领萍乡后，第二军继续东进，跟踪追击唐福山部。唐福山且战且退，沿途小股军阀部队望风而逃，二军很快攻占了宜春、分宜，向新喻（今新余）逼近。这时，北洋军阀的江西都督邓如琢赶忙从南昌赶到前线督战。他集中全部兵力在分宜至新喻之间的仰天岗布阵，妄图据险死守，挡住北伐军进攻南昌的通路。这是二军出师以来打的第一个硬仗。对北伐军来说，这一仗事关全局，志在必得；对邓如琢来说，仰天岗是省会南昌最重要的防线，誓死坚守。双方都尽力拼搏，打得异常激烈。第二军党代表李富春也亲自到前线，与萧劲光及各团党代表一起做宣传动员工作。一次次冲锋不克，部队伤亡很大。军部命令六师组织部队由袁水南岸迂回到敌人的侧后，两面夹击。不料部队的行动被敌人发现，邓如琢立即增兵，全力向六师反扑。当时，第十六团和十八团的一个营出击莲花、永新，戴岳、萧劲光手中的部队还不满两个团，情况十分危急。萧劲光冒着纷飞的战火亲临第一线阵地，鼓动官兵们坚守阵地，英勇杀敌。最后终于打退了敌人的反扑，与正面突击部队造成南北夹击之势，攻占仰天岗，拿下了新喻。

拿下新喻以后，邓如琢见势不妙，慌忙逃向抚州。邻近各县城军阀部队望风披靡，非降即逃。不到一个月的时间，第二、第三军就连克宜春、莲花、新喻、清江等11个县，可谓“旗开得胜、马到成功”。

9月底，萧劲光与戴岳率部攻打樟树城时接到军部的通报：南昌市被向赣西北进攻的第六军和第一军一师袭占后，由于孙传芳增兵反扑，已得而复失。命六师等前往增援。樟树城被北伐军攻下后，邓如琢也退居南昌城。戴岳、萧劲光遂率六师与协同攻打樟树城的第四师一道向南昌进发。

很显然，南昌之战是江西战场最关键的一仗。这不仅因为号称浙、闽、苏、皖、赣五省联军总司令的孙传芳最富实力、辖地最广，更主要还在于他所处的“吴头楚尾、粤户闽庭”的战略位置。如打败孙传芳，不仅江西大局既定，安徽、江苏、浙江的军心也会动摇，解决问题易如反掌；如北伐军败了，则不仅危及既得之湖南、湖北，作为革命根据地的广东也面临险境，北伐军将出现后方危机。

所以戴岳、萧劲光所率之六师等北伐军各部一到，双方就摆开决战的架势。北伐军总司令蒋介石深知此役干系重大，也赶到前线亲自部署、指挥战斗。第二军党代表李富春在前线召开政治部会议，要求各级政工人员把工作做细、做实，使广大官兵真正明了攻下南昌的意义，不怕牺牲，英勇杀敌。要准备付出最大的牺牲，拿下南昌。

10月12日攻城战斗打响。按照部署，第三、第六、第七军等部切断南浔路，阻击北来援军；由第二军的第五、第六师和第一军第二师攻打南昌城。六师担负西南进贤门和惠民门的主攻，任务重大、艰巨。萧劲光与戴岳一起在前线指挥。为了尽快突破，各团都挑选了由以共产党员为骨干组成的奋勇队，冒着枪林弹雨架梯登城。因敌人火力太猛未获成功。这时又传来第十七团团长廖新甲牺牲，该团一营被困的消息。萧劲光怒火中烧，立即与戴岳一同赶到惠民门附近的机枪阵地，令第二营营长代理团长，调集部队压住敌人的火力，使一营脱险。战斗越打越激烈。城内的敌人为了发挥火力，放火烧了南昌城西南一带低矮的民房。看到大片民房在火海中化为灰烬，六师官兵无不义愤填膺。萧劲光跳上一个高台，大声喊道：同志们看到了，军阀为了阻止我们攻城，把老百姓的房子烧了！我们是革命军，是来解救老百姓的。一定向敌人讨还血债！他的喊话大大鼓舞了全师官兵的斗志，大家越战越勇。但由于北线作战不利，北边军阀部队打通了南浔路，大批援兵蜂拥而来，南边抚州的军阀部队也在调动，试图前往增援。北伐军屯兵南昌城下，腹背受敌，形势不利。总司令部遂决定调整部署，撤围南昌。

撤围之后，部队经过短期休整，总结了两次攻打南昌的经验教训，再次发起进攻南昌的战斗。第二次攻打南昌未克，说明了切断南浔路的重要。此次战斗，总司令部决定首先在南浔路进行决战。兵力部署是，把第二军两个师均放在南浔方向，第五师协同第十四军攻击抚州，切断南抚之间的联络，以六师渡赣江，经松溪、万寿宫，参加南浔路总攻击。六师的具体任务是攻击牛行车站。双方都清楚这场战斗的重要，倾力相搏，争夺十分激烈。萧劲光和戴岳、米柳史顾问均在前线，身前身后枪弹不时飞落，他们毫无所惧，镇定自若。经过一个星期的浴血奋战，坚守牛行车站的敌郑俊彦、张风歧部招架不住，败下来，六师占领了牛行车站。是时，南浔路已被友军层层截断。南昌城内的敌人见增援无望，败局已无法挽回，便于一天夜晚偷偷渡过赣江，连夜向东北方向逃窜。

这里出现一段插曲。敌人败逃后，第六师奉命为先遣追击队渡江跟踪追击。部队日夜兼程，穿过鄱阳湖的河道港汊，在涂槎地区追上了慌不择路的郑俊彦、张风歧部。这时白崇禧率部也赶到涂槎。由于第十八团团长刘风行动迟缓、贻误军机，郑、张所部两万余人及其枪械，均被白崇禧抢先悉数缴去。白崇禧发了大财，喜出望外，戴岳十分恼火。萧劲光也第一次领略了白崇禧的厉害。

经过一个月的拼搏奋战，南昌城终于在 11 月 8 日被攻破。

此次战斗中，第二军功不可没，戴岳、萧劲光所率之第六师官兵表现尤其突出。战后，北伐军总司令部以《第二军最近之战况》为题，发出战况通报，表彰了第二军第六师，同时充分肯定了政治工作在战斗中的作用。通报中写道："下级及士兵的精神颇锐。从两月的作战精神看来，下级干部及士兵确有牺牲精神，则十分之九是政治工作的力量。"

四、黄华山留下北伐战争的"见证"

南昌被攻克后，北伐军损失较大，难以马上东进攻取江苏、安徽，北伐军总司令部遂决定派第六师与第十四军南下，策应东路军总指挥何应钦率领的第一军等部，共同截击福建军阀周荫人部。

周荫人十分狡猾。在南昌方面战事紧张时，他改变了援赣计划转而进攻广东，妄图趁国民革命军大举北伐之际袭击其后方，迫使国民革命军于 10 月初在福建开辟战场，由何应钦率第一军等部投入战斗。由于第一军排斥共产党员，所以战斗力很弱，结果被周荫人大败。后来因周荫人部内部分化，一部分人投向北伐军，周才不得不将部队撤回福建，寻机向浙江撤退。

11 月底，第六师接到命令，萧劲光就与戴岳一起率部沿临川、资溪、光泽、邵武挺进，由建阳直趋建瓯。

12 月中旬，副师长朱耀华率第十六团为先头部队抵达建瓯。守敌发现北伐军兵力有限，遂调整部署，企图顽抗。发现这一情况，萧劲光征得戴岳同意，亲率特务连突进城内，大造声势。待造成了一定影响，陆续到达的北伐军官兵部署停当后，萧劲光派人大胆地把"最后通牒"送至守城部队指挥所，明令守城部队必须在 4 小时内缴械投降，否则将"与城俱焚"！敌人见北伐军已进城，不知虚实，顿时不知所措。慑于北伐军的巨大影响，乖乖地投降做了俘虏。

与此同时，第十七团在党城截击敌人也大获全胜，歼灭闻风而逃的军阀部队 3000 多人。第十八团在政和一带截击北逃浙江之敌，歼灭了大量敌人。但由于刘风指挥失误，致使周荫人亲率的一部得以从松溪、政和窜入浙江境内。刘风一再不听指挥，贻误战机，且政治上反动。萧劲光遂与戴岳商量，撤了他的职，由副团长代理团长。

北伐军进闽后，攻城夺地连连得手。在形势的威压下，闽北军阀部队何麓昆部主动提出与北伐军洽降，3000 余人接受收编。至此，闽北军阀部队除少部分随周荫人逃脱外，均被歼灭。第六师威武雄壮地开进了建瓯城。

进入建瓯后，六师师部驻进了一个美国人主持的天主教堂。部队明令"约法三章"：不拉夫、不筹饷、不强住民房。进城当天，萧劲光便指挥部队逮捕了伪县长，解散了欺压百姓的保安、警察武装。并立即着手帮助地方筹建党部，建立县行政委员会。几天后，为了进一步扩大影响，发动群众，师政治部在城北广场召开北伐军胜利进军庆祝大会。会上当场枪毙了一个贪赃枉法、欺压百姓的首恶官吏，群众拍手称快，人头攒动的会场一片欢呼。

在群众欢呼声中，萧劲光作了即兴讲演。他说，自 5 月北伐军先遣队进军湖南开始，不过半年的时间，湖南、湖北，江西，我们福建，三路大军在各自战场都取得了重大的胜利。吴佩孚的部队被击溃，孙传芳的主力部队被歼灭，长沙、武昌、南昌等许多城市重镇、交通要道，被北伐军占领。这是党的胜利，人民的胜利！只要我们团结在三民主义的旗帜下，联合起来，团结起来，一切骑在人民头上作威作福的军阀、官僚，统统都会被打倒，帝国主义势力统统都会被打倒。劳苦大众就会过上自由、幸福的好日子！

萧劲光慷慨激昂的演说，激起一阵又一阵的掌声、欢呼声。

第六师在建瓯驻了一个多月。在这期间，萧劲光带领政工人员做了大量实际工作：以一名加入了国民党的共产党员为主要负责人，组建了县党部；建立了县工会、农会、商会、学生会、妇女会等群众组织；开展了打击土豪劣绅、取缔奸商的斗争；帮助县行政委员会拟定了给工人、职员增加工资，实行八小时工作制方案；等等。1927 年 1 月底，第六师奉命撤离福建北赴浙江，参加杭州会战。

临行前，萧劲光主持召开会议，与戴岳一起向地方各界人士告别。各界代表执意挽留，依依不舍。萧劲光非常动情地与代表们一一握手告别。他说，从感情说，我们也希望留下来。但是不行啊，北伐军的任务还很重，我们还要打仗。现在建瓯有了一个不错的局面。只要大家团结起来，保卫胜利的成果，今后日子会越来越好！

最后，萧劲光宣布，以师部的名义捐款 2000 元，倡议在黄华山建设一个公园，以扩大北伐的影响，留作纪念。这一倡议，得到与会各界代表的一致赞同，当即报以热烈掌声。第六师撤走不久，在县行政委员会的主持下，公园很快建成。80 多年过去了，作为北伐战争见证的黄华公园几经修整，依然在黄华山的浓荫翠绿中迎接着八方游人。

经过一年多的共同战斗、生活交往，萧劲光了解了戴岳，戴岳也认识了萧劲光。年轻的党代表不嫩！他不仅政治工作内行，做得有声有色，且胆识过人，有勇有谋。戴岳看得出，近半年来，连里开始对政治工作耿耿于怀、对“娃娃党代表”不以为然的几个营、团官佐，也在说萧劲光的好话，主动接近萧劲光。想到这些，作为军人，戴岳对萧劲光不能不佩服，但不免有点妒忌和担忧：照此下去，部队听谁的？还是我的六师吗？

时过不久，戴岳不动声色地将自己的一个得力心腹调进了师政治部。据说，这有两方面的意义，一是加强政治部的工作，二则也为了锻炼这个军官。至于有没有其他的意思，戴岳没有讲，萧劲光也不问。其实大家心里都清楚。

五、紧要关头要坚决听从党指挥

1927 年 3 月初，杭州被北伐军攻占后，第二军挥师北上，经宣城、高淳、溧水，冒雨奔袭南京。24日晚，第二军与程潜率领的第六军先后攻入南京城。

攻占南京后，第六师担任了南京西部地区的卫戍任务。

一天下午，萧劲光与戴岳率特务连在城内巡视，维持秩序。至下关，驻守的卫兵报告说，蒋总司令的兵舰泊在下关码头。

作为北伐军总司令，蒋介石时下大权在握，是举足轻重的人物。既然到了南京，怎么一点儿消息都没有呢？萧劲光他们一面立即报告军部，一面赶到下关江岸。港内停靠着警备森严的“楚同”号炮舰。戴岳随即请卫兵通报，请求上舰晋见。

戴岳、萧劲光走进军舰会议室庄重地敬礼，蒋介石端坐着微微点了下头，一边招呼他们坐一边淡淡地问：“你们辛苦了。南京秩序还好吧？”

“还好。”戴岳回答，“我们刚听说总司令到，已报告军部，鲁代军长马上就过来。”

“不必啦，不必啦！我有急事去上海，路过这里，很快就走。请转告你们军长吧！”

蒋介石下逐客令了。戴岳、萧劲光便起身告辞。

他们跨下跳板，远远看到鲁涤平及四师师长张辉瓒、党代表李六如等二军的将领们，正急匆匆向江边赶来。这时，“楚同”号炮舰已迅速起航了。

听了戴岳的汇报，望着渐渐远去的军舰，鲁涤平脸上掠过疑惑不快的阴影。他清楚自己不是蒋介石的嫡系，但作为代军长，一路攻城略地，连战皆捷，是尽了力的。明知第二军就驻在南京，军舰泊在下关码头连面都不照一下，什么意思？二军怎么了？鲁涤平真切地体会到了“寄人篱下”的感觉。

萧劲光想得更多。一年多来，他已逐步了解了国民革命军内部的层层派系关系。第二军军师领导层早就有“蒋对我们二、六军不放心”的说法。在广州时，党内党外对“中山舰事件”议论颇多。北伐以来蒋介石的所作所为，更让人感到神秘莫测。不久前萧劲光与鲁涤平、戴岳谈起国民政府打算迁都的事，他们就怀疑蒋介石有可能叛变。此次对第二军如此之冷，究竟是什么意思呢？

4月初，中共中央宣传部长彭述之突然从上海来到南京，找到萧劲光。他与萧劲光是莫斯科东方大学的同学，并且是萧劲光的入党介绍人、学生党支部的负责人。见面后，彭说有要事传达，要召集当地党的负责人开个会。这时第二军党代表李富春不在南京，萧劲光就把第二军的李六如、方维夏和江苏省委书记谢文锦等人召集到距部队驻地不远的一个旅店，听彭述之传达中央有关会议精神。他首先介绍了上海的形势，说上海工人阶级的第三次武装起义已经取得胜利，但帝国主义妄图从内部分化我们。估计蒋介石可能叛变，大家要有思想准备，并说党中央有信心、有把握控制局势。但对如何应变、军队和各地党组织应该怎么办，一句话也没有。听了彭述之的传达，联想到几天前见到蒋介石的情况，萧劲光意识到形势的复杂和严峻。但到底会怎样呢？

没几天，事情就完全清楚了。怀着政治野心隐藏在革命队伍中的蒋介石，到上海后，很快和上海的大地主、大资产阶级纠合在一起，投入了帝国主义的怀抱。在美英帝国主义和上海买办资产阶级的支持下，蒋介石紧锣密鼓地展开政变准备：首先假北伐的名义，命第二军撤出南京，“渡江追敌”。接着，寻衅缴了程潜的第六军两个团的枪，并以“清党”为名，对第六军进行改组。尔后调嫡系何应钦的第一军进驻南京。与此同时，委派是时尚能俯首听命的北伐军总司令部副总参谋长白崇禧，以东路军前敌总指挥的名义执掌江苏、浙江两省军事。

这一切明明暗暗的调度准备好后，蒋介石迫不及待地动手了！

4月12日，蒋介石利用上海流氓头子黄金荣、杜月笙等雇佣一批流氓特务冒充工人，袭击了上海工人纠察队。随即以“工人内讧”为借口，强迫纠察队缴械，打死打伤纠察队员300余人。由此开始，以种种借口封闭了上海市特别临时政府、上海总工会和一切革命团体，大肆捕杀共产党人和革命群众。短短3天时间，共产党员和革命群众800余人死伤在蒋介石集团和美英侵略军的枪弹下，另有5000余人失踪。共产党早期著名活动家汪寿华、赵世炎等，就在这期间先后被杀害。几天前工人运动还轰轰烈烈开展的上海市，霎然间满城血雨腥风，笼罩在一片白色恐怖中。

4月18日，重兵、特务严密控制下的南京城天低云暗，阴风阵阵。踌躇满志的蒋介石这一天撕下最后一丝“革命”的面纱，断然抛开武汉的国民政府，宣布成立南京“国民政府”。

消息传出，举国震惊。

第二军渡江以后，在乌衣镇一带集结。虽然此前第二军上层官佐对蒋介石的野心有所觉察，但突然的事变仍然给官兵思想带来了严重的混乱。第二军中共产党员进步青年多，政治工作力量强。加之受蒋介石排挤，包括鲁涤平在内的多数官佐不满蒋介石的独裁，同情和支持反蒋斗争。但在此形势下部队何去何从，是继续北上还是回宁讨蒋，一时举棋难定。后来接到武汉国民政府要部队去武汉的命令。鲁涤平遂率部移师西行，向鄂东进发。

6月初，第六师抵达鄂皖边界的宿松镇。当日，第六师部队在宿松天主教堂召开了讨蒋大会。萧劲光与戴岳均在会上发表讲话，痛斥蒋介石背叛革命、屠杀人民群众的罪行。会场群情激昂，“反对独裁！”“打倒蒋介石！”等口号，震天动地。此后数日，萧劲光参加了军部在黄梅举行的“第二军北伐阵亡将士追悼大会”。李富春主持大会，并在会上转达了中共中央向大会赠送的挽联：

二军之功名，已把吴孙打倒了；

吾辈之责任，果能擒拿蒋张么？

能否继续北伐擒拿蒋介石、张作霖？国民革命向何处去？这一担心很快被证实了。此前，李富春根据党的指示，曾力促部队倒向武汉国民政府，从而回师南京，讨伐蒋介石。然而，历史似乎开了个冷酷的玩笑。7月15日，以“左派”自居的汪精卫公然宣布“分共”。继而，以国民政府军事委员会的名义发布《制裁共产党员之训令》，查封中华全国总工会，查封中共领导机关。“宁可枉杀一千，不可使一人漏网！”武汉三镇开始大肆捕杀共产党人、革命群众。蒋汪合流，宁汉合流了！

由孙中山先生亲自倡导发起的第一次国共合作破裂了！轰轰烈烈的大革命失败了！

疾风知劲草。严酷的形势面前，北伐军中情况变得越发复杂起来。本来就对国共合作心怀不满的官兵甚嚣尘上；许多信誓旦旦要讨蒋的所谓“左派”，则缄口不语，有的甚至态度骤变。中共党员接到党内秘密通知，身份公开的党员分期分批陆续撤离部队。

是时，第六师部队驻扎在湖北宜昌。这里虽不像武汉那样黑云压城，但“分共”的风声也不时一阵阵吹来。紧要关头，萧劲光遵照李富春的部署几次往返于宜昌武汉间，向党组织汇报情况、请示工作。由于此前对军队中的共产党员作了种种限制，不准在部队内部发展党员，党员不准当军事指挥员，作为军队党代表的共产党员中许多人威信高、影响大，但均无权调动、指挥部队。眼见军队的形势已不可逆转，萧劲光在对第六师的党员和部分进步青年撤离部队作了部署后，决定按照党组织的通知赶赴汉口。

收拾好简单的行装，萧劲光才想起，从昨天起他已囊空如洗，不名一文了。怎么走呢？他直接找到了军需科长。

军需科长老李是一位出身困苦的旧军人。多年的军旅生涯使他认识了社会，看尽了丑恶。实行国共合作后，共产党人的一言一行都让他眼亮心服。不久前，经萧劲光介绍，他秘密加入了共产党。萧劲光说明了情况，老李面有难色地说：“这两个月，部队的薪饷没有如数拨来。不过师里账上还有钱，可先从这动 100 元。”

“不，公款不要动了。”萧劲光沉吟了一下，“我那里还有两支旧马枪，你想办法把它卖掉。”

李科长抬头看了看萧劲光，默默地出去了。他了解萧劲光，没有必要再多说。一个堂堂国民革命军的师级长官、中将，连几元车船票钱都没有，这就是共产党人！他找人把枪卖了，把自己积攒了准备捎给母亲的几元也加上，一并交给萧劲光。

萧劲光接过钱又递还给他几元：“现在情况很复杂，你也要早做准备！”或许已想到要与萧劲光就此分别了，李科长不接钱，双手捧住萧劲光的手，久久说不出话，热泪夺眶而出。

准备、部署停当，萧劲光来到戴岳的住处平和地说：“戴师长，汉口方面有些事，军里李主任让我去一下。可能时间长一些，政治部的工作还请您费心关照。”

这些天来，戴岳听着阵阵风声和这样那样的传言，也心神不定。他向来唯鲁涤平马首是瞻，鲁涤平则按谭延闿的指令行事。原本他们是期望跟随武汉政府反蒋的，而现在蒋汪、宁汉合流了，何去何从？还能跟谁呢？他在思考，等待谭延闿的示下。现在萧劲光要去汉口，他自然明白意味着什么。遂望着萧劲光淡淡地说：“你放心去吧！”既没有挽留，也不表示欢送。稍停，戴岳又意味深长地补了一句：“多保重，后会有期。”

萧劲光与戴岳短暂的合作共事，就这样结束了。名副其实的分道扬镳！此后不久，他们“各为其主”，背负着各自的理想在战场上兵戎相见，开始了长时间的对立。不过，“后会有期”还是应验了。

那是 22 年后的 1949 年。年轻的北伐军师党代表萧劲光已进入中年。20 余年里，他在党的领导下，南征北战，屡建功勋，成为威震敌胆、名扬华夏的一代名将。率部十万大军逐鹿中原，克武汉、战长沙，解放湖南后，担任了湖南军区司令员兼长沙市军管会主任，正领导着长沙市的恢复和建设。一天晚上，萧劲光忙碌了一天正准备休息，警卫人员突然领来了一位自称是“萧司令的朋友”的不速之客，他就是戴岳。

自宜昌与萧劲光分手后，戴岳担任了国民党军第四十六师师长。由于煞费苦心地提出以“堡垒政策”对付红军的反“围剿”而受到蒋介石的青睐，曾红极一时，萧劲光是知道的。今见他一身青布便装，萧劲光一边让座，遂问道：“你在江西一段不是很出名吗，后来到哪里去了？”

戴岳叹口气说：“那时也是没有办法的事。你知道，我不是蒋介石的嫡系，无论怎么干也是卖命有份，升迁无缘。”接着，他告诉萧劲光，在江西，几次失利后，就被找借口免去师长了。先是明升暗降作了二十七军的副军长，再以后便回了湖南，先在干部训练团，后任第九区专员、保安司令，省府委员、行署主任，一直稀里糊涂混下来。这次长沙和平解放前，不少人私下到南京随船去了台湾，我留下来。现在一个中学里混着。年龄大了，也干不了什么事。

眼前的戴岳，头发已花白，再没有先前的干练和矜持，明显老了。只有那挺拔的坐姿，还透着他军人的经历。萧劲光安慰他一番：现在解放了，一切会好起来的。并问他：“有什么事吗？”

戴岳说：“没别的事。那些年，我们在一起，我的经历你清楚。许多都是奉命行事，我不是从心底里反共的。如果组织上要了解当年的情况，希望您如实说明。”

萧劲光说：“这你放心，政府会功过分明、实事求是的。”事后，在萧劲光的提议下，戴岳担任了湖南省军政委员会顾问、省政协委员。

告别戴岳，萧劲光与六师政治部的青年共产党员刘隽等一行数人，在宜昌码头登上了去汉口的客船。

天气闷热，船舱里更闷热。萧劲光心里有事，更觉得压抑、沉闷。他踏上甲板，望着滔滔江水，思绪万千。大好的革命形势为什么会半途而废？共产党人为什么会有这般结局？下一步怎么办？思前想后，萧劲光感到有点冤枉：在国民革命军里干了将近两年，应该说工作是卓有成效的。六师包括二军有相当部分力量是在党的直接领导、影响下，一声令下，是能拉得动的。党组织为什么不明确态度、不下决心呢？

不知什么时候，刘隽站在了萧劲光旁边。刘隽，原是燕京大学的学生，1926 年由共产党创始人之一的李大钊介绍加入共产党，国民革命军起兵北伐时，入伍到六师政治部工作。“党代表，既然部队不能待，我回湖南老家了。”刘隽凝望着萧劲光，有些灰心地说：“我回去发动群众，搞农民运动。”

听了刘隽的话，萧劲光转过头，像是劝阻又像是自语地说：“在革命的紧要关头，一个党员更要坚决听从党的指挥。不管是谁，一个人本事再大，离开党也将一事无成。”

萧劲光的话，刘隽似乎没有听懂。到汉口后，他们下船了。刘隽握别萧劲光，登上南下的列车回到了湖南老家。抗日战争爆发后，他投身国民党军队，参加了抗日战争。在嫡庶分等、尔虞我诈的国民党部队中，一个有着共产党员经历的人是不可能得到重用的。所以，此后在国民党军队供职的十几年里，他一直处在受排挤的地位。解放战争后期，他脱离部队在南京留下来。1949 年 4 月，华东海军成立。司令员张爱萍为了寻求海军专业技术人才，在福州、上海、青岛等全国各地贴了招聘广告。刘隽报了名。随后便被录用，参加了主要由原海军（清末、民国和国民党海军）高中级军官、专业技术人员组成的“海军研究委员会”。一直工作到 20 世纪 60 年代初退休，之后在北京一个干休所安度晚年。

作为一名大革命时期的老党员，刘隽对党是有感情的。在海军任职期间，他几次写申请书要求再次入党。由于当时受“左”的思想影响，一直没获得批准。退休不久，“文化大革命”就开始了，入党的事更难以解决。党的十一届三中全会以后，随着全党思想解放、观念的变化，许多历史问题都得到了妥善处理和解决。国家形势越来越好，刘隽希望回到党的怀抱的心情也愈益迫切。1985 年春天，党组织经过审查，终于批准了他的入党申请。是年，刘隽已 80 岁高龄。

举行入党仪式那天，面对鲜艳的党旗，刘隽激动不已。他一字一句地宣誓完毕，眼泪不自觉地流下来。回顾一生，他无限感慨地说：“我的一生可以用萧劲光五十多年前说过的一句话作结论：离开了党一事无成。我走南闯北，奔波一生一事无成，就是因为离开了党。这就是我为什么 80 岁了，还要重新入党的原因。”

获悉这一消息，已从全国人大常务委员会副委员长任上离休的萧劲光十分高兴，亲自打电话表示祝贺：“刘隽同志，祝贺你呀！”

刘隽握着电话，声音颤抖了：“萧司令，萧劲光同志，绕了一圈，用了 58 年，我终于又回来了。谢谢，谢谢你呀！”

后来，一位研究党史的同志将刘隽这段脱党、入党的经历，写入一份资料，称其为“大潮余波，一段佳话”。

这都是后话了。

第三章　再次赴苏学军事

一、背负着党的希望，汉口新婚别

按照党组织的秘密约定，萧劲光与汉口党组织接上了关系，住进了已兼任中共湖北省委军委委员的原国民革命军第二军党代表李富春家里。

自7月15日汪精卫正式宣布同共产党决裂后，大批从国民革命军中退出的共产党员、共青团员、革命青年云集武汉，焦急地等待着中共中央采取坚决的行动，扭转形势。在李富春家里，萧劲光见到了先他离开国民革命军的第五师党代表方维夏、第四师党代表李六如等同志。"分共"的风声一天比一天紧，一度曾是全国革命中心的武汉，共产党人已不能公开活动。面对日益严峻的政治形势，大家心情都无比沉重。在一起经常议论的话题是，我们共产党人为什么会是这般结局？下一步怎么办？回国三年多，萧劲光感慨良多。如果说当初在苏联报名学军事主要是凭着个人爱好的话，这时他已真切感受到了军队的重要，开始从革命的需要、国家的前途、民族的命运认识军队、认识武装斗争了。晚年的回忆录中，他具体描述了自己这段时间的感触和思考：

> 我们这些在北伐中并肩南征北战的战友，在一起交谈着，百感交集。虽然那时我们对陈独秀右倾投降主义的认识还不深刻，但我们的同感是，没有自己的军队，没有掌握武装斗争的领导权是我党的一大失策。我们在国民革命军中工作了将近两年，应该说对旧军阀部队的改造工作是卓有成效的。就拿我所在的六师来说，已有三分之二的力量基本上是在我党的直接领导和影响之下。如果党的路线正确，完全可以逐渐地把这支军队掌握在我们手里，至少在国民党叛变时，可以多拉出一些队伍，使之成为革命的武装力量。可是由于陈独秀右倾投降主义的错误，对我们在军队中工作的共产党员做了种种限制。不准共产党员当军事指挥官，不准在部队内发展党员，特别是在蒋汪叛变时对形势没有正确的估计，没有采取有效的措施，使我党失去了掌握这支武装力量的大好时机。一旦蒋汪叛变，即束手无策，只好听凭国民党反动派绞杀革命。这是一个多么惨痛的教训……

随着党的工作转入地下，李富春的家成了湖北省委、中央机关的一个联络点。

中央军委的周恩来、聂荣臻等同志经常在这里出入，没早没晚，工作很忙。一天，李富春郑重地告诉萧劲光等人，中央根据共产国际的指示，对党的领导机构进行了改组，已停止了陈独秀的总书记职务，成立了新的临时中央常务委员会。现正在研究下一步行动计划，采取挽救革命的措施。并且告诉萧劲光，党已决定利用自己掌握的一部分部队举行军事暴动，武装反抗蒋介石、汪精卫的叛变。要他准备近日去南昌。

在这期间，萧劲光个人生活发生了一个大的变化——他和湖南省著名教育家朱剑凡的女儿朱仲芷结了婚。

朱剑凡，曾名周家纯，湖南宁乡人。出身于封建官宦家庭，但具有强烈的反封建、求民主的意识。早在五四运动以前，他就将坐落在长沙市区的祖传宅第园林六处立契捐献，创办周南女校（全称“周南女子师范学堂”），用以传播新文化，进行反帝、反封建的爱国主义教育。他以“节制整洁、博爱忠恕、勤勉耐劳”为校训，教育学生树立“自治心、公共心、进取心”，奋发图强，谋求解放。他大力提倡男女平等、妇女解放、“女子自立”。周南女校以独特的办学方式、先进的教学思想，使其成为湖南早期妇女解放运动的一面旗帜。毛泽东的妻子杨开慧及后来在历史上卓有影响的革命家向警予、蔡畅、丁玲等，都曾在这里接受过教育。萧劲光在长沙长郡中学读书时，就知道朱剑凡的名字，对他毁家办学，变卖祖业田产和夫人陪嫁衣物珠宝为学校筹措经费，支持毛泽东等人的革命活动，及诸多言论、主张，心怀钦佩和敬仰。

1925 年秋，萧劲光从安源到达广州时，朱剑凡也在广州。朱先是代表湘军参加国民党代表大会，接下来又在李富春主持的国民党政治讲习班任教育干事。后来李富春担任了国民革命军第二军党代表，作为第二军治下第六师党代表的萧劲光，不时出入李富春居所。在此，萧劲光结识了儒雅倜傥的朱剑凡先生。多次交谈，聆听朱剑凡对时局的见解，萧劲光越发敬佩朱剑凡的才学和政见，朱剑凡也着实欣赏萧劲光的志向和学识。北伐战争开始后，萧劲光率部参战，朱剑凡返回长沙，按照中共党组织的指示，与徐特立、熊瑾玎等一起参与国民党长沙市党部的工作，同时兼任了长沙市公安局长。随着政治形势的变化，国民党右派组织气焰嚣张，在农民运动中被清算的土豪劣绅也趁机反扑。朱剑凡以公安局长的身份对之进行了坚决的打击和镇压。1927 年 5 月，许克祥在长沙发动“马日事变”，在袭击湖南省总工会、农民协会、省党部等革命团体，大肆屠杀共产党人和革命工农群众的同时，通缉朱剑凡。为保证他的安全，中共中央派人把他从长沙接到武汉。萧劲光到汉口后，惊奇地发现，朱剑凡携妻子及长子朱伯琛、女儿朱仲芷等就住在李富春隔壁。

白色恐怖下比邻而居，萧劲光与朱剑凡一家交往多了，交谈也更多了。朱仲芷时年 23 岁，南京金陵女子大学毕业。受父亲的影响，关心政治，关注国家大事，半年前加入了共产党。在长沙时，她就曾听父亲与人谈起过萧劲光。今日一见，萧果然相貌魁伟、谈吐不凡，顿生爱慕之心。李富春的夫人蔡畅是个热心人，发现两个年轻人互相倾慕，乐得从中说合。朱剑凡对萧劲光的看法原本就不错，自然赞成。这样，几句话说透，婚事成了。

考虑到萧劲光很快要去南昌参加武装暴动，事情一定，很快就举行了婚礼。特殊时期，通常的仪式都免掉了，亲属、朋友一概不通知，周恩来和李富春、蔡畅夫妇以证婚人身份陪他们吃了一顿饭，就算是结婚了。婚后，他们一边度蜜月一边打点行装，萧劲光准备择日启程去南昌。但就在这时，情况发生了变化：征得苏联同意，中共中央决定派一部分人去苏联学习军事，萧劲光是其中的一个。

1927 年 7 月，萧劲光在武汉与朱仲芷结婚。

任务变了，要去遥远的国外；时间紧迫，武汉的形势越来越紧张。为保密起见，前往苏联学习的人不再集中而是从各地分头行动。这样，萧劲光结婚还不到一个星期，7 月底，就离开武汉赶赴上海，等待出国。

是时，上海完全被一片白色恐怖笼罩。从港湾码头到街道里弄，武装巡捕横冲直撞，便衣特务、暗探随处可见。党组织完全转入地下。萧劲光住在一家距码头不远的小旅馆里，只与一个交通员保持联系。在这里住了一个多月，萧劲光才拿到去海参崴的船票。

那是一条商船，已装完货，停泊在江心。9 月初的一个夜晚，萧劲光化装成商人，从吴淞口坐着小舢板到达江心，爬上商船。在船底层的货舱里开始了第二次赴苏求学之旅。

二、在托尔马乔夫军政学院

萧劲光第二次在苏联学习，是在列宁格勒的托尔马乔夫军政学院。

列宁格勒，原名彼得堡，十月革命的发祥地。在十月革命前，这里是沙皇的统治中心，作为俄罗斯历史文化象征的冬宫就在市内。托尔马乔夫军政学院是一所培养高级军政指挥军官的院校，坐落在流经列宁格勒的尼罗河畔。托尔马乔夫是在保卫列宁格勒战斗中牺牲的苏联红军政治委员的名字。为了纪念他的功绩，褒扬他的献身精神，斯大林亲自批准，将该学院命名为托尔马乔夫军政学院。苏联的许多著名将领，如铁木辛格、朱可夫等，都曾在这里的高级指挥班学习过。

萧劲光到校时，已是深秋，列宁格勒已透出浓重的寒意。然而，满怀信心创造社会主义新生活的苏联人民仍紧张有序地忙碌着，学院内外一派热气腾腾、生机勃勃。眼前的情景，萧劲光似曾相识，感到分外亲切。

通过多年的总结提高，苏联红军的军事科学有了较大发展。此时，已初步形成了一套比较系统、完整的战略战术原则。军政学院的教学也相当规范。军事课占全部课程的40%。正规战、游击战，战术学、战役学、指挥学，都从理论上进行系统讲授。为了能够真正掌握军事知识，达到学以致用，学院还有计划地邀请有实战经验的红军将领到校讲课，介绍战斗、战役的经验体会。后来的苏军元帅布琼尼（时任骑兵军军长）、图哈切夫斯基（时任教员）都在学院讲过课。斯大林也亲自到学院给学生们作过报告。由于萧劲光这时俄语水平已比较高，可以直接听苏联教员讲课、做笔记，看俄文书无须翻译，同时也有了一些战争实践经验，加上他学习刻苦，肯钻研，所以这次学习"收获非常之大"。他在晚年的回忆录中讲到这次学习的收获时说：

> 结合学习，我们经常进行一些战例解剖，进行沙盘作业、想定作业。进行比较正规的战术、战役和战斗演习。从进攻到防御，从全局到局部，从战略决策到具体的战斗动作，都进行了较系统的学习。还学习各种战斗条令、条例。政治学习侧重军队的政治工作，如政治工作条例、政治委员条例、军队政治工作制度，工作方法等等。还学习一些政治经济学、哲学等理论课，读马克思、恩格斯、列宁、斯大林的一些著作。

这些为他后来回国办军校，带兵、打仗，打下了很好的基础。

军政学院的外国学生中，中国人最多。与萧劲光同班的就有十几个。后来在国内担任过党政军重要领导职务、在革命史上有较大影响的，如刘明先、刘伯坚、李卓然、傅钟、曾涌泉等，都是这一届的学生。1949年去了台湾的蒋经国，也与萧劲光同班。蒋经国原本在莫斯科中山大学学习，军政学院中国班开课不久转到这里。本期中国学生基本上都是共产党员。开课不久，报经学院同意，成立了党支部，萧劲光担任支部书记。蒋经国原是共青团员，到军政学院后也加入了共产党。为了表示革命的决心，他还公开声明，与已背叛孙中山"联俄联共"政策、大肆屠杀共产党人的蒋介石断绝父子关系。

"中央领导要来看我们了！"1928年7月中旬，一个激动人心的消息在托尔马乔夫军政学院的中国学生中传开。

原来不久前，中国共产党在莫斯科召开了第六次全国代表大会。党员代表100多人（正式代表84人）都到了莫斯科。党中央领导要来看望大家的消息，是学院机关传出来的。

几天后，新当选的党的总书记向忠发来到了学院。

出国快一年了。武装斗争失利，大批党员、群众惨遭杀害，各种消息都有，但都断断续续，使大家脑海里装满了忧虑和思念。接到总书记来校的通知，中国学生们便齐刷刷地赶到学院的小会议室。

工人出身的向忠发，刚刚被选为党的总书记，兴致很高。萧劲光以支部书记的身份向他作了简单的汇报后，向忠发便开始讲话。他首先介绍了国内的情况：大革命失败以后，蒋汪勾结，叛变革命，屠杀了大批共产党人和革命群众；八七会议停止了陈独秀的机会主义领导，决定开展土地革命。之后又出现了瞿秋白同志的“左”倾盲动，这次会议已纠正了这一错误。尔后，他简明扼要地传达了六大会议精神。

萧劲光认真地作了笔记。向忠发有一句话使萧劲光印象深刻，那就是此次留苏的学员是“党准备的革命力量的重要的一部分”。这不是新话，出国前，党内的领导李富春、蔡畅等就这样讲过。但在异国他乡听到党的总书记讲，还是感到很受鼓舞。明确了这一点，学习再苦再累，也不会懈怠的。

向忠发到军政学院看望大家不久，萧劲光的妻子朱仲芷也来到了列宁格勒。她是上年 11 月到苏联的，在莫斯科共产主义劳动大学学习。此次是专程到列宁格勒来看望萧劲光的。

这时，朱仲芷思想压抑，情绪很不好。她怀着怨愤向萧劲光讲了王明在莫斯科中国留学生中搞小宗派、反“托派”的情况。她说，王明正在搞的反“托派”斗争打击面非常宽，很多思想进步的热血青年遭到排斥、打击。由于自己“出身不好”，现已被开除出党。朱仲芷说，对此，她已经正式提出申诉，但还没有结果。

听了朱仲芷的诉说，萧劲光大惑不解。朱仲芷的父亲朱剑凡先生是湖南著名教育家。他出身封建士大夫家庭不假，但早在五四运动前就怀着教育救国的强烈愿望，投身反帝反封建斗争。他冲破封建势力的禁锢和封锁，创办了长沙第一所女校。他宣传妇女解放，提倡男女平等，为新文化的传播作出了不可磨灭的贡献。特别是在血雨腥风的大革命中，他旗帜鲜明、立场坚定地站在共产党一边，全心全意保护共产党组织的安全，维护人民大众的利益。他的思想行动对远近青年人影响非常之大，以至许多年轻人把他视为反帝反封建的一面旗帜。基于此，朱剑凡受到中共领导层一致的敬佩和赞扬。有这样一个父亲的朱仲芷“出身不好”？萧劲光想不通，也不了解莫斯科那里到底发生了什么事，但他相信自己的爱妻，相信党组织，遂安慰朱仲芷，劝她放下包袱。说是非总会清楚，问题总会解决。

转眼 3 年过去了。1930 年夏天，在托尔马乔夫军政学院学习的中国学生修业期满，陆续启程回国。萧劲光绕道莫斯科。他要和妻子安置好女儿，然后一道回国。

女儿是上年春天生的，已一岁多了，一直寄养在莫斯科的苏联国立第四幼儿园里。孩子太小，路途遥远且遇上什么样的车船、复杂情况难说；到什么地方去、干什么工作，也未可知。想来想去，也只好将孩子留在这里了。萧劲光与朱仲芷一见面就说了自己的想法，好在朱仲芷早有思想准备，一商量便通了。收拾好行装，他们便一起去幼儿园看女儿。

到底是亲骨肉啊！虽然不常见面，孩子一见到他们就直要他们抱，紧贴着朱仲芷的脸亲了又亲。孩子太小了，她不知道将发生什么事，看看妈妈，又看看爸爸，笑出了声。望着甜笑着的女儿，朱仲芷将她紧紧抱在怀里，忍不住哭了。萧劲光也强忍住泪水扭转头，心里默默自语：孩子，再见了！在这里住几年吧。只要条件一好转，我就来接你！

然而，当萧劲光再次来到莫斯科时已是 1950 年。20 年过去，女儿该是大姑娘了！只是由于时间太久，又经过了第二次世界大战，兵荒马乱，世事沧桑，没有找到。但萧劲光始终没有忘却，后来访苏又几次费心找过，苏联政府也积极配合，找人、查资料，作了很大努力，仍无结果。

祖国在召唤，党在召唤！满怀着报国壮志废寝忘食学了3年军事的萧劲光，心早已飞回去了！从保育院出来，萧劲光化装成司机，与妻子朱仲芷和另外一位湘妹子周砥，一起登上了回国的列车。

第四章　初到中央革命根据地

一、进入闽西苏区

1930年初秋，萧劲光经过一个多月的车船劳顿到达上海。3年过去，上海依然处于一片白色恐怖下，危机四伏，特务如织。他和妻子朱仲芷住进地处法租界的朱剑凡家中。

朱剑凡已年近半百，由于胃病的折磨，身体很不好。但他仍热心公益事业，积极参加宋庆龄、鲁迅、蔡元培等人发起的中国自由运动大同盟的筹建活动。有一段时间，他病得下不了床，依然坚持阅读马克思主义的书和党内刊物，还通过上海市委组织部长李维汉正式提出加入共产党的要求。由于全家老幼都支持革命工作，居所又地处法租界，朱剑凡家寓所门面的一个小酒店便成了共产党负责人秘密碰头、商谈工作的地点。当时中共中央机关的负责人，周恩来、邓颖超、李富春、蔡畅、聂荣臻、何叔衡、谢觉哉等，经常来这里，桌面上摆上一副麻将牌，就开始交流信息、研究工作。

在朱剑凡家里，萧劲光见到了周恩来、邓颖超、李富春、蔡畅等党内领导人。萧劲光汇报了学习情况，也听他们介绍了国内特别是上海的情况。9月9日，中共中央向长江局发出指示信《关于加强红军中干部问题》。信中强调：为加强红军和苏维埃根据地的工作，军事干部必须派往三、四、五、八、二、六军去做第一等工作。党的干部也须照前信多派往下层去，多派往外县去，加强红色区域的领导。据此精神，党组织决定派萧劲光前往湖南，到湘赣苏区工作。具体联系人是曾经在安源工人俱乐部工作过的宁迪卿。萧劲光到长沙后发现，湖南的地下党组织已遭破坏，宁迪卿叛变了。关系接不上，叛徒还带着国民党特务到处抓人，长沙不堪久留。萧劲光只好又返回上海。党组织经过研究，又改派他去闽西苏区工作。

闽西苏区是张鼎丞、邓子恢、郭滴人等于1928年领导闽西人民进行武装暴动后创立的。位置在福建省邻近江西、广东的龙岩、上杭、永定、连城等县一带。从上海到闽西，走水路、旱路都不太远。但在白色恐怖下国民党军阀层层设卡，走不通。萧劲光只得化了装与同行的李卓然一起带着中央军委负责人周恩来的亲笔介绍信，绕道香港，前往闽西苏区。

1930 年 12 月，萧劲光、李卓然到达香港。是时，香港是英国的租界地，有自由港的地位，客流量大，各国人都有。按说应该好隐蔽，没想到第一次上街就遇到了麻烦。

那是到香港的第二天。他们在街上看到一个小书摊上摆着一本译成中文的苏联出的《政治经济学》，萧劲光就买了下来。在苏联学习时的许多书，回国时为躲避哨卡都扔下了，基本上什么书也没带回来。所以见到可能用得着的书，萧劲光就想买一点儿。结果在过一个卡子时，被英国巡捕截住了。巡捕还没有来得及盘查，萧劲光使了个眼色，李卓然机警地把萧劲光手中的书拿了过去。萧劲光是商人打扮，拿着这样一本书显然不太合适。巡捕搜了萧劲光的身，询问是干什么的，萧劲光坦然地回答“做大米生意”。巡捕上下打量萧劲光，见无破绽，转过来盘问李卓然。李卓然一边回答巡捕的盘问：“教师，书是准备讲课用的”，一边从容地从口袋里掏出一块白手帕使劲擤了一下鼻涕。接着，巡捕搜了李卓然的身，皱着眉头将李卓然手中的手帕打落地下，挥挥手，让他们过去。李卓然捡起地上的手帕，自然地抖了抖放进衣袋里。那是周恩来用密写药水写成的介绍信。

几天后，在党的地下交通员护送下，萧劲光与李卓然由香港经汕头、大埔进入闽西苏区。之后，李卓然奔赴赣南中央苏区，萧劲光留在了闽西。

早在大革命时期，闽西地区就建立了共产党的组织，群众基础比较好。1928 年张鼎丞、邓子恢在这里创立革命根据地后，毛泽东、朱德领导的红四军于翌年 5 月进入闽西，在这里发动群众打土豪、分田地，进行土地革命，使闽西根据地有了很大发展。至 1930 年 6 月，以赣南、闽西两块根据地为基础的中央根据地基本形成，只是两块根据地还没能连成一片。但在这以后，形势急转直下，根据地建设受到了沉重打击。

萧劲光就是在这时抵达闽西的。按照党组织的安排，他担任了新成立的闽粤赣军事委员会的参谋长（邓发为军事委员会书记）。不久，又兼任了闽西彭杨军事学校的校长。由此，作为一个军事指挥员，萧劲光开始了独立指挥部队作战的军事生涯。

二、接受革命根据地战斗洗礼

萧劲光热爱军事工作，在苏联系统地学了军事；通过大革命时期的经历，也深深懂得军事工作的重要；更为重要的是，他用军事服务党的事业、报效祖国和人民的目的十分明确。但是，他独立指挥作战的第一步非常艰难。

闽西苏区四面受敌，根据地被迫缩小，而根据地的正规部队只有由二十一军改编的新十二军（军长左权，政委黄甦）的千余人。就是这千余人中，还有很大一部分是新入伍的根据地青年和收编的投降、俘虏人员，官兵军政素质差，军事水平低。正视这一现实，萧劲光一边指挥部队迎击突袭苏区的小股敌人，一边调查研究，了解、熟悉情况。同时，拿出相当大的精力开办教导队、办学（1931 年 1 月，闽粤赣特委、军事委员会决定萧劲光兼任闽西彭杨军事学校校长），亲自担任教官，训练连排基层干部。具体做法是，根据战事的需要，把部队中政治坚定、作战勇敢、有发展前途的人选出来，集中到学校突击训练，学习基本战术技术，学习带兵方法，进行实战演习。为了培养大家良好的军人习惯和气质，萧劲光按照苏联军校正规的训练方法，对教员、学员着装作出统一规定，要求学员军容整齐划一，纪律严明，秋毫无犯。此前，红军部队服装上没有统一的标识。萧劲光就学着苏联服装的样子，用两块小红布缀在衣领上，作为部队的红领章。这一做法，先在彭杨军校实行，后来被推广到部队中。由于环境条件的限制，学习方法简单，周期也很短，一般两三个月（后来，长的达到 5 个月）。有时战斗打起来，学员也拉出去参战。战斗结束，大家再回到学校坐下来谈作战的体会感受，总结战斗经验。教员教得认真，学员学得刻苦，理论和实践结合、训练和实战结合，使基层军官在不长时间里都有较大提高。

1931 年 3 月底，闽粤赣省委在机关所在地虎岗召开省委扩大会议，传达中共中央于同年 1 月份在上海召开的六届四中全会精神。这次会议名义上是继续反“左”倾冒险的“立三路线”，实际上接受了比“立三路线”更“左”的王明教条主义错误。在地方上，提出以深入土地革命为中心，实行查田、查阶级的过“左”政策；在党政军中，全面开展“肃反”清除所谓“社会民主党”分子；在军事上，否定原来以游击战、运动战为主的人民战争的战略战术原则，代之以王明一伙提出的所谓“新原则”“正规原则”。这一切，最后落实到军事决策上，就是一点：保卫龙岗、虎岗，巩固以龙岩、永定为中心的闽西基地。

萧劲光不赞成这次会议的精神和决策。他认为，闽西是中央根据地的一部分，应该以中央根据地的大局为重。蒋介石发动的反革命“围剿”，进攻的主要目标是赣南的朱毛红军，闽西的红军应该以配合朱毛红军为战略方针，粉碎国民党军对中央根据地的“围剿”，而不是攻坚、硬拼，单纯保卫闽西根据地。但既然军事委员会决定了，萧劲光执行是坚决的。他主持将闽西仅有的红军主力新十二军从根据地北线调到南线的龙岩、永定一带。先是指挥部队攻打坎市，结果未能拿下，部队反受挫。继而又集中全力攻打大池、小池，拼实力、拼消耗，仍然未能打下来，部队再次蒙受较大损失。此后又与钟绍奎部等当地的军阀、土匪及叛离苏维埃政府的傅柏翠多次交手。由于确定了以“保卫龙岗、虎岗”为目的的战略方针，实际上拴住了部队的手脚，使部队不可能远离苏区去放手打仗，发展苏区，只能被动应付，单纯防御，虽然战斗有胜有负，但大都得不偿失。闽西这一军事指导方针持续了三四个月，直到 7 月份后，即第三次反“围剿”开始才停止。若干年后，回顾这段历史，萧劲光说：

> 在这期间，我指挥部队打了不少仗，虽然有些仗也打胜了，但苏区不但没有巩固，反而日益缩小；红军不但不能扩大，反而削弱了，教训是极其深刻的。在保守主义的“保卫龙岗、虎岗”方针指导下，开始我们在战略上采取的是单纯防御的方针，在敌人的“围剿”面前，把主力部队拉来拉去，处处招架，大门不出，后门也不去，自己把自己束缚在家里，反而让敌人到我们苏区

内部打游击，使自己处于被动地位。在战术上，也是只注意攻打据点，打正规战。如两次打大、小池，打坎市，都是硬拼，结果伤亡、消耗都很大。这些军事工作上的失误，我作为指挥员都是有责任的……

在挫折和失败面前，闽粤赣军事委员会认识到，在红军弱小、根据地不稳定的情况下，盲目地与敌人硬拼，打阵地战、攻坚战是不行的，更多需要的则是游击战、运动战。萧劲光与邓发、张鼎丞、罗明等一起认真总结了前一段失败的教训，冷静地分析了面临的形势：闽西苏区西侧有汀江等河流，回旋不便；南线敌人数倍于我，实力强大；而北部敌人仅为团匪，力量薄弱，且群众条件好，地域广大、粮食充足。在基本取得共识后，决定改变“保卫龙岗、虎岗”的战略方针，调动部队“向北发展”。按照这一战略方针，萧劲光拟定了作战计划：（1）先打上杭、永定之间的芦丰、丰稔两据点，巩固中央与苏区的联络线（是时中共中央领导驻上海），然后主力向汀州、连城方向发展，争取与中央苏区连成一片；（2）在南线，除地方武装外留下主力部队的三分之一，组织成立以罗明为书记的工作委员会，加强领导；（3）省委逐渐北移，第一步移向白砂。

1931 年 7 月，萧劲光按照既定方针先调第十二军一部南下，与彭杨学校的学员、虎岗警卫营一起攻打芦丰。在第十二军即将到来时，闽西军委发现盘踞芦丰的地方团匪钟绍奎等似乎已有察觉，有敌人增援芦丰的迹象。萧劲光果断决定，不等第十二军赶到，以虎岗警卫营并彭杨学校学员计 400 人，先行投入战斗，突袭攻占芦丰。当天下午，敌人援兵邱伯琴部赶到，双方展开激烈争夺，警卫营及彭杨学校学员当即撤往蓝家渡。翌日，第十二军部队赶到，当即向围击蓝家渡的钟绍奎、邱伯琴等匪部发起反击。激战一天，敌人被击溃。钟绍奎撤至汀江西岸的上杭，邱伯琴则逃出苏区。接着，红军攻占丰稔。而与此同时，虎岗已被敌人乘虚占领，省委领导张鼎丞、罗明、芦德光等人齐聚于丰稔。部队在丰稔休整数日，虎岗警卫营编入第十二军。闽粤赣省委、军委在此研究决定，罗明率第十二军一个团及地方武装留下，负责南线工作，第十二军主力部队挥师北上。省委机关移驻白砂镇（不久，因敌情紧张，省委继续北移至徐坊）。

8 月中旬，萧劲光指挥第十二军主力及彭杨学校学员向汀州、连城方向进军，数日抵达闽赣边境的汀州附近。钟屋村一仗，击溃了敌人主力卢兴邦、易启文等部并乘势夺取了汀州城，接着又攻占了连城等地。接连几仗打下来，势如破竹，干净利索，官兵个个扬眉吐气，部队士气高昂。9 月下旬，中央苏区红军在毛泽东指挥下胜利粉碎了敌人的第三次“围剿”，毛泽东率领红军进驻邻近汀州的瑞金城。中央红军第十二军（即原闽西老十二军）在罗炳辉、谭震林率领下到达汀州。至此，中央苏区和闽西苏区连成一片。新、老第十二军在汀州会师，合编为红一方面军第十二军。罗炳辉任军长，谭震林任政委，萧劲光任参谋长。

实践证明，闽西根据地这一阶段军事工作，符合闽西当时的实际，也符合毛泽东积极防御的战略方针和游击战指导思想。战绩也是显著的。但在此后不久批判所谓“罗明路线”、批判萧劲光的时候，“闽西向北发展”却成了“逃跑主义”，是萧重要的错误乃至“罪行”。

三、受命创建红军学校

第三次反“围剿”胜利后，红军和根据地获得了很大发展。赣南、闽西根据地连成一片，苏区拥有 21 个县城，总面积达 5 万平方公里，人口约 250 万。中央根据地进入全盛时期。

早在一年前中共中央就决定召开第一次全国苏维埃工农兵代表大会，中间几经变更，而今条件成熟了。1931 年 11 月 7 日，中华苏维埃第一次全国代表大会在瑞金召开。萧劲光与张鼎丞、郭滴人、邓发等作为闽西根据地的代表出席会议，第一次来到当时被称为“红都”的中央革命根据地首府瑞金。

这是中央革命根据地一次空前的盛会，闽西、赣南等各根据地代表 900 余人云集瑞金。古老的瑞金县城生机勃勃，城乡贴满红红绿绿的标语，到处笑语欢歌。经过一年多艰苦战斗的萧劲光，看到这一切既高兴又激动。在这里，他与何叔衡、王稼祥、瞿秋白、任弼时等同学、战友久别重逢，也再次见到了毛泽东。

在十月革命的影响下，灾难深重的中华民族一大批有志青年汇聚在马克思主义的大旗下，献身于救国救民的血火斗争中。此次代表大会八方英杰集会，可谓人员人才济济、群星灿灿。尽管如此，先后两次留学苏联且专门学过军事的萧劲光，依然很引人注目。会议开幕当天，军委机关交给他一个代会议起草关于红军教育管理问题决议（最后定名《关于红军问题决议案》）的任务。萧劲光接受任务后，异常兴奋，白天参加会议，晚上挑灯夜战，很快拿出了初稿。讨论决议草稿修改时，萧劲光对稿子作了说明，年轻气盛的他滔滔不绝地讲起了苏联红军的情况，对中央苏区红军建设也提了许多自己的看法。

他讲得很快，似乎成竹在胸，嗓门很大。坐在旁边的毛泽东，一边含笑听着他发言，一边指了指水杯说：“不要急，喝口水，坐下慢慢讲！”听了毛泽东的话，萧劲光的脸唰地红了。他意识到在这么多有资望的领导面前，自己过于自信了。虽然自己带过兵，留过学，也打过仗，但毕竟回国才刚一年多的时间啊！直到讨论会结束，他心里仍有些忐忑不安。

萧劲光完全没有料到，他起草的稿子和发言会引起那么大的反响。讨论会后，彭德怀、林彪、刘伯坚等人还对他的一些观点争论不休。萧劲光的发言给毛泽东留下了深刻的印象。毛泽东清楚地意识到，眼前的萧劲光已不是当年那个求知若渴的青年学生，而是一个有胆有识的红军将领，发言中许多意见是很有价值的。会议期间，毛泽东与军委领导取得一致意见：由萧劲光担任正在筹建的红军学校的领导工作。

会议结束的那天下午，萧劲光正在收拾行装准备返回闽西，毛泽东找来了。毛泽东说，现在形势发展很快，部队、地方到处需要人。中央根据地准备办一所红军学校，作为培养干部的基地，前些日子已派人去做筹备工作了。经过研究，决定派你去做红军学校的校长，你有什么意见？

“我行吗？”萧劲光完全没有思想准备，“我刚回国，不了解国内的情况，又没有经验。”

“我看你行。”毛泽东毫不含糊地说，“你在托尔马乔夫军政学院学习过，系统地学过军事理论，又带过兵。蒋介石能办黄埔，你就不能办红校？把教学力量配强些，认真办，我们的红校一定能超过黄埔。”

萧劲光懂得，军人以服从命令为天职，不能再说什么。会后，萧劲光被任命为正在筹建中的中央军事政治学校（简称“红校”）校长。由此，萧劲光离开闽西到“红校”赴任。

中央军事政治学校旧址

“红校”设在距瑞金城十多里的一个叫大树下的地方。这里树林茂密、荒无人烟。全部校舍就是学员自己动手，在山坡旁边背靠树林建起的一排茅草房。桌子、椅子等一应教学用具，都是东拼西凑的。教学条件简陋，但人员配备相当可观。学校分三个大队，大队长分别是粟裕、彭绍辉和龙云。邓萍任教育长，教员有左权、郭化若、陈伯钧、吴亮平、张如心、黄火青、伍修权等，大都是各根据地功绩卓著、知名度很高的人物。学员也基本上都是从在职领导干部中抽调出来的，政治素质好，有作战经验。看到这阵容，萧劲光既感到责任重大，很振奋，又信心十足。与原领导筹建工作的周以栗履行交接手续后，萧劲光立即全身心投入到建校工作中。由于时间紧迫，一边建设一边开展教学。

通过一段时间的教学实践，萧劲光参考苏联军政学院的教学方案，自行设计、拟定了教学大纲、教学方法，还没有来得及实行，他工作又发生了变动，接到了新的任命，而且要求“立即报到”。

萧劲光在红军学校，工作了只一个月左右的时间。

第五章　化“剿共”主力为红色劲旅

一、毛泽东再点将

1931 年底，随着红军第三次反“围剿”战争的巨大胜利，中央革命根据地喜事连连：苏维埃第一次全国代表大会召开、中华苏维埃共和国临时中央政府诞生、《中华苏维埃共和国宪法大纲》颁布、《土地法》颁布……就在这时，12 月 14 日，一个震惊中外的大事变在红白对垒、举国瞩目的赣南宁都发生：在中共地下组织的影响、策动下，被蒋介石调到江西“围剿”红军的国民党第二十六路军断然宣布起义，参谋长赵博生，旅长董振堂、季振同等联合发表声明，决定率领 1 万 7000 多官兵加入红军，反蒋抗日……

第二十六路军原是西北军冯玉祥的部队。1930 年 10 月，国民党新军阀蒋介石与冯玉祥、阎锡山中原大战结束后，蒋介石将其收入帐下，改编为第二十六路军留驻山东。翌年春，由山东一路南下调至江西，作为主力部队参加对中央苏区和红军的“围剿”。而今这样一支部队，掉转枪口起义了！

消息传开，中央根据地群情振奋。军委领导一边派总政治部主任王稼祥、军委秘书长刘伯坚等前往二十六路军新的集结地九堡恭候迎接，慰问安置起义官兵，一边连夜召开会议，研究起义部队的接收、改编工作。

经过研究讨论，军委一致通过：授予起义部队以中国工农红军第五军团的番号；任命季振同为第五军团总指挥，董振堂为副总指挥兼第十三军军长，赵博生为军团参谋长兼第十四军军长，黄中岳为第十五军军长。同时，很快确定了一批前往参加接收、改编工作的军、师、团各级领导干部的名单。这批干部经过精心挑选，异常得力强干。诸如旷朱权、何长工、黄火青、左权、程子华、朱良才、朱瑞、高自立、李翔吾、唐天际、宋任穷、赖传珠等，都是红军中声威赫赫的战将。然而，在这众多人中由谁带队作军团政治委员，大家议来议去，一时没有取得统一的意见。很显然，改造旧军队，身为党委书记的政治委员无疑是最重要的角色。这时，有人想到了毛泽东。

随着“左”倾教条主义错误在党内取得统治地位，毛泽东的领导地位受到严重的挑战。特别是自不久前召开的赣南会议后，他被分配做地方工作，在军事指挥上已很少有发言权。但长期形成的习惯，军委、总部几位原先的领导，有事还喜欢找他商量。军委会上关于红五军团政治委员人选没有形成统一意见。会后，军委委员、江西省委书记李富春又来到毛泽东的居处，征求他对改编起义部队的意见。

毛泽东正为此事担心。听了李富春的话，便坦率地说，这事关系重大。搞好了，1万7000多人，2万多条枪，对红军、对中央根据地是个大加强，搞不好，麻烦事也很多。应该派得力的人去。接着，他分析指出，这个二十六路军原先是冯玉祥的部队，上层军官多数是保定军官学校和冯玉祥西北军官学校的毕业生，有些人还毕业于日本仕官学校。这些人自视很高，很看重学历、资格。要派一个有学历、有能力，又有旧军队工作经验的同志去做改编的领导工作。

李富春说："按这个条件，萧劲光去最合适。他两次留苏，又在北伐军部队做过党代表。可他刚去了红校！"

"事情有个轻重缓急嘛！红校可以另派人去。"毛泽东干脆地说。很显然，他们想法是一致的。

12月8日，中央军委根据李富春的提议，调任萧劲光为新改编的红五军团的政治委员。同时，任命萧劲光在苏联留学期间的同学刘伯坚为军团政治部主任。

又是一个出乎意料的任命！接到命令，萧劲光心里异常激动。他留恋刚刚展开工作的"红校"，更明白去红五军团的意义。改造起义部队应该注意些什么问题？去了以后如何开展工作？从军委首长那里领受任务出来，萧劲光不由自主地向毛泽东的居所走去。

被免去军内领导职务，担任着中华苏维埃共和国临时中央政府主席的毛泽东，住在一幢旧式两层小楼上。屋里满是烟雾，桌子上堆着烟蒂。党内不正常的空气、复杂多变的政治形势，使毛泽东感到压抑。近日来，起义的第二十六路军的改编问题，更使他担心、着急。听到萧劲光被任命为红五军团政治委员的消息，他感到些许安慰，松了一口气。

在这间狭窄的小楼里，毛泽东与萧劲光进行了倾心长谈。他们从党内政治形势谈到根据地建设，从做好红五军团工作的意义谈到改造起义部队的方针、政策和具体措施。最后，毛泽东说："红五军团情况的确复杂，但工作也不是不能做好。我送你两句话。第一句话就是要处理好团结、教育、改造的关系。团结是基础，改造是目的，教育是一个关键的环节。没有团结，捏不到一起，思想涣散，什么都谈不上。只有表面上的团结，不经过深入细致的工作，也不可能发个声明就成了红军。起义部队能不能成为名副其实的红军，关键还在教育。第二句话就是要按古田会议决议办事。"说着，顺手递给萧劲光一本《红军第四军共产党第九次代表大会决议》（即古田会议决议），"两年来的实践说明，这个决议是有效的"。

毛泽东一席话，使萧劲光豁然开朗。他迅即赶回"红校"交代工作，前往红五军团报到。

二、按古田会议精神办事

第二十六路军宣布起义后，首先抵达第二十六路军驻地的是萧劲光留苏的老同学刘伯坚。

刘伯坚是四川省巴中（今平昌）县人。1920年赴法国勤工俭学，与周恩来、赵世炎等发起组织了“中国少年共产党”，1922年转为共产党员。同年底，他转入莫斯科东方大学学习，与萧劲光同班。大革命时期，刘伯坚受党的委托，在冯玉祥的西北军中任政治部主任，主持过西北军的政治工作。大革命失败后，刘伯坚也再次去了苏联，与萧劲光一起在列宁格勒军政大学学习军事。回国后，他到了中央苏区，任中央军委秘书长。由于国共合作期间的任职，刘伯坚在西北军官兵中有很高的威望。这次第二十六军起义，与他的影响和工作也有密切的关系。两次异国共同学习的经历，使萧劲光与刘伯坚结下了深厚的友谊。此次军委让他们一起去改编后的第二十六路军即红五军团任职，刘伯坚高兴，萧劲光也觉得心里有底。

前往红五军团报到的前夜，萧劲光与刘伯坚进行了彻夜长谈。刘伯坚根据自己原先掌握的情况和与起义部队初步接触的印象，向萧劲光作了详细介绍。

由于并非蒋介石的嫡系部队，第二十六路军到江西这半年多来常常是打仗在前，补给在后，吃尽了苦头。加之官兵大都是河南、山东一带人，初到南方，水土不服，疾病流行，半年多的时间里就死伤几千人。随着时间的推移，官兵们对蒋介石的不满情绪与日俱增。“九一八事变”后，在全国人民抗日怒潮的影响下，第二十六路军部分爱国将领联名通电蒋介石，要求北上抗日，蒋断然拒绝，更使官兵中的仇蒋情绪愈益加深。在这种情况下，地下党特别支部（党员刘振亚、袁血卒、王幼平等）抓住时机做工作，因势利导促成了这次由赵博生、董振堂与季振同一起领导的起义。

“通过几天的接触，我们感到还有一个突出的问题，就是这支部队不是经过长期酝酿，自下而上、上下一致自觉起义，而是由上级将领策划，以兵变形式起义。大部分官兵在开往苏区的路上还不知去干什么。直到赵博生、董振堂等人扯下胸章、帽徽，宣布起义，他们才恍然大悟。所以，官兵中的思想问题不少。”讲到最后，刘伯坚一句话概括：“情况复杂，困难重重，当然，也大有可为。”

对做过北伐军部队党代表的萧劲光来说，许多问题是意料中的。听完刘伯坚的介绍，他坚定地说：“那就让我们一起面对困难，展开工作吧！”

不出他们所料，整编遇到的第一个问题是部队思想不稳，人心惶惶。由于国民党长期的欺骗宣传，大部分起义官兵不了解红军是什么部队，不清楚苏区是怎么一回事，因而不明白为什么要起义，起义以后干什么。有的士兵甚至按照国民党的宣传，认为红军是“土匪”，与政府对立，担心当红军回不了家，连累父母妻子遭殃。在军官中则流传着一种说法：红军要兵不要官。说起义部队要按照红军的制度改造，军官要统统降职降级。他们看不起派进去的红军干部，对政治工作抵触情绪很大。有一部分进步官兵赞成起义，愿意当红军，但对红军到底是怎样一支部队、起义有什么意义，也说不清。董振堂、季振同等起义的主要领导人虽然欢迎萧劲光、刘伯坚等人到来，希望能够尽快完成整编，稳定部队，但由于对红军的制度、传统缺乏了解，做事、处理问题也有些谨小慎微、缩手缩脚。针对这种情况，萧劲光一到，就与刘伯坚分头到红五军团三个军的驻地九堡、沿坝、石城，看望部队，与各军、师的团以上干部谈了话，作了调查研究。为了体现政策，根据董振堂的要求，萧劲光与赵博生（赵博生在起义前已是共产党员）一起介绍董振堂加入了共产党。在军团主要领导取得共识的基础上，专门拿出两天的时间集中学习古田会议决议，突击拟定改编方案。很快，部队改编整顿工作即全面展开。

首先是政治建军。从红军部队和红校中抽调了 200 多名政工干部，编配到红五军团，担任师团等各级政治委员和基层部队的政治指导员。同时建立各级政治工作制度，使部队政工领导干部有职有权。接着，发展部分思想进步、政治立场坚定、在起义中表现突出的官兵入党。通过这一系列措施，壮大部队的骨干力量，形成自上而下的政治工作网。董振堂入党后，季振同很快也提出了入党的要求。季振同时年 30 岁，是河北沧州人。他出身大地主家庭，从小过着大少爷生活。曾任冯玉祥手枪旅旅长，长期有一个警卫班专为他服务。所在部队改编为第二十六路军到江西后，季振同是其中最具实力的第七十四旅旅长。由于他的支持，才使如此大规模的起义能够顺利实现，是有大功的。但距一个真正共产党员的标准，他显然有距离。萧劲光将此事报告了中央革命军事委员会。中革军委经过慎重研究，作为特例，由周恩来和朱德做介绍人，批准他入了党。

组织健全、部队思想稳定下来后，萧劲光亲自坐镇举办政治训练班，对团以上军官进行红军宗旨、使命和共产主义理论培训。这样一来，萧劲光在苏联学过的东西有了用武之地。他以两次留学苏联的见闻为例，把抽象的理论课讲得绘声绘色、生动活泼。军官们都为他的课所感染，佩服他博学多识。一次课后，季振同坦诚地对萧劲光说："过去，我就佩服毛泽东和刘伯坚，现在我也佩服你。共产党里有能人，我听你的！"与此同时，在部队进行普遍的思想教育，向基层官兵讲红军部队的性质，讲军民、官兵关系，讲政治、军事、经济三大民主，讲三大纪律八项注意，宣传废除长官打骂士兵、喝兵血等封建军阀制度，使大家了解红军，热爱红军。

为了扩大教育效果，军团政治部还有计划、有针对性地组织部队轮流到中央根据地党政机关、红军学校参观学习，让大家亲眼看一看红军官兵的工作、学习、生活。中央临时政府、中革军委对红五军团的这些做法，大为赞赏，主动积极配合。参观期间，中央和政府领导人毛泽东、朱德、项英等亲自出面接待，给他们讲道理。苏区召开各种代表会议，都尽可能邀请红五军团官兵参加，请季振同或其他领导讲话。地方党组织也发动群众带着猪肉、鸡蛋、蔬菜到部队慰问，欢迎红五军团。这一系列活动使官兵们真切体会到红军与国民党部队本质上的不同，感到当红军有奔头。

起义部队官兵大部分是北方人，到江西后生活很不习惯，身体素质下降，病员增加。部队除了在薪饷上给予适当照顾外，萧劲光还征得军委的同意，从红军中抽调了一部分有经验的老司务长、老炊事员充实到红五军团，帮助部队调剂生活。伤病员则根据轻重缓急安排到红军医院或老百姓家里救治、调养。生活上细致入微的体贴、照顾，使官兵们亲身感受到党的温暖和人民群众的关怀。部队思想日趋稳定，精神面貌一天天发生变化。

在整编过程中，萧劲光不仅注意政策，讲究方式方法，而且充分尊重和信任部队原有的领导，维护他们在部队的威信，真诚地与他们交朋友。很快，萧劲光就与他们特别是总指挥季振同，成了无话不谈的知心朋友和搭档。当时，中央根据地部队中还盛传着萧劲光与季振同同台演出的佳话。

为了帮助官兵们具体了解什么是马克思主义、什么是社会主义，萧劲光在军团机关讲了一堂“关于帝国主义学说”的课。由于依据的教材是列宁的“帝国主义论”，受文化水平的限制，不少官兵对讲课内容不理解。有的战士提出：“整天讲打倒帝国主义，到底什么是帝国主义？”针对这种情况，萧劲光请刘伯坚组织创作了一个活报剧，萧劲光亲自参加了演出。

活报剧有三个主要人物，萧劲光演一个帝国主义分子，季振同演一个军阀。排练过程中，毛泽东听说后极力为萧劲光的做法叫好，并主动提出要自己的夫人贺子珍参加演出，饰演一个坚贞不屈的共产党员。政委、总指挥、主席夫人同台演出，你唱我和，化装惟妙惟肖，官兵掌声不断，演出气氛十分热烈。演出后好长一段时间，萧劲光、季振同私下常以“帝国主义”“军阀”互相戏称，彼此关系非常密切，工作上也更加协调，配合得力。

在整编过程中，不少军官收到了国民党部队的策反信，有的同乡、亲属还化装混进部队，做策反工作。不少人主动上交了策反信，检举了策反的人，不为名利诱惑所动。为了反击国民党部队的策反，有个师还组织印发了《答复孙连仲高树勋并告全国工农兵书》：

> 我们有眼看见有耳听见有脑子可以明白，红军是工农的武装力量，红军中官兵一律平等，与军阀军队专替某一人打仗还要受很厉害的压迫完全不同……我们看见贫苦工农都真正得到了解放，工人增加工资，实行八小时工作制，农民分了田，都有衣穿、有饭吃，与充满了饥荒灾祸的国民党统治下的白色区域完全不同；我们又看见了苏维埃中央政府和各地的苏维埃负责人员都为工农办事，都很勤苦努力，真正能代表劳苦群众的利益，与南京国民党政府及县政府的主席、委员都是军阀官僚政客，只知剥削压迫人民，不替人民做一点好事完全不同。所有这一切不同的情形，使我们感到当兵多年，到如今才真正找到出路……

短短一个多月的时间，不仅部队思想逐步稳定，精神面貌有了明显变化，官兵言谈举止也大不相同。到红五军团帮助、指导改编的总政治部副主任聂荣臻，经过与官兵交谈、了解，高兴地对萧劲光说：红五军团开始“红”了！

三、平息反水风波

红五军团的整编也并非一帆风顺。随着整编工作的深入，加上部队初步稳定后，有些人思想上产生了麻痹情绪，1932 年 1 月底，在少数中上层军官的策动下，红五军团部队发生了一次大的“反水”风波。

风波最初是由对部队进行民主改造引起的。

经过几次选调配备，到 1932 年 1 月中旬，红五军团各级政工干部已基本上配齐。由于调入的人数较多，调入干部的思想工作水平参差不齐。部分基层政工干部受“左”倾路线的影响深，政策水平较低。他们忽视了红五军团与其他红军部队在人员成分上的区别。在教育中不适当地强调阶级成分，强调“官兵一致”，致使少数营、连在宣传贯彻政治、军事、经济三大民主时，发生了士兵控诉军官的现象。有的战士甚至声泪俱下地哭诉几年来受的体罚、肉刑，说这是地地道道的“阶级报复”。对此，长期生活在旧军队中的军官们难以理解，对政治教育产生了抵触情绪。有的人无奈地说：“这样下去，兵谁还能带？”加上国民党当局不甘心失败，不断通过人员渗透策反、连日派飞机在营区上空撒传单进行反动宣传，一时间，红五军团官兵思虑重重，部队人心惶惶。原本就对起义心怀不满的部分中上层军官，乘机推波助澜。“红军要兵不要官”“团以上军官很快统统都要撤换”“不服从整编的部队要武力解决”等，各种谣言如夏日飞蝗，满天乱飞。有的人还别有用心绘声绘色地传言：十五军已被监控。红四军三天前就在九堡山上埋伏好了，随时准备缴十五军的枪。

在重重谣言的蛊惑下，驻石城的十四军工兵连副连长于深夜乘人不备，带领多名士兵杀死连里的政工人员，反水而去；一些营、团干部，部分师级干部，也牢骚满腹，怪话连篇，三五成群地商量要离队出走……形势比较严重的十五军，几个师都发生了军官逃跑事件。

军团部和十五军都驻扎在九堡。形势最紧张的那天，军团部和十五军相熟的官兵们搅在一起，营区内外熙熙攘攘，空气非常紧张。萧劲光、季振同与十五军军长黄中岳等领导干部在军团部办公室里屋开会，十几个打好背包嚷着要离队的军官，就倚高就低坐在外屋门口，等候答复。

季振同何曾见过这种阵势！一些谣言，他也真假难辨，不知作何解释。会议一开始，他就半是疑惑半是焦急地问萧劲光：“政委，到底是怎么回事，你要说清楚。”

萧劲光也有些着急。只是他了解情况，有思想准备，所以还沉得住气。他反复宣传党的政策：有些东西已讲过多遍了，现在没有任何变化，以后也不可能变化。什么“要兵不要官”“部队要彻底清洗、团以上干部要统统撤换”，全是谣言，国民党挑拨，大家不要相信！前两天还传说“季振同、黄中岳被军委扣起来了”呢，现在不是好好地坐在这里吗？中央领导是怎么谈的，大家不是很清楚么！至于“武力解决”，更是没影的事。萧劲光在会上讲完，又出来向嚷着要离队的官兵们讲，大家情绪仍然平静不下来。萧劲光一时难下决断，遂翻身上马，向30里外的中央局和军委驻地瑞金城驰去。

他首先到了军委机关。在“左”倾教条主义的影响下，当时的中央、军委领导同志在许多重大问题上认识很不一致。听了萧劲光的汇报，有位领导表态说，可先把带头闹事的干部控制起来，下一步慢慢再说；有人提出要立即派部队，武力解决。另有位领导不等萧劲光讲完便火冒三丈，拍着桌子叫喊“要快刀斩乱麻”。萧劲光不赞成这些做法，但感到也难以说服大家，于是提议说：“先不要这样，可进一步做做工作再说。”说罢就离开军委办公室，径直向毛泽东的居所走去。

对毛泽东，萧劲光是越来越佩服了，他思考问题深远，处理问题周密。自到红五军团以后，每遇到棘手的事情，萧劲光就去向毛泽东请教，每次去都能得到满意的答复。跨进毛泽东的房间，萧劲光喘息未定就开门见山地说：“主席，我找你请教来了。部队有人闹事，军委有的领导要武力解决，你说该怎么办？”接着向毛泽东汇报了部队的情况、军委领导的意见。

“他们要武力解决，你的意见呢？”毛泽东一边给萧劲光倒了一杯水，一边问。

“我不同意武力解决，那样事情会更糟！”

“怎么能武力解决呢？”毛泽东成竹在胸地说，“他们是自觉起义，要相信他们中多数人是愿意参加革命、愿意当红军的。真正想走的只是一小部分。所以，只能‘剥竹笋’，分层来，把各种不同想法的人区别对待；不能‘割韭菜’，不分青红皂白的‘一刀切’。武力解决，无论如何不行！红军和起义部队打起来，正好上了敌人的当。敌人就会借此大做文章，影响就大了！”接着毛泽东与萧劲光一起具体分析了风波的起因和处理的方法。

听了毛泽东的分析指点，萧劲光顿觉心明眼亮，立即飞马返回九堡。

红五军团会议室里，季振同、赵博生、黄中岳等领导人一边关注事态的发展，一边等候军委的回音。萧劲光一走进来，大家便站起来齐声问道，见到谁了？军委什么意见？

萧劲光招呼大家坐下，接着向大家汇报了去军委和见毛泽东主席的过程。然后以钦佩的口气如释重负地说，临行前，毛主席告诉我，你现在就回去对要求离队的同志们讲，就说我说的，干革命靠自觉，不能勉强。共产党的政策是留者欢迎，走者欢送。愿意继续留下来当红军的，我们一起干；不愿意当红军想走的，我们欢送，发足路费，想什么时候走就什么时候走。走还是留，大家自己拿主意。军委不干涉，军团的领导同志也不要干涉。只是一条，希望大家千万不要听信谣言，不要上敌人的当。

萧劲光把毛泽东的意见如是一传达，季振同第一个表示赞成。他扫了大家一眼，一拍桌子站起来：“好，毛泽东高明，就照他说的办！”随即几步跨出去，向聚集在外屋和办公室门口的官兵郑重宣布：已请示过军委和毛主席，当初起义是大家自愿，现在去留自由。愿意走的，现在就可以走，给你们发路费。说话间，让人把自己积存的一部分光洋和白区的票子拿出来，当场分给了几个急着要求走的军官。并问道，还有谁着急走，稍停把路费发给你们。

听了季振同的话，再没有人喊叫。如是处理这场风波，大出起义官兵们的意外。走还是留？大家你看我我看你，一时反倒没了主意……

事实面前，各种谣言不攻自破。一场雷鸣电闪的风波平息了。结果，闹着走的人多数没有走，表示愿意留下来革命。有些人走了，离队后找不到出路，过了一段时间又自动回到了部队。部队履行诺言，召开欢迎会，热烈欢迎离队的同志归来。萧劲光还专为这事开了会，教育各级领导正确对待离队后回来的同志。他强调说，应允许思想上有反复，工作使用上要一视同仁，任何人不得歧视。

风波平息后，经过一段耐心细致的思想工作，部队进一步稳定下来，军政训练相继系统展开。鉴于这支部队过去长期在平原地区作战，主要打阵地防御战，全靠擒拿格斗、大刀拼杀。而眼下地处山区，老办法不灵了。军团从其他部队请来有实战经验的官兵，具体讲授红军的一套打法。与此同时，广泛开展尊干爱兵教育，开展文体活动，使部队上下关系更加融洽、部队更加生气勃勃。

为了克服旧军队的小团体主义，增进部队的团结，经请示军委批准，从2月中旬开始，打破原师团建制，进行人员调整，实行全军团范围内混编。同时，选拔部分军官进红军学校学习深造，再次吸收一批思想进步、表现突出的人入了党。经过3个多月的整编，红五军团面貌大变，真正由旧军队变成了一支新型的人民军队。

四、红五军团“红”了

时过不久，红五军团便参加了组建后的第一个战斗——赣州战役。

赣州战役是在1932年2月初打响的。战役指挥员是第三军团总指挥彭德怀。第三军团官兵士气旺盛，打得十分英勇。但由于赣州城三面环水，一面是坚固的城墙，防守严密，强攻未能得手。彭德怀便组织部队进行坑道作业，试图利用地道接近敌人的城墙，通过地下爆破突破敌人的防线。因为敌人火力太猛，连续几次仍未获成功，部队伤亡惨重。严峻的态势下，军委命第五军团迅疾前往增援。

接到命令，萧劲光、季振同迅即率红五军团第十三、第十四、第十五军三个军部队，连夜向赣州进发。至驻茅店、江口一带，与红三军团总指挥彭德怀取得联系，遂请示军委批准第十五军进至储潭、大湖口一线，其余部队进至赣州外围里镇、梅林（今赣县）一带，待命阻击前来增援的敌人。

至时，第三军团部队浴血奋战已将近一个月，部队伤亡重大且异常疲乏。赣州城内的敌人自恃有援兵，全面出击，一下把第三军团挖地道的一个师全部包围在中间。情况十分危急！第五军团部队闻讯火速赶到，如猛虎下山，手持大刀冲上去，奋力砍杀，与敌人展开肉搏战。第三军团官兵见援军突降，士气大增，全力反击。一时间，阵地上刀光闪闪，杀声震天，敌人血肉横飞。一场激战，出击的敌人大部陈尸阵前，少数人连滚带爬逃回城里。第三军团深陷重围的一个师，转危为安。

前后历时一个月，赣州也未能拿下，终于3月7日撤围。战前，被剥夺了军事指挥权的毛泽东就极力反对这一战役。毛泽东清醒地预见到，在明显敌强我弱的形势下，攻打敌人重点防御的城市，是难以取胜、得不偿失的。但第五军团组建后首次参战，勇猛顽强、横扫千军的气势，却给人留下了难忘的印象。半个世纪后，一位当年第三军团参加战斗的老同志看望萧劲光时，仍然念念不忘那次战斗，说：“要不是红五军团全力救援，我们师那次就全完了，真的被敌人包饺子了！”

1932年4月中旬，红五军团奉命抵达龙岩地区。主要任务是维护龙岩至龙山、汀州至上杭的交通线，保障漳州战役的顺利进行。这时龙岩刚刚打下不久，情况非常复杂。红军到达以后，土豪劣绅大都逃进土围子，土匪则散匿在周围大小山里。群众受欺骗宣传，不少人也躲进山中。城里市场萧条，粮米很贵。为了保证任务的完成，第五军团一面打土围子、打土匪，筹粮筹款，一面整顿部队，严格群众纪律，发动群众，恢复苏区。在纪律整顿中，第十三军明确规定：任何人不得无故放枪，违者坐禁闭。

一天，副总指挥兼第十三军军长董振堂在擦枪时不小心走了火。有的士兵半认真半开玩笑地说：“不是讲开枪要坐禁闭吗？军长开枪了，要不要坐禁闭呀？”董振堂向来不苟言笑，言信行果，办事极其认真。这些议论传到他的耳朵里，董振堂打起背包要去坐禁闭。萧劲光听说后，连忙前去制止，说，规定是“不准无故放枪”，而你是无意中走火，这是两码事。董振堂仍然坚持去坐禁闭。萧劲光急了，认真地说：“如果你一定要坐禁闭，我也陪你一起去好了！”这样，董振堂才没有坚持。但这件事很快传开了。副总指挥这样严格要求自己，模范遵守纪律，官兵们还有什么说的呢！部队良好的纪律扩大了红军的影响，赢得了当地群众真诚的信任。

不久，第五军团在毛主席、朱总司令的亲自指挥下，于水口地区打了一场恶仗，即著名的水口战役。

同年 6 月底，第五军团到达芥子圩，待机与第一、第三军团夹击南雄一带的粤军。7 月 7 日，粤军张枚新第四师抵达乌迳。军委遂命令第五军团迅速出击消灭张部于乌迳、新田一线。第五军团立即作出部署，令第十三军担任正面攻击，第三军（此前调整，第十五军调第一军团，第三军调第五军团）迂回左翼包抄。翌日晨，获悉敌人已于夜间向水口方向逃窜。军团便改变部署，命令第三军追击敌人。第十三军取捷径直奔水口，横插到敌人前面，截断敌人的退路。当日下午，战斗打响。在第五军团部队的猛烈攻击下，两个团敌人不敢接战，慌忙溃逃。

9 日一早，第五军团接到军委消灭水口之敌的命令。萧劲光、董振堂（此时季振同已调离，董振堂任军团总指挥）立即指挥部队分头包抄，在浈水南岸高地与敌人展开激烈拼杀。中午，敌人援兵赶到。粤军以九个团的兵力向第五军团阵地猛扑过来，战斗更加激烈。在双方拼死的争夺中，阵地多次易手又夺回。部队伤亡严重，预备队已用尽。第三军团两个师的连、团干部大部分伤亡，部队几乎失去指挥。军长、政委、参谋长都亲临前线指挥部队。

萧劲光赶到阵地前沿，冒着枪林弹雨指挥战斗，鼓动官兵英勇杀敌。他大声喊道：“同志们，党考验我们的时候到了！有我们的坚强，就没有敌人的疯狂！坚决打退敌人的进攻，胜利是属于我们的！”最紧张的时刻，总指挥董振堂也把外衣脱掉，冲上阵地，身穿一件白衬衣与敌人白刃格斗。

敌人一次次进攻，又一次次被打退。阵地上尸横遍野，战士们个个血迹斑斑……下午 4 时，红军兄弟部队援兵赶到，看到第五军团阵地的壮烈场面，不等命令下达便冲进阵地投入战斗……当晚，打退了敌人的进攻，第五军团奉命选择有利地形，坚守待援。

10 日黎明，第一军团和第三军团第十二军先后赶到。毛泽东和第一军团总指挥林彪、政委聂荣臻也来到第五军团指挥所。听了萧劲光、董振堂的汇报，观察了两军对峙的态势，毛泽东亲自部署，指挥部队马上出击，坚决消灭阵前敌人。此时，粤军司令官陈济堂也调来 8 个团增援。但在红军的强大攻势下，全线溃退，狼狈逃窜。

水口战役，第五军团浴血奋战三昼夜。阵地前，单是用刀砍死的敌人就有900多。他们与兄弟部队一起，击溃敌人20多个团。战后，遭受沉重打击的粤军全部退出赣南，使中央根据地南大门得以安宁和巩固，为主力部队向北发展创造了条件。

战役期间，正值盛夏，天上酷日当头，三四天滴雨未落。有时水和饭送不上来，战士们饿了嚼口生米，渴了喝稻田里的水，夜晚露宿在横躺着敌人尸体的阵地上。战争如此残酷，第五军团官兵没有一人畏敌怯战、临阵逃脱。事实证明，由起义部队改编的红五军团，经过教育整顿、战火考验，已成长为一支英勇顽强、有战斗力、可以信赖的红色劲旅。

这支部队在以后的第四、第五次反“围剿”中，在万里长征路上，拔城克险，屡建奇功。赵博生、董振堂等一大批英雄官兵、中华民族的优秀儿女，为革命事业献出了宝贵的生命；姬鹏飞、李达、黄镇、王幼平、袁血卒、苏进、孙毅等，久经战火的锻炼考验，成长为新中国开国功臣，在中华民族历史上写下了不朽的篇章。

1938年，在萧劲光的提议下，毛泽东在延安接见了参加宁都起义的部分同志，与大家一起合影留念。并在照片上题词：“以宁都起义的精神用于反对日本帝国主义，我们是战无不胜的。”

令人遗憾的是，在王明“左”倾路线统治下，在起义中发挥过重要作用的季振同、黄中岳等被错误处决。延安时期直到新中国成立后，毛泽东怀着无比痛惜的心情多次讲过：“季、黄在宁都起义中是有功的。没有他们，全部起义是不可能的，

萧劲光（左一）和毛泽东（左三）、王稼祥（左二）与参加宁都起义的部分同志于1938年在延安合影。

把他们处决是错误的。"

对季振同、黄中岳问题的认定和处理，是在他们两人调离红五军团以后。对此，紧张战斗中的萧劲光全不知情。但长期以来，萧劲光对此一直心结块垒，终不释怀。"文化大革命"后，党中央组织起草《关于建国以来党的若干历史问题的决议》，总结历史经验。年近八十高龄的萧劲光便与红五军团健在的老同志一起提议，请中央复查被错误路线迫害致死的季振同、黄中岳的案件，为给他们平反昭雪奔走呼吁。1982 年，中央组织部根据萧劲光等人的建议和提供的线索，对案件进行了全面复审。终于澄清事实，对季振同、黄中岳的历史贡献给予公正评价，并为他们彻底平反。

萧劲光在红五军团任上，干了整整一年的时间。建（宁）黎（黎川）泰（宁）战役后，中央根据地进一步扩大。苏区中央局为了推行冒险主义的"进攻战略"，继续将矛头指向敌人重兵把守的金溪、资溪等中心城市，组建了建黎泰警备区。1932 年 12 月 30 日，中央军委颁发命令，任命萧劲光为建黎泰警备区司令员兼政治委员，担负整顿、训练这些地方的游击队和民兵，配合主力部队作战，并为前方主力部队补充兵员的任务。

建黎泰警备区驻在红一方面军驻地建宁。命令一下，萧劲光便到建宁赴任，离开了红五军团。

第六章　铁窗内外命系一“线”

一、参加第四次反“围剿”

国民党军三次“围剿”中央革命根据地，不仅损兵折将，而且使根据地面积越来越大，红军实力越来越强，蒋介石颜面丢尽，大为恼火。经过苦心谋划，于1933年1月调集30多个师、50多万兵力，分左、中、右三路向中央苏区发动第四次“围剿”。

担负“围剿”主攻任务的中路军，约16万人，是由陈诚任总指挥的蒋介石的嫡系部队。所属三个纵队的具体部署是，罗卓英率领的一纵向乐安、宜黄集中；吴奇伟的二纵向抚州龙骨渡集中；赵观涛的三纵向金溪、浒湾地区集中。其总的企图是，将红军分割在黎川、泰宁、建宁、广昌以北一线，与红军决战并一举歼灭，占领红军新开辟的建黎泰地区。继而，伺机向南与福建、广东的左、右两路军形成合围，彻底摧毁中央革命根据地。

这样一来，地处中央苏区北线的建黎泰地区形势严峻了。为了打破敌人的“围剿”，中央军委决定集中兵力，先发制人。抢在蒋介石展开部署之前，命方志敏领导的闽浙赣军区红军南渡信江，到达建黎泰地区，编为红十一军，归红一方面军指挥。2月，军委任命萧劲光为红十一军政治委员（军长周建屏），率部参加第四次反“围剿”战役。

2月20日，萧劲光与军长周建屏按照方面军总部的要求，指挥红十一军伪装成红军主力，从新丰东渡抚河，大摇大摆地向黎川开进。在苏区地方游击队袭扰下，捕捉不到红军主力所在的蒋军发现了红十一军的去向，错误地认为红军主力已东移黎川，于是命中路军迅疾向广昌、黎川推进。当罗卓英率领的一纵行至宜黄的黄陂山下时，早已埋伏在这里的红军主力突然发起猛烈攻击。在出其不意的打击下，敌人慌作一团。敌中路军一纵第五十二师被悉数全歼。第五十九师除一个团逃脱外，其余也被就地歼灭。待敌第二纵、第三纵吴奇伟、赵观涛等发现上当，指挥部队赶到宜黄增援时，红军已胜利撤出战斗。

黄陂伏击战后，陈诚于3月中旬调整部署，将中路军各部六个师编为前、后两个纵队，由宜黄经东陂、甘竹向广昌进攻，企图寻歼红军主力于广昌地区。此次战斗中，红十一军再次受命担任钳制和吸引敌人先头部队东进的任务，诱敌深入，给主力部队创造歼敌的机会。命令一下，萧劲光率部在前面牵着敌人前纵的鼻子走，主力部队则北移至东陂地区埋伏待机。当敌人的前纵通过四个师的部队后，埋伏待机的红军部队一跃而起，截断敌人后纵的第十一、第九师。结果这两个师大部被歼，只有少数敌人仓皇冲出包围圈，撤至南丰。

黄陂、东陂两次战斗，是中央根据地第四次反“围剿”战役中的重要战斗。虽然这时王明“左”倾冒险主义已开始在中央根据地占统治地位，毛泽东的军事指挥权已被剥夺，但由于主持军委工作的周恩来、朱德吸取了前三次反“围剿”的成功经验，从实际出发，采取了诱敌深入、声东击西，集中优势兵力、各个歼灭敌人等灵活机动的战略战术，萧劲光等红军将领已熟悉、领略毛泽东创造的符合根据地战争实际的一套打法，从而使第四次反“围剿”再次取得了重大胜利。

红五军团成功改编，大大提高了萧劲光的声望。调任红十一军政治委员后，率部参加第四次反“围剿”战争，接连赢得黄陂、东陂等战斗的重大胜利，使其在中央根据地红军官兵中更受到广泛的称道和赞扬。同年 4 月底，根据形势发展和政治、军事上的需要，苏区中央局决定将建宁、黎川、泰宁、金溪、资溪、光泽、邵武及信江、抚河之间的地区，划为闽赣省，成立省委和省政府（时名“省革命委员会”）。由顾作霖、邵式平分别任省委书记、省政府主席。同时组建闽赣省军区，萧劲光调任新组建的闽赣省军区司令员。

至时，萧劲光自闽西调到中央根据地不过一年多的时间。一次次岗位调动，接连开创新的工作局面，使萧劲光高大的身躯，棱角分明又略带胡楂的脸庞，越来越被中央苏区官兵所熟悉。人前人后常听官兵啧啧连声：萧司令，文武全才！

然而，部队上下谁也没有想到，几个月后，中央根据地首府瑞金仿佛在一夜之间传出了爆炸性新闻：萧劲光被撤职查办了！

二、“罗明路线在军队的总代表”

早在半年前，萧劲光在以自己卓有成效的工作、战绩赢得红军官兵广泛赞誉的同时，已引起中共临时中央（1933 年 1 月，临时中央从上海迁入中央革命根据地）某些当权者的注意。

1932 年 10 月，中共苏区中央局在江西宁都县境内召开了全体会议。通过这次会议，完全剥夺了毛泽东在党内和对红军的领导权。毛泽东在三次反“围剿”中指导部队赢得重大胜利的军事战略，被宣布为“纯粹防御路线”“游击主义”。有人甚至提出，“毛泽东及其拥护者是当前的主要危险”，必须开展“反右倾斗争”，对毛泽东“进行及时和无情的打击”。慑于毛泽东在苏区和红军中的威望和影响，这种“斗争”和“打击”被隐讳地称为“反罗明路线”。

罗明，时为福建代理省委书记。在这场斗争中，他与江西根据地几个中心县委书记邓小平、毛泽覃、谢维俊、古柏等一大批在根据地有影响的领导干部受到无情打击，被撤职处理。在军队内，很快波及到逐渐谙熟、坚持毛泽东战略战术，深受毛泽东赏识的萧劲光。他们要拿萧劲光开刀，用“撤职查办”，教训“毛泽东的拥护者”。

至于理由，据说是因为萧劲光“右倾怯战”，是“罗明路线在军队的总代表”。主要罪行有两条，一条是黎川失守，一条是浒湾失利。刚刚结束的浒湾战斗，是“撤职查办”的直接缘起。

浒湾战斗，又叫八角亭战斗，是红七军团成立后的第一次战斗。红七军团是1933年10月底成立的。“以寻淮洲为军团长，萧劲光为政委，指挥第十九、二十、三十四师和第十军南下独立团。”由于战事紧张，寻淮洲没有到职，红七军团组建工作由萧劲光主持。第三十四师和第十军南下独立团也没有履编，全部兵力只有以周建屏为师长的第十九师和以粟裕为师长的第二十师，且都不满编，加起来一共只有2000多人。刚组建完毕，萧劲光就接到军委的命令：国民党军一个师的兵力出资溪沿金溪公路向浒湾移动。红七军团归彭德怀指挥，进抵八角亭阵地阻止敌人进击，掩护彭德怀率领的主力第三军团集结，配合第三军团消灭黎川外围的敌人，进而“收复赤色黎川”。具体说，红七军团担负的任务有三：一是钳制浒湾之敌；二是截断金溪至浒湾的公路，阻止敌人向浒湾移动；三是待红三军团赶到后，彼此策应合击，将敌人一举歼灭。

11月11日，萧劲光奉命率红七军团两个师进入阵地。依军委的战役要求，第十九师配置于北部高山地区，钳制浒湾敌人并准备与前来的红三军团形成合围。粟裕率第二十师大部在浒湾南面10多华里处建立阵地，萧劲光亲率几百人在另一面建立阵地，待机发起战斗，阻击敌人去浒湾。当天下午，国民党军一个师的部队抵近金溪公路，萧劲光当即指挥部队奋起截击，将敌人阻止在一片森林地带。一场勇猛出击，不仅有效地消灭了敌人，且缴获了大量的枪支、弹药等战利品。但是，红七军团部队与敌人激战一夜一天，担任主攻的第三军团还没有按部署到位。次日傍晚红三军团赶到时，敌人已经在森林里构筑起工事，有了充分准备。13日黎明，萧劲光获悉红三军团主力赶到，立即主动配合，指挥部队向敌人发起攻击。但由于敌人兵力充足，准备充分，攻击没有奏效。而后，敌人出动十几架飞机在红军阵地前狂轰滥炸，第三军团伤亡700多人，再无力进行突击。当晚，被围敌人在驻浒湾国民党军装甲车的接应下，集中兵力冲破红军的包围圈，打通了去浒湾的道路。敌人进入浒湾，萧劲光率领的红七军团处于敌人的后方，此前也已伤亡300多人，不得不撤出战斗。

浒湾之战失败了！共产国际派来的军事顾问李德火冒三丈。这一仗完全是按照他的部署打的，“阵地战”，“短促突击”。进入中央根据地兵戎初试，竟如此之惨！接到战报，他瞪着蓝眼睛大叫：“仗这么打？谁放弃浒湾，必须严办！”临时中央当权者博古等人也跟着喊，宣称“萧劲光消极避战，要撤职查办”。

不久，总部派人调查了浒湾战斗的经过，分析了失利的原因。只是调查的结论令他们失望：彭德怀坦诚说明，浒湾失利责任不在萧劲光，主要原因是第三军团的主攻没有打好。但李德、博古他们全然不顾这一事实，仍别有用心地把罪责全加在萧劲光身上。

然而，仅此一例显然不足以“撤职查办”。于是，他们联想到了“黎川失守”。博古对李德说：“萧劲光一贯右倾，黎川就是他双手送给敌人的！”

李德连连点头，表示赞同博古的看法。其实，李德对“黎川失守”并不很清楚。那是两个月以前的事，那时李德刚刚到这里。

黎川，地处中央苏区的北大门，当时的闽赣省委、省政府和省军区都驻在这里。不管从哪个角度说，黎川都算得上是一个重镇。但由于奉行“左”倾冒险路线的临时中央主张“御敌于国门之外”“两个拳头打人”，企图在两个战略方向上同时取得胜利，防守部队全被调遣在外。1933 年 9 月敌周浑元部以 3 个师的兵力推进到黎川城下时，黎川完全是一座空城。远在福建遂行作战任务的萧劲光，接到回调命令后，意识到了形势的严峻。根据敌人进攻的态势和黎川防备空虚的现实，萧劲光建议红军主力迅速集结于黎川东北的光泽、资溪一带，从侧面打击进攻黎川的敌人，不要死守黎川。这个建议当即被军委领导否定了。因为在这以前，毛泽东也曾建议过采取诱敌深入的办法，将敌人吸引至黎川附近的山区根据地，集中红军主力在运动中将其歼灭，也未被采纳。这样，当萧劲光星夜赶回黎川时，闽赣省委、省政府已奉命撤出黎川，省委书记顾作霖、省政府主席邵式平也都已经走了。在大兵压境的形势下，偌大黎川城守卫部队只有一个不足 70 人的教导队。

9 月 25 日，敌人 3 个师部队由南城、峭石向黎川攻击前进。数日间，敌人先头部队便占领了黎川外围阵地，并派别动队插到黎川后面。在敌人即将形成合围，待援无望，眼见退路行将被切断的紧要关头，萧劲光果断地部署了撤退：发动群众协助将伤员突击运走，物资统统转移城外，机关文件、图表一一销毁。之后，他带着教导队全队人员最后撤出黎川，退到距黎川 60 里的溪口。随后，黎川被敌人占领。

这一事实再清楚不过地说明，在敌强我弱的形势下，采取冒险的进攻，搞什么“拒敌于国门之外”“两个拳头打人”，是完全行不通的。在当时形势下，虽然在会议上很少有人提反对意见，但多数人心里都明白。所以，黎川失守后，包括握着军事指挥大权的博古等人在内，当时谁也没有提出异议，追究什么责任，并于事后不久派萧劲光主持组建红七军团，担任了军团政治委员。

然而，此后一个多月的时间里，各战场失利的消息如当头闷棍连续不断打来，迫使博古、李德他们不能不思考这一次又一次失败的原因。可悲的是，他们得出的结论是，浒湾失利、黎川失守等部队接连失败的根本原因，是他们（即“军委”）的作战意图没有得到真正贯彻。指挥员“右”倾，部队“游击习气”未改。毛泽东的影响太大了，追随他的人太多了，单是剥夺毛泽东的军事指挥权远远不够。地方反了“罗明主义”，部队也必须反，萧劲光就是一例。浒湾失利加上黎川失守，可谓“罪行昭彰”！于是，在博古主持下，临时中央郑重作出决定：撤销萧劲光红七军团政治委员的职务，送闽西建宁交红军总部审查、处理。

“审查”是形式，不能没有这一步，而“萧劲光有罪”是定了的。所以，“审查”尚未开始，批判萧劲光的大幕已经拉开：中央根据地《红色中华报》刊出了《反萧劲光机会主义专号》，连篇累牍地刊载着丑化萧劲光的漫画和批判文章。批判萧劲光的墙报、板报更是随处可见。许多重要场合还醒目地贴出“打倒蒋介石的走狗萧劲光”之类的大标语。很快，有的单位还组织编演了反映萧劲光“右倾逃跑”的活报剧。一时间，在敌人重重围困的中央根据地，竟然形成了一个批判萧劲光的运动。

在这沸沸扬扬的运动中，很多人疑惑、不解，真正洞悉内情的红军中的高级将领，则无比痛心、心焦和愤怒。

三、两种观点两条线

似乎一夜之间，著名将领、有口皆碑的功臣萧劲光，成了批判对象、十恶不赦的罪犯。这一一百八十度的大转弯使中央根据地的官兵们懵懵懂懂、议论纷纷。大家都怀着深重的不解和疑惑关注着对萧劲光的处理。

围绕对萧劲光的处理，中央根据地领导层形成了尖锐对立的两种意见。一方以共产国际的军事顾问李德为代表，坚持要对萧劲光治罪，“要军法从事”；另一方以中华苏维埃共和国中央执行委员会主席毛泽东为代表，认为就萧劲光目前的问题“不足为罪”，不可匆忙处理；奉行“左”倾冒险的临时中央负责人博古等人，对共产国际唯命是从，同时他们也急切需要清除毛泽东的“党羽”。所以，李德的态度最为关键。

浒湾失利不出毛泽东的意外。此前的黎川失守更是预料中的。毛泽东也想到，李德和临时中央的领导会以此做文章，找“替罪羔羊”，抓一块“遮羞布”。但他没有想到竟会做得这样绝。邓颖超匆匆赶来告诉他——受周恩来派遣还是她主动来的，已无从得知，但有资料说明是邓颖超告诉毛泽东：萧劲光要被枪毙！看着邓颖超焦虑的神色，毛泽东感到问题严重。他决定立即去见李德，会会这位钦差大臣。

李德，原名奥托·布劳恩，又称华夫、利特罗夫，时年 33 岁，是一位德国人。早年参加德国共产党，1929 年入苏联伏龙芝军事学院学习。1932 年，受共产国际的派遣来中国。翌年 9 月中旬，在中央保卫局特务大队的护送下到中央苏区。这一时期，毛泽东在党内、军内的领导权早已被剥夺。中央苏区的领导权已完全掌握在奉行“左”倾冒险主义的临时中央负责人博古等人手中。为了巩固自己的领导地位，推行“御敌于国门之外”“短促突击”等教条主义、冒险主义的一套，博古先是抓了福建省委代书记罗明的典型。他们把罗明主张把战场设置在苏区内，坚持诱敌深入、打游击战，说成是“右倾机会主义”，称之为“罗明路线”。继而以反“罗明路线”为借口，撤掉了各根据地一大批领导干部。但由于毛泽东在长期战斗生活中的巨大影响，他们仍感到自己的一套受到挑战，难以顺利贯彻执行。李德到来，使他们如遇靠山。很快，博古等人就与李德抱在一起，结成推行共产国际进攻路线实则冒险主义的“统一战线”。

9 月中旬，在李德到根据地的欢迎会上，毛泽东就与李德进行了第一次交锋。

欢迎会是在被人称为“独立房子”的军委会议室举行的。中央、军委主要领导人都出席会议。在博古代表临时中央致欢迎词后，李德踌躇满志地发表了就职演说。这位自称参加过保卫“巴伐利亚苏维埃”街垒战斗的青年，三句话不到就开始宣传所谓共产国际的进攻路线，宣传他的“堡垒战术”。根据博古的汇报，对毛泽东指挥红军粉碎敌人四次“围剿”的军事战略、游击战术，进行了肆意地否定、歪曲和批判，称其为“最典型的右倾恐敌论”，是“自取灭亡”。

李德讲一段，伍修权翻译一段。李德刚讲完，毛泽东就主动要求发言了。他说，顾问讲得很好。只是我想问，国民党军是100万重兵，红军还不足10万人马；国民党军有飞机大炮，红军连土枪、子弹都难以做到每人都有。这样的实力对比，怎样“堡垒对堡垒”“阵地对阵地”？

李德一到根据地就听博古说，毛泽东不赞成共产国际的进攻路线，顽固坚持游击战术，坚持“在运动中消灭敌人”。他就职演说讲这么多，就是针对这些讲的，目的是想给毛泽东一个下马威，没想到毛泽东不吃这一套，当场就让他下不了台。毛泽东最后的讲话伍修权还没有来得及翻译，李德就坐不住了。他霍地站起来，怒视着毛泽东文不对题地反唇相讥：你那一套过时了。现在再打游击就等于自取灭亡！

毛泽东与李德的第一次接触就这样不欢而散。以后，他们也很少接触。但这天，为了解救萧劲光，毛泽东又一次来到李德的居处。

领略了毛泽东的锋芒抑或预料到毛泽东此行的目的，李德有意热情地让座，并示意翻译请毛泽东喝茶。

为了缓和气氛，毛泽东故作轻松地问道：“顾问同志，听说要处分萧劲光？”

“不是处分，要依法惩处！”李德冷冷地回答。

毛泽东严肃地说道，因为什么？浒湾失利？主攻部队是红三军团，彭德怀同志已说清了，主要原因是红三军团的。至于黎川失守，怎么能怪萧劲光呢？他手中没有部队，不撤只能是白白送死。蚀本生意不能做，消耗战我们打不起……

毛泽东还想说下去，未等翻译完李德已按捺不住，大声说道，你不用庇护他，为他辩解，黎川就是萧劲光送给敌人的！他破坏了反“围剿”的整个部署。这样的人不惩处，以后的仗没法打。像萧劲光这样的人，必须军法从事！

毛泽东不相让了，激愤地说，惩处萧劲光容易，你们有权说了算。今后能不能打胜仗你们也说了算？下次再败了，算谁的？对谁军法从事？

“岂有此理！”毛泽东知道再争下去也不会有什么结果，一气讲完，不等翻译开口，便掉头离开李德的居室。

之后几天里，毛泽东利用一切机会就萧劲光的处理问题，主动与周恩来、王稼祥等中华苏维埃共和国中央革命军事委员会（简称“中革军委”）、总部机关的领导分别交换看法。毛泽东分析了根据地半年多来的形势，坦诚地表达了对红军前途的担心。他说：“他们是杀鸡给猴看，打击萧劲光就是打击我。”“现在撤职的干部已很多，其中许多是负责任的重要干部。照此下去是很危险的。”总政治部主任王稼祥支持毛泽东的意见，明确表示：如果枪毙萧劲光，我将拒绝在判决书上签字。在逐步弄清事情原委以后，许多人也要求对萧劲光的问题全面地看，冷静地处理。

1934年元旦前，军委专门召开会议研究对萧劲光的处理。博古以会议主持人的身份首先发言，要求大家就惩处萧劲光进行表态。

李德态度坚决：必须按军法严惩，就地枪毙。

毛泽东发言最长，显然作了认真准备。他简括地分析了黎川失守、浒湾失利的前因后果后指出，黎川失守，浒湾失利，原因很复杂，经验教训应认真总结。作为前线指挥员，萧劲光有责任，其他人有没有责任？从当时的情况看，萧劲光的处置没有错。即使有错误，要他作检查、反省是可以的，在部队开展批判、肃清影响，我个人也不提出异议，但是不能杀人。胜败乃兵家常事嘛！如果是路线问题，就更不能杀，杀了萧劲光也解决不了问题。

属于军委核心领导成员的周恩来最后发言。他明确表示反对处决萧劲光。他说，临阵斩将是兵家大忌。萧劲光的问题还要作进一步调查，待彻底弄清后再作处理。

面对萧劲光问题的处理，中央根据地领导层形成了截然不同的两种观点。

四、不伦不类的审判

不出萧劲光所料，在建宁的所谓“审查”完全是程序、过场。到达建宁的当天，总部一位领导就接见了萧劲光，让他看了报纸上的《反萧劲光机会主义专号》。连篇累牍的批判文章，醒目的大字通栏标题：《反对红军中以萧劲光为代表的罗明路线》。很显然，这就是定性了。既然已经定性，还审查什么呢？果然，此后再没有人同萧劲光谈过话，无声无息地关起来。过了近一个月，萧劲光又被送至瑞金。

1934 年 1 月 6 日上午，公审萧劲光大会在瑞金叶坪广场举行。审判由苏维埃共和国最高法院组织的最高临时军事法庭主持。红军各部队、临时中央及各后方机关单位的代表，数千人出席大会。

用几张方桌临时拼成的审判台上方，醒目地悬挂着“公审军队中罗明路线代表萧劲光大会”的会标。四周树上、墙上贴着“反对右倾逃跑主义”“打倒蒋介石的走狗萧劲光”之类的大标语。整个会场虽然简单但显得威严。只是开法有点儿不伦不类：主持人宣布大会开始后，有人带头呼起口号，让人弄不清到底是审判会还是批判会。

萧劲光面色苍白、形容枯槁地坐在被告席上。虽然只关了一个多月的时间，但他瘦多了，颧骨凸出，眼窝深陷，络腮胡子很长。只是一身旧军装干净整洁、绑腿扎得结结实实，魁伟高大的身躯坐得笔直。这一切告诉人们，萧劲光还是萧劲光，但他没有屈服，没有倒下，萧劲光是一个标准的军人。

首先，由红军总政委周恩来宣读起诉书。由于不赞成博古等人一些冒险主义的做法，在李德到中央根据地后，周恩来就被调离前方，在整个第五次反“围剿”过程中不再参加对军队的指挥。在萧劲光问题的处理上，周恩来也保留自己的意见。或许正是因为这些，临时中央决定由他宣读起诉书。

起诉书以黎川失守为主题。在歪曲事实、以偏概全地简述了黎川失守的过程后，指控黎川失守是萧劲光奉行“右倾机会主义”“退却逃跑”的结果。至于传得纷纷扬扬、在报纸上作为重点批判的“浒湾失利”，起诉书上没有提及，只是指控战斗中“丢伤兵”，造成大量伤兵员被俘、死亡。周恩来照本宣科地读完起诉书后，萧劲光依程序作了答辩和说明。

对这些“罪名”指控，萧劲光早已清楚。事至此刻，他反而变得平心静气、从容不迫。萧劲光说：“现在说我丢失了黎川，那么有谁命令过我必须坚守黎川？省委、省政府机关撤出黎川，不是中央确定的吗？真实想法，我当然不希望丢黎川。可黎川的部队都被调走了。我手中全部兵力只有一个 70 人的教导队，而敌人是一个军三个师万人之重，怎么可能守得住呢？省委书记顾作霖同志、省长邵式平同志都撤走了。为了转移物资、掩护伤员，我带领教导队坚持了几天。直到敌人的先头部队占领了黎川的外围阵地，即将形成合围，我方退路眼看就被切断的情况下，为避免教导队官兵被敌人歼灭，我才带领大家撤出黎川，这有什么错呢？”

或许是主持人觉得任凭萧劲光滔滔不绝地说明，不太像审判会，几次想打断萧劲光讲话，但被周恩来制止了。周恩来示意让萧劲光讲下去，把话说完。

萧劲光明白周恩来的意图，继续说下去：“起诉书中说我‘丢伤员’，不知指的什么时候？”萧劲光讲到这里，为引起大家注意，有意停了一下，“黎川撤退时，城里没有伤员，伤员都在距黎川 60 里外的溪口医院，而溪口是我们撤退到的地方。浒湾战斗时倒是有三百多名伤员。撤出阵地时，我特意派了周子昆师的一个营护送他们经过敌占区去根据地。后来听说有十几名伤员掉了队，绝大多数是安全到达后方的。说我丢伤员，是什么时候？是我亲自丢的还是我命令别人丢的？谁能证明？”

全场无人回答。一阵寂静过后，会场下边议论纷纷。接下来，又有人带头呼口号，但群众再也没有会议开始时的劲头了。

按照议程，博古要在会上讲话的，但他突然决定不讲了。见此情景，李德等人也难以坚持原定的处理意见。最后宣布，判处萧劲光有期徒刑 5 年，开除党籍、军籍，无上诉期。

莫须有的罪名，稀里糊涂的判决，萧劲光感到十分气愤和委屈。

几天后，毛泽东专门派夫人贺子珍到监房看望萧劲光。贺子珍说，是毛主席让我来的。他要我转告你：“黎川失守、浒湾失利，都是‘左’倾军事路线造成的，是全局指挥上的失误。在那种情况下，你应该撤退，做得对。历史的结论只有历史做。这件事没有完，谁是谁非，终有一天会搞清楚。”同时，贺子珍还转交了毛泽东的大页信笺。上面是以苍劲的行楷书写的诗句：“一年一度秋风劲，不似春光，胜似春光，寥廓江天万里霜。”

毛泽东的话使萧劲光感到欣慰，嵌含了自己名字的诗句更使他感动。他知道，这是毛泽东几年前写的《采桑子·重阳》中的一阕。现在抄了给他，是在鼓励他抛却压抑和感伤，向前看，看远些，“但看黄花不用伤”。冰霜总会融化，严冬必将过去，春光就在前头。真正革命者必将赢得最后胜利！真理是不可战胜的！

李德、博古他们惩处萧劲光原本是为了压压毛泽东的“邪气”。用毛泽东的话说，就是“杀鸡给猴看”。没有料到，事与愿违，通过审判不仅没有压服毛泽东，反使自己失去了人心。萧劲光在公审会上一番有理有据的答辩，得到多数官兵的同情和支持。因而判决的执行，也难以继续下去。公审后，萧劲光前后关押了不到一个月的时间就被释放了。但始终没有人说明，是判错了还是“监外执行”？

不久，萧劲光被调到他领导创建的红军大学当了教员，讲政治工作课，有时也讲战术课。过了一段时间，萧劲光又兼任了政治科科长，既要讲课，还要做行政领导工作。令人费解的是，“政治科长”必须具备的“政治资本”——党籍、军籍，他都还没有恢复。萧劲光自己不便问，其他人也没有说。

由于在苏联系统学过军事，又有了大革命时期和前两段战争实践，萧劲光的课——不管是政治课还是战术课，都讲得生动活泼，引人入胜，有理论，有战例，深受学员欢迎。李德到红军大学听了两次课后也很欣赏，时常对人讲“萧劲光懂军事，课讲得好”。笔者曾就此事请教过晚年的萧劲光。他说：

> 李德这个人有意思。到红大听过我的课后，他又欣赏我了，到处说我的好话。整我的是李德，这时欣赏我的还是李德。他为什么欣赏我呢？我估计可能有两个原因，一个是我会说俄语，再一个是我在苏联学过军事，军事课讲得还行。是否还有其他原因，我就不清楚了。

为了弄清这段历史公案，笔者又查阅了李德后来写的《中国纪事》。书中说：“黎川失守要问罪于萧劲光，博古警告我，‘不要在革命军事委员会谈及这个问题。毛泽东对这个问题反应很敏感，因为从根本上说，他同罗明和萧劲光执行的是同一条路线。’我当时说，应该把萧劲光交给军事法庭处置。毛泽东像以前一样又出来庇护他，萧被调到后勤纵队，事情也就此了结。”由此可得出两个结论：其一，批罗明、抓萧劲光，真正目的就是震慑、打击毛泽东；其二，执意处决萧劲光的，不一定是叫得最响的李德。——这属于历史研究的问题了。

目的、意图姑且不说，持续开展的批判罗明、萧劲光运动，后果是极其严重的。随着一大批拥护毛泽东领导、谙熟毛泽东战略战术的地方领导、红军将领在“右倾”“怯敌逃跑”的罪名下被撤职、查办，“左”倾冒险主义在中央根据地得到了全面贯彻。在国民党数十万大军旷日持久的大肆进攻面前，中央红军采取了“多路分兵、全面抵御”的方针，调动全部兵力同国民党军展开了一场场“堡垒对堡垒”的阵地战、消耗战。结果，中央红军损兵折将，节节败退。先是被迫撤出了广昌、建宁，尔后瑞金附近的兴国、宁都、石城等地相继失守。中央苏区一天天缩小，“御敌于国门之外”“不让敌人侵占一寸土地”一类大话、空话，在严酷的事实面前已被碰得粉碎。第五次反“围剿”以彻底失败告终。临时中央领导博古等人，意识到形势已无可挽回，不得不痛下决心进行战略转移。

1934 年 10 月，损失惨重的中央红军、中共中央领导机构被迫撤出中央革命根据地。身为红军大学教员的萧劲光，随部队踏上了漫漫长征之路。

第七章　戴“罪”建功长征路

一、特殊身份的领导

《中国人民解放军历史资料丛书》中的红军长征卷指出：“中国工农红军长征，是中国革命斗争史上具有伟大转折意义的历史事件，是一部惊心动魄、气壮山河的光辉史诗。”这是历史的结论。但这并非当时执掌着中央红军指挥权的“左”倾冒险主义领导者们最初的设想。中央红军撤离苏区，进行“战略转移”，实则是主力部队在第五次反“围剿”战争中严重折损、在根据地已难以立足的“无奈之举”，是“在战争指导上的军事保守主义变为逃跑主义”的表现。最不足道的是，即使在这时，研究决定苏区领导层谁随大部队转移、谁留下来坚持斗争时，中央“左”倾冒险主义领导人仍然带着严重的宗派情绪。

然而，或许是觉得已进行“撤职处理”的缘故，尽人皆知的“军队中罗明路线的总代表”萧劲光随大部队转移，没有人再提出疑义。不仅无人反对，10月初，中央领导机构撤离瑞金前，还突然下达命令，任命萧劲光为军委干部团“上干队”队长。

这是一个奇特的任命。没有讲此前对萧劲光审判的对错，没有提党籍、军籍问题，连刑期，比如是撤销或者到期，也只字未提。一纸命令，萧劲光又成了领导，并立即走马上任了。

军委干部团，是为适应部队转移需要，由中央根据地几所学校，红军大学、特科学校及另外两所步兵学校，合并编成的。全团辖上干队和4个营，1000多人。所属成员基本上都是这几个学校的教员和干部学员。陈赓任团长，宋任穷任政治委员。按照原来四所学校的性质，两所步兵学校编成三个步兵营，原连、排长班编为第一、二营，政治指导员班为第三营；特科学校原是培养炮兵、工程兵、机枪干部的，编为特科营。上干队，全称是“上级干部大队”，成员主要是红军大学的教员、学员和中央党校部分中层以上领导干部。许多德高望重的专家、学者，如中央苏区教育委员会副部长徐特立，党的一大代表、中央苏区最高法院院长董必武，中央苏区民主政府秘书长兼内务部长谢觉哉，颇有名望的文学家成仿吾，文学评论家冯雪峰，著名的红军将领宋时轮等，都在这个队。此外还有一个特点，即其中相当一部分人，像萧劲光一样犯有“错误”。如曾参加过百色起义、任过红八军代军长的冯达飞，因为贯彻“左”

倾冒险路线不力被撤职，调到红军大学任教。大革命时期，曾担任过叶挺独立团的参谋长、南昌起义师长的周士第等。对这些人，某些当权者不放心，私下布置了人暗中监视。把这些人也编进上干队交给萧劲光带，是“信任”“考验”，还是别的什么意思，同样没有人讲，萧劲光也不问。不过，他心里完全清楚，这些人都是革命意志坚定的好同志、血火与共的好战友。萧劲光相信他们，理解他们的处境和困难，更坚信是非终会分明，党的正确领导一定会赢得最后胜利。

经过短短几天仓促的部署调整，10 月 10 日晚，中共中央、中革军委率红军主力 5 个军团和新编成的军委纵队撤出曾被称为“红都”的瑞金。按照中央、军委领导的明令要求，全军 8 万多人采取“甬道式”行军，即两个军团在左，两个军团在右，军委纵队居中，一个军团在后压阵。部队携带着大量辎重、“坛坛罐罐”，乡间小路又窄又崎岖不平，一路走来磕磕碰碰，行动十分迟缓。有时一天走二三十里，甚至只走十几里。这种大搬家式的转移，使所有红军主力都成了掩护队，严重削弱了部队的机动作战能力。

干部团直属军委纵队，随中央和中革军委机关行动，归叶剑英指挥。团里的学员都是从部队选调上来的班、排长，各级领导干部，是军委纵队中一支最有战斗力的部队，主要担负保卫军委首长、领导机关安全和为部队储备、输送干部的任务。行军时，干部团一般都走在军委纵队的最后面，“上干队”又常常是走在干部团的最后面。敌人前堵后追，空中还不时有飞机空袭，部队首尾难以相顾，行动拖沓缓慢。看到这种状况，部队上下人人心焦。半年多来，在根据地处处被动挨打、丢城失地，大家都很郁闷。萧劲光心里感到困惑、焦急，但又无处打听，只能盲目地跟着部队往前走。

或许由于时间仓促而考虑不周的缘故，近 200 人的“上干队”的“大队部”竟然只配了萧劲光一名领导（12 月初，行军至黎平时增设政委，由余泽鸿担任）。工作人员也只编配了两人：一个是卫生员，负责给大家治疗小伤小病；另一个是原来红军大学的一个伙夫，还是个哑人，随队挑文件箱。萧劲光这个大队长，既没有通信员又没有牲口（只有一匹马用来帮病号驮行李）。背包、干粮袋、水壶样样均由自己带着，还要组织大家防空袭，跑前跑后照顾伤病员和年大体弱者。开始一段时间，为了防备敌机空袭，部队大都是夜间行军，只是在通过森林和极难行走的山间小路时，才在白天赶路。有时为了摆脱敌人追击，夜以继日地急行军，一气走十几个小时、二十几个小时。好不容易宿营了，教员、学员，大家都可以休息了，但萧劲光不能休息，还要了解当地的社会情况，到各科室、各班查看伤病员情况如何，直至亲自检查岗哨。当然，有时还要到团部去开会，领受新的任务。

中央红军渡过湘江不久，1934 年 12 月初，萧劲光率“上干队”随军委纵队进入西延山脉地区。一天下午，他们经过连日急行军，抵达山脉主峰越城岭（当地瑶民叫老山界）下。那是中央红军长征路上翻越的第一座险要难过的山。开始听说只要走 30 里山路就可以翻过山顶，没有人把它放在心上。没想到越走山越陡，越走路越窄，到后来竟完全像爬梯子了。大家小心翼翼地往上爬，爬到半夜，还不到顶。尽管天上有星光，许多人手里还举着火把，也无法再往上走了。稍有不慎，人马就可能滚下山涧。干部团只好下令：就地宿营，天亮再走。立陡的山，宽不过二尺的小道，躺下睡觉太难了！上不去，下不来，疲惫已极，有什么办法？有些人把油布或毯子往身上一裹，一咬牙躺下了。有的则找一块坡度稍缓的地方背靠背打起盹来。萧劲光不敢睡。他一边督促流动哨注意巡逻，提防大家在昏睡中跌落山下，一边安排炊事人员及时做饭。时间在一分一秒地过去，天快亮了，炊事员已把饭做好。大家匆匆吃了一点儿，又相互拉着、推着，艰难地向山顶爬去。又经过几个小时的时间，终于翻过了这座山。

从红军撤离中央根据地开始，蒋介石便撒开网，在红军前进方向上设置了一道又一道防线。面对敌人的围追堵截、道道防线，尚握着红军指挥权柄的中央领导人博古及洋顾问李德等，惊惶失措，一筹莫展，只知命令部队不惜血本地死打硬拼。主力部队几乎天天都在打仗，用血肉粉碎敌人的围追堵截，突破敌人的一道道防线。由于有主力部队顶着，“上干队”在这一段行军途中没有面对面直接同围追堵截的敌人打仗，但也天天和形形色色的敌人交手。12 月 8 日，军委纵队翻越老山界进入龙胜山区。一连几天，“上干队”都遇到这样的情况：每晚宿营睡到半夜，村里村外就突然起火。大家从睡梦中惊醒，拼全力把火扑灭，老百姓还怨声载道。这是怎么回事呢？萧劲光与各科室、班的领导商议后，想了一个办法：每天宿营后，在派出正常游动哨的同时，增派多名暗哨，潜伏在隐蔽处进行监视。结果第三天夜里就当场抓获了几个放火的家伙。经连夜审问得知，这是敌人非常毒辣的一手：他们派遣特务打扮成普通群众混进红军宿营地。等到夜深人静后，就四处放火。这里是苗族群众聚居区。民房大都是竹木结构，鳞次栉比，连成一片。一旦点燃，火势凶猛，很难扑灭。这样，敌人就可以收到一箭双雕的效果：既可以扰乱红军休息，使红军不得安宁，还可以借此造谣，诬蔑红军放火，挑拨当地群众仇恨红军。搞清情况，萧劲光当即报告了干部团并军委纵队。各部队都加强了巡逻警戒，并利用捉获特务交代的事实，对群众进行思想教育。同时，对部分受灾严重的群众，进行适当救济。少数民族群众明白事实真相后，不少人要求当红军。反动派弄巧成拙，搬起石头砸了自己的脚。

1935 年 1 月初，中央红军抵达遵义。中央红军撤离瑞金尚不到 3 个月，但红军主力部队 5 个军团 8 万多人，已锐减到 3 万多人。若干年后，军史专家记述这段历史的时候，笔墨凝重地写道：“从瑞金到遵义这段路，是中央红军万里长征途中损失最严重、处境最艰难的一段。”在这期间，由于萧劲光正确的组织领导，上干队全队上下非常团结，行军中大家互相关心、互相帮助。从瑞金大树下集合出发，到胜利抵达遵义城，在敌人的围追堵截中历时近 3 个月，跋山涉水 4000 余里，全队成员近 200 人，除部分同志因工作需要调出外，不管是年老体弱的，还是身带伤病的，没有一人掉队、减员。

二、娄山关阻击战

鉴于上干队成员多为专家学者，中、高层领导干部，从保留骨干、以利部队长远发展的角度考虑，行动前，军委领导就明确提出，行军中，“上干队”不单独承担作战任务。但遵义会议后不久，萧劲光就在娄山关指挥上干队打了一场漂亮的阻击战。

娄山关位于娄山山脉的主峰。倘若占领了娄山关，仅距百里且无险可守的遵义城便唾手可得。所以，娄山关是兵家必争之地。

1935 年 1 月 19 日，遵义会议刚结束还没有来得及传达，中央红军便离开遵义挥师北上。中央确定向四川进军，预定的渡江地点是长江上游宜宾到泸州一线。月底，先头部队到达土城。干部团协同第三军团、第九军团，在土城附近青岗坡地区同蒋介石派来堵截的川军郭勋祺部，打了一场恶仗。

干部团特种兵营的迫击炮连、重机枪连和几个步兵营都参加战斗。“上干队”隐蔽在半山腰，集中火力支援主力部队发动进攻。经过激烈争夺，给郭勋祺部以重创。由于大批增援敌人赶到，军委遂下令退出战斗，由此西渡赤水河（一渡赤水）向古蔺开进，随后又改道扎西（今威信）、镇雄一带休整。在此期间，“上干队”不久前增配的政治委员余泽鸿调离，并从上干队带走部分干部和枪支，留在川黔边境做地方工作。接着，上级又将第八军团政治部宣传部长莫文骅调来干部团，担任了“上干队”的政委。

2 月下旬，为了摆脱堵截的敌人，并寻机歼灭黔敌王家烈部，红军二渡赤水，挥兵东进，再次占领了桐梓县城和娄山关。在中央红军强大攻势面前，敌军纷纷溃逃。军委纵队干部团的步兵营、特科营与第一、第三军团一起向遵义方向展开追击战。接着，中央军委纵队也向遵义方向开进。

这次“上干队”没有与干部团、军委纵队同行，被留在桐梓担任警戒。这是长征以来，“上干队”第一次离开干部团单独执行任务。具体任务是守卫新占领的桐梓县城，待后续第九兵团到来接防后，再赶赴遵义归队。大部队走后，萧劲光布置好岗哨，在桐梓过了一夜。翌日下午，第九军团军团长罗炳辉带着电台和一个警卫连进了城。萧劲光向罗炳辉报告了桐梓周围的情况。考虑到九兵团几个主力战斗团还没有到来，萧劲光提出，是否等大部队到来后再走。罗炳辉听完汇报说，你们走吧，这里由我们来守卫！于是，萧劲光便与莫文骅率领“上干队”撤离桐梓奔赴娄山关。

桐梓到娄山关 30 里。由于前头部队已把敌人击溃，“上干队”一路没有遇到什么险情。没料到快到娄山关了，从背后——桐梓方向突然响起密集的枪声。萧劲光回头一看，见罗炳辉军团长仍然只带着电台和警卫连气喘吁吁地从桐梓方向赶来。在他们身后，一大队敌军一边呼喊着“抓活的”“别让共军头子跑了”，一边不断放枪，紧追不放。情况紧急，萧劲光迅即指挥上干队的学员占领阵地，阻击敌人，把罗炳辉和他带领的人员接应过来。

在夜色掩护下，敌人也不清楚红军到底有多少人，放了一阵枪后不敢再贸然追击。“上干队”且战且退，把敌人阻止在娄山关脚下。

后来从俘虏口中获知，这股敌人是四川军阀刘湘教导师的一部，大约是 1 个旅 3 个团。娄山关到遵义 120 里。这时中央和军委的领导同志都在遵义城内。如果让他们越过娄山关，必将给军委首长、领导机关和数万部队的安全造成重大威胁。萧劲光知道罗炳辉有重要任务须立即赶赴遵义，附近又没有其他兄弟部队，时间紧迫，不能再犹豫了！遂果断地向罗炳辉说：“把你带来的连队留给我。这里由我们坚守，你抓紧离开！我们一定把娄山关守住，你放心走吧！”

罗炳辉略一沉吟，觉得也没有更好的办法，况且他已接到中央要他立即去遵义的通知。于是留下警卫连带着少数几个随员，越过娄山关直向遵义走去。这时，太阳已经落山了。

萧劲光指挥部队迅速占领了娄山关的主要山头。娄山关雄踞娄山山脉最高峰。四周山峰环立，地势陡峻，中间两座山峰紧紧相连，形成一道狭窄的隘口，实可谓“一夫当关，万夫莫开”！为了解决武器和兵力不足的问题，萧劲光将“上干队”的学员和警卫连的士兵统一编为 3 个战斗班，1 个班把守关口，另 2 个班吃饭、休整，大家按时间轮换。敌人发现红军已凭险固守，加之夜间也难以摸清虚实，不敢冒险过关。临近午夜，万籁俱寂。种种迹象表明，敌人已经撤离，再来进攻的可能性已不大。萧劲光正准备把部队往山下撤，突然，一个人骑马从遵义方向飞驰而来。罗炳辉派通信员送信来了！信上说，红军在遵义附近打了大胜仗。同时告诉萧劲光，“上干队”坚持到天亮，届时第五军团派部队接防。听说红军打了大胜仗，大家群情振奋，疲惫、睡意为之一扫。大家激动、热烈地议论着连日来一个又一个的胜利，直至翌日拂晓红五军团部队到来后，他们才撤出阵地，大踏步地赶赴遵义。

当日（3 月 1 日）傍晚，萧劲光率部抵达遵义城。宿营尚未完全就绪，军委最高军事首长周恩来就找到萧劲光。他首先亲切地询问了部队的情况：“上干队”的同志都到了吗？住下没有？有没有伤亡？萧劲光一一回答：都住下了，没有伤亡。

周恩来听了非常高兴，赞扬“上干队”娄山关一仗出击及时，打得主动，打得好！他说，这一仗虽然参战部队不多，规模不大，但保卫了遵义，保卫了党中央，保卫了战役部署的全局，意义深远。接着，他向萧劲光简约地传达了一个多月前在遵义召开的中央政治局扩大会议的精神。周恩来说，会议批判了第五次反“围剿”以来错误的军事路线，毛泽东又回到了中央和军委的领导岗位。

又过了一年多之后，主持了军委、中央全面工作的毛泽东，在 1936 年 9 月召开的中央政治局会议上，再次严肃地批评了中央苏区在组织问题上的宗派主义错误。他说：“对于干部问题，我只讲一个问题，如罗明路线，究竟是怎样了，到现在还没有明显指出……如罗明路线在江西，更是说得过火，如对邓子恢、张鼎丞、曾山等同志的问题，对萧劲光的问题，还有很多，后来发现七个书记被撤，有些人无形中说什么毛派，也是不对的。”“萧劲光的问题……简直岂有此理！”

10 年后，即 1945 年召开中国共产党第七次全国代表大会前审查代表资格时，当年坚持冒险主义错误路线的博古，再次痛心地作了检查和自我批评。他坦诚地说：“苏区反对罗明路线，实际是反对毛主席在苏区的正确路线和作风。这个斗争扩大到整个中央苏区和周围的各个苏区，有福建的罗明路线，江西的罗明路线，闽赣的罗明路线，湘赣的罗明路线，等等。这时的情形可以说：‘教条有功，钦差弹冠相庆；正确有罪，右倾遍于国中。’”

在这次审查中，中共中央为萧劲光这段经历作出了公正的结论。

在周恩来与萧劲光谈话两天后，“上干队”在遵义城内的一个天主教堂里，集体听取了遵义会议精神的正式传达。听到会议结束了王明路线在党中央的统治，取消了洋顾问李德的军事指挥权，由周恩来等 3 人负责指挥红军的行动，大家的疑虑和不满情绪为之一扫，兴奋地长时间热烈鼓掌，有的欢呼起来，有的高兴地流出热泪。遵义会议精神的传达，使大家对长征胜利充满信心，战斗精神倍增。

此后几天里，萧劲光和莫文骅带领“上干队”和两个连队（一个步兵连、一个工兵连）通过近百里急行军，冒着倾盆大雨攻占怀城。接着，又配合兄弟部队在茅台镇附近的赤水河架设浮桥，担任渡河警戒任务，掩护红军大队人马第三次渡过赤水河。

之后，“上干队”回到干部团战斗序列。与此同时，“上干队”政委莫文骅调任干部团政治处主任，从第八军团调周桓接替他担任了“上干队”第三任政治委员，成为萧劲光新的“搭档”。

三、红军不是石达开

中央红军于 3 月中旬第四次渡赤水后，迅速南下渡过乌江，佯攻贵阳，掉头又直逼昆明，从而严重削弱了国民党政府军在滇北各地和金沙江南岸的防御力量，为红军渡江北上创造了条件。4 月 29 日，中革军委适时发出指示，中央红军主力部队挥戈北指，速渡金沙江。

干部团的具体任务，是赶在大部队之前行动，抢占金沙江渡口皎平渡。是时，干部团尚在 280 余里之外的白水以西地区。接到命令，团长陈赓决定，三营为先遣营，九连为前卫连，立即出发。行动归中央红军先遣司令刘伯承直接指挥；萧劲光、周桓带领的“上干队”与其他各营为后梯队，由陈赓率领随后跟进。

4 月底 5 月初，在北方正是春和景明、不冷不热的好季节，但在云南已经相当热了。在四渡赤水时，干部团给萧劲光配了一匹马，但他始终没有骑过，多日来只是用它给大家驮行李。为了能按时赶到金沙江边，部队每天 100 多里的急行军，萧劲光跑前跑后，大汗淋漓。

“上干队”赶到金沙江边时，先遣营已巧妙地俘获了敌人两条木船，并干净利索地消灭了国民党军刚刚抵达的一个连，控制了皎平渡渡口。“上干队”凭借着俘获和群众提供的几只船，很顺利地渡过金沙江。当晚，他们露营在江边的沙滩上。连续几天急行军，大家太累了。一觉醒来已过了半夜，干部团接到了新的命令：先遣营留下把守渡口，“上干队”与其他几个营立即出发，赶赴通安镇，去消灭前往增援把守皎平渡渡口保安队的国民党政府军。

通安镇是一个不大的山地集镇。它居高临下，形势险要，距皎平渡只 40 里。占据这个高地，就可以直接控制住皎平渡渡口。陈赓、萧劲光等干部团的领导都清楚，邻近的金沙江的另外两个渡口——龙街渡、洪门渡的船只均被敌人烧毁，并且那里江面较宽，又有敌机轰炸，无法架桥。皎平渡是全军渡过金沙江的唯一途径。

所以，夺取通安镇成为确保全军顺利渡江的关键一仗。天未大亮，上干队等后梯队各部就在陈赓、萧劲光等带领下紧急出发了。

从江边到通安镇，只有一条很陡很窄、盘旋在悬崖峭壁上的小路。并且中间有一段，内靠绝壁外临深渊，仅容一人通过。途中还不时有敌人袭扰、打冷枪。大家全然不顾，爬山、跳涧，机警地贴着峭壁、死角躲闪跃进，全速直扑通安镇。中午时分，干部团便与刚从西昌、会理方向赶来的国民党军队遭遇了。敌人有一个旅计两个团和一个迫击炮连，由旅长刘元瑭亲自指挥。而干部团还不满一个团。双方兵力悬殊，都力图抢占通安镇。刘伯承估计到形势严峻，命令防守渡口的第三营赶到通安镇增援。萧劲光在第一线协同陈赓指挥，战斗紧一阵慢一阵，直打到傍晚。这时宋任穷带领第三营赶到。“上干队”等部见援兵到来，斗志倍增，趁机向敌人发起猛烈攻击。本已死伤惨重的敌人，顿时一片荒乱。声言一定占领通安镇、封锁金沙江渡口的刘元瑭，来不及收拢部队，就带领少数随从狼狈逃窜。此战，敌人两个团部队大部被消灭，被俘200余人。

通安镇战斗的胜利有效地巩固了皎平渡渡口，为中央军委纵队和第一、三军团等中央红军大队人马安全渡过金沙江提供了有力保障。中革军委对干部团胜利完成抢渡金沙江的任务非常满意。当天就颁发嘉奖令，嘉奖全团指战员。

中央红军渡过金沙江后，敌人的飞机连续几天在头顶盘旋，扔下不少传单。这些传单的中心内容是红军过得了金沙江，过不了大渡河。红军必蹈太平天国军的覆辙，全军覆灭。有的传单标题即“毛泽东要成为第二个石达开”。

红军果真会成为第二个石达开吗？这一问题引起了大家浓厚的兴趣。太平天国的故事，“上干队”多数人是知道的。但对石达开个人的故事，特别是对石达开在大渡河最后的结局，并非人人都清楚。一次休息时，萧劲光让一个教员比较系统地介绍了太平天国著名将领翼王石达开这个人，尤其着重讲了石达开在大渡河全军覆没的故事：石达开因与洪秀全政见不合，于1857年6月率众10万从天京（南京）出走。此后数年转战于浙江、福建、江西、湖南等地。1863年（同治二年）5月，被清军压迫到大渡河南岸紫打地（安顺场）一线。自5月中旬至6月初，发动多次渡河战斗，终因敌人封锁、水流湍急，未能成功。最后在清军与当地彝民头领联合打击下，全军覆没。石达开也被凌迟致死。讲完故事后，萧劲光组织大家分析石达开失败的原因，比较红军与旧军队的不同，一边行军一边展开讨论。大家认为，红军不是石达开，石达开的悲剧绝不可能在红军身上重演！

事实很快证明，学员们的认识是完全正确的。5月25日——72年前石达开率领的太平军渡河失败的日子，中央红军先遣部队红一团的17名勇士以惊人的胆魄强渡大渡河成功，为大部队渡河夺得了第一个渡河点。接着，先头红四团以难以想象的速度和智慧，击破敌川康边防军的阻击，占领了泸定桥。几天后，中央红军大部队通过安顺场渡口和泸定铁桥胜利地越过了大渡河。蜿蜒百里，处处“乱石崩云、惊涛裂岸”的大渡河被征服了！蒋介石要让“红军成为第二个石达开”的痴言梦语成了笑谈。

“上干队”是在安顺场渡河的。由于被安排在干部团的最末尾，萧劲光、周桓注意总结了前边渡河的经验，虽几次出现险情，在大家的努力下最后都化险为夷。触景生情，既是书法家又是诗人的教员李一氓，渡河后当场赋诗一首，题目为《大渡河怀古》。诗句在忆及当年石达开“岂有渡来重渡去，翼王遗恨入西川”“检点太平天国事，惊涛幽咽太伤心”后，充满豪情而又兴奋地写道：“十七人飞十七桨，一船烽火浪滔滔。输它大渡称天堑，又见红军过铁桥！”

5月30日，中共中央在泸定城召开了政治局会议，决定部队继续北进，第一步，翻越千里雪山。随后专门召开会议，对翻越雪山应注意的事项，进行了具体部署要求。

此次行军，干部团被安排在中央军委纵队的前头。考虑到“上干队”部分人年高体弱，出发前，萧劲光与周桓一起研究了应对突发情况的方案，进行了全体动员。强调提出“强帮弱、大帮小，走不动的扶着走，扶不行的抬着走”，务必做到“不掉一个人，不失一匹马”。

6月上旬，干部团随中央军委纵队抵达夹金山麓的打鼓村。许多天来，官兵们就靠野菜过日子。这天也不例外。炊事班把大家找来的野菜加几把青稞麦子一煮，就开“饭”了。饭罢，便向百里外的沙窝村进发。

出村不远，就看见路边竖立着一块木牌子，上书：“上午九时后，不准前进！”大家知道，这可能是前面部队或什么人写的，意在提醒：前面有大雪山，中间没有人烟，出发太迟了，前不着村后不着店，会造成危险。但红军官兵们走得多了，对雪山也司空见惯了。虽然这时时间早已过了9时，仍加快脚步，向前面的雪山走去。

一阵急行军，距山顶还有不到20里时，人们呼吸开始短促起来，脚步也不知不觉慢了下来。但大家毫不泄气，互相鼓励着，年轻人自觉搀扶着年龄大的同志，一步步爬上了山顶。

放眼望去，远远近近的峰峦都被冰雪覆盖着，在阳光照射下反射着万道银光，迷人极了！漂亮极了！大家忘记了疲劳，兴致勃勃地欣赏起雪景来。萧劲光脑海里突然闪过一个念头：这么洁净的白雪放上白糖，一定好吃！一边想着，便随口说：“哎，我们吃冰激凌吧！”

走了几十里路，大家正渴着呢！萧劲光的话一出口，在场的干部团的领导、“上干队”的教员，大家齐声叫好。陈赓、宋任穷、莫文骅、郭化若、成仿吾、毕士梯、周士第、李一氓等十几个人，纷纷解下漱口杯，各自从雪堆下层挖出一缸子吃起来。突然，不知谁喊了一句：“伙计们，谁有糖精拿出来‘共产’吧！”细心的郭化若、周士第真的掏出了装着糖精的小瓶子。大家笑闹着，争抢着把糖精倒进雪里，大口吃起来。

大家一边吃着一边还赞美：“这冰激凌，比上海南京路冠生园的还美！”“看我的，是安乐园的哪！”也有人反对，说：“你们不要看它外表洁白，上它的当。若把它煮开，是又黑又脏的污水呀！”

议论归议论，吃还是照吃。因为大家接受了一种观点：先吃了再说。至于是它美还是冠生园的美，只能等我们解放了上海再作结论了！

这是万里长征途中一个微不足道的细节，是艰难困苦、生死考验中的欢笑。这种事不是谁都能遇到的，更不是谁都能笑得出来的。几十年过去了，当年“上干队”的老战士们都没有忘了这件事。周士第把它写进了《中国工农红军一方面军长征记》。著名作家成仿吾则把它绘声绘色地写入了《长征回忆录》。萧劲光晚年，也把它写进了自己的回忆录中。

6月18日，中央红军翻越夹金山后与红四方面军在懋功会师。之后不久，军委干部团与红四方面军的红军大学合编，组成了新的红军大学。“上干队”的人员，除少数教员留在红军大学任教外，大多数被调出，分配到了各战斗部队中。同时，干部团遵照中革军委政治部的指示，召开党总支大会，正式宣布为萧劲光的冤案平反，取消一切处分，恢复党籍、军籍。

7月下旬，中革军委下达命令，任命萧劲光为红军第三军团参谋长。

四、在红三军团参谋长任上

红三军团是中央红军的主力部队。长征出发时，参谋长是邓萍。二进遵义时，邓萍在董公寺击溃黔军阻击的战斗中不幸中弹牺牲，由叶剑英接任。中央红军（即一方面军）与四方面军会师后，组建红军总前敌指挥部，叶剑英调任前敌总指挥部参谋长，萧劲光接手担任了红三军团参谋长。

红三军团军团长，是平江起义的主要领导者、红三军团的创始人彭德怀，政治委员是李富春（此前是杨尚昆）。萧劲光与彭德怀是1931年秋天在瑞金认识的。那时，萧劲光从苏联回国不久，以闽西根据地代表的身份出席第一次中华苏维埃共和国工农兵代表大会，而彭德怀当时就是中央根据地主力部队红三军团的司令员。后来萧劲光到红五军团任政委，在反“围剿”等多次战斗中与红三军团配合行动，两人加深了了解。彭德怀对革命忠心耿耿，为人刚直不阿，对同志热情诚恳、胸怀坦荡，给萧劲光留下了深刻的印象。至于政委李富春，早在大革命时期的国民革命军中，他们就一起共事。李富春曾是萧劲光的直接领导，还是萧劲光与妻子朱仲芷的婚姻介绍人，彼此相交甚深。而今在革命最困难的时候，他们能够走在一起，携手为共同的理想奋斗，更觉难得。一年多来，压在头上的帽子，于今“一笔勾销”，与这样两位领导共事，带兵作战，萧劲光很是高兴。

萧劲光到任后，部队便开始做过草地的准备。为便于统一指挥，红军总部决定，将会师后的第一方面军、第四方面军统一编为左、右两路军。在卓克基及其以南地区的第五军、第九军等部为左路军，由红军总司令朱德、总政委张国焘率领，经阿坝北进；在毛儿盖地区的第一、第三军团及第四、第三十军为右路军，由前敌总指挥徐向前、政委陈昌浩率领，经班佑北上。中央机关随右路军行动。按照这种部署，红三军团筹措准备了必要的粮秣和其他物资，进行了思想动员，于8月底动身，向草地进发。

右路军的行军序列是，第一军团在前，中间是四方面军的第四军、第三十军和前敌总指挥部（毛泽东、张闻天等中央领导随前总行动），萧劲光所属第三军团殿后。在艰难的长途行军中，殿后部队毋庸置疑须担负阻击尾追之敌和收容全军掉队人员的任务。萧劲光细心地组织部队做了准备。

离开中央根据地以来，中央负主要军事责任的周恩来，是压力最大、最辛苦的人。军情复杂，战斗频繁，党内斗争激烈，除了行军打仗就是夜以继日地开会，加之食宿无序，于8月初，他积劳成疾，病倒了。沙窝会议后，持续发高烧，五六天吃不进东西。最后被诊断为患了“阿米巴痢疾”（一说“肝脓肿”）。经多日抢救治疗才脱离危险。几乎同时，总政治部主任王稼祥也病在红三军团。在江西根据地时，王稼祥腹部曾经中弹负过伤。开始长征后，边走边打仗，生活无规律，伤口发炎了，又缺对症药品，高烧多日不退，身体十分虚弱。他们两人的身体状况，不要说是在步步泥潭的草地里跋涉，就是平坦路上也无法行走。半年多来，他们一直与红三军团一起行军。部队要出发了，军团领导都十分焦急。彭德怀沉吟了一下，毅然决然地说：“还有什么办法？抬！”事到如今，也只有这个办法了。好在眼下没有战事。萧劲光自告奋勇：我来组织人，抬着走！

对过草地之艰难，大家都有心理准备。出发前，中革军委专门派部队进行了侦察，对可能遇到的困难和问题，在动员会上也都讲了。但当大家翻山越岭走了大半天，踏入草地边沿的时候，仍然不能不感到触目惊心。放眼望去，一片无边无际的泽国。被阴森森的瘴气浓雾笼罩着的地平线上，没有树木，没有石头，没有飞禽走兽，更没有房舍人烟。有的只是一丛丛疏密不等的野草，大小不一的泥潭。走进去了，大家才发现，这些泥潭是由腐草长年累月沤成的，颜色乌黑，一阵阵散发着臭气。有的地方勉强可以走过，有的则完全不能踩。踩上去，软绵绵的，稍有不慎，用力过猛，就会越陷越深，甚至把整个身子都埋进去……更作孽的是气候。可谓一日四季，变化无常。时而风，时而雨，时而烈日当空，时而浓雾弥漫，时而漫天飞雪，时而冰雹劈头盖脸……

除了大自然的挑战，还有饥饿的威胁。走进草地3天过去，大家带的青稞面、炒黑豆，大部分吃完了。剩了一点儿，有的经过雨淋水浇，成了面团，梆硬变味；有的粮食袋掉进有毒的污水里，再不能吃了。萧劲光、彭德怀和大家一样，吃野菜、吃草根，吃得胃疼，一阵阵冒汗。走出草地的前两天，连病中的周恩来、王稼祥在内，实在无东西可吃了，许多人眼看要被饥饿折磨死。这时，彭德怀咬牙下令把仅有的几头牲口枪杀了，才使一些同志活着走出草地。但这次过草地，萧劲光得了胃病，若干年后才慢慢好起来。

由于是殿后部队，没有战事，身为参谋长的萧劲光除组织部队行军，还做了大量收容前面掉队的人、掩埋烈士遗体的工作。红三军团出发的第二天，萧劲光就接到了红一军团的电报。电报上介绍了他们过草地的经验，提醒行军中应注意的事项，同时要求帮助掩埋他们没有来得及掩埋的烈士遗体。萧劲光把红一军团的电报内容报告周恩来后，与彭德怀、李富春做了认真研究，专门安排人员检查、落实这项工作。据萧劲光行军日记上记载，过草地期间，第三军团收容前面掉队的同志加上掩埋的烈士遗体，共计400多人。红三军团部队也有牺牲。由于前面部队设了路标并介绍了经验，牺牲人数少多了。

草地上没有人烟，胡宗南部不敢来，自然没有战事。但这期间党内斗争异常激烈、惊心动魄。

自6月18日中央红军与第四方面军在懋功会师后，掌握着号称十万之众的第四方面军领导权的张国焘，发现中央红军只有寥寥数万人，装备也很差，野心便急剧膨胀起来。他一边利用会议吹嘘自己的功绩，鼓吹“集中主力西下青海、新疆或南下川、康”的退却主张，反对、抵制中央和军委关于开创陕甘革命根据地的正确方针，一边竭力抓权。他先是通过中央慰问团转达，希望“充实红军总司令部、增加军委常委”，继而又策动部分人具体提出了由其搞总司令部、中革军委成员的改组名单。7月10日，张国焘直接致电中央，提出“我军宜速决统一组织的指挥问题”，公开伸手向党中央要权。与此同时，他要尽政治手腕，拉拢、收买中央红军的高级将领。经再三权衡，他首先把目光投向战功卓著、声名显赫的第三军团。

7月底两河口中共中央政治局会议结束后，张国焘派第四方面军政治部的秘书长黄超跑到彭德怀住处，说是“此地给养艰难，特来慰问”。并送上几斤牛肉干、几升大米，还有二三百元银洋。企图说动彭德怀反对中央北上抗日的战略方针，支持他南下的错误主张，彭德怀不为所动。张国焘又把目标转向新履任的参谋长萧劲光。

萧劲光与张国焘是1922年在苏联学习时认识的。那时，萧劲光是东方大学的学生，张国焘是出席共产国际会议的中国共产党的代表，只是见过面而已，并不熟悉。但萧劲光到第三军团后，张国焘却显得格外热情。他先是派秘书代表他到萧劲光住处看望，继而借一次会后的时间主动与萧劲光交谈。说过去讲现在、嘘寒问暖，俨然是两个关系亲密的好朋友。张国焘说，你是有才干的，学过军事，带过多年兵。听说在中央根据地你打了不少仗，在红一方面军工作得很好。可那些教条主义者总是打击你，他们容不得人，是完全错误的。你蒙受了那么大的冤枉，吃苦头了！一边说着一边表情生动地摇头，紧紧握着萧劲光的手：现在正是革命的紧要关头，用人之际，你是大有可为的，等等。

早在两河口会议上，萧劲光听张国焘发言后就察觉到了他在进军战略方向上和中央的分歧，对他有所警惕。而今听了他的话，更清楚了他的不良用心。萧劲光自己光明磊落，也看不惯搞小动作的人。考虑到部队之间的关系，于是客气地说：“我的事情，中央已经平反，事情已经过去，没有必要再提它了！谢谢你的关心。”

之后，萧劲光将与张国焘谈话的事向彭德怀作了汇报，两人交流了思想，一致表示，坚决支持中央北上抗日的正确主张，坚决拥护党中央的领导，听从党中央指挥。

9月初，中共中央走出草地到达巴西。张国焘不但不按照毛儿盖会议的决定带左路军到巴西会合，反而凶相毕露，背着党中央电令陈昌浩带领右路军，包括红一、红三军团全部南下，公开背弃中央北上的决定，并准备必要时“实行武力解决”。这时，林彪、聂荣臻率领的红一军团已到达俄界，巴西只有红三军团同中央机关在一起。在这风云突变的危急关头，萧劲光和彭德怀、李富春及红三军团广大指战员，都坚定不移地站在中央红军、毛泽东一边。按照毛泽东的要求、彭德怀的部署，萧劲光亲自带领着杨勇为团长的第十团紧紧跟随在毛泽东左右，担负保卫、掩护中央机关北上的任务。

一天下午，右路军前敌指挥部参谋长叶剑英看到了张国焘发给陈昌浩的一份电报，获悉他们企图以非法手段胁迫中央红军南下，火速报告了毛泽东。中央领导召开紧急会议，果断决定立即率领红一、三军团迅速脱离危险区，挥师北上。中央红军凌晨2时出发，天刚亮，张国焘的积极追随者李特就追上来。李特持枪在手，十分嚣张。当时在场的伍修权后来回忆道：

……正在谈话，四方面军的副参谋长李特骑马赶来了。他大喊："原来四方面军的同志，回头，停止前进！""不要跟机会主义者北上，南下吃大米去！"毛主席劝阻他，他就同毛主席吵架。毛主席还是规劝、开导他，说北上的方针是中央政治局决定的。但是李特就是不听，强拉四方面军的同志跟他走……当时有的同志对李特的行为很生气。毛主席还说："捆绑不成夫妻。他们要走，让他们走吧！以后他们自己会回来的。"

另一位曾历现场的同志还回忆：看出李特有武力挟持的架势，毛泽东严肃地说："彭德怀同志率领的三军团就在后面。彭德怀同志是主张北上、坚决反对南下的。他对张国焘同志要南下，火气大得很哩！你们考虑考虑吧！大家要团结，不要红军打红军嘛！"慑于彭德怀能征善战的声威，李特一伙才乖乖撤走。

一场剑拔弩张的危机化解了。毛泽东等中央领导率红三军团顺利离开巴西北上。9月11日，与林彪、聂荣臻率领的第一军团在俄界会合。之后，经过天险腊子口，于9月18日攻占甘肃宕昌县的哈达铺，并在此休整。在这期间，中共中央召开了团以上干部会议，9月22日将中央红军改编成陕甘支队，彭德怀任司令员，毛泽东兼任政委。第一军团改称第一纵队，军委直属纵队改称第三纵队。第三军团改称第二纵队，彭德怀兼任纵队司令员（随即由彭雪枫接任），李富春任政治委员，萧劲光仍为参谋长。

过了哈达铺后，陕甘支队在中共中央、毛泽东的率领下继续北上。跨过西（安）兰（州）铁路，越过六盘山，冲破了国民党军队的最后一道封锁线，又经过近一个月的跋涉，终于于10月19日抵达甘南进入陕北的第一个市镇——吴起镇。这时，张学良的东北军和宁夏马鸿宾的三个骑兵团又尾追而来。毛泽东说，让敌人的骑兵跟着红军进入苏区不行，要"切尾巴"！进入吴起镇未及喘息，毛泽东又亲自部署发起"切尾巴战斗"。在彭德怀的统一指挥下，萧劲光率第二纵队与第一纵队一起，坚决果断地击溃了国民党骑兵2000多人。

第八章　初到陕北

一、主动出击，参加“奠基礼”

陕甘革命根据地是由刘志丹领导创立的陕北根据地、谢子长领导创立的陕甘边根据地合并而成的。范围包括延长、延川、保安等六座县城，游击区扩展到陕北和陇东的十几个县。根据地内进行了土地革命，建立了民主政权，群众基础不错。

陕甘支队结束“切尾巴战斗”回到吴起镇，受到群众热烈欢迎。在部队到来之前，工农民主政府的工作人员已安排好住处，镇上的群众自发地组成了欢迎队伍，到处是送粮送衣的人。官兵们望着街上随处可见的“中国共产党万岁”“欢迎红军胜利归来”的标语和满脸含笑的乡亲，感到十分亲切温暖，像回到家里似的，许多人激动地流下了热泪。部队在这里休整了几天，集中解决官兵的御寒冬衣。10月底，陕北一早一晚已有些冷了，但大家都还穿着夹衣、单衣。地方条件有限，萧劲光教育官兵不能单等群众帮助，要自己动手。二纵队当时没收了土豪一批羊毛毡布，剪开发给大家做衣物。萧劲光也领了一块棕色的毡布。于是他自己动手，把它裁成三个筒子，一个粗的做身子，两个细的做袖子，缝成了一件毡衣。虽然做得不太高明，但第一次穿上这件类似粗尼面料的衣服，还是觉得很暖和。加上脚上又穿了一双打土豪分的毡鞋，萧劲光自我感觉不错。初次穿戴一新走出门去，迎面碰上彭德怀。彭抿着嘴嘿嘿直笑。萧劲光问他笑什么，彭德怀说：“你看看你自己，汉人不像汉人，蛮子不像蛮子。”于是两人哈哈

长征到达陕北时的萧劲光

大笑。在萧劲光的带动下，不少官兵都自己动手添置了御寒的衣物。

陕甘支队在吴起镇休整几天后，便南下进抵甘泉，与由徐海东、刘志丹、程子华领导的红十五军团会师。之后，两部合编，成立了西北革命军事委员会。部队恢复使用红一方面军的番号，彭德怀任司令员，毛泽东任政委，叶剑英任参谋长，杨尚昆任政治部主任。下辖第一军团和第十五军团。陕甘支队第一纵队恢复第一军团番号，第二纵队（原三军团）编入第一军团。军团长林彪，政治委员聂荣臻。萧劲光调地方工作，担任陕甘省委军事部长。

毛泽东认为，就陕甘根据地的规模和条件看，临时立足尚可，作为全国革命大本营则必须进一步巩固和扩大。为此，他一边着手纠正陕甘晋省委此前开始的“肃反”中的“左”倾错误，一边部署反“围剿”，发起了直罗镇战役。

中央红军到达陕北前，国民党军正在对陕甘根据地进行第三次“围剿”。中央红军与陕北红军会师后，蒋介石看到了问题的严重性。迅即加大“围剿”规模，调集大量兵力，在合水、富县、甘泉、延安构成封锁线，企图趁中央红军立足未稳，逐渐向北压缩，将红军围歼于葫芦河、洛河西北地区。面对这一态势，中革军委郑重作出决定：将计就计，诱敌深入，在富县至合水中段的直罗镇歼敌一至两个师。

战斗于11月21日拂晓打响。红一方面军一、十五军团各部分别从南、北两面包围了被诱进直罗镇的敌东北军第五十七军一〇九师等部。经过激战，敌一〇九师和前来增援的一〇六师一部悉数被歼，几乎无人逃脱。

是时，萧劲光刚调到陕甘省委军事部，人地两生。他不熟悉机关的部属，机关的工作人员也很少有人认识他，只是知道他是新来的领导。看战斗打得激烈，被打散的敌人四面溃逃。萧劲光便叫来机关警卫连的连长，命他部署好岗哨，其余人参加追击作战。这些战士正为不能参加战斗心焦，命令一下，像猛虎下山一样随萧劲光冲出去。他们一路猛追，截住了逃窜的敌人，抓了不少俘虏。那时地方武装的装备很差。警卫连冲上去的时候，用的都是破旧不堪的烂枪，回来时，每个人都换了缴获的国民党正规军的好枪，不少还是“美国造”。官兵们端着枪，爱不够，喜不够。

若干年后，当年有幸参加了此次战斗的一位老同志说：“毛主席说，直罗镇一仗‘给党中央把全国革命的大本营放在西北的任务，举行了一个奠基礼’。我是在萧劲光司令员亲自率领下参加了‘奠基礼’的。”

二、兼任红二十九军军长

直罗镇战役后，中央所在地移至瓦窑堡（今子长县）。12月27日，中共中央在瓦窑堡召开会议，通过了《关于目前政治形势与党的任务决议》及《关于军事战略问题的决议》，确定了抗日民族统一战线的政策、策略，决定红军主力渡河东征，奔赴抗日前线。鉴于红军主力准备东征，而南线苏区又扩大，地方武装蓬勃发展，中央决定由陕甘省委军事部组建红二十九军，由萧劲光兼任军长。

1936年3月，中国工农红军第二十九军在鄜县（今富县）套通塬正式宣告成立。大会由陕甘省委军事部主持，萧劲光在会上讲了话。他说，组建红二十九军，是巩固发展根据地的需要，是团结全党、贯彻中央北上抗日路线的需要，是建立抗日民族统一战线，最后战胜日本帝国主义的需要。希望大家做好宣传工作，动员青壮年踊跃参军，壮大我们的部队。

红二十九军从部队最初只有四个连，由宜川独立营两个连，中宜独立营和延安、甘泉独立营各一部组成，仅五六百人。通过宣传、动员很快发展到数千人。

红二十九军组建后，担负起了巩固南线根据地和向东发展的任务。在萧劲光的指挥下，先是在店头消灭了夏老幺红枪会匪帮，接着深入白区，以黄龙山为中心向东发展剿灭土匪，阻止张学良的东北军、杨虎城的西北军向苏区进犯，以配合主力部队东征。不长的时间，就在宜川、洛川、韩城、合阳、白水等地，相继开辟了游击区。在开展游击战的同时，萧劲光还遵照党的指示，在东北军中宣传“停止内战，一致抗日”的思想，开展统一战线工作。同年 6 月中旬，中共中央及军委鉴于陕北各路敌军正向瓦窑堡进逼，命令红二十九军迅速北上，保卫瓦窑堡，保卫党中央。萧劲光率部抵达瓦窑堡地区时，中央机关已迁往保安。红二十九军继续在东线活动，并与东北军建立起秘密联系，使东部地区得到巩固和发展。

之后不久，为配合主力部队西征，红二十九军又开赴边区西线，至定边、盐池及庆阳、合水一线，配合主力部队消灭马鸿逵匪兵，牵制胡宗南部队。通过游击战争，逐步收复了三边（靖边、定边、安边）、关中、庆（阳）环等地的一些县城，开辟了新的根据地。并在这些地区发动群众，打土豪、分田地，建立起了苏维埃政权。随着根据地的巩固发展，中央决定将陕甘省改为陕甘宁省，省政府迁至陇东的环县。李富春任省委书记，萧劲光仍兼任省委军事部长。

8 月中旬，萧劲光在环县以红二十九军军长的身份接待了进入陕甘宁边区的第一个外国记者斯诺。

斯诺是一位著名的美国记者。他是通过宋庆龄的关系才突破蒋介石的新闻封锁获准到陕北的。他在保安等地采访了包括毛泽东、朱德在内的大量共产党领导人和

1936 年 8 月 12 日，萧劲光（左）与美国记者埃德加·斯诺（右一）亲切交谈。

红军将领，也采访了不少士兵及当地的群众。此行，斯诺是离开中央驻地保安前往部队采访的。红二十九军是第一站，之后由此继续西行前往宁夏豫旺堡西征红军司令部进行战地采访。

那时蒋介石全力封锁苏区、革命根据地的消息，宣传共产党是“赤匪”，“共产共妻”，极尽造谣、诬蔑之能事。因此，通往各根据地特别是陕北的道路充满风险，一个外国记者进入陕北更是不易。萧劲光深深懂得这一点，对斯诺（马海德同行）的到来非常重视。接到军委副主席周恩来的电报，萧劲光认真做了准备，派一个班前往迎接，将他们接到红二十九军驻地。斯诺这时尚不足30岁，热情、率直，思想很活跃、机敏，匆匆忙忙吃完饭，立即就进行采访。

斯诺问题提得很宽泛、很尖锐，萧劲光有准备，正好借此机会做宣传工作。接连交谈了几次，每次几个小时，双方都觉得很投机，意犹未尽。萧劲光晚年的回忆录中这样说：

> 斯诺向我们提出了许多问题，有些问题我已经记不清楚了，但印象比较深刻的有这样几个问题：一是陕甘宁边区的形势问题；二是统一战线问题；三是红军战略战术问题。斯诺问我们陕甘宁边区的军事形势怎么样，如果守不住，是否准备向苏联撤退？我告诉斯诺，我们没有向苏联边境撤退的准备。目前边区的军事形势很好，我们的主张是建立抗日民族统一战线，停止内战，一致抗日。只要是愿意抗日的军队我们都将和他们联合，因为在目前的情况下，统一战线较之任何力量给日本帝国主义的打击都要大。我向斯诺谈的这些内容，主要宣传了党的瓦窑堡会议以来的抗日民族统一战线的策略方针。
>
> 关于战略战术问题，我对斯诺说，就反侵略战争来说，战争初期往往表现为阵地战。在这方面，红军比较弱，因为我们人少，武器差。要取得战争的胜利，目前最有效的战略战术是游击战。我援引了五次反“围剿”的战例……

任中共中央革命军事委员会参谋长的萧劲光

斯诺在红二十九军驻地待了两天，就启程前往豫旺堡彭德怀率领的西方野战军驻地。或许因为红二十九军既非机关又非主力部队缘故，当年出版的《红星照耀中国》（译名《西行漫记》）一书，没有专门记叙这次采访的篇目（后来出版的《红色中国杂记》有记载）。不过，斯诺对这次采访、对萧劲光的印象还是很深的。3 年后的 1939 年，斯诺再次到延安时专门到萧劲光的窑洞里看望，并进行了亲切友好的交谈。

在共产党抗日民族统一战线政策的影响、感召下，1936 年 12 月 12 日，东北军将领张学良和西北军（国民党第十七路军）将领杨虎城率部联合扣留了到西安部署"剿共"的蒋介石及其随员。同时通电全国："停止内战，一致抗日"。是为西安事变。事变发生后，为了策应张、杨所部，防止国民党亲日派趁火打劫，以实现和平解决西安事变，逼蒋抗日的目的，红军主力部队均调到西安附近。萧劲光依然率红二十九军驻守根据地西线，保卫边区。

1937 年初，中共中央、中革军委从保安（今志丹县）迁至新收复的陕北重镇延安。2 月 27 日，中革军委下达命令，任命萧劲光为军委参谋长。陕甘宁省委军事部长一职由赖传珠接任（萧劲光兼职的红二十九军军长，此前已由谢嵩接任）。

三、出席洛川会议

1937 年 3 月初，萧劲光到延安履职，正式接手军委参谋长工作。

这时，西路军正在甘肃北部倪家营子陷于十倍于己的重围中。中央机关、军委各级机关都在为挽救这支陷入重围的部队苦思良策。萧劲光一到职，就投入到这项工作中。在这期间，他按照毛泽东和军委的指示，为救援和接应西路军突围做了大量实际工作。3 月 5 日，由刘伯承、张浩率领的援西军出发西进。但终因多方条件限制，收效甚微。宁都起义参加红军、与其朝夕相处的董振堂（曾任红五军团副总指挥兼十三军军长）率领 3000 余人，就在那里的高台阵地上壮烈牺牲。为了接应、寻找被打散了的西路军官兵，中央专门派陈云、滕代远等前往迎接。总参谋部具体通知了西线各部队，派出小分队，分散行动，化装侦察，接应归队。此事在萧劲光脑海中留下了终生难忘的印象。直到晚年，每谈起来，他总是嗟叹不已，说："一些西路军的干部战士是沿路讨饭回来的，苦得很啊！……西路军的战绩可歌可泣，西路军的教训是十分深刻的。"

同年 7 月 7 日，在北平爆发了震惊中外的卢沟桥事变。严峻的民族危机面前，革命根据地延安迅疾作出强烈反应。翌日，中国共产党通电全国，呼吁实行全民族抗战。红军高级将领联名通电蒋介石，请缨杀敌。这时，萧劲光正在主持庆祝"八一"建军节（在中央苏区，已正式确定每年 8 月 1 日为红军建军节）的筹备工作。原定计划是在 8 月 1 日举行庆祝运动会，各单位已据此作了准备。一天，萧劲光到毛泽东住处汇报工作，提出：原定运动大会是否如期举行？是不是借此机会进行一次抗战动员？毛泽东略一沉思，说："很好，大会如期举行，就叫'抗战动员运动大会'。"

8 月 1 日，抗战动员运动大会在延安城南门外体育场隆重举行。党政机关、部队、学校组成的各自的代表队、各界群众数千人参加。为了表示中国共产党与国民党建立统一战线、共赴国难的决心，大会在升旗仪式上将青天白日旗和镰刀斧头红旗一同升起。毛泽东、张闻天亲临大会并分别做了慷慨激昂的抗战动员讲话。号召大家为了保卫国家、保卫领土，随时准备奔赴抗日前线，陷阵杀敌。同志们都把激愤化为力量，参加大会组织的各项比赛活动。统一的口号是：练好身体，奔赴前线，消灭敌寇，保卫祖国！

8 月 13 日，日军发起进攻上海的战斗。炮火震惊了蒋介石，南京政府与共产党达成协议，将红军改编后开赴山西抗日前线。为研究确定军队与国民党军共同抗日的政治、军事等一系列方针政策问题，中共中央决定召开一次政治局扩大会议。经反复斟酌，会议地点定在洛川。一天上午，毛泽东把萧劲光叫到他的窑洞里，吩咐说，党中央准备到洛川去开个会，你去打个前站，安排个开会的地方。停了一下，又特别强调：不在洛川县城，那里不安全。要选个安全的地方。你准备一下，马上出发。

接受任务后，萧劲光当即与负责后勤保障工作的总兵站部部长杨立三等乘一辆大卡车出发了。那几天连日下雨，本来就绕梁顺坡很难走的道路越发难走。这天半路上又下起雨来。倾盆大雨中，对面几步就不见人。河川里黄水滚滚，山梁上不时有塌方，道路更加泥泞。他们乘坐的是一辆缴获的破旧的美式卡车，性能很差，100 多里路走了大半天，才在界子河附近停下来。接连看了几个村子，最后选定了距洛川县城十几里路的冯家村。

洛川会议旧址

冯家村里的老百姓都很穷，没有几栋像样的房舍。好处是在这一带还算是个大村，又靠近大路，来往进出方便。开会首先要有个大点的房子做会场。实在找不到，他们便与村里一位私塾先生商量，请他让学生放几天假，借用一下。距私塾不远有一个庙稍好一些，收拾一下给毛泽东住。其余领导人再无法照顾，只能分散住在老百姓家里。按与会人头把住处安排完毕，萧劲光才想起自己还没有地方落脚。于是在一家农户放杂物的小房间住下来，一扇门板架在水缸上做了床。具有重大历史意义的洛川会议就在这样一个条件简陋的小村里召开了。那位开明的私塾先生及冯家村的百姓们，他们谁也没有想到，因此一举，千百年来无人知晓的小村落从此闻名中外，且永远载入了中华民族的史册。

会议于 8 月 22 日上午开幕。参加会议的有毛泽东、朱德、周恩来、任弼时、张闻天等中央政治局委员及候补委员，军队及各方面负责人刘伯承、徐向前、关向应、聂荣臻等，共计 20 余人。萧劲光以军委参谋长的身份出席会议。

洛川会议通过了《中央关于目前形势与党的任务的决定》《中国共产党抗日救国十大纲领》和宣传提纲《为动员一切力量争取抗战胜利而斗争》。同时，为加强新形势下党对军队的绝对领导，决定成立中共中央革命军事委员会（以下简称中央军委），由毛泽东、周恩来、朱德、张闻天等 11 人组成，毛泽东任主席，朱德、周恩来为副主席。具体办事机构，依然由萧劲光主持的参谋部承担。会议整整开了 3 天，至 24 日结束。

心系天下、忧国忧民的共产党领袖和军队将领们，这几天绝大多数议题，大家认识一致，但也有个别问题，分歧较大。特别是对毛泽东提出，主力部队开赴前线后，中央机关仍驻延安，使陕甘宁边区成为领导全国抗日大本营的设想，有些同志不赞成。他们认为，陕北地瘠民贫，不宜做抗日大本营。有的同志说，现在国民党军就步步进逼，主力部队一走，根据地能否守得住都是问题，党中央还是应该随着主力走。调到军委后，萧劲光直接在毛泽东领导下工作，有时晚饭后两人在一起散步，几乎天天打交道。毛泽东报告中的许多思想、观点，此前曾向萧劲光透露过，有的还听取了他的意见。关于把陕北做抗日大本营的问题，毛泽东和他谈过，萧劲光心悦诚服，会上他据此发表了自己的看法。萧劲光说，陕北地瘠民贫是事实，但也有它的特点和优势。从地理条件上说，它交通不便，又有黄河阻隔，利于防守而不利于敌人的进攻。它距离华北抗日前线不远，指挥起来比较便利。从边区现状来说，陕甘宁根据地是十年内战后留下的唯一根据地。由于大革命的影响，当地群众有较高的觉悟，我们又有了两年工作的基础。主力开赴前线，对敌人是很大的威胁和钳制，我们再留下一支部队，党中央在西北立足并以此为基地领导全国各根据地的抗日战争，是完全可能的。

为了统一大家的思想，大会结束时毛泽东对党中央驻延安、留部分部队巩固陕甘宁根据地问题，在大会上专门作了说明。最后，会议一致同意从各主力部队中抽出一部分兵力与地方武装组成“后方留守处”，驻守延安，担负巩固根据地、保卫党中央的任务。留守处工作由萧劲光主持。

第九章　留守延安（上）

一、任务重于生命

洛川会议结束后，即1937年8月底，按照与国民党政府谈判达成的协议，中共中央军事委员会发布命令，将中国工农红军第一、第二、第四方面军及陕北工农红军等部，改编为国民革命军第八路军（9月中旬又改称第十八集团军，但仍沿用第八路军番号），朱德为总指挥（9月改称总司令），彭德怀为副总指挥（9月改称副总司令）。红军各部队统一改编为第八路军辖属第一一五、第一二〇、第一二九3个师，并先后取道山西，开赴抗日前线。与此同时，各部队留下的部分兵力与陕北地方武装一起，以“国民革命军第八路军后方总留守处”的名义，驻守陕甘宁边区。根据中共中央的提议，南京政府发布命令，任命萧劲光为“八路军

1938年4月，萧劲光（左四）、滕代远（右二）与第二战区副司令长官卫立煌（左五）在延安。

后方总留守处主任”。萧劲光当即按照洛川会议的决定，着手进行留守部队的整编工作。

难怪一些人对党中央留在延安有顾虑。这时的陕甘宁根据地尽管几年前已建立民主政权，也有一定群众基础，但所处的形势实在不容乐观。东面，气焰嚣张的日军隔河相对；南、西、北三面，驻扎着国民党数十万部队，形成环形包围圈；边区内部，许多地方是国共两个政权并存，土匪袭扰、作恶不断。八路军主力部队开赴前线后，不足万人的“留守处”成为陕甘宁边区外拒敌人入侵、境内靖匪安民的唯一军事力量。所以，党中央、毛泽东对留守部队建设非常重视。萧劲光担任总留守处主任，是由毛泽东提名，党中央经过反复研究决定的。整编过程中，毛泽东对留守部队组编、兵力部署作了多次具体指示。据此，萧劲光将陕甘宁边区 18 个县（后来，按照国民党三三三次会议划定，陕甘宁边区为 23 个县）划分为东、西两个地区，分别设立留守处。神木、靖边直到洛川等东部各县，划为东地区留守处，陈伯钧为主任，陈先瑞为副主任；定边、环县直到淳化以西诸县，划为西地区留守处，王宏坤为主任，王维舟为副主任。各部队留下的兵力，包括第一一五师的炮兵营、辎重营，第一二〇师三五九旅的七一八团，第一二九师三八五旅旅部及七七〇团等部，连同陕北地方武装共 9000 余人。统一整编为第一至第八警备团、第七七〇团（原属三八五旅）及骑兵营、鄜（鄜县，今富县）甘（泉）独立营。根据任务的需要，各团营分别部署于边区各防地。总留守处机关设在延安，同时，设立延安保安司令部、绥德警备司令部等。

同年 10 月，留守兵团部队整编工作基本结束，在延安召开了宣布总留守处成立的军政干部大会。毛泽东出席会议，代表中央军委给留守兵团下达指示，明确了留守部队的使命任务。之后，在会上发表了热情洋溢的讲话。他说，军队是根据地赖以存在的必不可少的武装力量。有坚强的留守部队，才有巩固的边区。有巩固的边区，才能为前方将士提供有力的支持、支援，才能有前线抗战的胜利。大家要把留守任务看得同前线抗日救国战斗一样重要。讲到最后，他伸手拍着坐在旁边的萧劲光的肩膀说：“同志们，我在延安，就靠这位老兄吃饭，靠你们留守兵团吃饭啊！”

毛泽东意味深长的玩笑话，使萧劲光大受震动。“保卫河防、保卫延安、保卫党中央”，“巩固与扩大留守部队，加强战斗准备，培养和积蓄干部”，任务太重大了！当晚，他回到宿舍里思考再三，亲自书写了“任务重于生命”六个大字，贴在了床头的墙上。第二天，留守部队召开整编教育暨剿匪动员大会。萧劲光又把“任务重于生命”六个字写成大标语，悬挂在会场上。在动员报告中，萧劲光具体阐述了当前的形势、党中央赋予留守部队的使命任务。尔后，他放缓速度一字一顿地说，有的同志不安心在留守部队工作，要求上前线。这种想法总体上讲没有错，是对的。但，大家必须清楚，我们部队的名字叫“后方留守处”不错，但延安、陕甘宁边区可绝不就是后方。大家知道，我们的东边，黄河对岸驻扎着日军重兵。他们不仅虎视眈眈，随时都企图渡河西侵，且不时有飞机过河骚扰轰炸。其他方向，北、西、南三面，驻扎着国民党的几十万大军。国共两党虽说已达成了共同抗日的协议，但蒋介石是否从此就不“剿共”了？至少到现在，挑衅一直未断。就是边区境内，暗藏的奸细敌特不说，单是四处窜扰、烧杀抢劫的土匪已足以使各县不得安宁。所以说，这里同样是前线，而且是更重要的前线。我们不仅要同日军作战，还要保卫党中央、保卫边区，要剿匪，要同明里暗里、形形色色的敌人作战。大家看到了，会场上我写了六个字：“任务重于生命。”这不是个一般的口号，它应该成为我们留守兵团每一个官兵的座右铭。大家都要理解它，牢牢记住它，随时准备用鲜血和生命去实践它。

同年12月中旬，为了加强领导、方便指挥，中央军委决定将“留守处”内部改称“留守兵团”，萧劲光任司令员兼政治委员，同时任命曹里怀为参谋长（此前为参谋处副处长），莫文骅为政治部主任（此前为八路军后方政治部主任）。对部队编制、体制作了进一步调整，配齐了部队的政治委员。命令公布后，召开了留守兵团成立后的第一次军政首长会议。毛泽东、周恩来、张闻天、王稼祥、林伯渠等中央领导均出席了会议。大家刚落座，毛泽东就诙谐地对萧劲光说：“蒋介石给你个主任，我给你个司令员，叫起来也好气派些！”随后，毛泽东再次讲话，重申留守部队工作的重大意义和责任，强调要把留守任务看得同前线抗日救国一样重要，使留守兵团尽快走上正规化建军的道路。周恩来等也都讲了话，就如何抓好留守兵团部队建设问题谈了意见、要求。总的思想是，要求萧劲光他们按照古田会议决议精神去做，把留守兵团这支来自各方面的、比较松散的队伍，建设成一支打不烂、拖不垮、具有很强战斗力的正规部队。

从整体上看，留守部队官兵的素质是比较好的，共产党员占相当大比例。其中绝大多数同志经过两万五千里长征，经历过残酷斗争环境的锻炼，政治信念坚定，有顽强的战斗精神。但另一方面，由于来自不同的部队、各个根据地，机构建制不统一，规章制度不统一，加上长期游击生活，因而组织纪律涣散，存在游击习气，不团结的现象也时有发生。针对这种情况，萧劲光遵照毛泽东和军委的指示精神，从“政治、军事、文化、党的工作”四个方面入手，狠抓了留守兵团的教育训练工作。

1938年1月20日，八路军留守兵团召开军政首长会议。图为与会者合影（萧劲光位于后排中）。

1942年9月，留守兵团与贺龙率领的晋绥军区的部队合并，组成陕甘宁晋绥五省联防军，贺龙任司令员，关向应任政治委员，萧劲光与徐向前任副司令员。萧劲光分管联防军训练工作。他依然根据留守部队的特点，进一步加强了部队的军事训练工作。

系统、严格的教育训练，全面提高了官兵的军政素质，使留守兵团部队逐步走上正轨，成为保卫边区的红色劲旅。他们不仅圆满完成了保卫党中央、保卫陕甘宁根据地的光荣任务，而且向前方部队输送团、营等各级干部2000多名，实现了党中央确定的为前线部队“培养、积蓄干部”的目标。

二、剿除匪患，靖乱安民

八路军主力开赴华北抗日前线后，陕甘宁边区直接面临的问题是土匪破坏活动更加猖獗。

按照南京政府同意的区划，陕甘宁边区政府的管辖范围，北起府谷、神木，南至洛川、淳化，东至黄河，西至盐池、定边、环县，计23个县。在主持留守兵团整编的同时，萧劲光就指示有关部门对境内匪情作了调查。俗话说：“山穷水恶，土匪成窝。”由于地瘠民贫，长期以来土匪在这一带一直没有断过。20世纪30年代前后，外敌入侵，国民党政府横征暴敛，人民苦不堪言，这里匪情也越发加重。据初步摸查，边区范围内零星的散匪不算，单是能叫得出匪首名姓的较大的土匪团伙就有43股，4000多人，握有枪支在2000支以上。而留守兵团，担负保卫河防任务的部队，中央、地方党政机关警卫部队，各种兵力加在一起，只有9000余人。所以，土匪并不把留守兵团放在眼里。主力部队刚走，留守兵团忙于整编的一段时间，土匪活动异常频繁。光天化日下他们就在村镇打家劫舍，奸淫烧杀，暗杀边区党政工作人员，无恶不作。

要使边区稳定、党中央安全，剿匪刻不容缓。用什么办法剿灭这么多土匪？萧劲光与李德发生了一场不大不小的争论。

遵义会议后，李德被撤销了军事顾问的职务，跟随中央红军长征到达陕北。他先是在红军大学任教，讲过一个时期的课，后又被派到留守兵团训练骑兵，有时也参与讨论研究一些军事方面的问题。萧劲光、参谋长曹里怀、政治部主任莫文骅等兵团领导召开会议研究剿匪问题，吸收他参加了。李德提出要采取“平推”战术：调集大部队一字排开，从延安向周边，齐头推进。并宣称，这样声势大，兵力集中，可一网打尽，一次成功。

萧劲光不赞成李德的办法。对他说，这里山高沟深，塬、梁、峁俱全，地形极其复杂。土匪刁滑得很，又熟悉地形环境，大都昼伏夜出，四处流窜，哪里会集合在一起让你去推、去打呀！

李德听了，又是摇头又是耸肩膀，显出鄙夷不屑的样子。

会后，萧劲光把与李德的争论向毛泽东作了汇报。毛泽东笑了，说：“怎么，没有李德不行吗？”萧劲光当即汇报了兵团几个领导的意见。

萧劲光说，目前留守部队力量有限，还要担负警卫任务，保卫河防，剿匪单靠主力部队是不够的。我们的想法是，实行主力部队与地方自卫军相结合，并要取得地方党政机关的支持配合，广泛发动群众参与。过去匪患不除，根本原因是“兵匪一家”。正像群众说的，那些剿匪部队都与土匪穿着连裆裤，由他们剿匪当然剿不了！我们是人民的军队，我们的优势是“军民一家”。剿匪为人民，也要靠人民。以部队为主，军民联手，布下天罗地网，土匪再狡猾也无处躲藏。听了萧劲光的想法，毛泽东点了点头：想法对头，先干起来再说么！

11 月初，剿匪战斗在陕甘宁边区各县先后打响。

留守处机关首先与地方党政机关取得联系，发动群众与地方自卫军一起参加捕捉散匪、小股土匪。听说八路军要剿匪，深受匪患之苦的群众击掌叫好。许多村镇很快组织起小分队，和部队一起投入战斗。群众发现匪情，都及时向剿匪部队报告；追击逃匪，群众自觉监视，主动配合截击。很快，各地的土匪都陷入军民联手的重重包围中。

与此同时，地方政府采取调拨救济粮款等具体措施改善群众生活，解决群众的温饱问题，使一部分为生计所迫铤而走险的散匪（流氓无产者）改邪归正。有的还自愿参加到剿匪队伍中，献计献策，为剿匪出力。

对部分民愤大、人数多的反动顽匪，集中调动主力部队进行军事会剿。剿匪第一仗，首先集中了警一团、警二团、警五团及蒙汉骑兵支队等 2000 余人，对官滩、盐池以北的叭蜡梁和安边以北的仓房梁一带，以张廷芝、范玉山等人为首的几股顽匪进行围剿。

在军民联合打击下，剿匪进展迅速，成果显著。据 1938 年底统计，被彻底消灭的土匪 36 股，击溃的土匪 10 余股，生俘匪徒 900 余人，缴获轻机枪 10 挺、步马枪 1700 余支、迫击炮 2 门、子弹 20 余万发。捕获的匪首，大都交当地政府，召开群众大会进行公审。民愤较小且认罪服法的，交群众监管改造，罪大恶极的予以坚决镇压。不到一年的时间，边区内各地的土匪，除少数由国民党政府支持的“政治顽匪”外，基本上被肃清。对此，各界群众交口称赞：“这在过去是不可能的，在其他地区也是无法做到的。”

在剿匪战斗中，留守部队和当地群众先后牺牲 700 多人（其中团队干部 2 人）。

陕北初冬，夜深人静。毛泽东还伴着如豆的烛光在阴冷的窑洞里伏案疾书。萧劲光按照毛泽东“每晚都要来谈谈部队情况”的约定，来到毛泽东的窑洞。当他报告说，边区境内的土匪已基本肃清时，毛泽东又惊又喜：“这样短的时间就把土匪肃清了？”萧劲光详细汇报了剿匪的经过和战果，毛泽东十分高兴，亲自起草了一份电报，向全国各抗日根据地通报了这一战绩，表彰了边区军民。

时过不久，毛泽东又让萧劲光在陕甘宁边区第二届参议会上报告了剿匪情况，介绍了经验。萧劲光说：“我们为什么能够这样快的把土匪消灭了呢？许多人对这事觉得很奇怪。许多军事家都说，大战容易打，土匪难打。我们的经验是，党、政、军、民团结一致，用全体的力量去搞，没有搞不了的，靠坚强性、团结性，才能打平。开大军去打，正如梳子梳头，梳过去了，但留下很大的空隙，他们还可以

1938 年 7 月 28 日，萧劲光（三排左六）陪同毛泽东（三排左五）与出席八路军留守兵团及陕甘宁边区保安部队第二次军政干部会议的人员合影。

在这里活动。我们的方法是：猛打、穷追、阻击、合击。”“土匪的肃清单靠军事不够，还要在政治上争取他们、瓦解他们……许多不得已做土匪的，我们便帮助他们改邪归正。这是我们为什么能够把边区的匪害肃清的经验。”

此后一年多的时间里，边区内很少再听到土匪为害。

三、以弱胜强守河防

陕甘宁边区东临奔流不息的黄河，河对岸便是日军大兵压境的山西省。

这段黄河，北起府谷，南至宜川，蜿蜒 500 余公里，通称“千里河防”。它既是阻止日军侵犯边区的天然屏障，又是边区、党中央与各抗日根据地联系的必经通道。一旦河防失守，不仅作为八路军大后方的陕甘宁边区不得安宁，而且势必割裂中央、军委与各抗日根据地的联系。所以，留守部队组编伊始，军委首长向萧劲光下达的任务，首要一条就是“保卫河防”。

抗战初期，日军在华北的兵力近 20 万人，进入山西的是两个半师团，少说也有 4 万多人。而留守部队初建时不足 1 万人（翌年春发展到 1.5 万人），并且还要担任中央、军委等各级机关的警卫任务，还要剿匪，还要应付顽固派的骚扰破坏。至于武器装备上的差距，更是显而易见的。

千里河防，千钧重担！从留守兵团成立那天起，如何保卫河防，就是萧劲光经常思虑的一个重大问题。

日军咄咄逼人，逐步向河岸逼近。1937 年 11 月 16 日，日理万机的毛泽东把萧劲光找来窑洞，专门听取他关于保卫河防的汇报。

“听说你们研究了，今天请你谈谈。日本人目前会不会过黄河？他们过黄河怎么办？”萧劲光刚跨进窑洞，毛泽东就开门见山提出了问题。

萧劲光是毛泽东的常客，差不多每天都见面。没有客套，一边掏本子一边就开始汇报：“这个问题，曹里怀、莫文骅我们几个人研究了几次，昨天开了干部会，有个文件很快就报军委。”

萧劲光说：“我们分析了一下，认为有三种可能。一是日军要进攻西安的时候，可能以一支部队策应，进犯河防以配合行动；二是日军要进攻整个大西北时，可能以一路兵马突破河防，进攻陕北；三是日军在山西进行‘扫荡’时，侵犯河防，以切断陕甘宁边区与敌后各抗日根据地的联系，威胁我们边区的安全。”

毛泽东插话道：“出现了这些情况，你们怎么办？能守得住吗？”

萧劲光接下去说：“仅从兵员数量、装备质量上看，明显‘敌强我弱’。单靠留守部队的少数兵力，这么长的防线，确有困难。但是和整个华北地区的抗日战争形势联系起来看，黄河对岸，无论是晋西北、晋西、晋东南，都有我八路军主力和友邻部队在不断打击敌人，破坏敌人的进攻计划，牵制敌人侵犯河防的行动。所以我们坚守河防，不是孤立的。更何况我们还有地理上的优势：黄河虽然蜿蜒千里，但水深流急，渡口很少。东岸多土山，西岸多悬崖峭壁，无法架桥，要渡河只能漕渡。这样的地形条件，利于守而不利于攻。还有一条，就是人民群众的支援，这是孤军深入的日本侵略军所不能比的。”讲到这里，萧劲光稍加停顿说：“综合这些条件，我们的‘弱’就不是单纯的‘弱’，敌人的‘强’也不是真正的‘强’。只要我河防部队保持高度警惕，加上部署、指挥得当，河防就会固若金汤。我们一定能胜利担当起保卫河防的任务。”

看得出，毛泽东对萧劲光的汇报是满意的。萧劲光一讲完，毛泽东便径直说道：“现在就要起草一份电报，把兵力部署告诉贺龙他们。”

翌日，留守兵团便向黄河对岸第一二〇师的贺龙、萧克、关向应、甘泗淇等，发去毛泽东口授并亲自修改过的电报：

(甲) 为保障我们河东部队能在晋省支持艰苦持久的游击战争，及于必要时能迅速安全的西渡，且增加敌人河渡之障碍，故河防之巩固为目前紧迫任务。

(乙) 已将整个河防线（由神府马镇到宜川临真河）划分三段，各段设河防司令部指挥之。1. 从临真河以北到清涧之河口，设两延河防司令部，何长工任司令员，以警备五团为河防部队；2. 从河口到葭县归五县（陕西省绥德、清涧等5个县）警备区指挥，以七一八团及警备三团为河防部队；3. 从葭县到马镇设神府区河防司令部，以神府保安营任河防部队。

(丙) 为保障河东部队在必要时实施西渡，拟选择以下地段之渡河要点。1. 从三交到绥米各渡口；2. 两延间之马头及平渡两渡口；3. 神府河防区内选择二大渡口。

(丁) 每一渡河地段，备置船二十只以上，大船每只可容一百人，并征集必要的水手、舵手。为隐蔽我之企图，这些船只应隐蔽河之西岸，并派兵看管，防敌毁坏及保护其他各渡口之船只。除在必要的渡口上留下一二只渡船外，其余一律或集中他处或泊西岸，并准备必要时破坏之。

(戊) 凡对我军不需要之渡口，应依照计划有步骤地进行破坏。并在沿河某些要点上，特别在我渡河地段上，利用天然险要、或构筑相当程度工事，其具体布置由河防司令部负责侦察、计划，并告我们。

（已）两延、五县河防区已着手布置。关于神府区，请贺、萧直接派人，或令王兆相派得力干部为河防区司令员，前往侦察布置一切与指挥担任该段河防之保安部队，并请转达神府特委知照。

日军侵入山西后，由于驻晋八路军各部和友军部队的牵制，相当一段时间里未敢渡河西进。1938 年 2 月后，日军陆续进占了黄河东岸的一些据点。经过烧杀抢掠，日军自觉脚跟站稳，便开始向黄河西岸伸出魔爪。

3 月 13 日，侵占山西的日军先是派出 10 架飞机在河西岸留守部队阵地上空轮番侦察、轰炸。接着，20 余门大炮一齐开火，向对岸猛烈轰击。与此同时，2000 多名日军集结在黄河东岸，待命突击渡河。留守兵团警备六团官兵在团长王兆相的指挥下，沉着应战。敌机轰炸、炮火轰击时，部队隐蔽不动。3 个小时过去，日军见对岸无反应，以为轰炸攻击奏效，遂蜂拥冲下河岸，试图在大炮的掩护下登船渡河。警六团官兵们见时机已到，遂集中全部机枪同时开火。突然间，密集的子弹像飞蝗一样落入敌群。日军毫无戒备，被打得晕头转向，乱作一团。警六团事先准备好的一部兵力，乘敌慌乱之际迅疾过河，袭击敌人侧背。敌人连遭重创，无力支持，向兴县方向仓皇逃去。此次战斗，毙伤敌人 140 余人，缴获步枪 10 支及军用物资一批。警六团只伤亡 6 人。

同年 5 月初，日军 1.5 万人倾巢出动，附炮 30 门，气势汹汹地沿离（石）军（渡）公路大步西进，企图占领军渡，在宋家川附近渡过黄河，侵入陕甘宁边区。10 日晚，其先头部队已抵近王老婆山，后续部队还在源源不断推进。驻守宋家川一带的警备八团，经过周密侦察，事先已掌握了敌人的行动意图。团长文年生抢先率领一支部队渡过黄河，借暮霭掩护，隐蔽待机。日军刚抵达黄河边，立足未稳，天已黑尽。文团长便指挥部队趁暗夜向刚刚进到王老婆山的日军大队发起突袭。日军猝不及防，慌忙应战。双方激战数小时，毙伤日军 200 余人，缴获步枪、机枪 20 多支，营长郭永清还亲自抓了一个日军俘虏。由于在此遭受重创，同时八路军一一五师第三四三旅和地方抗日游击队也在敌侧后连连发动袭击，展开游击战，日军只得掉转头撤兵向东退去。

1939 年 1 月，在河防南段也发生了一次较大的战斗。1938 年底，进占永和、大宁、吉县一带的日军 2000 余人，附炮 30 余门，兵分两路向留守兵团守备的马头关、圪针滩渡口的对岸进逼。1939 年元旦清晨，两路日军同时占领了两渡口东岸的阵地，并以大炮、机枪隔河向两渡口近区猛烈射击。继而又派出 10 多架飞机对留守兵团部队驻地实施轰炸、扫射。河防守备部队毫不畏惧，沉着地按照预案隐蔽待机。日军隔河炮击过了，飞机轰炸、扫射过了，以为障碍已除，可以渡河了。日军步兵集结河岸，准备登船渡河。突然，河防守备部队枪炮一起开火，向河岸集结的日军步兵射击。敌人见机慌忙撤下步兵，开炮向对岸还击，并发射毒瓦斯弹数十发。双方枪炮时紧时缓，战斗进行了一整天。日军准备的船只大部被毁，已无法实施抢渡。与此同时，河东八路军一一五师独立支队等部积极配合作战，不断向敌增援部队发动袭击。日军无奈，于4日晚开始撤退。河防部队乘胜渡过黄河，向敌发起追击。追至大宁以西地区与日军交火，再次歼敌一部。1月7日，河东八路军部队胜利收复大宁、吉县，河防部队安然撤回河西。此次战斗，毙敌近百人，并缴获了部分枪支、马匹。河防部队伤亡官兵8人。另有10余人中了毒气。

这次战斗后，留守兵团召开作战会议，专题研究保卫河防的问题。萧劲光亲自主持会议并总结讲话：我看主要的经验有两条：一是在敌人没有到达我火力地带以前，要善于隐蔽，避开敌人飞机大炮的狂轰滥炸。待敌人进入我火力网，就最大限度地发扬自己的火力，大量杀伤敌人，或消灭敌人于集中岸边登船时，或击敌于航渡中或击敌于登陆之前。《孙子兵法》中说“令半渡而击之利”，意思是说让敌人走到河中间，进退不得时再打他。我们不妨借用这句话，把这一条叫作“半渡而击”。第二条，则可以叫“主动出击”，或者叫“以攻为守”。就是说，我们的防御不是消极的、单纯的防御，而是要选择时机，于战斗前或于敌人溃逃的时候，在对面有我主力部队配合或形势允许的情况下，渡河到东岸去主动袭击敌人，以配合正面的防御部队，粉碎敌人的进攻。这一条要奏效，及时准确地获得情报是关键，没有边区自卫军派人侦察、及时提供准确的情报，没有多方面密切配合是不行的。

留守兵团这次作战会后不久，日军又一次发动了对黄河河防的大规模进攻。其进犯的主要方位是柳林、军渡一带。军渡是河东岸的一个重要港口，在河防战线的中部。在此之前日军进占这个渡口，大都是坦克开道、飞机掩护，沿着公路大摇大

1939年春，萧劲光（右一）赴绥德、米脂前线，部署和视察黄河河防工事，并同河防部队的指挥员一起探讨抗击日军的战斗经验。

摆地向前推进。由于连遭失败，敌人这次改变了战术。6月4日至5日，驻晋西离石市日军1个旅团约1.5万人，再次向柳林进犯。表面上，与往常无异，其实这只是其“中路军”——钳制部队。主力部队已分成两路，在与中路军各相距15里到20里左右的山地中迂回前进。当时国民党战区指挥官阎锡山的三个步兵团、一个炮兵团在柳林地区驻防。他们根据以往的经验，仍然只注意公路正面的防御，忽视了对两翼的侦察警戒，结果使日军企图得逞。阎军一部被敌人包围，柳林、军渡、孟门、碛口相继失守。当天晚上，敌人就进至河边，调动一切装备，飞机、大炮、轻重机关枪，对河西阵地进行狂轰滥炸、猛烈射击。直打得西岸河防阵地和附近山头硝烟弥漫、黄土变色。留守兵团河防部队由于有了以往的经验，沉着应战。加上有到前线检查战备工作的萧劲光的亲自坐镇指挥，官兵更加胸有成竹。萧劲光一边指挥部队凭借天险和坚固的工事打击敌人，阻止其过河，一边紧急从边区内地调兵前来增援。双方对峙了两天，日军见渡河无望，便开始撤退。这时河防部队援军已以日行百里的速度及时赶到。萧劲光遂令增援部队过河追击。这支增援部队与河东部队密切配合，打得日军丢盔卸甲、狼狈逃窜。不仅胜利地解了阎军之围，且收复了大批失地。

1939年秋，由于河防紧张，党中央将以王震为旅长的三五九旅（属第一二〇师）调回陕北，驻防绥德地区，河防守备力量大大加强。由是，我军不仅阻止了日军渡河，而且在日军“扫荡”晋西北时，主动出击，积极配合河东部队作战，打击敌人。

从1937年全面抗战爆发，到1945年抗日战争胜利，日军西渡黄河、拔除八路军指挥大本营陕甘宁边区的企图，一天也没有放弃。特别是最初两年，进犯河防十分频繁。留守兵团成立后，在驻晋八路军主力部队的配合下，萧劲光指挥河防部队对日作战70余次。千里河防固若金汤，日军始终未能越过黄河，进入陕甘宁边区一步。

四、反磨擦，“有理、有利、有节”

1938年10月，武汉、广州相继失守。至此，华中、华南陆海交通咽喉、战略要地和大片国土，也沦入敌手。由于中国人民的坚决抵抗和日本帝国主义战争力量的不足，日军被迫停止战略进攻，转入战略防守，抗日战争进入战略相持阶段。

12月31日，长期保留写日记习惯的蒋介石在1938年的最后一天，简略回顾了一年多来的抗战形势后，忧心忡忡地写道：“共党乘机扩张势力，实为内在之殷忧。”几天后他在另一篇日记中，讲得更明了：“目前急患不在敌寇，而在共产党之到处企图发展。”“沦陷区游击队之纷乱无系统。”“应定切实对策方足以消弭殷忧也。”在这种思想指导下，蒋介石秘密下达了《限制异党活动办法》《共产党问题处置办法》《处理异党问题实施方案》等一系列防共反共指令，扩大了在陕甘宁边区周边的驻兵，并蓄意纵容、支持边区周围的国民党顽固派首脑，对陕甘宁边区实行了“四面包围，中间破坏”的方针。主要的做法，就是在边区四周搞军事进攻，在边区内，通过派驻所谓的县长等官吏，或直接派遣奸细、特务，袭击党政机关部队，破坏边区安宁。对延安当时的政治形势，毛泽东曾在一份电文中作了精当的概括：“谋我者处心积虑，百计并施。点线工作布于内，武装摧毁发于外，造作谣言，则有千百件之情报，实行破坏，则有无数队之特工。”

严峻、复杂的政治形势，赋予留守兵团一项重要任务，即“不断进行粉碎国民党顽固派制造磨擦事件的斗争”。在共产党、八路军的文电中把这种斗争称为反磨擦。

这实在是一种古今中外少有的、特殊形式的军事斗争。顽固派手段卑鄙拙劣，闻所未闻。磨擦事件频率之高、数量之大，不可想象。为了民族抗战的大局，中共中央制定了明确具体的方针政策：既要坚持独立自主的原则，又要注重团结，努力维护抗日民族统一战线；既要坚决打击国民党顽固派的反动政策，使其收敛，又要尽量争取他们留在抗日统一战线内，使统一战线不致破裂；斗争中既要坚持原则、针锋相对，又要把握分寸，“有理、有利、有节”。这实在是一场难唱但又是不能不唱的戏。在这场文武兼备，唱、念、做、打俱全的活剧中，有“合法”身份的留守处主任萧劲光自是当仁不让的主角。

1938年冬，萧劲光、朱仲芷和长子萧永定在延安。

当时，国民党在陕甘宁边区的南、西、北三个方向驻有步兵、骑兵部队达21个军，计40多万人。另外还有3个保安旅和17个保安队。在诸多部队中，兵力最多、也最顽固的是驻守在陕甘宁边区南大门关中及其毗邻的鄜（县）甘（泉）一带的胡宗南所部。

胡宗南，时为国民党第八战区副司令长官。因其是黄埔军校一期毕业生，蒋介石一直把他视为亲信，胡也以此自命。加上时任陕西省主席的蒋鼎文也是蒋介石的嫡系，他们勾结在一起，你吹我打，这一带磨擦事件便格外突出。蒋介石《限制异党活动办法》一出笼，胡宗南就指挥部队攻占了边区内的旬邑县城，制造了残杀八路军伤病员的事件。

此前，八路军的一个疗养军人疗养院设在距合阳不远的黄河边。1939 年初，对岸日军据点迫近黄河，河防吃紧，疗养院奉命西移至关中地区栒邑县（今旬邑县）城南的土桥镇。栒邑县国民党县长张中堂和郴州国民党专员张明经闻讯后，调集保安队两三千人围攻伤病员，迫使疗养院不得不退出土桥，移到旬邑县城。事件发生后，萧劲光当即电告蒋介石。蒋回电“已电陕省府制止矣”，搪塞而过。时过不久，疗养院一工作人员出城采购，又被该县保安队无辜枪杀。伤病员愤慨已极，派出代表前往国民党县府请愿交涉，张中堂竟然指挥保安队开枪射击，疗养院代表 9 人被当场打死。随后张中堂又指挥大队人马向留守兵团派驻县城的独立营发起进攻。众寡悬殊，独立营被迫撤出县城。顽军占领了栒邑，且杀害了疗养院在转移中掉队的 17 名重残伤病员。

顽军的挑衅，特别是他们加害在抗日战场上幸存下来的伤残人员的行径，激起留守部队官兵无比愤慨。独立营官兵纷纷要求增兵还击。其他部队官兵也打请战报告，强烈要求前往增援。顽固派夺地杀人，当然有理由还击。但从全局看，组织还击不足取。一则留守兵团就近可调用的兵力有限，大举增兵不可能。真打起来，损失可能更大。更重要的是，顽固派一再挑衅，目的就是要制造更大的磨擦事件。萧劲光一面派人做官兵的说服教育工作，一面给蒋鼎文（蒋时任国民党陕西省政府主席）发电报，谴责张明经、张中堂等人杀人略地的罪行，要求当局迅疾前往查处。电文中，萧劲光严正地指出：“查敝军残废员兵，以抗敌余生息养后方，前以移驻土桥，备受迫害，今又大遭屠杀。消息传来，痛心曷极！惟念国家处此危急之际，袍泽之间，纵有差错，总宜容忍。”毛泽东审改了电文，并指示电报一并发给蒋介石和程潜（程时任国民党第一战区司令长官、天水行辕主任）。接着，萧劲光又就这一事件向全国发了通电，要求各界“一致呼吁，以彰公理，而警凶顽”。自知理亏的蒋介石、蒋鼎文等人，虽然不会派人调查处理，但也不得不回电应酬、敷衍。在这件事上，留守兵团虽然受了些损失，但赢得了全国人民的同情和声援。顽固派破坏团结、残杀抗日伤病员的罪行昭然天下，边区内外一片唾骂声。

如此结果，是胡宗南所没有料到的。恼羞中，他更变本加厉，操纵当地顽固派势力为非作歹。同年 3 月底，八路军招收的 27 名护士学员由西安步行去延安。当他们走到接近边区的中部县（今黄陵县）时，被国民党县政府无理扣留。八路军驻西安办事处派人前往交涉，县政府矢口拒绝，置之不理。获悉这一情况后，萧劲光一面给蒋鼎文和中部县发电，以示事件已引起留守兵团密切关注，一面直接致电蒋介石，希望其命令陕西省迅速放人。蒋介石也感到此事干得太蠢笨，只得回电：“萧主任：中部县扣留贵部学生，已电蒋主席转饬该县速予释放矣。”这批学生终于获释，赶赴延安。

挑衅一再受挫，不得不动用正规部队了。1939 年夏，国民党驻洛川新编骑兵第二师，在师长马禄的亲自带领下杀气腾腾地抵近鄜县，并迅即占领了鄜县南部多个村镇。鄜县距离延安只 100 多里。这一带留守兵团驻兵很少，且相当分散。马禄这一行动引起了中共中央的高度关注。留守兵团随即命警备第八团开到鄜县，并调整配齐了鄜甘警备区领导机构。尔后，本着先礼后兵的原则，致电马禄和洛川专员，凛然声明：“如果马师强占不退，则引起冲突之责任及一切后果，我们概不负责！”以鄜甘警备区的名义在各村镇和交通要道张贴布告，昭告各界周知：“本军奉命镇慑，业已部署周详。外与友军团结，内与党政协商。唯期地方安静，即以巩固河防。倘有汉奸国贼，敢于以身试尝，国家法纪所在，决不许其徜徉。”萧劲光亲临前线，督促、检查警第八团与原驻防部队一道修筑工事，做好战斗准备。马禄见边区军民已做好战斗准备，严阵以待，知道萧劲光带着人到前沿视察了工事，担心部队一旦行动，不仅军事上亏本，政治上会更被动。他掂量再三，不敢轻举妄动，并回电辩解，连称“误会”，说什么“双方应以团结为重”，乖乖地把部队撤回。

外部军事进犯不能得手，窃据边区内的顽固派越发不甘心。国民党派驻鄜县的县长蒋隆延接连寻机兴风作浪。他先是指令 6 个联保主任叛变为匪，率领匪徒扰乱乡里，劫持留守兵团部队的来往人员。继而组织了暗杀队，企图暗杀鄜甘警备区的干部。1940 年 1 月初的一个夜晚，暗杀队刺杀留守兵团特务团参谋长未遂，杀害了警卫人员。闻讯，特务团紧急行动，派出部队捕获了凶手和暗杀队头目，并解除了暗杀队的武装。以此为契机，留守兵团展开宣传攻势：首先，萧劲光致电程潜、蒋鼎文等政要，强烈要求政府严惩肇事者和幕后操纵者。继而，在《新中华报》上详细报道事件经过，并以《鄜县的大暗杀案》为题配发社论，揭露、痛斥顽固派的丑恶嘴脸和罪行。此次事件中，胡宗南一伙受到政治和舆论上的双重打击。此后一段时间里，边区南大门和缓了不少。由此进入延安的国际友人和全国各地的青年，也比过去安全、顺畅多了。

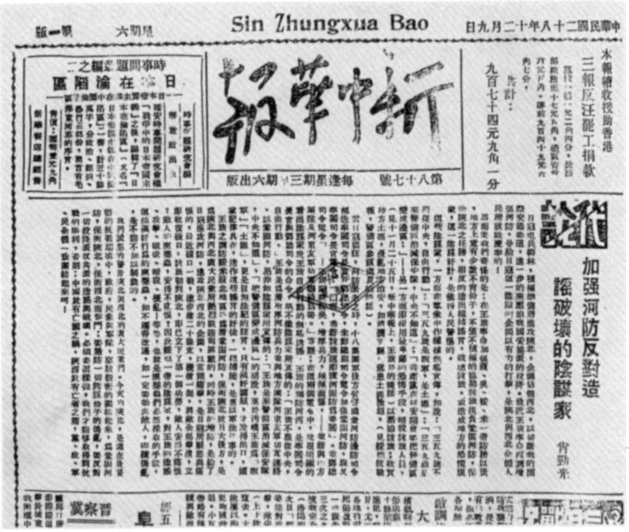
Sin Zhungxua Bao
中華民國二十八年九月二日
星期六
第一版
新中華報
第八十七號
每逢星期三、星期六出版
加强河防反對造謠破壞的陰謀家
肖勁光

萧劲光在《新中华报》上发表的文章

延安东北河防前线的绥德地区，也是一个磨擦频繁、关系紧张的地区。国共合作协议达成，陕甘宁边区的管辖范围确定以后，边区政府任命了各县的县长和政府工作人员。但是，国民党政府不仅不将原先的县长撤走，而且还继续往一些地区增派。这样，在绥德附近的米脂、吴堡、安定、清涧、延川、延长等县，便形成了一个县有两个县长、两套政权班子的怪现象。初始，中共中央和边区政府考虑到历史原因和团结抗日的大局，一直采取克制和忍让的态度。这些国民党官吏自知“名不正，言不顺”，也不敢过度妄为。时过不久，这些人便不再“安分”：他们巧立名目，鱼肉乡里、祸害百姓；自行组建保安队，寻衅滋事，破坏治安；更有甚者，组织暗杀队，暗杀共产党的军政干部。之所以出现这种状况，根子就在国民党当局新派何绍南到绥德担任了地区专员。

何绍南虽然官不大，但深得蒋介石器重，且与侵华日军板垣师团的师团长曾是日本士官学校的同学。因而，自觉左右逢源，气粗胆壮。陕甘宁边区政府成立后，在绥德地区成立了“抗敌后援会绥德分会”。为了争取团结何抗日，边区政府让他担任了分会主任，留守兵团绥德警备司令陈奇涵只担任副主任。然而，何绍南不仅不以此自重，维护抗战大局，反以“确保地方治安”为名收买了部分土匪、兵痞，与其控制的保安队一起编成五个保安队。他以此与警备团对抗，支持国民党委派的“县长”为非作歹。

在何绍南的授意下，安定县“县长”田杰生指挥保安队袭击了该县留守部队驻地，打死打伤官兵多人；吴堡县“县长”黄若霖组织暗杀队，杀害了八路军第七一八团三营副营长尹才生；清涧县“县长”艾善甫串通土匪四处抢劫、奸淫烧杀，搞得全县村镇鸡犬不宁。更为可恶的是，何绍南还伪造了八路军的臂章和一一五师的通行证，冒称八路军私贩烟土，败坏八路军声誉。至于他贪污受贿，侵吞救济灾民赈灾款的罪行，更是人所共知。为了维护抗战大局，萧劲光开始给他留情面，一次次通过函件指斥他的罪行，没有与他进行公开的斗争，但一直收效甚微。

1939 年深秋。一天，萧劲光正在开会，听说何绍南路过延安，当即中止会议找上门去。

何绍南虽然与萧劲光不熟悉，但对其资历、声威早有所闻。见萧劲光板着面孔找来，何绍南假意客套几句企图走掉。萧劲光以高大的身躯当面拦住：“请不要忙走，我有话说！”接下来，便严厉地将他痛斥一顿。萧劲光说：“现在国难当头，老百姓流离失所，前方的官兵们在流血，你在干什么？勾结土匪，杀人越货，侵吞老百姓的赈灾款，你不觉得太过分了吗？这种时候，你在边区境内捣乱，杀害抗日军民，这是中国人干的事吗？”而后，萧劲光又不由分说引他去见毛泽东主席。毛泽东当面一条条历数他破坏抗日、反共反人民的罪行。最后，指着他的鼻子说，群众说你是反共磨擦专家，一点儿不错！我们以抗日大局为重，你却以为八路军软弱可欺，肆无忌惮地在边区境内滋事作恶。告诉你，不要打错算盘。你的账，人民一笔笔记着。如你再执迷不悟，胡作非为，扰乱社会，就新账老账一起算，绝不客气！你要记住一条，对为害群众、为害抗日大局的害群之马，八路军不会坐视不管！再这样下去，人民也不会饶过你！在毛泽东声色俱厉的斥责面前，何绍南脸上红一阵，白一阵，头都不敢抬。

萧劲光决意把何绍南彻底赶走！几天后，他又和陕甘宁边区政府主席林伯渠联名致电蒋介石及国民党行政院副院长孔祥熙，第一战区司令长官并天水行营主任程潜等人，要求严惩何绍南，委任进驻绥德的八路军第三五九旅旅长王震兼任绥德地区专员。电文说："现在组织暗杀之黄若霖，虽经撤职；纵兵为匪之艾善甫，虽被管押；贩卖烟土之高步元等，虽已法办……但发号施令之主谋何绍南至今逍遥法外，未闻议处。""请将该犯官何绍南加以逮捕，并解至陕北，组织巡回法庭，令民众代表参加审判，置之重典，以肃法纪，而快人心。"同时，调动部队对制造军事磨擦的顽固分子、土匪，进行严厉的军事打击。在边区军民一片喊打声中，何绍南无法立足，国民党政府也难以再袒护。1940 年初，何绍南逃离绥德，随后率领哗变的保安队窜到西北当了土匪。

何绍南逃离后，追随他为非作歹、民愤很大的几个"县长"，也先后被处理。是时，党中央研究决定，以此为契机，全部赶走边区境内专事磨擦的"县太爷"。为此，1940 年 2 月，毛泽东亲自拟稿，以萧劲光的名义给程潜发了电报。电文严正指出：

> 国共合作已历三年之久，边区行政尚未确定，一县而有两长，古今中外，无此怪事。且陕省所派县长及绥德专员等专以制造磨擦、扰乱后方为能事。在边区已忍让三年，在彼辈益肆无忌惮，边区民众群以拘捕治罪为请。劲光为体念钧座息事宁人意旨，顾全边区与陕省之团结起见，故请钧座令知陕省府自动撤回，否则实行护送出境，盖亦仁之至，义之尽也。

这个电文情通理达、义正词严、有理有节。程潜只得回电同意撤免边区内原任各县政权机构，另有边区选任县长。时过不久，国民党政府派来制造磨擦的诸县长相继离开，"一县二长"的怪现象得以消除。此后边区境内消停、平静了许多。

在抗战爆发初期，被称为"山西王"的国民党第二战区司令长官阎锡山，原本与八路军没有磨擦。那时，日军大举深入山西腹地，举国上下团结抗日呼声高涨，在山西经营日久、身家性命俱受到严重威胁的阎锡山，与八路军虽不是真心团结，却是真心合作抗日。当山西新军配合八路军在敌后创建抗日根据地，打击并钳制敌人，稳定了山西局势之后，阎锡山认为共产党的影响超过了范围，危及了自己的地位，便开始从合作抗日的立场上一步步倒退。1939 年底国民党掀起第一次反共高潮时，阎锡山一马当先，悍然向共产党领导下的山西新军发动了突然袭击。迫于形势，山西新军奋起还击。经过一个多月的战斗，新军在八路军的配合下大获全胜，阎氏手中的旧晋军损失惨重，蓄谋已久的"十二月事变"被彻底粉碎。

军事上的惨败，使阎锡山逐渐意识到，倒退是没有出路的。在这种形势下，为使联合晋军团结抗日的关系不致破裂，毛泽东把"朝廷命官"萧劲光推到前沿，"罢兵而致礼"，做团结的工作。

1940 年 1 月底，萧劲光致电阎锡山，表示愿意出面调解新军、旧军之间的冲突，使山西恢复团结抗日的局面。

2 月 20 日，萧劲光以新军领导人薄一波的名义再次致电阎锡山，申明去从利害：

三个月来，山西内部阋墙之争，中外惊疑敌拊掌。而演变所极，尤属痛心，盖我为鹬蚌，人为渔人。此渔人者不但有一日本帝国主义，更有一顽固势力。彼挟其地位以临吾人，企图挑拨我新、旧两军，取其两军而置其囊中，先取其一，使钧座陷于孤立，续取其二，使钧座陷于绝境。然后分之裂之，摧之折之，而晋绥军尽矣。设此企图而能实现，非单抗战不利，钧座不利，新军不利，即旧军同人亦绝无所利。为今之计，亟宜有钧座调和，新旧两军重新团结，一致抗日。两军虽一时以兵戎相见，然新军全属自卫，绝无成见。苟利抗日，无不服从钧座之指挥，想旧军同人亦必不固执己见，钧座一纸团结之令，则和协之局立现，抗日战线重整于三晋之间矣。一波知遇之恩，心所谓危，不敢不告。敬祈速决大计，俾有遵循，大局幸甚。

在函电发出后，2 月 25 日，萧劲光和中共华北华中工委秘书长王若飞带着毛泽东的亲笔信，到宜川秋林镇与阎锡山进行谈判。

萧劲光、王若飞到了秋林镇，阎锡山不肯露面，却派了一伙不三不四的人到他们居处纠缠。先来的一位自称“阎长官的副官”说，阎长官身体不适，一时无法见面，“二位代表有何见教，愿为转达”。萧劲光坚定表示“有要事，必须面见阎长官”，那人遂无奈离去。接着，几个自称“记者”的人闯进来，要求采访“八路军留守处的代表”。一个据说是《中央日报》记者的瘦子抢先发问：你们八路军一再宣称是抗日的队伍，为什么进攻阎长官的防区？现在你们边区各地磨擦事件不断，症结在哪里？富有谈判经验的王若飞，以最简洁的语言回敬了他的挑衅：所谓进攻阎长官防区，无非是讲前不久发生的“晋西事变”。这到底是怎么回事，你们应该去问阎长官，他会比我们清楚；至于说到边区内的磨擦，问题很清楚，边区 23 县是国民政府划定由边区政府管辖的区域，没有其他部队进入，还会有磨擦吗？同来的几个人接连提了几个问题，也被萧劲光、王若飞一一把“球”踢回，使其无言答对。一连两天，不管什么人来，萧劲光他们只有一句话：希望面见阎长官。后来的事实证明，这些人是阎锡山派来摸底的。第三天，阎锡山在秋林镇临时指挥所里接待了萧劲光和王若飞。

至时，阎锡山手中实力部队已所剩无几，初次见面不免有些尴尬。萧、王仍非常客气，以礼相待。萧劲光首先转达了毛泽东的问候和要求转达的话。萧劲光说，我们共产党是真心实意要同国民党合作抗日的，你们为什么同室操戈，制造磨擦？你们杀人略地，打自己人，只有日本人高兴。抗战初期，阎长官同我们合作得不错。为什么现在却跟着蒋介石的指挥棒转，把枪口对着八路军呢？阎锡山无言以对，王若飞趁势递上了毛泽东的亲笔信。毛泽东在信中阐明团结抗战的意义，表示愿意罢兵息革、一如既往的态度后，明确提出了“人不犯我，我不犯人，人若犯我，我必犯人”的原则。阎看后直摇头，说，这最后一句是否太硬了，是不是可以改为“我必自卫”？萧劲光断然拒绝：信是毛主席写的，怎么改？关键不在怎么说，而是要看怎么做。没有人搞磨擦，无须“自卫”，更谈不上“犯人”！

接着，萧劲光、王若飞相继发言，具体阐述了中共中央关于新旧军团结拥阎抗日的主张，建议：双方停止军事行动和敌对宣传；新军仍属晋绥军序列，不接受蒋

萧劲光以中共中央代表身份赴陕西宜川秋林镇与阎锡山谈判缔结和解协议后的留影。

介石方面的改编；实行阎锡山提出的《民族革命十大纲领》，统一于进步；恢复电台联络和人员往来。这时阎锡山已无路可走，当即表示接受中共的主张。随后，双方达成了不再进攻八路军防地和陕甘宁边区的协定，并同意双方派代表具体协商划分防区和兵力协同等联合抗日的一应细节问题。

回到延安，萧劲光与王若飞一起向毛泽东汇报了谈判经过。讲到萧劲光拒绝阎锡山修改"我必犯人"的要求时，毛泽东满意地说："好，坚持得对，就是要'人若犯我，我必犯人'，一个字也不能改。"

经过具体谈判，最后决定以汾阳经离石至军渡的公路为分界线，晋西南为晋绥军的活动区，晋西北为八路军和新军的活动区。自此后几年里，阎锡山的反共活动收敛了不少。在蒋介石掀起的第二次、第三次反共高潮中，阎再没有轻举妄动，基本上保持了"中间立场"。

对于国民党阵营中能够以抗日大局为重的中间势力，萧劲光按照毛泽东"要采取团结、争取政策"的指示精神，努力做团结的工作。国民党政府晋陕绥边区总司令邓宝珊，驻守在陕甘宁边区北大门榆林地区。邓是甘肃天水人，辛亥革命时期的同盟会会员，思想进步，政治开明。早年，他与共产党创始人李大钊交往甚厚，和八路军驻兰州办事处的人员关系也不错。抗战爆发后，他把女儿邓友梅送到延安抗大学习。萧劲光对邓宝珊非常尊重。他时常借助邓友梅探亲的机会，传递讯息，与邓部沟通情况，密切双方的关系。1939年4月，获悉邓宝珊由某集团军副总司令改任晋陕绥边区总司令，当即给他拍发电报，表示祝贺。电文开头郑重写道："兹值敌寇亟图西犯之际，晋陕绥边区，实为西北门户。将军能一韬虎略，声威早著。今公坐镇三疆，敌胆定寒。展鸿猷而建奇勋，逐胡马而奔汉北，可预期也。"借以表达对他的敬意和期望。

同年5月，邓宝珊路过延安，住在城南关一家骡马店里。萧劲光闻讯立即把他请到交际处，并请毛泽东出面，摆酒席招待。当晚，留守兵团和边区政府联合举行了欢迎晚会。演出前，邓宝珊热诚地发表了讲话。他说："我民族之前途有二：一存，一亡。欲存则全体应加强团结，因为只有团结，才是抗战胜利的基础。要团结则大家都要说实话，彼此有不好的地方，要坦白的进行批评，要尽量设法消灭一切不必要的磨擦，这才是加强抗战力量的办法！"翌日，萧劲光陪他在延安各处参观。

当看到一堆大得出奇的南瓜时，邓宝珊兴奋地对萧劲光说：“还是毛主席领导的好啊！连边区的南瓜都比别处长得大。”

此后，邓宝珊前往重庆、西安等地开会，每次经过延安，萧劲光都到下榻处看望，并陪他与毛泽东会晤，一起吃饭、交谈。由于与邓宝珊保持了较密切的关系，双方都注意从抗日大局出发，团结对敌，遇事协商，陕甘宁边区北部磨擦明显减少。有时双方部队基层官兵发生纠纷，邓部个别反动军官寻衅闹事，萧劲光也本着互谅互让的精神，与其洽商，妥善解决。

在整个抗日战争期间，由于延安、陕甘宁边区是中共中央所在地，八路军的总后方，所以这里被全国人民视为心目中的“圣地”。也正因此，反共顽固派把这里看作心腹之患，又恨又怕。他们三次掀起反共高潮，每次都把矛头指向陕甘宁边区。至于大大小小的磨擦事件，几乎一天也没有中断。据有关资料记载，从1938年底到1944年春，国民党顽固派在陕甘宁边区，武装进攻275次，抢劫骚扰457次，暗杀、诱逃、拘捕边区党政人员295人次。由于萧劲光遵照党中央、毛泽东制定的“有理、有利、有节”的方针，巧妙应付、妥善处理，有效地团结争取了中间力量，孤立打击了顽固投降势力，使陕甘宁边区虽深陷国民党顽固派数十万大军的重重包围之中，却稳如泰山，生产、学习秩序井然，成了全国各抗日根据地维护抗日民族统一战线，坚持进步、坚持抗战的模范，名副其实的全国抗战的大本营。

第十章　留守延安（下）

一、陕北变江南

留守兵团成立后，除了肩负保卫河防、保卫党中央的重大使命外，摆在萧劲光面前的另一个严峻的问题，就是财政经济困难。

按照国共两党达成的协议，红军改编为国民革命军后，军饷由国民政府统一拨发。当然，供给标准非常低：伙食费，每个指战员每天 5 分菜钱，1 斤半毛粮；津贴费，战士每月 1 元，最高长官，如南京政府任命的八路军总司令朱德、副总司令彭德怀等，每月 5 元。至于办公费用，一个连队每个月只几块钱。按当时的物价，官兵的伙食费，“每天要买到蔬菜就买不到油、盐、柴火，要买到柴火、油、盐，就买不到蔬菜”。战士的津贴，连必需的日用品如牙刷、手巾、袜子等，也难以购备。但就是这样的标准，由于一方面遭受战争破坏工农业生产欠收，另一方面日军把持交通要道，运输困难，更主要的是国民党顽固派从中作梗，故意克扣、拖欠，从开始就没有一次按期、如数发给过。

在这方面，给萧劲光留下刻骨铭心印象的是在 1938 年春节前到部队检查工作时亲眼所见。

那一天，他到陇东地区部队视察，住在三八五旅七七〇团。时至隆冬，这里不仅缺少御寒的柴、炭，被子破烂，每天两餐还吃不饱。清晨起来他循着哨声来到一个连队的操场，眼前的情景更令人震颤：披着雪花出操的队伍里，官兵们有的只穿一件棉上衣，有的只穿了一条开了花的棉裤。另有十几个人，有战士也有干部，则全身都是夹衣。还有 5 个战士赤着脚站在雪地里。部队粮食紧张、被装不足，萧劲光是清楚的，但他没有料到竟至这种地步。他问起团里领导，团长张才千说，服装缺口很大。不少连队几个战士共用一条毛毯。有些战士的子弹带破了，子弹就放在挎包里。绑腿、挎包烂了，没法补。这个月都过去 3 天了，粮食还没到。这种情况不止出现在一个连队。

回到机关当天，萧劲光连夜召集参谋长曹里怀、政治部主任莫文骅等兵团首长开会，研究解决办法。他心情沉重地介绍了部队粮食、被装供应情况后说，如实在没其他办法，就从机关抽、从干部中抽。宁缺机关，不能缺战斗部队。有棉衣又有棉大衣

1938年，萧劲光与留守兵团政治部主任莫文骅（中）和三八五旅参谋长耿飚（左）合影。

的先拿出一件。大家一致赞成萧劲光的意见。稍停，莫文骅提出，这种情况不是一个连、一个团，也不是仅此一次。这次解决了，下一次怎么办？要有个长期打算。萧劲光说，这个问题提得好，等不行，我们自己必须想办法。上一次汇报工作时，毛主席就讲过，要多想想困难，往后经济上的问题、供给上的问题，会越来越多。毛主席考虑得远，我们要跟上。

当年春天，兵团机关组织人对部队装备和生活情况进行了一次全面调查。通过这次调查，进一步发现了军需、军备供应方面存在的问题，同时也发现，有些单位已开始自行想办法克服困难。有的团、营开了磨坊，自己加工毛粮，既多出了面粉又不浪费麸皮；有的单位自己做豆腐、生豆芽，不但改善了生活，还节约了伙食费；有的连队还利用驻地的条件，自己养猪、种菜。一天晚饭后，萧劲光陪同毛泽东在延河边散步时汇报了这些情况，毛泽东很高兴，说，对部队的这些做法，要给予鼓励，要注意帮助他们总结经验。克服经济困难，减轻人民负担，我们部队必须学会搞生产，一手拿枪一手拿镐，把生产、学习与战斗结合起来。

1938年7月初，兵团党委召开了由各部队军政首长参加的党委扩大会，重点研究部队开展农副业生产的问题。会后，留守处和后方政治部联合发出电报指示，对部队生产作出具体部署。

电报明确提出，留守兵团各部队在完成战斗、警备任务的同时，必须执行下列工作：

（一）立即创办各种合作社，以盈余红利来改善部队生活；（二）大量种植各种蔬菜，不但要能立即自给自足，且能储藏一部分过冬；（三）开设磨坊，喂猪、养羊、做豆腐、生豆芽；（四）九月底之前，做到全部战士能打草鞋。除现用之外，每人要存一双以上，并尽量发动做布鞋。各班分工合作，十一月底做到全部自给，并存一双以上；（五）在节省之伙食内，抽出存洋一部，收买羊毛、驼毛，分给各班战士，织成毛袜、手套、毛鞋等，保证十月底每人各样完成一双。如能自打毛背心、毛衣裤则更好；（六）提倡战士自己缝补破衣、自上袜底；（七）对事务人员，加紧节约教育，防止浪费。

转眼半年过去，留守兵团部队多数单位都超额完成了原定的计划指标。一些单位不仅粮、菜，御寒的鞋袜、衣物基本解决，有的方面还有盈余。庆阳地区的部队，由于自己养了羊、猪，每周可以吃到两餐肉食。随着生活条件的改善，军备上，如皮带、挂包、裹腿、子弹带等，也得到了补充。

留守兵团部队供给问题的改善，使毛泽东感到欣慰。同年12月的一天，他把萧劲光和边区政府主席林伯渠、边区参议会议长高岗等人找去，商谈机关、学校开展生产的问题。

大家刚坐定，毛泽东开门见山地说，我们到陕北是来干什么的呢？是干革命的。现在日本侵略军、国民党顽固派要困死、饿死我们，怎么办？讲到这里，他稍加停顿，接着讲下去：我看有三个办法：第一个是革命革不下去了，那就不革命了，大家解散，回家；第二个是不愿意解散，又无办法，大家等着饿死；第三个是靠我们自己的两只手，自力更生，发展生产，大家共同克服困难。

大家一致说，我们只能按照第三种办法干。毛泽东笑笑说："我们现在钱虽少但还有，饭不好但有小米饭，要想到有一天没有钱、没有饭吃，那该怎么办？现在看来，也只有这个办法。我们来一个动员，几万人下一个决心，发展生产，自己弄饭吃，自己搞衣穿，衣、食、住、行统统由自己解决。今年留守兵团抓了一下，现在看完全有可能。"1943年，毛泽东发出"自己动手，丰衣足食"的号召。

1938年9月，萧劲光与战友在延安合影。右起：萧劲光、杨尚昆、罗瑞卿、关向应、萧克、罗荣桓、谢觉哉、贺龙、徐海东。

1939年1月，《八路军军政杂志》创刊。毛泽东在亲自撰写的发刊词中再次严肃地讲到了发展生产的问题："长期抗战中最困难问题之一，将是财政经济问题，这是全国抗战的困难问题，也是八路军的困难，应该提高到认识的高度。"杂志遵照毛泽东的指示，全文刊载了萧劲光的署名文章《留守兵团的生产运动》。文章分四个大问题：一、生产运动的提出；二、半年来的生产运动；三、开展今后生产运动的意见；四、结论。这篇文章有事例，有统计数字，有心得感受，洋洋万言。文章在《结论》中这样写道：

八路军留守兵团的生产运动，在今天还是一个尝试。虽然它在工作的过程中收获了一些成绩，但这只可说是初步基础的建立。我们希望其能够迅速的更大的发展起来。这对于我们在长期的抗战中，是将有着极大的作用。同时我们并希望全国各友军加以考虑或尝试，使生产运动能在全国各抗日部队中广泛的开展起来，使它能成为发展国防生产事业上的一支有力的洪流，以保证战时军队中有源源不绝的物质供应。

敌人占领武汉、广州后，兵力的不足与兵力的分散，和国内矛盾日深，物力财力的困难等等的弱点，将更加明显的暴露出来；但另一方面，目前敌人是还有力量向我们进攻，企图再夺取我们某些城市。抗日战争还需要有长期的苦斗，新的困难还待我们去克服。我们要发扬十七个月来坚忍不拔、英勇抗战的精神，同时并应开展抗日部队中的生产运动，使每一个国防战线上当抗日战士，成为集体劳动中的英雄，增上一批新的生产力量。毛泽东同志说："把生产与战斗结合起来"，"把抗日的部队造成为工农商学兵大集合的部队，我们一定能够打倒日本帝国主义的！"

一石激起千重浪。随着《八路军军政杂志》的出版发行，毛泽东的发刊词、萧劲光文章的发表，在1939年春节期间，开展生产运动成了延安党政军各界议论的中心话题。

同年2月初，春节爆竹的火药味尚未消尽，中共中央又采取了一个重大举措：在延安召开边区党政军生产动员大会。延安城内的军民与来自边区各县的各界代表数千人聚集在城北门外广场。毛泽东亲自作了动员。

此次大会影响极大。会后，冰雪尚未完全消尽，大生产运动便在陕甘宁边区党政军各界热火朝天地展开了。垦荒种地的，举办手工作坊的，开展经营的，都行动起来。大型舞蹈史诗《东方红》中《边区十唱》《兄妹开荒》等歌舞节目，是当时生活现实的真实反映。

留守兵团各部队通过总结经验、互相学习，生产运动更加活跃。连队普遍开垦了荒地，种粮、种菜，养猪、养鸡。营、团则集中人力物力开办纺线织布、食品加工等手工工厂和作坊，搞运输业、商业等各种生产经营。在朱德司令员的亲自勘查、建议下，留守兵团还统一组织力量在定边开发盐田晒盐，通过食盐贸易解决经费困难。成绩最突出的，是王震任旅长的第三五九旅。

三五九旅原属一二〇师建制，战斗在晋西北抗日前线。随着顽固派对陕甘宁边区的侵扰日趋加重，为加强边区防务，保障中共中央的安全，于1939年秋奉命调回边区绥德一带。这时，国民党政府已开始停止发饷，时有海外华侨、国内抗日团体的捐助，也被顽固派封锁断绝，部队的供给完全靠自己生产，边区的经济生活更加困难。三五九旅调回边区不久就在绥德一带积极开展了生产运动，着手解决自身经济困难。经过一年多的工作，赶走了绥德的顽固派、反共"磨擦专家"何绍南，并巩固了河防之后，于1941年3月至1942年8月，分三批开赴南泥湾，开始了

萧劲光与联防军司令员贺龙（右）、参谋长张经武（左）在一起。

“背枪上战场，荷锄到田庄”的新的战斗生活。

开发南泥湾是朱德总司令亲自勘查决定的。南泥湾，位于延安东南黄龙山区，是延安县的一个乡。这里有纵横100多里的荒山野岭，土质肥沃，适于开垦。同时，南泥湾又是延安的南大门，距离延安不足百里。其东南方向的茶坊镇与国民党顽固派军队占领的洛川连接。顽军在那里驻扎着一个军部和一个师的部队。南泥湾是顽军进犯延安的必经之路。三五九旅进驻南泥湾，既可以开荒种地，又有利于履行保卫延安、保卫党中央的使命，具有重大战略意义。

1944年4月，萧劲光等联防军领导人与参加三五九旅高级干部会议的干部合影。前排左起：曾绦、王恩茂、贺龙、谭政、萧劲光、王震、张经武、甘泗淇、苏进。

在留守兵团的带动下，中共中央、中央军委机关和边区政府机关、学校的大生产运动也开展得轰轰烈烈，一浪高过一浪。毛泽东、朱德、周恩来等中央首长和兵团领导，也都在百忙中参加了开荒生产。毛泽东在杨家岭窑洞对面的山沟里开了一

萧劲光（站立者右一）组织部队自力更生、自己动手纺纱时的留影。

块地，利用工作间隙种菜。朱德与警卫人员一起组成生产小组，在王家坪开垦了3亩多地，种了白菜、萝卜、西红柿、南瓜、冬瓜等10多种蔬菜。萧劲光、周恩来、任弼时等人，每人有一架部队自制的手摇纺车。一有空闲，他们就像家庭妇女一样盘腿搭坐，纺线纺纱。一次，部队机关组织的纺线比赛，身高体壮、粗手大脚的萧劲光竟取得了第一名。周恩来高兴地跑到比赛现场，看了萧劲光纺的线果然不错，笑道："看不出，咱萧司令还真有功夫！"萧劲光故作正经地说："不知道吧，祖传手艺呢！"

到1943年，留守兵团开荒达20万亩，收获细粮465万公斤，蔬菜1650万公斤；织布1.3万多匹；养猪1万多头。最令人受到鼓舞的是，在土地瘠薄雨水稀少的陕北高原还生产出了江南才出产的稻米。陕甘宁边区"到处是庄稼，遍地是牛羊"，五谷丰登、六畜兴旺，变成了"陕北的好江南"。至时，部队机关，不仅完全能够生活自给，而且有盈余、积累，支援前线。诗人贺敬之和作曲家马可有感而发，共同创作了民歌《南泥湾》。"花篮的花儿香，听我来唱一唱……如今的南泥湾，与往年不一般，再不是旧模样，是陕北的好江南……"数日之间便唱红了边区，传遍各抗日根据地。直至今日，还是深受人民群众欢迎的红色经典歌曲。

1943年夏天，毛泽东来到南泥湾。他先是在三五九旅旅长王震的陪同下，看了山川里茁壮生长的绿油油的庄稼、蔬菜，满山遍野成群的牛羊，又到旅部驻地金盆湾参观了新盖的房子、新开的窑洞和自己制作的桌椅等，一应俱全的办公用具。一路参观下来，又听取了旅副政委王恩茂的汇报，毛泽东表现出少有的高兴，他说："困难，并不是不可征服的怪物，大家动手征服它，它就低头了。大家自力更生，吃的、穿的、用的都有了。目前我们没有外援，假定将来有了外援，也还是要以自力更生为主。我们不能像国民党，他们连棉布都靠外国人。"

一天傍晚，萧劲光陪毛泽东在延河边散步。当讲到留守兵团多数部队已经实现"不要公家一粒粮、一寸布、一分钱"的口号，做到了"自己动手，丰衣足食"时，毛泽东满意地笑了，幽默地说："我早就讲过，在延安靠你萧劲光吃饭嘛！"

二、“双拥”成为党和军队的优良传统

1942年前后一个时期，留守兵团与中共陕甘宁边区委员会、中央西北局关系不够协调。至于原因，主要是在相对安定的条件下，军队长期驻在一个地方，军政军民之间不可避免地产生一些小的矛盾、纠纷。除此之外，双方主要领导，萧劲光、高岗之间的配合协调也是一个原因。

高岗，陕西横山人，是陕北红军的主要领导人之一。初始，他在国民党西北地方部队从事兵运工作，后来曾任西北革命军事委员会副主席、红十五军团政治部主任。中央红军到陕北时，高岗与刘志丹正被关押，遭受“左”的路线的打击。毛泽东了解情况后，派人把他们解救出来。时过不久，刘志丹在红军东征山西的作战中牺牲。这样，高岗就成了陕北红军中的最高领导人。向来注重大局和各方干部团结的毛泽东，对陕北的干部非常尊重。所以陕甘宁边区一划定，就安排高岗担任了中共陕甘宁边区委员会书记，后来又让他当了中共中央西北局书记，在这期间，高岗还被选为陕甘宁边区参议会议长。

高岗是1937年初萧劲光任军委参谋长期间，从内蒙古三边地区调到延安的。中央决定他暂留在军委参谋部一局任代理局长，高岗大为不满，嫌安排职位太低。后来，听说组建留守兵团，他便四下活动，希望能当留守兵团的政治委员。时任留守兵团政治部主任的莫文骅，对高岗的一些做法看不惯，直接写信告诉了毛泽东，建议由萧劲光兼任政委，后来留守兵团没有另配政委。高岗担任了留守兵团下属的边区保安司令部的司令员，他越发不满意。他私下认为，自己没有能够当上留守兵团政委，是萧劲光的原因。

实事求是地说，高岗的任职与萧劲光无关。萧劲光对高岗有看法却是真的。通过日常接触，萧劲光觉得高岗政治水平低，眼高手低，计较个人得失。有一天，机场正在修理，有飞机要降落，萧劲光要高岗去督促抢修，结果没能按时完成任务，萧劲光发了火。由于这些原因，在高岗任中央西北局书记、边区参议会议长后，萧劲光对他的态度仍是不冷不热。加上留守兵团归中央直属领导，与西北局没有隶属关系，也就没有能够经常向高岗报告工作。这样一来，高岗不满意了。1942年底在西北局高级干部会议上，高岗借整风之机向萧劲光提出了严厉的指责和批评。在高的影响下，西北局和边区行政部门的其他一些人也对萧劲光和留守兵团的领导提了苛刻的批评意见，说留守兵团“不尊重地方政府”“闹独立性”，甚至有人上升到“军阀主义”的高度。情况反映到中央机关，毛泽东非常重视。他专门把萧劲光、莫文骅、耿飚、甘渭汉、周仁杰等找到杨家岭，进行了解和座谈。

毛泽东首先就高干会上提的意见询问了军政、军民关系方面的情况。大家当时都有点儿情绪，认为高岗等人的批评不符合实际，只讲部队的问题，不检查自己的问题，没有看到部队的实际困难。毛泽东说，开天辟地以来只有军管民，老百姓见了军队就跑。现在老百姓敢批评军队，这是件大好事。从古到今，哪有老百姓敢批

评军队的？你们懂历史，你们说说看，是不是这样？如今变成了民管军，说明我们边区的民主运动深入到群众中去了，说明我们边区民主建政有成绩，这该多好哇！军队有广大人民群众当老师，你们军队的工作才不会犯大错误，才能打胜仗。讲到这里，毛泽东稍停了下，接着讲下去：军队离不开地方的支持。部队驻在哪里，就要尊重哪里的地方政府；军队和地方关系出了问题，军队首先要作检讨；军队和地方闹矛盾，军队要多作自我批评。这是一条原则，什么时候都必须坚持的原则。接见座谈近两个小时，毛泽东耐心地教育开导，使大家感到心悦诚服。

莫文骅他们离开后，毛泽东又留下萧劲光作了个别交谈。毛泽东说，你是个老同志，应该清楚我们军队的传统。部队在哪里都要尊重地方政府，尊重当地党组织。现在我们中央机关驻在这里，连中央决定的事情也要通过一下西北局，你留守兵团决定的事情怎么能不通过西北局呢？最后，毛泽东呵呵笑着说："萧劲光，你是个大知识分子！"

听了这句话，萧劲光猛地一愣，心想，我怎么算大知识分子呢？仔细品味主席的话，萧劲光才理解，毛主席的话是一语双关：一方面是说像他这样系统地上过中学，又出国留过学、吃过洋面包的人，在当时部队很少，当然应该算知识分子；另一方面是提醒他不要太书生气，自命清高，办事情、处理问题要注意灵活性，学会协调疏通各方面关系。经过反思，萧劲光向毛泽东作了认真检讨：对高岗同志，我一直有看法，对他尊重、支持不够。与西北局的关系没有处理好，我应负主要责任。事后，他主动向高岗作了自我批评。后来在整风中，他又就这一问题专门作了检查，挖了思想根源。

萧劲光立说立行。1943 年元旦前，他责成莫文骅组织留守兵团政治部编写了《拥护政府爱护人民讲话材料》，对部队进行了拥政爱民宣传教育。与此同时，他亲自主持研究起草了八路军留守兵团司令部、政治部《关于拥护政府爱护人民的决定》（以下简称"拥政爱民决定"）。这一决定在按照毛泽东的指示充分阐述军队和人民群众的关系，拥政爱民的意义的基础上，具体开列了留守兵团各级军政机关必须执行的 12 个方面的内容。其中第二条规定："军队须尊重各级政府机关，对于政府负责人，应以本部队首长同样看待，不得轻视与污辱。军队无权逮捕政府人员与人民。"第五条规定："军队与人民须建立密切关系，爱护人民尊重群众的人权、财权、地权，不得侵犯人民一针一线的利益，严格遵守三大纪律八项注意。军队必须了解与尊重民情风俗，举行与人民送节礼、祝寿、拜年与婚丧等应酬，以建立与人民的良好感情。"第十二条，即最后一条明确提出："拟定今年二月为边区部队拥政爱民运动月（具体工作另有指示），以掀起部队拥政爱民的热潮，推动今后拥政爱民工作的开展。"这一文件于 1943 年 1 月 25 日正式发出。同时，留守兵团还制定公布了人民军队历史上第一个《拥政爱民公约》。《公约》规定：

> （一）服从政府法令；（二）保护政府、帮助政府、尊重政府；（三）爱护公共财物；（四）不侵犯群众利益；（五）借东西要还，损坏东西要赔；（六）积极参加生产，减轻政府和人民负担；（七）帮助人民春耕、秋收和冬藏；（八）帮助人民进行清洁卫生运动；（九）了解民情风俗，尊重民情风

1941年11月，萧劲光出席陕甘宁边区第二届参议会。图为全体参议员合影。前排左二为林伯渠、左三为李鼎铭、左五为萧劲光。

俗；（十）向人民宣传，倾听人民意见。

1943年春节是2月5日。这期间，在留守兵团、边区政府两个“决定”的指导下，陕甘宁边区的“拥政爱民”活动、“拥军”活动开展得生动活泼、丰富多彩。萧劲光组织留守兵团机关部队的领导，分头到部队驻地群众中走访，检查群众纪律，送医送药，帮助群众解决困难；边区政府各级行政部门按照《拥军决定》和以此为据拟定的“拥军公约”全面检查各村镇优待抗属、烈属和退伍伤残病老革命军人的情况。整个2月，到军委和留守兵团机关、部队慰问演出的群众、文艺团体络绎不绝，边区内部队驻地军民联欢活动接天连日，演出场地上人山人海，锣鼓鞭炮、欢歌笑语，响成一片。在人民群众广泛参与下，边区形成了一个“新秧歌运动”。著名的秧歌剧《兄妹开荒》，就是这期间延安群众在拥军活动中演出，受到毛泽东的赞扬而广泛传播开的。

三、一笔不可价估的精神财富

自1935年中央红军长征抵达陕北，至1945年抗战胜利，萧劲光先是任军委参谋长，继而任八路军留守兵团司令员兼政委，晋绥联防军副司令员，直接在毛泽东领导下工作长达10年之久。

这是萧劲光终生难忘的10年。晚年在回忆录中，他满含深情地写道：

延安十年之所以使我念念不忘的，正是毛泽东同志的这些亲切教诲和毛泽东思想对我的教育。在这里，我受到了将马克思主义及其军事辩证法运用于指导中国革命战争实践的深刻启迪；学习和实践了毛泽东同志根据地建设、人民军队建设以及军事战略战术的光辉思想；领略和体验了毛主席政策和策略的伟大思想……这对我以后的军事生涯以及建国以后海军建设中，都起着决定性的影响。应该说，我们是毛泽东思想哺育的第一代人。

《实践论》《矛盾论》《抗日游击战争的战略问题》《论持久战》等，这些指导中国革命的伟大著作，就产生在这一时期。毛泽东当年如饥似渴地钻研理论，通宵达旦地看书、写作的情景，深深印在萧劲光的脑海里。

有一次，毛泽东的夫人贺子珍到萧劲光家串门，看到萧劲光保存着几本军事书籍，回去告诉了毛泽东。第二天，毛泽东就走进了萧劲光的窑洞："听说你这儿藏了'宝贝'，给我看看怎么样？"

"什么宝贝？"萧劲光一时愕然不知所措，弄不清毛泽东指的是什么。

"子珍回去告诉我了。不要保密嘛！"毛泽东瞟了一眼桌子上的书。

"哦，主席指的是我的书啊！子珍同志昨天来看过了，就这几本。原先有过好些书，长征路上轻装都丢了，现在找本书太难了。"萧劲光明白毛泽东是来找书，一迭声地叫苦。

看到萧劲光十分不情愿的样子，毛泽东笑着说："就看一看嘛！把《战役问题》《战斗条令》两本借给我，看完就还你，好不好？"

就这样，萧劲光把这两本书借给了毛泽东。回忆这段生活，萧劲光深情地说，当时毛主席借书，还真有点舍不得，现在想起来感到很好笑。那时，毛主席一边运筹帷幄，指挥着千军万马与日寇作战，一边总结革命战争的经验，进行伟大的理论创造，他太需要了。而在延安那样艰苦的条件下，搞到军事书籍真比登天还难哪！

毛泽东写作，只要动了笔，就夜以继日，通宵达旦，一气呵成。而在这以前，他要做大量搜集资料、调查研究等准备工作。1938 年初，毛泽东酝酿撰写后来在抗日战争中发挥了重要历史作用的军事论文《抗日游击战争的战略问题》。为此，他多次召开座谈会，找人个别交谈，征求罗瑞卿、刘亚楼、郭化若和萧劲光等八路军将领的意见。

一次座谈会上，毛泽东向萧劲光发问道："你说说游击战争的指导要领有哪些？"萧劲光思索了一下说："首先，在军事上要采取进攻的方略，想方设法使自己处于主动地位。要像渔翁打鱼撒网那样，网既要撒得开，又要收得拢。"

毛泽东很欣赏这个比喻，连连点头说："对，要撒得开，又要收得拢。"

萧劲光接着说下去："还要善于集中兵力，灵活地、有计划地运用兵力……"

毛泽东插话说："灵活地、有计划地运用兵力很重要。但集中兵力要明确，要区别对待。在当前敌强我弱的情况下，在战略上，我们应强调以分散的游击战为主，而不是集中兵力的大兵团作战。集中兵力的提法，只能用在战役战术上，相对集中数倍于敌人的兵力，达到打歼灭的目的。"

随后，萧劲光又就游击战争的基本指导原则等问题发了言，毛泽东都很感兴趣，表示赞同。座谈会结束时，毛泽东要求萧劲光把发言整理一下交给他。萧劲光经过认真思考、研究，写了《游击战争指导要领》的提纲。"提纲"在"指导的基本原则"中指出："当敌人向游击区域或有抗日政权的区域进攻时，采取被动的单纯防御、分兵把口，以致被敌人各个击破，这些都是游击战争指挥者的戒条。应该要采取积极进攻的方略，集中主力消灭与削弱敌人，或行动于敌人战略要害上给敌人以致命的打击，以这样进攻的方略来争取主动的地位”，“兵力的灵活运用，是转变敌我形势，变被动为主动的主要手段。好像渔人打鱼一样，既要散得开，又要收得拢”等。毛泽东看后，认为很有价值，先后安排萧劲光在抗日军政大学、鲁迅艺术学院讲了课，并将稿子印发作为部队的军事教材。这篇文稿中的几个主要观点，均被毛泽东写文章时采用。

延安10年，萧劲光撰写了大量军事著作，其中一些观点、思想，在当时产生了较大的影响。

毛泽东军事思想，是毛泽东心血与汗水的结晶，也是全党全军智慧的结晶，是全军高级将领战争经验、军事思想的总结、升华。作为毛泽东的直属下级和部将，萧劲光为毛泽东军事理论的形成、发展也作出了贡献，更在这些“文字交往”中获益无穷。

在延安，萧劲光是国民党政府正式任命的八路军后方总留守处主任，“名正言顺”地执掌着陕甘宁边区的防务。所以，当时陕甘宁边区与国民党方面打交道，直接出面的都是萧劲光。特别是处理边区的磨擦事件，文电繁多。那些给上至蒋介石、胡宗南等国民党政要，下至国民党的师长、专员、处长的函电，大都用萧劲光的名义。往复函电及各种声明、文章、布告等文稿，也基本上都由萧劲光主持起草，经过毛泽东亲自审阅、修改定稿。而这些修改，有的属“画龙点睛”，有的是删繁就简、突出中心，有的是遣词造句，更准确地体现党的政策策略。萧劲光说，总之，“常有点石成金之妙”。晚年，萧劲光在回忆录中这样写道：

这里，我要回顾一下毛泽东同志在这场斗争（陇东顽固派杀人略地）中是怎样字斟句酌地为我修改电文的。从他修改和亲笔起草的电文中，可以看出当时党中央关于反磨擦斗争的一些重要的策略思想。

毛泽东同志修改电文时，多次加了这样一些话："边区二十三县范围为蒋委员长所指定"，我军"对于原定二十三县并未越出雷池一步"。这样写理由很充分。边区二十三县是你老蒋亲口承认，又经过国民党的正式会议讨论才决定下来的，现在你又派兵来侵占，出尔反尔，不是自己打自己的嘴巴吗！

在修改我给蒋介石等人的一份通电中，毛泽东同志反复推敲，最后写成这样一段话："目前日寇以一师团之众大举西犯，柳林、军渡相继失守，我河东部队正尽一切力量，予以痛击，连日战斗甚为激烈。大敌当前，覆舟堪惧，后方纷争，实属不宜再有。苟一方拼死杀敌于前，他方复乘机争夺于后，则不啻以刃资敌，前途危险，何堪设想?!"这段话里的潜台词，是在警告顽固派不要继续与日伪勾结。

在修改我致程潜、朱绍良的一份电文时，毛泽东同志加了"据闻一切行动均根据新颁处理共党问题方案，下级不过照此案执行而已"一句，点明下面的人制造磨擦，上面是有"根"的。

■ 抗战时期，萧劲光执掌陕甘宁边区的防务，他组织起草了大量同国民党当局往来的文电以及声明、布告等，其中许多都经过毛泽东亲笔修改定稿，有的则是毛泽东亲自起草以萧劲光的名义发出。图为其中的部分文稿。

1939 年冬，国民党驻防榆林地区军事长官邓宝珊所属部队一个营长挑起了磨擦事端，两军相持，剑拔弩张。根据部队报告的情况，萧劲光起草了一份电报致邓宝珊，通报事件经过。电文最后是这样写的："恳请速电制止，将该营即调他处，以平公愤。并将敲诈人民、贪赃枉法、破坏团结、制造分裂、肇事凶犯之宋营长撤职严办，以惩刁顽，而维法纪！"毛泽东看后，将这段话全部删去，改为："事件发生谅系宋营长受人挑拨所致。现在事态颇为严重，敬恳我公速电制止宋营长，勿再寻衅，然后查明事实，合理处置。并可否将该营另调他处？"改完后，毛泽东还在稿上批注道："萧：措词过于激烈，以后应予注意。"

在这期间，还有许多以萧劲光名义发出的电报、信函，是毛泽东亲自起草的。在处理国民党三区行政督察员兼保安司令钟竟成等杀人略地事件中，发给程潜的电报就是毛泽东亲自起草的。电文中写道：

镇宁两城虽被袭占，无辜官兵虽被牺牲，下级人员虽极愤慨，然劲光至今未增一兵，无非体钧座之意旨，本团结之大义，力求和平解决之道。……职意公平处理，撤兵为先。进占镇宁两城之兵不撤，即无以示诚意而服人心。专员钟竟成实为肇祸之主谋。庆父不去，鲁难未已，施以撤惩，出自钧裁。

文末署名"留守兵团主任萧劲光"。文字虽不长，但理直气壮，顾大局，讲团结，忍让为怀的气度溢于言表。

1940 年 12 月，为了提高全党对党的统一战线政策的认识，毛泽东亲自起草了一个"党内指示"（后收入《毛泽东选集》，题目为《论政策》）。"党内指示"指出："在目前反共高潮的形势下，我们的政策有决定的意义。""现在的抗日民族统一战线的政策，既不是一切联合否认斗争，又不是一切斗争否认联合，而是综合联合和斗争两方面的政策。"文件下发后，萧劲光结合这一指示精神的贯彻，总结了两年来留守兵团反磨擦斗争的经验教训，对全体干部进行了一次普遍的党的统一战线政策和策略思想教育。同时，还写了一篇《谈陕甘宁边区的形势》的文章。全面地记述和分析边区周围顽固分子制造磨擦的主要方式、特点及重大事件，最后严正指出，如果顽固派继续执迷不悟，挑起事端，"那末，我们必然以武装力量，配合饱经斗争的有组织的民众，给他们（顽固派）以应有的教训。我们完全有把握和他们作持久的斗争，并予以有力的回击"。鉴于文章内容重大，萧劲光写完后报送毛泽东、张闻天等审阅。毛泽东认真审阅全文后，将最后一段改写为："那末，也没有别的法子可想，唯有准备自卫，予进攻者以坚决的反击。但这完全是不得已的，只要反共派稍有觉悟，我们仍准备同他们言归于好。"改毕，毛泽东仍觉得言犹未尽，于是又增写了一段话："劲光留守后方，责任重大，为使前线战士安心抗战起见，对于反共派捣乱后方之行为，不能不采取自卫步骤，用以保护后方之安全。反共分子的内战计划，将丧失全国的人心。我相信，他们的计划是必然要失败的。"

文章在边区内刊物发表后，译成英文对外广播。

立马疆场、叱咤风云的萧劲光，又是一个极善于学习、极有心的人。毛泽东亲自起草或修改过的文稿草底，他分外珍视。每次用完后，都反复揣摩、思考，从中学习毛泽东的战略策略思想、高超的斗争艺术，并将文电底稿一一悉心保存。抗日战争 8 年多的时间里，积攒了电报、信函、文告等各类文稿 140 多份（有的是全文，有的是改动较多的局部数页），共计 500 余页。1945 年 8 月，萧劲光受命赴东北离开延安前，将这些积存的文电底稿整理起来，依时间顺序装订成册，带到了东北。随后，又从东北带到湖南、从湖南带来北京。前后算起来，在身边珍藏了 30 多年。中间经历过战争血火，也经过了十年内乱，但一份也没有丢失。

1976 年 4 月，萧劲光已达 73 岁高龄，且自觉身体大不如前。恐日后有失，决定把这些底稿转送给毛泽东。

现在，这些文稿完好地保存在中央档案馆里。就在撰写此书前，笔者前往中央档案馆调阅了这些文稿。工作人员一再叮嘱，这是战争年代保留下来的原件，十分珍贵，是一笔宝贵的精神财富，不可价估，千万注意爱护！

四、在党的七大前后

1945 年 4 月 23 日至 6 月 11 日，中国共产党第七次全国代表大会在延安杨家岭中央大礼堂隆重举行。

从 1928 年六七月间召开六大，至这次七大召开，时间已有 17 年之久。而且自 1938 年 11 月，中共六届六中全会通过《关于召集第七次全国代表大会的决议》，之后发出通知，到会议正式召开，也已经过了 6 年。其间，经过了认真的比较充分的准备。所以，无论从哪个角度看，代表的广泛性、议题之重大、当时的作用和影响、此后发挥的历史作用，都是中国共产党历史上一次极其重要的会议。

出席会议的正式代表 547 人，候补代表 208 人，合计 755 人，代表着当时全党 121 万名党员。萧劲光是正式代表，属于陕甘宁边区代表团。他不仅出席了长达 50 天的大会，还参与了几年来为召开此次会议作准备的一切重要活动。

1944 年，萧劲光（前右三）与毛泽东（前右五）等陪同美军观察组观看留守兵团军事表演。

自 1942 年起，在延安和各根据地进行的整顿党的作风运动，是从思想上、政治上为七大召开作的最实际的准备。萧劲光参加了整风全过程，并且对整风受到的教育、学到的马克思主义理论及运用马克思主义理论认识问题、处理问题的方法，"终生念念不忘"。

萧劲光始终认为，西北局高干会尽管对留守兵团的批评存在一些问题，但它成绩是主要的，是延安整风中的一次重要会议。"它使我们每一个参加会议的干部都受到了教育，也确实解决了留守兵团存在的一些思想、作风不纯的问题，对留守兵团的建设起了促进作用。”在这次会议期间，毛泽东亲自主持总结了留守兵团政治工作经验，写成了继古田会议决议后又一个重要的政治工作文献《关于军队政治工作问题的报告》。这个报告是由时任总政治部副主任的谭政起草的。动笔前，毛泽东与谭政一起召集萧劲光并贺龙、徐向前等座谈讨论政治工作问题。初稿写成后，毛泽东亲自修改，加写了 3000 多字。这个报告充分肯定了留守兵团政治工作的成绩和经验，指出，通过一系列政治工作，特别是经过整风运动留守兵团“充满战斗热情、生产热情和学习热情，是富于朝气的部队”，“陕甘宁边区部队的进步，可以为一切八路军新四军部队所仿效”。这个报告还第一次提出了“共产党所领导的革命的政治工作，是革命军队的生命线”这一著名论断。

诚如萧劲光所说，党中央、毛泽东也没有因为一些偏颇的批评意见，而改变对萧劲光的看法。七大审查代表资格时，对萧劲光当年在中央根据地无端遭受打击的问题，再次公开平反，正式作出了结论。大会选出中央委员 44 人，候补中央委员 33 人。第一次参加党代会的萧劲光，被选为中央候补委员。

在七大前后，党中央和中央军委从以留守兵团为主的陕甘宁边区部队中，抽调了 20 多个主力团开赴前线。按时间先后，依次是，由王震、王首道率领开赴华中、华南的南下支队；张才千、陈先瑞分别领导组建，跟随王树声、戴季英开赴豫西的两个支队；刘转连、晏福生率领的南下第二支队（原拟挺进华南，后改赴东北）；文年生、张启龙率领的南下第三支队（原拟赴广东，后改到豫北）；以及三八五旅（欠七七〇团）、独立一旅等。1944 年底，张才千、陈先瑞奉命率部随王树声开赴豫西。出发前一天，毛泽东接见了出征部队的团以上领导干部。与大家一起合影后，毛泽东对王树声说：“我看萧劲光同志的那些留守兵团的人马，就很值得大家学习。三原改编（在陕西三原县，由红军改编为八路军）时，他们不也一样擦好了枪要上前方吗？可是，叫人家留守，人家二话没说，马上收枪刺，立正向后转，到陇东去了，到绥德去了，到三边去了。上前方打仗，能立战功，又升官快，可他们一守就是七八年啊！今天叫出征，一个一个又包包一背，胡子也不刮，马上就出发上前线。这就很值得大家学习嘛！”

随着形势的发展，延安党政军机关和抗大的大批干部被陆续派往各解放区。7 月中旬，毛泽东在枣园小礼堂召见了萧劲光。

一进门，毛泽东就说“请坐”，还让公务员马上给萧劲光倒了一杯水。这倒使萧劲光感到不自然了。他望着毛泽东，想听毛泽东的指示、吩咐。毛泽东站起来离开办公桌，在萧劲光旁边一个椅子上坐下，说，刚开完书记处会议，有点儿时间，一起谈谈。

毛泽东首先问了个人生活方面的几个问题，问了一些部队去前线后留守部队的反应。然后缓缓地说：“高干会批评了留守兵团，但留守兵团几年来认真执行了党中央的路线，完成了各项任务，工作成绩是主要的。留守兵团有缺点错误，但性质是属于联共（布）党史结束语中第五条的性质，不是路线错误。高干会对留守兵团所作的不恰当的结论，应予纠正。高干会前后调动了许多留守兵团干部的工作，挫伤了他们的积极性，在方法上是不对的。”

实事求是地说，对高干会后期对留守兵团的一些批评意见，萧劲光是有些想法的。高岗等人一再讲的所谓路线问题，是留守兵团不顾大局，“把住干部不放”，“搞本位主义”，“闹独立性”。留守兵团从若干部队抽出来组编在一起，经过几年的艰苦努力，白手起家，由比较散乱的状况成长为能攻能守的正规战斗部队，是党中央、毛主席关怀培养的结果，但与留守兵团各级领导的严格整训也是分不开的。作为留守兵团的主要领导，他对这个部队的每一个官兵都倍加珍爱。前方需要干部，留守兵团也陆续向前方输送了不少干部。自己手下好的干部、战士送出去，作为指挥员，好像嫁姑娘一样有些舍不得。再说，从留守兵团担负的保卫河防、保卫党中央的任务来说，没有一定数量的部队也是绝对不行的。由于这几方面的原因，有些前方部队的领导点名要干部，才没能完全满足要求。这怎么成了“路线问题”，成了“军阀主义”？和张国焘的“军党论”有什么关系！——现在毛主席这样讲了，还有什么说的呢？萧劲光在毛泽东面前向来无拘无束，今天却有些木讷了。他什么话也不想说了。直到最后，毛泽东告诉他，形势发展很快，下一步准备派他到前方部队去，看他有什么想法。这是萧劲光所希望的，求之不得的。但他也只简单回答几个字：听主席的，服从组织决定。

有两次留苏经历的萧劲光，对联共（布）党史是熟悉的。他清楚，“所谓结束语第五条的性质”，就是工作中的缺点错误，对这些缺点错误必须正视，勇于改正。但回到住处，他仍然不自觉地从书架上抽出联共党史，翻到结束语，其中第五条说：“如果党陶醉于胜利开始骄傲起来，如果它不再注意自己工作中的缺点，如果它害怕承认自己的错误，害怕公开地改正这些错误，那它就当不了工人阶级的领导者。”“如果党不害怕批评和自我批评，如果它不掩盖自己工作中的错误和缺点，如果它用自己工作中的错误来教导和教育干部，如果它善于及时改正自己的错误，那它就会是战无不胜的。”看着这些已看过若干遍的话语，萧劲光感到说不出的亲切、激动。

时过不久，军委正式通知萧劲光，让他与林彪等一起去山东解放区工作。

第十一章　为了建立“犹如汉高祖之汉中”

一、“万万火急”，转赴东北

1945年8月15日，是中华民族历史上永远值得纪念的一天。这天一早，多少年来野心勃勃、横行无忌、妄图称霸世界、建什么“大东亚共荣圈”的日本政府，终于无奈得低下了骄横的头颅——日本天皇广播“停战诏书”，宣布无条件投降。这是中国军民浴血奋战的结果，是中华民族付出3500万人伤亡和难以数计的财产损失的巨大牺牲换来的。

“日本投降了!”胜利的消息传开，延安城内外一片欢腾。

对中国共产党人来说，抗日战争胜利的到来，是预料中的。早在两个多月前的5月31日，毛泽东向中共七大作结论时就说“日本也许在明年就倒下去”，并准备日本军队可能把兵力统统撤到华北，还准备可能要集中20到30个旅去打大城市。没想到的是，苏联对日宣战，提前出兵中国东北，美国接连向日本广岛、长崎投下两颗原子弹，使中国抗战胜利的到来大大提前了。

蒋介石就是蒋介石，8年的“合作抗战”丝毫没有减弱其剿除共产党的信念。8月11日，收到日本政府“乞降照会”的当天，他就一连下了三道内容完全不同的命令：一是八路军、新四军等解放区人民军队“就原地驻防待命”，“勿擅自行动”；二是国民党军各部“积极推进，勿稍松懈”；三是日伪军部队要“切实负责，维持治安”。三道命令一个目的，就是捆住八路军、新四军等抗日军民的手脚，由国民党军队全权受降，蒋介石独揽胜利果实。共产党人当然不会坐以待毙。15日，中共中央以中国解放区抗日军队总司令的名义向美、英、苏三国发出“说贴”，指出蒋介石的命令“违背中华民族的民族利益”，坚决拒绝，声明中国解放区和沦陷区一切抗日的人民武装力量，均“有权根据波茨坦宣言条款及同盟国规定之受降办法，接受被我军所包围之日伪军队的投降，收缴其武器资料，并负责实施同盟国在受降后之一切规定”。同时发布命令，对解放区抗日武装接受日军投降问题作了具体部署。并作出决定，中共七大结束后尚未离开延安的各根据地的中央委员和领导人，迅速返回各个战场。鉴于主持着山东军区工作的罗荣桓身体有病拟回延安治疗，中央决定派林彪前往掌兵，任山东军区司令员，同时调萧劲光去山东，任军区副司令员兼参谋长。

为统一思想，应对时局的变化，8月23日，中共中央召开了由各根据地将领参加的政治局扩大会。萧劲光出席会议。这是他在延安参加的最后一次党的高级干部会议。毛泽东在会上作了长篇讲话，分析了国内外形势，说明党在新的环境下所采取的方针和对策。讲话最后的结论是：首先立足于争取和平，避免内战；但要清楚，蒋介石要消灭共产党的方针没有变，也不会变。我们要准备走长期的、迂回曲折的道路，准备对付最大的困难。会后，萧劲光把笔记本上记录的毛泽东讲话最后结论的话，认真地抄在了日记本上，并在下面重重地画了一条线。

8月25日上午，延安天气晴朗，万里无云。萧劲光与林彪、江华、邓华、李天佑、聂鹤亭等，与晋冀鲁豫解放区的刘伯承、邓小平、滕代远、薄一波、张际春、陈赓，新四军的陈毅等，共20多人一起乘坐美军观察组飞机离开延安。当天中午，飞机在太行山腹地黎城县长凝村外的临时机场降落。

日本宣布投降后，1945年8月25日，萧劲光（后排右二）等由延安乘飞机赶赴前线。

走下飞机，一二九师政治委员邓小平说，我们到家了，请大家到家里做客，休息休息！萧劲光和大家都清楚，阎锡山正在组织兵力向根据地进攻，刘伯承、邓小平等要马上投入紧张的工作，部署迎击阎锡山的进攻，加之每个人也都重任在肩，所以只在八路军总部吃了一餐饭，稍事停留，便匆匆上路了。

8月底，正是华北酷暑季节。从太行山出发，没有火车，没有汽车，好在天上有一层薄薄的花云。萧劲光与林彪等背着简单的行李，按既定路线向山东方向走去。

8月28日，毛泽东、周恩来已到重庆与国民党政府、蒋介石谈判。为了压服谈判桌前的毛泽东、周恩来，让共产党交出军队、取消边区，蒋介石不断指挥部队向各地解放区发起进攻。毛泽东识破了敌人的伎俩，早有准备。各根据地八路军、新四军官兵寸土必争，对国民党军的进攻给予有力打击。就在国共举行谈判的同时，代理中共中央主席职务的刘少奇，已凭借苏联红军进入东北和地理上的优势，从河北、山东等地调大批部队进军东北；时刻都在思虑着独霸中国的蒋介石，当然也没有忘了东北。遗憾的是他的400万大军都窝在中国的大西南。他需要时间调整（所以才邀请毛泽东谈判），借助"盟友"的飞机、军舰把部队运进内地，运往东北……

在非常时期，林彪、萧劲光等人的任职，一行数人的前进方向，行进途中就改变了两次。

他们离开延安的第二天，即8月26日，中共中央已正式向山东分局发出通知，决定罗荣桓为中共山东分局书记及山东军区政治委员，林彪为山东军区司令员，萧劲光为副司令员，林、萧均为分局委员。甚至具体说明："如罗荣桓因病修养，林彪代理罗之职务。"这是出发前就定了的。电报已然发出，自当无可变更。然而刚刚过了10天——9月19日，整个部署全变了。

9月22日，萧劲光一行进入河南境内。当晚，他们在晋冀鲁豫军区某部看到了中共中央于19日发出的《目前任务和战略部署》的电报指示。电文说，国共谈判，暂时难有结果。全党全军的主要任务是继续打击敌伪，完全控制热（河）察（哈尔）两省，发展东北并争取控制东北。因此，"山东主力及大部分干部迅速向冀东及东北出动，先调3万兵力到冀东，再调3万兵力进入东北"。并决定成立冀热辽中央局，扩大冀热辽军区，李富春为书记，林彪为司令员，萧劲光为副司令员，罗荣桓到东北工作。电报同时还向新四军、晋冀鲁豫军区等部下达了任务。

或许是因为出发前他们听取了毛泽东的长篇讲话，对中央的战略意图是理解的，看完电报，没有人觉得特别意外。萧劲光问林彪，我们下一步怎么办？林彪稍稍停顿了一下，吐出两个字："发报！"接下来，林彪当即口授了一份电报，报军委并请转罗（荣桓）黎（玉）：为掌握冀热辽战略枢纽，粉碎国民党与我们争夺华北、东北的进攻，以保东北的顺利争取，我们坚决执行军委这一意图和任务。因此，建议我及萧劲光等，为争取时间起见，拟不去山东。拟由此间经冀中、直到冀东，展开工作。并建议关于山东出征部队的转移、留守部队的组织、干部的配备问题，请罗黎萧（华）迅速决定办理。关于津浦战役的组织与指挥，应由新四军主力兵团负责，最好由陈军长、宋时轮等亲自指挥。

电报发出的第二天，即23日，中共中央回电，同意了林彪的提议，"决定新四军主力及陈毅、饶漱石均到山东工作，接替罗荣桓的职务，以便罗能迅速去东北。林彪、萧劲光不去山东，直接去冀东履行新任务"。

随后几天里，林彪、萧劲光他们继续东进，并一直与中央保持电报联系，定期报告行止，根据路上的所见所闻对部队调动提出意见、建议。28日中午，他们到达河南濮阳。在距濮阳市区不远的一个农家院里，他们收到了中央一份"万万火急"的电报。林彪接过电报一眼未扫，随手递给萧劲光："念！"

电文不短。讲了当前形势，兵力部署调整，其中直接与他们有关的是：为执行

“向南防御、向北发展”的方针，尽快进占东北，建成东北根据地，林彪、萧劲光等一行去冀东（原定去山东）的同志，不再去冀东，立即转道直赴东北。

前进方向又变了！而且是“立即”“万万火急”！萧劲光读完电报，回头望着林彪。江华、邓华、李天佑等，也意识到这是党中央的一个重要决定，一起等着林彪决策。似乎这一变化在预料中，林彪不动声色地说，拿地图，看看怎么走。

接下来，大家查地图，定路线。一个月来，只两天有马骑，主要靠两条腿日夜兼程，大家都累了。濮阳是开辟较早的抗日根据地。原本计划在这里住下来，休整一下。为了赶时间，当地党组织弄来几匹马。大家草草吃了一顿饱饭，便跨上马，掉头向北驰去。

到底是马快。只两天多的时间，萧劲光一行便抵达河北南宫。在这里，他们条件又有了改善，南宫党组织准备了一辆汽车。车虽然破旧，路还是可以跑的，当天他们就到达固安。在固安，天下起雨来，道路泥泞，遂又改为步行。雨不大，淅淅沥沥，因没有雨具，很快大家都湿透了。是时已经入秋，毫无遮挡地走在风雨里，着实有些寒意。肩上的重担、强烈的责任感使他们忘却了一切，你追我赶地在乡间小路上跋涉着。为了振奋精神，消除疲劳，几个活跃分子还不时讲段笑话，开个玩笑。邓华说，下雨是好事啊！我们两条腿不怕下雨，洗个冷水澡就是了。蒋介石的飞机可不行，它起飞不了，也降落不下。这样连下上几天，他可就上大火了！

连绵的秋雨，或许确实给蒋介石运兵带来一点儿困难，但总体上无大碍。堂堂国民政府不仅有飞机，更有汽车、火车、战舰，有美国人鼎力支持。只是部队大都偏驻在大西南，距东北太远了点儿。若干年后，萧劲光说，那时中央指示很清楚，大家也都明白，我们要进占东北，国民党也要抢占东北。我们早一天进入东北就是胜利，就有主动权。

经过近两个月的长途跋涉，10月中旬，萧劲光与林彪一行十余人终于抵达进入东北的大门——山海关。此前，中共中央东北局已派人在这里迎接。萧劲光他们当天就登上火车，前往中共中央东北局所在地沈阳。

二、上奏“出师表”

沈阳是东北第一大城市。一个月前，彭真、陈云等已搭乘苏联红军代表贝鲁罗索夫前往延安的飞机先期抵达这里。这是中共中央为进占东北、建立巩固的东北根据地迈出的最重要的一步。

在中国辽阔的版图上，东北堪称一片沃土。广袤的松辽平原黑土泛油，是中国最大的粮食产地。绵绵长白山、大小兴安岭，地上覆盖着举国少有的原始森林，地下蕴藏着品种繁多、储量丰厚的矿产资源。正是基于此，散布其间的重镇鞍山、抚顺、小丰满，一直被誉为中国的钢都、煤都、电都。是时，面积不足全国1/10的东北地区，重工业几乎占了全国的90%。更难得的是，这里内山外海，壤接苏联、蒙古、朝鲜，地理位置优越，交通极其方便。对这里垂涎已久的日本帝国主义自1931年“九一八事变”后，就把东北牢牢控制在手里。1945年夏天，随着苏联红军入境参战、日军无条件投降，东北大地很自然地凝聚了世人的目光，成了国、共两党争夺的焦点。

1945年8月14日，国民党政府与苏联政府签订了一个《中苏友好同盟条约》。据此条约规定，日本投降后，东北的大中城市、交通要道，均由入境作战的苏军代管。苏军撤出后，移交国民党政府。遗憾的是，由于抗战期间国民党军队一退再退，在广大的东北地区无其一兵一卒。妄图独霸中国的蒋介石懂得东北的战略意义，在频频发电邀毛泽东到重庆谈判的同时，即暗暗为抢占东北调兵遣将。8月31日，以国民政府的名义公布“收复东北各省处理办法”，将东北三省划为九省二市，在长春设立“军委会委员长东北行营”，并突击任命三星上将熊式辉为东北行营主任，令其到长春竖旗升帐，代表国民党政府“全盘接收东北”。熊式辉动作干练，行动快捷，10月初便抵达长春，随行的还有所谓的“九省二市”的党政大员。旗是竖起来了，帐也升了，然而，人呢？兵呢？那就不是一纸命令可以奏效的了！正可谓“远水救不了近火”。

远见卓识的共产党人当然更不会忽视东北。何况长期以来，共产党领导的抗日联军即在东北各地坚持抗战，在这里创建了广大的根据地，有着相当的群众基础。同时，八路军主力部队在华北与东北接合部的热河、察哈尔、河北三省交界处，创建有冀热辽根据地。共产党人完全有理由、有条件会同苏联红军接受日军的投降。所以，9月中旬，中共中央派政治局委员彭真、陈云带领着程子华、伍修权、林枫等一批精干得力的党政领导抵达沈阳。冀热辽军区李运昌部、山东军区罗荣桓部、新四军黄克诚的三师等部队，也先后奉命进军东北地区。林彪、萧劲光他们到达前，以彭真为书记的中共中央东北局，已在沈阳成立。10月底，中共中央关于成立“东北人民自治军（不久，改称东北民主联军）总部”的电文下达：任命林彪为司令员，彭真、罗荣桓为政治委员，程子华任副政治委员，吕正操、李运昌、周保中任副司令员，萧劲光任副司令员兼参谋长。副参谋长是萧劲光的老战友伍修权。

东北政治形势的发展，苏联红军对共产党部队亦拒亦纵的模糊态度，使蒋介石十分恼火。紧急关头，他只得卑躬屈膝向美国人求援，借助美军的力量，车、船、飞机一齐出动，海、陆、空并行，四下调集兵力，蜂拥直扑东北。10月末，新命东北保安司令长官杜聿明率部从秦皇岛登陆。蒋介石决心已下，要让最得力的爱将杜聿明统兵决战，把共产党的部队彻底赶出东北。

形势复杂，时间紧迫。林彪、萧劲光等一到沈阳，彭真就立即召开会议，传达中央最新指示，介绍沈阳乃至全东北的军事态势。军政两方迅即按照分工展开工作。

这时，中央的方针是“争取和平，准备内战，首先是争取和平”。但进入东北后，萧劲光从国民党军咄咄逼人的架势，已经预感到大规模的、艰苦的军事斗争很快就要到来。作为参谋长，对部队、对战场全然不了解，这是万万不行的！稍事休整，萧劲光就把全盘工作交付伍修权负责，带着两个熟悉当地情况的参谋出发了。在长征路上，萧劲光和伍修权就是红三军团参谋长、副参谋长的搭档。他了解伍修权，相信他。

此后一个多月的时间里，萧劲光在锦州、沈阳、四平、长春一线，南满各地，对军情、社情、地形等一应战争资源进行了全面调查。

11 月底的安东（今丹东），已雪花飘飘。但不久前从山东经海路到这里的胶东五师、六师，一万多人均没有棉衣等越冬被装。武器装备也差一大半（行前留在当地了）。萧劲光连续召开了由不同层次人员参加的几个座谈会，大家普遍感到焦急，甚至有埋怨情绪。战士们说，来前听说这里接收了日本鬼子的仓库，新枪新衣服有的是，现在怎么连旧枪旧衣服也没有？干部们关心的是，来这里到底是干什么？在哪里落脚？

东北人民自治军东满临时指挥部司令员兼政委萧华，先于胶东部队到达这里，理所当然地承担了安排接待新到部队的任务。但许多应该解决的问题，他无能为力。萧华说，据了解，原先苏联红军确实同意把日本关东军的武器库和一些军需装备库交给我们的，但现在他们怕影响苏联与国民党政府的关系，不交了，交了的也收回了。这是个信号，下一步，我们与苏军的关系将是个复杂问题。苏军不合作，而国民党特务、地下势力相当大，伪满、日本的散军和警察遍地。相比之下，我们部队少，装备差，力量明显不足。

在长春，周保中、陈正人都是东北抗联的老同志。他们首先向萧劲光汇报了部队总的情况，而后陪他看望部队，召开座谈会。一天，在干部座谈会上，当萧劲光讲到，下一步部队可能要撤出大城市及长春铁路线时，大家都显得很激动。有的人甚至提出“要与长春共存亡”。至于如何坚守长春，却是谁也提不出具体的意见和建议。周、陈二人也感到把握不大。因为他们清楚，长春城内没有主力部队。比较可靠的力量是一支工人武装，充其量也只有几千人。再有，就是部分新收编的部队。而这部分人，形势好、风平浪静条件下可以，斗争复杂、尖锐了，形势恶化、困难了，是靠不住的。长春外围，在公主岭、九台、伊通还有几千人的部队。但就这些人，连国民党地下武装、宪兵和铁道守备队等杂牌武装都对付不了，更不用说对付国民党从关内调来的主力部队了。

他们讲，萧劲光记，一笔一笔算账，算兵力，算装备，算后勤补给能力，越算越感觉到形势严峻，任务艰巨。

然而，最大的问题还不是兵力数量的不足，而是现有部队一时难以形成战斗力。关内八路军部队到东北后普遍开展了扩兵运动。在沈阳、锦州、四平、抚顺等地的几个部队发展很快，有的部队最初只有一两千人，不到一个月就发展到近万人。但是“新兵新枪，老兵老枪”的问题非常突出：新收编、扩充的部队武器好（日本军械库的枪），人的素质却不行；老部队官兵素质好，武器装备却不行。有的部队出发前听说到东北有新武器，只带了少量防身的枪支，其他都留给原部队了。结果新枪支没有，于今成了赤手空拳。至于部队上下、左右间的协同配合，更谈不上。所以，这些部队短期内还难以真正形成战斗力。加上已进入冬季，放眼四顾，一片冰天雪地，粮食、被装供应不上。特别是南方来的部队，连棉鞋、棉帽等最起码的御寒被装都没有。官兵都有埋怨情绪。

萧劲光有时坐火车，有时骑马。马骑不了时，只好拖一根木棍，趟着没膝深的积雪步行。他一路走一路看，随时找地方党组织了解情况，与部队官兵交谈，记满了本子，装满了脑子。他清楚记得，毛泽东在中共七大结束前的一次讲话中曾指出："从我们党，从中国革命的最近和将来的前途看，如果我们把现在的一切根据地都丢了，只要我们有了东北，那末中国革命就有了巩固的基础。"现在党中央又明确提出"让开大路，占领两厢"，确保"在东北站稳脚跟"，建立根据地。怎样才能实现这一目标呢？萧劲光陷入深深的思考。

12月初，中共中央东北局已从沈阳迁至本溪。突进东北的国民党军沿着北宁路连续向东北人民自治军发动进攻。是时，萧劲光正按照东北局的决定，在本溪、海城、辽阳、抚顺一线组织突击撤退物资。武器弹药、装备器材，有些发放到主力部队，有些组织火车运到后方去。6日，他抵达准备筹建为储备战备物资根据地的通化。在这里，萧劲光挑灯夜战，起草了《关于东北军事态势和当前部队状况的报告》，向东北局汇报了一个多月来调查掌握的情况，对贯彻中央关于《建立巩固的东北根据地》的指示提出了自己的意见和建议。

这个洋洋万言的报告，基本上是在一个夜晚突击写成的。原稿篇幅较长，这里节录的是萧劲光编写的摘要：

首先，东北的战争将是比较长期的、残酷的、较大规模的，以运动战为主的战争。这是因为敌我力量对比相距不远，我们的力量在不断生长发展，又有铁路交通的方便，适于调动兵力等原因决定。因此，我们在兵力的部署上、部队的组成上，交通运输的掌握上，兵源物资的补充上，以及后方建设上，都应当适应这一战略的要求。

关于兵力的部署，我完全同意东北局在南满组成两个战线的决定。敌人进攻锦州的兵力只有两个军，而锦州到山海关一线的铁路，还在我军控制之下，敌人是不敢放胆向北深入的，主力可能暂时控制锦州，配合山海关进攻之敌，在北宁线上夹击我军。抑或迂回营口侧背，配合登陆部队，打通道路。因此，在南满将可能展开激烈的作战。在南满组成两个战线，对于阻滞敌人的进攻，对于我们争取东北有战略意义。我向东北局建议，东南满主力目前拟应集结于辽阳、辽中一带，同时将沟帮子到营口一线的铁路彻底破坏。这样既可以对付营口方面之敌，又可策应西南的作战。

在部队的编组上，有些改编过来的部队，不仅没有战斗力，而且本身巩固都成问题。像抚顺独立旅，完全是一些散兵游勇编成的，既无老部队作基础，又无相当的老干部作骨干，是很不巩固的，不能作主力部队使用。相反，像三五九旅这样的老部队，却得不到大量的兵源补充，装备也得不到改善，亦难担负起主力的任务。针对这些问题，我们在原则上应该确定对有基础、有战斗力的部队，尽可能的充实、扩大，有计划地调一些没有基础和战斗力的部队编进去，稍加整训使之成为作战的主力。而对没有基础、没有战斗力的部队，则应尽可能减少。同时要划定主力部队的扩兵地区，不断成立补充团。我认为，现在新成立正规兵团的时机尚不成熟，应该在创造和扩大根据地的情况下，扶植地方武装的成长、壮大。以这样的地方武装扩大成正规兵团，素质则要好得多，巩固得多。

对于东北交通运输的掌握，我认为是关系军事行动的大问题。因为有了运输力量就可以灵活地集中主力于任何方向，一个师可以当几个师用。东北的铁路交通线比较发达。此时，许多铁路支线（如安奉路、抚通路、吉延路、延佳路，以及西满的南北铁路）基本上在我控制之下。但是，我们没有统一的管理，有些地方指挥不灵。例如梅河口这个枢纽站，车头车辆都调不动，一个连长在那里说了算。因此，应该规定管理机关，清查运输车辆，修整铁路，进行有计划的运输工作。同时，各个地区的群众工作也应该特别注意在这些交通线的两侧做起。这样既可巩固交通，又可创造根据地。

对于大后方的建立问题，东北局已决定在通化设一个点。当前各部队都收集了一些伪满遗弃的资财，但都是零乱的，分散于各地的。如果不立即调查清楚，集中于后方地带，有计划地分配使用，将会造成不可想象的浪费。据此我建议，除通化外，在其它许多地方也应建立后方基地，如延吉、牡丹江、佳木斯、北安、通辽等处，以聚集大量的物资，恢复工业，特别是军事工业。在这些地方，不仅不应在工人中扩兵，而且应从长春铁路各大工业区征集大批技术工人和熟练工人去，根据需要建设新的工业，很快把这些地方变成我们的后方基地。只有这样，我们才有深厚的人力、物力来支持前方的作战，为长期的、大规模的作战做好准备……

这个报告，一气呵成，内容剪辑组织难免粗疏，语言也来不及推敲，但这并不影响它的现实价值和历史分量。若干年后，一位军史研究工作者说，毛主席、党中央建立东北根据地的决策无比英明，萧劲光这一调查报告弥足珍贵。就其后来在东北战局中发挥的作用看，这一报告堪称八路军进军东北、建设东北根据地的《出师表》。

萧劲光的报告、建议，得到彭真、陈云、林彪等东北局领导的支持，迅即上报中共中央。12月21日，主持中央工作的刘少奇亲自签发了回电。电文充分肯定了萧劲光的报告和东北局的工作部署，并进一步明确指出：“请你们注意东北长期永久根据地之建立。即在通化、延吉、宁安、东宁、密山、穆棱、佳木斯、嫩江、黑河、洮南、开鲁等地区，必须派必要的老部队和干部去开展工作，建立后方，建立工业，组织与训练军队，开办学校，以便能够源源供给前线，犹如汉高祖之汉中。只有这一计划的成功，我在东北的斗争才能立于不败之地，并能迟早争取胜利。”

收到中央的电报，东北局再次召开会议进行深入的讨论研究，作了进一步分工。彭真说：“中央指示很明确，支持长期战争，没有巩固的根据地不行。我和林彪同志商量了一下，下一步，劲光同志除了继续做好部队的整顿工作外，要着力抓抓后方建设。”

1946年春节在猛烈的暴风雪中到来了！这是东北冻死人的季节。这期间老百姓一般是不出门的。但时间不等人。就在当地老百姓一家挤在炕上过春节的时候，萧劲光冒着刺骨的寒风离开本溪，再次出发了。天寒地冻，骑马已不方便了。把萧劲光一次次送到部队的，是东北独有的交通工具爬犁，是久经风雪锻炼的两条腿。

2月末，萧劲光在岔路河参加了吉林省委扩大会议，并在这里抓了部队的整训工作。通过一段时间的整顿，东北人民自治军改称东北民主联军，建立健全了各级领导机构，成立了东、西、南、北满四个军区，组建了几个野战师，至时，部队已发展到30万人。但经过几个月的大举调运，国民党军号称“五大主力”的新六军、新一军以及第七十一军、第九十三军等部，均已进入东北，加上收编的原伪满军20万人，使东北境内国民党部队已超过50万人。国民党军在兵员数量上占了绝对优势。在会上，萧劲光分析了敌我双方的实力后，坚定地指出：“兵员数量是战斗力，质量更是战斗力。兵贵精。要战胜敌人，必须切实提高部队战斗力，把部队搞精，要能攻能守，敢打敢拼。”按照这一思路，他从实际出发，根据新、老部队的特点，指导吉林军区对所属部队的人员和武器装备进行了整编。以老部队为基础，将新改编部队的人、枪编入，同时，从主力部队中抽调一批战斗骨干进入新编部队。从而使老部队人员素质、作战经验方面的优势和新部队武器装备方面的优势，两者互相补充，相得益彰，地方部队主力化，主力部队地方化。通过人员调整，加强地方武装，把地方武装扩大成补充团，使其成为主力部队的雄厚兵源。

4月，萧劲光再次来到东北局确定的后方基地通化，着重调查了当地的工业情况，研究部署了军工生产问题。当时的通化是一个不大的工业城市。周围有比较丰富的铁矿、煤矿资源，市区有兵工厂、货币印刷厂、银行、医院、仓库，地处南满腹地，交通也便利。正是基于这些条件，东北局决定把这里建为民主联军第一个后方基地。日本投降后，这里的工厂受到很大破坏。民主联军部队进驻后，兵工厂生产已恢复，日产子弹一万粒，但生产仍有潜力，只是缺技术人员、缺原料。萧劲光作了深入调查，有些问题，当场处理。如有人提出，长春的东北工业公司有部分技术人员还在，能不能利用？萧劲光当即答复：在抗日战争中，日本人民也是战争的受害者。只要他们能为我们服务，为什么不能用？不管是工程技术人员、医生，还是司机，其他专业人员，都可以利用。有些问题，急需的物资、原料，当时解决不了，萧劲光一一记下来，电报东北局统一调拨。

5月，萧劲光到达长春。这时，国民党顽军的进攻进入高潮。经过中外瞩目的四平、本溪保卫战，国民党军已筋疲力尽，锐气大挫。民主联军也伤亡严重。但迟滞了敌军的进攻，为发动群众、建立根据地争取了时间。萧劲光在这里逗留多日，召开了一个贸易公司理事会，将铁路管理、银行、卫生等部门人员召集在一起，部署研究了粮食等军需物资转运问题。21日，民主联军主动放弃长春、吉林，撤至松花江以北。东北局迁至哈尔滨。

6月6日，国共双方达成“东北暂时停战15天”的协议。遵此，中共中央电示东北局：东北各部应充分休息，提高士气，准备再战。萧劲光抓紧这一时机在白山黑水、松辽平原之间奔走，筹集物资，组织运输。

7月初，萧劲光赶到哈尔滨出席东北局扩大会议。这次会议的议题主要是分析形势，总结创建东北根据地和阻止国民党军进攻的经验教训。萧劲光在会上汇报了近期的工作进展和对下一步工作的建议。根据自己的工作实践，萧劲光提出了要争取和平，必须准备作长期的艰苦斗争。共产党员、领导干部要走出城市，丢掉汽车、脱下皮鞋到农村去，扎扎实实做发动群众的工作。在东北局，副书记陈云亲自起草的会议决议《东北的形势和任务》中，吸收了萧劲光许多意见和建议。之后，这一决议（史称“七七决议”）经毛泽东亲笔修改、批准，付诸执行。会议期间，东北局书记、民主联军总司令林彪向萧劲光提出了要利用战争的间隙组织军工生产的问题。为争取时间，会议尚未结束，萧劲光与民主联军总后勤部政治委员杨至诚等匆匆前往大连，落实开展军工生产事宜。

至4月底，入境中国东北参战的苏联红军已全部撤走。但按照国民党政府与苏联签订的《中苏友好同盟条约》，苏联红军有权在大连、旅顺长期驻扎并实行军事管制。大连市公开的地方领导机构是大连市政府。市政府大量工作人员，包括要害部门的领导，如公安局局长赵东斌，秘书长任仲夷，财经部的衣钦堂、金则林等都是共产党员，使国民党反动势力无缘进入，实际上，八路军进入东北后，大连一直担负着部队相当部分后勤工作。萧劲光到大连后，首先听取了地委负责人韩光的汇报，并在韩光的陪同下对大连的军工情况做了调查，对扩大轻工业、商业，恢复、发展军事工业提出了具体方案、要求。临行前，萧劲光对韩光等地方党组织的同志说：“大连的地理位置很重要。以后战争打起来，就更重要。大连军事工业搞起来，不仅可以支援东北，对华东地区也有很重要的意义。希望你们切实把工作做好。”后来的实践证明，大连地区的同志没有辜负党组织的期望。军工生产搞得相当好，为解放战争的胜利作了突出的贡献。

1946年10月，萧劲光（右三）和陈云离开哈尔滨，经牡丹江、图们取道朝鲜赴南满工作时于平壤留影。

萧劲光再次回到哈尔滨时，已到10月初。在停战四个月后，国民党又重新在南满拉开战幕。这时，东北大地已兵重如云，大战在即。东北局为加强对南满的领导，打破东北战场的被动局面，决定派陈云去南满。经过一年多调查了解，对东北军事态势已了然于胸的萧劲光，深知南满的重要，遂主动请缨，与陈云一道同行。

10月底，萧劲光与陈云自哈尔滨登上南下的列车，赶赴南满。

三、冰天雪地中的七道江决策

1946年深秋的南满——辽东半岛，大兵压境，战云密布，形势异常严峻。

9月初，蒋介石根据其在关内一时无法抽调兵力增援东北，而东北兵力又不足，无力同时进攻南满、北满的情况，制定了"南攻北守，先南后北"的战略方针。16日，国民党政府参谋总长陈诚飞临沈阳，亲自主持召开军事会议，与东北行营主任熊式辉、东北保安司令部司令长官杜聿明等军政要员，共同确定了具体实施计划：在南满取攻势，对北满取守势。第一步，首先吃掉民主联军南满根据地，夺取南满，切断东北与华北两个解放区的联系，解除后顾之忧，占领海上通道；第二步，待关内增援兵力抵达后全力进攻北满，拿下民主联军的大本营哈尔滨，实现争取在"三到五个月内结束东北战争，占领全东北"的战略目标。

10月初，国民党军开始实施上述战略计划。杜聿明经过一番苦心运筹，以3个师从开原、梅河口分路出击，至15日打通了沈（阳）海（龙）路。接着调整部署，于20日调集8个主力师连同保安部队10万余人，分三路向南满根据地发起进攻，先后占领了通化、安东等地，步步向民主联军最后的根据地长白山紧逼。10月底至11月初，新开岭一战，东北民主联军第四纵队全歼国民党军号称"千里驹"的第五十二军第二十五师，打击了国民党军的进攻锐气。但杜聿明仍顽固坚持"南攻北守、先南后北"的作战计划，以主力部队继续进攻南满。这时，南满根据地已只剩下临江、濛江、长白、抚松4个县的弹丸之地。作战主力部队只有第三、第四两个纵队（军），加上新组编的地方保安部队，总计不到4万人。且装备不齐，后备兵源不足，粮秣军需供给困难。

虽然根据地建立不久，但有过接触、打过交道的老百姓还是知道民主联军是什么人的。"中央军是遭殃军，民主联军就是关内的八路军，是向着老百姓的！"见民主联军从新建立的根据地上一撤再撤，一直往北走，老百姓都摇头叹气。有的老人心情沉重地说："唐朝薛仁贵征东，高丽将军盖苏文就是沿这条路进入一道江，经八道江向临江方向败退的。满洲皇帝溥仪前些年也是从这条路逃走，到大栗子被苏联红军所擒。你们不要覆前车之辙呀！就算杨靖宇将军那样革命，被小鬼子追逼得上了长白山，最后也没有下来。"部分刚改编、新入伍的战士尚未经过系统的教育训练，思想不很稳定；从关内进入东北的老部队，对当地社情地貌又不够了解。部队何去何从，是在南满坚持下去，还是跨过松花江与北满的部队会合？基层官兵议论纷纷，营、团以上领导干部思想也非常混乱。

一度，辽东军区曾打算北撤。有的部队发了斧子、锯子，发了辣椒、姜，每个班给一斤白酒，要求自己做一个爬犁，准备北上。报告上去了，东北局没有答复。然而，坚持下去，只能进长白山。进入 11 月，河沟已经结冰了，许多官兵还穿着单衣，鞋子露着脚趾头。在敌人的尾追下，部队居无定所，时常露宿在冰天雪地里，围着火堆过夜。“火烤胸前暖，风吹背后寒。”吃的是冻得啃不动的窝窝头和酸菜（也没保证）。而吃、穿、用，这些对敌人来说都不是问题。他们不仅人多势众，且装备精良。坚持南满，前途如何呢？通过一次次分析、争论，向北满转移的意见逐步占了上风。

从哈尔滨到南满，虽然路途不算远，但是，由于许多地方需步行，且要绕道朝鲜，陈云、萧劲光他们用了整整一个月时间。到辽东军区驻地长白山下的临江县城时，已是 11 月底了。他们首先组建了中共南满分局，调整了辽东军区领导机关。陈云任南满分局书记兼辽东军区政委。萧劲光任南满分局副书记兼军区司令员。原军区司令员萧华任南满分局副书记、军区副司令员兼副政治委员。程世才任副司令员，罗舜初任参谋长，莫文骅任政治部主任。

12 月 11 日，在接近前线部队的七道江村召开了辽东军区领导机构调整后的第一次军事会议。会议由萧华主持。军区和纵队以上主要领导，除陈云因病在临江治疗外，萧劲光、程世才、罗舜初、莫文骅，第三纵司令员曾克林、副政委刘西元，第四纵队政委彭嘉庆、副司令员韩先楚等均出席了会议。各师的军政主官邓岳、李伯秋、杜光华等，也参加了会议。会址是七道江村头一幢青石砖瓦结构的平房，里外三间，此前是党组织控制的“通明炭矿”的办公室。房间不大，这么多人一来，里屋外屋都是人，地上摆了火盆，不少人嘴里还叼着自己卷的旱烟卷，烟雾腾腾……

萧劲光清楚，能否坚持南满，关键在领导，在今天到会的这些人。冰天雪地、零下 40 多度严寒，衣食困难，“两个纵队一套被装”（被装缺一半），根据地狭小，大兵压境……这些都不可怕，可怕的是内部特别是领导层，“行不成武松的拳头，没有打虎的决心”。所以会议开始，他首先传达了东北局的指示精神，继而单刀直入地宣布：今天，在这么紧张的形势下，把大家集中到这里来，就讨论一个问题，如何继续坚持南满的斗争。萧劲光说，这句话包含了两个意思，一是南满必须坚持，二是南满怎样坚持。从目前看，南满的严重局面已经到来，而且下一步可能继续发展，更为严峻。接下来，他对东北的政治形势作了全面分析。

萧劲光说：“东北是国际国内反动势力与我争夺的焦点。这说明东北战略地位重要。”现在敌进攻东北的锋芒首先放在南满，其原因在于，“南满是东北重工业集中地区，是东北重要部分，是人力物力资源丰富的地区。一、南满是东北基地侧后阵地，威胁敌之心脏。坚持下去，可促进北满、东满根据地的巩固；二、地形上是东北最好的地区，人口多。如能坚持，才能更好地积蓄与加强我之力量；三、从沟通朝鲜、大连，保持与华北联系，以及将来反攻的意义上来说，均十分重要”。我们的方针，“要从敌军变动而规定，但可预先规定：主要以军事反清剿为主，以有力的游击兵团深入敌后，广泛开展游击战争，破坏敌之清剿，拖延与打击敌之新进攻。主力集中于适当位置，准备于敌之进攻中消灭一部（一个团或一个营），以配合敌后游击战”。

讲到为什么不能向北转移时，萧劲光说："我不北去的原因：敌军的目的是由西而东、由南而北，北去就落入敌人的圈套。我们的方针是牵制敌人，坚持南满。应先顾南而后北。哈尔滨、齐齐哈尔失守，不足影响东北全局，南满乡村不保，影响东北全局。我们主动出击时机及兵力，可以考虑时间勿过早亦勿过迟，兵力勿过大亦勿过小。主动地打、主动地走，不能再挨打再走。能不能坚持敌后，决定能不能坚持南满。"

最后，萧劲光提出，现实情况大家都清楚，上级的指示精神、基本思想也传达了。下边大家可以畅所欲言，充分发表自己的意见。

萧劲光话音刚落地，会场就明显地分成了两种观点。一种观点是"全力迎敌，战斗到底"，赞成在南满坚持下去；另一种观点是主张主力部队大部北上，在南满留下小部队开展游击战；也有几个人提出，先集中力量在南满打一仗，看结果如何，打得赢就坚持下来，打不赢再开拔北上。实际上是赞成走的观点。这天屋外风大雪紧，屋檐下吊着尺把长的冰锥。屋里，衣服单薄的各级指挥员围着火堆，慷慨激昂地发言，各说各的理，争得脸红脖子粗。

主张北上的人认为，部队在这里已转战一年多，消耗大而补充少，不能再在南满与敌人决战了。敌人的作战方针就是"先南后北"，把我们赶到长白山困死、饿死、冻死。留下来与敌人决战，岂不正好中了敌人的圈套？留得青山在，不怕没柴烧。现在北上，形势有了变化我们可以打回来。如果在南满决战，战场就是长白山。这里地形狭窄，部队进退没有回旋余地，加上兵源不足，被装、粮草缺乏，弄不好把主力拼光，南满也还得丢掉。那样损失就大了。

主张坚持南满的人则认为，在南满坚持下去固然困难多，但还没到山穷水尽的地步。以我们现在的实力，就是上山当"胡子"也能坚持几年。况且，南满战略地位重要。只要有我们的部队在，敌人就不能撤离。在南满吸引和消灭的敌人越多，对东北全局的形势就越有利。这里地形狭窄，大兵团没有回旋余地，但小丘陵多，树木多，便于小部队活动。我们化整为零，利用得好，是可以站住脚的。

两种观点尖锐对立，唇枪舌剑，各说各的理。但有一点，大家心是红的，血是热的，都在为东北乃至全国的大局着想，只是思路不同罢了！

两天过去了，仍然争持不下。军区机关一些领导着急了，一再催促萧劲光下决心：争到什么时候？司令员下决心，定下怎么干就怎么干！萧劲光却冷静地表示不忙！他心里清楚，此次会议既是思想教育，又是战斗动员准备。争论越激烈，分析讨论就越深入、越细致，情况也越明白，决心就越好下，下一步行动也就越主动。他一边鼓励大家继续发言，把各种情况分析够，把自己的意见讲透，把心里话全部说完，一边给在临江城养病的陈云打电话。他简约报告了会议的进展情况，提出：大家话说得差不多了。如果可能，你过来拍板！

会场争论激烈，战场又来告急。12 日晚，收到敌情通报，国民党军两个师出动，一个师已逼近梅河口，一个师向辑安进犯。萧劲光便决定几位师的军事干部回部队准备迎敌，其他人员留下继续开会，等候南满分局书记、军区政委陈云到来。

13 日整整一天风雪基本未停，到傍晚雪更大了。大家似乎争疲了，晚饭后围着火堆小声地议论着。有人说：“已十一点多，陈书记今天来不了了！”话音未落，门被撞开了，陈云在几个人簇拥下跨进来，满身是雪，眉毛上挂着霜。大家忽地站起来，瞩望着陈云。陈云一边与大家打招呼一边说，开了几天会，同志们都累了，今天就到这里。大家回去考虑一下，看南满还有没有文章可作？怎么作？有话明天讲。

大家脚跟脚离开会场，陈云、萧劲光两人围着火堆坐下来。他们交流情况，分析形势，研究部队行动计划。直到凌晨，陈云又找了几个领导同志了解了情况。

第二天，大雪已停，天更冷。一大早，会场便生起火，与会人员便齐刷刷地集中在房间里。患病多日且几乎通宵未眠的陈云提议会议开始。

萧劲光主持会议。他先将前两天会议的情况作了简单小结，接着宣布，请陈政委作指示。

陈云讲话有自己的特点，简洁、凝练，开门见山。他说，大家都知道，南满的战略地位相当重要。要在东北站住脚，首先必须在南满站住脚。坚持南满，可与北满成犄角之势，牵制敌人大批部队，使他们不能集中力量进攻北满。相反，如果我们放弃南满，不仅失去这种有利的战略态势，而且，我们的损失也不会比留在南满少。大家想想看，想撤走敌人就痛痛快快地让你走了？走了还回不回来？这一走一回，都是恶战，都会有很大损失。如果我们在南满坚持下去，东北的形势就会有转机。接下来，他形象地说，东北的敌人好比一头牛。牛头、牛身是向北满去的，在南满留下一条尾巴。如果我们放松了这条尾巴，那就不得了，这头牛就要横冲直撞，南满保不住，北满也危险。相反，如果我们坚持南满，抓住了牛尾巴，那就了不得。这头牛就头尾不能兼顾，进退两难。所以说，现在这种情况，抓住牛尾巴是关键。讲到最后，陈云加重语气说：“萧司令说请我来是来拍板的。那好，现在就拍板：我们不走了！你们不走，我也不走，大家一个不走，都留下来，坚持南满，在长白山打红旗。我们在背靠沙发（指苏联、朝鲜支持）的形势下向前进，虽然是艰苦奋斗的前进，还是比退到北满最后被敌人打出国境线再打回来合算。萧司令是搞军事的，有大学问。你们也都是搞军事的，学问比我大。仗怎么打，你们大家研究。我们终归还有四个县，还有两个纵队的主力嘛！我看南满有文章可作。萧司令讲了三句话：南满必须坚持，南满能够坚持，立足战争以战求存。就这三句话，这个板我敢拍——我就这么拍板了！”

陈云话音刚落，萧劲光就带头使劲鼓起掌来。萧华第一个表态，拥护坚持南满的决定。接着，程世才、罗舜初、莫文骅、彭嘉庆等人，也纷纷表态，赞成坚持南满。

接下来，萧劲光全盘端出了经过反复思考的军事部署。他首先进一步具体分析了南满的军事态势。萧劲光说，敌虽强，我虽弱，但敌有其不可克服的弱点，我亦有能够坚持的条件。“敌方长处：（一）武器条件好，美装。（二）南满有密布的交通网，可补救其兵力不足之弱点。（三）掌握中心城市及中小城市，分割我地区，使我彼此隔离，便于其主动进攻。（四）军事上目前还处于主动，整个东北与南满暂时如此。但他也有难以克服的弱点：（一）兵力不足。东北地大兵少，不得不采取拆东墙补西墙的办法。虽然得到华北的协同，但必然出现此紧彼松、此起彼落的现象。（二）军队素质下降，老兵减少，新兵增多。（三）顽统区政治矛盾深刻，特别是抓壮丁，恢复伪满机构，正统观念在动摇消失中。（四）我打击的威力。但这些弱点还未达到敌我对比发生变化的程度。”

萧劲光说，作为我军坚持南满的根据，我们也有我们的优势。“（一）我比敌先到东北，已在东北人民中产生了良好的政治影响，农民已开始发动，基本群众内心向我。‘九一八’，国民党不抵抗，使东北各省沦陷日寇之手，东北人民对国民党失去信心。（二）由于一年的锻炼及教育休整，我部队装备改善，战斗能力提高。（三）在地理条件上，我无后顾之忧，反击亦有依托。（四）地形条件好。过去义勇军那样弱小，亦能坚持十年，我有大批干部，并有领导同志在，有主力在，所以说，坚持的条件是完全具备的。”

如何坚持南满？萧劲光说，以军事反清剿为主，以有力的游击兵团深入敌后，广泛开展游击战争，破坏敌人的清剿，恢复广大乡村，恢复政权，迟滞与打击敌人新的进攻。主力集中于适当位置，准备于敌人进攻中消灭其一部，配合游击战争。归结起来，总的战略指导思想是，巩固长白山区，坚持敌后三大块（辽南、辽宁、安东各分区）。作战指导方针为：一部分主力部队要打入敌后，开辟敌后战场，“正面与敌后两大战场密切配合，内线作战与外线作战相结合，运动战与游击战相结合”。

大家用更热烈的掌声表达了对萧劲光部署的赞同和支持。

毋庸置疑，派一部分部队打出去，插到敌人心脏地区活动，从后方积极打击敌人，逼其调兵保“家”以减轻临江正面的压力，是一条妙计。但哪些部队打出去呢？讨论到这个问题，会议气氛又变了。大家你看着我，我看着你，迟迟没有人表态。萧劲光扫了会场一眼，打破僵局说：“谁打出去，请自告奋勇！”

四纵政委彭嘉庆向坐在对面的四纵副司令员韩先楚微微点一下头，说：“我们四纵刚打完新开岭战役，就撤到这里，伤病员还没有很好处置，新兵尚未补充，几

1947年春，南满军区司令员萧劲光（左）同辽东（南满）军区政治委员陈云于南满合影。

千俘虏还没来得及消化，部队冬装还未解决，按说，轮不到我们出去。但为了顾全大局，如领导需要我们出去，我们打出去……”

“好，由你们打出去！”彭嘉庆还未说完，陈云马上表态，“具体说说，你们出去有什么困难？”

有些困难、问题，是明显的、共同的，谁都清楚，还用说吗！彭嘉庆沉吟了下，只提了一个问题：要想把敌人拉回去，一个师不行，要一个纵队出去才有力量，对敌人才有震撼作用。

一个师少了，两个师怎么样？整个纵队拉出去，正面部队是不是又太少了？大家议论了一会儿，萧劲光说：“就一个纵队出去，全拉出去，到敌后大闹天宫，山上山下互相呼应。”一边说着转脸目视着彭嘉庆：“你们纵队要什么东西，首先保证你们。”稍停，他点着指头讲下去：“远距离的情报，首先保证你们；俘虏未处理，交给其他部队处理；兵员不足，我们从地方部队抽调补充一部分；部队没有冬衣御寒，从三纵队和军区机关抽补给你们。”随后，大家又对行动计划作了详尽的研究。

至此，争论了4天的军事会议宣告结束。后来的军史专家给这次会议郑重地起了一个名字：七道江决策。

1947年，辽东（南满）军区负责人于通化合影。一排左起：沙克、萧华、陈云、罗舜初。二排左起：谢复生、曾国华、萧劲光、韩先楚、吴克华。

16日，萧劲光与陈云联名将会议的决定和讨论的作战方案报告了东北局。东北局很快回电，批复同意南满分局的报告。电报说：“南满的斗争，必须准备如同热河或冀东及华北抗战困难时期的那种局面下的斗争。主要是巩固内部，结合群众，依托广大的山区，加强下层领导，采取大胆而精细地处置，各个歼灭分散的敌人。使敌人不敢分散，使敌人劳而无功，且常被我逐一消灭。只有在这种斗争中采取局面的坚持，以待东北与全国形势之逐渐好转。”同时，东北局还转来了毛泽东于13日为中央军委起草的致东北局的电报。电报指出：“在目前情况下暂取守势，力求拖延敌对北满之进攻，并准备迎击敌之进攻，部署甚妥。南满方面应集中主力各个歼敌，收复失地，于拖延敌对北满进攻必有帮助。”

中央、东北局的电报指示说明，七道江会议决定与党中央、东北局的战略意图是完全一致的。这更坚定了萧劲光等南满各位领导同志的决心和信心。他们迅即全身心投入迎击国民党军的大举进攻——这时，国民党军大队人马已气势汹汹地向临江地区开来了！

历史发展证明，七道江决策是非常正确的。若干年后，莫文骅、曾克林、岳天培等，都写了关于七道江会议的回忆文章。新中国成立后担任过炮兵副政委、总后勤部副政委的彭嘉庆在回忆文章中说：“这次会议在前线炮火连天、内部意见发生重大分歧的情况下进行——会议一结束，保卫临江的战斗就打响了！从争争吵吵到统一意志，从准备放弃南满到决心坚持南满，这一重大转折，挽救了南满的危局。这是集体智慧的结晶，全靠大家对中央《建立巩固的东北根据地》方针的理解，全靠会议主持者高瞻远瞩和生动活泼的军事民主精神。”“危难关头，萧劲光同志坚毅沉着，指挥若定，稳稳地驾驭全局，团结部属到达胜利的彼岸，充分展示了他无产阶级革命家的胆略和卓越的军事才能。”

第十二章　一招妙棋，四保临江

一、保临江首战告捷

临江镇，位于长白山南麓，是鸭绿江畔的一个小县城。长期以来，百里之外即鲜为人知。但在 1946 年冬天，由于中共中央东北局南满分局、民主联军辽东军区（亦称“南满军区”）机关驻在这里，临江成了共产党和蒋介石集团争夺的焦点，凝聚了“三国（中、美、苏）四方”军政首脑的目光。

在南满分局七道江军事会议结束的同时，国民党东北保安司令部已完成了继续进攻南满的军事部署。12 月 17 日，副司令长官郑洞国亲自指挥第五十二军之第二、第一九五师，第七十一军之第八十八、第九十一师等 6 个主力师的兵力，由辉南、柳河、桓仁、宽甸等地分三路向临江挺进。这天风卷着小雪，寒气逼人。齐装满员的国民党军或许认为，在这种天气里民主联军将“不堪一击”，遂气势汹汹，横压过来。他们企图先攻占辑安、八道江等地，打通（化）辑（安）线直取临江，尔后将东北民主联军辽东军区主力就地消灭或困绝于长白山。

这是萧劲光预料中的。七道江会议后，萧劲光与萧华等对迎敌方案作了进一步研究，按照既定方针将主力部队兵分两路，展开部署。决心集中主力部队顶住敌人的正

1947 年，萧劲光在辽东（南满）军区司令部楼前。

面进攻，打掉敌人几张王牌，挫其锋芒，以巩固现有根据地，改变当前的被动局面。

在敌人行动的前一天，即12月16日，萧劲光踏着积雪来到四纵驻地。部队已作过动员，正在整装待发。一直没有棉衣的官兵穿上了军区和分局机关抽出来的棉衣。他们知道，许多衣服带着同志们的体温，是大家为支持他们出征现从身上脱下来的。官兵们既感动，也意识到了担子的沉重。萧劲光在彭嘉庆政委的陪同下检查了部队的准备情况，而后召集团以上干部再次作了动员讲话。他说："当前的形势大家都清楚，敌人很嚣张，扬言要与我们决战。我们的装备、各方面的条件，不允许在这里与敌人硬拼。但我们有我们的优势，有自己的打法。你们的任务呢，就是突出敌人的包围，到敌人的后方、到外线去打击敌人。有的同志给这次行动起了个名字，说这叫掏心战术，是这个意思。你们要奔袭、奇袭、突袭，破坏交通，围攻敌人的机关，大闹天宫，让敌人不得不分兵后顾，从而减轻我们根据地的压力，为我们部队正面迎敌，内线歼敌，创造契机。你们的任务是光荣的，也是艰巨的。在敌人的后方，会有很多困难、艰险。但我知道，四纵是有优良传统的英雄部队，一定会胜利完成任务。你们这一步成功了，南满这盘棋就活了！"

国民党军进攻临江的战斗打响后，哈尔滨的民主联军总部密切关注着南满的形势。为减轻临江部队的压力，林彪司令员果断决定，命民主联军第一、第二、第六3个纵队12个师及3个炮兵团，于1947年1月5日越过封冻的松花江南下，向长春、吉林以北地区进击。数日之间，以迅雷不及掩耳之势围歼了其塔木国民党守军及九台、德惠的援军计两个团及保安队一部。迫于形势，国民党军又从进攻临江的部队中抽调两个师北上。

这样，参加进攻临江作战的国民党军就只剩下两个师的部队。原本就信心不足的国民党官兵，无心交战了。在临江地区实施正面抗击的第三纵队，乘机展开反击。三纵官兵打得非常艰苦。战斗于1947年1月2日上午交火。在零下30多度的严寒下，许多官兵没有棉衣，把草捆在身上取暖。战斗打响前，军区保安第三旅旅长彭龙飞到前敌指挥所领受任务。他冒着冰冷刺骨的风雪一路走来，连件大衣都没有。进了指挥所，他眉毛胡子上都是冰，冻得浑身发抖，半天说不出话来。一个旅长冻成这样，部队的战士可想而知。师、团指挥所还可以在村里找间屋子，营以下单位就宿营、战斗在冰天雪地里。本来大衣、被子就少，但担心因天太冷枪打不响(撞针缩短)，还要匀出衣被盖枪。有的战士则干脆把枪搂在怀里。吃的是黑窝头，送上山来已是冰砣，要用枪托砸碎像吃糖块一样含着吃。睡眠不足，营养不良，大量减员，冻饿伤亡的人比枪伤还多。为了解决战斗部队人力不足的问题，机关人员上了前线。萧劲光、陈云都解散了自己的警卫班，警卫人员与机关官兵一起参战。考虑到自己到南满时间短，对部队战斗力心中没有底，萧劲光就让萧华在前线指挥所与曾克林一起指挥战斗，自己带着两个参谋乘一辆吉普车，日夜往返于三纵第七、八、九3个师之间。1月中旬，萧劲光发现进攻临江的国民党军连续有大部队撤出战斗，清楚四纵和北满南下部队的行动见效了。敌人担心被深入其腹地的四纵和渡江南下的北满部队抄了后路、端了"老窝"，要撤兵！萧劲光心中暗喜：时机到了！于是，命令第三纵队各部发扬连续作战的作风，全力出动，迅猛反击，命令大蚊子沟的四纵主力相向夹击。一场激战，歼灭了国民党军三个加强营，余敌仓皇退回通化。

从 1946 年 12 月中旬四纵挺进敌后到 1 月 21 日三纵出兵反击得手，前后历时一个多月，经过大小战斗 43 次，攻克敌据点 40 余处，歼敌 4000 余人，收复了通化以南地区。国民党军第一次进攻临江的计划，被彻底粉碎。

二、北拉南打，扭转危局

首战告捷，中共中央东北局、中央军委先后发来嘉奖电报，辽东军区部队大受鼓舞，萧劲光也无比欣慰。战后，萧劲光组织部队进行短暂休整，针对战斗中暴露出来的问题、薄弱环节总结经验教训。根据战斗实践和中央军委“集中优势兵力，各个歼灭敌人”的指示精神，萧劲光决定，将四纵第十师调回临江配合三纵参加正面作战。他心里明白，此战不过是序幕，杜聿明不会罢休，更艰苦的战斗还在后头。

果不其然，不到 10 天，国民党军又向临江发起第二次进攻。

在实力如此悬殊的条件下损兵失地败退下来，郑洞国懊丧，熊式辉、杜聿明不满，赵公武、廖耀湘等少壮派将领更是十分恼火，不服气。特别是国民党第五十二军军长赵公武，他的“千里驹师”（第二十五师）在新开岭被四纵全歼后，一直在埋怨郑洞国“瞎指挥”。经过几天的争吵，杜聿明索性把前敌指挥权交给赵公武，命赵公武率部进攻，为第二十五师复仇。

1 月 30 日，赵公武指挥第一九五、第二〇七、第二师和新编第二十二师 4 个师的部队兵分三路，由通化、桓仁、三源浦等方向向临江发起第二次进攻。其担负主攻任务的中路军主力第一九五师，是赵公武第五十二军的主力，傲慢自负，在国民党部队中向有“常胜军”之称。由赵公武挂帅出征，第一九五师更趾高气扬，求胜心切。出击不久，便孤军深入至通化以北高丽城子地区，其侧后方完全暴露。

为打胜这一仗，萧劲光亲自到三纵指挥所指挥作战。这是南满最冷的时节，放眼四顾，山路不分，到处白茫茫。大雪没膝，车不能动，马骑不了，萧劲光踏着积雪徒步到高丽城子地区勘察地形，选择战场。发现敌第一九五师孤军深入后，与其他两路部队已拉开差不多有 3 天的路程。萧劲光当机立断，命令杜光华率领的四纵第十师在二道江压缩通化的敌人，集中三纵部队围歼第一九五师。

第一次临江保卫战后，三纵还没有来得及好好休整，补给也没有太大改善。不少官兵们身上仍然缠着草趴在冰雪地里待机，但大家无一人叫苦。2 月 5 日拂晓，战斗打响。手脚冻伤、行动不便的官兵们，听到冲锋号一响，个个勇猛如虎。双方激战一天，三纵第七、八、九 3 个师团团包围了高丽城子。晚 10 时，第一九五师坚守不住，拼力向通化方向突围，被歼 2300 余人。6 日，国民党军第二〇七师一部前来接应第一九五师，孤军深入三源浦。三纵司令员曾克林战场再动员，号召部队发扬英勇顽强连续作战的作风，集中部队全力迎敌。匆匆赶来的第二〇七师尚未展开，就遭到三纵官兵的猛烈攻击。8 日，三源浦被攻克，俘敌团长张勋以下 1500 多人，毙伤敌 200 余人，迫敌全线溃退。

在此期间，深入外线游击作战的四纵主力，在胡奇才司令员、彭嘉庆政委的率领下，奇袭屡屡得手，相继收复苇子谷等大小据点 20 余处。他们响应辽东分局“一边行军作战，一边做群众工作，人人开口，个个宣传”的号召，每到一个地区，就大量写标语、发传单，揭露敌人谣言，宣传党的政策，并派出数十人不等的武工队，团结和组织当地群众，摧毁敌顽政权。从而控制了纵横 200 余里的广大地区，安（东）沈（阳）线国民党军主力被钳制得不敢妄动。至时，国民党军对临江地区的第二次进犯，又以失败告终。

接连失败，国民党军士气大挫，部队上下怨声载道。背负着蒋介石的无限希望，且在蒋面前拍了胸脯的杜聿明，更是坐卧不宁。第二次进攻临江惨败还不到 5 天，官兵喘息未定，杜就拖着病弱的身躯（半年多前因肾结石作了左肾切除手术）亲自调集第七十军、第五十二军和新六军等部的 5 个师，于 2 月 13 日，兵分四路向临江地区发起第三次进攻。

萧劲光依然以内外线相结合的办法，挥兵迎敌。

发现国民党军再次向临江发起大规模进攻后，在外线的四纵主力部队遂和地方部队一起，在抚顺、本溪等地展开强大攻势。2 月 21 日，第十一师在碱厂歼敌 1000 余人，引起了杜聿明的高度注意，遂从正面进攻部队调兵反击。为打乱敌人的部署，在运动中歼敌，第十一师官兵在越过安（东）沈（阳）路返回根据地时，8 昼夜不眠不休，行程 500 余里，一共只吃了 7 顿饭，作战 9 次。一次次冲破数倍于己的国民党军的合击。第十二师也积极捕捉战机，在马家店一带歼敌 5 个连，给敌新编第二十二师以出其不意的打击。

为配合南满作战，民主联军总部也集中北满主力 3 个纵队 12 个师的兵力，于 2 月 22 日第二次南渡松花江出击。翌日，在城子街全歼国民党守军新编第三十师第八十九团，继而攻占九台、夺取卡伦。27 日，向德惠发起猛烈攻击。杜聿明无奈，急忙从南满抽调 2 个师会同西满的 2 个师计 12 个团的兵力，驰援德惠。

内外线配合，南北满部队配合，国民党军首尾受敌，难以兼顾。率部正面接敌的曾克林，抓住国民党军北撤的时机，指挥各师团各自为战，全力向进犯的国民党军进行截击、追击。在阎家街鹿尾林地区歼敌 1300 余人，在柳河大北岔、德兴屯地区又歼敌 1 个团 2 个营。经过一个多月外线、内线密切配合的艰苦作战，至 3 月 6 日，国民党军进犯临江的 5 个师 3 个被打垮（2 个撤走），累计歼敌 1 万余人，辑安、桓仁、柳河等 5 个县相继收复，南满根据地进一步扩大。国民党军对临江的第三次进攻再次被打退。

由于打得积极主动，战术上灵活多变，辽东军区部队在第三次保卫临江战斗中伤亡不大，内线、外线加在一起不足 1000 人。但四纵第十师师长杜光华，在通化以北五七一高地十师临时指挥所里被敌人的炮火击中，英勇牺牲。杜光华是一位身经百战的优秀指挥员，时年还不满 32 岁。

国民党军第三次进攻临江于 3 月 6 日被粉碎后，南下作战的北满民主联军部队遂即回撤休整。杜聿明集中国民党军新编第一军、第七十一军等部，在多架飞机的配合下分三路北犯，追到松花江边（部分部队已达江北岸）。林彪司令员发现敌人力量已经分散，正是歼灭其有生力量的大好时机。遂果断决定，集中北满12个师及炮兵部队于3月8日第三次渡过松花江，进行反击作战。见民主联军来势凶猛，松花江两岸国民党军迅疾全线撤退。民主联军乘胜追击，打击德惠出援之敌。至11日，歼灭国民党军第七十一军之第八十八师大部、第八十七师一部，并包围了农安。杜聿明狗急跳墙，一面从南满和热河调兵北上解农安之危，一面令吉林守军打开小丰满水库闸门放水，企图逼迫北满民主联军主力在松花江南岸与其决战。获取这一情报，林彪为争取主动，令北满部队于16日迅即撤回江北。此战歼灭国民党军7000余人，有力地调动了南满部队，策应了辽东军区作战。萧劲光抓住这一时机，指挥部队对通化、新宾、桓仁线敌人发起攻击，解放了三棵榆树、旺清到山城镇一线地区，扩大了第三次临江保卫战的战果。

三、四保临江大获全胜

进入3月后，东北大地逐步转暖，松花江开始解冻。南满最艰苦难熬的隆冬季节即将过去了。

民主联军三次保卫临江战斗的胜利，给了国民党军以沉重的打击，使其锐气大挫。遥控指挥的蒋介石又惊又气，连连发电问责。杜聿明已懊丧到极点。他决意趁北满主力回渡松花江之际，再次向临江发起进攻。为稳操胜券，杜聿明以“当面向委员长报告”为名将郑洞国派去南京，要求国民党统帅部向东北增调两个军，以增加进攻力量。由于全国各战场八路军、新四军遵照党中央、毛泽东“集中优势兵力，各个歼灭敌人”的方针，大量歼灭了国民党军的有生力量，蒋介石已明显感到兵力不足。东北固然重要，增兵的请求却使他为难，无可奈何。费了那么大的力气，弄到这种局面更让他恼火。郑洞国请求增兵的话刚出口，蒋介石就不硬不软地拒绝了：部队已经不少，不少了。要紧的是指挥、调度！郑洞国羞愧满面地回到沈阳，一下飞机就主动请缨，要求再次率部进攻临江。

3月下旬，郑洞国重掌指挥权，拼凑、集中起约7个师（14个师的番号）达20个团，号称10万之众的兵力，以新宾、通化为枢纽，分左、中、右三路，摆开一个宽大的正面，向临江地区发起第四次进攻。兵力部署是以其第六十军之第一八四师、第一八二师等部共4个团为左路军，由海龙、梅河口向辉南、金川、柳河进攻，而后向孤山子方向发展，策应中路军作战；以第十三军之第八十九师、第五十四师，第九十三军暂编第二十师等部，计十个团为中路军，为主攻部队，由清原、新宾向红石砬子（今红石镇）、三源浦、八道江实施主要突击，并以新编第二十二师、第一九五师的部分部队沿新通公路向东进攻；以新六军之第二〇七师第一旅等部五个团为右路，由宽甸等地向桓仁、辑安方向进攻，策应中路主攻部队作战。

可以看得出，国民党军已下定了决心，兵力之重、部署之细密都是前所未有的。而辽东军区，在临江地区主力部队却依然只有三纵和四纵的一个师（四纵另两个师仍在敌后）。几个月打下来，虽然通过缴获，装备上有了不小改善，但部队一直没有得到很好休整、补充。针对这种情况，萧劲光与陈云研究决定，在临江召开军区直属机关和部队团以上干部会议，进行一次再动员。

会议简单、明了。萧劲光开口第一句话即宣布：今天的会议就一个议题，讨论下边的仗怎么打。他首先重申了坚持南满对敌军事斗争的方针，分析了面临的严峻的战争形势。接着，他根据三次临江保卫战后官兵的思想状况，具体剖析了部队军事思想上需正确处理和注意的“胜利与牺牲”“啃骨头与吃肉”“胜利与疲劳”“奖与罚”“战术技术与政治思想”“军队与群众”六个方面的矛盾与问题。他说：“以上的思想打通了，就能打硬仗，打恶仗，打大仗，打胜仗。我们有了坚持的决心与信心，提出了思想问题，不等于就妥当了事，可以等待胜利，而要做充分动员、周密的准备，要准备拼掉一切瓶瓶罐罐，付出代价，从反复的、进退的、曲折的斗争中消灭敌人，削弱敌人，改变敌我力量，夺取最后胜利。”

陈云作总结讲话，他说，我们保卫临江的战斗已经取得三次重大胜利。但是，这远没有结束，杜聿明不死心，他还要打，看样子还要大打。我们呢，像刚才大家说的，就要奉陪到底，坚决打，并且要准备打大仗、打恶仗、打硬仗。要准备付出一半、四分之三，就是五分之四，也要把这一仗打胜。几仗打下来，同志们应该明白，南满的牺牲是有价值的。越往后，我们就越会看到坚持南满意义的重大。一句话，无论战争多么残酷，也要打下去，并且只能打胜，不能打败。讲到最后，陈云笑着问大家，如果付出的代价大，要准备承担责任。对这一决定，大家赞成不赞成？对坚持南满后悔不后悔？同志们异口同声地回答“不后悔”。陈云幽默地一拍桌子：“那好，我们学上海交易所的规矩，成交了！”

分析国民党军三路部队进攻的态势，萧劲光认为，国民党军左、右两路行动比较谨慎、迟缓，中路第八十九师刚从热河调来，未曾受过打击，且全副美式装备，行动一开始就突出冒进，气焰嚣张，于是决定：第一，第四纵队主力与部分地方部队仍继续在敌后活动，配合正面部队作战；第二，以部分地方部队借助地形、地利等条件，迷惑与迟滞左、右两路国民党军；第三，正面迎敌的第三纵队和第四纵队之第十师抓准战机，全力歼灭敌担负主攻任务的中路军，即国民党军第八十九师及第五十四师第一六二团于三源浦以西地区。然后视情况扩大战果，打击左、右两路敌军各部。

战幕很快拉开了。经过深入战斗动员，辽东军区官兵士气高昂。命令一下，各部队迅疾按照预定方案展开部署。4 月 1 日，进攻南满的国民党中路军第八十九师等部与我由通化北上的辽东军区正面作战部队，在三原浦西南红石砬子地区相接。辽东军区三纵司令员曾克林遂按照预定计划，令第八、第十师各以小部队伪装地方武装，且战且退，诱敌深入。郑洞国不知是计，以为辽东军区部队已无力抵抗，于是指挥部队放胆追击。4 月 2 日，国民党军第八十九师等部轻而易举地占领了陈家街、兰山、油房街、小东沟等地，并继续向歪头砬子山阵地冲击。是时，同属其中路军的国民党暂编第二十师等部被阻于长沙滩、黑石头一带。曾克林见时机已到，便在夜幕的掩护下率领第三纵队和第四纵队第十师，迅速、隐蔽地向国民党军西侧迂回。

4 月 3 日拂晓，国民党部队中路军第八十九师等部全部进入辽东军区设定的伏击圈。萧劲光一声令下，辽东军区第三纵队等 4 个师官兵枪炮同时开火，向陷入伏击区的敌人展开猛烈攻击。国民党军猝不及防，死伤惨重。官兵失去指挥，乱作一团，很快全线退缩。当日下午 1 时，其余部收缩于油房街、兰山、红石砬子间的狭小地域内。辽东军区第三纵队等部迅速穿插，将其分割围歼。战斗进行到下午 4 时，国民党军第八十九师及第五十四师第一六二团被悉数全歼。与此同时，国民党军第九十三军暂编第二十师等部，也被担负防御任务的第三纵队第九师在驼腰岭至湾口镇地区打垮、击退。国民党军左、右两路部队见中路军主力被歼，再不敢接战，相继仓皇撤退，纷纷夺路回窜。

此次战斗，前后进行了 10 个小时，歼灭国民党军主力部队 7600 余人，其第八十九师少将代师长张孝堂、少将副师长秦世杰被生俘。至此，国民党军对临江地区孤注一掷的第四次进攻，再次以失败告终。

在这次战斗中，还出了一个插曲。4 月 3 日凌晨 1 时，亲率第十师参加战斗的四纵副司令员韩先楚向军区指挥所报告："根据敌情变化，拟对十师兵力部署作些调整，请萧司令指示是否可行？"由于一时忙碌疏忽，值班参谋两个小时后才向萧劲光报告。萧劲光一看表，距总攻时间只剩 3 个小时。他脸唰地变了，厉声责问道："为什么到现在才向我报告？这是打仗！误了战机，你负得起责任？"幸亏韩先楚考虑到时间紧迫，一面请示一面就调整了部署，才没有影响按原定时间发起总攻。战后，在由参谋人员参加的总结会上，萧劲光又严肃地讲了这件事。他说："参谋工作非常重要。指挥员的命令、决策、指示，大部分要通过你们下达，下级的请示、报告，也通过你们转达、报告。参谋工作无小事。你们的工作出了差错，后果很难设想，有时不知要死多少人。对个人来说，关键时刻出了差错，是要军法从事的。希望你们树立甘当无名英雄的思想，加强政治责任心，养成准确、及时、一丝不苟的作风。这次差错没有误事，是万幸，但一定要记取这个教训。"那个值班参谋当即含着泪作了检查。作战科长岳天培等在场的十几个指挥所的工作人员，也都把萧劲光的讲话牢牢记在了心中。

3 个多月的时间里，辽东军区在北满民主联军部队三下江南作战，在东满、西满兄弟部队的策应配合下，四次保卫临江的战斗连战皆捷，歼敌 3 万余人，收复了与临江相邻的十几个重要城镇。此后，国民党军再也无力对临江地区发动进攻，蒋介石亲自设计的"先南后北、南攻北守"的战略计划宣告破产了。东北战场民主联军开始由战略防御转入战略进攻。收到东北局关于四保临江的电报，毛泽东深感欣慰。他掂着电报对周恩来说："这是东北第一大捷呀！以后我们主动了。"

第十三章　建立强大的南满根据地

一、扩大战果，发起夏季攻势

四保临江、三下江南战役的胜利，使整个东北战场的形势大变了。

国民党军虽然还有 7 个军计 21 个师的正规军，加上地方保安团队，总兵力达 48 万人，但不少部队遭受过严重打击，新兵比重增大，官兵士气低落，战斗力明显下降。不仅“南攻北守，先南后北”的计划成为空话，连控制全部大中城市和交通线也已力不从心。好在蒋介石已旨准将“南攻北守、先南后北”方针改为“机动防御”。据此方针，杜聿明调整部署，企图将南满、北满等各解放区分别斩断分割，待关内增援大部队到来后，再发动新的进攻。

东北民主联军却今非昔比。由于翻身农民大量参军，加上吸纳起义、俘虏的国民党官兵，总兵力也达 46 万人，与东北国民党兵力已相差不大。大量战斗缴获，日夜紧赶的军工生产，使部队装备也有了很大改善。至时，仅炮兵就有 160 个连。通过土地改革、剿匪斗争等深入的地方工作，群众已广泛发动起来，解放区城乡基层民主政权逐步建立、健全。特别是北满解放区，基层政权巩固，人民群众支前热情高涨，已成为民主联军可靠的战略后方。基于这种情况，林彪、罗荣桓等东北局领导于 4 月中旬作出决定：为从根本上扭转东北战局，实现中共中央关于建立巩固的东北根据地的战略目标，组织部队发动夏季攻势。以北满主力南下与辽东军区（即南满军区）主力会合，依托东、西满和冀察热辽解放区作战，大量歼灭国民党军，打通南满、北满两大解放区的联系。

萧劲光完全赞成、拥护东北局、民主联军总部这一重大决策。收到电文后，他立即与陈云主持召开军区作战会议，确定了南满新的军事指导方针：“发展南满胜利的形势，扩大根据地，与北满主力会师吉（林）奉（沈阳）线。”并决定充分利用战前的有限时间，对部队进行一次休整，召开庆功大会，调整组织，补充兵员和武器装备，总结保卫临江战斗的经验教训，对部队进行大反攻的政治动员。

南满部队的官兵是名副其实来自“五湖四海”：关内的、关外的，南方的、北方的，有参加过长征、抗日战争的老战士，也有新入伍的地方青年。还有相当一部分是关内主力部队初到东北扩兵时吸纳的当地杂牌部队和伪满军警人员。在此之前，大兵压境，形势严峻，内部矛盾不突出。现在形势好转，由守变攻了，本位主义、自由主义、闹不团结等问题都出现了。针对这些现象和问题，辽东军区党委统一部署，对部队集中进行了思想整顿。整顿由上而下进行。萧劲光亲自给团以上干部整顿作了动员报告。他分析了当前的政治形势、敌我力量对比，对部分师团领导身上反映出来的骄傲情绪、麻痹思想，进行了严厉的批评。他说，现在形势好了不假，但我们军事力量并没有占优势……打大仗、硬仗、恶仗的可能性增加。过去我们打过不少仗，但多是游击战争、小规模，大规模的战争，阵地战、攻坚战经验不足。所以我们不能轻敌。在座的都是党员，部队的领导，除了党的利益，人民的利益，我们没有单独的自己的利益。比享受，闹待遇，争功诿过，闹不团结，都是要不得的。他强调，党的干部必须做到四条："要有高度的原则性；要有民主集中制精神；要履行党员的权利和义务；要提高党的观念和组织纪律性。由此出发，才能带领广大官兵同心同德迎接更大的战斗，赢得更大的胜利。"第三纵队第七师一个连队在思想整顿中开展了诉苦运动。官兵们回忆自己的家史，"倒苦水"，"挖苦根"，大大激发了杀敌立功的热情。一些"解放战士"通过诉苦运动纷纷检查了自己在国民党军队当兵时"不知本、忘了本，忘了父母祖辈受的苦，忘了天下穷人受的苦"，表示永远跟着共产党闹革命，为解放天下受苦人英勇杀敌，做一个真正的人民子弟兵。萧劲光发现后，立即在南满各部队推广。

这次整顿时间不长，连同前段的战役总结、庆功大会，加起来只一个月的时间，但很有成效。当年第三纵司令员曾克林说，南满部队组编后，一直没有来得及进行思想整顿，仗打完了，什么想法都有。萧司令抓住这一战争间隙，搞了整顿，很及时，很有必要。后面几仗越打越好，部队上下团结，各部队协同默契，应该说与这次整顿不无关系。萧劲光将此次思想整顿的情况向东北局汇报后，得到罗荣桓等领导的充分肯定。特别是三纵等单位开展诉苦运动的做法，罗荣桓非常重视。指示民主联军政治部起草了《关于在部队政治教育中普遍开展诉苦运动的训令》，并授意《东北日报》撰写了社论《部队教育的方向》。9 月 28 日，毛泽东亲自修改并向全军批转了东北民主联军第三纵队进行诉苦运动的经验。

经过充分的运筹、准备，民主联军夏季攻势于 5 月 13 日全面打响。这天清晨，民主联军总部趁国民党军分散防御，关内援兵未到之机，调集东北和冀热辽各部 28 个师又 4 个炮团的兵力，从北、东、南三个方向同时向吉奉、奉长线发起凌厉的攻势。当天下午 5 时，萧劲光指挥三纵和四纵第十师，向驻守吉奉线中部北山城子、草市地区的国民党军发起攻击。

四保临江以后，连遭重创的国民党军被迫分散龟缩在安（东）奉线、吉（林）奉（天）线一带大小城镇中。通过详细侦察获悉，其第一九五师守通化；新编第二十二师守新宾、永陵；第二〇七师守平顶山、清河城；暂编第二十一师守英额门；第一八四师主力守梅河口；而地处吉奉线中段的北山城子，只驻有第一八四师的两个营，相距不远的草市镇驻了一个工兵团。综合分析各地兵力强弱、工事建设状况，为确保首战必胜，萧劲光决定集中兵力攻击北山城子、草市。兵力部署为：以第三纵第九师、第八师一个团、炮兵团攻取北山城子；第八师主力及军区炮兵团攻取草市；辽宁军区地方部队集结于梅河口至北山城子之间破路，巩固攻坚部队右翼；第三纵第七师、第四纵第十师集结于磨盘山、南山城子，截击、消灭来援之敌。13日中午12时前，各部均按照部署到达指定地点。下午5时，战斗打响。激战一个通宵，翌日早晨8时结束战斗。北山城子、草市及黑山头守军3000余人悉数被歼，吉奉线铁路中部100多公里路段，控制在了南满部队手中。整个战斗中我军伤亡不大，缴获颇丰，不仅有弹药，还有不少车辆，部队一片欢欣鼓舞。正在指挥东北战场全局战斗的林彪异常高兴，在指挥全局战斗的百忙中仍驰电萧劲光，令对参战部队给予大力表彰。

北山城子、草市守军被歼，吉奉线失控，杜聿明深感震惊。经反复权衡，决定动用“战略总预备队”——原驻扎于新宾、永陵的新编第二十二师出击，企图先占领南山城子而后向北山城子反攻，夺回吉奉线控制权，恢复、巩固吉奉线。发现敌人这一意图，萧劲光轻装简从，亲自勘查了南城子周围的地势，决定把战场摆在南山城子以西干井子地区。兵力部署是：第八师主力进至三间房控制517高地、508高地，一部占领草市及马鞍山阵地，钳制正面的敌人；辽宁地方部队控制黑石头、北山城子，钳制、阻截梅河口方向增援之敌。第十师位于南山城子以南地区，待敌进至预定战场时，向其侧背迂回攻击；第七师、第九师为突击队，在干井子地区东部高地待命向西南突击。

16日下午5时，国民党军新编第二十二师进入了萧劲光预先设置的口袋阵。一声令下，枪炮大作。南满各部按照部署迅疾向敌人发起猛烈攻击。作为战略总预备队的敌新二十二师，是国民党军名将廖耀湘的看家部队，有6个团的兵力，且装备精良，战场经验丰富，反击火力相当顽强。双方激战通宵，到17日中午，新二十二师才渐渐招架不住，开始溃散，丢弃辎重和重武器，分头向清源、英额门突围逃窜，被毙伤、俘虏1000余人。

南山城子一仗是胜仗，但不是好仗。原本可以全歼敌人，却打成击溃战，让敌人逃跑了，萧劲光很是恼火。然而杜聿明更恼火。接踵而来的失败使他看到，在南满他们似乎已经没有了还手之力。于是赶忙调整部署，将被击溃的新二十二师调回沈阳铁岭，第一九五师由通化移防新宾，为了集中兵力，部分次要的据点干脆撤兵、放弃。杜聿明没有意识到，他匆忙慌促的部署调整，使位于梅河口、东丰、海龙三角地区的第一八四师陷于了孤立的境地。

萧劲光抓住这一有利时机，调集南满主力于5月24日向敌第一八四师发起攻击。梅河口工事是日本占领时期修的，非常坚固。南满部队集中3个炮团，猛烈轰击，战斗异常激烈。敌所有的增援之路均被截断，接日连夜的战斗令第一八四师疲惫不堪。战斗进行了四天五夜，28日，吉奉路中断的战略重镇梅河口被攻下，守敌第一八四师被悉数歼灭，师长陈开文被生俘。与此同时，东丰、海龙也被南满部队拿下。继而又一鼓作气攻占西安、西丰。至6月1日，发起夏季攻势还不满3周的时间，民主联军南满部队即歼敌2个师又2个团，毙伤、俘虏国民党官兵2万余人。通化、山城镇、草市、东丰、梅河口等14座重要城镇，被收复，纳入了南满解放区的版图。

与此同时，东北民主联军北满、西满部队也在中长路两侧怀德、公主岭等地，大量歼敌。

山城镇丢了！通化丢了！梅河口失守！遥控指挥的蒋介石再也坐不住了！5月30日，他急匆匆飞到沈阳，把东北行辕（4月初，各地军事委员长行营遵照最高国防会议决议，改称“国民政府主席行辕”）、保安司令部首脑找来，举行军事会议。是时，西丰、昌图等地的战斗正在进行，国民党的军事长官们却聚在这里坐而论道，实在不是时候，但已经顾不了那么多了。蒋介石听完了熊式辉、杜聿明等自说不圆的汇报，连说几遍“东北现在的局面，出我意料，让我失望”。随后，像掏出锦囊妙计一样，重新确定了东北战场的战略方针：全力保持和巩固长春、沈阳、吉林、四平等处基本战略要地，变分散守备为重点防御。最后，蒋介石带着明显的施压意味说：下一步，辞修（陈诚）要来协助你们。光亭（杜聿明）身体不好，可以休息一段么。他要换将了！说者有意，听者更有心，杜聿明心里着实一惊。然而心惊者岂止是杜聿明呢？

不过，这些全然无用。蒋介石回到南京喘息未定，他绞尽脑汁亲定的战略方针还未来得及付诸实施，一封封电报追着就到了：6月2日，昌图已失守；3日，西安（今辽源）被攻克……经过50天的夏季攻势，南满部队已控制了吉奉、四梅、安奉、辑海铁路线各数百里，1946年以来的大量失地被收复，辽宁、辽南、安东三大块连成一片，南满根据地巩固了，扩大了。

从东北全局看，通过夏季攻势，共歼敌近9万人，收复城镇42座，东、西、南、北满，及热河直至冀东，各解放区已连成一片。东北战场，敌我力量对比、战局态势，从根本上改变了。

二、唯有鞑鞡最是宝

1946年10月，东北局接受萧劲光的建议，同意他与陈云一道赴南满的当天，两人曾进行了一次竟夜长谈。他们分析了东北的政治局势，商谈了落实中共中央和东北局指示，巩固、扩大南满根据地的计划、措施。萧劲光说：“部队最怕无后方作战。有后方就有兵源、有装备、有军队。目前南满最大的问题不是兵力的不足，而是没有巩固的根据地。”陈云说：“冬天马上到了，部队保障是大问题。打仗，你指挥，后方工作我做，我来保证你。”他们就这样自行商定“分工”了。之后，他们携手并肩，默契配合，一步步改变了南满危若垒卵的严峻局面。

萧劲光、陈云他们抵达南满时，正值国民党军大举进攻临江的前夜。由于国民党军、土匪的洗劫、骚扰，民主联军南满根据地区域内，原本就不够巩固的基层政权所剩无几，地方干部严重缺额，地方武装垮掉2/3还多。由于伪满统治造成的东北与关内长期隔绝，日本投降后，相当一部分群众存在盲目的“正统”观念。听信国民党的反动宣传，认为国民党是“中央”，对关内来的八路军不信任，采取观望态度。因而贯彻《中共中央关于土地问题的指示》（又称“五四指示”），进行土地改革，阻力很大。后来以这段历史为背景创作的著名小说《暴风骤雨》，真实地反映了当时的情况：群众对土地改革既拥护又害怕。不敢讲话，分了东西不敢要，怕变天，不敢公开与民主联军联系。地方工作开展十分困难。在这种情况下，萧劲光与陈云等南满分局领导研究制定了巩固南满根据地指导方针："以战争改变形势"，坚持南满。在这一方针指导下，萧劲光率部迎敌，打退了国民党军向临江根据地的疯狂进攻。与此同时，陈云率领党员骨干深入城镇、乡村，冒着满天风雪访贫问苦，发动群众，一处一处恢复建立地方政权，动员人力、物力，支援战争。若干年后，讲到这段历史，萧劲光坦诚地说，四保临江的胜利，夏季攻势的胜利，是人民的胜利，与广大地方干部的艰苦工作、人民群众的大力支持分不开。在这方面，陈云同志有突出的贡献。

在轰轰烈烈的土改运动高潮中，迎来了 1948 年元旦。元旦前，南满分局再次召开了土地改革会议。这是一次有南满各军区领导参加的分局与军区联系会议。此前，陈云已离开南满，会议由萧劲光主持。这次会议，开了近两个月，到 1 月中旬结束。会议听取了各地领导关于土地改革进展情况汇报，统一了对土改中一些具体政策问题的认识，处理了一些突出的遗留问题。此外，还根据东北局关于把东北解放区变为全国解放战争总基地的指示，讨论了南满的形势，研究了加进土改和建立二线兵团的计划和措施。萧劲光明确提出："土改是胜利的总的关键，二线兵团为决定胜利的砝码。"军区面临的任务，"从独立坚持南满，改为主要组织二线兵团，扩兵、养兵、练兵，为解放全东北，进而解放全中国，建立巩固的后方基地，组织充足的兵员"。

南满土改工作开始较早。由于萧劲光、陈云（前期主要是陈云）准确地把握了党的政策，进展非常顺利。在大规模的群众运动中，虽然也发生过一些"左"的偏向，但都及时予以纠正，整个运动是很成功的。历经亡国之耻的南满群众，又经过对国民党统治和共产党领导的比较，深深感到只有共产党才能拯民众于水火，"是老百姓的福星"。他们为保田保家，寻求解放，踊跃支前，积极参军。在我军发起夏季、秋季攻势期间，地方群众冒着生命危险替部队送情报，当向导，送饭送水，护理伤员，看管俘虏。母亲送儿子、妻子送丈夫参军，一时成为新潮。仅在夏季、秋季攻势期间，南满各地陆续送到三纵、四纵及当地军区的新兵就达 2.3 万多人。到 1947 年秋统计，南满主力部队从原来不足 4 万人发展到 9 万人（在战争中伤亡人数不含），地方部队从寥寥几千人发展到 5 万余人。东北局在部署 1948 年工作时，下达给南满分局组织二线兵团的任务是 25 个独立团。南满在当年 4 月底以前圆满完成了任务。

根据地的"根"是群众。有了真心实意拥护军队的群众，根据地就强大了。在此后的东北战场大决战中，南满地区兵强马壮，成为坚强有力的大后方。

南满的战斗岁月，给萧劲光留下了若干难忘的记忆。特别是南满群众，父子、兄弟前仆后继参军参战，节衣缩食、破家支前的动人事迹，若干年后，他讲起来依然两眼放光、激情满怀。在晚年回忆录中，他满含深情地写道：

> "东北有三宝，人参貂皮靰鞡草。"在我们刚刚到南满的时候，群众这样形容国民党军队："人参貂皮拿着跑，唯有靰鞡不是宝。"而在我们共产党、人

民军队看来，却是人参貂皮实在少，唯有靰鞡才是宝。因为靰鞡草取之不尽，用之不竭。东北群众离开靰鞡草就不能过冬，而我们离开人民群众就寸步难行。南满之所以能够胜利坚持，就是依靠千百万真心实意拥护革命、热爱党、热爱军队，有觉悟的人民群众。这支革命的“靰鞡草”大军，就是我们取之不尽、用之不竭的力量的源泉，就是我们革命胜利的根本。

三、通化集训，迎接大决战

早在夏季攻势开始不久的5月20日，党中央就发出指示：“将来夺取两路四城（北宁路、中长路，长春、沈阳、北京、天津）必须具备的条件有三：已在北满建立了强大的根据地，解决了第一个条件；现在正向南满作战，估计不要很久，即可解决第二个条件，建立强大的南满根据地；第三，还要解决冀热辽地区的根据地问题。”夏季攻势的胜利，从根本上改变了敌我力量对比，改变了整个东北的战局。“建立强大的南满根据地”的目标，正在变为现实。夺取“两路四城”的大决战就要开始了！随之而来的将是大规模战争、大兵团作战。萧劲光感到说不出的欣慰和振奋。但他也清醒地看到，目前部队整体素质，特别是高级指挥员驾驭大规模战争的能力，还有不小的差距。特别是南山城子一仗，打成击溃战，让已装入口袋的敌人逃掉，他感到恼火，不应该。于是，他与陈云、萧华等研究决定，在组织部队休整的同时，召开一次师以上军政干部会议，系统总结一下四保临江、夏季攻势作战的经验教训。

8月初，辽东军区师以上军政干部会议在通化召开。参加会议的人员，除第三纵、第四纵等主力部队，辽宁、辽南、安东等省军区师以上军政干部，也均出席了会议。加上军区机关部分人员，总计达100多人。会场设在此前国民党军第一九五师用过的一个大会议室里。陈云首先作报告，讲了形势，回顾了一年来干部的思想变化，笑问大家，现在不会再有人要撤离南满了吧？会场一片笑声。最后陈云点着桌子指出，敌强我弱的形势正在改变，我们要有打大仗的精神准备。时机到了，要敢于争取胜利！

陈云一讲完，大家使劲鼓起掌来。陈云用力摆摆手说道，会议的主题是总结四保临江、夏季攻势作战的经验教训，研究战略战术，主角是萧司令。大家以热烈的掌声欢迎萧司令员讲话！

萧劲光作了认真准备，讲话提纲写了几十张（后经整理，达4万多字），内容系统、完整，无须加工就是一篇有理有据的军事论文。

萧劲光首先从对战争的认识讲起。他说，今天的内战不同于过去的内战，是处在大革命的前夜，敌我力量形成很大变化。国民党今天处于总崩溃，是下降的趋势；我们处于全国战略主动的位置，这是与以往不同的特点。

报告第二大部分“战役指导与作战指挥”，是整个报告的重点。萧劲光按照时间顺序，对从第一次临江保卫战，到夏季攻势最后一仗——配合北满主力打击向四平增援之敌，八次战斗，每次战斗当时的情况、战役目的、敌我兵力部署、战斗经过及胜败原因，依次进行“战役检讨”。在此基础上，总结经验教训，对各级指挥员在战役不同阶段如何实施指挥提出了具体要求。他说，有了好的决心与计划，没有好的指挥去实现，同样打不好仗。我们有许多战斗、战役没有打好或受到损失或伤亡过大，往往是由于指挥上发生毛病的关系。

最后，萧劲光又就发扬近战、夜战，发挥部队特长及火力组织、战斗队形等战术问题，进行了具体讲解、阐述。

萧劲光的总结报告，整整讲了3天。他有深厚的军事理论功底，且口才好，语言生动，加上分析的都是大家亲身经历过的，对涉及的指挥员和部队，有表扬，也有批评，大家都感到亲切、新鲜、解渴，听得津津有味。若干年后，从济南军区空军顾问任上离休的岳天培，仍然对这次会议记忆犹新，称思路大开，获益终生，说这次会议，实际上是一次生动的战役集训和战役准备，是对即将到来的大兵团正规化作战的重要准备。

就在萧劲光3天总结报告结束，与会的指挥员们围绕着报告内容展开热火朝天的大讨论的时候，沈阳国民党东北首脑机构发生了重要变更。因东北战场节节失利，蒋介石下令撤销东北保安司令部，将其并入东北行辕，并派国防部参谋总长陈诚接替熊式辉，兼任东北行辕主任。8月15日，陈诚飞抵沈阳，从手足无措的熊式辉手中接过了东北党政军一应权柄（早在7月，杜聿明已离职去上海“治病”）。

陈诚，浙江人，黄埔教官，应属蒋介石嫡系中的嫡系。加上他身材矮小、不离蒋介石左右，同僚们私下戏称其为“大元帅的袖珍本”。陈诚清楚自己的身份。此关键时刻以参谋总长的身份接过杜聿明、熊式辉两位大员的重担，他更意识到自己的责任。所以，在首次军事会议上，他开口便不同凡响：防御不是坐等，要“机动防御”，不失时机地打击敌人的有生力量。只要各位协力同心，“只需六个月即可恢复东北优势！”将换了，兵还多是老兵。国民党军队与民主联军多次交过手的将领们难免疑惑：陈诚真的能使东北出现战场奇迹吗？

不管别人怎么想，陈诚是这样想的。喘息未定，他就大刀阔斧地整顿部队：将东北地区9个军另1个师编为4个兵团，并组编了11个暂编师。通过从关内调兵、就地抓兵，使东北地区国民党军总兵力增至50万人。同时，以铁腕手段疯狂换人——不仅裁撤、扣押了第五十二军军长梁恺等十几名将领，还撤换了辽宁省主席徐箴等地方官员。妄图采取“依托重点，向外扩张”的方针，“确保北宁路，打通锦承路，维护中长路和保护出海口”，待关内援军到来后，相机转守为攻。他摆开架势，决心在东北战场大干一场，为在关内的败将形象正名。

然而，陈诚的“雄图大略”很快破碎了。

夏季攻势结束后，东北民主联军各部普遍进行了整训，作了充实调整。由于解放区青年大量参军，民主联军总部至时已辖有9个纵队39个师，加上地方武装，总兵力达51万人。更重要的不是部队的多少，而是官兵的面貌。经过地方土改、部队整训，民主联军部队士气高昂，斗志火旺。9月中旬，民主联军总部经过周密部署，指挥各部向中长线、北宁线发起秋季攻势。一声令下，各部分头出击，攻点、打援，很快将北宁、中长路切为数段。萧劲光按照总部的统一部署率部与北满部队协同作战。10 月 1 日，萧劲光指挥第三纵队在中长路的威远堡、郜家店、拐磨子、西丰一线，采取分割包围、重点进攻、各个击破的战术，歼灭了敌第五十三军之第一一六师；第四纵在八棵树、貂皮屯歼灭了敌第一三〇师之第三〇九团。继而乘胜进逼开原，切断了通沈线。10 月中旬，为迷惑钳制敌人，掩护北线主攻方向主力部队顺利出击，萧劲光向四纵下达了歼灭抚顺以东地区分散之敌的任务。第四纵经过远距离奔袭，连续作战五昼夜，歼灭了第二〇七师第一团主力大部。

秋季攻势在不到两个月的时间里，民主联军歼灭国民党军 6.9 万人，扩大解放区 3.8 万平方公里。铁路被切断，沈阳的火车无法出行。老百姓嘲讽地说："陈诚真能干，火车南站通北站。"一向为国民党帮腔捧场的美联社也不得不哀叹："陈诚也未必比杜聿明高明。"重重地挨了一顿闷棍后，陈诚已不再踌躇满志、神气活现了。联想到不久前蒋介石亲到沈阳支招时愠怒的目光，他想到的是，自己下场也未必比杜聿明好。

12 月，萧劲光按照东总（东北民主联军的简称）的统一部署，又率部参加了东北地区的冬季攻势。由于陈云已离开南满，地方多项工作急需处理，战斗打响不久，萧劲光就将部队交南满军区副司令兼副政委萧华指挥，在通化主持召开南满分局扩大会议和各军区联席会议。集中研究土地改革和组建二线兵团等问题。这次会议结束后，萧劲光接到了东北局召开东北局省委联席会议和东北局常委会的通知。1948 年 2 月底，他赶赴哈尔滨参加会议，离开了南满。

这期间，气急败坏的蒋介石再次换将：1 月 17 日，在沈阳成立东北"剿匪"总司令部，由卫立煌任总司令。接着，由卫代职东北行辕主任，从陈诚手中接过了东北战场的全部指挥权。半年前一下飞机就颐指气使、宣称"只需六个月即可恢复东北优势"的陈诚走了。像他的前任杜聿明一样"病"了，悄悄地走了。他在东北整整待了 6 个月。或许与当初期许的目标反差太大了，他什么也没说。他又能说什么呢？

时过不久，成立一年的中国共产党东北局南满分局、东北民主联军辽东（南满）军区即行撤销。南满已不是一年前战云密布、大兵压境的南满。而今，这里虽寒雪未尽，但城镇、乡村一派热气腾腾，部队忙练兵，老百姓筹支前。军民同心协力，一起迎接大决战！

第十四章　兵不血刃克长春

一、挥师长春城下

1948 年 1 月，中共中央军委统一全国各战略区部队编制。东北民主联军改称东北人民解放军。以原民主联军总部为东北军区兼东北野战军领导机关。林彪任司令员兼政治委员，罗荣桓任第一副政治委员，高岗任第一副司令员兼副政治委员，萧劲光与吕正操、周保中同为副司令员，陈云、李富春为副政治委员，刘亚楼为参谋长。

3 月 15 日，东北野战军历时 3 个月的冬季攻势胜利结束。其间，歼灭国民党军 15.6 万人，攻克、收复鞍山、吉林、四平等大小城市 18 座。至时，东北战场上，解放区的面积已占东北整个面积的 97%、人口占总人口的 86%。国民党军卫立煌集团被压缩和分割在了沈阳、锦州、长春三个孤立地区。特别是长春，地处东北腹地，远离出海口，在中长铁路被切断后，就孤悬在松辽平原上了。

但是，蒋介石仍然不甘心。在几次亲临沈阳督战、面授机宜后，于 4 月 1 日又将卫立煌召到南京，反复叮嘱，必须“集中兵力，重点防守，确保长春、沈阳、锦州三大战略要点，相机打通北宁线”。并一再强调，令进驻长春的东北保安司令部副司令兼第一兵团司令郑洞国，务必把守好长春，以“牵制共军，寻机待变”。搞了半辈子军事的蒋介石非常明白：在眼前，位处东北腹地，作为中长、长图等东北境内铁路干线枢纽的长春，在东北乃至全国这盘棋上，太重要了！

当然，中共中央领导人更清楚长春的重要性。几个月来，中央军委、毛泽东与东北野战军领导人林彪等数十次电报往复，很大一部分是磋商如何解决长春问题。4 月初的哈尔滨，还着实有些寒意。但在东北局、东北军区的办公楼内却一片热气腾腾。从林彪、罗荣桓、萧劲光等高层决策者，到每个部门的具体工作人员，大家被胜利鼓舞着，紧张而有序地忙碌着。萧劲光参加了 3 月东北局总结土地改革工作的省委联席会议。接着，又会同林彪、刘亚楼等，主持召开了一系列军事会议。分析解剖四平等城市的攻坚战例，研究“大兵团、正规化、攻坚战”的问题，为进攻长春，进而解放全东北，作思想上、组织上、战术技术上的准备。

4 月 18 日，林彪综合大家的意见，向军委报告了关于攻打长春的作战计划：从 5 月开始，集中 9 个纵队攻城或打援。以新成立的 3 个纵队和独立师，在沈阳与锦州、沈阳与四平间沿途钳制敌人。在完成攻击准备而沈阳之敌又迟迟不出援的情况下，对长春发动全面进攻，争取用十天半月的时间解放长春。4月22日，军委复电，批准了东北局攻打长春的意见。据此，为便于作战指挥，东北局报请军委批准，建议组建两个前线指挥所：第一前线指挥所，以原辽东军区机关为基础组成，由萧劲光主持组建、领导，使命为准备指挥攻打长春；第二前线指挥所，以原冀热辽军区为基础组成，由程子华主持组建、领导，负责北宁线方面作战。两个指挥所均不辖编制部队，部队组成由军区总部根据任务需要随时调整配属。在讨论、研究了攻打长春的具体计划后，军事会议于5月中旬结束。

5月，在关内许多地方已开始进入夏季，有点热了。在哈尔滨却正是不冷不热的最好季节。会后，萧劲光与大家一起利用这难得的余暇在太阳岛休息了几天，便与萧华一起离开哈尔滨，赶赴通化整顿辽东军区机关。途中，他们在西安碰到了第三纵队的司令员韩先楚、政委罗舜初。罗告诉萧劲光，三纵已接到参加攻打长春的战斗命令，部队正向伊通集结。

1948年4月，东北野战军第一前方指挥所（后称第一兵团）司令员萧劲光（右）、政委萧华在东北战场。

辽东军区机关原本人就不多。萧劲光他们到通化后，又将一部分人员和装备补充了安东军区机关和其他部队，随后便把原辽东军区机关的架子带到长春外围，以此为基础组建了第一前线指挥所。指挥所机关位置设在距长春市区东南约50里的李家屯，留守处设在吉林市。指挥班子除原辽东军区机关人员外，又吸收了此前已参加长春外围战斗的吉林（东满）军区、松江军区的主要领导和前线指挥所人员。萧劲光任司令员，萧华任政治委员，副司令员陈光、陈伯钧，参谋长解方（又名解沛然），唐天际任副政治委员兼政治部主任，阵容相当可观。

萧劲光抵达长春时已进入5月下旬。这时长春外围战役已结束，国民党第一兵团司令官郑洞国率领的10万部队，已被东北野战军第一、第六纵队和7个独立师包围在以长春市区为中心的狭小区域内。萧劲光视察战场后，为了断敌空运，断绝敌人空中增援和撤退的通路，决定夺取机场控制权。5月24日，一声令下，东野围城部队向长春西郊大房身机场守备部队发起猛烈攻击。经激烈交战，至25日拂晓，国民党机场守备部队6000余人被全歼，东野部队也伤亡2000余人。战斗结束，东野部队严密布防，控制了机场，并将跑道破坏。之后，萧劲光一边派员侦察敌情，一边考察战场，研究长春市区敌军分布图、敌工事图，与解沛然等一起作攻城的准备。围城部队则集结整训，待命出击。

然而，就在围城部队拟订方案，做好准备，等候攻城命令时，情况发生了变化。

林彪等东野首长在与军委多次电报交流、受到毛泽东批评后，经过慎重思考，改变了原定的长春作战计划。6月5日，林彪、罗荣桓、刘亚楼联名致电军委，对攻打长春提出了新的设想。具体方案有三：第一，目前即正式进攻长春；第二，目前少数兵力围困长春，封锁粮食，主力到北宁线、热河、冀东一带作战；第三，对长春采取较长期的围城打援，然后攻城。时间准备两到四个月。在依次陈述了三个方案的具体思考后，明确表示："认为目前以采取第三个方案为好。"先打锦州后打长春，是毛泽东和军委几位领导一直坚持的思想。因此，接到林、罗、刘的电报，军委立即复电，批示同意第三个方案。据此，东北局致电萧劲光，下达了解决长春问题的总方针、总任务："久困长围、政治攻势、经济斗争"，"变短时间内大部队强攻为小部分主力与独立师久困长围，待敌人久被困饿后，再行攻城"。

战场态势的变化，中央、东北局作战方针的改变，萧劲光看到了长春问题的复杂。他清醒地意识到，这将是一场特殊的战斗。经请示东北局批准，遂将"第一前线指挥所"改称"第一前线围城指挥所"（简称围城指挥所），并于6月15日至20日，在吉林市召开了师以上干部会议，传达军委、东北局指示精神，调整部队，重新部署围城工作。

此前，围城各部队都在探讨攻城方略，积极做着攻打长春的准备。参加会议，原本以为是来接受攻城任务的。萧华传达了东北局的指示，同时宣布，各部队下一步的任务是久困长围，展开政治攻势和经济斗争。待几个月后，敌粮弹俱尽，人心动摇时再行攻城。初一听，大家有些愕然、不解。这是意料中的。萧劲光当即作了说明、动员。他首先笑对着前边几个人说，攻城准备做了，现在又不打，有点儿"失望"了？接下来，他讲了三层意思：其一，城总要攻，长春必须拿下，任务还是我们的，这没有变。其二，作战方案改变，是经党中央、毛主席批准的，是从战略全局考虑。我理解，先解决北宁线的问题，彻底割断东北与关内的联系，会使长春问题更易解决。其三，长围久困，怎么围？怎么困？按照惯例，攻打工事坚固的城市，一定要有数倍于敌的兵力。而我们的兵力与长春城内的国民党军基本上是一比一。军事围困如何进行？政治攻势、经济斗争如何开展？都是新课题。大家任务并不轻松。

参加围城准备会议的师以上干部，大都是经过十几年甚至二十几年战争风雨的老红军、老八路。近年来在东北战场，他们又经历了三下江南、四保临江等一系列艰苦战斗。话一讲透，大家注意力立即转移到围困战怎么打上。在萧劲光的主持下，大家充分发言，各抒己见，经过两个通宵的反复推敲，拟定了围城的方案。

会议决定第一纵队、第六纵队主力后撤整训，以第十二纵队之第三十四、第三十五师，第六纵第十八师，以及第六、第七、第八、第九、第十等几个独立师，另一个炮兵团等部，接防围城。为明确职责、方便指挥，及时有力地反击敌人突围，

1948年，萧劲光和东北野战军第一兵团副司令员陈伯钧（左三）、第三纵队副政治委员唐凯（左一）、第五纵队副政治委员刘西元（右一）在一起。

指挥所决定以长春东北的伊通河和长春西南的火车站为界，将围城区域划分为东西两部分。独六、独八、独九师及第十八师，在东部地区，由围城指挥部直接指挥；独七师、独十师及第十二纵队的两个师，在西部地区，由第十二纵队司令员钟伟指挥。会议于20日结束。围城指挥所同时下达命令："为完成攻击长春的战略任务，决定对长春进行军事上、政治上、经济上的围困。总的任务是：断绝敌人的粮柴，禁止行人出入。控制机场，不使敌人空运，扰乱敌人空投，并积极歼灭出扰敌人。寻找敌之弱点，逐步压缩敌人，完成攻城战场之各项准备……"并决定，所有部队务于6月22日前依部署进入指定位置。

已作了多日攻城准备的东野官兵，求战心切，士气高昂。命令一下，22日中午，围城部队即全部到达指定位置。10万大军按照指挥所部署，从不同方向展开，在长春城外方圆50里的地面上形成一个环形封锁区。

长春围困战战幕就这样拉开了！

二、铁壁合围，筑起坚固的"城外城"

被人民解放军东野部队包围后，长春城内国民党军首席长官郑洞国及其所辖新七军军长兼警备区司令李鸿、第六十军军长曾泽生等，紧锣密鼓地进行坚守准备。

长春是一座有着数千年历史的文明古城。有关史书记载，"长春"二字，由清朝嘉庆皇帝最后取定。据传，当年乾隆赴长白山祭祖路过此地，曾留下诗句："长白千载古锡州，春光无限在宽城。"后来嘉庆帝就集用这两句诗的第一个字，作了当地行政机构的名字，曰“长春厅”。之后，“长春”一名便沿用下来（此前亦有“长春”二字见用，只是不是行政机构）。遗憾的是，这一美好的名字并没有给长春人民带来福音。从19世纪末叶以来，这里并非“春光无限”，而是“冰冷雪寒”。先是沙皇俄国，而后是日本，都在这里进行了疯狂的侵略掠夺、殖民统治。1931年9月18日日本侵占东北后，扶持成立的伪满洲国曾在这里建都，称之为“新京”。沙俄特别是日本帝国主义，为达到长期占领的目的，在市区挖掘壕沟、坑道，修建了大量永久、半永久性的军事工事。市内街道、各种建筑，从布局到构造，都充分考虑到军事意义。尤其是市中心日军建的关东军司令部及大兴公司、中央银行等大楼，都是米把厚的石墙、钢筋水泥屋顶，一般炮弹打不透。市内各主要街道宽度都在60米以上，便于发挥火力，而且主要大楼和主干街道间均有钢筋水泥的地下通道连接。抗战胜利，国民党进入长春后，又进一步整修，加强了军事工事。据称，仅中央银行周边就修筑工事100多处。所以在长春被包围后，国民党中央社在报道中宣称：“长春防线坚冠全国”。

长春的防卫工事，已无以复加。那么，城中的部队、兵力又如何呢？

是时，守卫长春城的国民党部队足有10万人。这些部队主要由三部分组成：一是辖有被称为“王牌军”第三十八师的蒋军嫡系部队新七军，二是不久前从吉林市撤出来的原滇系部队第六十军，三是地方保安队及收编的地主武装、土杂顽匪等杂牌部队。年初，郑洞国临危受命抵长春后，将这三部分编在一起，称中央军“第一兵团”，并兼任了司令员。此后，对部队进行了整训，补充更新了装备。这三部分部队，新七军不必说，就是第六十军，虽到东北后几次受挫，士气不高，但久经战火，曾护国讨袁、血战台儿庄，也有相当的实力。土杂武装实力不济，但立场异常反动。基于这些条件，加上有解放军不可企及的空中优势，长春虽孤悬在大片解放区中间，开始，国民党军并没有特别的危机感。直至5月，东北野战军第一、第六纵队等部包围了长春城，西郊的大房身机场守备队被歼，机场跑道被破坏，他们才开始意识到局势的严峻性。郑洞国原本不愿意到此就职，来长春前曾私下与人戏称“是不归路”。他不幸言中了。

敌人兵力情况，萧劲光清楚。城内工事的情况，他也有所了解。但他对有如此装备精良的大部队驻守，且工事坚固的大城市，进行长时间的围困战，没有经验。在几十里、上百里的宽大正面上，敌我双方碉堡相对，短兵相接，且不是十天八天，而是“两到四个月”，没有先例可借鉴。部队到位完成封锁后，为了做到封紧锁严、万无一失，萧劲光和参谋长解沛然一起深入部队，勘察地形、地物，与围城部队共同拟定反突围预案，进行了周密的具体部署。

鉴于国民党军部队较多，且有精良的美式装备，解放军围城部队作了纵深梯次部署。在第一线、第二线阵地上分别构筑了坚固的工事。一旦敌人突围，围城部队即可依托工事进行有力反击。在重点地区、敌人主要突围方向上，如机场附近阵地、西南铁路口等地特别部署了战斗力较强的主力部队。在纵深有利的地域，配置机动部队。一旦敌人突破前沿阵地，就调集机动部队在运动中歼灭敌人。整个长春外围，各部队阵地点线相连，环环相扣，形成多层封锁圈。

6 月 28 日，围城指挥所发出“交通通信工作指示”，对阵地上的交通、通信工作作了具体部署、要求。战场条件有限，但官兵的创造力是无穷的。没有装备器材、缺少施工工具的问题，各部队都自行解决了。短短几天的时间，“交通通信工作指示”上的各项要求都变成了现实：挖成了环城交通沟，使围城各部队之间、部队与指挥所之间，在地下也都彼此相通。此外，各部队还都有壕沟伸向阵地前沿。总的环城壕沟，各部队分支壕沟，沟沟相通，构成了一个庞大的地下交通网。从地面上乍看，一马平川，不见一兵一卒，在地下却是千军万马，严阵以待。有的部队的交通沟最前沿距敌人不过一百来米，敌人部队换岗、军官督察，连吃什么饭，都看得清清楚楚。通信线路也作了周密设计。围城指挥所环城架设了两道电话线，一道在封锁区内侧，一道在封锁区外侧。部队建起纵横双层电话网与环城电话线相连。各师与团，团与营、连，至少有一条联络干线，从而做到围城指挥所与纵队、各师，均有两条线路联络。团与团、师与师也都有横向电话联络线路，确保整个围城部队上下指挥畅通、反应敏捷。电话网建成后，粗算了一下，共用铁线 7 万余斤，电杆 700 多根，架线 1079 华里。与此同时，指挥所实行分工包干，调动一切力量修桥补路，使整个封锁区内道路畅通，确保部队机动行动。

坚固的工事、便捷的交通、四通八达的通信线路加在一起，在长春外围筑起了一道坚不可摧的“城外城”。

6 月 30 日，围城指挥所发出“侦察工作的指示”，要求围城部队团以上首长亲自动手，把城内工事情况、敌军官兵思想状况等，彻底弄清、搞透，了然于胸。接到指示，各部队立即行动起来，挑选精干官兵参加，通过敌军内线、当地群众、俘虏等多种渠道，把所属部队防守区域内敌军外围据点、城内兵力部署等情况，一项项调查清楚，绘出要图，逐级写出报告。最后，据此分别制定出反敌突围和攻城两套方案。收到各部队的报告后，萧劲光指示指挥所机关将各部队掌握的情况汇总起来，通过加工整理，编成了一本名为《长春匪情汇编》的小册子，并绘制了大量详细军事地图，下发到部队。

围城甫始，城内国民党军虽然觉察到了面临的危险，但仍然很嚣张，不时派出小部队到城外袭扰、抢粮、刺探情况。这种袭扰，一般出动部队不多，且多在长春城近郊或敌我阵地中间地带。只在防卫力量较弱时，才向外扩展，实际是做突围试探。针对这一情况，围城指挥所于 7 月 1 日在李家屯召开师以上干部会议上，进行专题研究，决定了反突围的兵力部署、火力配备等问题。特别强调了加强各师、团接合部和城西、城南几个重点突围方向的封锁，并进一步明确了反敌出扰方针：如果敌军在 1 个师以下，原地迎击粉碎；如达到 1 个师以上，则设法抓住敌人，诱敌深入，调动机动部队予以歼灭。

李家屯会议刚结束，7 月 3 日，国民党军就搞了一次试探性突围。当天午夜，新七军一部从城西东野独十师阵地突然发动出击。这里是重点防卫区，已获悉情报的独十师做好了充分准备。新七军部队抵进围城部队，阵地立足未稳，独十师各团便倾力合击，只一个回合，便把新七军部队打得七零八落，四散溃逃。其经丁家窝棚向围城部队出击的另一路，由于尖刀班集体向围城部队投诚，后续部队遂不战而退。

突围试探彻底失败，新七军军长李鸿十分恼火。4日凌晨，又指挥一个团的兵力由火磨公司出击，向东野独立第七师谭家营子阵地进犯，企图歼灭围城部队有生力量，挽回面子，稳定人心。结果连续三次发起冲锋，均被独七师官兵打退。国民党军死伤更为惨重。

6日拂晓，国民党军五个团的兵力分三路向城西南、正南、东南围城解放军阵地出击。西南方向孟家屯车站附近，敌人投入兵力最多。这是萧劲光预料中的。正是考虑到这一点，他将这里的封锁任务交给了战斗力比较强的独六师。围城开始时，他带着参谋人员在这里住了多日，几次利用夜间亲自到前线察看地形及敌人的据点、工事，与师团领导研究制定了具体的作战方案，进行了周密的兵力部署。后来获悉，6日的突围行动是郑洞国亲自组织的。接受以前被动挨打的教训，郑洞国命突围部队化整为零，采取小部队多方佯动，寻找围城解放军部队侧翼与接合部，尔后集中主力重点出击。这天雾很重，加上天尚未大亮，突围的国民党军进到距围城解放军官兵三四十米才被发现。他们也无法看清解放军阵地的情况，唯恐遭埋伏陷入重围。他们在其据点炮火的掩护下，每次以四五十人为一队，轮番向解放军阵地进攻。是时，解放军担负一线防御任务的部队只有一个班。但战士们非常沉着，按照预案顽强还击，坚守阵地，直到主力部队赶到。天亮，三个方向战斗都激烈展开。战斗一直进行到下午1时，国民党军在阵地上抛下尸体、伤员1000多，狼狈撤回。这是长春被围几个月中国民党军规模最大的一次突围。以后他们还从不同方向进行试探性突围多次，均被打退。

8月14日，中共中央、中央军委批准了东北局关于东北军区与野战军领导机关分工的报告。东北军区，林彪为司令员兼政委，萧劲光与高岗（兼副政委）、吕正操、周保中同为副司令员，罗荣桓、陈云、李富春为副政委。东北野战军，林彪为司令员，罗荣桓为政委。所辖两个指挥所分别改称第一、第二兵团。第一围城指挥所改称东北野战军第一兵团，萧劲光仍任司令员，萧华为政委。16日，在公布命令的同时，萧劲光主持召开了军事工作会议。根据东北野战军司令部关于压缩部署，进一步困锁敌人的指示，萧劲光决定将兵团司令部机关，即原围城指挥所，前移至距长春20里的四家子村。又调集了几个独立师作为二线部队，布置在伊通、公主岭一线及梅河口、开原一线，以防止长春敌人突围，并策应锦州作战。

至9月底，长春国民党军已被围3个多月。其间，国民党军以大小不等的部队先后突围30多次。由于解放军监视、把守严密，无一次得逞。为打击敌人的气焰，围城解放军也出击数次，拔掉了敌人多处的据点、工事。在这些战斗中，国民党部队被毙、伤、俘虏3000多人，解放军很少伤亡。

10月上旬，国共双方在东北的争夺白热化。南京总统府怨责之声盈室满楼。蒋介石坐不住了！仅凭召见卫立煌等已不济事。他登上飞机，1日抵北平、2日至沈阳、4日赶到葫芦岛，亲自督察、部署，调兵遣将，依次召集师团以上各级指挥员训话，严令各部“力保锦州，以杀身成仁的决心报效党国”。在蒋介石的命令、鼓动下，长春城内国民党军也蠢蠢欲动——郑洞国带人在洪熙街察看地形，连续组织夜行军、急行军演习，杀掉走不动的马匹，等等，作突围的准备。据侦察获悉，他们估计解放军主要防守方向是西南口中长路，便将突破口选在长春以西大房身机场方向，企图以最富战斗力的第三十八师夺占大房身机场，进而在飞机和增援部队的接应下突围南下。

掌握这一情况后，萧劲光与解沛然一起研究制定了几个战斗方案，交由围城部队师团主官讨论研究。讨论会于10月4日在四家子进行。听到北宁线上战斗已打响，大家求战心切，发言十分热烈。有人主张不要等敌人完全出击，要主动些，多调部分精锐部队，深深插入，不等敌人喘息就把他消灭。也有人认为，应做好准备，把敌人放出来，再集中兵力将其逐一歼灭。这样可以尽可能多地歼灭敌人。萧劲光作了总结讲话，他说，从目前掌握的情报看，这次敌人出来的兵力不会少。我们的“刀子”插得深一点儿好，还是浅一点儿好？如果插得深，把主力部队全调进去，固然可以多截击敌人，但是，就像流水一样，突然截住，冲力大，就可能同时漏掉得多；如果浅一些，梯次配备，从侧面打击敌人，第一梯队消灭部分敌人，漏掉的敌人由第二个梯队从侧面伏击，再有漏掉、余下的敌人，留给第三梯队去解决。这样也许更好一些，消灭敌人更彻底一些，我们自己伤亡也会小一些。经过反复讨论，大家一致赞成萧劲光的意见。事不宜迟，围城部队很快在几十华里的广大区域内，分三个梯队部署展开，待机歼敌。

此前的情报是准确的。全副美式装备的新编第三十八师为显示实力，表示对总统的效忠，果然于10月7日向城西东野独七师阵地发起攻击。枪声一响，待机已久的围城解放军官兵立即投入战斗。他们按照既定方案从容还击，各把关口，逐一歼击。一顿迎头痛击后，国民党军知解放军已有准备，气势大挫，先头部队溃逃而返，后续部队遂缩回城去。一次精心策划的突围计划成了泡影。据打入城内的侦察人员说，城内国民党军上上下下，此后再很少有人讲突围的事……

层层包围圈、坚固的“城外城”，成了不可逾越的“铁壁合围”。

三、不放一粒粮食、一根草进城

中共中央、东北局的指示非常明确，长围久困的目的是“使其粮弹俱尽，人心动摇时再攻”。所以，在完成包围任务使敌人无从突围后，最直接的长期的斗争形式是经济斗争，实行严密的经济封锁。在部署围城工作动员会上，萧劲光斩钉截铁地提了一个口号：从部队按部署到位那一刻开始，长春城的大门就算关上了。在这以后，再不准放一粒粮食、一根草进城！

围城部队到达指定位置后，各单位都立即在通往长春市区的每个路口，设立了检查站、检查哨。严格行人检查，禁止粮食、蔬菜、柴草，以及牲畜等一切可供敌军所用的生活资料进城，断绝了城内外一切人员商贸往来。为了做到封锁严密，万无一失，真正卡住敌人的脖子，政治部主任唐天际亲自出面与地方协商，成立了“军地联合对敌斗争委员会”。以此名义把驻地贫苦群众组织起来，参加经济封锁斗争。

长春市市长尚传道是个颇有心计的人，他对经济封锁，似乎有所预料。3月上任甫始，他就不讲价钱地买下了中央信托局长春分局储存的全部10万斤大豆。接着，又对全市存粮进行了普查。调查结果是，全市各方面存粮，包括私人自存的，加在一起，可以维持到 7 月底。当时这结论并没有公布。5 月下旬，解放军部队包围长春城，特别是对长春实行经济封锁后，这一信息不胫而走。国民党在长春的党政各部门很快就都知道了，长春市民也知道了。一无基础二无靠山，立足未稳的国民党第六十军更感到心里没底。长春城内有点儿慌神了！

困守孤城，自古为兵家大忌。不错，兵书上确有“置之死地而后生”一说，但首先必须有饭吃、能活命，然后才能待援解困呀！“兵马未动，粮草先行”“金汤之固，非粟不守”是军家常识。粮草，要命的粮草！围城开始，长春城内国民党军第一个反应就是搞粮搞草。一时间，第六十军、新七军等各部官兵像蝗虫一样涌出城，自顾自四下抢粮、抢柴、抢草、抢地里半生不熟的庄稼。城郊许多村屯老百姓房顶上的草也被拆下来拉进城当了马草，房梁、家具则被运进城当烧柴储存起来。一次次洗劫，弄得老百姓哭天抢地，家家鸡犬不宁。解放军围城部队一发现这种情况，立即出兵打击，并把前线阵地逐步向里推进，压缩包围圈。同时专门抽出一部分官兵帮助前线老百姓收庄稼——先是蔬菜，而后是小麦等。从接近城区的最前沿开始，由前而后，熟一块收一块。军民一起动手，不分昼夜，快收、快装、快运。收的粮食留下当时吃的，都运到后方储存起来，不让一粒粮食落在敌人手里。不久，从解放军围城部队前线到城郊中间几十里范围内，已无粮草可抢，国民党军就很少出城了！

出城不能，突围无期，粮食供应一天天减少，城内国民党军惶惶不可终日。新七军军长李鸿故作镇静地安慰部下：“没有柴烧拆房子，没有粮吃有空投。共产党能封地，还能封天吗?”乍一听这话似乎不错。但围城指挥所既然在地上设了三道防线，炸了机场，当然不会忘了阻敌“空投”。围城命令下达不久，参谋长解沛然就主持召开阻敌空运、扰敌空投的军事会议，根据国民党军飞机活动的特点和规律，部署了防空火力：机场所在的西部地区是防御重点，部署野榴炮连三个、高射炮连两个、机炮连一个；东部地区，部署野榴炮、高射炮、机关炮各一个连。萧劲光在会上作指示：“目前地面封锁做得不错。防空，我们力量有限，主要靠大家协同。要告诉各炮连官兵，希望大家明确责任，严守岗位，努力提高战斗能力，要做到使敌人不敢来，来了不敢投，投了无效用。”

人多，打起仗来固然力量可观，但吃起饭来数字也相当惊人。城内国民党守军 10 万人，即使每人每天 1 斤，1 天也要 10 万斤。按美联社的“行家”计算，如全靠飞机运送，至少需有 30 到 40 架次。以国民党的空军实力，在全国战火遍地、四处告急的形势下，要达到这个数目是不可能的。后来统计了一下，在这期间，最多时一天也没有超过 20 架次。一般都在 10 架次左右。有时天气不好，阴雨连绵，雾气浓重，能见度低，七八天一架也来不了。纵然来了，城外解放军防空炮、高射机枪严密监视，国民党的飞机也不敢低飞，不敢到预定地点投掷。有时甚至来不及空投就掉转机头往回逃。有时远在 3000 米高空就匆匆忙忙投下来，结果落在了城外解放军的阵地上或封锁区内。他们从数千里外辛苦辗转运来的南方大米、四川榨菜、牛肉罐头，统统为围城解放军官兵改善了生活。落在城里的，也常被居民抢走、藏起来。所以，城内国民党军盼空投望眼欲穿，只要一有空投，听到飞机声响，官兵们就冲出营房，各个单位就自己抢自己的。为此，国民党军专门成立了空投指挥所，由兵团参谋长杨友梅亲任总指挥，指挥空投，主持统一分配空投的粮食、物品，并且制定了明确的分配规定（大部分要供给主力部队新七军）。但他们这样规定也无济于事，一次空投数量有限，今天来了还不知哪天再来，饥肠辘辘的官兵哪管得了那么多！特别是后期国民党飞机飞来架次越来越少，东西分配不均，部队之间为争夺空投食品的火并时有发生。郑洞国又气又火，不得不亲自签名发出告示，凛然声明："倘有不顾法纪仍敢擅自抢藏者，一经查获，即予就地枪决。"矛盾尖锐程度，可见一斑。

城外抢不来，空投无济于事，怎么办？国民党军队的最后一招，就是在各界群众身上做文章，加倍搜刮城内的居民。

7月初，眼见军粮告罄，郑洞国"十万火急"向蒋介石求救。蒋回电说："尽收长春人民所有粮食物资，由政府统一分配。"郑以为有了尚方宝剑，将电报转市长尚传道，"请照准执行"。尚回答："民间的存粮已快吃光了。政府也收不到多少粮食、物资；而且在饥饿威胁生存之际，我无法保证市属职员廉洁奉公。此举徒然骚扰人民，毫无裨益，我办不了。您要遵命办理，请您另选市长。"

在此形势下，粮食、糠菜，一切可吃的东西，都成了宝贝，价格一路飞涨。萧劲光在日记中准确地记下了当时长春每斤高粱米的价格：

6月2日，4万元

6月23日，22万元

7月14日，80万元

7月28日，330万元

8月11日，720万元

8月18日，2300万元

9月10日，2800万元（为东北流通券）

一捆钞票买一捆青草，一个金镏子换一个馒头。短短3个多月，粮价上涨了700倍。两年前，杜聿明刚踏上东北大地时曾明令宣布：首先进入长春的部队，奖励东北流通券100万元。这一令人咋舌的赏格，于今只够买一口高粱米（不足3钱）。有人说，后来粮价继续涨。其实涨不涨无所谓，已有价无市了。

"民无粮要反，兵无粮要散。"9月初，包括向来以"军纪严明"自诩的新七军，也全没了章法。为了稳定部队，缓和矛盾，兼任警备司令的新七军军长李鸿在郑洞国的默许下，采取了恶毒的"杀民养兵"政策：出动部队抢走一些市民仅有的食品、家具，甚至扒了房子，把他们成批成批地赶出城来。

9月11日，东北野战军要求一兵团对阻于长春市内的难民，在10天内分批放完，并做好难民的救济和安置工作。多日没吃顿饱饭、家又被毁、衣衫褴褛的老人、孩子被赶出城，步履飘摇、凄凄惨惨。在第一线执行封锁任务的解放军官兵，非常同情被赶出城来的群众，远远地就把他们接过来，把自己的饭拿给他们吃，竭尽全力照顾他们。被赶出城的难民越来越多，单靠一线部队接待不过来。兵团机关遵照东北野战军首长林（彪）、罗（荣桓）、刘（亚楼）、谭（政）、周（桓）联名发出《关于开放长春难民出城的处置》的指示，专门成立了“难民处置委员会”，由副政委兼政治部主任唐天际负责。各部队前线阵地，分别设立了难民临时接待站；部队后方由“难民处置委员会”组织成立了几十个难民收容所，有计划地收容、疏散、安置难民。虽然经过土地改革，当地群众生活有了改善，但由于兵荒马乱，土地歉收，国共双方大量部队涌入，长春、吉林一带粮食相当紧张，解放军粮食供应也不宽裕。为了救济、安置难民，围城官兵们自觉提出，每顿少吃一口，省下粮食救济群众。因缺乏工作经验，难民救济工作开始出了一些问题。主要是有些群众饿了多日，身体很虚弱，一次吃得太多，有的胀死了。后来接受了教训，出城后先让他们吃稀饭，逐步增加进食，此后再没有类似问题发生。

据有关资料记载，围城期间，解放军难民委员会共发放救济粮 4000 吨，救济款 6 亿元，食盐 500 斤。解放军热情接待群众，关心群众疾苦，使出城的难民很受感动。经过一段休养，多数人陆续疏散到后方，有一部分自觉要求返回城里，协助侦察敌情或做瓦解敌军的工作。

难民被赶出城，仍然解决不了缺粮的问题，却扩大了解放军的影响。通过各种渠道返回城里的难民，成了解放军瓦解敌军的得力帮手。李鸿、郑洞国“杀民养兵”的阴谋失败了。在饥饿和绝望中，前沿碉堡、工事中的国民党官兵不时有人悄悄跑到对面围城解放军阵地上，那里有饭吃……

飞机空投无靠，地面突围不能，部队接应没音信。“坚冠全国”的长春成了一座死城。面对一片混乱，郑洞国哀叹：“长春是一只断了线的风筝！”

四、不战而屈人之兵

名副其实的“长围久困”，转眼 3 个多月过去了。

由于食品短缺，由于分配不公，由于抢劫争斗，国民党兵狂呼滥叫，老百姓瑟瑟哭泣，长春市街面上一片混乱。但比街面上更乱的是国民党官兵的思想。各部队的官兵差不多都在考虑：突围，不可能；援军，杳无音信；等下去？等到什么时候？肩负守城重责的“三巨头”——郑洞国、曾泽生、李鸿，面对城内的混乱局面，更是心绪烦乱，一筹莫展。

郑洞国无比懊丧。这种局面很大程度是他预料中的。所以当初他不想到长春来。他是在“校长”恩威并施下就任这第一兵团司令官的。两年来，东北战场形势日益恶化。蒋介石的心腹干将走马灯式的表演——杜聿明病了，走了。陈诚病了，走了。但他郑洞国有病不能走！“老头子”有令，一定要到长春去！——或许是信任吧。接了这盘死棋，看来只能是死在这里了。

李鸿十分窝火。作为蒋介石的嫡系、爱将，他手中握有声名在外的“常胜军”第三十八师，有令人羡妒的全副新式美械装备。他从来看不起“土八路”。就那几条破枪，衣服像叫花子。他清楚自己在国军的位置。多年来，他踌躇满志，目中无人，权衡上下左右，总觉得自己升官有望、前途光明。不料却陷在这里，栽在这里！他无论如何不服气。但又能怎么样呢？

曾泽生思虑万千，不知所措。早在两年前，“滇”字旗号的第六十军被蒋介石收编不久，八路军总司令朱德就曾给他并孙渡（孙公达）、卢浚泉（均为滇军将领，孙系中共地下党员，卢为第九十三军军长）写信，要他们“发扬滇军护国的光荣传统，站在人民一边”。他未为所动。曾泽生总觉得，滇军虽非嫡系，自己却是真正的“黄埔”，是滇军将领中为数不多的可称蒋介石为“校长”的人。然而，他太失望了。滇军换了旗号还是滇军，装备差，待遇低，从南到北处处受气。进了吉林市，吉林省主席、保安司令梁华盛，连公产房都不给住，几万部队只得分散驻在伪满的破营房、空闲民房和寺庙里。更可气的是陈诚，上任伊始就是一顿呵斥，甚至威胁“取消番号”。狗仗人势，什么东西！——等下去，部队就完了。为这些人殉葬，值得吗？3万多子弟兵啊！

根据形势的发展，兵团政治部于9月23日再次召开了政工会议，专题研究了对敌工作问题。萧劲光着重指出，今后政治工作的方针，除继续开展宣传攻势，大力瓦解敌人外，要特别注意做敌军上层的工作，组织战场起义，创造条件，里应外合，歼灭敌人。会后，他与1946年5月在海城起义的原第六十军第一八四师师长潘朔端（已被任命为解放军第一兵团副参谋长）等进行个别交谈，肯定了他们前段时间在瓦解敌军方面作的贡献，鼓励他们设法多与第六十军上层军官联系，促使第六十军走起义的路。之后，潘朔端利用各种关系给城内团以上军官写了不少信，讲当前形势，讲党的政策，以自己的体验说明“事到如今，起义是唯一正确的选择”。

中共中央军委、东北军区首长都非常重视争取第六十军反蒋起义的工作。围城不久，军区政治部就在距长春城不远的穷岗子村设立了前方办事处，专事处理接待投诚官兵和瓦解敌军，特别是争取第六十军的工作。并且安排与第六十军上层领导有多重关系、联系的刘浩（为做第六十军的工作专门从延安中央党校调来东北），兼任了一兵团的联络部长。兵团政工会后，刘浩化装进城，与以孙公达为首的地下党组织取得了联系。通过慎重研究，一方面作好由地下党组织控制的国民党军六十军五四五团在关键时刻起义的计划，另一方面部署通过团结爱国军官，影响、推动第六十军主要将领曾泽生、陇耀等，及早作出抉择。

进入10月后，东北形势日趋白热化。蒋介石如坐针毡。7日，他亲临葫芦岛部署增援锦州，10日又派飞机到长春空投手谕，命郑洞国率长春守军突围。同时，还给曾泽生、李鸿分别写了亲笔信，令其协力突围。接到手谕，郑洞国当即在中央银行大楼召开了师以上将领会议，商讨突围问题。郑洞国郑重宣读蒋介石手谕后，稍作说明，便提请大家拿主意。冷场、沉寂。经郑洞国点名，曾泽生首先发言。曾泽生说，目前官兵体力甚弱，思想混乱，如勉强突围，后果难料，甚至有全军覆没的可能。两天前刚刚突围受创的李鸿正在发烧，无精打采，无力再组织突围，也只能同意曾的看法。郑洞国本来就明白不可能突围，只是想让别人说这句话。既然曾、李都表态了，于是，郑洞国提议三人联名电复蒋介石：实力不济，难以遵命突围。并按照大家的议论一一详细禀明理由。

10月14日，东北野战军经几日作战，在肃清了锦州外围蒋军据点，攻占各战略要地后，于上午11时向锦州发起总攻。长春城内的国民党军知道形势不妙，人心惶惶。然而，蒋介石仍不死心。15日，他再次从南京飞抵沈阳，分别空投“手谕”给范汉杰、郑洞国。令范汉杰“对锦州能守则守，不能守则退锦西”；对郑洞国等，他的“手谕”则是毫无选择的“立即突围”。“手谕”全文为：

长春郑副总司令洞国并转曾军长泽生、李军长鸿：

手令计达。现匪各纵队均被我吸引于辽西方面，该部应遵令即行开始行动。现机油两缺，尔后即令守军全成饿殍，亦无再有转进之机会。如再迟延，坐失机宜，致陷全盘战局于不利，该副总司令、军长等即以违抗命令论罪，应受最严厉之军法制裁。中正近日已来沈指挥，希知照。

中正手启

接到“手谕”，郑洞国心都凉了。方正宣纸上往日分外熟悉、亲切的行楷小字，今天格外刺眼。连日来，曾泽生心神不定，李鸿则病卧在床。如果说5天前突围已毫无可能，那现在再说突围简直是梦话了！“最严厉军法制裁”又有何用？

蒋介石手令郑洞国等突围的消息，萧劲光很快知道了。如果说几个月前，萧劲光担心蒋军突围，现在倒有点儿希望他们突围了。目前城内敌人的情况，他完全了解。只要一出城，他们的部队就会失去控制，或起义（中共地下党组织控制的第六十军第五四五团已拟有起义计划），或跑散。纵然不起义、不跑散，也没有太大战斗力可言，不消两个回合便可悉数聚歼。那样，也省得攻城了。不管怎么说，狗急跳墙也还是有的。15日晚，萧劲光在兵团司令部驻地四家子连夜召开师以上干部会，研究部署打敌突围问题。夜深，会议行将结束时，刘浩、潘朔端从兵团政治部匆匆赶到会场，向萧劲光报告了一个重要信息：曾泽生有信，第六十军准备起义。

这是萧劲光全力争取的目标，是他最期望的。他当即宣布会议结束，与萧华、陈伯钧等兵团首长一起听取刘浩的汇报。

与会各军师领导刚离开会场，刘浩一边将曾泽生和第六十军两位师长陇耀、白肇学签名的信件递给萧劲光，一边开始汇报。他说，信是被我们俘虏后释放回去的两位团长张秉昌、李峥先送出来的。政治部唐天际主任看过了。唐主任看信后找潘朔端和我了解了情况，研究了信的内容。潘副参谋长熟悉曾泽生他们的笔迹，确认信上的签名是曾泽生、陇耀、白肇学的亲笔，信是白肇学执笔写的。根据这些情况，唐主任认为此事比较可信，便立即派车让我们把信送来了。

萧劲光听得很认真。刘浩讲完后，他匆匆把信溜了一遍。信写得挺长，不仅表达了准备起义的想法，而且对部队起义后的集结地、部队整编、官兵去向，以及留守伤病员和家属的待遇等问题，都提出了具体希望和要求。整个内容林林总总列了11条，字斟句酌，无修改痕迹。看得出，是经过慎重考虑、精心准备的。萧劲光随手将信递给萧华，又问潘朔端的看法。潘说：“我看六十军起义的可能性很大。刘部长我们交换过意见。”

听完刘浩的汇报，传看了信件，有的领导对曾泽生等人的信持怀疑态度，认为是曾泽生的花招，目的是借以突围。主张“先放一放，不予理睬”。刘浩坚持自己的意见："我和潘副参谋长反复比对过，三人签字属实。根据曾泽生的一贯思想，在目前走投无路的情况下，起义完全可能。"并表示愿意进城或约张秉昌、李峥先出城交换意见。

听了大家的发言，萧劲光稍加思索，说："我认为刘浩同志分析的有道理，意见是正确的。如果能争取六十军起义，对解放长春有决定意义。我们不应该放弃这个机会。退一步说，如果真是假降骗人，也没有什么了不起，我们有反击突围的准备。我看现在就由刘浩去跟他们谈。一来对六十军起义表示欢迎，二来请曾泽生派正式代表具体商谈。你们看还有什么意见？"有的人提出，六十军真要起义，就要他们配合消灭新七军。萧劲光说："对，这是一条，他们必须表明对新七军的态度。"接下来，大家又围绕应进一步了解的情况、交谈中需要提出的意见要求，谈了看法。最后，萧劲光综合大家的发言作出决定：一、立即向东北局报告，说明我们的意见；二、由参谋长解方出面和刘浩、潘朔端一道去与曾泽生的联络员接谈；三、继续做好反突围的准备，以防万一。

翌日，即16日上午，解方、刘浩等在东北军区前方办事处驻地穷岗子与张秉昌、李峥先见了面。接洽、谈判是顺利的。解方首先对张、李两人给予热情鼓励，说："你们是我们的派遣人员，现在又是曾泽生的联络员。你们干的是一件大事，很有意义。希望你们把联络工作做好，把这次任务完成好。"之后，对联系信上所提各项要求作了原则答复，提议曾泽生派正式代表，就起义后如何处理与新七军、郑洞国的关系，如何解决蒋介石配属第六十军的暂编第五十二师团以上军官问题，以及起义过程中的一些具体问题，进行最后商谈。中午，解方等三人与其一起进餐后，派一辆吉普车将他们送到阵地前沿。

16日夜，正式谈判在东野一兵团政治部举行。曾泽生派出的正式代表是暂编第二十一师副师长李佐、第一八二师副师长任孝宗（李、任均为地下党组织联系人）。解放军方面的代表是第一兵团政治部主任唐天际、联络部长刘浩。为表真诚和防止不测，他们带来了蒋介石15日空投的突围手令和郑洞国新拟定的突围计划。一见面，李佐便开诚布公地说："曾军长全部接受贵方提出的五点建议，对新七军设防、对本军五十二师人事处置等，已作部署。其他尚待解决的问题，曾军长派我们来商量。"唐天际首先代表兵团首长对第六十军起义表示欢迎。告诉他们，部队起义后的待遇与解放军完全一样。有些具体问题、细节问题，曾军长有明确意见的可以定下来，有些可以与曾军长进一步研究决定。对他们提出第六十军官兵愿意参加打新七军一事，唐天际说："六十军被围时间已很长，官兵们吃不饱饭，身体虚弱，不必参加解决新七军的战斗了。起义后即出城。"据李、任事后转达，曾泽生听他们转达了这一意见后，很感动，很是高兴。

17日拂晓，是郑洞国计划突围的日子。虽然得知已取消突围计划，曾泽生还是率先行动了！这天夜里，他首先召开第一八二师和暂编第二十一师营以上军官会议，宣布反蒋起义。受气已久、困厄多日的各级官佐，如释重负，一呼百应。接着，由副官处通知非滇系的暂编第五十二师师团两级军官到军部开会。曾泽生、陇耀、白肇学分头将起义的打算告知他们。结果多数人表示拥护，愿意一道走，少数人反对，嚷着要报告郑洞国。赞成者，经过工作迅即派回去稳定部队；反对起义的，被当场拘捕、关押起来。当天下午3时，曾泽生便和刘浩等一起出城，与解方等一兵团司令部机关的同志最后商定了防务交接计划。

晚10时，曾泽生等正式发出通电，宣布率第六十军全体官兵起义，参加解放军。电文两份。一是给毛泽东主席等军委和东野领导的：

毛主席、朱总司令、林司令员、罗政委钧鉴：

蒋介石以权术窃据国柄，勾结美帝国主义，戕害人民，危害国家。蒋党政府之腐败，自古未闻。官厅之贪污，前所未见。人民所受之苦痛，亦莫过于今日。凡有血性，莫不痛心。全军官兵，为争取国家生存及人民幸福，一致决心起义，参加人民解放军，拥护中共主张，实行土地改革，服从中共领导，打倒蒋介石，彻底推翻美蒋在中国的统治，以解国人倒悬。除通电全国外，全军各就原防，敬候明命。祈即指示任务，俾便遵行为祷。

第六十军军长曾泽生，第一八二师师长白肇学，
暂二十一师师长陇耀及全体官兵同叩
十月十七日

另一份电报，致全国报馆并各界群众：

全国各团体、各报馆转各界同胞钧鉴：

蒋介石以权诈盗窃国柄，钳制民意，词严恫吓，假行宪之名愚弄天下。对外不惜出卖国家民族，献媚于美帝国主义。对内不恤摧残国本，制造反人民战争。吾人经八年来之艰苦抗战，创痛巨深，莫不希望和平，方冀产生民主政府，建设自由平等之新中国。讵料蒋介石贪残险狠，倒行逆施。光复以还，变本加厉。时至今日，蒋区人民流离颠沛，水深火热。而蒋政府及其所属官吏之贪污腐化行为，愈益置国家民族于生死于不顾。吾人自出关以来，举凡接收统治人员之贪污狼藉，东北同胞之流离失所，身经目击，为之疾首痛心。尤以今日之长春，死伤枕藉，饿殍载道。推源祸首，实由蒋家集团祸国殃民，流毒所至。吾人至此，实已忍无可忍。为争取国家生存及人民生活，特高举义旗，齐集于毛泽东主席领导之下，参加人民阵线，拥护土地改革，与全国反蒋革命军民携手同心，打倒蒋介石，彻底肃清美蒋在中国的统治，建立独立、民主、和平、富强之新中国，剑及履及，终始此心，敬维鉴领。

长春第六十军军长曾泽生，第一八二师师长白肇学，
暂二十一师师长陇耀及全军官兵同叩
十月十七日

午夜12时，解放军部队悄然进城接防，第六十军部队撤出城外，连夜开往九台休整。一出城，起义官兵们就纷纷将帽徽扯下扔掉，有的索性将帽子扔了。

18日天一亮，纵贯长春市南北的大同街以西的新七军官兵惊骇地发现，街东地区一夜之间变样了！街面上没有了喧嚣、吵闹，秩序井然。站岗的、穿行的，已不是士气低落、萎靡不振的第六十军，而是士气高昂、神采飞扬的解放军了。

病卧在床多日的李鸿，透过办公室的玻璃窗遥望街面，百感交集，久久无语。

这是预料中的，他不感到突然。两天前郑洞国故作姿态地召开突围会议，曾泽生就没参加。私下通话中他已差不多与李鸿把话说明了。李鸿当时也袒露了自己的想法："六十军无希望，新七军就能挺下去吗？三十八师都靠不住，还能靠谁？现在是上下、官兵各有各的想法。围在城里还能守着，一出城就散了。下令突围和下令解散、下令投降差不多！"既然第六十军已走出这一步，还有什么等的？李鸿当即派人与解放军联系。

18 日上午，第六十军赴九台休整，一切起义事宜交割处理完毕后，萧劲光与萧华等兵团首长会见了曾泽生、陇耀、白肇学等起义将领。

会见是在四家子兵团司令部进行的。曾泽生一下车，萧劲光就热情地迎上去，紧握着他的手说："欢迎你呀！你率部起义，是大好事，今后我们是一家人了。"曾泽生满脸恍然："我感谢共产党对我六十军三万余众的争取和挽救，得到生存，今后绝对服从命令，接受改造。"萧劲光见曾泽生讲话字斟句酌，很拘谨，便笑着

1948 年萧劲光（中）、萧华（左）会见率部起义的国民党军第六十军军长曾泽生（右）。

说："今天见面，其实我们是老战友了。北伐战争，你在三军，我在二军，打仗时两个军一直是同路。那时，我参加了国民党，还是师党代表。抗日战争中，一起打过日本人，你有战功么。现在你参加了革命队伍，就更是一家人了。"这样一说，曾泽生感到亲切，尴尬顿消，也笑了。说话间，报社的记者已到，萧劲光、萧华一起与曾泽生在指挥所门前照了相。中午，萧劲光、萧华等宴请了曾泽生等参加会见的第六十军将领。

在萧劲光会见、宴请曾泽生期间，李鸿派代表到了东北军区政治部前方办事处

驻地穷岗子，明确表示愿意无条件投降。由于双方都有思想准备，很快达成了协议。19日上午10时，新七军按照预定方案撤出城外，解放军接收了西半城的防务。

至此，两个军的部队先后撤走，长春市已可算得全部解放了。

但国民党军驻长春最高长官郑洞国及其卫队，依然占据着市中心的中央银行大楼。解放军接防后，全城工商各界很快恢复秩序，车辆穿梭，人流如逐。唯有银行大楼，无人出，无人进，死气沉沉，孑然孤立。郑洞国成了名副其实的“孤家寡人”，涸泽之鱼。他已经连续两天没有合眼了。不用说，也没有饭吃（后来解放军接收大楼，看到郑的办公桌上还有啃剩的马骨头）。郑洞国心中有怨气，对曾、李二人不满意，但没有理由埋怨曾、李二将不仗义。行动前，他们先后都曾与他打招呼，坦诚地劝他“审时度势”，“反躬自省，同襄义举”。但他郑洞国是“嫡系”，是深受校长信赖的“黄埔一期”，哪能和他们一样？他只能是：“临危受命，义不容辞，明知不可而为之……既然跟国民党干了几十年，惟有尽自己的力量，挣扎到它垮台为止，这样才能问心无愧。”

萧劲光没有下令缴郑洞国卫队的械，更没有夺取郑洞国的指挥所。他要做到仁至义尽，工作要做到家。前一天，即18日上午，萧劲光会见曾泽生前，收到了中央军委副主席周恩来亲自给郑洞国拟发的电报：

洞国兄鉴：

欣闻曾泽生军长已率部起义，兄亦在考虑中。目前，全国胜负之局已定。远者不论，近一个月，济南、锦州相继解放，二十万大军全部覆没，王耀武、范汉杰先后被俘，吴化文、曾泽生相继起义，即足证明人民解放军必将取得全国胜利已无疑义。兄今孤处危城，人心士气久已背离，蒋介石纵数令兄部突围，但已遭解放军重重包围，何能逃脱。曾军长此次举义，已为兄开一为人民立功自赎之门。届此祸福荣辱决于俄顷之际，兄宜回念当年黄埔之革命初衷，毅然重举反帝反封建大旗，率领长春全部守军宣布反美反蒋，反对国民党反动统治，赞成土地改革，加入中国人民解放军行列，则我敢保证中国人民及其解放军必然依照中国共产党的宽大政策，不咎既往，欢迎兄部起义，并照曾军长及其所部同等待遇。时机急迫，顾念旧谊，特电促速下决心。望与我前线萧劲光、萧华两将军进行接洽，不使吴化文、曾泽生两将军专美于前也。

周恩来　十月十八日

萧劲光命将电报抄好，当即派代表通过关系送交给了郑洞国。

郑洞国接到电报时，新七军已决定放下武器，大同街两边电话已架通，解放军、新七军的官兵已公开交往，在一起吃饭了。直至第二天，新七军全部撤走，中央银行大楼孑然独立，四周既无包围的部队，也无枪声。窝踞楼中的郑洞国，回想几个月的经历、最近几天的变化，一切如烟，恍若隔世。他理解曾泽生、李鸿他们的选择，感激周恩来的情意，更感谢萧劲光体谅他的处境和用心——郑洞国要“体面的投降”，要“全节”。

长期共事的部属了解自己的长官。此前，长春守军参谋长杨友梅为防止郑洞国“成仁”，强行收走了他的手枪。而后又派人与解放军谈妥，延迟两天，让卫队朝天放枪，佯装以大楼为据点“抵抗”到最后再放下武器——最好发表“郑洞国负伤被俘”的消息。当唐天际把杨友梅这一要求报告萧劲光时，萧劲光笑了：由他，这就是郑洞国！

21日拂晓，萧劲光带着部队抵近中央银行大楼，准备依约接收郑洞国投降。4时整，大楼内外突然枪声大作，窗口斜向上空一阵阵吐着火舌。直到从沈阳方向来的飞机在空中转了几圈飞走后，枪声才戛然停下来。接着，有人举着白旗从楼内走出。郑洞国投降了！

萧劲光的秘书罗钰如向郑洞国随从问起打枪的事，回答是：先给蒋介石发了电报：“曾叛李降，弹尽粮绝，退出中央银行大楼。来生再见！”继而打开报话机，放枪撤退，算最后交代。

向来被认为忠厚老实的郑洞国，最后还是撒谎了！然而，《人民日报》并没客气，翌日便刊出大字标题：《郑洞国率部投降　长春完全解放》。

或许是真的相信了电报和枪声，亦或许是另有用意，南京《中央日报》24日姗姗发稿：《郑洞国壮烈成仁　三百官兵全体殉职》。文中肃然写道：

> 据悉，孤守长春之东北剿匪总司令兼吉林省主席郑洞国将军，自市区战起，率部坚守核心据点中央银行大楼，与匪英勇搏斗，嗣以弹尽粮绝，终于二十一日上午发出最后之一弹，壮烈成仁。所属三百官兵，亦全体殉职。郑氏十八日电致其夫人陈泽莲女士称：“望保重，永别矣！”二十日致杜聿明、赵家源及诸友好电称：“现虽大势已去，当奋斗到底，以保吾党革命军人之忠贞气节。希释劳念！”

任何文字都不如事实有说服力。兵未血刃，长春解放了。连续多日，解放军的大车结成队风驰电掣地往城内运粮、运煤，运各种食品。饱受国民党军抢掠之苦，数月糠菜不保的市民热泪盈眶：“灾难终于过去了。共产党来了，这就好了！”

若干年后，军史专家撰写的《中国人民解放军第四野战军战史》中称：“长春从长围久困到和平解放，是人民解放军战争史上兵不血刃解放具有坚固设防大城市的一个成功范例，为以后采取在军事压力下争取和平解决守城之国民党军，提供了宝贵经验。”

10月20日，中共中央军委在获悉长春已和平解放的消息后，便电致东北野战军领导：“令萧、萧迅速结束长春工作，一切交陈正人接管，率十二纵及11个独立师的大部，取捷径开至沈阳、营口、沟帮子三点之间，除以一部守备营口外，主力由东向西，配合锦州我军作战，准备全歼廖耀湘兵团，攻取沈阳。”当日，东野首长根据军委的电报指示，更具体地电示一兵团：“萧、萧、陈、唐、解应率长春附近之所有独立师，采取平行道路，迅速向通江口、开原、南城子之线急进，到后依情况或接继十二纵包围铁岭及抚顺之敌，拖住敌人，或参加彰武、新立屯附近之大会战。我由长春南下各部，必须执行夜行昼息原则，以求保持秘密，以免吓退彰武、新立屯等处之敌。”

接到电报，萧劲光深知形势急迫，立即召开会议部署落实。首先，按照东北局的批示，由第一兵团和独立十一师及地方上的领导，组成了长春军事管制委员会，组建了长春市卫戍司令部。接着，将长春市的管理和防务分别移交给他们。随后，便抓紧整编、补充部队，准备武器弹药和后勤物资。

在这期间，萧劲光还挤时间再次到九台看望了起义的第六十军官兵，向他们转达了中共中央、东北局和军区首长的慰问和关怀。起义后，第六十军绝大多数官兵思想稳定，表现是好的。特别是看了慰问团演出的《白毛女》《血泪仇》等戏后，深受触动，真切地感到共产党是穷人打天下，起义的路子走对了。当然问题也不少。特别是由地方土杂部队改编的第五十二师，内部打斗、侵犯群众纪律的现象不断发生。直到这次移交卫戍区代管时，仍有人主张将其缴械，或将官兵分开。或许听到了这些言论，曾泽生也主动向萧劲光提出："我的部队随你们调整，只是希望不要编得太散。我们师以上干部听从你们分配。"萧劲光认真做了曾泽生的工作，请他相信共产党对起义官兵的政策。在移交会上，他又用红军时期教育改造第二十六路军（红五军团）的例子说服大家，教育大家做好第六十军的改编工作。并研究加强了工作班子，给第六十军增配了政工干部。在即将离开长春的时候，他又专门与团以上军官讲了话，鼓励他们发扬护国护法的光荣传统，在推翻美蒋反动统治，建立新中国的战斗中建功立业。时过不久，这支起义部队被改编为中国人民解放军第五十军，在后来的解放战争、抗美援朝战争中，作出了突出的贡献。

在这一切部署停当，10 月 22 日黄昏，萧劲光率东野第一兵团等部 10 余万大军，连夜出发，多路并进，奔赴辽西战场，前往参加解放沈阳的战斗。

第十五章　在平津战役中

一、夜行晓宿，紧急挥师入关

1948年11月2日，东北最大的城市、东北国民党军指挥中心——沈阳被最后攻破。至此，历时52天的辽沈战役，以全歼国民党东北“剿匪”总司令部以下各部47.2万人的辉煌战绩宣告结束，东北全境解放。从此，人民解放军不但在质量上早已占优势，而且在数量上也已占优势。工业集中、资源丰富的“东北四省”（辽宁、吉林、黑龙江和热河）成为人民解放军巩固的大后方，拥百万之众的东北野战军成了一支强大的战略预备队。历经3年多的艰苦奋战，中共中央关于把东北建成“犹如汉高祖之汉中”的战略设想，胜利地变为现实。

人民解放战争的步伐加快了。

按照东北野战军司令部初始的部署，让部队原地休整一个月，即从11月初直到12月中旬，以恢复体力、补充兵员、粮草，同时进行思想动员，做入关作战的准备。这一计划得到了军委的批准。然而，只休整了一个多星期，战后例行的各种会议、活动，总结战斗经验、评选功臣模范、调配干部、补充新兵、准备弹药等尚未搞完，军委要求东北野战军提早入关，参加平津战役的急电便一份接一份地到了。开始是商量、征求意见，后来便正式下达了命令。

11月18日，军委关于东北野战军提早入关的决心已然下定，明确电示林彪、罗荣桓、刘亚楼：“立即令各纵以一二天时间完成出发准备，于廿一日或廿二日，全军或至少八个纵队取捷径以最快速度行进，突然包围唐山、塘沽、天津三处敌人，不使逃跑。”林罗刘19日复电：“我们决遵令于廿二日出发，详细部署另电告。”（后经军委批准于23日出发）

停止休整，立即开拔入关参战！东北野战军司令部命令下达了。据传，刘亚楼参谋长传达毛泽东主席的指示说，你们不想抓住敌人，就多休息几天；如果想抓住敌人，就不能休息，要马上进关。这些话从哪里来，可靠程度怎样，谁也不去问，反正意思是对的，要早日进关，早日抓住敌人。

这时，萧华已调任特种兵司令员，第一兵团领导只有萧劲光和副司令员陈伯钧、副政委唐天际、参谋长解方4人。确定由他们带领进关的部队是第一、第三、第六、第十这四个纵队。与其他兄弟单位一样，这几个纵队思想问题、实际问题也相当多（如三纵在辽沈战役中伤亡一万多人，还没有很好调整补充），但也来不及了。东野司令部命令下达的当天，他们连夜召开会议作出决定：一、23日晚，各纵队从驻地准时出发，按既定路线走。途中要严格保密，“夜行晓宿”。二、接到命令迅即做好动员，讲清提前入关的战略意义。至于部分同志的思想问题，发动党员骨干一起做，行军路上还要继续做。三、兵团部机关晚走几天，与军区部队搞好交接，处理各纵队遗留问题，做好善后工作。

1948年11月23日，是一个晴朗的好天。由于已进入冬季，时近傍晚加上有风，着实有些寒意。但整装待发的东野官兵全然感觉不到这些，个个忙得热汗直冒。下午5时，先头部队官兵在驻地义县、锦州等地匆匆吃完在东北的最后一餐饭，披着朦胧夜色大踏步向关内进发了。

此次入关，东北野战军部队总人数达80万，民工15万，牲口14万匹，汽车3000辆，大车8000辆。装备齐整、兵士如潮，车辚辚、马啸啸，好不雄伟、壮观！为了贯彻落实军委“取捷径，以最快速度行进”和“部队行动须十分隐蔽”的指示要求，部队行军分南北两路。第一兵团各部，第三纵队、第十纵队走南路，以三纵为先头部队，由锦州地区出发，经江家屯、和尚房子、干沟、双山子、三岔口，从冷口越过长城，进入冀东；第一纵队、第六纵队走北路，以第二兵团五纵为先头部队，由义县地区出发，经羊山、建昌、沟门子、过子岭，从喜峰口越过长城进入冀东。两路部队最后会师于冀东玉田地区。行军基本上都在夜间，白天则就地宿营，并且走的都是隐蔽的小路、崎岖的山路，不易被人察觉。同时，东北局、东北军区都向沿途党政机构做了部署，群众都自觉配合，严守秘密。加上按照出发前的安排，沈阳、营口、锦州等地的报纸、广播，不断刊登、播发主力部队祝捷庆功、练兵、开会的消息（11月底林彪出发一个星期后，沈阳市的报纸上还登出了林彪视察部队的“新闻”），所以部队在关外急行军十来天的时间，关内国民党军基本上没有察觉。其间，有时也有飞机在头顶上盘旋、侦察，几次还扔了炸弹，但一切迹象表明，他们没有想到是近百万人的大进军。部队行动隐蔽工作是成功的。

萧劲光亲自率领的第一兵团兵团部，是部队出发3天后启程的。兵团部官兵连同物资分乘十几辆大卡车，萧劲光与随行的参谋人员同坐一辆中吉普。这些车辆是从战利品中挑选的，性能不错。他们沿着北路的路线走，开始走在部队后面，几天后便赶上来。从喜峰口进关后，兵团部便走在部队前面了。

部队越过喜峰口、冷口进关后，部队行动被国民党军察觉了。实际上，这时距此行第一个目的地玉田地区已不远，也无须保密了。各部队都陆续改为昼行夜宿。解放军大军入关了！消息风驰电掣般传开。部队所到之处，群众夹道欢迎，村镇处处张灯结彩。街道两旁桌子上都摆满苹果、花生、鸡蛋，村头路口，都放着茶水缸。每晚宿营，都有打扫得干干净净的房间、暖烘烘的热炕……官兵们十分感动。新补入连队的解放战士，大部分家在关内，“我现在当上解放军见爹娘了”，都为入关打仗感到高兴、光荣。有些东北籍战士，开始不愿离开家，经过一路宣传教育，又见群众如此欢迎，千里跋涉的苦累辛劳也一扫而光。各部队军纪严明，士气高昂。大家都铆着劲，决心抓住最后的机会，打好仗，立新功。

此时驻守北平、天津的国民党军的日子却分外难过。辽沈战役的胜利，已使华北“剿总”司令官傅作义成了“惊弓之鸟”。他既惧怕坚守下去被歼灭，又担心南下自己的部队被蒋介石吞并。惶惑中，在南京研究华北作战对策时，他提出了“固守平津塘，倚海作战”的主张，并获得蒋介石旨准。冷静下来，他又认为，东北无仗打，林罗大军入关不言而喻。但百万大军入关，没有3个月无论如何不行。所以从南京返回北平后，他先后放弃了承德、保定、山海关等地，把部队摆在东起唐山、西至张家口的千里铁路线上。接着，一边派人到天津，为华北“剿总”机关从北平东移作准备，一边制订计划，扩军、屯粮……他万万没有想到，两天前还在锦州、沈阳庆功祝捷、开会训练的东北野战军，突然过了冷口、喜峰口。从沈阳失守至今，满打满算也不过一个月的时间啊！

12月7日，萧劲光率兵团部抵达遵化一线。而此时，东北野战军总部机关已到蓟县以南的孟家楼。走在最前面的第三纵队，已到丰润附近，第五纵队抵达蓟县东北，随后跟进的第十纵队、第一纵队、第六纵队等两路部队，也都分别过了冷口、喜峰口。

似乎是从天而降，几十万大军已云集冀东地区。是守还是撤？西窜还是南逃？坚守，手中尚有40个师，虽无胜券可操，却也并非不可抵一阵子；撤走，眼前也还有最后的机会……傅作义举棋不定，他有点慌神了。

二、隔断平津，待命进攻北平

12月10日前后，入关后续部队全部依计划抵达冀东预定地区。

11日，萧劲光收到了中央军委《关于平津战役的作战方针》的电令。这是一份由毛泽东亲自起草的长篇电文，近2000字，对平津战役作了全面部署。电令指出：西线各部对张家口、新保安诸点之敌，自即日起的两星期内，要“围而不打”；东线，例如对北平、天津、通州之敌，则“隔而不围”。东北野战军要“不惜疲劳、不怕减员、不怕受冻受饥”，以神速动作同时切断津、塘和平、津之间敌人的联系，对敌人形成“隔而不围”的战略态势。“各纵均须构筑两面阻击阵地，务使敌人不能跑掉。”这一方案，正如电文最后所说，“实际上是将张家口、新保安、南口、北平、怀柔、顺义、通县、宛平、丰台、天津、塘沽、芦台、唐山开平，诸点之敌一概包围了”。纵观整个部署，隔断平、津之敌，是影响战役全局的一步非常重要的棋，也是东北野战军进关后第一项重大任务。

经过慎重考虑，林彪、罗荣桓将隔断平、津和从东、南两面包围北平之敌的任务交给了萧劲光率领的第一兵团。配属给萧劲光指挥的兵力是由其带领入关的三个纵队，即以韩先楚为司令员（政委罗舜初）的第三纵队、以洪学智为司令员（政委赖传珠）的第六纵队、以梁兴初为司令员（政委方强）的第十纵队。

毛泽东关于平津战役的用兵布阵是精到无遗的。萧劲光由衷地为其折服，也深深意识到自己责任的重大。他清楚，傅作义的部队虽说已成“惊弓之鸟”，但毕竟是几十个师，其中有些部队久经战阵，相当有战斗力。一兵团防区位处平津铁路、津通（县）公路要冲，如果北平的敌人决意向天津方向突围，届时必然有一场恶战。接到电令，萧劲光迅即下达命令，指挥各部依电令展开部署。

12月13日，第三纵队在韩先楚指挥下，首先以一个师围歼通县国民党军、警部队，两个保警中队被歼，250多人被俘，其余敌人乘机逃进北平；同日深夜，三纵另一个师包围了通县马驹桥，歼灭守军一个连。翌日，该师又乘胜南扫，歼灭了大兴青云店附近的国民党军。这样以来，第三纵队迅速逼近了北平市南郊。兵团机关随后跟进，把指挥部设在了通县东南的永乐店。

与此同时，第十纵队抵达平、津中间的采育镇、廊坊一线。第六纵队也自宝坻急行军赶赴廊坊。14日下午，第一兵团各部都顺利抵达指定位置。

15日，萧劲光根据东野林、罗、刘首长的电报指示，与陈伯钧、唐天际等联名发电，对防北平敌军突围和天津敌军接应，作了具体部署：

> （一）三纵除以一部配属纵队一部榴弹炮控制南苑机场，阻止敌机升降外，另以一部在北平东南布置两道阻击线。第一道为前进阻击阵地，由马驹桥向北经南坟、样田、仓头到张家湾，沿河诸渡口、桥梁、要道、构建据点工事。第二道为基本阵地，自采育镇（不含）、大黑垡、于家务、西鲁村到漷县镇（不含），构筑沿线要点、纵深工事，坚决阻击北平突围之敌。其余主力集结于马驹桥附近地区（以一部占领通县），准备机动。
>
> （二）十纵应以三四个团控制采育镇、万庄、旧州、廊坊、铜柏铺，构成南北之纵深核心阻击阵地，并控制青云店、礼贤镇和安次、武清，为前哨警戒阵地，坚决堵击由北平突围和天津接应之敌。该纵主力集结采育镇附近机动作战。
>
> （三）侦察区分：对北平南苑机场（含）、东磁各庄线以东归三纵，以西归十纵。由安次、武清对天津方向归十纵，由河西务向杨村方向归六纵。以上各纵须派出坚强的侦察部队，尽量迫近敌人，保持与敌接触，严防敌夜晚突围或出击。
>
> （四）六纵即在漷县镇构筑一个团的巩固阵地，阻击由北平可能突围之敌，河西务有冀东十五分区之独立团（该团归六纵指挥）控制，担任阻击天津接应之敌。该纵集结于漷县镇、安平镇、马头镇、永乐店地区，准备机动作战。
>
> （五）后方联络线：三纵由马驹桥经张家湾到史庄镇，十纵由采育镇经罗庄、安平到宝坻。六纵由马头镇经香河到侯家营。
>
> （六）各部到达指定防地后，应于二十四小时内完成基本野战防御体系，以后继续加强。
>
> （七）各作战地区，凡敌人所修之工事，我不利用者一律拆除，以便今后作战。

接到命令，各纵队迅速依部署开始行动。

三纵负责控制南苑机场的第七师，明确任务后迅疾向南苑之敌压缩。17日清晨，他们派出一个团冒着凛冽的寒风出击，在炮兵部队的配合下，一个奔袭便把国民党军守卫机场的一个团打垮，当即控制了机场。

南苑机场不仅是驻守北平国民党军空中补给和联络的主要通道，而且囤积有大批武器装备和军用物资。战后清查，这里计有飞机 34 架（含修复的 10 架），汽油 1.18 万桶，润滑油 8000 桶，棉花 5 万公斤，发动机 2000 台，飞机枪弹 1 万箱。此外还有其他一些物资。据军需部门的人员测算，搬运这些装备、物资，至少需要大卡车 2000 辆。丢掉这样一个重要的军事据点，国民党军当然不甘心。据说，一向平和儒雅、喜怒不形于色的傅作义，也大发雷霆，大骂守卫部队“蠢笨无能”“不知轻重”。他一面下令在东单抢修简易机场，以保证空中联络、补给不致中断，一面命守卫部队不惜代价把南苑机场夺回来。

19 日拂晓，国民党军派出两个团的兵力，配属坦克 20 辆、山炮 10 门和骑兵一部，从两个方向向守卫机场的解放军第三纵队第七师发起猛烈攻击。第七师官兵顽强阻击，后续增援的第八师等部很快赶到。双方战斗异常激烈，从拂晓直打到黄昏。国民党军在坦克开路、大炮掩护下，先后发起三次冲锋，均被解放军打退，并被击毁坦克两辆，歼灭官兵一百余人。20 日，国民党军再次增兵反扑，又被第三纵队和赶来增援的第五纵队等部合力打退。至此，国民党军只好作罢，放弃了对南苑机场的争夺。

12 月底，由第二兵团司令员程子华率领先遣入关的东北第十一纵队（司令员贺晋年、政委陈仁麒），奉命进驻东垣镇、通县一带。进关较晚的东北第一纵队（司令员李天佑、政委梁必业）开到了廊坊、武清以南。为加强平、津间的驻防力量，彻底粉碎国民党军南逃的梦想，东北野战军首长林彪、罗荣桓、刘亚楼等联名电告萧劲光、陈伯钧等，第十一纵队、第一纵队，及自北平西南渡过永定河进至黄村的华北第七纵队（司令员孙毅、政委林铁），统归第一兵团指挥。这样，连同原先的第三、第六、第十纵队，由萧劲光直接指挥的部队达到了 6 个纵队。

接到林、罗、刘电报，萧劲光很快与后面三个纵队联络，按照军委和东北野战军首长的意图，部署了各部的防区和作战任务：北平的东面，由十一纵堵截；西南面，由华北七纵布防；在最关键的北平东南和正南方向，成梯次地布下了第三、第六、第十、第一纵四道防线。前后用了不到一周的时间，各纵队均抵达指定防区，并抢修起坚固的野战工事。天寒地冻，朔风刺骨，许多官兵手脚冻裂、鲜血直流，仍顽强奋战、坚守阵地。通往天津的路被彻底堵死，北平的敌人插翅也难逃了。

25 日，林彪等东北野战军首长电令萧劲光、陈伯钧等：如果敌人依托永定河、运粮河突围时，你们应该以足够兵力，在漷县镇、采育镇、旧州之线顽强死守，以吸引和遏阻敌人。然后集结主力，以各个击破的手段，从侧面歼灭敌人。根据这一原则，萧劲光于 26 日致电各纵队，对兵力部署作了进一步调整。确定，在第三、第六、第十这三个纵队位置、任务基本不变的情况下，如北平国民党军突围，第十一纵队的主要任务是，从第三纵队右侧向敌突击，以切断敌人归路；第一纵队则集结于旧州、廊坊、韩村地区，以配合第三纵队、第六纵队，对敌人形成钳形攻势；华北第七纵队主力集结于宛平东南地区，控制固安至宛平之间的永定河各桥梁渡口，阻止敌人渡河。通过调整，使整个部署更加完善。

与此同时，平津前线解放军部队遵照中央军委和东北、华北野战军首长指示，对布防在东起唐山、西至张家口的国民党军，采取先打两头、孤立中间的方针，发起强力攻击。12月22日，战斗在西线首先打响。华北军区第二兵团部队经过10小时激战，全歼傅系主力第三十五军，攻克新保安；24日，华北军区第三兵团和东北野战军第四纵队等部携手歼灭张家口地区企图突围的国民党军第十一兵团部、第一零五军等部，计6万余人。这两仗打完，参战部队稍事休整，奉命进至北平附近，协同萧劲光率领的东北野战军第一兵团及第二兵团（东北先遣兵团）阻击国民党军突围，包围北平。

部队部署到位后，萧劲光带领着参谋人员依次到各纵队指挥所和一些部队阵地视察。在第十纵队驻防地，萧劲光听梁兴初汇报战斗预案和部队情况后，对梁说："在东北，你们十纵打阻击是出了名的。这次把你们摆在这个关键位置上，你们可一定要打好啊！"梁兴初斩钉截铁回答："司令员，请您放心，我这里保证一个敌人也跑不了！"

让敌人跑不了固然重要，但时至今日，仅仅让敌人跑不了是不够的。新保安、张家口解放后，解放军主力部队已集中北平、天津。东北第一纵已被调去参加即将发起的天津战役，天津攻克后，下一个目标就是北平。萧劲光在抓紧部队坚守阵地，严防北平国民党军突围的同时，全面展开攻城的各项准备工作。

首先是开展思想动员。萧劲光根据东北野战军司令部的指示精神，授意唐天际主持起草了动员教育提纲。提纲在全面分析政治形势的基础上，着力强调了以下四个方面的问题：一是充分认识平津战役的重大意义。使官兵清楚：这一仗打下来，东北、华北两大解放区可以连城一片，长江以北将基本获得解放，全国胜利的基础也就巩固地建立起来了。二是认清平津战役的敌我斗争形势。我参战总兵力达百万以上，与敌比是三比一，在数量上占压倒优势，而且我军是胜利之师，敌人是惊弓之鸟。我们有胜利的绝对把握。但是困兽犹斗，我们不能麻痹大意，不可轻敌。三是叫响"团结至上、团结战胜一切"的口号。平津战役是东北、华北两大野战军配合作战，要特别重视与友军的团结。对友军的困难，要主动关心照顾，发生了纠纷，要检讨自己，体谅对方。四是说明这次围攻的是平津两座大城市，部队之行动必为全国人民和国际友人所瞩目。大家一举一动都要考虑政治影响。要严守纪律，严格执行政策。每个干部战士不但要当英勇作战的模范，还要努力争当团结的模范，执行政策、遵守纪律的模范。

其次是调动一切手段、条件，对北平市东、南两面兵要之地及敌人防御配系进行战役战术侦察。兵团除要求各部队对自己防区范围内的敌情各自负责彻底搞清外，又从各纵队抽调人员组成了两个侦察站。通过现场察看、捕捉俘虏、查阅文献资料、走访熟悉情况的老人等多种方式，把北平城外的基本情况摸得一清二楚。对城墙内国民党军纵深兵力配备情况，哪里有暗堡火力点，哪里是地堡群，有多少门炮等，也要做到了如指掌。

国民党军整个防御体系是以古城墙为基本依托并充分利用城外的古坟、古庙、

1948 年 11 月下旬，萧劲光（前排左二）率部入关与华北军区司令员聂荣臻（前排左一）等会师时合影。

砖窑、工厂等特殊地物作为防御阵地的。据古籍记载，内城基厚 18.6 米，顶厚 15 米；外城基厚 9.9 米，顶厚 6.6 米。国民党军对城墙的利用绞尽了脑汁。南面一般部署两层阵地，城上有单人掩体，突出部分有重机枪掩体。城顶有交通沟，部分地区还有一些坑道式的壕沟，便于隐蔽。摸清情况后，大家对城墙作了全面的分析。认识到城墙厚，固然利于敌人防御，但也利于我炮火命中；城墙高不错，但城外紧靠墙根有不少煤堆、煤渣垃圾堆，攀登起来难度并非特别大；城墙上有马道便于敌人运动，但一旦抢占得手，便可发扬火力，利于我军突击进展。同时，侦察组还对城墙外的土质、道路、树木及邻近的河流，进行了详尽的侦察分析。

进攻大城市，巷战自然少不了。萧劲光还专门组织人对城内的街道建筑作了调查。北平胡同多是有名的。但究竟有多少？一位老汉说："有名的胡同三千六，没名的胡同赛牛毛。"把所有胡同一一搞清，短时间内难以做到，但要把主要的街道，要害位置的胡同、大的胡同，逐一弄清楚，画出地图。同时萧劲光还了解到，城内的楼房除东交民巷、西交民巷、王府井等少数街道有西式建筑外，其余均为中国古式建筑，且年代久远，不很坚固。国民党军在城内构筑的工事不少，但由于缺乏建筑材料——原有的水泥厂、石景山钢铁厂已停工几年，大都不很坚固，与东北的长春、沈阳、锦州、四平等城市相比，差得很远。

通过深入侦察，有力地增强了指战员们进攻北平、拿下北平的信心，也激发了大家敌前练兵、有针对性练兵的积极性、自觉性。炮兵部队反复计算各种炮弹对城墙的破坏效能，计算轰开一个缺口需要消耗多少炮弹，研究、探讨如何进行步炮协同；攻城部队反复演练过护城河、搭梯子等动作，苦练巷战技能、战术；纵队则组织团以上干部进行沙盘作业，研讨、琢磨如何突破防线，如何展开纵深战斗。与此同时，后勤部队则积极筹集粮草、弹药，把夺取的国民党军丰台、南苑仓库中的油料、被服等军用物资迅速补充、装备部队。

在组织部队进行思想动员、开展敌前练兵的同时，萧劲光与陈伯钧、解方等兵团领导，共同研究制订了攻城作战计划。计划详细标定了各阶段使用的兵力、参战部队的分工、各部队配合的要点。其具体步骤是：第一步，歼灭外围敌人的有生力量，顺利靠近护城河。第二步，突破包括护城河及碉堡群在内的古城墙。主要方法，以大炮轰击为主，辅之以挖掘坑道，靠近城墙进行炸药爆破。第三步，进行纵深战斗。首先占领支撑点，保障后续部队不受阻碍；随后穿插、分割敌人，打乱敌人的部署、建制，各个歼灭。为切实保障作战计划的实施，兵团部要求所有攻城部队都要选择精干人员组成爆破组、架梯组、突击组、火力组、支援组等突击队。

至 1949 年元旦后，萧劲光所统率指挥的各部攻城准备工作业已全部就绪，单等中共中央、中央军委一声令下，即可出动攻城。

三、未曾履任的天津卫戍区司令

1949 年 1 月 15 日，东北野战军第一、第二、第七、第八、第九纵队等部，在参谋长刘亚楼的指挥下，经过 29 个小时的激战，解放了天津。

是时，天津面积 150 平方公里，人口 200 万，是华北第二大城市。天津作战，是解放战争中最大的城市攻坚战之一，也是人民解放军步兵、炮兵、装甲兵、工程兵等诸兵种一次精彩的协同作战。这一胜利的取得，是中央军委平津战役规划的重要一步，是稳操胜算之中的。早在解放天津战斗发起前的 1 月 10 日，中央军委就拟定了《关于接管平津和统一领导平津地区一切工作》的文电，部署了北平、天津的接管工作。文电提出，平、津两市警备工作须以东野各一个军分担，“这两个军的军长和政委即暂行分任平、津两市的警备司令和政委，并加入两军管会为委员”。天津解放、接管后，林彪、罗荣桓感到“城市大而复杂”，以一个军担任卫戍恐难胜任，于是向军委建议，“以两个兵团司令部分任两城市的卫戍司令部”，即由第二兵团兼任北平卫戍司令部，第一兵团兼任天津卫戍司令部。1 月 22 日，中央军委回电林、罗：“同意你们以两个兵团司令部分任平、津两城卫戍司令部的意见。两兵团司令员并应分别加入两地军管会为委员。”据此，东北野战军颁发命令，任命萧劲光兼任天津卫戍区司令员。同时，第一兵团其他首长，副司令员陈伯钧、副政委唐天际等，也分别兼任了天津卫戍区相应职务。

但萧劲光没有接手天津卫戍区的工作，而是由副司令员陈伯钧前往主持。因为这时，傅作义还没有最后放下武器，包围北平的解放军各部还在继续做着攻城的准备。

其实，早在一个多月前，人民解放军对北平初步达成合围时，平津前线司令部与傅作义代表的谈判就开始了。只是傅作义仍然心存幻想，对放下武器还是逃走，拿不定主意，且与蒋介石多次信使往还。天津解放的第二天，即 1 月 16 日，解放军平津前线司令部向傅作义转交了以林彪、罗荣桓名义书写的公函。此公函由毛泽东亲自起草。在综数傅部“剿匪戡乱”罪责、分析其眼前处境后，公函以最后通牒的口气指明出路：（一）自动放下武器，并保证不破坏文化古迹，不杀戮革命人民，不破坏公共财产、武器弹药及公文案卷；（二）离城改编。依约离开北平，开入指定地点，按照人民解放军的制度改编为人民解放军。“上述两项办法，任凭贵将军及贵属自由选择”，否则，“我军将以精确战术攻城，勿谓言之不预”。随后双方代表经过几次谈判，终于达成协议，傅作义决心放下武器。从1月22日起，国民党部队陆续出城，接受和平改编。至31日中午12时，北平城内傅作义麾下各种部队25万余人，全部开出城外，东北野战军第四纵队哨兵登上景山制高点，接管了傅部最后一个哨位。

2月3日，解放军庄严举行入城庆典。第三纵第一一八师指战员作为东北野战军第一兵团的代表参加仪式。随后，按照东野总部的统一部署，部队就地整训。在这期间，萧劲光与部分领导一起进了城，参观了天安门、故宫等多处文化古迹。南征北战20多年，他几乎走遍全国，还两次去了苏联，经过日本，这次却是第一次来到驰名中外的古都北平。漫步在这汇聚了中华民族千百年文化精粹的文明古都，望着大街小巷有序奔流着的车流人潮，萧劲光感到分外惬意。

部队整训期间，东北野战军遵照中央军委1949年1月15日《关于各野战军番号改按序数排列的决定》，对所属部队进行了整编。“东北野战军”取消原冠有的军区地名，按序数排列，称“第四野战军”。据此，萧劲光统领的东北野战军第一兵团，改称中国人民解放军第四野战军第十二兵团。萧劲光任司令员兼政治委员，陈伯钧、唐天际分别任副司令员、副政治委员，解方任参谋长。各纵队改称军，军长、政治委员分别由原来的纵队司令员、政委改任。依新编制，第十二兵团下辖第四十、第四十五、第四十六（原东北野战军第三、第八、第九纵队）3个军。

按照林彪、罗荣桓最初的想法，北平、天津解放后，部队就地休整两个月。其间，萧劲光即可前往天津履任，主持这一“大而复杂”城市的整顿、卫戍工作。随着形势的发展，这一安排有了新的变化。2月12日，中央军委致电林彪、罗荣桓、聂荣臻并告刘伯承、陈毅、邓小平，华东局、中原局、华北局：

> 为配合华东、中原两野战军三月半出动三月底渡江之行动，决定林罗先出两个军约十二万人左右，于三月二十日以前到达郾城、信阳间地区。于三月底夺信阳、武胜关，四月十五日以前夺取花园、孝感地区，迫近汉口，休整待命，钳制白崇禧不敢向南京增援，以利刘、陈、邓夺取南京。为执行上述任务，该两军应于二月十八日以前完成出发准备，二月十九日由平津线出发。

据此，林彪、罗荣桓等第四野战军领导研究决定，由萧劲光率第十二兵团机关并第四十军（军长韩先楚、政委罗舜初）、第四十三军（军长洪学智、政委赖传珠）等部计12万人，作为先遣兵团，准备进军武汉。

第十六章　战华中大败“小诸葛”

一、逐鹿中原，挑战白崇禧

辽沈、淮海、平津三大战役胜利结束后，国民党军主力部队已大部被歼。所剩部队，各派系加在一起，满打满算只有 100 多万人，且分部在从新疆到台湾的广大地区和漫长的防线上。白崇禧所率领的桂系部队，号称 5 个兵团、11 个军共 20 万人，是保留最完整、最有战斗力的一部分。显然这是解放军南下作战的主要对手。

白崇禧，广西省（今广西壮族自治区）临桂县人，保定军官学校第三期毕业生。早在大革命前的 1924 年即任定桂讨贼联军总参谋长兼前敌指挥、广西全省绥靖督办公署参谋长兼桂军第二军参谋长。因其久经战阵、多谋善断，在国民党军中向有“小诸葛”之称。是时，他以国民党华中军政长官、华中“剿匪”总司令的职衔，坐镇武汉，是桂系军阀中执掌实权的人。长期以来，白与时任代总统的李宗仁交厚，是李在国民党中举政发言的军事支柱，而与蒋介石龃龉较深。三大战役失败后，他对蒋介石彻底失望，但他对共产党不服气，对国民党的垮台不甘心。获悉北平和平解放的消息，他立即行动，把嫡系主力第七军等部部署在靠近湖北的驻马店、信阳、确山一带，阻止解放军南下，妄图争取时间扩编部队，寻机卷土重来。

毛泽东了解白崇禧，戏称其“天低吴楚，眼空无物”，告诫部队与其作战时斗力更要斗智。据传，由萧劲光任先遣兵团司令员，是毛泽东提议的。自然，与“小诸葛”交手，萧劲光也求之不得。北平和平解放，第四十军、第四十三军入关后没有参加大的战斗，官兵们求战心切。命令一下，先遣兵团各部群情高涨，迅即展开出兵准备工作。

2 月 23 日，先遣兵团之先遣队率先出发。25 日，主力部队出动。第四十军由通县马驹桥出发，沿平汉公路经容城、赵县、成安、卫辉（今汲县）向郑州前进；第四十三军由安次（今廊坊市）马头镇出发，沿平大公路经霸县、河间、南宫、大名、濮阳、东明，向开封前进。萧劲光亲自率领的兵团部机关起程晚几天，由于仍然乘坐进关时的那十几辆卡车，在黄河北岸即已超越大部队。而这时，第二、第三野战军百万大军已集结在长江中下游北岸。各部队以军、师为单位，筹集船只，组织操练，积极准备渡江作战。

3月20日，萧劲光接到中央军委电报，告之其第一个任务，“是协同铜柏、江汉、鄂豫三军区力量钳制白崇禧部，使白部不能向东增援妨碍我中野、华野之渡江”。为此，要求先遣兵团以奔袭手段迅疾包围驻马店、信阳一线国民党守军，迫使白崇禧集团北上增援，在长江以北与解放军决战。遵照这一指示，萧劲光在对地形、道路作了认真勘查后，并考虑到易于部队隐蔽，决定兵团主力从平汉铁路两边的豫西大道进军，直接插到信阳以南的应城、花园、孝感一带去，以截断信阳之敌的退路。他后来获知，白崇禧的主力集中在平汉路东侧，严重威胁刘（伯承）邓（小平）大军渡江部队的侧背，走豫西大道，时间上来不及，遂断然改变计划，决定两个军都沿平汉路东侧南下，以尽快抓住信阳之敌。具体部署是，首先命令第四十军军长韩先楚率两个轻装师从黄河铁桥北站乘火车赶赴许昌，在许昌下车后，徒步经郾城、上蔡、正阳，取捷径奔袭信阳地区的国民党驻军。第四十军另两个师和第四十三军两个主力师沿同一路线随后跟进，第四十三军的另两个师则沿平汉路东边的周家口、潢川、黄安，直插黄陂一线，以策应、配合信阳方面的作战。

然而，白崇禧到底不是等闲之辈。获悉萧劲光率部迅疾南下，来势凶猛，他深知此地无实力抵挡，便把嫡系部队第七军驻守信阳的第一七一师迅疾南撤，只留下数百人的掩护部队。所以，当先遣兵团第四十军先头两个师日夜兼程接近信阳时，侦察部队报告，驻马店、信阳均无敌人主力。韩先楚遂指挥部队发起攻击。3月30日收复驻马店，继而收复确山、明港、长台关。4月2日一早，便解放了河南重镇信阳。全歼了白崇禧留驻的掩护部队，一共只有700余人。

渡江战役在即。为了掩护大军渡江，中央军委命令平汉铁路西侧王宏坤领导的桐柏军区和张才千领导的江汉军区由萧劲光统一指挥。在收复信阳的同时，萧劲光遂指挥王宏坤、张才千所部集中兵力，围歼驻守信阳南部花园市的国民党军。这里驻有白部第七军的2个团。战斗打响，白部1个团闻风逃窜，1个团被包围聚歼。其中，700人被打死打伤，1300余人做了俘虏。战后，从俘虏口中得知，被歼的团是白崇禧嫡系部队第五一二团。

1949年4月，第四野战军第十二兵团司令员兼政治委员萧劲光率部解放河南重镇信阳后在鸡公山兵团指挥部留影。

在围剿花园地区敌人的战斗中，王、张所部缴获了白崇禧给所辖第三兵团司令张淦的一份机密电报。电报中，白崇禧鼓励所部协力同心作“殊死斗争”，以图“割据华中和西南”，在美帝国主义援助下“振兴为雄”。先遣兵团以电报内容为材料，对部队再次进行了战斗动员，官兵斗志越发高涨。继而，乘胜出击，陆续解放了豫鄂交界处大片土地，歼灭了河南保安第三旅和白崇禧部由信阳南逃的一个团，俘虏敌官兵近千人。

信阳解放后，萧劲光率第十二兵团机关移驻豫鄂交界的鸡公山。在这里，萧劲光收到中央军委的电报指示，令其原地待命，继续牵制白崇禧，不使他立即渡江南逃，并为即将过境南下参加渡江战役的第四野战军部队筹措粮草。

江汉、鄂东一带是刚刚解放的新区，无工作基础，加上兵荒连年，群众生活苦不堪言。至时，先遣兵团已粮食不足，有些单位不打仗时一天只吃一顿干饭一顿稀饭。筹集几十万大军的粮草，谈何容易？接到电报，萧劲光亲自主持召开筹粮会议，邀请江汉、桐柏军区的领导张才千、王宏坤和第四十军军长韩先楚、政委罗舜初等，一起研究筹粮问题。萧劲光首先传达了军委的指示，接着作简短的动员：“任务大家都明确了。不管和谈能否成功，部队都要南下，并且时间不会太久。所以，筹集粮草是硬任务，政治任务，只讨论怎么办，不讲困难不困难。具体办法，两条，一靠党组织，二靠群众。”

共产党的将军，不仅能征惯战，且都是群众工作里手。萧劲光话一讲完，大家当即异口同声地表态“保证完成任务！”王宏坤说：“我们在这里熟，可以发动群众。”张才千主动提出，江汉军区一带近两年收成还不错，可以多承担些任务。会议结束，各部队迅速行动。在当地党组织的大力支持下，军民协力同心，短短半个月的时间就筹集了几千万斤粮食和饲草。

望着堆积如山的粮食，最吃惊的是白崇禧部队的俘虏。原白部第五一二团的一个连长似乎不敢相信自己的眼睛，怔了半天说：几天前，我们到处找粮食，在一个村里搜半天都不够做一顿饭！

4 月 20 日，渡江战役打响了！中国人民解放军第二、第三野战军百万大军以排山倒海之势越过长江，并迅速在长江南岸展开。23 日，国民党反动统治的中心南京解放，国民党部队地裂山崩般地向南溃退。再无须钳制白崇禧，是决战的时候了！萧劲光立即命令部队开拔，大踏步向汉口、向长江北岸挺进。

4 月底，位于汉口正面的第四十军的两个师，先后占领了监利、孝感一带，第四十三军和第四十军的另两个师则迅速向黄冈、蕲春一带推进。这时华东地区长江南岸，渡过长江的二野、三野部队势若摧枯拉朽，接连夺城拔寨。白崇禧看到了形势的严峻。4 月 28 日，他在武昌召开了紧急军事会议。

豪华的会议室里，往日神气活现的国民党将领们一个个正襟危坐，噤若寒蝉。大家谁也不想多言，静等着长官训示。白崇禧威严地扫视全场后，故作镇静地说：“形势大家都看到了。党国大业，尽毁于一人之手。看来蒋某人的招数就这么多了，但现在还不是算账的时候。我们的路靠我们自己走。长江防线虽被打破，但我们还有一百多万主力部队，我白崇禧还有几十万铁甲。形势是发展的，是会变化的。当年毛泽东撤离江西的时候，不就三万多人吗?”讲到这里他似乎觉得扯远了，遂调转话头：“刚才有人提出要在这里与萧劲光决战，这是下下策。就现在的实力，能保证打赢吗？孤悬在这里，打赢了又能怎样？刘邓、陈粟的百万大军是干什么的?旧的防线打破了，我们必须建立新的防线。”于是，他部署：第二、第七、第四十八军立即南撤，武汉的战略物资，能带走的全部带走，不能带走的统统炸毁；作战部即刻与西面的宋希濂将军、东面的余汉谋将军取得联系……一切部署停当，白崇禧登上飞往广州的飞机。

就在同一天，即 4 月 28 日，萧劲光接到了中央军委的电报。电报是同时发给四野、二野首长的。电报说：“和谈破裂，桂系亦从来没有在具体行动上表示和我们妥协过，现在我们亦无和桂系妥协之必要。因此，我们的方针是消灭桂系及其他任何反动派。”遵此指示，萧劲光指挥先遣兵团各部，一路攻击前进。

5 月 13 日，先遣兵团先头两个师占领了黄冈、蕲春一带的长江滩头阵地，歼敌八个营。当晚，将团风至武穴段长江的守军全部肃清，并在渡口夺得木船百余只，为渡江创造了条件。

15 日，国民党华中军政长官公署副长官兼河南省政府主席、第十九兵团司令张轸，率一个军部、四个师约 2 万人，在武昌南部贺胜桥一带宣布起义，萧劲光迅即指挥部队策应。翌日，起义部队与先遣兵团会师，并入人民解放军，接受改编。张轸辖属的另一个军不同意起义，随白崇禧大部匆匆南撤，开进湖南境内。

16 日黎明，先遣兵团第四十军第一一八师肃清武汉外围敌人，抵达汉口。此前白崇禧部队已全线撤退，一一八师毫无抵挡地大踏步进占市区。翌日，先遣兵团部队进占武昌、汉阳，武汉三镇宣告解放。

与此同时，第四十三军和第四十军的两个师，在黄冈附近渡过长江，追歼逃敌，经鄂城、保安、大冶，于 17 日、19 日先后攻占了著名军事要地贺胜桥、汀泗桥及邻近的咸宁城，一举扫清了武汉外围的残敌。

先遣兵团部队进武汉市当天，萧劲光下达指示，命令进城部队将马匹全部牵出城外。并明确规定，5 天之内，除伙食单位可到市面上买菜外，官兵不得随意上街购买东西。一天，一个团外出执行任务，经过百里急行军回到城里时，已月出东方、万家灯火。为避免扰民，疲惫的官兵们全部露宿街头。

解放军铁的纪律、昂扬的士气，赢得了市民真诚的信任和拥护，也震慑了潜留下来的土匪、警、特。许多非法组织、土匪团伙主动与部队接洽，要求收编。先遣兵团部队在地下党组织的配合下，突击进行整顿、治理，使武汉市很快恢复了生产，恢复了秩序。

武汉市解放后，萧劲光被任命为武汉警备区司令员（政委谭政，副司令员倪志亮、朱涤新）、军事管制委员会委员。他一边与军管会主任谭政筹划武汉政权机制的创建，一边做进军长沙、解放湖南的准备。按照四野司令员林彪等首长的说法，萧劲光要会会“小诸葛”。

7 月中旬，第四野战军发起宜沙和湘赣战役，先后解放了宜昌、沙市、常德及湘赣边广大地区。第十二兵团各部在萧劲光指挥下，顶烈日、冒酷暑，翻越幕阜山，于7月19日连克距离长沙只几十公里远的平江、浏阳两座县城，兵临长沙城下。

面对接连失地败兵的严峻形势，白崇禧急忙调整部署，将其主力第七、第四十六、第四十八军撤到攸县、茶陵地区。其战略企图是，由陈明仁兵团死守长沙，构成据点，吸引萧劲光部等解放军大部队进攻，而后自己挥师北上，相机向长（沙）株（洲）地区夹击，从而打破、迟滞解放军南下计划，实现以攻为守的目的。殊不知，由第十二兵团副政委唐天际、参谋长解方和李明灏、袁任远（湖北地区党的干部）等人组成的和谈代表团，在首席代表金明（中央确定其在长沙解放后担任湖南省领导职务）的带领下，与程潜、陈明仁的代表唐星、熊新民的会谈已进行多日。是时，正在新攻克的平江县县城进行最后的磋商。

8月3日，陈明仁按照双方约定完成起义军事部署后，派参谋主任郑克林、参谋处长罗文浪将长沙驻军地图献给解放军先遣兵团参谋长解方，并就接管长沙问题最后达成了具体协议：长沙市一切军事要点均由解放军接管；市区治安由解放军维持；解放军负责维护程、陈将军的安全；任何人、任何部队不得破坏治安；在未成立联合机构前，程、陈所属警、宪部队统归新成立的警备司令部指挥等，共八条。当天，程潜在长沙绥署办公楼举行招待会，宣读了向毛泽东、朱德，以及李宗仁、阎锡山、白崇禧等呼吁和平的通电。

8月4日，程潜、陈明仁领衔，与37名将领、政要联名发出“通电”，郑重宣布：自即日起，长沙绥靖公署、第一兵团部和3个军、3个保安师共计7.7万官兵，“正式脱离广州政府。今后当以人民立场，加入中共领导之人民民主政权，与人民军队为伍……共同为建立新民主主义之中国而奋斗”。当日，萧劲光所率第十二兵团之第四十六军一部，开进长沙市。之后，陈明仁所部陆续撤出城外接受改编。先是接受他们的要求，把部队番号改为中国国民党人民解放军第一兵团，11月，正式改编为中国人民解放军第二十一兵团。

1949年冬，萧劲光（左）、原国民党起义将领陈明仁在长沙合影。

凝聚在长沙上空的战云顿时消散，长沙解放了！从战争的惊悸中解脱出来的各界民众，一片欢欣鼓舞、奔走相告。萧劲光在阔别长沙近 30 年后，回到了故乡。

站在长沙街头，望着喜形于色的人流，听着浓浓的乡音，萧劲光感慨万千。1920 年他第一次出门离开家乡，那时还是一个不满 18 岁的青年学生，而今已是统兵十几万的兵团司令员，并且兼任了中共湖南省委常委，新成立的湖南军区司令员、长沙市军事管制委员会主任、湖南人民军政委员会代主任（主任程潜赴京参加全国政协会议）。他多想旧地重游，细细看一看家乡的沧桑变化啊！但是，他没有时间。刚解放的长沙市、湖南省，要建章立制，揭开新的一页。更重要的是，湘南、湘西大部地区还在白崇禧手中，还要准备与这位“小诸葛”进行最后的较量。

1949 年 8 月，萧劲光任湖南军区司令员，率部进入长沙，与家乡群众亲切交谈。

二、决战衡宝

长沙和平解放，给了白崇禧重重一击。

这种打击不仅仅是军事上的、政治上的，更是精神上的。起义、被歼，短短几个月，仅华中他就损失兵力近 10 万人。虽然多不是桂系主力，但也是“党国干城”啊！更令他揪心的是，无法弄清下一步谁会是陈明仁第二？尤其使他懊恼又有口难辩的是，陈明仁从戴罪赋闲到重兵在握，每一步都是他白崇禧费心运筹、鼎力促成的。所以，当副官送来刊登程、陈二人起义通电的报纸时，白崇禧只微微一笑，但副官刚迈出门槛，他就摔碎了茶杯，踢翻了椅子。

然而，白崇禧不甘心。为了党国的存亡（实则是桂系的利益）、半世的声名，他也不甘心。他要与解放军全力一搏。几十年军旅生涯使他树立起一个信念：只要坚持下去，时间一久，任何形势都可能逆转。基于这种想法，白崇禧将其 26 个师 20 万主力部队，分别部署在衡宝公路两侧和粤汉铁路衡山至郴州一线。企图依托湘江、永乐江和资水，背靠滇、桂、黔，与广东余汉谋集团组成“湘粤联合防线”，同川湘鄂边绥靖公署宋希濂集团相呼应，阻止解放军向广东、广西推进。

是时，第四野战军指挥部设在汉口，四野各兵团主力部队均已移师湖南境内和湘赣边。萧劲光率领的第十二兵团（先遣兵团名义已取消）指挥部进驻长沙。第十二兵团官兵大部分是北方人，初到南方，水土不服。加上正值盛夏，蚊虫成群，又连续征战，食宿无规律，部队病号急剧增加，马匹也大量发病、死亡。据统计，有的军两个月中病员就达 1.3 万多人，死亡 130 人；有的连队官兵发病率高达 25%，甚至 50%。根据这种情况，四野首长经请示中央军委同意，决定部队原地休整一个月。部队休整期间，萧劲光组织部队开展了一个“兵强马壮活动”。他强调：“兵强马壮才能战无不胜。要把治病强身当战斗任务对待！”

9 月 1 日，第十二兵团休整结束，中央军委向四野下达了歼灭白崇禧、宋希濂两集团的作战任务。据此，四野司令员林彪、政委邓子恢研究决定，发起“衡宝战役”。

衡宝，是衡阳与宝庆的简称。衡阳位于湖南省南部南岳衡山的南麓，系湘江中上游的分界地，湘南重镇，京广和湘桂铁路在这里交汇；宝庆（今邵阳市），在衡阳以西约 100 公里处的资水之滨，是湖南中南部工商业和交通中心。在地理位置上，衡宝一线是中华腹地至两广，特别是桂系老巢广西的最后一道防线。所以，毛泽东于 7 月就致电林彪等四野首长：“应采远距离包围迂回方法”，掌握主动权，“完全不理白部的临时部署，而远远地超过他，占领他的后方，迫其最后不得不和我作战”，力争将其歼灭在“湘南即衡州以南”。遵照这一指示，林彪、邓子恢将四野主力和参战的二野部队，组成东、中、西三路大军，向白崇禧部队展开大钳形包围：东路（又称左路）军由邓华率领的第十五兵团和第二野战军第四兵团组成，由第四兵团司令员兼政委陈赓统一指挥，绕道南下直取广东，切断敌人海上逃路；西路（又称右路）军为程子华、萧华率领的第十三兵团，取道源凌，配合正面部队围歼衡宝地区之敌，尔后进军广西，切断敌人逃往云（南）贵（州）之路；中路军由萧劲光指挥，其任务是向衡宝地区国民党部队进行正面攻击，在东西两路大军的策应配合下，歼灭白崇禧集团。

最后的防线，必有拼死一搏。为集中兵力将白崇禧集团聚歼，经请示军委同意，林彪着意加强了中路军兵力。除第十二兵团的第四十、第四十一、第四十五、第四十六和第十三兵团之第四十九这 5 个军全部投入战斗外，第二野战军由杨勇率领的第五兵团也协同作战，其第十八军归萧劲光指挥，另两个军作为战役预备队。这样，萧劲光直接指挥的参战部队便达 6 个军 19 个师。

9 月 13 日，东、西两路军先行拔寨起兵，分别按照部署线路英勇挺进。两天后，即 15 日，中路军各部也开始向指定地区运动。萧劲光心里清楚，几大战役打下来，蒋介石的所谓“王牌”军已差不多丧失殆尽，但桂系主力损失不大，白崇禧的部队是有战斗力的。要想克敌制胜、减少伤亡，必须做到两点，一是集中优势兵力，二是出其不意出击。为此，部队出发前，他再次召开军以上干部会议，作了周密的研究部署，明确指示，各部队务必做到行动隐蔽，严格保密。据此精神，驻长沙、平江地区的第四十一军伪装成地方部队，一路行来“内紧外松”，取捷径向娄底、谷水前进；第四十五军借助二野过境部队的掩护，由江西萍乡进至湘乡；第四十军则由攸县折向西北，隐蔽地向湘潭以南前进；原驻湘江西侧的第四十九军，严密警戒衡宝公路正面的敌人，封锁消息，保障以上各部顺利渡过湘江。而进军安仁地区的第四十六军，则张开旌旗，直赴大路，虚张声势，给敌人以解放军主攻方向在衡阳、耒阳一线的错觉，以掩护正面突击部队运动，实现声东击西的战役目的……

10月1日，是新中国诞生的大喜日子。在这一特大喜讯的鼓舞下，解放军参加衡宝战役的官兵们个个斗志倍增，纷纷表示要聚歼白崇禧部队，以实际行动向新中国献礼。翌日一早，西路军占领芷江，站稳了脚跟；东路军主力在湘粤赣边挺进广东，进展顺利。获悉情报，萧劲光当即下达命令：正面部队于下午4时发起攻击。

2日傍晚，天飘起小雨。已按部署集结待命的中路军各部在夜色雨幕的掩护下，兵分三路向衡宝地区白崇禧部队发起猛烈攻击。经过一夜激战，中路军顺利突破了白部第一线防御阵地，迫使守敌第七十一军各部慌忙后撤。萧劲光指挥部队乘胜向纵深猛插，撤守不及的白军悉数被歼。

4日一早，雨仍下个不停，道路泥泞，行走艰难。这对重武器多而相对兵员少的白崇禧部队是极其不利的。萧劲光遂火急致电兼任第四十五军军长的兵团副司令员陈伯钧：

> （一）你军前进方向敌兵力薄弱，阻力不大，对你军迅速前进有极大方便。如衡宝路小岭口、演陂桥段有敌阻击时，则留一部包围监视，准备待四十六军到后攻歼之。你军主力仍取捷径向洪桥（祁阳东北）急进、猛进，切断湘桂。在前进中应发扬强行军完成任务精神。四十军一一九师卅余小时前进一八〇余里，仍能攻歼敌人。
>
> （二）四十六军紧跟四十五军后前进，接替攻歼衡宝路之敌。

接着，又给第四十一军、第四十九军、第四十军等部一一发电，做了具体战斗部署，同时向林彪等四野首长发报，报告了作战方案。

当晚（4日），第四十五军第一三五师占领水东江。该师第四〇三团从缴获的一份批件上获知，国民党军翌日有一批物资进水东江交通枢纽转运站。团长不由一阵欣喜，当即要通电话：“运输队吗？现在形势紧张，部队马上要转移。明天那批物资要连夜送过来——对，天亮前！”果然，敌人运输队乖乖送来八车白面和一批军服。可谓雪中送炭！消息报到兵团指挥所，面对连日阴雨正为先头部队补给焦虑的萧劲光，不由眉头一展：妙，太妙了！

5日拂晓，中路军各部向前推进十几公里，控制了渣江至界岭一线阵地，与白崇禧集团形成对峙。解放军三路大军的布局态势，使白崇禧真切看到了现实威胁。为争取主动，他采取以进为退的策略，急令装备精良最富实力的桂系第七军，即所谓“钢七军”，沿衡宝公路向界岭攻击前进，另调乐昌、郴县、耒阳诸军，乘火车北上。这样一来，加上原在衡宝线的部队，在全长不到200公里的衡宝公路上，白崇禧一下子集中了13个师的主力部队。很显然，他企图乘解放军中路军部队立足未稳，进行全面反击。

四野司令部很快获悉这一情报。林彪很振奋，看到消灭白崇禧部队的机会到了。他考虑到“目前我第一线兵力不够优势”，为了诱敌深入，在4日深夜已发电部署的基础上于5日上午再发电报，令萧劲光、程子华及第十二、第十三兵团所属各军“原地停止待命”，“集结兵力进行充分的攻击准备，然后待命攻击”。同时命令正在芷江地区扩张战果的西路军转向宝庆、祁阳地区迂回，第十八军沿粤汉路向北攻击。为贯彻野司这一意图，萧劲光也于5日上午两次电令中路军各部，充分做好大会战的各项准备工作，既要防止“敌人可能集中力量向我作局部进攻……拟定好防敌反击的战斗方案”，又要制定好“敌人撤退时的追击部署……严密监视，抓住敌人，使之无法逃脱，即令逃跑时，亦能进行及时穷追”。

萧劲光在衡宝战役前线

接到以上命令的中路军各部，便停驻在衡宝线以北地区，一边追剿残敌，一边待命攻击。由于强行军途中没有收到野司和兵团“原地停止待命”的电令，第四十五军的第一三五师（师长丁盛、政委韦祖珍）仍按原定部署日夜兼程，攻击前进。结果，他们从敌军的间隙中穿过，急行军160多里，于5日深夜，冒雨越过了衡宝公路。

当第一三五师与兵团、军部沟通联络时，先头部队已深深插入敌军腹部，进至余田桥正南的沙坪、灵官殿地区。收到前线电报，萧劲光大步跨到地图前，心头一震：他们独自闯入敌群了！解方，指挥所在场人员都屏住呼吸，一起凝望着地图。萧劲光了解第一三五师，他们能钻，能拼，是有战斗力的。不过，现在也太凶险了。他沉思了一下，坚定地说：“既然进去了，索性将计就计，搅它个天翻地覆！”遂立即致电第一三五师，告诉野司总的部署，并嘱：你们应坚守阵地，打出声威，勇敢地抗击、截击敌人。要采取灵活机动的战术，处置各种情况，消灭敌人，保存自己。

第一三五师的突然出现，威胁着敌人的整个部署。解放军到来如此之神速，是白崇禧所没有料到的，对解放军兵力数量、意图，他也一时无法搞清。白崇禧慌了。他急忙调集第七、第四十八军等部五个师，向第一三五师各团阵地猛烈攻击。丁盛知道已身陷危境，进退均不易，遂指挥部队不惜一切代价抢占有利地势。双方激战一天，第一三五师抢占了各山头、隘口，匆匆赶来的白崇禧部队渐渐不支。是时，狡猾的白崇禧获悉程子华率领的西路军正向东疾进，担心持续纠缠拖延下去腹背受敌，遂慌忙改变作战计划，立即收缩兵力，命其主力第七军、第四十八军掉头向武冈方向攻击前进，为大部队撤往广西创造时机。

第七军、第四十八军都是白崇禧集团的主力、“王牌”，特别是第七军，是七七事变后桂系组建最早的一个军，装备精良，部队战场经验丰富，深受白崇禧宠爱和器重。官兵们也自命不凡，狂傲地自诩为“钢七军”。抵达衡宝地区后，他们趾高气扬地到处张贴标语，宣称“钢军硬，八路不敢碰一碰！”解放军官兵们一直非常窝火。听说要与第七军决战，中路军各部官兵个个摩拳擦掌，发誓“非把七军砸成一摊烂泥不可！”

10月6日，白崇禧部队开始全线撤退！萧劲光抓住时机，紧急发电报，一面命第四十六军主力越过湘江，向衡阳、耒阳前进，第十八军加速向零陵方向发展，同时令担负正面攻击的4个军12个师，全线出击，追歼逃敌。此后几天里，解放军各部官兵个个奋勇当先，与敌人展开了作风、速度、毅力大比拼。特别是第一三五师，面对数倍敌人的重重包围，师长丁盛毫无惧色。他明白：“狭路相逢勇者胜。”遂大胆率部左冲右突，一路拼杀，到处堵截、打击敌人。一连几天，他们时而被围，时而被攻，敌人今天出现在他们前头，明天尾追在他们后头。有天晚上，第一三五师与敌人连续周旋了几天，刚想宿营，突然发现竟与敌人同住在一个村里。于是立即操枪开火，又打起来。由于第一三五师插入敌后，打乱了白崇禧的部署，迟滞了敌人的行动，白部西逃南下的退路均被切断。他的第七军第一七一、一七二、一七六、一三八这4个师，被尾追和两翼迂回的解放军部队压缩、合围在黄土铺、严家殿一带方圆不足50平方公里的地域内。

获悉白部主力4个师被围，萧劲光喜上眉梢：“无论如何不能让‘小诸葛’再跑掉！”于是他火速调整部署，调动前线部队，集中向被围的白军发起攻击。

在这同时，中路军原先担负助攻任务的第四十六军，迅速扫清了衡阳外围各点的敌人，于7日解放耒阳，8日解放衡阳，部队在全城群众的热烈欢迎下进入市区。

9日中午，在解放军的围攻中夺路南逃的白部第七军及其直属队，逃至祈东县的黄土铺西部，被正在这里部署战斗的第一三五师堵个正着。该师一个团一边向上级报告，一边组织部队截击。部队飞跑四五公里，将敌人拦住，随即以猛虎扑羊之势发起冲锋，瞬间把敌第七军军部和直属队截为数段。在解放军出其不意的打击下，敌人陷入一片混乱。解放军的另一个团在北面不远的鹿门前，将第七军的第一七二师截住。

至时，中路军第四十一军主力已迂回推进到这一地区，切断了敌人西逃的退路。接着，第四十五军主力和第四十九军的一个师尾敌追击也到达这里。为了彻底消灭被围之敌，萧劲光又下令，命已到达洪桥地区的第四十军从东面迂回上去。这个军的第一一九师昼夜追赶，忍着饥渴翻过30多里的五峰山，在泥泞的道路上奔跑了160多里，终于在9日傍晚赶到了铁塘桥、杨家岭一带，抢得有利地势，截住了妄图从东面突围的敌人。

当天下午，祁东黄土铺西战斗异常激烈。战至晚上8时，为白崇禧扛大旗的敌第七军军部，及包括警卫营、通信营、工兵营、运输营等在内的军直属队被全部歼灭。

军部指挥机关被打掉了，随同南逃的 4 个师失去了统一指挥，越发慌乱起来。

10 日黎明，围歼战斗打响。萧劲光组织了第十二兵团 8 个师的兵力，对被包围的敌人发起总攻击。3 个师由北向南，2 个师由西向东，3 个师由东南向西北。连续奔波拼杀一个月、疲惫已极的官兵们听到冲锋号声，个个若下山猛虎，冲向敌阵。初始，不甘灭亡的白部官兵还顽强抵抗，后来发觉越打解放军越多，于是惊恐起来，便节节败退。激战一整天，第十二兵团官兵们忍着饥饿、冒着细雨，连夜在深山密林中搜剿被打散的敌军。翌日天刚亮，当地群众就翻山越岭送来开水、米饭和红薯。而同样来不及吃饭、喝水的白崇禧部队，却水米无着，至时已溃不成军。继续激战至 11 日中午，白部第七军 4 个师除一三八师 1 个团借有利地势仓皇逃出外，其余近 3 万人悉数被歼。第七军副军长凌云上、参谋长邓达芝及第一七一、一七二、一七六师的师长、副师长等八名将官做了俘虏。望着放下武器的大批俘虏，第

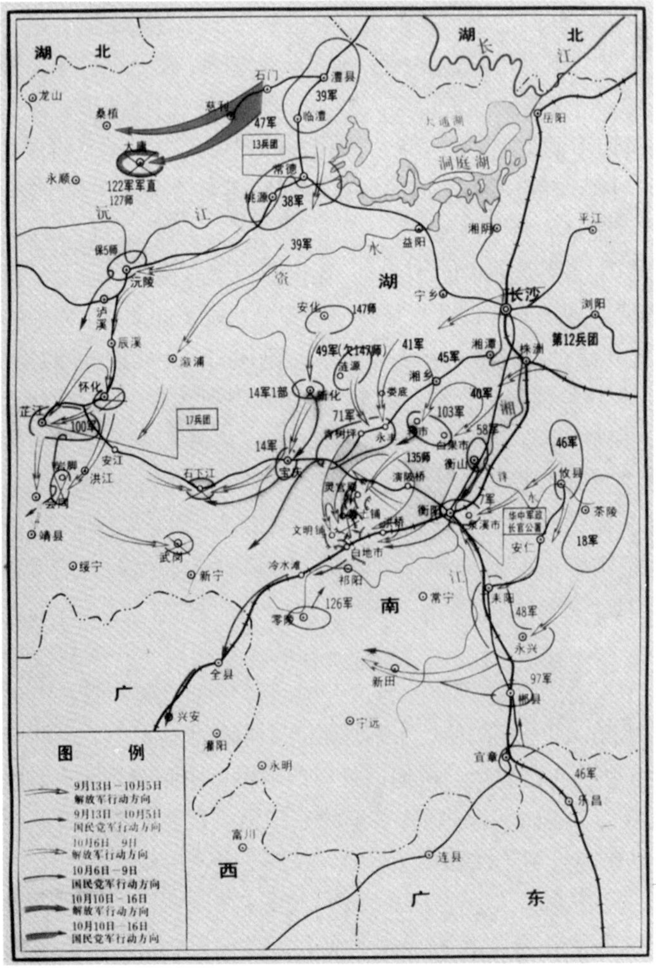

衡宝战役经过要图（1949年9月13日—10月16日）

十二兵团官兵一片欢呼：“什么‘钢七军’？纯粹玻璃军！”

赫赫有名的“钢七军”成了“一堆烂泥”。解放军官兵们多少天的疲劳一扫而光。

接下来，协同西路军东进的第四十九军一部、留守湘西的第四十七军也分别歼灭了宝庆逃敌和宋希濂部等国民党军，总计达 1 万余人。这样，从 9 月 13 日西路军南下芷江到 10 月 16 日宋希濂一部被歼，衡宝战役历时 33 天胜利结束。其间，萧劲光率领的中路军和程子华率领的西路军，以伤亡 4000 余人的代价歼敌 4.7 万多人。

衡宝战役解放了湘南和湘西大部地区，是进军中南以来第一个重大战役。这一战役虽然没能全歼白崇禧集团，但打掉了他的“王牌”“主力中的主力”。“小诸葛”的“本钱”不仅更小了，且余部都成了惊弓之鸟。在不久发起的广西战役中，便悉数被歼。白崇禧也不得不像一个输光的赌徒，于海南岛狼狈地登上飞机，无可奈何地去了台湾。

中央军委对此战非常满意，对萧劲光在第一线的指挥，特别对所部第一三五师师长丁盛陷入重围而不慌、敢打敢拼的表现，尤其满意。若干年后，毛泽东还清楚地记得衡宝战场上的第一三五师，笑称丁盛为“丁大胆”。第四野战军和第十二兵团司令部，都颁发通令嘉奖了有功部队。

据说熟读兵书、可背诵《孙子兵法》的白崇禧到台湾后，一直对衡宝之战耿耿于怀，认为自己最大的失误是信用陈明仁，等等，如果怎样怎样，“历史将是另一个样子”。以此看，“小诸葛”有点儿“事后诸葛”。他不明白，历史是铁铸的，没有“如果”。大厦将倾，独木难支。少数人的“殊死斗争”是无济于事的。这就是历史，正道沧桑。

第十七章　受命组建海军

一、中南海，主席当面授命

1949年10月中旬，长沙。

衡宝战役的硝烟还没有散尽，萧劲光还沉浸在胜利的喜悦中，突然接到了中央军委的电报：速进京，主席召见，有要事相商。

毛主席召见！萧劲光不由得心头一热。他是1945年8月离开延安奔赴东北战场的。至时，与毛泽东已分别四年多了。握着电报，在毛泽东直接领导下战斗、生活的情景：风雨如磐中长沙初识，在中央根据地共同迎敌，陪毛泽东在宝塔夕照下漫步……一幕幕往事像电影一样浮现在眼前。

要事，什么要事？萧劲光来不及细想，当天就向主持军区和省委工作的唐天际、金明等人简单交代了工作，只带着一个秘书，匆匆登上北去的列车，赶赴北京。

时隔一天，萧劲光就出现在中南海颐年堂毛泽东的会客室里。

见到萧劲光，毛泽东非常高兴，紧握着他的手说："你来得好快呀！你们教训了'小诸葛'，仗打得不错。"毛泽东询问了湖南省、长沙市党政方面的一些情况，萧劲光个人生活方面等情况。接着毛泽东话锋一转，说："解放全国的任务虽然还相当繁重，但是组建空军和海军的问题已经提上议事日程。空军的筹建工作已经差不多了，决定让刘亚楼去当司令员。现在要着手筹建海军，中央想让你来当司令员，怎么样？"

赴京的火车上，萧劲光对毛泽东召见的"要事"作了种种揣测：调回军委机关？有新的作战任务？……什么都想到了，就是没有想到要自己去组建海军。因毫无思想准备，听了毛泽东的问话，萧劲光便坦率地说："主席，我是个'旱鸭子'，哪能当海军司令？这么多年，我就坐过五六次海船，还晕得不行。海军司令还是让别人做吧！"

对这个回答，毛泽东似乎早有预料，所以不等萧劲光讲完，他就摇头了。继而笑道："我就看上了你这个'旱鸭子'。让你去组织指挥，又不是让你天天出海。"沉吟了一下，毛泽东意味深长地说，有海就要有海军。过去我国有海无防，受人欺负，我们把海军搞起来，就不怕帝国主义欺负了。再说，我们要解放台湾，也要有海军。海军一定要搞，还要搞好。这么大的国家、这么长的海岸线，没有海军不行！要搞海军么，总得有个人去领头。20多年来，我们和日本鬼子打仗，和国民党反动派打仗，都是钻山沟，钻青纱帐，主要在陆地上。现在要建设海军了，派谁去当司令员啊？谁搞过海军？讲到这里，毛泽东好像有意要萧劲光思考，停下来点上一支烟，又接着讲下去：要你当海军司令，军委是经过认真研究的。我们搞海军的基础很差，现在除了起义人员带来的舰船、装备，一无所有。你做过改造旧军队的工作，有经验，也了解我们部队的传统。还有，我们搞海军要争取苏联的帮助。你留过苏，懂俄语，了解苏联部队的情况，这些都是有利的条件。

萧劲光默默地听着，知道让自己任海军司令员的事中央已经过研究，不好再说什么，只是不住地点头。最后，毛泽东嘱咐萧劲光回到长沙后，继续抓好第十二兵团和湖南军区的工作。“湘西一带匪患很重，要很好解决，这你有经验。调海军的事，等军委的正式命令。”

12月初，党中央决定毛泽东以中共中央主席和中央人民政府主席双重身份访问苏联。临行前，他在自己的书房又一次召见了萧劲光。

毛泽东首先向萧劲光询问了莫斯科的时令特点、生活习惯及苏联军队等方面的情况，接下来征求他对海军建设的意见。毛泽东说，这次出国访问，主要是为了进一步巩固和加强中苏两党两国的友谊。会谈中，将商讨苏联对我国的援助问题，其中也包括海、空军的技术装备。“你有什么想法，有什么意见、要求，都可谈谈。”

萧劲光这次有了准备，便比较系统地谈了自己对海军创建工作的一些思考。毛泽东听了很满意，连连说：“好，好，要考虑得更细一些，一步步落实。”最后，他特别强调指出，现在世界上愿意真诚援助我们的大国只有苏联。我们要积极争取苏联的援助，在海军建设过程中，要很好向苏联海军学习。

萧劲光从北京回到长沙不久，第四野战军司令员林彪从广西前线返武汉，在长沙作短暂逗留。其间，他与萧劲光进行了工作上的交谈。林彪说，关于你调海军的事，还没有最后定下来，中央领导同志有不同意见。中央也打电报征求了我们四野的意见。四野领导原打算让你留在中南地区工作，任军区司令员。现在还有两种可能，一是去海军，一是留在中南地区，具体听通知。

几天后，中央军委的电报就到了。电报是发给四野首长的，同时抄第十二兵团、湖南军区：“为统一管理指挥各地人民海军及现有舰艇，调十二兵团兼湖南军区司令员萧劲光同志为中国人民解放军海军司令员、刘道生同志为海军副政委兼政治部主任，并允许由原兵团直属队抽调部分机构与干部，以作为海军直属机构之基础。”但萧劲光任海军司令员的命令，没有同时发出。据四野有关部门说，毛主席明确表示，要等他访苏回来最后定。

显然，毛泽东对创建海军非常重视，对海军司令员的人选十分慎重。1949年初，渡江战役尚未打响，他就指示陈毅由华野率先创建了海军部队。半年多来，虽然一边指挥打仗一边运筹建国，他却一直记挂着组建海军的问题。毛泽东出国前，就解放台湾、海军创建问题与其他中央领导、几个野战军首长进行多次交谈。到苏联后，他仍然思考着海军的筹建问题。在近一个月的时间里，通过与苏联军界的接触、了解，毛泽东更坚定了由萧劲光任海军司令员的决心。1950 年 1 月 13 日，他从莫斯科给主持中央工作的刘少奇副主席发来电报：“可即任命萧劲光为海军司令。”据此，15 日，中央军委正式发出命令：“(一) 为了统一管理现有各地海军人员及舰艇，及建立人民海军，特任命萧劲光为中国人民解放军海军司令。(二) 现在大连创办之海军学校，及华东军区海军司令部，今后即直接向萧劲光司令员报告工作。”

1950 年 1 月 15 日，萧劲光就任中国人民解放军海军司令员。

是时，刘道生为第十二兵团暨湖南军区副政委兼政治部主任。接到电令，萧劲光便与刘道生一面着手移交第十二兵团和湖南军区的工作，一面选定拟调海军工作的干部和部队。任湖南省委书记、湖南军区政委的黄克诚，热情又大度。他对萧劲光、刘道生说：“组建海军领导机关，是我军建设史上的一件大事，省委、军区全力支持。你们尽管挑，需要谁就调谁去，需要抽调多少部队就抽调多少部队。”经慎重考虑，为了不致使第十二兵团、湖南军区的工作受太大影响，萧劲光决定抽调机关 1/2 左右的人到海军。最重要的是科以上干部人选。萧劲光对刘道生说，懂海军的没有，就选文化稍高点的吧！黄克诚说到做到，凡是萧劲光他们选定的，全都同意。选调工作进展顺利，干部名单也定下来了。考虑到建设海军需要大量有文化、有知识的人才，萧劲光决定在长沙征召一批青年学生参军。于是，在湖南军区大门口挂起了“海军司令部招兵处”的大牌子，并在市内多处贴出告示。一时间，前来看告示探根底的，报名参军的，人来人往，热闹非凡。

1 月底，萧劲光向黄克诚等移交了第十二兵团、湖南军区及省、市的工作，把随调部队工作交刘道生处理，带领着第十二兵团供管处长景宜亭等数十人，先行离开长沙。

二、一个全新的课题

旧历年底的长沙火车站，薄雾笼罩，冷风嗖嗖，但依然人头攒动，出站、进站的人络绎不绝。

马上要过年了！新中国的第一个春节啊！一声长长的汽笛声响罢，进京的列车缓缓开动。萧劲光望着车窗外接续闪过的楼房、街道，感情是复杂的。

故乡熟土，浓浓的乡音，风雨战火一别将近30年，而今刚刚返回，却又要匆匆离去。和平解放的长沙，剿匪、清霸，建章立制，有多少工作要做啊！按说，还应该回一趟赵州港，向年近古稀的大嫂告别。那些年来，照顾母亲，张罗一家老小的生活，都是大嫂在操劳。大哥不在了，在自己鼓励下从延安回湖南从事党的地下工作的侄儿，一年前被国民党杀害。大嫂太累、太难了！而这次到长沙近半年的时间，却仅与大嫂匆匆见了一面。原想能与大嫂一起过个春节的……战事急需海军，新中国急需海军！而自己这个毛主席亲自授命的海军司令员，对海军还一无所知——迄今为止的几十年里，除当年在苏联留学时到波罗的海舰队的军舰上参观过一次训练外，与海军再没有任何接触。海军部队到底应由哪些兵种组成？海军需要哪些武器装备？外国海军的现实状况如何？海军的战略战术原则是什么？组建海军应该先从哪里入手……一个全新的课题！尤其眼下，时间紧迫又无基础条件……无论如何不能耽搁了！

火车到武汉，萧劲光下车了。在这里的长江江面上，分散停泊着几十艘大大小小的舰艇。它们是华东军区海军主要的战斗力量。因为台湾国民党空军不时派飞机到东南沿海轰炸，海军舰艇撤到了这里。时间紧迫，不能按部就班。海军领导机关的工作机构八字还没一撇，司令员先下部队了——萧劲光决定由景宜亭带人先行进京，自己留下看看部队，在这里做点调查研究。若干年后，萧劲光曾开怀地笑道：我这个海军司令上任是先到基层，在军舰上报到的。

在武汉江面上停泊的舰艇，有护航舰、炮舰、登陆舰和各种小艇，总计30多艘，建制上是两个舰大队（后改称支队），即第一、第二舰大队。萧劲光在大队负责人萧平、陈绍海的陪同下看望了舰上的官兵，听舰、艇长介绍了舰艇性能、武器装备、人员编制等情况，召开了座谈会，听取了大家对当海军的想法。显而易见，我们现有的舰艇老、旧、性能差，但官兵们的精神面貌、工作热情是令人鼓舞的。萧劲光在舰艇上一边看一边与官兵们交谈，一边思考着下一步工作。他在武汉待了十多天，2月中旬方抵达北京。

这时，先行到达北京的景宜亭等人已经有点着急了。行前萧劲光明确交代，先遣人员分为三个组，两个组分别去青岛、天津，大部分留在北京找房子，接待各地陆续调来的部队，着手准备成立海军领导机关的事宜。然而，成立什么样的机关？主要力量放在哪里？大家心里谁都没数，准备工作自然也无从下手。

这正是萧劲光多日来一直在反复考虑的两个问题：其一，海军是一个军种，还是一个兵种？海军机关是一个战略决策单位，还是军委、总参谋部的一个业务部门？其二，海军机关设在哪里？是设在北京，还是设在沿海的某一个城市？

对这两个问题当时有分歧。有人认为，海军只是一个兵种，没有必要成立单独的领导机关，只要成立一个数十人的班子，作为总参谋部的一个业务部门就可以了。至于驻地，有人主张设在北京，认为这样便于军委内部协调工作；也有人认为海军机关应该靠近海，可以设在天津、青岛或沿海其他城市。

萧劲光是善于动脑的。他深深懂得这两个问题直接关系到海军建设全局和今后的长远发展，绝不可轻易下决心。他首先找来资料，分析研究了苏联和美国海军的情况，并与海军副政委兼政治部主任刘道生等领导几次商讨，统一认识。尔后，萧劲光亲自到总参谋部向代总参谋长聂荣臻陈述了自己的意见：世界上的大国，苏联、美国的海军都有独立的体系和领导机构，他们的领导机构都设在本国的首都。中国也是大国，有着漫长的海岸线和辽阔的海域。从新中国海军肩负的使命和长远发展考虑，海军应该是一个军种而不能是一个兵种，海军机关应该是一个机构健全的战略决策单位，而不能只是军委、总参谋部的一个业务部门。从海军本身的业务范围来说，海军的使命、装备建设与政务院的诸多部门，如外交、交通、水产、科委及许多工业部门，都有密切关联。为方便联系，及时洽商、解决问题，海军机关也应该设在北京。

聂荣臻非常重视萧劲光的意见。鉴于问题的重大和毛泽东对海军组建工作的关心，他专门往莫斯科挂长途电话，向尚在苏联访问的毛泽东汇报了萧劲光的意见。毛泽东明确回答：萧劲光意见是对的。海军是一个军种，海军机关是一个战略决策机构，应单独成立司令部。关于海军机关的驻地，毛泽东不容置疑地说，当然要设在北京。

聂荣臻及时向萧劲光传达了毛泽东的指示。这样，两个根本性的问题明确下来，筹建海军领导机关的工作便逐步展开。

1950年3月初，毛泽东结束了历时两个多月的访苏回到北京。萧劲光向毛泽东电话问候的同时，提出“请主席安排时间，汇报海军筹建工作”。毛泽东欣然回答：既然时间紧迫，那你就来吧！

3月中旬，毛泽东在中南海颐年堂听取了萧劲光关于海军筹建工作的详细汇报。

萧劲光首先汇报了自己对海军机关机构设立和驻地的考虑，接着又介绍了筹建工作的进展情况。谈到房子问题，萧劲光半开玩笑地说：“主席，我现在是上无片瓦、下无寸土，连个立足的地方也没有哇！”毛泽东当即问道：“你们机关有多少人？”

萧劲光回答：“司、政、后、卫，几个大部加在一起，900人。”

毛泽东说：“人不多嘛。海军是个战略决策机构，要设在北京，要有长期打算。没房子，可以自己盖。这样吧，你们写个报告，我来批钱。”

没有房子，在当时确实是个不小的难题。此时，北京已解放一年多，原有的公房差不多全被先进城的部队和党政机关住满了。萧劲光带领人员从湖南来到北京后，便与从其他地方调来参加海军组建工作的人一起，租住在前门外一带的便宜客栈和民房里。至于办公地点，更为分散：一部分人住在麻线胡同，一部分人住在西观音寺，一部分人住在东四（海军机关组建后，这几个地方分别为司令部、政治部、后勤部驻地），工作十分不便。毛泽东批经费后，先是在贡院东街一块不大的空地上建了两栋小楼作为办公地点，1953年以后，才请梁思成教授，主持设计建造了至今尚在沿用的海军机关办公楼。之后，以此为基础，陆续建成了在公主坟西南侧现在的海军大院。

三、海军机关成立“大典”如是举行

1950年2月底前后，调海军机关的第一批部队陆续抵京报到。

他们是，第十二兵团兼湖南军区司令部（含通信队）380人，政治部（含宣传队）266人，兵团卫生科及供管处全部314人，军政干校700人。此外还有警卫团、两个步兵团、一个机炮连。机关部队加在一起，总共2000余人。

军委已经明确，海军领导机关是一个“战略决策机构”。那么，应该设立哪些部门呢？萧劲光经与刘道生商量，决定暂时沿用陆军的编制，设司令部、政治部、后勤部、卫生部四个大部。司令部由罗舜初（时任第十二兵团第四十军军长，一个多月后报到）任参谋长，下设作战、情报、机要、军训、军务、炮兵、通信、组织动员、管理等处；政治部由副政治委员刘道生兼任主任，下设组织、宣传、保卫、文化、青年等二级部。后勤部部长张汉丞，卫生部部长丁世芳。各部、处依工作量，分别设员额若干。编制定下来，人员显然不足，但不能再等了。为了尽快明确职责，展开工作，萧劲光与刘道生商定并报军委批准，海军领导机关成立大会于4月14日上午举行。

1989年2月，中央军委正式批复，1949年4月23日成立华东军区海军的日期为中国人民解放军海军成立日期。从这一天开始，人民海军作为保卫万里海疆的一个军种出现在解放军行列中。1950年4月14日，海军领导机关的成立标志着一个拥有1.8万多公里海岸线濒海大国的海军首脑机关成立，在世界范围内无疑也应算得上“要闻”。但海军机关成立“大典”不仅谈不上隆重，甚至有点儿寒酸。

古老的北京城，虽然千百年来屡为京都，但从来没有海军的专门衙署。进京组建海军领导机关的部队，包括萧劲光、刘道生在内的海军首长、机关干部，先行成立的华东海军的代表，基本上都住在租来的民房和便宜客店里。当然不可能有专门的会议室、礼堂。所以，海军机关成立大会是借用协和医院的礼堂举行的。

出席大会的海军官兵1000余人，但会场上看不到穿海军服的人。官兵们的衣服或黄或蓝，颜色不尽相同，样式也不完全一致。帽子上崭新的带铁锚的帽徽，是作为海军部队的唯一标志。

至时，到任的海军首长只有两人：海军司令员萧劲光、海军副政委兼政治部主任刘道生。组建海军机关的全部工作，从机构编组、人员配备，到办公地点选择，直至成立大会的议程，都是他们两人带着几个机关干部一项项研究落实的。

上午9时整，刘道生宣布大会开始。萧劲光宣读中央军委命令，发表讲话。

萧劲光对这次讲话十分重视。他清楚，这不是一般的程序性讲话，不是向大家简单地宣告海军机关成立就可以了，而必须有实实在在的内容，使不愿来海军、不愿干海军的官兵们，真正懂得创建海军的意义，明白自己的使命和责任。为了准备这个讲话，他派人从北京市图书馆等处借来了多种关于海洋、关于海军的资料书籍。几天来，他一边工作一边读书思考，一股不可遏制的激情在胸中涌动着。他有太多的话想说。

开宗明义，萧劲光首先阐述了海军建设的意义。他说，中国是濒海大国，海岸线近两万公里，岛屿几千个。举大的说，台湾、海南岛、舟山群岛、东沙群岛、西沙群岛、南沙群岛。一连串的岛屿环绕我们的海岸，而在海岸上面，有许多重大的、繁盛的，尤其在经济上很重要的大城市，如大连、旅顺、青岛、上海、厦门等。这些城市都是重要的商埠，对国际通商有着极其重大的关系。但是一百多年来，这些城市、码头却成了帝国主义侵略中国的大门，是吞食中国人民血肉的巨口。据史书记载，从1840年到现在，日、英、美、法、俄、德、意、奥等国的军舰入侵我国沿海地区达470多次，平均每年4次还多，太令人震惊了！为什么会这样？就因为中国没有一支像样的海军。

对现场的官兵来说，萧劲光讲话的观点、思想也许不算新鲜，但大量的内容、资料，是他们闻所未闻的，加上萧劲光富有感染力的讲演，个个听得如痴如醉，整个会场鸦雀无声。接下来，萧劲光依序回答大家心中的疑虑和问题。

萧劲光说，我们建设海军的方针是什么呢？去年秋天，毛主席为华东海军题了词："我们一定要建设一支海军，这支海军要能保卫我们的海防，有效地防御帝国主义的可能的侵略。"这就很清楚地告诉我们，我们要建设的海军是一支保卫自己海防的海军，而不是一支侵略别国的海军。我们的海军，在战略上是防御的，在战术上是进攻的。我们有自己的优越条件，靠近海岸，我们的陆地就是航空母舰，我们的海岸炮就是军舰的主炮。所以，舰艇建设，我们不建大的，而集中建设轻型的，比方潜水艇、驱逐舰、巡洋舰、鱼雷快艇、扫雷艇、水上航空部队，等等。这样轻型的舰队，在我们近海的基地里可以发挥很大的作用。同时，我们还要建设海岸要塞……只建轻舰，不造重舰，这就是目前我们海军建设的基本方针。

"我们建立强大海军有没有可能？"萧劲光提出问题扫视会场后，坚定地一挥手：有可能！我们完全有条件！首先，虽然海军机关现在刚成立，一年前我们已经组建了华东海军。一年多来，起义的、俘获的、接收的，已经有了近百艘舰艇。这些艇大都很破旧，但相当部分修理一下、改装一下，是可以用的。我们还可以购买一部分。苏联已经给我们派来了顾问、专家，下一步还要向我们提供许多先进的舰船、装备。更重要的是，我们有了自己的工业、自己的工厂，可以研制，自己造。总之，有党和毛主席的英明领导，什么困难我们都能克服！我们一定可以建立起强大的海军！

讲到这里，会场响起暴风雨般的掌声。稍停，萧劲光兴致盎然地继续讲下去。要建设强大的人民海军，物质上固然重要，尤其要建设我们的思想，这是第一重要的，要树立为人民服务的思想……要树立战斗的作风……刻苦耐劳的作风……团结友爱同舟共济的作风。

那么，我们当前的任务是什么？第一，把现有力量组织起来，把沿海基地建设起来，参加海陆两栖作战。第二，建立海军思想，建立带着海军特点的工作作风。要发扬我军政治工作的光荣传统，做好宣传教育工作，使原海军的同志热爱人民海军，从陆军调来的同志愿意干海军，大家都树立献身海军事业的决心，树立建设强大海军的信心。第三，办好学校，抓紧培养干部。海军是高技术军种。人被技术所组织、所分配，人要指挥技术就必须精通技术。我们的干部战士都必须尽快掌握海军技术，实现从"旱鸭子"到"海上蛟龙"的转变。

接下来，萧劲光又分析了当前存在的困难、问题，对各部门的工作作了部署要求。直到近11时，萧劲光的讲话才告结束。最后，他提高嗓音发出号召："希望大家以新的工作精神来接受建设海军的伟大任务，共同为建设强大的人民海军奋斗！”话音未尽，全场掌声骤起，一阵又一阵，经久不息。

主持会议的刘道生即席讲话。他概括总结了萧劲光讲话的精神，进一步强调，人民海军是解放军的一个组成部分。建设海军，我们要继续保持和发扬解放军的优良传统和作风。今天我们虽然从陆军加入了海军，从陆地战场转向海洋战场，但真正实现从陆军到海军的转变，还要经历一个艰苦的过程。我们每位同志要尽量缩短这个过程，尽快实现这个转变，像萧司令讲的，“旱鸭子”成为“海上蛟龙”！

囿于当时的环境、条件，这次大会没有留下录音，甚至没有留下一张会场的照片。萧劲光将近两个小时的讲话，虽认真做了准备，但没有讲话稿，所有的只是不满三页纸的提纲。以上记述的内容，是从根据记录整理的文稿上摘录的。但这次大会在当年与会的“老海军”记忆中留下了终生难忘的印象：“那次会议，宣告了人民海军作为一个战略性军种的诞生，宣告了中国有海无防历史的结束，是中华民族的大典啊！”

四、定航向，八月决策会议

海军领导机关成立不久，很快又从湖北军区调来王宏坤任海军副司令员，第十二兵团的罗舜初、雷永通也到京报到，分别担任了海军参谋长、海军政治部组织部部长。1950 年 6 月 22 日，中共中央批准，海军成立临时党委，由萧劲光、刘道生及王、罗、雷等组成，萧劲光任书记。

8 月，海军临时党委召开了海军历史上第一次重要的工作会议。因为这次会议集中研究决定了关系海军建设全局和长远发展的一系列重大问题，人们后来多称之“海军建军会议”，又叫“八月决策”。

召开这一会议，是在 6 月底定下来的。萧劲光到北京时，部队正在作解放台湾的准备工作。渡海作战，第一位的任务当然要由海军来承担。所以，萧劲光到京后，一边积极筹备成立海军机关，一边抓紧时间作打仗的准备。在这期间，他阅读、研究了大量敌情资料，与多名国民党原海军的高级军官交谈，了解台湾国民党海军的实力和作战特点，通过听取华东军区海军的工作汇报，掌握人民海军可参战的登陆舰船和物资装备情况。3 月初，华东军区第一副司令员粟裕到京参加军委召开的各战略区负责人会议，萧劲光抓住这个时机，就解放台湾准备问题，与其进行了详尽的商谈。解放台湾是华东军区面临的首要任务，华东军区海军的组建又一直在军区领导下进行，所以粟裕对攻台问题考虑比较深。与粟裕交谈后，萧劲光感到收获很大，“心中有了些底数”。但到 6 月下旬，朝鲜战争爆发。根据形势的发展，中央作出了延期解放台湾的决定，紧张的打仗准备工作遂缓和下来。[①]据此，萧劲光决定把主要精力转移到海军部队组建工作上来。海军临时党委成立后第一次会议即议定：8 月召开党委扩大会议，请各大单位领导参加共商海军建设大计，集中讨

① 见《周恩来年谱（1949—1976）》（上），中央文献出版社 1997 年版，第 52 页。

论、研究建设一个什么样的海军及如何建设海军等问题。“要使各大单位领导同志，心中有方向、有目标，有一个蓝图。”会后，萧劲光带头，党委几个人分头搞调查、查资料，拟制海军建设规划，作了认真的准备。中央军委领导作了许多重要指示。

6月30日，即朝鲜战争爆发后的第五天，周恩来把萧劲光找去，向他正式传达了中央对形势发展的估计和中国的态度。周恩来说：形势的变化给我们打台湾增添了麻烦，因为有美国在台湾挡着。但也有好处，因为自己还没有准备好。现在我国的态度是，谴责美帝侵略台湾、干涉中国的内政。我们军队的打算是，陆军继续复员，加强海、空军建设，打台湾的时间往后推延。周恩来还具体提出，假如以50万人打台湾的话，即是分两次运，海军也还要准备几十万吨船。“我们看待当前的形势，‘惧无根据，喜不麻木’，才是正确态度。”①

萧劲光向周恩来汇报了工作：初步考虑近期召开一个党委扩大会，具体讨论、研究一下海军建设的实施方针和规划问题。为此，我们打算根据军委的指示，制定一个三年建设计划。周恩来表示同意萧劲光的打算，说应该抓紧开个会，理理头绪。

了解了海军将召开党委扩大会的计划，朱德总司令于7月13日专门给萧劲光等海军领导写来一封信。信中具体提出，要加强海军建设，“就必须有造船厂、飞机厂”，“有了这两种厂能自造还不够，必须有石油厂，才能强化起来”，“你们应有计划的请求燃料部，在三年至五年内，必须设油管”。接看了信函，萧劲光又专门去中南海，向朱德请示工作。

萧劲光先向朱德汇报了海军制定建设规划的事。萧劲光说，总司令的提醒很重要，我们认真学习、讨论了。现在我们正在制定三年建设计划，对近三年内，建立多少支舰队、多少个航空师、多少个海岸炮团，提出了具体意见。在计划中，向政府提出了充实现有的江南、大连、黄埔、青岛等造船厂，发展造船工业的建议。朱德听了很高兴，接着对海军工作进一步作了指示。他说：“应该利用现有的时机和兵力，首先把沿海海岸各要地及岛屿的防御工事、防御设备建立起来，把各基地组织起来。这一任务应成为当前的工作任务，且应成为首要任务之一。”“不能单从打台湾打算，而忘记了海军的基本建设”，“中国地方宝贵，寸土都要保护”，“海军的防卫在海上……招兵要注意招收水性熟悉的人”，海军要“在海上建立生产、建立家务”。最后，他再次提醒，“向军委打个报告，要求重工业部注意发展燃料工业”。

之后，萧劲光把周恩来、朱德的指示，都贯彻到海军建军会议的文件和海军建设计划中。

海军决策会议于8月10日在北京召开。参加会议的除萧劲光、王宏坤等海军党委成员外，还有华东军区海军、广东军区江防部队、大连海校和正在筹建的部分单位的领导赵启民、张学思等10人，海军直属机关部门领导11人也出席了会议。会议首先听取了华东军区海军、大连海军学校、华东海军学校等单位的工作汇报，

① 《周恩来年谱（1949—1976）》（上），中央文献出版社1997年版，第52页。

听取了青岛基地筹建情况汇报。尔后，遵照中央军委有关指示，着重讨论了“建设一支什么样的海军”的问题。

讨论会开始，萧劲光开门见山提出了问题。他说，一年前，毛泽东主席在接见参加华东军区海军创建的原国民党海军将领林遵、曾国晟等人时，曾为华东军区海军题词：“我们一定要建设一支海军，这支海军要能保卫我们的海防，有效地防御帝国主义的可能的侵略。”在全国政协第一届全体会议开幕词中，他又向全世界庄严宣告：“在人民解放军的基础上……我们将不但有一个强大的陆军，而且有一个强大的空军和一个强大的海军。”毛泽东的题词和讲话，充分表达了中国人民建设海军、保卫海疆的坚定决心，明确了海军建设的规模和担负的根本任务。这些指示，是海军建设的总方针，是海军全体官兵长期奋斗的大目标。但在这一总方针、大目标下，还要不要制定出海军建设的具体方针和近期目标，以引导海军广大指战员共同奋斗呢？通过半年多的实践，大家可能已经感觉到，回答是肯定的。可以说很有这个必要。那么我们到底建设一个什么海军呢？在座的都是海上长城的奠基者、打桩人，今天都要敞开思想，谈谈自己的想法。

大家发言是热烈的。有的人强调，中国是海洋大国，当然要建大海军。一个强大的海军，才能与我们大国地位相称，才与辽阔的领海相称。国家经济困难，其他地方可以省，但一定要建设一支像样的海军，否则连解放台湾都困难。一边说着，还拿出了外国海军的不少资料；也有的人认为，建设海军不是一朝一夕的事，要逐步来，不要说先进的舰艇装备现在没有，就是有，目前官兵的文化水平也玩不转。与会人员虽都是“青纱帐”里的英豪，不怎么懂海军，但都是有备而来，发言很踊跃，争论很激烈。半天过去了，大家还在应着力发展什么舰艇、部队多大规模上争论不休。

萧劲光认真听大家发言，不时插话，看大家讲得差不多了，集中大家的意见，谈了自己的看法。他说，看来大家看了不少书，谈得很好，有些资料很重要。讨论就是学习，这个会也是学习会。从大家的发言中，我学到不少东西。我们到底建设一支什么样的海军呢？从去年 10 月毛主席召见，授命我组建海军那天起，我就一直在考虑这个问题。现在世界上的海军强国，主要有三个国家：英国、美国和苏联。英、美建立的是大型的、重型的海军，有庞大的舰队，有航空母舰、有巡洋舰。苏联海军也是大型的、重型的，也有巡洋舰，等等。我国的国情不同，作战任务也不一样。当然，我们也希望建设一支强大的海军，但这是不现实的，办不到的。现在，我们只能致力于“建立一支轻型海军”。为什么？这主要因为：其一，我军执行的是积极防御的作战方针，在战略上是防御的，在战术上却是进攻的。我国是社会主义国家，不指望得到别人一寸土地。我们的任务是保卫海防，保卫国家的安全。当然，我们的防御不是被动的防御，把自己置于被动挨打的地位，在战术上我们要积极主动寻找战机，主动打击和歼灭敌人。目前摆在我们面前的任务就有三大项，协同陆军继续解放沿海岛屿；加强警戒，保护海上交通，保护渔业生产；准备力量在适当时候解放台湾，并随时准备对付帝国主义的可能的侵略。很显然，完成这些任务，都不需要我们远离自己的国土。我们与敌人作战的战场主要在近海。作战时我们有漫长的海岸线和星罗棋布的岛屿可以作为依托。这些特点和条件，决定了我们不需要建设庞大的远洋舰队，但又必须尽快建立起一支坚强的海上战斗力量。其二，我国经济落后，工业特别是造船工业基础薄弱。帝国主义长期的侵略掠夺，使我们基本上没有像样的工业，钢铁工业、造船工业尤其薄弱。由于长期处于战争环境，国家财政经济困难，并且短时间内难以从根本上好转。所以一时不可能拿出大笔经费来用于海军建设。退一步说，即使经济好转了，有了钱，没有现代化的工业基础，没有专门技术人才，也不可能一下子就造出现代化的军舰来。基于这两方面原因，我们海军建设的方针应该是"精干的方针"，以飞机、潜水艇、快艇三项为重点，建立一支轻型舰队。

萧劲光的发言，得到了与会者的赞同。刘道生说："我们要脚踏实地，不能好高骛远。根据我国的经济和工业条件，现在只能是建立一支富有攻击力的轻型舰队。这样的海军，能适应我国海防斗争的需要，且建设起来花钱少，见效快，我们搞得起。"华东军区海军还分析了院校中关于海军建设的一些模糊观念，说："我们必须反对和帝国主义海军比吨位的观点，克服轻视轻型舰队、惧怕帝国主义大舰的思想。最近朝鲜人民军的轻型舰队就击沉了美国的巡洋舰。认为只有大舰才能打胜仗的说法，是没有根据的。"最后，萧劲光概括大家的意见，提出"海军建设的方针是精干的方针"，"在三年之内，我们不可能建设大型的海军，只能建设一支现代化富于攻防力的精干的轻型的海军力量"。

经过大家反复推敲，形成了对海军建设方针的完整表述："从长远建设着眼，由当前情况出发，建设一支现代化的、富于攻防力的、轻型海上战斗力量。首先组织和发展现有力量，在现有力量的基础上，以发展鱼雷快艇、潜水艇和海空军等新的力量，逐步建设一支坚强的国家海军。"（后来机关文件中明确、简洁地概括为以"空、潜、快"为重点）。会后，海军临时党委将这一建设方针报告了军委，得到了军委首长的同意。这一方针不仅在海军开始几年的建设中发挥了指导作用，其基本精神在以后相当长一段时间里也起了积极作用。

接下来，会议研究确定了海军建设的组织路线，即海军建设主要依靠哪些力量，这些力量在海军建设中各应处于何种地位的问题。

早在一年前华东军区海军成立时，便遇到了这一问题。当时海军部队初创，部队成员主要由两部分组成：一部分是从解放军陆军部队调来的官兵，另一部分是起义、投诚的国民党海军官兵和从社会上招募的具有海军技术的人员。招募来的这部分，除少数汪伪海军人员外，基本上也都是国民党海军复员、转业或遗留人员。为避免"刺激"（有的单位曾因说他们是"国民党海军的人"而闹矛盾）统称他们为"原海军人员"。当时，华东海军为尽快整编成军，投入战斗训练，在部队编组和舰员配备上采取了"以解放军为基础，团结改造原海军人员"的原则。这一原则无疑是正确的，却引起了原海军人员的严重不满。他们认为从陆军来的解放军官兵，是穿了军装的工人农民，没文化，更不懂海军知识技术，不可能也没资格充当"海军建设的基础"；而从解放军陆军部队调入的官兵，由于文化水平偏低、不懂海军技术，也缺乏"为基础"的信心，有人甚至公开提出应"以原海军人员为骨干"。部队编组中，配备舰员时虽然坚持了“以解放军为基础的原则”，实行了“解放军占三分之二，原海军人员占三分之一”的规定，但大家的认识没有统一，工作中不时出现这样那样的问题。萧劲光听取了华东军区海军的汇报，也作了调查。他认为，这不是个简单的舰员配备比例问题。它直接关系着能否充分调动各方面的积极因素，形成海军建设的合力，能否保持人民海军无产阶级军队的性质、宗旨和根本方向，是一个重大组织原则问题。为了自上而下地提高认识，统一思想，萧劲光把这一问题提到了会议上。

会上很快展开了热烈讨论。随着讨论的深入，大家思想逐步形成共识。一致认为，应该制定一条明确的组织路线或叫建军路线，以教育部队、指导工作。而这条组织路线的内容应该包括：人民海军是解放军的一部分，是人民的军队，坚持“党指挥枪”的原则，实行党对军队的绝对领导；为工农出身的干部战士撑腰，强调他们海军建设骨干的身份，激励他们在海军建设中发挥模范带头作用；海军是技术高度复杂的军种，要尊重知识，吸收人才；重视发挥原海军人员在海军建设中的作用，但既要团结也必须教育、改造。不能因为个别人“觉悟高、思想好”，就放弃对原海军人员这个整体的教育改造。

思想认识统一了，通过反复讨论，集思广益，形成了海军建设组织路线的文字表述，经萧劲光斟酌、推敲，最后落定，全文是：“在共产党的绝对领导之下，以工农为骨干，以解放军为基础，吸收大量革命青年知识分子和科学技术人员，争取团结和改造原海军人员，建设人民海军。”（“科学技术人员”是翌年召开的海军首届政工会上增加的）

海军建设组织路线确定后，海军机关通过会议、刊物等多种渠道进行了广泛宣传，使它的思想内涵、制定依据、重要意义，全海军上下官兵人人皆知。各级党委、机关则按照组织路线的精神制定了贯彻细则，使干部配备、部队编组等工作有章可循。海军创建时期，这条组织路线的贯彻执行，对提高部队军政素质，促进部队内部团结，增强官兵责任心、使命感，发挥了极其重要的作用。

会议还作为一个议题，专门讨论了“向苏联海军学习”的问题。

在海军机关成立大会上讲话时，萧劲光提了一个口号：向苏联海军学习。因时间关系，他没有作更多的阐释，只是提了一下而已。然而，或许是听的人过于专注抑或其他原因，就这句口号，会后竟在机关部队引出不少议论甚至风波。

部分原海军官兵对这种提法很不以为然：只是“向苏联海军学习”，其他国家海军学不学？苏联海军技术最先进吗？真正的海军强国是英、美，苏联的舰艇比美国、英国差多了！据此，他们认为正确的提法应该是：“政治上学习苏联，技术上学习英、美。”从陆军调入的部分人也有自己的看法：苏联可以学，但不一定当口号喊。几十年来，我们不学苏联，不是照样打胜仗吗？怎么现在要这样强调学习苏联呢？这些议论，引起萧劲光的深思。

其实，向苏联海军学习提法，不是萧劲光的发明。毛泽东主席在中南海授命萧劲光组建海军的时候，就提出了学习苏联海军的问题。再早，新中国成立前夕，毛泽东在1949年6月发表的《论人民民主专政》一文中就指出：“一边倒，是孙中山的四十年经验和共产党的二十八年经验教给我们的，深知欲达到胜利和巩固胜利，必须一边倒。”“我们在国际上是属于以苏联为首的反帝国主义战线一方面的，真正的友谊的援助只能向这一方面去找，而不能向帝国主义战线一方面去找。”同时，海军组建后，苏联政府不仅很快给派来了顾问、专家，还议定提供舰艇、装备。向苏联海军学习的口号，萧劲光就是综合这些因素提出来的。机关、部队的议论，没有动摇萧劲光的思想，反促使他考虑得更细致周密。

与会多数都赞成“向苏联海军学习”的口号。海军参谋长罗舜初说：“建设海军我们没有经验，要少走、不走弯路，必须有所师从。眼前的形势是，西方资本主义国家以我为敌，千方百计对我实行封锁、禁运，向他们学习，取得他们的支持、帮助，是不可能的。只有社会主义的苏联真诚对待我们，从人力、物力上支援我们。所以，我们建设海军只能以苏联为榜样。”华东军区海军、大连海校组建早，部分苏联顾问、专家已参与了一段时间的工作。特别是大连海校，80多名苏联专家从1949年底已到中国，几乎参与了从拟定办学规划、选定校址到开学授课的全过程。副校长张学思介绍了与苏联专家合作共事的体会，说：“海军初创，一张白纸，靠我们自己摸索可不可以？也不是完全不可以，只是要有个过程，需要时间。有专家帮助、指导就不同了。我们学校所以能在短短两个多月的时间里，就完成建校准备工作正式开课，与苏联顾问、专家的热诚帮助是分不开的。”华东军区海军副政委赵启民讲得更直截了当：“一年多来的实践证明，想从西方国家得到帮助支持是不可能的。朝鲜战争一打起来，英国与我们订好的船都不卖了。当然，学习苏联不是不要我军的优良传统，而是通过学习吸取苏联海军的先进经验，丰富和发扬解放军的传统作风。学习苏联、发扬传统，是我们海军加快建设步伐、迅速形成战斗力的一条捷径。”

会议总结时，萧劲光根据大家的发言，概括了“向苏联海军学习”的五个方面的理由：第一，苏联海军是在布尔什维克党的领导下和马列主义的长期教育下发展壮大起来的。第二，苏联海军有长期的建军历史和优良的传统作风。第三，苏联海军在与帝国主义作战中积累了丰富经验。第四，苏联海军是有人类先进的科学作基础的。第五，苏联海军建军的阶级性与我们是完全一致的。“总之，无论从政治上还是科学技术上，苏联海军都有许多长处值得我们借鉴和学习。”据此，海军党委决定，继续叫响“向苏联海军学习”的口号，虚心吸取苏联海军的先进经验，把海军组建工作迅速推向前进。

1950年11月，《人民海军》杂志创刊。萧劲光亲自起草的《发刊词》中又专门讲了“向苏联海军学习”问题。《发刊词》指出：“我们首先应该向苏联专家同志们表示深切的感谢。他们在过去一年中，以他们的热诚无私的精神对中国人民海军的建设事业贡献了可珍贵的力量，今后还会给予我们更多的帮助。我们不仅要虚心地向苏联专家学习技术和苏联海军的建军经验以及战斗经验，而且要学习他们的崇高的国际主义精神……”

会议后，部队院校结合会议精神的贯彻普遍深入、持久地开展了“向苏联海军学习”的宣传教育活动。课堂讲，墙报、壁报也利用起来，许多演出队还编演了生动活泼的文娱节目。到1951年初，海军各级机关、院校、专业技术部队，差不多都聘了苏联专家、顾问。此后，每年都聘请一批，少则数十人，多时达几百人（到1960年，前后十年的时间里，先后在海军工作过的苏联专家，累计达3390人）。海军机关，除各业务部门设顾问外，海军司令员、参谋长都有专门的顾问。给萧劲光当顾问的称“首席顾问”（又称“总顾问”或“专家组长”），尔后依次是政治顾问、后勤顾问等。“向苏联海军学习”教育活动的开展，密切了官兵与苏联专家、顾问之间的关系，有力地激发了苏联专家、顾问服务中国海军建设的热情，也提高了官兵向苏联专家学管理、学技术的自觉性。

在这次海军决策会议上，还有一个非常重要的内容，讨论了《海军三年建设计划》（草案）。

这一计划草案，是由罗舜初主持起草的。萧劲光作为党委书记，担负着整个会议的准备工作，但也把相当大的精力放在三年建设计划的起草上。在这个计划中，遵照军委首长的有关指示精神，提出了三个舰队防区划分，及由水面舰艇、潜艇、航空兵和岸防部队等兵力编成的海军编制体制，具体拟定了须建立多少支舰队，多少个航空师，多少个海岸炮兵团；提出了自造、改装和购置的舰船、飞机、岸炮数目；确定了要建设多少个基地、水警区、巡防区，修建多少个码头、仓库、机场、阵地，以及开办哪几所学校，培养多少名干部，等等。为海军在三年内的各方面建设，勾画了一幅鼓舞人心的蓝图。同时，还确定了海军建设、装备发展须遵循的政策、原则。如在关于处理自力更生与争取外援关系方面，计划明确指出：“三年建军中必须从自力更生的思想出发，但又必须争取外援。所需舰艇，除非十分必要从外国购置外，力求自己修装、改造及自造部分船只。因此，建议政府发展造船工业，整理充实现有之江南、大连、黄埔、青岛等造船厂，并请求将黄埔、青岛二厂及上海修理厂移交海军作专门修理船只，及制造小型舰艇用。”“为解决燃料困难，建议政府开采油矿，恢复及发展现有石油及柴油制造工业，以求部分解决海空军燃油需要。”会议对计划进行了热烈的讨论，对其中许多内容，从项目的数字到思想表述，都作了认真修改。由于形势发展、环境条件变化，计划中列举的项目、内容后来没有能够完全实现，但其基本精神、指导思想，包括具体项目、数字，对后来拟定新的海军建设计划、装备发展规划，都发挥了积极影响作用。

此次会议开了20天，到8月30日结束。

第十八章　打好海军建设的“桩子”

一、打好“组织桩子”

海军建设甫始，中共中央、中央军委在给海军的文电中一再强调，海军建设要注意打好基础。萧劲光深刻理解、高度重视这一指示。他明白，万丈高楼平地起，基础牢固了，大厦才能拔地擎天，巍然屹立。建设海军这样装备复杂的一个军种，打基础的工作不可有丝毫的懈怠马虎。基于这种认识，他在1951年底召开的海军首长会议上，特别强调了打基础的工作。他把打基础形象地喻为“打桩子”，号召各级党组织、各级领导立足现有条件，着眼建设现代化海军的长期奋斗目标，扎扎实实地打好“三个桩子”，即组织桩子、政治思想桩子、技术桩子。他说，千里之行，始于足下。打好了三个桩子，就迈好了第一步，“第一步走得越扎实，以后的步伐就会迈得更快。第一步走好，把基础打牢，以后建设就可能不走或少走弯路”。

1950年至1955年，海军领导少，临时党委只有几个人，萧劲光几乎事必躬亲，他集中精力抓了“打桩子”的工作。

打“组织桩子”，萧劲光又称之为“铺摊子”“搭架子”，就是把各级、各方面的组织机构建立和健全起来，这是海军建设的第一步，是首先要做的。

中国是世界上为数不多的濒海大国，有近两万公里的海岸线、数以千计的岛屿。但在近百年里，由于历代政府的腐败落后，却从来没有真正地布阵、设防。海港、码头，诸多出海口，大门实际是敞着的。而今布兵、设防，奠基海防建设的百年大计，犹如一局初次开盘的棋局，第一枚棋子怎么落？组织建设的重点应放在哪里？不能不从战略高度来运筹、考虑。

萧劲光明白这一问题的重要性，他有点儿着急，但很慎重。他分析了中国近百年海疆斗争的历史经验，并经过与苏联专家组探讨，听取包括国民党原海军高级将领在内的各方面的意见，逐步形成了关于海疆设防的思路。他认为，中国的海疆大体可以划分为三大海区。渤海、黄海紧挨着，可为北部海区。辽东半岛、山东半岛及附近海岸，都在这一防区内；江苏、浙江、福建一带濒临东海，为东部海区；广东、广西、海南岛濒临南海、北部湾，东沙、西沙直到南沙、曾母暗沙，属南部海区。这三大海区均须设立军区海军，竖起保卫祖国海防的三扇大门。鉴于海军机关成立前，与国民党军控制下的台湾岛隔海相望的东海海区已先行组建了华东军区海军，那里不仅有了机关，有了一所学校，还有几个舰艇编队，萧劲光决定立即着手解决北海、南海两个海区的军区海军组建、防务设立问题。

北海海区扼渤海海峡两大海港，一是旅顺，二是青岛。是时，旅顺口还驻扎着苏联的军队，在北海海区成立军区海军的条件尚不成熟。但作为中国北方第一大港的青岛，几乎没有设防，全无屏障。为了保卫华北和首都，防敌突袭，萧劲光经与苏联首席顾问库兹敏商量，并征求了华东军区粟裕副司令员及华东军区海军领导的意见，决定先把青岛基地组建起来。3 月 24 日，在筹备成立海军领导机关的百忙中，萧劲光亲自起草了履任后第一封工作信函，致“毛（泽东）主席、朱（德）总司令、聂（荣臻）总长”，正式提出成立青岛基地的建议。并具体申明，鉴于“青岛在巩固华北的战略意义甚大，且具有直接意义”，“对华东位置偏僻，且华东海军也难于照顾到”，提议“青岛海防区直归军委海司管辖”。

收到信函的第二天，毛泽东便在信上批示：“退萧劲光同志：同意你的提议。”

5 月初，五一节前刚从大连海校返京的萧劲光，即与中国海军苏联首席顾问库兹敏等一起踏上了去青岛的列车。

他们走出青岛火车站时，天色已经很晚了。事先没有向有关部门打招呼，到哪里安歇呢？萧劲光说，不要打扰政府和部队了，就近找个地方对付一夜吧！他们来到一座小楼前，这里是地方有关部门的一个小办事机构。听他们说要住宿，工作人员为难地说，被褥、毯子倒有，就是没有床铺。萧劲光指指木地板道，这地板平平的，不是很好的床铺吗？工作人员再怎么劝，萧劲光也不变主意，深受感动的苏联首席顾问库兹敏也坚持睡地板，于是一行数人就在这里住下来。从第二天开始，他们就在青岛市进行港口和海防设施的实地考察。

此行是萧劲光第一次到青岛。行前，他报告了周恩来总理，并请示了对市内建筑、设施的处理意见。周恩来明确表示，青岛地区凡属原海军的建筑、设施，一概归海军接收。本着这一精神，青岛市的港湾、码头、仓库，过去日本人、国民党海军修建的水上跑道、电台、阵地，国民党海军用过的营房、医院、学校，等等，萧劲光都带着人一一看遍。市南区汇泉湾附近有一座高层建筑“东海饭店”，原是旧海军的，青岛解放后由铁道部门的一个单位接管。初始，接管单位不愿让出来，萧劲光向他们转达了周总理的指示，最后也还给了海军。

通过这次实地考察，萧劲光很是振奋。行前，他只知道青岛海防空虚，没想到这里不仅港湾良好，码头、仓库、营房均没有遭到战火破坏。粗粗计算了一下，现有的房屋、设施，不仅可以铺开基地机关的摊子，须立即成立的快艇、岸炮等几所学校，也差不多可以因陋就简地办起来。于是，萧劲光把青岛市委、青岛警备区和已抵达青岛参加海军部队组建的四野后勤二分部的领导请到一起，共同研究了组建海军青岛基地问题。经过磋商，成立了青岛基地筹备委员会。青岛警备区司令员赵一萍任主任，四野后勤二分部政委许培仁为副主任。炮兵学校、快艇学校、航空学校也分别成立筹备小组。随后，萧劲光又到烟台、威海地区进行了考察，5 月中旬，返回北京。

1951年1月，萧劲光（前排左四）视察华东军区海军，检查水面舰艇部队的组建情况。

5月16日，萧劲光将考察情况、工作设想，给军委总部领导，毛主席，朱总司令，刘、周副主席，聂总长，罗主任，写了一个详细的报告。报告说：

我和海军总顾问这次去青岛，共计十二天，做了三件主要的工作：(1)侦察海港情况，拟定布防计划；(2)看房子，准备安置海军学校；(3)拟定基地各机构及急需开办的各部队学校的组织系统表及编制表。就我们所了解所观察的情况，特提出以下的意见和请求。

（一）青岛的海防与山东半岛的防御不可分离，同时海防又与陆地防御不可分离。其理由：(1)过去日本进攻青岛及此次国民党撤退青岛，其重点在青岛以北百余华里以内，如王哥庄、杨口、沙子口等处。这些地方都修有公路直达青岛后方的联络线上，地势上来说，又是依山而下，所以青岛的防御是在漫长线上，着重于重要的几点，同时又必须与纵深的陆地防御相结合。(2)山东半岛航海设备是以青岛为中心，如烟台、威海卫、莫邪岛、鳌山卫、青岛、大公岛、日照直至连云港，一切灯塔信号、电讯、联络等等，均以青岛为枢纽。所以青岛基地的海防，必须与山东半岛的海防构成一个体系。

（二）青岛是商港，同时又是华北最重要的军港。因为青岛对于华北有主要铁道干线的联系，同时青岛港的各种设备（如码头仓库等），基本上未遭破坏，而且优良。但是海防可以说没有，海上全无保障，对于将来国际贸易的开展，不能表示民族自卫的严肃性。青岛港湾分大、中、小商港，相连成一片。以大港为主，六个大码头……原来国民党时代，海军占领者有一码头之一半，三码头全部，四、五码头各一半。经过我们此次研究，预定以三码头为军用码头，四、五码头为公用码头（只上油上煤，平时不停泊），其余均作商用码头。海军必须有码头之理由：第一，海军资财必须利用码头装卸。第二，重要的军舰，平时停泊码头，国家经济有极大节省。如重庆号平时不开动，每天烧油值四十两金子，而停泊码头，利用发电所的电源，可节省四分之三的消费。中港应成为民用及监运码头，小港应成为军民两用，以两个活动码头之一个作为鱼雷快艇队用。船坞方面的沿岸，除修船的场所外，其余应为军用，这样对民用无碍。以上意见，均与地方党政商妥，但需经中央批准后交华东执行。

仓库：原商用仓库，仍需商用。但另有九个仓库，现均储藏军用和公用物资，其中有大量海军资财已经中央财委会拨交海司，我们正派人清查接收。我们要求从这九个仓库中，至少拨三个有库房的仓库，另拨一个露天仓库及两个油池库作为海军仓库，亦请中央批准后交华东执行。

（三）青岛不仅是一个停泊舰队良好的军港，而且是华北的一个极重要的海军基地，有许多建筑物都是根据海军着眼建设的。这里有海军学校、水上跑道、海军电台、海洋气象台、海军医院及海军兵营等，正适合于解决目前我们极需解决的问题。如我们目前极须成立鱼雷快艇学校，水鱼雷航空学校，海岸炮兵学校，护航舰艇队，航海学校等学校部队和机关。这些所需用的房屋，大体已找到九处，但还须局部的调整解决。不过这些房子，还需要修理和购置家具才能住人，现在正在造预算中，恳请中央批准。

（四）由于青岛基地与山东半岛关联甚大，所以在基地的组织原则，必须根据这一特点。因此，青岛基地应直归军委海司管辖，同时在战争时，在作战指挥上，归山东军区指挥，以求得海陆的配合。基地本身的组织，应包括水警区司令部、青岛警备区司令部（现有一个地方师）,海岸炮兵司令部及政治部、后勤部等组成之。基地司令部机构，应等于军一级。听说胶东军区准备取消，建议作为基地司令部基础。基地司令员另行物色，政治委员建议由青岛市委书记向明同志兼任。副政委另物色，副司令一以胶东军区司令员贾若俞，一以现青岛警备司令赵一萍兼任之。如此配备，对军队与地方的团结有许多好处；如胶东军区机构不能作基地时，拟请另调一个军的机关基础充任之。

（五）为掩护在青岛准备成立之各海军学校机构，舰队及青岛各重要建设等，建议在不妨害舟山、台湾的集中作战的情况下，由空军分派一驱逐机队驻青岛，同时建议从受空威胁极小的地方（如长沙），抽调一个高射炮营进驻青岛，加强空中防御。

（六）关于青岛的海防计划已初步拟定，另图附上，详细计划以后再呈报。

（七）关于青岛基地所属各机构之组织系统表和编制表及准备于六月内应成立的各学校部队，如海岸炮兵学校、鱼雷快艇学校、水鱼雷航空学校等之组织系统表和编制表，均另纸呈上。关于海司系统，在当前应从陆军及其他方面抽调之机构、干部、学生等，均另作表册呈报军委参谋部及政治部请调中。

报告送上去后，军委很快批准，青岛基地各项筹备工作即行展开。

组建基地机关的部队，除先行抵达青岛的四野部分机构外，又调来了二野的第十一军机关等部。与此同时，几所学校的筹建工作也顺利展开：以调归海军建制的原东北军区炮兵第六师和原西南特纵炮兵第十团为基础，组建海军海岸炮兵学校；

以原安东海军学校等单位为基础，组建海军快艇学校；以原军政大学三分校第三总队等单位为基础，组建海军第二航空学校。为争取时间，三所学校一边筹建一边于8月底陆续开始招生。

9月中旬，萧劲光第二次来到青岛。他听取了主持基地和几所学校筹备工作的赵一萍、许培仁等人的工作汇报，与大家共同研究解决了一些急需解决的困难和问题。同时根据中央军委9月9日电令，宣布海军青岛基地正式成立（成立大会于10月10日召开）。9月25日，在东海饭店召开了青岛地区海军师以上干部会议。会议首先宣布了经军委批准的各大单位负责人名单：基地司令员易耀彩、政治委员段德彰，第一副司令员兼青岛警备区司令员赵一萍、第二副司令员郑国仲，参谋长杨国宇、政治部副主任胥治中；炮兵学校校长王效明、政治委员宋景华；鱼雷快艇学校校长邓兆祥、政治委员朱军；航空学校政治委员桂绍彬、副校长杨力。接下来，萧劲光讲了话。他肯定了筹委会几个月来的辛勤努力，部署了当前需抓紧做好的几项工作，号召大家把建设海军看作自己的终身事业，加强团结，努力工作，以最优异的成绩向党汇报。

诸多军、师单位一起举行成立大会，在持续数年的海军组建过程中这是唯一的一次。由此一举，青岛成为当时全国十几个海滨城市中海军兵种最齐全、兵力最集中的地区之一。

在这期间，华南地区海军机构的组建，也在萧劲光的运筹下有步骤地进行。

1949年底，中国共产党华南局和广东军区适应海防斗争的需要，以接收的国民党海军起义、投诚的部分舰艇为基础，又在广东、广西收缴、购买了一些军用船只，成立了一支规模不大的江防部队，名为“江防司令部”，由广东军区副司令员洪学智兼任司令员。随着解放战争的深入，华南沿海海区逐步扩大，海防任务日益加重，小小的江防司令部明显难以应付。1950年5月16日，洪学智致电萧劲光：“原江防干部及机构很不健全，不能担任现任务……江防工作要我兼管，实际上是兼而不管，长此不是办法”，故请军委海司研究解决“广东建设什么性质的海军，如何组织”等问题。

这也正是萧劲光多少天来所思考的。接到洪学智的电报，萧劲光又进一步了解了广东地区的形势及江防司令部的情况，21日便与王宏坤、刘道生联名向军委首长送上报告，建议成立“华南海军司令部”。报告说：

> 鉴于中南区之海南岛业已解放，所属各海港，如榆林、海口、珠江口、黄埔等，急需统一管理，防止破坏，并逐步的进行恢复与建设工作。
>
> 中南区海岸线甚辽阔，北起汕头，南及西沙群岛，再还有江河，地形复杂，土匪特务海盗利用我不设防的空隙，肆意骚扰，因此，统一沿海与江河水上防务和剿匪工作，亦是迫切的任务。
>
> 广东原有大小船只二十三只（多系小炮艇、江艇），澳门冻结匪军逃船十一只，将来可能交还我们。尚有华南分局原为准备进攻海南使用，已买好的五艘舰船，建议发给他们。合计三十九艘。应以此为基础，即着手组成华南舰队，除担任当前海面巡逻与剿匪任务外，并准备将来配合华东参加台湾作战。

鉴于上述理由，我们建议，即成立华南海军司令部，以现任舰队司令洪学智为司令员，其他机构人员，当林司令员在京时，曾允诺由中南军区负责解决。

所请关于即成立华南海军司令部一节，请即予考虑批示，以利工作进行。

报告呈送军委的同时，萧劲光把建立华南海军领导机构的意见电告了中南军区领导，并征求了时任中共中央中南局代书记叶剑英的意见，得到了军队地方领导的一致赞成。于是，萧劲光与王宏坤、刘道生等通过深入研究，就华南海军应承担的任务、机构组成、部队编制体制、主要领导干部配备等问题，向军委和中南军区林彪司令员，提出了具体意见、建议。据此，10月7日，中央军委致电第四野战军暨中南军区政委邓子恢、谭政等，批示同意由其主持组建华南海军机构，并抽调第四野战军第五十八军第一七三师、补训二师等部作为华南海军的基础部队。11月2日，军委正式下达命令，宣布华南地区海军领导机构成立，番号“中国人民解放军中南军区海军司令部”。方强任司令员兼政治委员，周仁杰任副司令员，吴罡任政治部主任。

华东、中南及青岛地区海军领导机构“架子”搭起来了，随之而来的是基地以下部队的组建问题。在陆军部队，这是现成的，按照军、师、旅、团、营，依次编组、设防就是了。而海军兵种繁多、任务各异、单位分散，组织系统的体制是个非常复杂的问题。萧劲光召开会议进行了多次研究，最后决定参照苏联海军的体制暂时定下来。舰艇按照使命和吨位的大小，分为从团、营到排的不同级别。团以上机关，从海军领导机关（时称军委海军或中央海军）、军区海军到基地、水警区、巡防区，依次分为大军区到团五级。基地归军区海军领导（青岛基地除外），依次下辖水警区、巡防区。海军领导、临时党委讨论研究达成共识后，报请军委批准，基地、水警区及巡防区等各级机构，遂根据轻重缓急、当地的设施条件，陆续成立。根据布防的需要，当时巡防区成立的较多，主要有万山、烟台、威海、青岛、连云港、嵊泗、温台、沙埕、汕头、虎门、北海、琼东、西营（今湛江）、琼西、海口等。后来，随着形势的变化、装备的发展，这些巡防区，有的升格为水警区、编队，有的则被撤销。需要说明的是，由于缺少舰船等装备，这些水警区、巡防区的成立，是名副其实的“搭架子”，随着装备的购进、增加，兵员的补充，才逐步形成战斗力实体，真正肩负起防卫、巡逻的使命。至于各兵种的核心战斗部队，是后来陆续组建的。

所谓打“组织桩子”，除建立健全部队各级和各方面的组织机构外，还有一个重要内容就是兵力、人员的组织，即如何落实“海军建军路线”的问题。

坚持“海军建军路线”，首先一条就是要健全党的各级组织，实现党对军队的绝对领导。虽然早在红军时期即已实行“支部建在连上”的原则，部队各级党组织设立均有明确规定，但在海军部队难以照章执行。海军部队突出的特点是基层单位执行任务独立性很强，人员高度分散。有的站、连分若干点，绵延十几里、几十里，有的岗位只几个人。小艇有时需独立执行任务，艇上编制也只十来个人。海军部队党组织应如何建？基层党支部应建在哪一级？当时海军各级都有苏联顾问，舰艇上的人员编制、机构设置、舰艇部署、规章制度，都是学苏联海军的一套。而苏联实行的是“一长制”，负责政治工作的政治副长不是舰艇首长。舰上的党组织、政治副长都要按舰长的指示开展工作，没有独立性和决定权。为了解决好这个问题，萧劲光进行了多方面情况调查，与率先组建的华东军区海军的领导个别交谈、开座谈会，最后，海军临时党委会作出决定：学习苏联不能全部照搬，“支部建在连上”必须坚持。海军和陆军情况不一样，党组织机构设置层次可以有区别，但党组织领导地位不能变。在这一精神指导下，海军部队各级党组织很快建立起来：舰艇部队，大一点儿的舰船，一般都建立党支部，部门有小组，战位有党员。吨位小、党员人数少的小艇，成立党小组，支部建在中队（四五艘艇组成）；飞行部队，一个中队党员人数很少，成立党小组，支部建在大队；观通部队，面广点多，人员分散，有的观通站一个站也没有多少党员，但考虑到他们长期远离领导，单独执行任务，即使党员人数少一点儿，一般也都建立党支部。而炮兵部队，海岸炮、高射炮与陆军部队差别不大，按照陆军规定执行。为了保证党支部有核心领导人，各舰和艇中队，普遍配备政治委员或政治指导员。政委、指导员与舰、艇长同为单位首长。同一单位的革命军人委员会、共青团组织，都要接受党委、党支部领导。此外，根据海军部队发展的需要，先后从陆军部队调入的干部战士、从地方征调的青年知识分子和科技人员，以及接收、招聘的起义、投诚、遣散的原国民党海军官兵，也都按照既定的组织原则，安排到适当岗位，使他们各尽其能、各得其所。方针、原则、具体要求明确后，便颁发给部队遵照执行。之后，部队组建时，不管哪一级，党组织、共青团组织等都很快建立起来。

半个多世纪过去，这些做法早已成了海军部队的传统、制度，但在海军初创的当年，却不失为具有重大政治意义的创举。

海军建设摊子铺开后，随着兵种的增多、专业分工的日益细密，海军领导机关原先按照陆军编制设立的司、政、后、卫四大部，也越来越显得与海军工作的实际需要不相适应。为此，萧劲光于 1951 年 11 月在南京主持召开了编制座谈会。之后，又召开会议，对海军机关编制问题进行了多次讨论研究。最后，本着“纵深缩短，横宽伸长，人员精简，效率提高”的原则，增设了新的业务部门，如修造部、工程部、岸防部、航空部、军校部、干部部、直属政治部、财务部等。最多时达到十多个大部。与此相适应，各军区海军以至各基地，业务部门也都进行相应的增加、调整。后来通过实践发现，分工过细不利于集中统一领导，且易在部门间产生推诿和扯皮，对一些部门又逐步调整，作了撤销、合并。

二、打好“政治思想桩子”

坚持政治建军，注重部队思想政治工作，是毛泽东建军思想的核心，是解放军的特点、优势，也是部队的光荣传统。对此，萧劲光不仅熟悉，且有丰富的经验。所以，面对海军建设这样一个全新的大课题，他对部队的政治思想建设尤为重视。一次办公会上，在讲到打好“三个桩子”的关系时，他说：“要奠定海军建设的基础，必须从政治思想上、组织上、技术上打好三个桩子，特别首先重要的是政治思想桩子。它是基础的基础。这个桩子如果不打巩固，就不可能在统一的意志下进行工作，党的建军路线、方针和任务，也就不可能有正确的执行，组织建设、技术建设也就没有保证。”

在这种思想的指导下，萧劲光始终把海军政治思想建设当作头等大事抓。

海军初创，官兵来自四面八方：有从各大军区、兄弟军兵种调来的，有直接从地方征召的社会青年，有从地方大中院校招的毕业或尚未毕业的学生，还有相当部分原海军人员。这些人集聚在一起，思想基础不同，文化水平不同，生活习惯不同，矛盾冲突、思想问题复杂，是显而易见的。为了弄清部队思想情况，有针对性地做好工作，海军机关各业务部门基本组建起来不久，萧劲光就与刘道生研究，派出多个工作组，到大连海校，到华东军区海军机关，直至“长沙”“济南”“广州”“临沂”“兴国”“古田”等当时仅有的主要战斗舰艇，进行调查研究，了解部队的思想情况。

通过这次普遍调查，大家发现，不管一年前组建的还是刚刚编成的，部队各单位思想问题都不少。有的人溢于言表，说话激烈，弄得单位风一阵雨一阵；有的人思想问题重，私下结成小团体，直接影响部队内部关系。官兵思想问题表现形形色色，但归纳起来，最主要、最普遍的是两个问题。一是团结问题。原海军人员，有的以自己有文化、懂技术自居，看不起从陆军来的“大老粗”。有的则背着“历史问题”的包袱，埋怨党组织和领导不信任他们，牢骚满腹，而对积极靠拢组织、要求进步的人冷嘲热讽。部分从陆军来的人由于自己出身好、有战斗经验，而看不起原海军的人，认为他们是“手下败将”，是“走投无路才参加海军的”。工作上主动配合不够，向他们学技术也不够虚心。当时舰、艇长基本上都是由原海军人员担任，政委、副舰长则是来自陆军的干部。有的军舰竟闹到舰长和政委不讲话，水兵见了舰长不敬礼，舰长、副舰长动手打架的地步。另一个是事业心问题。从陆军调入的官兵，基本上都属“旱鸭子”，是“青纱帐”的英豪，识字不多（有的甚至是文盲）的“泥腿子”。他们不仅不懂军舰，甚至以前连客轮也没有坐过，连海都没有见过，对舵锚、岛岸、风浪、潮涌这一套，自然更无从谈起。有人说：“舰艇就巴掌大的地方，海岛上更是低头水抬头天，海军生活太单调了！”有的说：“海军靠技术吃饭。咱斗大的字识不了一个筐，干不了！”还有的人认为，干海军，个人进步慢，不如在陆军，打一仗可以连升几级。所以，调到海军的官兵，包括相当部分高级干部，不情愿，不安心。有的接到调令好多天才到海军部队报到，有的报到没几天就打报告，闹着要求调走。由于当时全军上下还在为解放台湾作准备，部分官兵私下抱定一个心愿，“等打下台湾再走”。

工作组回到机关后，萧劲光专门抽出时间听取了他们的汇报，并在汇报会结束时作了指示，他说：“建设海军是全党的大事，全民族的大事，不是单靠哪一个人可以搞好的。搞好海军，必须上下团结、官兵团结。舰艇出海，大家不团结，能打仗？各兵种、部队不协同，能有战斗力？……团结出了问题谁负责？我看上级要对下级负责，党员要向群众负责，军队要向地方负责，老同志要向新同志负责，中国人要向外国人负责。当然，每个人自己也要负责，要作自我批评。”“海军技术复杂不复杂？干海军难不难？我看真弄懂了就没有什么复杂、没有那么难。难就不干了？战斗中，有听说难打就放弃不打的么？旧中国有海无防，给人民带来多少灾难！我们建设海军、建设海防，就是要在党的领导下，亲手结束民族的灾难。这是党交给我们的任务，人民交给我们的任务。每个自觉的党员、每个干部都要‘拍胸脯’，立志干一辈子海军。”

之后，针对这些情况，萧劲光领导和直接参与了部队宣传教育计划的拟定，拿出几个月的政治教育时间，在全海军范围内普遍开展了人民海军建军宗旨教育、爱国主义和革命英雄主义教育。据此，同年 8 月，海军建军会议进一步明确了海军建军路线。之后，又把海军建军路线教育结合进来，使建军宗旨和爱国主义、革命英雄主义教育内容更丰富，更具体，更有深度，因而效果更好。教育过程中，为了鼓舞士气，在部队形成海军自己的文化氛围，萧劲光亲自拟定了一系列鼓舞人心的口号：“面向海洋，面向岛屿，面向战斗部队，面向群众”“守卫海洋国土，是我们最神圣的任务”“热爱海洋，征服海洋”“要做海上主人，不做海洋奴隶”“把岛屿变成国防堡垒，与岛屿共存亡”“把荒岛建成乐园，军民共一家”“以海洋为家，以舰艇为家，以海岸和岛屿为家”等。通过会议、文件等各种渠道，把这些口号宣传到部队基层，使其成为官兵自律、共勉的精神武器。为迎接全国战斗英雄和工农兵劳动模范代表会议的召开，海军部队、院校于 1950 年 8、9 月普遍组织了英模评选，选出赵孝庵、梁魁庭、陶俊岐等出席全国代表会议的英模代表九名。以此为契机，海军开展了“英模运动”。海军临时党委通过会议和新创刊的《人民海军》杂志，大力宣传英模代表的光辉事迹，号召英模们“永远保持英模本色，发扬英模们在人民海军建设中的骨干、带头和桥梁作用，带领群众一道前进”；号召海军指战员向英模学习，“团结一致，万众一心，完成毛主席、朱总司令赋予海军的伟大而光荣的任务，建设一支坚强的、能够保卫海防、解放台湾、防御帝国主义侵略的人民海军”。

经过一年多的工作实践，各部队都逐步摸索出了一些思想政治工作的经验。为了树立典型，推广经验，把部队思想政治桩子打深、打牢，1951 年 8 月 6 日，海军在青岛召开了首届政治工作会议。

这是继 1950 年 8 月海军会议后，海军党委召开的又一具有历史意义的重要会

1951 年 8 月，萧劲光陪同朱德（右）在海军驻青岛某机场观看飞行训练。

议。参加会议的为各军区海军、青岛基地、各海军学校的政工首长、海军机关各大部主要领导，及部分先进舰艇大队、巡防区等基层单位的政工领导，共 114 人。萧劲光主持了会议一切重要文件的研究、起草工作，自始至终参加了会议。为了把会议开好，同时使军委、总政首长了解掌握海军的情况，对海军工作给予更多的关注和支持，他还亲自出面，请来朱德总司令、总政治部主任罗荣桓、总政治部副主任萧华出席会议。

会上，大连海校、华东军区海军扫雷大队等 4 个先进单位介绍了做好部队思想政治工作的经验。刘道生代表海军党委作报告，总结了海军成立两年多来部队政治工作的基本情况，着重从组织建设、思想建设和保证技术学习三个方面，论述了政治工作在海军建设中的地位和作用，提出了海军下一步政治工作的意见。根据部队存在的问题和几个先进单位的发言，萧劲光作了中心讲话。萧劲光的讲话由于观点新颖，所讲问题尖锐、针对性强，对会议及之后部队政治工作有很大影响。

萧劲光的讲话以《以新的工作姿态对待新的事物》为题。他开门见山地指出：“海军首届政治工作会议是一次有重要意义的会议。中国人民海军已经有两年的历史，在这两年的海军建设中，政治工作是起了大作用的。在保证各项工作任务和战斗任务的完成上，尤其在政治建军上，取得了显著的成绩。”接下来他强调，搞好海军建设，做好政治工作，在当前必须明确和处理好四个基本问题，即建设一支坚强的海上战斗力量应该成为一切工作的中心；怎样实现人民海军的建军路线；以新的工作姿态对待新的事物；在人民群众中生根，建设人民的强大的海军。萧劲光说：“建设一支强大的海上战斗力量，应成为我们一切工作的中心。”“这一任务是艰巨的复杂的。要完成这样一个艰巨而复杂的任务，必须依靠全军上下的共同努力。各级领导机关、各业务部门，各兵种和各学校虽有具体任务的不同，但必须为着一个共同的目标进行自己的工作。这个目标就是建设一支坚强的海上战斗力量。这应成为我们一切工作领导上的中心思想和我们一切工作共同围绕的重心。”如何胜利完成这一中心任务？萧劲光说，必须切实加强政治工作，大量培养干部；必须建设纪律制度，用建设严格的纪律制度来整饬和锻炼部队；就要经常从政治上思想上教育部队，提高部队的政治觉悟和革命警惕性，提高干部的革命事业心和责任心；要把人民海军的建军路线正确地贯彻到实际工作中去，而不是停留在纸头上和口头上。同时，必须改掉过去在陆军部队那一套老的带兵办法，从思想上实现从陆军到海军的转变。各级领导和各业务部门的负责干部要看到海军与陆军有不同的特点，一切从头学起，从头做起。以高度的革命事业心和积极、虚心的学习精神对待新事物，研究海军政治工作的特点和创造适合于海军各种部队要求的新的工作方式、方法。坚决反对对新事物熟视无睹甚至加以排斥的态度，反对满足于自己的狭隘经验，消极被动、没有生气的态度，反对官僚主义的态度、个人主义的态度。他号召，不管政工干部还是业务技术干部，都要努力学技术，开展群众性的技术学习运动。海军事业发展过程是新的力量、新生事物生长过程。对在这一过程中出现的那些先进经验、先进任务，“必须及时加以表扬和推广”。

朱德、罗荣桓、萧华三人均在会上发表了讲话，作了指示。

会议指出，目前海军建设的中心问题是海上战斗力量的建设，就是建设一支能够担负海上作战和海岸防御的军事力量。从思想上、政治上、组织上保证这一建设要求的实现，就是海军政治工作的基本任务。以毛泽东建军思想为原则，依据我军丰富的政治工作经验和优良传统、作风，紧密结合海军特点，研究和创造完全适合于海军的政治工作，特别是保证海上战斗胜利的政治工作，是海军政治工作建设的总方针。

此次会议的召开是萧劲光“打好政治思想桩子”思想的集中体现。它是对海军创建初期政治工作的检查、总结。通过这次会议，确定了海军政治工作的大政方针，完善了海军政治思想建设的制度，标志着海军创建时期政治工作进展到了一个新的阶段。此后几年里，海军机关部队按照政工会议精神，开展了一系列卓有成效的工作。当时，在全国范围内开展了镇压反革命、“三反”等一系列社会改造运动和思想教育运动，海军部队把这些运动与部队实际结合起来，政治思想教育进行得有声有色。此外，还开展了“立功创模运动”。各级领导机关采用举办展览、召开英模代表大会等方式，大张旗鼓地宣传在解放万山群岛等战斗，及在海上训练和执行护渔、护航等任务中涌现的英雄人物，有力地调动了广大官兵扎根舰艇、岛屿，献身人民海军建设事业的热情和积极性。

1953 年 2 月 19 日至 24 日，毛泽东首次视察海军舰艇部队，乘坐军舰从武汉到南京，与水兵共同生活了三天三夜。其间，毛泽东多次与水兵亲切交谈，作了重要指示。他对水兵说：“过去帝国主义侵略我们大都是从海上来的，现在太平洋还不太平……应该安心干海军。”“过去你们在陆地上，那时要求同志们要爱山、爱土，现在你们是海军，应该爱舰、爱岛、爱海洋。”数天内，毛泽东先后为接受视察的“长江”“洛阳”“南昌”等 5 艘战舰题词：“为了反对帝国主义的侵略，我们一定要建立强大的海军。”

毛泽东视察后，萧劲光迅即召开会议，研究部署了对毛主席指示的学习贯彻意见，在部队普遍开展了“爱舰爱岛爱海洋”教育。此后几十年里，“爱舰爱岛爱海洋”教育成为海军部队的传统教育。

萧劲光在全力抓好部队宏观思想政治建设和官兵政治思想教育的同时，还亲自做重点人特别是高级干部的思想工作。

由于当时军队干部大都是战争年代入伍的，文化水平较低，对海军缺乏了解，最初调入海军的一批高级干部，相当一部分有畏难情绪，工作不安心。后来成长为海军第二政治委员的王宏坤，海军副司令员马忠全、杨国宇等，就是这一批人。其中不少人，萧劲光都亲自和他们谈过心，做过他们的思想工作。特别是杨国宇，终生都铭记着萧劲光关键时刻的教诲。晚年，他以《萧司令与我一夕谈》为题，记述了当年萧劲光与自己谈心的一段往事。

那时萧劲光与杨国宇接触还不多，只大体上有所了解。杨国宇，四川人，虽只 30 多岁，却是 1930 年参加革命的老红军。抗日战争期间，他在第一二九师，是刘（伯承）邓（小平）司令部机关的科长，工作很出色。此前，他是陆军第十一军的参谋长。筹建青岛基地时，他经几个人推荐，调来海军参加筹备工作。没想到基地参谋长的命令刚下，他就因为缺少海军常识，在与苏联顾问的交谈中出了丑，受到嘲讽。到海军来，原本他就不情愿，背着思想包袱。舰艇上眼花缭乱的仪表、苏联顾问鄙夷不屑的目光，使他思想包袱更加沉重。受到苏联顾问的“刁难”后，他连续几天心里郁闷。他一直在想，参加革命20年，大大小小的战斗打了不少，工作经验还是有一点儿的。新中国成立了，山南海北哪里不能给自己安个“合格”的岗位，却偏偏要来青岛基地当这个“不合格”的参谋长！听说萧劲光到青岛参加基地成立大会，他主动提出要向萧劲光“汇报工作”。于是，有了他们“一夕难忘的谈话”。杨国宇在回忆文章中是这样记述的：

萧司令那时工作非常繁忙，可他还是利用晚上时间接见了我。看来，萧司令已经知道了我遇到的不愉快的事情，并且从我的脸色上一眼就猜透了我的心思。他亲切地招呼我坐下，不等我开口，就直截了当地说：“我看你可以当参谋长！”我正想把准备好的话一股脑儿倒出来，萧司令紧接着又说：“我在北京就说过，杨国宇可以当青岛基地参谋长。”我有点急了，真想插断萧司令的话，说一句“我不干了”。可见了萧司令那诚恳、耐心而又庄重的神情，硬是把到了嘴边的话咽了下去。

萧司令员推心置腹地说：“参谋长的岗位很重要，但是不好当。我就当过参谋长。司令部是党在军队里发号施令的机关。作战、训练、军队建设，都要经过司令部去组织实施，都与参谋长有直接关系。打了胜仗，往往说司令员、政委领导有方；打了败仗，出了差错，受批评的往往是参谋长。红军总参谋长刘伯承两次罢官，可他在长征中任劳任怨，对党做出了重大贡献。一个共产党人只要全心全意为人民服务，人民是不会忘记的。”

萧司令说着说着，在室内踱了几步，向窗外注视了一会儿，仿佛在遥望辽阔的大海。他转过身来，有点激动地说：“过去旧中国有海无防，现在要集中力量建设海防、巩固国防。青岛处于海防前线，是北京的门户。目前对面朝鲜战争打得火热，美国飞机随时都可以飞到青岛上空，军舰随时可以从海上入侵。我们是在保卫北京，责任重大啊！”

萧司令员的思绪感染了我，我开始聚精会神地聆听他的讲话。但是，对海军业务不熟不懂的畏难情绪仍然像一团阴影笼罩在我的心头。萧司令员似乎摸透了我的心思。他转过话题说：“海军建设对我、对你，对许许多多从陆军调来的同志来说，都是个新课题。海军的兵种多，装备技术复杂。水上有水面舰艇部队，水下有潜艇部队，空中有海军航空兵部队，还有岸防兵部队、陆战队和各种专业勤务部队。火炮也与陆军的不同，有舰炮、海岸炮、高炮，加上各项保障设施，港口、码头、机场、仓库、地下坑道，等等。先撇开装备技术方面的问题不说，就说这支海军如何组织，包括海军司令部如何组织，单就这个问题，我在北京就研究了好长时间，至今还没有理出个头哩！”

“还是毛主席说得对：没有调查就没有发言权。你要是不去朝连岛，怎么知道上面住着五家渔民呢？中国海岸线这么长，大小岛屿几千个，就是走马观花也跑不过来。但是，必须调查，调查就是学习。不学习就不能领导。你不懂，想领导也领导不了！尤其是当参谋长，不知天文，不知地理，不知道何时日出、何时日落，何时潮涨、潮落，还有潮差、视差、仪差、磁差、图差……怎么领导训练、指挥作战啊！列宁有句名言，你还记得吗？”

我正听得出神，心中暗暗钦佩萧司令员在短时间内已经学了这么多海军知识，猛然经他一提问，便想了一想，回答说：“是学习，学习，再学习。”

“对！”萧司令员高兴地说，“就是学习、学习、再学习。你也要学习，我也要学习，我们大家都要学习。老干部碰到新问题，就是靠学习解决问题。我们在陆上打了半辈子仗，不看地图就能捉摸个差不多。现在要学会看海图。别看海上一片汪洋，要是粗心大意地画一条航线，弄不好就要翻船。可是，我们到现在还没有自己的海图，不是英文的，就是日文的。我有本海图还是苏联海军送给我的，是俄文的。中国海洋竟然没有自己的海图，所以我们建设海军还得测绘出自己的海图来。唉，工作千头万绪，就靠我们大家齐心合力去干。我很担心，中央调来这么多精兵强将，要是抓不好，海军建设不起来，我怎么向党中央和毛主席交代啊！”

听到这里，我心上的一团阴影渐渐消散了，代之而来的是一种沉重的责任感。我意识到自己正在走上新的艰难而光荣的征程，我个人的命运已经与整个国家的海防建设事业紧紧联系在一起了……

接下来，萧劲光又与杨国宇谈到如何当一个称职的参谋长，如何带兵管好部队，等等，一直聊到深夜。杨国宇回到宿舍时，已过12点了。萧劲光那既高屋建瓴又具体实际、丝丝入理的讲话，依然言犹在耳，使他久久不能平静。他打开日记，连夜追记下了这次谈话的全部内容，并拟定了自己的学习计划，决心“像攻克敌人堡垒一样，攻克科学文化和海军知识技术的堡垒”。

从此，杨国宇开始抓紧一切可以利用的时间突击学习。他在部队找了8个老师，一个专门教文化课，补习数学、物理、化学，7个人分别帮助他学习海洋气象和航海、通讯等海军知识、技术。此外，他还注意结合工作向苏联顾问、专家请教。从装备性能到舰艇部署，从部队管理到训练组织，都虚心求教，认真探讨。几个月后，他就基本掌握了海军部队组织管理知识。在与苏联专家研究工作时，杨国宇拿出的意见有理有据，令他们不得不“刮目相看”，承认“杨参谋长肯动脑，学得快，是真正干海军的人才！”

之后，杨国宇不仅成了一位称职的基地参谋长，且先后担任了海军训练基地的副司令员，海军副参谋长、参谋长，海军副司令员，亲自率领庞大的舰艇编队走南极、闯太平洋，成了名副其实的“大海蛟龙”。

海军创建时期，部队思想政治工作中还有一个重要内容，就是协调、处理与苏联专家组、顾问团的关系，做好他们的思想工作。

当时部队中苏联专家、顾问比较多。最早的一批专家，是以克洛契柯夫为首的84人。他们1949年底到沈阳，直接到大连帮助办军校。之后，海军每年都聘请一批苏联专家、顾问，多则数百人，少也有几十人。到1960年，累计有3900余人。广大苏联顾问、专家热情友好，工作认真严谨，给部队留下了深刻的印象。但由于两国军队传统习惯上的差异，加之部分苏联专家处理问题有些主观、武断，中国军队部分干部文化水平不高，缺乏涵养、宽容，彼此争执、不愉快的现象时有发生。一次，海军航空兵部机关一位部门领导安排训练时否定了苏联专家的意见又没有及时通气，苏联专家大为不满，双方争吵起来，互不相让。专家说：“你不听我的，还问我干什么？”这位干部回答：“你的意见不符合部队实际，不符合上级要求，也不能变？斯大林那么英明，还讲军事民主呢！”这位专家气得不得了，打电话告到专家组，也告到了海军机关。

萧劲光对这件事非常重视。他认为这不是一般的意见不一致、个人意见争执，弄不好，既可能打击干部学技术的积极性，使他们更不安心海军工作，也可能挫伤苏联专家的工作热情。萧劲光立即派人查清事实真相，亲自向苏联专家组作了解释。他向专家组说明，中国军队重大决策都是集体作出，就是主要领导作大的决策前也要征求下级意见，这是传统。希望专家今后研究工作时，多采取商量的方式，听听在一线工作的同志的意见。接着，他向部队发出通报，批评了这个干部的简单做法，教育大家注意团结，尊重专家意见。并以此为契机，组织专人对苏联在华海军专家的工作情况进行了一次全面检查。时过不久，萧劲光亲自主持召开了在海军机关工作的苏联顾问的座谈会，专门听取了他们的意见。

座谈会于1956年7月16日下午在海军党委会议室举行。驻海军机关的苏联顾问，首席顾问阿夫古斯季诺维奇少将、政治顾问别列日诺依少将、参谋长顾问库得良夫切夫少将等均出席座谈会。海军参加人员，除萧劲光外，还有副司令员王宏坤，副参谋长袁也烈，及几个相关二级部的领导。

萧劲光开诚布公地征求意见，请各位顾问无保留地提出工作中遇到的困难和问题，谈自己对机关、部队及某一个具体个人的看法。各位顾问事先作了调查、准备，争先恐后发言，讲自己的感受和苦闷。大家你一段我一段，眼看4个小时过去，快下班了，议论才停下来。萧劲光作了总结发言。他首先充分肯定了大家的发言，肯定了苏联专家组对中国海军建设的贡献。接着，对大家发言中讲到的意见和问题坦诚地说明了情况，检查、分析了工作中存在的缺点和原因。最后，满腔热情地向各位顾问提了希望。

萧劲光说，我们真诚地感谢顾问同志们给予的帮助、支援，对今后的工作也提两点希望：“一、现在正处在世界科学大变革的时代，海军建设的远景不知道，对海军领导者来说，是很苦闷的。希望经常介绍一些新的知识和情况。方法：谈话、讲课都可以。二、各海军学校教材相当陈旧了，希望有计划地速加改变。我以极诚恳的态度，希望消除‘不信任’、‘不需要’或‘做错了’的观点。我们不信任你们信任谁？不学习你们学习谁？与你们团结不好与谁能团结好？建设海军，我们过去不知道，今天知道不多，今后新的科学技术，我们还是不容易知道。如果不需要你们帮助，那么又找谁来帮助？所以，不仅过去需要，今天需要，将来还是需要的。至于这次削减专家数量，人数的多少，那只是个数字而已，本质是没有改变的，而且也不会改变的。事实上，有些地方减少了，在另些地方还要大大增加的，比如搞原子能，中国就没有专家。所以绝不是不需要。我们也绝不会这样看的。是不是做错了不信任呢？也不是。你们的意见如果不对，我们可以争论。我和顾德良将军关于基地建设问题就争了好几次，但你们也未强迫我们一定要执行你们的意见。这个问题根本是不存在的。希望你们像过去一样毫无顾虑地工作。这也算是第三个希望。”

首席顾问阿夫古斯季诺维奇为萧劲光真诚的话语所感动，表态说：“在座谈会上，充分感到首长同志们的诚恳关怀，今后工作将更加大胆，不会再产生畏首畏尾的顾虑。”

三、打好“技术桩子”

萧劲光重视院校建设。他把办好院校作为“打技术桩子”的第一个重大举措。海军机关成立大会一结束，机关不少业务部门尚在组建中，他就踏上北去的列车，赶赴大连海军学校。

大连海军学校，全称“中国人民解放军海军学校”，是人民海军创建的第一所正规学校。校址位于大连市郊老虎滩风景区西侧。校区约 1 平方公里。背靠卧龙山，自由河穿过校园，三座钢筋水泥桥横贯河上。日本占领大连时期，这里曾是日军高级军官的栖所和一所日本中学的旧址，有日式平房、楼房 200 余幢，8000 多平方米三层教学楼一栋。日本投降后，苏军进驻大连，这里成为苏军一个炮团的驻地。随后经主持建校工作的张学思多方协调，通过外交部与苏方协商，苏军炮团才同意迁出，这里遂成为海军学校的校园。

主持创办大连海军学校的，是著名爱国将领张学良的同父异母兄弟张学思。1949 年 10 月，进京接受毛泽东召见的萧劲光，在下榻的饭店见到了刚从苏联回国的张学思。他们是解放战争中东北战场血火与共的战友。而今再次相见，分外亲切。交谈中，张学思获知军委确定让萧劲光主持组建海军，非常高兴，当即说，军委已决定在大连建海军学校，让我当校长。我就是为这去苏联考察的。建校和建军历来是一致的。由司令员兼任校长，许多事情都好办。“我要向军委提建议，报请任命你兼任海军学校的校长。”

年底，军委果然颁发命令，任命萧劲光为大连海军学校的校长兼政治委员，张学思为副校长兼副政治委员。由于当时萧劲光尚在湖南长沙，自然无暇顾及建校工作。校址选定、教员配备以及专业设置、招生人数等问题，都是张学思主持决定的。萧劲光到北京后，立即听取了大连海军学校的工作汇报。考虑到海军建设急需人才，萧劲光同意他们在海军领导机关成立两个月前的 1950 年 2 月 1 日便举行开学典礼，正式开课。

创建海军的两个必备条件，一是装备，二是专业人才。解决装备固然不易，调来专业人才就更难。作为第一所正规的海军学校，是为海军组建培养骨干、培养“种子”的。已开学两个月了，教学情况如何？还有哪些困难和问题？海军机关成立大会一结束，萧劲光第一个目标就是海军学校。

张学思治校有方。海军学校虽然刚组建两个多月，但工作已井然有序。到学校后，萧劲光首先听取了张学思和政治部主任李东野的工作汇报。在他们陪同下，萧劲光视察了学校的校舍和环境，看望了苏联顾问和专家。尔后几天里，分别召集处、系领导，教职员、学员进行了座谈。在对学校情况有了总体了解后，4 月 21 日，萧劲光在全校教职员工大会上讲了话。

萧劲光说，今天我要说的第一句话是感谢大家的工作。从中央军委下达建校命令到正式开学，前后仅仅 70 天，整修房舍，选调教员、学员，拟定教学计划、方案，都完成了，开课了。行动快，效率高，作为校长，我谢谢大家！作为海军司令员，我更要谢谢大家。海军组建到处都敞着口要人哪！接下来，他围绕着“建校方针与教学思想”讲了五个方面的问题：一是要树立以教学为中心、为学员服务的思想。学校的主体是学员，办学的目的是培养干部。学校的各项工作都要为这一目的服务，围绕着教学进行。二是要正确处理政治与技术的关系。政治是主导，技术是从属。技术可以发挥政治力量，政治工作必须保证技术学习。两者必须结合，密不可分。三是要正确处理学习苏联海军的经验和发扬解放军优良传统的关系。四是要从严治校，严格教学管理中的纪律制度。五是要树立建立强大海防的责任感、使命感。他说，学校工作是海军建设中心的中心。工业建设首先要有钢铁。鞍山是我们国家的工业基地，海军院校就是我们海军建设的“鞍钢”。我在机关讲过，宁可其他工作往后推一下，也要先把培养干部、培养技术人才的工作抓起来。担负这样的任务责任重大，是你们的光荣。希望教职人员要恪尽职守，学员要刻苦学习，大家要团结起来，发愤图强，共同为建设强大海军奋斗。

1950 年 4 月，萧劲光在大连海军学校作报告。

此后，萧劲光与张学思、李东野等学校领导又系统地研究、探讨了如何把学校办好，快出人才、出高质量人才的办法、措施。回到北京后，萧劲光亲自出面协调，从清华大学、北京师范大学等高等院校，动员、招聘了 30 多名教师和高年级学生，到大连海校当教员。不久，又通过湖南军区，从湖南大学招聘了光学博士曹懋修、数学教授余潜修等，到海校任教。在萧劲光的关注下，学校的经费，实习用的舰艇、枪炮、无线电等器材，也逐一得到解决。学校教学秩序逐步走向正规化。当年 10 月 1 日，大连海军学校的学员便作为海军部队的代表到北京参加了国庆阅兵仪式。一年以后，该校经过突击培训的军官，便开始走上海军机关、部队各级领导岗位。

大连海校开课后，萧劲光又陆续领导创建了航空学校、炮兵学校、鱼雷快艇学校、政治干部学校、后勤学校、潜艇学校，把华东军区海军学校扩建为海军联合学校。并向军委、总部建议，在南京中国人民解放军军事学院设立了海军系，在哈尔滨军事工程学院设立了海军工程系。在此后3年的时间里，这些学校先后培养出各兵种学员1.5万余人。这些学员陆续分配到机关部队，成为新中国海军自己培养的第一批技术中坚（20世纪60年代初，海军学校发展到14所，设有110多个培养军官的专业，60多个培养士兵的专业。海军官兵基本上实现了全员培训）。其中，许多人后来成为新中国海军史上的著名专家、高级将领，为海军发展壮大作出了突出贡献。

在抓紧院校创建的同时，萧劲光不拘一格广揽人才。1949年华东军区海军组建以后，司令员张爱萍为了解决海军技术人才缺乏的问题，通过在上海、福州、青岛、香港等地的报纸上刊登招募通告等办法，招收了一大批原国民党海军的官兵。其中有原先职衔很高的"海军元老"，也有部分军阶虽不很高，但曾在要害部门任职或学有专长，确实懂海军的军事人员。张爱萍把这部分人组织起来，成立了"华东军区海军司令部研究委员会"，为军区海军首长和领导机关修复装备、组织训练当参谋，当顾问。萧劲光对张爱萍这一做法极为赞赏。海军领导机关成立后，他立即责成海军副政委兼政治部主任刘道生亲到南京，与张爱萍当面磋商，将其中一部分人，包括毕业于英国海军大学，曾任国民党海军第二舰队司令员、江防舰队副总司令、海军司令部中将参谋长的曾以鼎，原国民党海军马尾造船所少将所长韩玉衡，原国民党海军总司令部第六署（技术）副署长陈书麟，原青岛国民党海军军官学校上校教育长何希焜等，计12人，调到北京。由这部分人为主，成立了"海军研究委员会"，请他们为海军党委、海军首长研究问题提供咨询、参与决策，协同机关相关部门处理装备维修、军事训练等一些重要的业务工作。一次，与曾以鼎等人交谈中，萧劲光了解到还有相当一部分懂海军，有知识技术的人才流散在全国各地，因有这样那样的顾虑，没有报名应召。他迅即向军委首长建议，以中央机关的名义正式发文，把这些人尽可能招收进来。军委接受了萧劲光的提议，于11月底正式发文，电令各中央局、各大军区，责成各地党政民学机关及各战略区，设法将流散各地的原国民党海军官兵和有海军知识、技术的人员，清理登记。"凡无政治问题，身体尚健，而有一技之长者，尽可能抽调来，以克服新海军建设中人才的困难。"从而又集聚了一批海军建设人才，充实到机关部队。同时，又从这部分人中选出8人，充实到海军研究委员会中。这样一来，海军研究委员会中搞装备的、搞训练的、搞教学的，几乎各方面的人才都有，成了一个实力可观的智囊团。在此后海军机关、部队、院校创建，部队教育训练计划拟定及武器装备管理等方面，提供了许多有价值的意见和建议。积极负责的工作态度，在技术建设中的突出贡献，使他们在机关上下很受尊重和欢迎。鉴于机关已经有了一个由苏联援华专家组成的顾问团，大家便亲切地称他们为海军首长的"第二顾问团"。

1952年2月14日，毛泽东视察海军机关时了解了这一情况，对萧劲光的做法给予充分肯定，称赞说："第二顾问团，这个办法好！搞海军，他们有知识、有经验，是老师，一定要好好团结他们，充分发挥他们的作用。"海军初创时期，这部分人不仅及时为海军首长作重大决策提供咨询，而且先后翻译、整理、出版了《美国海军学校海军战术教程》《第二次世界大战太平洋战争诸战役》《外国海军资料》等多部学术专著，参与了《舰艇条令》的编写，在人民海军“打桩子”的过程中发挥了不可替代的作用。

机关、部队一批一批接连组建，而每个院校都须有一定比例的专业技术人才。如许多的人才，单凭院校培养是远远不够的。再说，由于实验装备、器材的不足，许多技术技能在院校是掌握不了的。而已组建的部队，由于战备执勤、护渔护航等任务繁重，官兵不可能大批脱岗学习。根据这种情况，萧劲光大力倡导部队各大单位自行组织技术培训，官兵在干中学，在学中干。他几乎逢会便强调学好技术的重大意义，号召广大官兵认识掌握技术的意义和作用，自觉钻研技术。在1951年8月召开的海军首届政工会上，萧劲光说：海军“从一艘舰艇、一座岸炮、一架飞机，到整个军事指挥系统和物资供应系统，都是按照高度的技术分工和业务分工组织起来的。人被技术所组织和分配，人要指挥技术，人就必须精通技术”。同年10月，他在南京联合海校视察时指出：“海军是高度的技术兵种，必须有掌握技术的人员，必须有很好懂得技术的干部，要按照技术规律运用技术。”“我们一旦掌握了技术，就会使人们的素质提高一步。”在12月海军首长会议上，萧劲光更进一步指出：“今天，干部能否掌握技术，已成为能否建设海军的中心的一环，也是来自解放军的老同志能否成为建设核心的关键。”“我们当前最大的困难是不懂技术，不懂业务，对海军不内行。”他强调，学习军事技术，院校教育是重要的、必要的，是人才培养的主渠道，但不能全靠院校。院校没有这个能力，许多问题在课堂上也解决不了，而必须在实践中解决。他要求各级党组织、各级领导，重视部队的技术学习、培训，提倡在职学习，边干边学，在干中学。

在萧劲光等海军首长的教育、倡导下，海军各部队普遍掀起了强化训练、突击学技术的热潮。1950年下半年，由于长江口外各海区遭国民党海军骚扰，舰艇很难出海训练，华东军区海军机关把部分舰艇集中在青岛附近海域，举办了航海训练班。萧劲光专程前往看望，对他们的做法和官兵的学习成效给予充分肯定和鼓励，并在全海军范围内推广了他们的做法。之后，各大单位都办起了军事技术短期训练班，由原海军人员或由苏联专家执教授课，集中培训从陆军部队调入的官兵，学习航海、轮机、雷达、通讯、枪炮等几十种专业知识技术。这种短训班，学用结合紧密，时间安排自由度大——长的几个月甚至半年，短的不足一个月，十几天，参训人数也可视情而定。海军创建最初几年，华东、中南军区海军和青岛基地，都分别举办了几十期专业技术短训班，每年有数千人甚至上万人参加短训班学习。这些短训班，对官兵技术素质的提高，特别是满足部队组建大量的人才需求，发挥了极其重要的作用。在部队上下尊重知识、尊重人才，注重技术学习氛围的影响下，官兵们学技术、钻业务的热情高涨。一部分战士无须经过专门训练，通过自学即初步掌握了一些最基本的应用技术，可随艇出海。

一定的文化水平是学习掌握专业知识技术的基础。萧劲光一开始就重视部队的文化学习，强调学文化与学专业知识技术并进。中央军委于1951年底作出决定，在新的年度即1952年的军队训练中，“执行以文化教育为主的方针”。在当时部队官兵相当部分属文盲、半文盲的情况下，这无疑是一个具有战略意义的措施。对装备技术复杂，官兵文化素质要求高的海军来说，这一决策尤为重要。军委、总部的指示精神、相关要求一下达，海军党委即很快研究作出部署。1952年1月1日，海军政治部制定了《海军部队文化教育实施计划》。6月15日，萧劲光与海军副司令员王宏坤、罗舜初，副政委兼政治部主任刘道生，参谋长周希汉共同签发了《关于在全军普遍开展文化和技术学习的动员令》。动员令强调：“掌握技术——这是人民海军建设的基本问题。解决这一问题的关键，又在于迅速地普遍地提高全军人员的文化水平。因此，集中力量，展开一个轰轰烈烈的文化和军事技术学习运动，全部消除文盲，提高文化，熟练军事技术，提高业务知识，这就是一九五二年下半年全军一致的中心任务。”号召海军全体人员，为了加速人民海军的建设，“以虚心的学习态度，雷厉风行的战斗精神，投入到学习运动中去，做顽强的持久的努力，不骄不馁，互相帮助，互相勉励，互相学习。争取在学习中立功！争取做学习模范！争取成为模范学习单位！”9月初，海军在北京召开了第二届文化教育工作会议。会后，海军党委作出了《关于加强文化教育工作的决定》。经过一年多的突击学习，干部战士的文化水平都有了不同程度的提高。据部分舰艇部队统计，45.2%的官兵达到初中毕业，其他人也基本上达到了高级小学毕业水平。随着文化教育的深入开展，舰艇、炮兵等主要战斗部队官兵的业务技术学习，成绩不断提高，进步更快。

通过部队上下几年的努力，到1953年初，海军部队官兵技术素质发生了可喜的变化，人民海军自己培养的技术骨干队伍开始形成。但随之又出现了新的情况：有些单位一面叫喊缺专业干部、缺技术人才，一面却又将辛辛苦苦培养起来的技术干部、专业人才任意调动，随便改行。发现这一情况，萧劲光非常生气。他认为这种做法典型地反映了某些领导干部组织观念不强、全局观念不强，长此下去，势必削弱部队的技术基础，使海军建设事业受到严重损害与破坏，“技术桩子”永远也打不牢。他说，这种破坏、动摇“技术桩子”的现象必须纠正！

同年5月4日，在萧劲光主持下，海军党委作出了《关于禁止将专业干部和技术人员任意改行、随便调动的决定》，对将专业干部和技术人员随意改行、调动的现象，进行了严肃批评。要求各级党委和领导干部充分认识干部的专业化，积极培养专业干部和技术人员，对建设人民海军战斗力量的重大意义，把这一问题作为党委和政治机关的政治任务来抓。对此前“某些违背领导机关的指示，擅自将学过专门技术的人员改行使用和降职使用的干部给予必要的处分。各级领导机关应即着手对已经改了行的专业干部和技术人员作一次清理”，凡不应改行的“一律调回”。并明确了具体处理原则：

1. 凡抽调送学深造或调任各部门业务长工作者，不再调回原岗位。
2. 凡经审查政治上确实有问题，因而调离或改任其他工作者，不再调回。
3. 凡因身体条件不适宜做舰艇部队工作而调到机关工作者，不再调回。
4. 凡现任职务比原任职务重要，并在业务技术方面较前熟练者，不再调回。

5. 已改行的政治工作干部，因掌握业务技术领导的需要已任专业技术人员者，不应调回。

6. 凡系学过专业技术的干部和人员，不论是因编制限制或目前有无装备，而改任管理员、事务长、文书、会计、审计、出纳、摇机员、运输员、电话员、炊事员、汽车司机、通信员、工作员等工作者，一律调回，由华东、中南、青岛海军干部部负责按所学技术进行统一调配。

7. 凡系学过专门技术的人员（不论战士或干部），因文化教育需要而调出专任文化教员或担任文教办公室工作者，应全部调回原工作岗位。但在本单位兼任文化教员是可以的。

8. 凡属第一海校毕业学员被分配当水兵或在机帆船上工作者，应即调回重新分配与其所学技术相适应的工作岗位。

同时，该决定还对以后各种专业干部和技术人员的调动、改行，作了明确规定。并且明确了专业干部和技术人员调动和改行的批准权限，强调"各海校毕业学员之工作岗位、任职分配，必须遵照海军领导机关之规定执行，下属单位，不得将他们任意改行及降级使用"。该决定最后强调："以上决定，望各级党委和首长坚决执行。"

接到海军党委这一文件后，各部队普遍按照文件要求进行了专业干部和技术人员使用情况大检查。凡文件规定属使用不当的，基本上都作了调整。海军专业技术人员队伍基本上稳定下来。

随着海军党委一系列政策措施的落实，部队逐步形成了尊重知识、崇尚技术的风气，官兵的知识技术素质发生了显著变化。到1953年底，海军部队经过正规学校和专业训练班培养的干部战士已近3万人。与相继组建的各兵种部队比起来，这批人员的数量、质量虽然依旧差距很大，但训练没有骨干、有舰开不动、有炮打不响的局面已经改变。舰艇部队不仅离靠码头不再困难，而且可以在各种条件下进行小编队航行，实施对空、对海、对岸、对潜艇射击，施放烟幕或近海单线布雷。飞行部队的一部分已可担任白昼对敌舰艇投雷射击，进行海上中空布雷，完成对海上目标照相、侦察等任务。岸炮部队已普遍能对海上目标射击了。1950年底，海军机关曾对组建不久的舟山、青岛两个基地50艘舰艇的正、副舰长，部门长等技术干部作过统计。当时，原海军人员占80%。到1953年秋季，这些舰艇技术干部中原海军人员不足9%。更重要的是，大家破除了对海军技术的迷信，学技术的信心足了，干海军的决心大了。官兵们不仅训练热情高涨，而且积极要求执行任务，参加战斗。

这使萧劲光感到欣慰，但他丝毫不敢松懈。东南沿海还有不少岛屿被国民党海军占据，他们对沿海的骚扰一直不断，更重要的是下一步要解放台湾。同时，他还清醒地看到，在教学、训练中，苏联专家、顾问发挥了相当大的作用，部队中的条例条令也大都是苏联海军的，长此下去是不行的。从1953年下半年开始，他已在思考并着手组织人员编写中国海军自己的《舰艇条令》《海军战斗条令》等条令条例，建立教育训练的一系列规章制度。"打桩子"是奠基的开始，是刚刚起步，建设强大海军，打造中华民族的海上长城，路还很远很远。

第十九章　致力解决海军装备问题

一、人民海军最初的“家底”

萧劲光晚年在回忆录中讲了这样一件事：1950 年初，他到任不久，带着几个人到海防重镇威海的刘公岛进行设防勘察。随行参谋人员在码头向渔民租了一条小船。航渡中，渔民得知萧劲光是新中国的海军司令员，顿时睁大眼睛，以不可思议的口气说：“你是海军司令，还要租我的渔船?!”

记述了这件事情后，萧劲光深有感慨地写道：“这话对我刺激很大，可当时有什么办法呢？我这个海军司令真是两手空空啊!”

“两手空空”，不是夸张。直到 1950 年下半年，华南地区和青岛地区海军的架子才开始搭起来。即是说，海军机关成立时，整个渤海、黄海和南海的大片海域中，还没有人民海军的一舰一炮，这些地方海防的大门还无所凭据地敞开着。这时，人民海军仅有的部队，就是主要活动在长江中下游及长江口附近海域的华东军区海军和珠江口广东江防部队的十几艘小型舰艇。所以，萧劲光到任后，一边向苏联专家请教，考虑筹建成立海军领导机关，一边即与华东军区海军司令员张爱萍联系，了解华东军区海军的情况，随时准备接受军委下达解放台湾的命令。

是时，张爱萍正在忙于修复舰船、组织部队演练，准备举行华东军区海军成立一周年纪念庆典，于是便派司令部作战处长赵汇川前往北京，向萧劲光汇报。

赵汇川是老新四军。华东军区海军成立，他从第三野战军第九兵团司令部参谋处处长任上调到华东海军任作战处长，经历了华东军区海军创建的全过程。抵达北京的当天，萧劲光就在临时租住的旅馆里接待了他。按照萧劲光“尽可能讲细点儿”的要求，他系统地汇报了华东军区海军的创建经过及编制、体制、部队思想面貌等各个方面的情况。

华东军区海军是 1949 年 4 月 23 日，由华中军区副司令员张爱萍主持创建的。出席在江苏泰州白马庙海军成立会议的全班人马，除张爱萍外，一共 12 个人：第三野战军司令部作战参谋黄胜天、管理员温礼芝等 4 名干部，外加作为公勤人员的 8 名士兵。被视为海军的象征而必须装备的舰艇，当时则全无着落。4 月 28 日，在江阴要塞司令部礼堂正式举行成立大会，来自三野教导师、三野司令部侦察营和国民党海军起义部队官兵共800余名出席大会，成为人民海军的第一支部队。此后，随着国民党海军起义官兵加伍和从陆军部队调入，陆续有了官兵1万余人。舰船，大大小小加在一起，能动的、不能动的，有一艘算一艘，加起来近200艘。

萧劲光一边听一边记录，并一再提出要讲细点儿。赵汇川接下来便具体介绍了在上海、南京接收装备的情况。他说，归结起来，这些舰艇主要来自四个方面：

一是原属八路军、新四军的沿海游击队（被称为“土海军”）带来的。如苏北军区海防纵队，在改编为海军部队时带来少量船只。这些船只多是破旧的汽艇或小型木船，堪用的很少。

二是接收国民党海军起义、投诚的舰艇。随着解放战争不断扩大、节节胜利，先是青岛的“黄安”号护航驱逐舰、上海的“重庆”号巡洋舰，接着是林遵的海防第二舰队、“长治”号驱逐舰等纷纷起义。1949年一年间，国民党海军成功的舰艇起义14起、投诚1起，共带来大小舰艇97艘。这是当前部队舰艇的主要成分。

三是战斗中缴获及从地方接收的。三野第九兵团、第十兵团的部队，在渡江战役前后都曾俘获国民党海军舰艇多艘。上海解放后，军管会海军接管部在上海收集、接收国民党海军遗弃及未能逃脱的舰船10余艘。

四是华东海军成立后，为了解决部队训练和舰船修复的急需，紧急向上海招商局、上海公用局等地方有关部门征调、购买的。这包括拖船、舰艇10余艘，渔船50多艘。这些舰船加在一起，将近200艘。

赵汇川熟悉情况，且经过认真的准备，所以，他的汇报有观点、有事例，萧劲光很满意。特别是听赵汇川介绍了张爱萍大胆起用原国民党海军技术人才修复、改装舰船的做法，感到大受启发。汇报结束，萧劲光把赵汇川的汇报材料拿过来翻了翻，说，你们的工作很有成效，但还要抓紧。解放台湾和沿海岛屿，任务很紧迫。其他部队才开始筹建，主要任务还要靠你们完成。关于舰艇列编、命名问题，海军同意你们的意见。军委已明确，护卫舰以省会城市命名；炮舰以革命老根据地内的一些重要城市命名；各型登陆舰、江防炮艇等，以名山大川及根据地内知名的集镇命名；其他辅助船、小型舰艇，则以数码编号。同时，军委决定，根据训练和遂行战斗任务的需要，将其中32艘主要舰艇编为3个舰队（后改称“支队”），纳入战斗序列。即由“南昌”“广州”等8艘护卫舰，组成第六舰队；由“延安”“瑞金”等8艘炮舰，组成第七舰队；由“井冈山”“黄河”等登陆舰及江防炮艇等16艘舰艇，组成第五舰队。庆祝华东海军成立一周年活动，按所提意见如期举行，海军将派人参加庆祝活动。

几十年的军旅生涯，萧劲光养成了写日记的习惯。每天晚上就寝前，他通过记日记总结一天工作，有话则长，无话则短，一挥而就。而这天晚上，他却思绪万千，久久难以落笔。毛主席语重心长的谈话，武汉江面的见闻，赵汇川的汇报，统统汇集在脑际，使他的心久久不能平静。

海军领导机关的筹备工作业已就绪。成立领导机关，自然没问题。然而，发展、壮大海军，谈何容易！没有人，可以选调，从陆军部队调，从地方选；不懂技术可以学，几种主要专业的技术学校业已陆续开学。但没有舰艇，没有装备呢？这就不是立说立行、短期所能解决得了的……

萧劲光翻看着笔记。“这些舰艇性能落后，陈旧不堪，五花八门，134 艘舰艇的排水量加在一起也只 4 万多吨。有的小艇只有二三十吨，甚至十几吨，且航速很小，有的只七八海里……”在这几句话下边，他重重地画了一条线。接着，在日记本上写道：“总数，134 艘；3 个舰队，32 艘。数量太少了。但它是人民海军的，是新中国的，是属于人民的！是中华民族海上长城的第一块砖……当前最重要的任务之一，是尽快搞到军舰。”

军舰，是海军的眼、海军的腿、海军的拳！没有军舰还叫海军吗？这时，萧劲光心里还抱着一个莫大的希望：打捞自沉在葫芦岛海底的“重庆”号。

到北京不久，萧劲光就专门搞来了“重庆”舰的资料。“重庆”号是一艘轻型巡洋舰。1949 年 2 月起义后，遭到国民党军飞机的疯狂轰炸。为使其免受更大破坏，于 3 月 20 日将其自沉葫芦岛码头附近。该舰身长 165 米，宽 16.7 米，排水量 5274 吨（满载 7500 吨），编制 600 余人，最高航速 32 节。续航力 4000 余海里。主要武备为：设 152 毫米口径主炮 6 门，102 毫米四联炮 8 门，鱼雷发射管 6 具。另外装备小口径高炮 20 门。且各种火炮均由雷达控制指挥，炮弹自动装填。这种战舰在军事技术先进的西方国家虽已不属先进行列，但在亚洲绝对算得上名列前茅。而人民海军有了这样一艘战舰，振一纲而带全目，就不是现在的样子了。

中共中央、中央军委异常重视“重庆”舰的打捞工作。1949 年 8 月，委派张学思赴苏考察访问时，就授命他向苏联海军部提出请派专家来华协助打捞“重庆”舰一事。萧劲光到任不久，军委又召集他和有关人员就打捞“重庆”舰问题进行了专题研究。解放军总司令朱德、代总参谋长聂荣臻都出席了会议并作了重要指示。朱德说：“这是一件大事，要组织一个统一的机构，集全国的力量来办理。所需经费可由作战费内开支。”聂荣臻说：“把准备工作做好，技术方面的事情可委托苏联专家办。”经过研究，最后确定由海军司令部和重工业部、铁道部、总后勤部、辽西省政府及某部一〇七师等单位，各派干部组成打捞委员会。由“重庆”号起义后在舰上担任过政委的朱军任委员会主任，具体领导打捞事宜。这一决策使萧劲光大为振奋。会后，他向周恩来提出，希望能在 1950 年底前打捞上来。周恩来接受了萧劲光的建议，亲自致电苏联国防部部长布尔加宁，请于 8 月以前派专家来华开始打捞。

然而，这件事后来不像想象的那样顺利和理想。那次会后，萧劲光多次催问，直到 6 月下旬，周恩来才告诉萧劲光，布尔加宁已正式同意协助打捞，但时间要往后推——年底前摸清情况、准备材料，明年春天才能投入打捞。打捞事宜，首先还要由两国贸易部签订合同，中方须向苏方支付打捞费 55 万卢布。

经中方一再争取，并如数交付打捞费，苏联专家 205 人于 8 月 1 日依约抵达葫芦岛，开始潜水检查等为期数月的准备工作。在苏联专家的指导、协助下，经过半年多的努力，“重庆”舰终于 1951 年 6 月 13 日被打捞出水，并顺利地拖到了大连港。看到打捞出水的“重庆”舰巍然屹立在港口，萧劲光又高兴又激动。6 月 20 日，他亲自给苏联海军部部长尤马谢夫哥洛夫果将军发了电报，表示诚挚的感谢。之后，萧劲光多次与苏联海军部联系，要求派专家帮助修复。由于缺少配件和技术方面的原因，最后终未修复成功。若干年后，萧劲光说：“‘重庆’舰打捞上来却没能修复，我非常遗憾。但，中央和军委领导对海军建设的关心、广大指战员和职工为此付出的辛勤劳动，却让我感动不已，铭记终生，鼓舞着我为海军装备发展奋斗。”

二、两次率团赴苏考察、谈判

中共中央、中央军委对海军装备建设一直是相当重视的。早在 1949 年底毛泽东访问苏联期间，就向斯大林提出，请求苏联方面帮助建设海、空军问题。随后，周恩来赶到莫斯科，代表中国政府与苏联政府签订了《中华人民共和国中央人民政府和苏维埃社会主义共和国联盟政府关于贷款给中华人民共和国的协定》。当时，毛泽东、周恩来即决定，将苏联贷给中国政府的 3 亿美元贷款的一半，用于海军建设，并与苏方签订了购买 1 亿 5200 万美元海军装备的协议。①

对建国甫始，满目战争创伤，经济尚未恢复的新中国来说，1 亿 5200 万美元，实在是个惊人的数字。萧劲光、刘道生等海军领导感到极大的鼓舞和振奋。他们从中体察到了中央对海军建设的重视，也意识到责任的重大——这一决策，与解放台湾的军事任务是分不开的。他们当即召集人，在苏联专家的指导下拟定装备建设计划、海军渡海作战计划。

然而，计划初稿刚刚拟完，还没有来得及上报，随着朝鲜战争的爆发，中央的决策就变化了。1950 年 6 月 30 日，周恩来在西花厅约见了萧劲光，向他正式传达了党中央关于推延解放台湾的决定。

萧劲光汇报了海军的工作情况后，周恩来接着讲。他认为，朝鲜战争不可能轻易结束，这个战争将是一个持久复杂的战争，要打一年、两年、三年，甚至更长。根据这种情况，军事建设应有一个较长远的计划。海军要有长远打算，要着手制定一个三年建设计划。

制定海军建设的规划，对刚踏进海军大门、对海军装备知之不多的萧劲光等人来说，实在是一项工作量巨大、内容复杂的工作。但大家的热情、积极性是有的。萧劲光接受任务当天便召开海军首长会议，按照周恩来的指示确定了指导思想，议定了基本内容，交与参谋长罗舜初具体组织。经过半个多月的努力，并多次征求苏联专家组的意见，终于完成了以执行作战任务最低需求为依据，制定的《海军三年建设计划纲要》。

海军三年建设计划、“建军”会议报告上报不久，毛泽东在中南海接见了萧劲光。

萧劲光简要汇报了海军建军会议的情况，并特别对制定海军三年建设计划的想法，舰艇、火炮等各种装备数目的依据，作了重点说明。同时提出了前往苏联进行工作考察的要求：“为了全面学习苏联海军的建军经验，我们准备组织人去苏联进行一次考察。前几天就此事与苏联顾问克洛契柯夫作了沟通，他赞成。”毛泽东肯

---

① 见《萧劲光回忆录》续集，解放军出版社 1989 年版，第 29 页。

定了海军“建军”会议，说仗要打，海军也要建设。关于去苏联考察的问题，他表示：“很有必要，应尽快成行。”

汇报即将结束时，萧劲光提出：“主席，苏联顾问告诉我们，装备问题他们海军部定不了，国防部也定不了，要斯大林同志拍板，光我们自己去谈恐怕不行！”毛泽东会意地点点头。

10月8日，萧劲光征得毛泽东同意，以毛泽东的名义就海军军事订货等问题，给苏联部长会议主席斯大林（代号“菲利波夫”）写了信。信中说：“由于中国当前所处新的军事及政治情况，曾决定三年海军建设计划，为使更快的巩固中国国防，我以中央政府的名义，请求增加顾问教官，及一九五一年计划中所需舰艇、飞机、武器、装备、供给等等的数字……”

书信按照海军建设计划，具体开列了请求苏方增加的订货数字及顾问、教官的人数。

原定此信连同海军三年建设计划，由10月初奉中共中央之命偕同林彪前往苏联会商抗美援朝等问题的周恩来，面交斯大林，或对其内容与苏方进行磋商。由于周恩来此行不顺利，斯大林拒绝了中国关于请苏联出动空军入朝参战，掩护中国人民志愿军作战的要求。话谈不拢，关于海军建设计划、订货问题，也难以议及。10月26日，周恩来回北京后才再次约代总长聂荣臻与萧劲光、刘道生、罗舜初，一同研究审定海军三年建设计划和1951年向苏联提出的装备订货计划。

在这次审定计划的过程中，周恩来十分委婉地向萧劲光等提出，海军暂缓成立歼击机航校和海航司令部机关。目前只在海军机关成立航空部、开办有特殊要求的水雷机航校，以集中人力、财力加速空军战斗部队建设，使其能尽快形成战斗力开赴朝鲜战场。萧劲光理解中央的苦衷，当即表态执行。

关于海军的订货计划，周恩来认为，还是先将三年建设计划提请苏联海军帮助审定，在此基础上再确定来年（即1951年）的订货计划比较稳妥。为缩短时间、确保效果，周恩来决定不再采取由毛泽东给斯大林写信的方式，而是由萧劲光带着《海军建设三年计划》即刻赴苏，与苏联海军方面负责人面商。

这一切议定后，周恩来当即为毛泽东起草了致斯大林的电稿：

菲利波夫（斯大林代号）同志：

由于我国目前所面临的国际形势，为建设海军，我们亟需从苏联获得下列海军装备：鱼雷快艇、鱼雷、装甲舰、猎潜艇、扫雷器材、海军要塞炮和歼击鱼雷机。因此，我提议即派我国海军司令员萧劲光偕参谋长罗舜初，顾问顾济民前往莫斯科，与苏联海军方面负责人磋商我国海军建设问题及其所需装备的订货事宜。

10月30日，苏联驻中国军事总顾问扎哈罗夫大将告诉周恩来，菲利波夫同志已复电，同意萧劲光率海军代表团去苏联商谈中国海军建设问题。

代表团动身前，周恩来考虑到此系新中国海军代表团第一次出国执行任务，抽暇在中南海春藕斋召见了罗舜初，亲自交代此行的主要目的：一是请苏方帮助研究与审查中国海军建设三年计划，二是确定1951年中国海军订货的内容，三是学习苏联海军建设的经验。并具体告诉罗舜初，如何使用外交语言向苏方表达思想，及在谈判中应当注意的问题。经过简单准备，11 月中旬，萧劲光与罗舜初、海军后勤部副部长景宜亭等一行 5 人，带着经周恩来审定、修改过的《建设中国海军的初步计划（草案）》，踏上了前往苏联的火车。

11 月底，萧劲光一行抵达莫斯科。是时，莫斯科已是冰天雪地。但苏联海军的盛情接待却使中国代表团感到温暖如春。

这次访问，中苏双方原本商定，由苏联派驻中国海军的首席顾问顾济民一路陪同。没想到火车到西伯利亚后，顾济民突患阑尾炎，留在当地做手术，苏联便另派了一位海军副司令员前来陪同参观考察。苏方安排周到，副司令员情谊殷殷。萧劲光本人故地重游，一口流利的俄语，真有点儿"宾至如归"的感觉。在完成磋商订货，请苏方帮助审定海军建设计划一系列谈判后，苏方又应萧劲光的要求，安排代表团走访了苏联海军的多名高级将领和部队负责人。他们坦诚地介绍苏联海军建设的整体情况，介绍海军的编制原则、各类舰艇在海军中的地位和岸防兵力部署。有的专家还热情地向中国代表团分析世界海军发展形势，介绍国际上关于领海的规定及海战中的战术原则。考虑到组建潜艇部队的计划，萧劲光特意拜访了苏联潜艇部队的负责人，向他们请教了建设潜艇部队需要注意和着重解决的问题。其间，苏联海军领导人还陪同萧劲光一行前往列宁格勒，访问了波罗的海舰队的部分军舰、造船厂和海军学校，参观了在十月革命中炮击冬宫的"阿芙乐尔"号巡洋舰。结束谈判后，斯大林在百忙中接见了萧劲光，并以武装部队大元帅的身份，赠送给他一把华丽的佩剑。

12 月底，萧劲光一行回到北京。

访问期间，苏方获知萧劲光当年在苏联留学时曾有一个女儿留在莫斯科，便组织人多方寻找。由于已过去 20 多年，加之中间又经过了第二次世界大战，虽经多方努力也毫无结果，这不免使萧劲光有些失望。但苏方基本上满足了 1951 年海军订货的要求，特别是参观、考察了许多地方。所以对这次考察访问，他还是相当满意的。在晚年的回忆录中，萧劲光满含深情地写道："这次赴苏考察访问，对我来说，是一次很实际的学习。它不仅使我比较系统、全面地学到了一些海军科学知识，也使我开阔了视野，看到了我国海军建设同世界上那些大国海军建设的差距。从而，进一步增强了要发愤图强，把人民海军尽快建设起来的责任感和紧迫感。"

一年多后，即 1952 年 4 月，为了争取苏联对中国海军建设的支持，解决装备订货问题，萧劲光再次率团访问了苏联。

此次访苏阵容强大。代表团成员除海军的人，副司令员罗舜初、海军修造部部长林真等外，还有政务院重工业部船舶局副局长罗叔平及装备技术专家等多人。访问的目的，主要是与苏联洽谈年内中国海军订货的落实和请苏方帮助审定由斯大林提议扩大了规模的《中国海军五年建设计划》。

代表团于 4 月中旬离开北京，先坐飞机到伊尔库茨克后，萧劲光感到身体不舒服，又改乘火车。在路上颠簸多日，于 4 月 22 日抵达莫斯科。代表团被安排在离海军部不远的一座法国旅馆里。这里环境幽静，附近有一个公园，会谈之余，可以在公园里散步。

24 日，举行了第一次会谈。苏方首席代表是苏军副总参谋长法金将军。是时，中苏关系异常密切，中国的武器装备和各地海防设施状况，苏方都很了解。所以谈判一开始，萧劲光就按照准备好的计划摆出了希望解决的问题，提出了当年的订货及今后数年内需要购置的武器装备和希望得到的转让技术。萧劲光边讲两方人员边议论，整个谈判在友好的气氛中进行。此次会谈算是务虚，不作定论。

两天后，举行第二次会谈，着重磋商 1952 年订货问题。对于中国提出的订货项目和数量，苏方只有少数项目基本同意，相当大部分减少了数量。如萧劲光提出当年增购 14 架水鱼雷机、12 艘鱼雷快艇，苏方表示同意。后萧劲光又提出希望购置护航舰、扫雷舰、猎潜艇、远航艇等造船材料，苏方同意分批提供，第一批数量不大。萧劲光提出要购置 8 个连的海岸炮，苏方只答应给 5 个。而对购买驱逐舰的要求，则一口否决，说目前解决不了。

5 月 5 日进行了第三次会谈。此次会谈主要是由苏方根据中国代表团的要求，答复转让制造方面的问题。法金首先提出了他们同意转让制造项目的一个清单，开列了可以转让的各种型号的舰艇的成品数目和技术文件，提出了交付的时间。法金提出，为了支持中国提高自己修造军舰的能力，苏方同意派一批专家到中国去，协助拟订造船计划，帮助监造和检查。萧劲光提出请苏联海军帮助修复“重庆”号巡洋舰上的仪器、武备和电器设备，法金当即给予肯定答复，说“这没问题”。除此而外，苏方还就中国承担这批转让项目需要设立哪些机构提了建议。法金讲，海军修造部应加强，其主要任务是根据上级的意图及海军舰船战术、技术性能的要求，组织进行技术设计、研究、审查，向国家造船部门提出订货计划，并负责监造、检查和验收。当然，国家重工业部门须设有领导和设计造船的专门机构。

5 月 10 日，双方代表团又拿出一天的时间，专门磋商了有关购置航空器材和海岸炮等问题。对中方提出的购置飞机和岸炮的数目作了较大削减。会谈结束前，法金强调，几次会谈中所商定的问题，须报政府批准后才能执行，总的经费、偿付形式，也要由政府核定。

此次访问，正式会谈举行了六次。苏联海军部部长库兹涅佐夫大将先后三次会见了代表团。苏方首席代表、苏军副总参谋长法金将军自始至终参加了会谈。他们不仅与中方代表商谈订货，还对中国海军建设提出了一些具体意见和建议。特别是关于海军后勤部门设置问题，苏方的建议发挥了较大影响，给萧劲光也留下了很深的印象。在晚年的回忆录中，他对此作了较详细的记述：

> 在会谈中，我们还就我国海军是否需要单独成立各级后勤部门的问题征求了对方的意见。这是因为在海军建设初期，曾经有一种意见，认为海军的后勤工作，统一由各地陆军部队的联勤领导就行了，海军没有必要成立各级后勤部门。苏方根据他们的经验和海军的实际情况，建议海军决不能取消后勤部门。他们认为，海军兵种十分复杂，物资供应任务十分繁重。特别是对海上部队的供应，与对陆上部队供应有许多不同，每个基地要一直负责供应到单舰，而每艘单舰需要供应的物资又各种各样，有油料、机件、仪器、武器、弹药以及粮秣、被服，等等。如果海军本身不设后勤部门，没有一批懂得各类技术的后勤

干部，是不可能保证部队战时和平时需要的。因此，把海军基地划归各地联勤指挥是不适当的。他们还说，在苏联，曾经试行把海军后勤工作划归人民武装部系统的做法，后来的经验证明行不通，才又改过来。这个问题当时我们向党中央报告后，中央立即表示采纳苏方的意见，在一份回电中告诉我们："关于海军后勤组织已商定不合并于联勤。"但是，正式确定下来，还是在我们回国以后。这年7月26日，我们给毛主席、周总理、彭德怀副主席并总参、总后领导写了《关于后勤组织问题》的报告。彭副主席看了以后，于8月2日给毛主席写信，提出意见："海军后勤建立垂直系统，直属军委联勤，不经大军区，减少层次似相宜。"8月3日，毛主席在彭副主席信上批示："同意这个意见。"这样，这个问题才算得到解决。

会谈期间，每次会谈内容，萧劲光都及时向军委和中央有关部门汇报，尔后按照中央电报指示决定新一轮谈判的主旨。5月10日谈判结束，萧劲光将谈判结果报告中央，便一边等待复电指示，一边按照苏联海军的安排在莫斯科参观。其间，他还到列宁格勒参观了内燃机厂、造船厂和在造的军舰。回莫斯科后，收到中央5月29日复电。电文说：一般同意你们与苏方商谈的各项问题；1952年订货同意，快艇可再增加几只；1953年订货计划望作为初步货单提出，声明回国后如需增加，当再补提；同意对我们建设的几项建议；上述各项，作一概括性答复，并提出几项增加的要求。

萧劲光向苏联海军部并法金将军转达了中央的意见。6月初，代表团准备动身回国。或许是因为一个多月来静坐多、活动少，工作劳累的缘故，萧劲光直肠突然多处破裂，大出血，心脏也出现病变。经报告国内同意，决定代表团先行回国，萧劲光住进医院进行检查、治疗。经过一段治疗，6月中旬，萧劲光回到北京。

6月28日，萧劲光与罗舜初联名向中央写了报告，汇报了此番赴苏谈判的情况。数天后，萧劲光前往中南海看望毛泽东，又当面作了口头汇报。

汇报中，萧劲光除报告赴苏见闻、会谈成果外，还汇报了苏联对帮助中国解决装备问题的一些想法：一是强调由于近几年技术不断发展，海军装备处在改进阶段（螺旋桨水鱼雷轰炸机将被喷气式水鱼雷轰炸机代替），加上苏联海军本身需要建设，还要帮助其他民主国家，所以某些物资只能在一定限量下供应我们。二是希望我们——不是海军本身，是说国家重工业部门，重视造船工业建设，首先是建设造船厂、内燃机厂、水鱼雷厂等。他们供给我们部分造船材料，是想促使我国打下造船工业的初步基础。三是希望我们抓紧时机培训海军专业干部。代表团的同志都真切感受到，他们的这些想法是积极的友好的。

毛泽东对萧劲光的汇报很满意，笑称代表团不辱使命，大有成效。毛泽东为了向苏方表示谢意，督促谈判成果的落实，于7月10日再次给斯大林写了信：

菲利波夫同志：

我国海军代表团此次在莫斯科与苏联海军部商谈我国海军五年建设计划及一九五二年订货诸问题，承苏联政府和海军部同志热情帮助，许多问题获得解决，谨向您和苏联政府致以谢意。我们基本上同意苏联政府对我国海军五年建设计划的意见。

兹提出如下请求，请您考虑。

一、为了我国海军继续发展，准备在我国第一个五年计划当中和第二个五年计划开始时，能自己逐渐解决潜水艇、鱼雷快艇、扫雷艇、大小猎号所需之主机及一般材料，以及海军所需之水鱼雷。拟将此项建设工作列入第一个五年计划中，因此，请苏联政府帮助我国重工业部建设内燃机工厂及水雷、鱼雷工厂，并请派专家组前来中国设计及协助建厂工作。

二、此次苏联海军部所允派来之苏联海军专家及对恢复巡洋舰“重庆”号修理、检查设计专家组、大口径海岸炮勘察专家组、要塞建设专家组、建设港口专家组、造船专家组等，最好请于八月份派来中国。

三、我国海军代表团与苏联海军部所商定的一九五二年海军订货中之海岸炮、水鱼雷飞机、驱逐机、教练飞机及航空教育器材，请苏联政府尽早于八月初拨给。

关于我们海军五年订货所需款项的偿付问题，俟我们代表团去莫斯科后再行商定。

毛泽东一次次出面过问、关注海军建设问题，使苏联政府和海军部对两国所签订的海军装备购置协议更加重视。

当年 9 月，萧劲光又派罗舜初再次到了莫斯科，同苏联海军部进行会谈、磋商，督促其尽快落实装备订货计划。后来的结果是，对 1952 年的订货计划，苏方答应较好，落实也是好的，并同意转让一部分舰艇图纸。初步审定的海军五年建设计划，因斯大林逝世，在付诸实施时苏方态度发生了变化。

三、落实中苏“六四”协定

1953 年 3 月 5 日，苏联党和国家的主要领导人斯大林逝世。这在当时的社会主义阵营震动甚大，对中国刚刚起步的社会主义建设也产生不小的影响。

斯大林对中国海军建设是支持的。特别是 1951 年、1952 年两年，他为中国人民在抗美援朝中表现出来的国际主义精神、大无畏英雄气概所触动、感染，多次表示，苏联政府要尽一切可能帮助中国建设海军。正是基于这一思想，斯大林主动提出《中国海军五年建设计划》“再扩大一些”，致使中央军委、海军机关的领导把后来扩大了的海军建设计划称作“斯大林计划”。斯大林逝世后，会不会变化呢？萧劲光心里有点儿打鼓。

3 月 7 日，周恩来率领代表团前往莫斯科参加吊唁活动。考虑到葬礼结束后将与苏联商谈海、空军装备订货问题，罗舜初参加了代表团。临行前，萧劲光向罗舜初交代：主要应抓紧当时已草拟的第一个五年计划的落实。已经商定的问题，争取很好实现。尚未商定的问题，要争取能定下来。至于下一步订货计划，暂时不必涉及，谈也不会有结果。

葬礼结束，中苏会谈随即开始。会谈几次后，罗舜初于 3 月 12 日给萧劲光发回电报，汇报了谈判情况。电报说，苏方态度有变。新上任的领导人马林科夫等人甚至讲不知道有一个由斯大林提议、经苏联方面审定的《中国海军建设五年计划》。几次会谈，他们均表示对中国海军提出的订货有困难。下一步怎么办？

海军建设五年计划，是新中国海军第一个全面的建设计划，它寄托着萧劲光建设海上战斗力的满怀希望。斯大林逝世后苏方在海军订货问题上会有变化，萧劲光有思想准备，但变化如此之大是他没有料到的。由此，他再次看到了购置装备问题的复杂。经慎重思考，他于3月16日给罗舜初回了一个长电报，具体谈了对几个主要问题的原则意见："凡是过去商定的问题，仍需提及一番，如一九五二年订货、五年计划实施程序、修复'重庆'号、派各种专家组、派各项顾问来，以及关于建设造船厂等，尽可能求得解决。""一切尽量争取现成品、半成品，哪怕是他们用过的，只要还有作战能力和教育作用，总比完全没有好……目前海上斗争情况日趋繁重，干部需要东西训练。日本和台湾正在拿了美国那些过龄的东西加强武装，向我封锁袭击。又要知道，苏联在目前不可能给我们许多新东西，他们最新的最秘密的东西绝不会给我们。""如果因为某些情况必须改变五年计划的话，请你们一定要掌握重点，加重重点。重点应放在海上力量方面，它就是快艇、飞机、潜艇。此三项不仅不能少，还必须增加，尤其潜艇，再增加一倍不算多。"

之后，萧劲光于3月20日、4月4日又两次致电罗舜初，反复强调了以上几条意见。罗舜初回电说，意见已再三申明，苏方只是强调他们有困难。或许的确由于他们生产能力有限，也可能有不便说明的其他原因。不过，经反复磋商、交谈，共识还是达成了。1953年6月4日，在苏联访问的政务院财经委副主任、重工业部部长李富春，代表中国政府与苏联政府签订了中苏两国《关于海军交货和关于在建造军舰方面给予中国以技术援助的协定》。后来，依据协定签字时间，统称中苏"六四"协定。

"六四"协定写明，苏联政府保证，在1953年至1955年3年内按照3个附件，向中国提供海军装备和建造军舰技术上的援助。具体为：按照附件一，苏联政府保证在1953年至1955年内交付中华人民共和国各类舰艇（成品）32艘（合计14500吨），各种飞机148架，机场地面设备车67辆，各种火炮150门，鱼雷、水雷、深水炸弹、各种炮弹、观测、通信、航保、防化、防救等各类配套设备器材若干。按照附件二，交付各类成套造舰材料（又称"半成品舰艇"）由中国船厂装制的舰艇49艘，合计13500吨。按照附件三，苏联方面无偿转让制造舰艇技术图表和工作图表，以及生产水雷、安装火炮等技术文件。并将在1954年至1955年内，派遣不少于150名苏联专家到中华人民共和国，以资在中国工厂建造舰艇方面给予技术援助。"六四"协定还规定，供货价值的1/3由中国方面交付现款，2/3用苏联提供的贷款偿付。

"六四"协定，只是原来经苏方（包括斯大林）审定的《中国海军建设五年计划》的一部分。所以由"五年"改为"三年"，苏联方面说，主要是因为"苏联第五个五年计划已过了两年，订货计划只能安排三年，而余下的两年，须待下一个五年计划另行商定"。至于3年还是5年，还在其次，重要的是订货计划削减非常之大。看到"六四"协定文件后，萧劲光对比核算了一下，文件最后确定的数量，舰艇是原五年计划的1/3，驱逐舰砍掉了一半，而飞机仅仅只有原计划的1/6。

无论多少，既然定了，便须照章落实。1953年8月，正当萧劲光组织机关业务部门按照“六四”协定所订装备制定计划，部署工作时，又接到军委通知：根据中央财经会议精神，为了做到外汇平衡和发展重工业，军费将有所缩减。军队各大单位要处理好需要与可能的关系，重新考虑原定的五年计划，使之更加符合国家的实际情况和中央的要求。海军应本此精神将中苏两国签订的海军3年订货计划（即“六四”协定），再行缩减，以减少经费尤其是外汇开支。

接到这个通知，萧劲光很着急。联想到部队日益繁重的护渔护航任务和正在进行的解放浙东沿海岛屿的战斗，他感到有必要向中央反映自己的想法。经过慎重思考，萧劲光于8月24日直接给毛、朱、周、彭写了一封信。信中说：

> 自海军建立以来，恰值朝鲜战争时期，海军建设处于极次要地位，原来海军在苏订货之经费，大部转拨建设空军。海军建设四年以来，新增力量仅有四十六艘快艇（其中旧的三十六艘）、螺旋桨水鱼雷机三十二架（今后只能做教练机用）。小口径海岸炮四个团。如果再将三年计划缩小的话，现在我们已建设的各种学校，都很难维持下去。为了国家重工业建设削减军费，我们认为是应当的，但海军建设是否可以从整个军费内适当调整，以使其逐渐生长，以应付海上斗争的需要……

萧劲光的这一信报送上去后，受到中央领导层高度重视。在12月4日召开的中共中央政治局扩大会议上，毛泽东亲自主持了对海军五年建设计划审查。在与会人员一一发言（多数人同意萧劲光的意见，认为不能再缩小，也有部分同志感到经费上有困难）后，毛泽东总结大家的发言，作了指示：“为了肃清海匪的骚扰，保障海道运输的安全；为了准备力量于适当时机收复台湾，最后统一全部国土；为了准备力量反对帝国主义从海上来的向我国的侵略，我们必须在一个长时期内，根据工业建设发展的情况和财政的情况，有计划地逐步地建设一支强大的海军。”同时，毛泽东提议，军委和政务院有关部门要开会，对海军建设问题进行一次专题讨论、研究。

1954年1月23日，周恩来就研究海军建设计划问题分别致函彭德怀、黄克诚和萧劲光等：“根据毛主席指示，拟于军委高干会后，四中全会开会前，商谈一次海军建设计划问题（具体时间另通知）。现将毛主席一九五三年十二月四日在中央会议上对海军建设指示的纪要及海军提出的海军五年建设计划的规模和第一机械工业部提出的造船工业发展计划的报告材料共四件送上，请抽暇先阅。”接到周恩来的信函，萧劲光很振奋，立即召集业务部门研究，起草了一个详细的介绍五年计划依据的汇报提纲。

2月12日，中共七届四中全会刚结束，周恩来在中南海西花厅主持召开了研究海军第一个五年建设计划的会议。

单为一个军种的建设计划举行会议，出席会议人员规格之高、部门领导人之多，是空前的。他们是政务院副总理邓小平，中央财经委员会副主任李富春；军委、总部领导彭德怀、刘伯承、贺龙、陈毅、聂荣臻、谭政、黄克诚；海军司令员萧劲光，副司令员罗舜初、方强，参谋长周希汉；政务院第一机械工业部部长黄敬、第二机械工业部部长赵尔陆、重工业部部长王鹤寿，总参装备计划部部长万毅，及军委办公厅主任萧向荣等。

会议由周恩来主持。他点名萧劲光首先发言，介绍相关情况。

萧劲光首先介绍了海军五年计划的内容。计划分为两部分：一部分是前3年（1953年至1955年），按照“六四”协定执行，购置规定武器装备及半成品材料；另一部分即五年计划的后两年（1956年至1957年），依此前与苏方的约定，再从苏联订购一批舰艇和造舰材料。前后两部分加起来，共需13亿多卢布，约合人民币（旧币）12.6万多亿元。到会的海军其他领导，方强、周希汉等也分别作了说明、补充发言。

1954年秋，萧劲光（中）视察部队时观看鱼雷实战装备。

萧劲光等发言后，大家便围绕海军的计划展开讨论。邓小平先讲，他说：“毛主席指示，第一个五年计划内国家机构经费最后要做到不超过国家支出的百分之三十。根据这一原则，军费今后只能每年递增4万亿元。不管你想干什么，钱就是这些，否则只有改变百分之三十的比例。”

彭德怀简单介绍了各兵种五年计划概况，强调说：“第一个五年内国家机构经费最后做到不超过国家支出的百分之三十的原则不要动摇。应以此为标准拟定各兵种的均衡发展计划。”

黄敬向大家介绍了国家造船工业的情况。他说：“第一个五年计划内，除海军要求造军舰3万吨、辅助船6000吨以外，民用方面要求制造民船48万吨。从造船工业的发展速度来看，无法满足上述要求。”

随后，陈毅、贺龙、刘伯承、李富春等相继发言，一致主张应集中国家财力发展重工业，各特种兵建设，应尽可能缩减。

最后，周恩来作了总结讲话。同时，他责成彭德怀召集中央军委有关部门开会，研究从空军、陆军部队抽调部队和干部，支援海军建设。

4 月 15 日，周恩来将这次讨论的情况和主要意见向毛泽东、刘少奇和中央作了报告，很快得到了中央的批准。

从此，中国海军开始了以执行“六四”协定为主的第一个五年建设计划。执行过程中，1954 年 10 月、1956 年 1 月，中苏双方又分别签署了“六四”协定的补充协定和议定书，增加了供应舰艇的数量，调整改换了部分原定舰艇的类型。通过执行“六四”协定，不仅及时装备了亟待发展、壮大的人民海军，而且通过购置护卫舰、扫雷舰、鱼雷快艇、潜艇、猎潜艇等型号的成套技术图纸资料和材料设备，自行装配制造舰艇，培养锻炼了中国造船工业的技术力量，为中国自行制造海军舰艇打下了重要的基础。

四、迈出自行建造舰艇第一步

海军机关成立后，萧劲光在千方百计谋求进口苏联舰艇装备的同时，还派人到香港活动，联系购买西方国家的舰船（后因朝鲜战争爆发而中断）。

现实使萧劲光意识到，从国外购买舰艇，是必要的、重要的，但单靠这一条路不行。一则给不给、给什么样的，主动权都在别人手中，即使同意卖给，就目前国家的经济条件，经费也是个大问题。要建设海军，从根本上解决装备问题，还得靠自己，靠自力更生，走自己建造舰船的道路。造不了大的，可以先从小的开始。8 月海军建军会议，把这一思想写入会议决议。9 月，他带着司令部、装备部业务部门的几个人到上海、青岛等地部队和修造船厂进行调查后，更坚定了这一信心。

回到北京的当天，他亲自动笔，连夜给总参谋部写了一个报告：

> 目前蒋军、海匪不时袭扰，海情异常复杂，部队巡逻任务繁重。但海军现有艇只时速只有七八海里，确实速度太慢，一年须修船三四次，且仅能在近海岸活动。在艇只数量上，亦相差甚远。为了更好地完成海上巡逻任务，急需从速解决巡逻船只问题。为此，我们要求利用现有条件，建造几艘小型巡逻艇。

报告很快得到军委的批复。其间，萧劲光向周恩来作了口头汇报，周恩来也表示支持，认为是个办法，可以一试。海军党委经过慎重研究，把任务下达华东军区海军，交给了江南造船厂。

江南造船厂（1949 年 5 月上海解放前称“江南造船所”），坐落在上海市黄浦江边，占据着沿江 1000 多米的水面和相邻陆地。其前身是 19 世纪中叶清末两江总督李鸿章开办的江南船坞。随着中华大地的风风雨雨，数易其主，兴兴衰衰。1945 年抗日战争胜利后，国民党政府从日本人手里接收过来。是时，厂里拥有船坞 3 座，造船台 9 座，年造船能力达 1 万吨。国民党军队溃退前，海军总司令桂永清歇斯底里地下令“搬空、运光、炸毁”，对工厂进行了疯狂的破坏。待修船只及电厂、船坞、闸门等设施，均被炸毁。机器设备凡能够搬运的被拆卸一空，所长、总工程师连同200多名技术骨干被赶上船，强行带往台湾。偌大一个工厂，剩下的只是残垣断壁、成堆废铁和数以千计衣食无着的工人。上海解放，华东军区海军接管后，通过整顿，江南造船厂为抢修舰艇做了不少工作。至于造舰艇，一无设备，二无技术骨干，困难是显而易见的。

华东军区海军仍然愉快接受了任务。张爱萍亲自主持会议，调整、加强领导力量，组织设计班子，进行思想动员。经过紧张的准备，1950年12月中旬投入建造工作。进入组装阶段时正值严冬，邻近出海口的船厂寒气袭人。由于国民党撤退前的轰炸破坏，工厂不仅生活条件差，一些必需的工作条件也不具备。但广大职工热情高涨。许多技术人员、工人骨干，常为解决一个环节上的问题几天几夜不回家，不休息。华东军区海军机关业务部门的干部也一起参加会战。在部队、工厂各方人员的共同努力下，花了3个多月的时间，造出了两条42吨的三桨巡逻艇。

1950年12月，萧劲光（左一）到江南造船厂视察，与原国民党海军技术署署长、起义后担任华东军区海军后勤部副司令员和技术部长的曾国晟（左四）亲切交谈，鼓励他为人民海军的后勤、装备建设作贡献。

1951年3月18日，第一艘巡逻艇建造完工，举行试航。结果刚一下水，尚未离港便翻沉了。经检查分析原因，发现主要是设计船形系数小，导致艇体稳定性不够。于是，在第二艘艇上加装了六吨压舱铁，再重新进行航行试验，试航成功。之后，按照这一方向作了进一步调整、改进，使巡逻艇功能基本上达到了设计指标要求。接下来，在总结试制经验的基础上，又设计制造出了50吨的巡逻艇（又称“小炮艇”），定名为“52甲”型。

就在江南造船厂第一艘艇试航翻沉后，1951年3月底，萧劲光又将研制巡逻艇的任务交给了青岛造船厂，并委派新到任的海军修造部部长林真前往领导巡逻艇研制工作。

林真，原名林志中，1936年入学的燕京大学理学院学生。抗日战争爆发后，他毅然离校参加八路军，之后进入延安抗日大学学习。此后十余年里，参加过若干战斗。新中国成立后，他在陆军某炮兵师任政治委员。萧劲光亲自找军委首长，把他调入海军。接受研制巡逻艇任务后，林真住进了海军青岛造船厂，与厂里的技术人员一起搞设计，参与制造和试验。通过几个月的突击攻关，也于当年8月造出了一艘43吨的巡逻艇，并一次试航成功。

萧劲光参加了试航典礼。面对试航成功的巡逻艇，他抑制不住内心的高兴和激动：艇很小，但是我们自己造的，中国海军自己可以造舰艇了！萧劲光当场把参加设计和建造的骨干人员召集来，与他们一一亲切握手，表示感谢、祝贺。他说，江南造船厂的巡逻艇成功了，我们青岛厂的也成功了。虽然这几艘艇很小，航速不高，但它是我们自己造的，它解决了我们的急需。有小的就会有大的，有慢的就会有快的。只要我们总结经验，不懈努力，以后就一定会造出更大、更先进的舰艇！萧劲光还当场表示，对舰艇设计制造中作出突出贡献的技术人员、工人骨干，要表扬，要记功！

当时，朱德总司令正在青岛出席海军首届政治工作会议。萧劲光向他汇报了青岛造船厂自行设计建造巡逻艇的情况，他非常高兴地说，这很好，解决了执行巡逻任务的需要，还可以摸索经验，把我们自己的造船工业搞起来。

获悉海军自造巡逻艇成功后，毛泽东也很满意。1952年2月14日视察海军机关时，他当场向萧劲光等海军领导表示了肯定和支持。

那是一个大雪过后的下午，萧劲光上班不久突然接到了空军司令部办公室的电话通报：毛主席到海军机关视察，现在已经从空军机关出发了。

当时海军机关驻在贡院东街，与空军机关相距不远。放下电话，萧劲光立即收拾起桌上的文件，整装前往迎接。毛泽东和公安部部长罗瑞卿、空军司令员刘亚楼等，已经到了楼梯口。

毛泽东显得很兴奋，一边随萧劲光、刘道生往会议室走着一边说："海军成立两年多了，我还没来过。今天来这里，一是看看大家，看看我们海军领导机关驻在哪里，二是有件要紧的事要和你们商量。"

落座以后，毛泽东望着室外的皑皑白雪，惬意地说："瑞雪兆丰年，看样子今年是个好年景！"随即和大家交谈起来。

他首先问了正在开展的"三反"运动的情况，萧劲光作了汇报。随后，毛泽东郑重而又亲切地说："要和你商量的是这样一件事，原计划花几亿卢布给你们买几艘驱逐舰、买几十艘鱼雷快艇。现在抗美援朝急需飞机，中央打算集中财力解决一下空军的问题。这样一来，外汇就不够用了。是不是先给空军买飞机，你们要买的舰艇再往后推一推，怎么样？"

事关抗美援朝大局，毛主席亲自来做工作，萧劲光还能说什么？他当即表示，拥护主席和党中央的决定。萧劲光说，海军、空军都是党的军队，事情有缓有急，就把有限的财力先给空军买飞机吧。在场的海军其他领导，副司令员王宏坤、副政委兼政治部主任刘道生等，也一致表示赞成。

听了大家的表态，毛泽东很满意，轻轻扫了大家一眼，说："好，就这样定了。国内的钱，有，你们可以买些材料自己造一点，上海的厂不是可以造快艇吗？"

刘道生说："上海江南厂，还有其他几个造船厂，现在都可以造几十吨的小艇。去年青岛造船厂也造出了几条小艇，质量还不错。今年我们打算让江南厂试造大一点儿的船。"

毛泽东高兴地说："好，先造小艇，来得快，又实用，花钱也不多。逐步积累经验，把我们的造船工业搞起来，将来就可以造大的。"

据此，海军于 1952 年 4 月拟定计划并经军委批准，正式向江南、青岛两厂下达任务：突击生产 30 艘巡逻艇，以满足部队战备训练急需。到第二年春天，50 吨的巡逻艇 26 艘、43 吨的巡逻艇 4 艘，按时下水，这一任务胜利完成。

1952 年秋，在林真的主持下，海军舰船修造部设计室主任徐振骐、副主任戴世伦等对"52 甲"型巡逻艇进行了优化设计，使其性能有了较大的改进提高。改进后的巡逻艇称"53 甲"型，航速达到 11.5 节。

后来，海军舰船修造部根据南海海区气候条件的需要，对"53 甲"型巡逻艇图纸又作了修改，定型为"54 甲"型。由于中南军区海军辖区缺乏造船的技术力量，江南造船厂为其建造巡逻艇采取了"两步走"的办法：先在上海分段把艇体做好，然后将所有部件和设备运到广州，由江南造船厂派出技术人员到广州进行装配、合拢。用这种办法，1954 年为中南军区海军建造"54 甲"型巡逻艇 16 艘，均在年内交付使用。

以上这两种型号的巡逻艇，在海军装备发展史上统称人民海军第一代巡逻艇（炮艇）。

在建造这两种型号巡逻艇的同时，海军舰艇修造部在苏联专家的帮助下，利用苏联转让的图纸资料，设计了一种 75 吨的木壳巡逻艇（后来把木壳改成铁壳），航速达到 22.5 节。这种型号的巡逻艇被定名为"55 甲"型，先后建造了 75 艘。习惯上称之为"海军第二代巡逻艇"。

到 1955 年底，海军自行设计建造的各型巡逻艇、登陆艇、运水船、自动驳船等，已达 236 艘，1.2 万多吨。但这些艇上的主机、火炮仍需从苏联进口。这批巡逻艇的建造下水，不仅在当时执行战斗任务、训练、护渔、护航、巡逻等繁重任务中发挥了重要作用，而且为以后进行转让制造和自行设计建造各种大型舰艇打下了基础。

五、接收苏军在旅顺基地的装备

1955 年，萧劲光以中苏联合军事委员会中方主席的身份，主持了旅大防区接收工作，接管了此前由苏联海军驻守的旅顺口海军根据地。

旅顺口位于辽东半岛南端。它与庙岛群岛、山东半岛北侧的蓬莱角共扼渤海海峡，构成首都北京、天津和渤海海岸的锁钥屏障。倚口岸修建的旅顺港，是闻名中外的天然良港：地势险要、码头隐蔽、易守难攻；港内水深波平、终年不冻、飓风难侵。多少年来，凡到过旅顺的中外军事家无不合手称奇，认为这里是不可多得的海军基地。

据史书记载，旅顺口原本即是天然的锚泊之地。19世纪中叶，两次鸦片战争的惨败，震动了与世隔绝的紫禁城。在李鸿章等部分洋务派人物的倡导、推动下，清政府开始注重海军和海防建设。经多方勘选、筹备，最终决定在此修建军港，以操练水师。建港过程于1880年10月正式启动。由于工程浩大、施工繁难，前后历时10年，耗费白银430余万两，到1890年11月方竣工。因法国承包商偷工减料，工程质量远没有达到设计的要求，但舰船、驻泊、修理、加油、加水等一应设施，在当时已相当先进。军港竣工后，旅顺口一时名播海外，被称为“东方第一要塞”“世界五大军港之一”。

然而，它带给旅顺人民乃至中华民族的不是骄傲和自豪，不是海军的强大、海防的巩固，而是连年的战乱和血火，是无尽的灾难和耻辱。

旅顺港竣工的第四年，即1894年秋，日本侵略者大举入侵，爆发了中日甲午战争。海战中，显赫一时的北洋舰队全军覆没。日军相继攻陷金州、大连，占领旅顺口。在旅顺进行了疯狂的大屠杀。一时间，旅顺城尸横满街、血流成河，全城2万余众仅存活36人。而这36人是被日军留下来掩埋尸体的。翌年4月，日本政府强迫腐败的清政府签订了遗患无穷的《马关条约》，使其对旅顺的侵略占领“合法化”。

日本割占辽东半岛，使对中国东北觊觎已久、垂涎欲滴的沙皇俄国大为光火。于是，便伙同法国、德国政府向日本施压，“劝告”日本政府“放弃领有辽东半岛”。迫于三国的强力干涉，为避免僵持下去，丧失在中国攫取到的其他利益，日本政府只得发表声明，同意放弃对辽东半岛的永久占领。1895年12月25日，在清政府交付了3000万两白银的“赎地费”后，日军心有不甘又无可奈何地撤出了旅顺，撤离了辽东半岛。

日军撤离旅顺口刚刚两年，1897年12月，怀着鬼胎逼走了日军的沙皇俄国，悍然把军舰开进旅顺港。尔后，俄国买通执掌清政府大权的李鸿章，先后签订了中俄《旅大租地条约》《续订旅大租地条约》，“将旅顺口、大连湾及附近水面租与俄国，租期25年”，并明文规定：“在租地及附近海面，地方军政完全由沙俄官员管理，中国军队不得在内驻扎。”从此旅顺又沦为沙皇俄国的殖民地。

日军当初撤离，本来就出于无奈，而沙俄独占旅顺、大连，日本政府更加愤愤不平。经过数年扩充军备，于1904年2月，日军向停泊在旅顺港内的俄国舰队发起突然袭击，一场争夺占领权的帝国主义战争在旅顺爆发！经过将近一年的血腥拼搏、激烈争夺，1905年1月，日军大败俄军，再次攻陷旅顺口（史载，在这场战争中，旅大地区无辜民众死伤50余万人）。同年9月，日、俄两国背着中国清政府签署了《朴次茅斯条约》，彼此分割了在中国东北的“势力范围”，沙俄被迫交出旅大地区的“租地权”。从此旅顺再次易手日本，日本军国主义开始了对旅顺人民长达40年的统治。

1945年初，世界反法西斯战争进入最后阶段。当时叱咤风云的苏、美、英三国首脑斯大林、罗斯福、丘吉尔，于2月10日在苏联克里米亚半岛的雅尔塔签署了《关于远东问题的协定》（又称“雅尔塔协定”）。他们背着当时的中国政府私下商定：“大连商港须国际化，苏联在该港的优惠权益须予保证，苏联之租用旅顺港为海军基地须予恢复。”以此为条件，苏联于同年8月对日宣战。日本宣布无条件投降以后，苏联海军太平洋舰队进驻旅顺港，接管了日军占领的海军根据地。从此以后，旅大地区的防务一直在苏军管辖之下。

半个多世纪的时间里，战争的烽火吞噬着旅顺口，殖民统治的锁链捆缚着旅顺口。“旅顺”两个字像巨石一样压在中华民族志士仁人的心头。1944年，在抗日战争的捷报声中，毛泽东就与刘少奇、朱德议论旅顺问题，说：“等抗战胜利了，把日本人赶跑了，要真正把大门看起来，现在就要着手研究海防的事情。中国再也不能敞着大门，听任别个随随便便，轻而易举地打进来！”

斗转星移，正道沧桑，中华人民共和国诞生了！1949年12月至翌年2月，毛泽东亲率中国政府代表团访问了苏联。其间，旅顺问题始终是中苏双方会谈和私下交谈的一个重要话题。经过反复磋商，最后终于达成一致。1950年2月14日，周恩来与苏联外长维辛斯基分别代表本国政府在克里姆林宫里签署了《中苏友好同盟互助条约》和《关于中国长春铁路、旅顺及大连的协定》等重要的历史文件。《协定》中规定：不迟于1952年末，苏联军队即自共同使用的旅顺口海军根据地撤退，并将该地区的设备移交中华人民共和国政府。

然而，美帝国主义借口朝鲜战争，以所谓联合国军的名义大举侵入朝鲜，并派其海军第七舰队侵入台湾海峡。日本军国主义也蠢蠢欲动……远东的政治形势陡然间波谲云诡。根据国际形势的发展，中、苏两国政府重新协商，决定“延长两国共同使用旅顺口海军基地的期限”，于1954年10月12日共同签署了《关于旅顺口海军根据地问题的联合公报》。《联合公报》指出：中、苏“双方议定苏联军队自共同使用的旅顺海军根据地撤退，并将该地区的设备无偿地移交中华人民共和国政府”。“苏联军队的撤退和旅顺口海军根据地地区的设备移交中华人民共和国政府，应于一九五五年五月三十一日前完成。”

《联合公报》发表时，距旅顺防务交接最后期限满打满算也只半年多的时间了。自此始，萧劲光便把主要精力放在旅顺口防务交接、装备设施接收上。

1955年元旦刚过，根据中苏联合公报，负责磋商、处理旅大地区防务交接的中苏联合军事委员会宣布成立。委员会由中苏双方各派一个代表团组成。萧劲光以国防部副部长、海军司令员身份，任中方代表团主席。代表团成员有贺晋年、欧阳钦、韩光、张学思等。苏方代表团主席，是驻大连苏军司令官别洛博罗多夫上将。同时，中方成立旅大防区接收委员会总会，萧劲光和解放军副总参谋长邓华为总会负责人。按照对口交接的原则，总会下面设立陆、海、空军三个分会，具体负责各军种部队防务接收工作。

海军旅顺基地部队多，装备复杂，是整个防务交接的重点。萧劲光专门召集了几次常委会，研究确定海军分会组成、接收工作计划及海军基地组建问题。1955年2月11日，旅大防区接收委员会海军分会正式成立。海军参谋长周希汉任主任委员，海军政治部主任段德彰及拟担负中国海军旅顺基地组建领导工作的罗华生、彭林、邵震、宋景华等为副主任委员。为了方便接收工作的进行，海军分会按照驻旅顺口苏军的组织编制情况，相应地成立了分会办公室及快艇、潜艇、岸炮、水警总队、通讯勤务、海道测量、后方勤务等12个接收工作委员会。具体接收工作，由接收工作委员会按照业务归口组织进行。

交接工作开始后，萧劲光是最忙的。作为中苏联合军事委员会中方主席、旅大地区接收委员会总会负责人，有大量全局的、直接关系到中苏两国关系的重大问题须随时磋商，作为海军司令员、海军党委书记，筹建中国自己的旅顺基地，领导成员选定、部队调整，也有许多组织工作和思想工作。好在萧劲光早有思想准备，对旅顺基地领导人选有所考虑，但具体落实起来仍有若干工作要做。1955年1月24日是春节。节日期间，奉中央军委命令，为组建旅顺基地领导机构及所属部队，由天津铁道公安部队、沈阳市公安部队、中南军区公安部队及陆军部队调往旅顺的官兵，已开始启运，向旅顺集结。海军从华东、中南军区海军和青岛基地抽调的部分官兵，也陆续抵达旅顺。按照交装备先交技术、边接收边学习的原则，舰艇部队、技术分队的交接，从2月底陆续展开。

2月24日是苏联红军的建军节。此前，国务院派出了以副总理兼国防部部长彭德怀为团长，萧劲光与宋庆龄、贺龙、郭沫若、聂荣臻同为副团长的慰问团，到旅顺慰问苏军部队。慰问活动结束，萧劲光没有随慰问团一道返京。他留在旅大地区，自始至终主持了中苏防务交接工作。

萧劲光高度重视海军装备、设施的交接。他向主持海军分会工作的周希汉交代，苏军所有装备设施都要搞清弄懂，争取完整接收。“即使不能用于作战、执勤，也可作教学、训练用。”苏联海军在旅大地区有70多架水鱼雷机，接收需花一大笔钱。要不要接过来，接收总会难下决心，需报军委、国防部决定。彭德怀率团到旅顺慰问期间，萧劲光亲自向彭德怀汇报了这一问题，坚持全部接下来。他说，我们的航空兵正在组建，非常需要这批飞机。现成的飞机、现成的鱼雷，武器、装备配套，从其他地方花多少钱也买不来。彭德怀沉吟了一下，同意了。后来，就用这批飞机组建了海军航空兵第五师。

整个接收工作从2月25日开始，到4月15日结束。主持海军装备设施移交的是苏联海军驻旅顺口的司令员库德良夫采夫少将（后来担任过中国海军参谋长顾问），对中国也很友好，与周希汉合作得不错。他们相互理解，互相尊重，有事一起磋商，武器装备价格也定得比较公平合理。后来从莫斯科来了一个代表团，把库德良夫采夫排斥在外，自行与中国海军讨论移交工作。这些人实际是一伙军火商。他们把原先议好的质级、价格方案全盘推翻，要重新评级议价。他们既想把装备留下又随意抬高价格，一些超过服役期限不堪再用的东西都想卖个好价钱。双方讨价还价，争吵不休，结果弄得关系很僵。萧劲光将这些情况如实通报了中苏联合军事

萧劲光（左）与苏联专家商谈军港建设计划

1955 年 4 月 15 日，苏联将旅顺地区的海军防务移交给中国。图为萧劲光向苏军代表赠送中苏友谊纪念章。

委员会，苏方代表团出面干预了一下，最后才缓和下来，达成了协议。

此次防务交接，中国海军方面从驻旅苏联海军部队接收的装备，包括有偿、无偿两部分。

有偿接收的有：小型鱼雷艇 39 艘（堪用的 17 艘），护卫艇 9 艘（堪用的 5 艘），各型辅助船 18 艘；水鱼雷轰炸机、教练机等各型飞机 78 架；180 毫米、130 毫米、100 毫米等各型海岸炮共 54 门，85 毫米、37 毫米等各型高射炮共 122 门；各种车辆 202 台；以及弹药、鱼雷等其他器材、物资，共付出 2.7 亿卢布。

无偿接收的有：布雷舰 1 艘，护卫舰、护卫艇各 2 艘，以及码头、阵地、营房等设施和器材。

经过两个多月的紧张工作，海军基地各部队装备交接工作按期完成。4 月 15 日，中苏两国海军防务交接签字仪式在海军基地“水兵俱乐部”前的大操场隆重举行。中国海军接收分会负责人罗华生、苏联海军旅顺基地司令员库德良夫采夫，分别代表本国在《辽东半岛协议地区海军防务交接证书》上签字。《交接证书》庄严宣告：“苏联海军已将辽东半岛协议地区之海军防务移交中国人民解放军海军，并自 1955 年 4 月 15 日 24 时 0 分起，由中国人民解放军海军旅顺基地首长负责该地区沿岸之防务。”接着，军乐队奏苏联国歌、中国国歌，苏联国旗从旗杆上缓缓降下，五星红旗在乐声中冉冉升起……

同日，国务院发出电令，授予中国人民解放军接收旅顺防务部队番号：“中国人民解放军海军旅顺基地”，并宣布正式编入中国人民解放军部队序列。从此，举世闻名的旅顺军港有了中华民族自己的海军，屡历战火的渤海、黄海海防结束了半个世纪以来一直由外国人统治和管辖的历史。

第二十章　建立海军各兵种

一、率先组建鱼雷快艇部队

在成立海军领导机关，组建各级领导机构的同时，萧劲光已在思考各个兵种部队的筹建工作。

海军是一个装备复杂的多兵种军种。陆、海、空三军部队的所有兵种，海军几乎无所不有。如此之多的兵种部队从哪里抓起？是各兵种依先后次序陆续组建，还是全面展开，诸兵种同时进行？显然，依次组建，时间将拖得很长，难以适应海上斗争的迫切需要；而诸兵种全面展开，同时进行，舰艇装备、专业人才等许多条件不具备，有的兵种即使搭了架子，短时间里也不可能搞起来。为此，萧劲光征求了苏联顾问的意见，与刘道生及已到任的业务部门的领导进行了多次分析研究。最后决定，兵种部队组建按照“全面展开，重点建设”原则进行。所谓“全面展开”，即水面舰艇、潜艇、海空军（海军航空兵）、炮兵等各兵种组建准备工作都着手进行，没有装备，可以先培养人才，首先把学校办起来，一边培养人才一边等装备，具体组建时间，视装备发展情况决定；所谓“重点建设”，主要是指在条件可能的情况下，集中力量抓好在最短的时间内可以形成战斗力的部队的建设，以适应现实海上斗争的需要——打击国民党海军的劫掠、袭扰，参加解放沿海岛屿的战斗。

据此精神，且此前苏联已原则答应提供部分鱼雷快艇和海岸炮装备，萧劲光决定，在抓好创建各兵种学校的同时，第一步率先组建小型水面舰艇部队和高射炮、海岸炮部队。其他部队，如水面舰艇部队的驱逐舰、登陆舰、猎潜舰、布（扫）雷舰等部队，各型航空部队，潜水艇部队、陆战部队等，随着装备的购置、发展，再陆续建设。

1950 年 5 月中旬，萧劲光、刘道生等主要领导联名向军委报告，提议以原安东海军学校干部训练队为基础，组建海军快艇（鱼雷艇）学校（开始曾称“海军舰艇学校”，1952 年改称“第三海军学校”），校址在青岛市莱阳路 8 号原国民党海军军官学校旧址。8 月 24 日，中央军委批准了萧劲光的报告。当月底，安东海校干部训练队的官兵 398 人，在校长邓兆祥、政委朱军的带领下抵达青岛。时过不久，前来帮助办学的 24 名苏联专家也应邀到校。快艇学校筹建工作很快展开。

安东海校，是由原国民党海军“重庆”号巡洋舰起义人员为主组建的学校。其干部训练大队成员，部分人是从陆军调来参加整编工作的，部分是“重庆”舰的技术骨干，原来是打算经过一段时间训练，派他们到打捞修复后的“重庆”舰上工作的。快艇学校领导、教学机构以这部分人为主组成。学校机关设政治部、教务处、队列处、供给处、卫生处。下设 3 个快艇学员大队，6 个中队。另设有干部训练大队、文化补习队等机构。

9 月初，萧劲光到青岛视察造船厂的同时，检查了快艇学校的筹建工作。他听取了邓兆祥、朱军关于学校筹建工作的汇报，视察了学校的教学环境，看望了苏联专家和学校工作人员。之后，他把学校领导召集在一起，对快艇学校建设提出要求：

（一）训练近航鱼雷艇学员，包括艇长、水手长、轮机长、枪炮兵、鱼雷兵、轮机兵，以及中队长以上领导干部；

（二）按毕业学员的水平和能力，由学校负责编配成艇和艇队建制，组织实习，形成战斗单位，然后调往各军区海军；

（三）在训练学员的同时，学校负责筹建青岛鱼雷基地，包括码头、轮机修理所、鱼雷检查所等设施。

任务明确，大家工作热情高涨。在苏联专家的帮助下，广大官兵同心协力，只用了一个多月的时间便完成了快艇学校的筹建工作。10 月初，正式任命领导学校筹建工作的邓兆祥为校长、朱军为政治委员，并举行了开学典礼。

根据海军赋予的任务，学校的教学内容、方法兼有普通学校和部队训练的双重性质。学员按鱼雷艇部队建制组成鱼雷艇中队，利用从苏联购买的 6 艘鱼雷艇进行教育训练。课堂教学结束后，学员便到艇上进行操艇实习。在实习过程中，消化课堂知识，掌握操作技能。结合教学，逐步建立和执行鱼雷艇部队的各种规章制度，建立和熟悉各种战斗部署。

经过一年紧张的学习训练，快艇学校第一批本科学员 897 人，于 1951 年 10 月 24 日结束学习，合格毕业。在此之前从苏联订购的 30 艘鱼雷快艇连同技术资料、使用书籍，已于 5 月 16 日、5 月 26 日先后在旅顺、塘沽移交。9 月 13 日，中央军委已接受萧劲光关于组建海军快艇部队的提议，正式下达了关于在华东、中南、华北军区和青岛基地各组建一个快艇大队的命令。10 月底，遵此命令，毕业学员编为 4 个鱼雷艇大队，驾操着新近纳编的鱼雷快艇奔赴各个战区。

由是，新中国第一支全新的海上突击兵力——海军鱼雷快艇部队宣告诞生。随后几年里，这支部队在战斗中不断发展壮大。到 1955 年 10 月，全海军快艇部队已有四个支队、若干大队，快艇数量、水平初具规模。

二、“两杆炮”建设成为当务之急

在组建鱼雷快艇部队的同时，萧劲光又着力抓了“两杆炮”，即海岸炮兵、高射炮兵部队的组建。

这一决策，是由当时的政治形势和条件所决定的：因缺少舰艇、装备，许多舰艇部队一时无法组建；即使组建起来，由于舰艇性能和人员技术上的原因，短期内也难以真正形成战斗力。华东军区海军少数舰艇部队组建稍早一些。由于浙东沿海众多岛屿尚未解放，为保存实力、发展部队，也采取了“力量后缩”的方针。这样一来，保卫海军基地、港口、海岸重要地段，迎击来犯敌舰，封锁海峡、航道，掩护近岸海区的交通和舰船，支援濒海地区陆军作战等一系列重要任务，便历史性地落在海岸炮、高射炮部队的肩上。所以，萧劲光上任不久，在向军委、周恩来汇报海军机关筹备工作时，就提出了先行组建海岸炮兵、高射炮兵部队的建议：“在我们还没有水面战斗力之前，先用炮兵把海防大门看起来。这可以很快形成战斗力，我们自己也能够做得到。”时过不久，朝鲜战争爆发，战火烧到鸭绿江边，台湾国民党军也蠢蠢欲动，沿海形势更加紧张、复杂，从而进一步坚定了萧劲光率先组建岸炮、高炮的决心。8月召开的海军建军会上，与会人员形成共识：优先发展空、潜、快，是海军建设的方针，而立即把海岸炮、高射炮部队搞起来，是海军建设的当务之急。

萧劲光这一思想得到了军委首长的充分肯定和支持。海军领导机关一经成立，机关司、政、后、卫等各部门机构尚在组建中，炮兵部队的建设就紧锣密鼓地展开了。《海军编年史》《海军大事记》中，均清楚地记载着：

(1950年) 5月下旬：萧劲光主持召开办公会议，按照中央军委批示部署筹建海军海岸炮兵学校。在此期间，第四野战军后勤二分部副部长靳虎率本部官兵298人，从湖南衡阳抵达青岛，在国民党原“青年之家”旧址，着手进行校址选定、营房修缮、营具购置等工作。

7月：中央军委命令华北军区并函告海军司令部：“因海岸炮兵学校急需成立，炮六师师直及两个炮团全部携带随身武器及两个高射机关炮连的高射炮，汽车及大车20余辆，在7月底以前到达青岛，交海军作训练海岸炮兵之基础。”炮六师（师直及第三十四、第三十五炮兵团官兵共4088名）奉命，在师长王效明、政委宋景华带领下，于23日、24日分两批由沈阳启程，于26日、27日抵青岛，仍以原番号代炮校名义进行炮校筹建工作。

8月：西南军区特纵第十炮兵团奉命调归海军。该团官兵在政委朱波、副团长周维富带领下从湖北花园地区出发，18日抵达青岛，编入炮六师，为第三团（六师原部依次编为第一、第二团）。9月，海岸炮兵学校正式成立后，为便于施训，将3个团改编为5个学员大队和1个干部大队。

9月24日：海军司令员萧劲光等发布海军“干字第一号”令：奉军委9月19日命令，任命王效明为海军海岸炮兵学校校长、宋景华为海岸炮兵学校政委。

10月9日：海军海岸炮兵学校举行开学典礼，翌日，第一期学员正式开课。本期共有学员4799名，几乎全部来自陆军部队，其中大多数经过战斗考验，不少是功臣模范，但文化程度普遍较低。根据这种情况和任务的急需，海军党委决定，第一期教育计划分为本科和速成科两个部分。本科班的任务是培养营、连、排干部和主要炮手、仪器手。教学时间为6个月；速成科的任务是训练建制部队和专门人员。教育时间据实酌定。最长45天，最短的8天。

12月19日：海军海岸炮兵学校第一期学员如期毕业。经过短期实训，学员初步掌握了海岸炮兵知识和操作技能，由其组建为12个炮兵连，纳入海军编制序列，分赴各战区，走上了保卫祖国海防前线的岗位。

与此同时，即1950年12月26日，以苏式37毫米高射炮为主装备的海军第一支高射炮兵部队，即“海军青岛基地高射炮兵第一团”也在青岛组建。新组建本团的骨干，是原第四野战军高射炮兵第一师第二团的二营。这个营于1948年初组建后，先是转战于长春、沈阳等东北战场，当年年底调至当时的中共中央所在地河北西柏坡执行防空任务。1949年3月，为掩护起义的“重庆”号巡洋舰，又赶赴地处辽宁的葫芦岛港，与前来轰炸的国民党空军飞机多次交火。第一团成立大会开过半个月后，即1951年1月7日，以四野第一师第二团另一个营为基础，又调来青岛基地警卫团等单位的部分官兵编入，成立了“海军青岛基地高射炮兵第二团”（1952年9月16日，海军命令，将“海军青岛基地高射炮兵第一团、第二团”分别改称“中国人民解放军海军高射炮兵第一团、第二团”）。这两个高炮团的组建，使华北最重要的军港第一次有了自己的海上防空火力。之后，这两个团不仅圆满完成了肩负的战备训练任务，而且为新的海军高炮部队组建培养、输送了大量技术骨干。

如萧劲光最初所设想的，随着海岸炮、高射炮部队陆续组建、部署到位，各战略要点均有炮兵把守，国民党海军舰艇再不敢明目张胆地到近岸袭扰。基于此，在海军创建初期，海岸炮、高射炮部队建设是很受重视的。20世纪50年代，海军部队中有一种说法：“空、潜、快，两杆炮，工程部、后勤往后靠。”此话是就部队建设中的军事资源分配讲的。言下之意，海军建设，包括经费使用、军需保障、兵员调配等，均要以航空兵、潜艇、快艇，海岸炮、高射炮为序，其他部队，包括辅助舰船部队，甚至部分水面战斗舰艇部队等，均在其后。

由于军委首长支持，萧劲光和海军党委重视，全军各大单位积极配合，海军“两杆炮”发展迅速。此后几年内，又从苏联购置火炮若干门，接收旅顺口防务时，又有偿地接收了各种型号的火炮185门，炮弹一部分。到1955年，海军部队已有海岸炮团19个，180毫米等各种口径的海岸炮343门；已拥有高炮团8个，各种口径的高射炮336门。从海军、舰队直到基地，各级机关都设有岸防部门，从华北、华东到华南，沿海基本上形成了可支持海军舰艇部队战备训练，迎击海上、海空敌人入侵的海岸防御作战体系。

“两杆炮”不辱使命。尽管海军当时装备的岸炮、高炮大多已几经战火、型号陈旧，由于海军官兵熟练的操作驾驭，充分发挥其效能，岸防部队在配合兄弟部队解放沿海岛屿，打击入侵的敌机、敌舰，保卫海防安全方面，仍然屡建功勋，在人民海军历史上留下了光辉的一页。

1953年，驻守上海淞沪地区的海岸炮兵部队组建不久，就派出部队赴朝参加了抗美援朝。他们与朝鲜人民军一道，扼守西海岸平安北道培山地区，为挫败侵朝美军在翼侧登陆的企图，作出了贡献。

1958年7月，为了打击窜犯、袭扰大陆的国民党军，粉碎蒋介石反攻大陆的迷梦，警告无视中国主权、干涉中国内政的美国侵略者，毛泽东亲自领导指挥了撼然震世的炮击金门之战。在这一重大军事行动中，海军受命派出 14 个海岸炮连参加了炮击作战。官兵们虽大都初次参加战斗，但英勇无畏，敢打敢拼，与兄弟军种的部队一起，打出了中华民族的气概，打出了新中国的尊严。

20 世纪 60 年代，美国对越南北方发动武装侵略以后，中国政府应越南政府的请求，派出部队援助越南人民的抗美救国战争。其间海军先后派出多个高炮团、营，参加了越南人民的抗美救国斗争。特别是高炮某团指战员，凭着高超的战术技术，上下密切协同智斗“百舌鸟”（美国的一种专门对付防空雷达的反辐射导弹），战绩显著。最后连美军也不得不承认：“北越”找到了对付“百舌鸟”的办法，“百舌鸟”再不是大威胁了。

事物在发展，历史在前进，任何辉煌都是暂时的。随着被称为“战神”的各型导弹的诞生，20 世纪 70 年代后，海岸炮、高射炮再不继续在海空、海岸防御上唱主角了。加之自 1985 年开始，进行了几次大裁军，海岸炮、高射炮部队被大大压缩，有的撤编，有的简编。许多原先驻扎着人民海军岸防部队的古战场，开辟为旅游区，当年的“军事禁区”，而今游人如织……这是科学发展的结果，是辩证法的胜利！是值得高兴和庆幸的。

然而，是否从此海岸炮、高射炮再无用武之地了呢？

1984 年秋，新中国第一个海军预备役高炮兵师在大连组建时，已从海军任上退下来，担任了中央顾问委员会常委的萧劲光曾与人论及此事。他说，兵无常势，水无常形，战斗没有程式。导弹威力大，是现代化的，但并不能说明岸炮、高炮从此就没有用了。据有关资料载：1960 年，美国率先从军队编制中撤销了所有高射炮部队，地面防空武器系统全部由防空导弹取代。结果，此后开始的越南战争，从 1964 年至 1968 年，美军在越南北方上空共损失飞机近千架，其中 750 多架是被高射炮击落的。许多事情都须实践证明，武器装备更是这样。他认为，军委决定继续保留“两杆炮”的简编团，组建高炮预备役师的举措，是非常正确、英明的。

三、“海空雄鹰”艰难起飞

海军航空兵如今是中国海军部队序列中一个极其重要的兵种——机种俱全、实力雄厚、使命职责明确，在海防建设中发挥着不可替代的作用。而在人民海军初创时，对海军要不要组建航空兵（时称海空军）部队，军队领导层却存在很大分歧。

从主持组建海军部队开始，萧劲光就非常重视海军航空兵建设。考虑到苏联航空工业发展快，提供装备比较容易，而造船工业发展慢，还处在恢复时期，他甚至有过把航空兵和快艇一块先搞起来的想法。由于主持军委日常工作的领导有不同意见，加之朝鲜战争爆发，相当大的经费被用来发展空军，建设海军航空兵的工作遂拖下来。但萧劲光坚持自己的意见。并与苏联顾问一起向周恩来报告了自己的想法，赢得了周恩来的支持。虽然飞机一时难以解决，他仍然按照自己的设想，有条不紊地部署航空兵部队的组建工作。1950 年 6 月 8 日，海军司令部机关刚刚组建起来，萧劲光就向他们下达了“成立学校，训练学员，培养干部，建立海空军部队”的任务。同年8月召开的海军建军会议，则更明确地把海军航空兵部队作为建设重点，列为《海军三年建设规划（1951—1953）》中的重要任务。经中央军委批准，同年年底前，海军即在青岛市先后组建起两所航空学校，即以水鱼雷轰炸机空、地勤人员和机关参谋人员为主要培养对象的“海军第一航空学校”，以培养歼击机空、地勤人员为使命的“海军第二航空学校”（翌年，两校合并，命名为“中国人民解放军海军航空学校”）。并很快招生，正式开课。

学校办起来了，人已在培养，但海军到底要不要组建航空兵的争论，却一直没有停息。这一争论，海军机关有，重要的是在军委、总部领导中也有。不赞成组建海军航空兵部队的，主要看法是：我军已经有了空军这个独立的军种，可以同时担负起海空的作战任务，海军没有必要再另起炉灶，单独成立航空部队。国民党海军就没有航空部队嘛！萧劲光不同意这种观点，却不能不重视这种观点。经慎重考虑，他决定召开一次临时党委会，首先统一党委一班人的思想。

党委会于1952年1月初召开。除临时党委成员外，司令部、政治部、干部管理部等机关各大部有关业务部门的领导列席会议。萧劲光说：“近日我翻看了些资料。国外大量军事实践证明，没有制空权就不可能有真正的制海权。舰艇在海上活动如果没有自己飞机的掩护、支援，是要吃大亏的。‘重庆’舰起义后，为什么最后在葫芦岛自沉？国民党飞机要轰炸，一批批飞机轮番来，我们没有制空权，防不了！靠空军协同、支援可不可以？可以！但我们要知道，海空作战有自己的特点和要求，与陆空作战不一样。自然，部队平常的训练、管理，也大不一样，有自己的一套。不错，国民党海军没有航空部队。也正因为这样，所以国民党海军才没有战斗力，只能在江河里活动，在近岸活动，保卫不了海防。大家知道，抗日战争期间，国民党海军的大量舰艇，都是被日军的飞机炸毁的。据我了解，目前世界海军强国，苏、美、英、法等国家，海军都是设有航空部队的。”最后，党委成员达成共识，一致赞成萧劲光的看法，同意组建海军航空兵。并在会上研究了组建航空部队急需落实的工作。1月8日，萧劲光与海军副司令员王宏坤、副政治委员刘道生，共同签署了海军司令部《关于1952年海军空军建设问题》的报告，具体提出了“建立起海军空军的最低限度的力量”的六条建议：

> （一）从空军抽调适宜担任海军航空兵副司令员、参谋长、总工程师、航校飞行副校长等职务的16名领导和业务技术干部，以及30名空军航校毕业的轰炸机飞行人员到海军空军任职；（二）调青岛、上海、广州3个驱逐机师（含航空基地、机场、兵营、全部人员、器材）给海军；（三）调济南驱逐机航校（含航空基地、机场和全部人员及杭州机场1个独立航空技术基地）给海军；（四）调流亭、大场、广州、杭州4个空军机场及场站的全部人员和设备给海军；（五）请空军及航空工业部门为海军空军培训专门技术人材，并安排海军空军指战员到空军实习；（六）请航空工业部门将海军航空器械的大修，列入计划。

海军司令部的报告，得到了最高决策层的毛泽东、周恩来的赞成和支持。周恩来很快批复，并正式发文：从空军调三个驱逐机师和济南驱逐机航校、一个独立航空技术基地，以及流亭、大场、广州、杭州等几个固定沿海机场给海军。同时要求人民空军为海空军培训人员，国家军工部保证海军航空器材的大修。

接到军委的批复，萧劲光甚感欣慰。海军临时党委当即研究决定，调已从事一年多航校领导工作的赵汇川前来主持海军航空部的组建工作。

6 月 27 日，在上海虹桥机场成立了海军航空兵第一支部队——中国人民解放军海军航空第一师，下辖两个团。以陆军第十师司令部、政治部领导机构为基础组成该师师部机关；以陆军第三十师第九十团机关和海军航校第一批学员为基础，组成水鱼雷轰炸机团，命名为“中国人民解放军海军航空第一团”；以空军第九师之第二十五团机关、部队为基础，组成驱逐机团，命名为“中国人民解放军海军航空第四团”。

海军航空第一师的组建，标志着人民海军航空兵部队的诞生。它使人民海军在形成完整的海上作战体系的道路上又迈出了关键性的一步，同时为整个海空突击力量的建设打下了基础。翌年 2 月，又组建了海军航空第二、第三师。1954 年、1955 年又相继组建了海军航空第四、第五、第六师，组建了水上飞机大队，即“海军航空兵独立第一大队”。

至于所需装备，如果说组建舰艇部队时，不管破旧与否总还有一部分舰船、设施可以利用的话，海军航空部队则是名副其实的“一无所有”，完全从零开始。部队组建所需装备全部是临时调拨、突击购置的。归结起来，组建海军航空兵部队的装备主要来自三个方面：

第一，从空军调入。在批准海军组建航空兵部队的同时，军委就将空军第九师之第二十五团机关部队连同全部装备调归海军。不久，又将第九师的另一个团及第十七师部队并装备，调入海军。先后几次从空军调入海军的飞机共 175 架。其中，米格 –15 比斯型喷气式歼击机 154 架，拉 –9 型驱逐机 21 架。以此改编成海军航空第一师第四团和第二、第四、第六师。

第二，向苏联购买。1950 年夏天海军航空学校筹建时，即接收从苏联购买的各型飞机 31 架。其中杜 –2 型水鱼雷轰炸机（高级教练机）12 架，乌特伯 –2 型中级教练机 6 架，雅克 –18 型初级教练机 12 架，雅克 –12 型通信机 1 架。1953 年，是履行向苏联购买海军武器装备的“六四”协定的第一年。这年海军接收从苏联购买飞机 113 架。其中包括杜 –2 型水鱼雷轰炸机 32 架，拉 –11 型驱逐机 40 架，雅克 –18 型初级教练机 18 架，米格 –15 比斯型喷气式歼击机 10 架，依尔 –28 型喷气式水鱼雷轰炸机 13 架。1954 年、1955 年，又先后从苏联购买飞机 100 余架（包括水上飞机 6 架）。与此同时，还购进一批水鱼雷、弹药和航空器材。这些飞机、器材，装备了海军航空兵第一、第三师，组建了独立第三团、水上飞机独立大队，补充了航空学校和各师的训练装备。

第三，旅顺口交接时，从苏军手中有偿接收的。1955 年苏军撤离旅顺口时，其驻旅海军航空部队有飞机 78 架。接收这批飞机需要一大笔经费。这些飞机中，有依尔 –28 型水鱼雷轰炸机 64 架，乌依尔 –28 型教练机 12 架，里 –2 型领航教练机 2

架。从型号和出厂时间上看，这些飞机有点儿老、旧，但一次接收这么多已属难得，更何况几种功能的飞机都有，机场设施配套。海航第五师就是利用这些飞机设施组建起来的。

在军委首长的关怀和空军等军队、地方相关大单位的支持下，通过3年多的努力，到1955年底，海军航空兵已有包括侦察机、歼击机、水鱼雷轰炸机、运输机等不同机种的航空师6个，共有各型飞机500余架。中华民族历史上第一支海军航空兵部队开始形成规模。

"海空雄鹰"就这样起飞了。虽然"先天不足"，但它在官兵的关怀呵护下，健康成长，不断发展壮大。在那特殊的年代，它以其独有的优势弥补了海上力量的不足，保卫了海防的安全。

四、圆了中华民族百年潜艇梦

潜艇，是一种高度机动、隐蔽，具有强大攻击力的作战舰艇。它在战争中的主要使命是，消灭敌人的运输舰船和大、中型战斗舰艇，摧毁敌基地、港口和岸上重要目标。同时，还可以承担侦察、反潜、布雷、巡逻和运送兵员等任务。在海军装备大家族中，地位举足轻重、无可替代。自17世纪初潜艇问世以来，世界各海军强国均倾注全力研制、发展。两次世界大战中潜艇的惊人战绩，令世界军事家扼腕长叹：没有潜艇就没有海军！

萧劲光了解中国乃至世界的近代史，更清楚近代战争史。1950年8月，他主持的海军建军会议，具体研究了海军各兵种部队的建设问题。会议指出，水面、水下、空中、陆上战斗部队和各种勤务保障专业部队，都是组成海军这个军种整体的不可缺少的部分。各兵种部队的发展必须保持一定的比例关系，还要有一整套保障设施。鉴于国家经济基础等条件的限制，这些建设不可能齐头并进，必须突出重点，有一个指导方针，这个方针即"以飞机、潜艇、快艇三项为重点"。后来，人们把海军的建设方针简称为"重点发展空、潜、快"。潜艇部队虽然不可能一下子组建起来，萧劲光却把建立潜艇部队列入自己的工作日程，从各方面努力。

同年冬天，萧劲光率团到苏联考察访问，专门拜访了苏潜艇部队负责人巴尔图诺夫海军少将，向他请教建设潜艇部队需着重解决的问题。巴尔图诺夫见萧劲光熟悉苏联，一口流利的俄语，非常热情，不仅详细介绍了潜艇在海军中的地位和作用，介绍了选择潜艇基地的条件，还具体谈了培养潜艇干部和技术人员的问题。听了介绍，萧劲光很受启发，遂向苏联海军部并国防部部长布尔加宁正式提出请他们帮助中国训练潜艇艇员的要求，他们当即答应了。回国后，萧劲光将访苏情况以及拟请苏联海军帮助训练潜艇艇员的打算，报告了中央、军委，提议通过外交途径向苏联方面正式提出这一要求。

根据海军的提议，中国政府于1951年1月正式发文，向苏联政府提出购买潜艇及帮助培训潜艇技术人员的请求。斯大林和苏联政府对新中国的态度是友好的，他们尤其为中国共产党人在朝鲜战争问题上表现出的无私无畏精神所感动。3月上旬，周恩来通知萧劲光，并函告海军："友方已决定帮我们训练四艘潜艇艇员（包括艇队，艇上、基地及随行翻译，共四百二十名），并要我们人员于四月二十日全部到达旅顺。"接着，军委下达了选调潜艇学员的条件、要求及有关事宜的通知。

这一消息令人鼓舞。军委关于选员学习潜艇业务通知下达的当天，海军党委便召开会议，研究学员选调、潜艇学习队组建等问题。数日内，选调潜艇学习队学员的工作即在全海军范围内展开。

为此，海军在北京专门召开了由各大单位领导学员选调会议。在这个会上，萧劲光用很长一段时间向与会人员介绍了有关潜艇的知识和建设潜艇部队的意义。他说，迄今为止，潜水艇已诞生300多年，广泛用于实战也已几十年。第一、第二两次世界大战中的海上争夺，很大程度上是潜艇战。据军史载，在第一次世界大战中，由潜艇击沉的运输船有6000余艘，约1400万吨；击沉的战斗舰艇192艘，其中包括战列舰14艘、巡洋舰20艘、驱逐舰36艘。在第二次世界大战中，由潜艇击沉的运输船5000余艘，达2000多万吨；击沉的大中型战斗舰艇381艘，包括航空母舰17艘。旧中国政治腐败、海军弱小，装备潜艇无从谈起，中国人的潜艇梦不可能实现。现在苏联愿意帮助我们建设潜艇部队，机会难得！我们一定要把人员选好，把各方面工作做好。讲到最后，他用力敲着桌子，斩钉截铁地说："如需要，宁可叫几条军舰开不动，解散几个学习单位，也要满足这次选调潜艇学员的需要。"

学员选调工作很快在海军部队和院校展开。海军机关部队都非常重视潜艇学员的选调工作。许多单位领导破除本位主义，积极主动地推荐人才，把文化程度高的党团员、战斗骨干送学。大连海校部分即将毕业的学员也被选为潜艇学员。经过反复筛选，按照政治素质好、年纪比较轻、体质符合艇员标准等条件，最后选定学员275名。以此组建了中国海军潜艇学习队。这些学员中，党员占59%，团员占37%，政治水平、思想觉悟无可挑剔。文化水平，大学占7%，中学占60%，小学占33%。用现在的眼光看，文化程度似乎不高，但在当时部队相当一部分干部还几乎是文盲的情况下，已很不容易了。

当时，苏联海军太平洋舰队有一个潜艇支队驻在旅顺口的老虎尾半岛。经与苏联海军部及驻华海军顾问团磋商，为方便教学、实习，中国潜艇学习队就设在这里。作为一个特殊的单位，潜艇学习队直接归军委海军领导，教学由苏海军委派的实习潜艇艇长马斯罗夫中校（马斯罗夫调离后，为格洛瓦乔夫上校）具体负责。中苏双方原议定培训时间为两年，即自1951年5月至1953年6月。后来根据学习进展情况延长一年，于1954年6月结业，实际学习时间为三年。从海军首长到军委直至中央领导，对潜艇学习队都非常关心。萧劲光定期到学习队了解情况、听取汇报，与苏方人员一起研究训练教学。党和国家、军队领导人周恩来、朱德、彭德怀、刘伯承、罗瑞卿、萧华等，先后到学习队视察。周恩来第二次视察学习队时，应官兵要求在艇值更日志上题词："遵照毛主席指示，学会潜艇作战"，给大家以极大鼓舞。苏联军方对此次培训也异常重视。在中国大革命时期担任过孙中山先生海军顾问的苏联太平洋舰队司令潘齐列夫海军上将，也亲临学习队视察，检查指导培训工作。

学习队的官兵对潜艇技术的学习有着强烈的自豪感和使命感。他们牢记萧劲光、刘道生等海军首长关于学习潜艇是“领袖所嘱、全军所托、全民所望”的指示，克服文化低、语言不通等多种困难，刻苦钻研，加班加点地探讨训练。通过三年的集中培训，所有与学人员均按照分工，熟练掌握了操艇、指挥、岸勤管理、技术保障等相关业务技术。多年后，这批学员基本上都成了潜艇部队和海军各级领导机关的技术骨干。其中，59名干部后来担负了海军师、军以上领导职务，为人民海军的发展壮大作出了突出贡献。

在组织潜艇艇员和技术骨干培训的同时，萧劲光还不失时机地抓了海军第一个潜艇基地的建设。1952年4月中旬，萧劲光动身赴苏访问前召开首长办公会，集中研究了在青岛修建潜艇基地的问题。他离京不久，5月8日，在家主持工作的副司令员王宏坤便与刘道生、周希汉一起联名给聂代总长、粟副总长和周副主席写报告，正式提出了在青岛修建潜艇基地的建议。周恩来很快批复同意，并以军委的名义将这一工程电告华东局和山东分局，请他们在相关方面给予配合和支持。接着，海军业务部门偕同海军总顾问涅斯切洛夫等到青岛进行实地勘察，制定了设计方案。按照由涅斯切洛夫主持制定的《关于青岛潜艇岸上基地之战术技术设计方案》，基地建设的项目，主要包括供潜艇停泊、鱼雷装载、潜艇母舰以及辅助舰艇停靠的码头，修船厂、动力设备，鱼雷仓库、弹药仓库及少量其他仓库和机关、部队的营房等。考虑到抗美援朝战争还在进行，国家财力紧张，设计尽可能压缩经费。除主要工程外，附属工程本着节约的原则，一律从简。这一设计方案于同年9月经周恩来副主席批示同意实施。经过充分协调准备，青岛潜艇基地工程于翌年秋正式开工兴建，至1954年夏，旅顺学员队学员培训结业前，主体工程已基本建成，可以接受潜艇驻泊，完成部队的技术勤务保障、生活保障。

为了培养潜艇技术人才，满足潜艇部队组建的需要，萧劲光还主持组建了“潜水艇学校”。1952年11月，中央军委根据海军的报告，下令川北军区直属机关500余名官兵调归海军，作为筹建潜艇基地和潜艇学校的基础。翌年8月20日，“中国人民解放军第四海军学校”（即潜艇学校）在青岛组建。8月13日，萧劲光到青岛看望了调来海军参加学校建设的原川北军区的官兵，听取了主持学校筹建工作的吴西、傅继泽的汇报，检查了学校筹建情况。最后，萧劲光肯定了他们筹建工作的成绩，对教学工作作了指示。他说：“潜水艇工作技术性强，要求很高。学校要以正规学制训练潜艇军官与水兵。要以苏联海军的潜艇部队为榜样，培养在军事上能够掌握最现代、最新式的潜艇专业技术人才，建设一支最有战斗威力的潜艇部队。”通过卓有成效的工作，在旅顺学习队结业前，第四海校的首批学员完成了学习训练，为潜艇基地、潜艇部队组建提供了大批军官和士兵。

1954年6月中旬，潜艇学习队如期胜利结业。19日，中央军委颁发命令，将拟接收的从苏联购买的两艘“斯大林”型潜水艇C-36号、C-49号，分别命名为“新中国11号”“新中国12号”，并批准成立“中国人民解放军海军独立潜水艇大队”。任命傅继泽为大队长，张虎臣为参谋长，崔景波为政治处主任。从此，人民海军有了自己的潜艇部队。

24日，旅顺口晴空万里，水碧天蓝，西港码头舰船挂满旗，四周彩旗飘扬。中苏潜艇交接仪式在这里举行。出席仪式的，苏方为驻旅顺海军基地的负责人及驻旅大区苏军最高指挥官斯维尔佐夫上将，苏联驻华使馆代办克瓦列夫斯基；中方除海军参谋长周希汉率领的海军机关代表团外，还邀请了旅大市委书记欧阳钦等地方党政领导。

下午2时，交接仪式隆重开始。随着中方代表傅继泽、苏方代表格洛瓦乔夫分别代表本国政府在交接证书上签字完毕，中国国歌奏响，五星红旗在“新中国11号”“新中国12号”潜艇上冉冉升起……服装一新，队列整齐地站立在码头边的学习队官兵们，一个个激情难抑，热泪盈眶。

28日，这是一个应该记住的日子。这一天“新中国11号”“新中国12号”潜艇在学员们的操纵下昂然驶离旅顺港，在茫茫大海上画出中国潜艇第一条航迹，劈波斩浪向新筹建的青岛潜艇基地驶去。

海军潜艇部队诞生后，党和国家领导人多次前往视察。7月23日，萧劲光陪同中央军委副主席、华东军区司令员陈毅视察了潜艇基地。大队长傅继泽请陈毅题词，他略加思索，便激情如涌，赋诗一首：

潜艇上留题

人口六万万，立国太平洋。
面对侵略者，必须有海防。
水上多舰艇，空中能飞航。
海深深千尺，潜水亦所长。
件件皆掌握，样样是内行。
严整陆海空，捍卫我边疆。
和平可确保，建设日辉煌。
战贩如伸手，必定遭灭亡。
大哉新中国，指日富且强。

此后一年内，中国海军又陆续接收了从苏联购置的6艘潜艇，第四海军学校的学员也陆续毕业。1955年9月，“潜水艇独立大队”遂扩编为“潜水艇第一支队”。当年底，潜艇第一支队便参加了总参谋部在辽东半岛举行的海陆空三军抗登陆战役演习，并以4发鱼雷全部命中目标的优秀成绩，向祖国和人民作了汇报。

五、海防大门立起“四大金刚”

潜水艇独立大队组建不久，萧劲光又主持组建了驱逐舰部队。

在此之前，海军各兵种部队，以及侦察、观通、通信、工程、航海保障、水文气象、防险救生等各种专业勤务部队，陆续组建起来。令萧劲光着急的是，在这些部队中，代表海军形象、担负主要战斗任务的水面舰艇部队，相比起来力量最弱。已组建的舰艇部队，不是吨位太小，就是航速慢，战斗性能太差，有少量吨位大一些的，还是民船改的。打捞出水的“重庆”舰也无法修复。因此，萧劲光在1952

年春夏之交到苏联访问时，特别对其驱逐舰部队进行了考察，就购买驱逐舰问题与苏联海军部进行了交谈、会谈。由于苏联海军本身需要建设、更新，初谈时，苏方没有答复。经几次交涉，他们才答应“少量给一点”。翌年，中、苏两国政府签订的“六四”协定注明，在1953年至1955年，苏联交付中国成品舰艇32艘，其中就包括4艘驱逐舰。

虽然没有装备，但是筹建驱逐舰部队的准备工作一直未停。从1951年起，海军先后分三批选调了100余名优秀军事干部到苏联海军学院培训，主要学习驱逐舰、护卫舰的操纵管理和装备技术。1954年初，接到苏联关于中国海军购置的驱逐舰将在年内交付的信息时，这些干部多数已结业回到国内，成为接收驱逐舰筹备工作的骨干。

准备接收的驱逐舰排水量都在3000吨左右，每艘舰员数百人。接收新舰艇，首先遇到的是舰员选调问题。当时的华东军区海军第六舰队，是人民海军第一支护卫舰部队，也是海军唯一一支真正的护卫舰部队。其装备的舰只，主要是日本在第二次世界大战期间建造的护卫舰。这些军舰多数使用的是蒸汽透平机，配备100毫米或130毫米口径的主炮，与驱逐舰相近。据此，海军党委研究决定，以华东军区海军第六舰队官兵为主，组成两艘驱逐舰全套接舰人员。

1954年4月初，驱逐舰舰员选调工作全面展开。是时，东南沿海部分岛屿尚未解放，国民党军舰不时窜到大陆沿海骚扰。作为海军主力作战部队的第六舰队，战斗值班任务异常繁重。但第六舰队党委从海军建设全局出发，坚决执行海军党委的决定。他们响亮地提出：“宁肯把六舰队调瘫痪、军舰靠码头，也要保证胜利接收好驱逐舰！”为了确保调员的质量，舰队成立了以副司令员冯尚贤为组长、政治部副主任兼干部管理部部长韩玉樽为副组长的选调小组。严格按照历史清楚、政治上可靠，经过实践锻炼，思想好、业务精、身体健康等条件，逐个筛选，层层把关。经过筛选，第一批从第六舰队抽调官兵350人。其中近半数水兵经历过战斗考验，舰部门以上干部、专业技术干部，基本上都是留苏学习的骨干。

5月1日，由第六舰队，华东军区海军第五舰队、淞沪基地和几个海军学校选调的官兵组成的接舰部队，计500余人，先后抵达青岛。为保密起见，接舰部队临时命名为“中国人民解放军海军青岛基地训练大队”，大队长苏军，政治委员刘成章。官兵们按照驱逐舰岗位设置，编为两个训练队。

组织落实后，接舰工作进入思想和技术准备阶段。6月15日，青岛基地政治部遵照中央军委和海军有关指示精神，下发了《关于接收新舰艇的政治工作指示》。月底又下达《补充指示》，提出了接舰具体实施意见。接着，中苏友谊、国际主义教育，“原封不动，完整接收”方针教育，驱逐舰装备知识教育等一系列教育相继展开。接舰官兵们虽然刚刚从不同单位汇集到一起，但大家有一个共同心愿：不辜负党和人民的信任，接收好驱逐舰，学习掌握好驱逐舰，当一名合格的新中国第一代驱逐舰舰员。

在筹备接舰的同时，还有一个问题，就是给新接收的驱逐舰起名字。在研究接舰会议上，海军领导把这作为一项议题专门作了研究。

在此之前，部队中的护卫舰等较大的军舰，都用省会等大城市的名字命名。据此，有的海军领导提出，第一批交付的两艘驱逐舰就叫“北京”号、“上海”号。有几个人当即表示赞同。他们说，这两艘舰都是苏联的在航舰，吨位大，航速快，武备也强。在世界上不是很先进，在我们部队绝对是佼佼者，属最好的，可以这样叫。萧劲光没有立即表示意见，他沉吟了一下，说：“这两艘舰性能固然不错，是目前我们部队最好的，但它不能叫‘上海’号，更不能叫‘北京’号。道理很简单，它不是我们自己造的。归根结底，部队装备发展要靠自己。军事装备永远买不到最好的。而我们装备的发展，舰船发展，基础、根本在国家的重工业，特别是钢铁工业。所以我想，一艘可以用我国钢铁基地的名字，叫‘鞍山’号。”大家立即表示赞成。接着又有人提出，另一艘就叫“抚顺”号，抚顺是“煤都”，重工业基地，也一致通过。此后将这一意见正式行文上报了军委。

经过4个多月的学习准备，正式接舰的日子到来了！

10月13日上午9时，由两艘扫雷舰、两艘潜艇与拟交付中国的两艘驱逐舰组成的舰艇编队，在苏联太平洋舰队参谋长、海军少将彼得洛夫率领下，徐徐驶进青岛港。自第二天起，中国舰员便随苏联舰员一起登上驱逐舰。按照专业分工，航海、观通、轮机、鱼水雷等，开始官对官、兵对兵地对口学习。与此同时，中苏双方进行码头停泊交接验收，展开试航试炮等工作。

25日，人民海军第一支驱逐舰部队成立大会在青岛市永安大戏院隆重举行。青岛基地政委卢仁灿宣读了中央军委关于“中国人民解放军海军驱逐舰大队”成立的命令。同时宣布，任命苏军为驱逐舰大队大队长、刘成章为政委，苏军、刘成章并分别兼任“鞍山”舰舰长、政委，马俊、王刚分任“抚顺”舰舰长、政委。

翌日，中苏双方在军港码头上，正式举行驱逐舰交接签字和命名授旗仪式。彼得洛夫代表苏方，卢仁灿代表中方，分别在交接证书上签字。海军参谋长周希汉宣布中央军委命令，将“列什切里内依”（意“果敢”）号驱逐舰命名为“鞍山”号，“列齐威”（意“神速”）号驱逐舰命名为“抚顺”号。舷号分别为101号、102号。

后来的史书郑重记载：即日起——1954年10月26日，人民海军有了自己的驱逐舰部队。

1955年6月28日，从苏联购买的第二批两艘驱逐舰依约按时驶抵青岛。遵照军委的命令，新接收的驱逐舰“列兹基”（意“勤奋”）号命名为“长春”号，“列考耳特内依”（意“凛冽”）号命名为“太原”号。同时任命高基隆为“长春”舰舰长，尹万卿为政委；杨健任为“太原”舰舰长，陆达为政委。

至此，驱逐舰大队（11月，改称“中国人民解放军海军雷击舰第五十一大队”）的舰只，由2艘增至4艘，舰员也增至1000余人。在苏联海军官兵的帮助指导下，通过短短半年多的训练，各舰官兵就初步掌握了操舰的基本技能。尔后，遵循“在战争中学习战争，在游泳中学习游泳”的精神，开始遂行战备值勤任务。驱逐舰部队的组建，给不时骚扰东南沿海的台湾国民党军和闯入台湾海峡的美国第七舰队以巨大震慑，使官兵们倍感骄傲和自豪。大家都亲切地称这4艘驱逐舰为“四大金刚”。

在20世纪50年代，驱逐舰大队是新中国海军中最现代化的部队，受到党和国家的高度重视。在组建不到两年的时间里，就有刘少奇、周恩来、朱德、邓小平、彭德怀等30多位党和国家领导人登舰视察，有的领导还题了词。驱逐舰大队也不负众望。在从50年代纳编入伍到退出现役的数十年里，“四大金刚”或单舰或多舰，圆满完成了若干次海军、全军重大演习和合成训练任务。1962年4月中旬，美国驱逐舰“狄海文”号从日本军港启航，闯入青岛外海，企图窜入领海侦察骚扰。“鞍山”“长春”“太原”号3艘舰奉命离港，前往监视、驱逐美国军舰。在狂风恶浪中，双方斗智斗勇，对峙八天八夜。此前几年内曾上百次侵犯中国领海的美舰，未敢进入中国领海一步，最后悻悻离去。“四大金刚”，新中国海防大门的金刚！维护中华民族尊严的金刚！

在遂行战斗任务过程中，这4艘舰成为培养干部的大学校。数十年里，接待军校学员登舰实习、见习几千人次，为海军各级领导机关，部队、院校输送领导和专业技术骨干400余人。其中包括军事科学院原政委张序三（曾任“长春”舰舰长）、北海舰队原司令员苏军（曾任“鞍山”舰舰长）、北海舰队原政委陈先锋（曾任“鞍山”舰政委）等，军以上领导干部100余人。

在20世纪50年代中期，世界发达国家的海军，如美国、苏联已出现反舰导弹，有了导弹驱逐舰。“鞍山”“抚顺”等4艘驱逐舰主要武备是鱼雷和火炮。鉴于此，1959年10月，萧劲光提出了武器装备系统以发展导弹为主的方针，并以海军党委的名义报经总部批准，组建了海军技术部，启动导弹研制工作。在国家有关部门的支持下，经数年的努力，海军舰对舰导弹研制成功。于是，海军请示军委同意，对快艇、驱逐舰进行了武备改装。70年代初，4艘驱逐舰均已成功改装为导弹驱逐舰。

也就在同时，国产导弹驱逐舰试制成功，胜利下水。1971年底，第一艘国产导弹驱逐舰正式编入海军部队战斗序列。经过改装的“四大金刚”与新入列的伙伴一起，警惕地守卫着祖国的海疆，巡视在海防线上。

第二十一章　在战斗中壮大海军力量

一、初战告捷，夺回制海权

最先组建的海军部队——华东军区海军，是在渡江战役的炮声中诞生的。1950年4月海军机关成立时，解放海南岛的战斗还在进行。这时东海、南海的绝大多数岛屿均被国民党军占据着。所以，萧劲光自履职海军司令员那天起就已经意识到，人民海军必须边打边建，在战火中成长、壮大。决定中华民族命运的解放战争，将在海战中结束。

果不其然，海军机关成立不到1个月，广东军区江防部队司令员兼政治委员洪学智的电报就到了。电报是直接发给萧劲光、刘道生的。电文汇报了成立华南海军领导机构筹备情况，同时报告：为了粉碎国民党军依托万山群岛“封锁珠江口，策应内地，反攻大陆”的阴谋，夺回制海权，广东江防司令部已接受战斗任务，奉命协同陆军某部解放万山群岛。

这是海军部队成立以来第一次参加大的军事行动，萧劲光非常重视。回电中，他除对舰艇编组、兵力部署、使用提出建议外，还特地强调：此系海军初战，望精心组织、精心指挥，务求全胜。

万山群岛位于珠江口外，由大小48个岛屿组成。华南大陆解放后，这些岛屿与海南岛遥相倚应，控制着珠江入海航道和进出香港、澳门的主航线。4月，人民解放军第四野战军部队强渡琼州海峡，5月1日解放了海南岛。蒋介石看到了南海岌岌可危的形势。为确保万山群岛迭遭厄运，遂命其海军总司令桂永清亲自率舰艇编队日夜兼程赶到这里。抵达的当晚，桂永清便在万山群岛的指挥中心垃圾尾岛召开布防会议，成立了“万山防卫司令部”。决定由海军中将、第三舰队司令员齐鸿章兼任防卫司令，统一指挥第三舰队、第四巡防处和从海南岛败退到这里的秀英巡防处、海军陆战团，及辖有1200余人的“广东突击军”，“和衷共济、固守万山”。

从双方海上战斗力量看，国民党军显然占绝对优势。在垃圾尾马湾内驻泊着国民党海军护航驱逐舰、扫雷舰、登陆舰和炮艇等各类舰只30余艘，总吨位约1万吨，舰员与陆战部队加在一起3000余人。而广东江防部队，只有“桂山”号、“国楚”号2艘登陆舰，9艘小型登陆艇和10余艘小炮艇。这些舰艇航速低，破旧不堪，总吨位不及国民党海军的十分之一。舰艇上的官兵，除少量原海军人员外，大部分人不懂海军技术，不清楚海战怎么打。

洪学智清楚“海军初战”的深远意义。为实现“务求全胜”的目标，他遵照萧劲光“精心组织、精心指挥”的指示，对舰艇编组、兵力使用作了周密研究。为了鼓舞士气，使官兵树立敢打必胜的信心，战役发起前，他组织舰艇长等参战部队指挥员，对敌我双方情况进行了全面分析。通过分析，大家看到，国民党军虽然舰多兵重，但大都是从海南岛溃退下来的，官兵士气不高，内部矛盾重重，且立足未稳、人心惶惶；我们江防部队虽然舰艇力量弱小，但登陆作战部队坚强有力，并且有地方政府和人民群众的大力支持。一番比较权衡，官兵们豪情满怀。于是，洪学智当即拍板，下达战斗命令。整个战役分三个阶段进行：第一阶段，由火力船队攻击垃圾尾敌舰艇集中停泊地，输送、登陆船队向垃圾尾，大、小蜘洲，三角山之敌攻击、登陆；第二阶段，向三门、外伶仃发起攻击，得手后，横扫大、小万山，东澳等岛；第三阶段，向担杆列岛、佳蓬等岛发动攻击。为了确保陆、海军参战部队统一行动，成立了由陆军一三一师师长刘永源、副师长邵震，江防部队副政委黄若萍、参谋长李怀章等组成的战役“联合指挥所”。

战斗于 5 月 25 日拉开序幕。凌晨 2 时，江防部队舰艇 16 艘、征用民船 8 艘，从珠海县唐家湾出发，在夜幕的掩护下向垃圾尾进击。4 时许，火力船队副队长林文虎指挥炮艇“解放”号接近了垃圾尾岛的港湾马湾口。透过朦胧的雾气，林文虎隐约发现港湾内黑乎乎一片。继续往前探看，不由得大吃一惊：完全不是行前所说的“马湾里只停泊两三艘小型舰艇”，而是密密麻麻一片，大小舰艇加在一起至少有 20 多艘。“解放”号艇长梁魁庭是从国民党海军起义的。放眼一看，他知道国民党海军第三舰队的大舰差不多都在这里。其中包括排水量达 1200 多吨、航速 19 海里、装有各型火炮 20 门的护航驱逐舰“太和”号；排水量 1600 多吨、航速可达 19 海里、装有各型火炮 20 门的登陆舰“中海”号。而林文虎他们的“解放”号炮艇，排水量仅 28 吨，火力就 1 门 20 毫米的火炮、两挺机关枪，最大航速只 10 海里。后续部队还没有跟上来。面对眼前的情况，林文虎清醒地意识到，临时改变作战计划已无可能。如天大亮后续部队再到不了，就更被动了。于是，他果断命令：“全速前进，插入敌人的舰群！”

“解放”号炮艇全速冲进港湾内，向敌舰艇发起突然袭击。当湾内国民党军观察哨发现“解放”号时，国民党海军旗舰“太和”号已被击中起火。敌舰队司令官齐鸿章刚踏上舰桥，便被飞起的弹片击中，躺在血泊中。部队失去指挥，舰群乱了！茫然不知所措的敌舰风声鹤唳，相互碰撞、对射起来。“中海”号登陆舰连中几发炮弹，起了火。慌乱中，有的舰艇顾不上解缆，崩断缆绳拼命向马湾口外逃窜。结果又遭到堵在马湾口外的江防部队“桂山”号登陆舰的截击。

激战中，国民党海军“永宁”号扫雷舰等多艘舰艇又接连起火。一艘炮艇被击中要害，开始下沉……

阵阵枪炮轰鸣声中，天亮了！惊恐万状的国民党军官兵才发现，搅得沸反盈天的竟是一艘孤零零的小炮艇。他们又羞又火。遂集中火力，向“解放”号射击。瞬间，小小的“解放”号炮艇被击中100多处。林文虎中弹牺牲，19名艇员伤亡13名。负伤的艇长梁魁庭毫无惧色，指挥着受伤的艇员驾艇巧妙地冲出火网，返回唐家湾锚地。“桂山”舰在舰体中弹、舰员伤亡严重的情况下，在垃圾尾岛钓庭湾抢滩登陆。

在“解放”号炮艇、“桂山”号登陆舰与国民党舰艇激战时，“先锋”号、“奋斗”号两艘炮艇按照原定部署在垃圾尾以东海面展开，先后与国民党军多艘舰艇遭遇，并将其26号炮艇击沉……登陆输送船队于25日当天即在青洲、三角岛登陆，接着进驻垃圾尾，大、小蜘洲。29日，进占大头洲。至时，万山群岛战役第一阶段胜利结束。

接到战报，萧劲光高兴异常，连声叫好。他说，这次战斗不仅消灭了敌人，解放了岛屿，对那些担心“旱鸭子”干不了海军的同志，也是一个很生动的教育。6月9日，他与副司令员王宏坤、副政委兼政治部主任刘道生、参谋长罗舜初4人联名签发嘉奖电，祝贺垃圾尾海战的胜利。电文是：

广东军区首长请转洪司令员暨华南海军指挥员、战斗员、政治工作人员同志们：

我华南舰队初建，虽未经过很好的整训，但全体人员在毛主席、朱总司令“英勇顽强，从战斗中建设海军”的正确建军思想指导下，发扬了人民军队英勇顽强的战斗传统，华南舰队首次出动了十六艘舰艇，配合一三一师作战，攻击垃圾尾，与敌第三舰队之太和、永定、永康及炮艇、登陆艇等二十余艘舰艇，激战于中心岛海面。由于我海军人员的英勇，在陆军的配合支援下，于五小时的激战中，即击沉敌之炮艇廿五、廿六，永字号等三艘，并击伤敌之太和舰，迫使其余敌舰狼狈败窜外伶仃，首创海战以少胜多的光荣范例！我们秉承军委意志，特电贺此次海战的胜利。并希望此次参战的舰艇全体同志，很好研究总结作战经验，力戒骄傲，虚心学习，提高自己。对有功人员予以表扬和奖励。希望海军各舰队加紧认真整训，很好学习华南作战经验，提高与熟练自己技术与战术，以便在未来解放台湾的海战中，创造更光辉的战绩。

垃圾尾海战结束后，台湾岛内一片哗然。试图通过万山战役复仇雪耻的桂永清，更感到无颜面对朝野舆论，又接连派出护卫舰、登陆舰、扫雷舰等大、中型战舰多艘，妄图夺回失去的岛屿。解放军各部在联合指挥所的组织下，总结经验，越战越勇，通过反击、伏击等灵活机动的作战方法，打得敌舰节节败退。7月12日，国民党军队被迫全部撤离万山群岛。尔后，江防部队又与陆军官兵一起清剿海匪，消灭国民党部队流散人员。8月4日，万山群岛全部解放。

此役，江防舰队以沉舰、艇各1艘，伤艇5艘的代价，击沉国民党海军舰艇4艘，击伤12艘，缴获舰船12艘，毙伤其第三舰队司令齐鸿章以下500余人，俘获官兵近200人。自此以后，珠江口的海上航道畅通，港、澳和华南沿海不再受阻。

万山海战是人民海军参加的第一次大规模海战。这一战役的胜利，破除了充斥在官兵头脑中的海战神秘感，使海军上下大受鼓舞。萧劲光认为，此战从战斗精神到战斗经验，都大有意义。于是迅即派人到部队与广东江防司令部一起总结经验。

“经验”认为，此次战斗之所以能够以小胜大、以劣胜优，主要经验有四条：

(1) 出敌不意，攻敌不备。战役第一阶段，指挥部决定以火力船夜袭敌舰艇停泊场，完全出乎敌人的意料，致使敌人出现极大混乱，各自砍断锚链逃窜，甚至盲目互相射击。(2) 近战夜战，以我之长击敌之短。“解放”号炮艇冲进敌舰群从800米一直打到100米左右，致使吨位大、火炮口径大、干舷高的敌群难以发挥火力优势，而吨位小的“解放”号机动灵活，充分发扬火力，给敌舱面有生力量以严重杀伤。(3) 着眼全局，艇自为战。在敌情发生变化，通信联络不畅的情况下，“解放”号炮艇和“桂山”号登陆舰从战役全局出发，主动向超过自己十几倍的敌人发起攻击，以大无畏牺牲精神为战役的胜利作出了突出的贡献。(4) 发挥群众的智慧，充分利用各种武器。509号登陆艇上装载的山炮本来是陆军准备在登岛后使用的，遭到敌舰艇攻击时，便在艇上架起来向敌射击，结果效果很好。三门岛上、趸船上官兵武器的运用机智灵活，都打得不错。

萧劲光亲自签发，向华东军区海军、大连海校及组建中的各部队、院校，转发了广东军区江防部队的经验。

之后不久，华东军区海军第五舰队也协同陆军部队解放了杭州湾内的滩浒山岛。继而从扫雷入手，清剿海匪，协同陆军部队打击国民党海军的劫掠、袭扰，击破了国民党海军对长江口和浙东沿海的骚扰破坏。

二、从“力量后缩”到“力量前伸”

1953年前，由于东南沿海许多岛屿尚被国民党军占据着，新组建的海军舰艇部队还没有真正形成战斗力，在沿海口岸基本打通后，海军一度采取了“力量后缩”的方针。基本的做法是，在按照军委的部署，派部分部队包括若干名中、高级指挥人员到中国人民志愿军西海阵地参战学习的同时，有计划地把以舰艇部队为主的战斗部队相对集中到渤海、黄海等北部海区，进行突击性的战术技术训练。

通过一段时间实践证明，这样做，风险较少，官兵驾驭舰只、操作火炮等常规专业技术水平有了较大提高，并为新购置的装备、新组建的部队培训了骨干。但也因此，部队锻炼机会少了，接敌实战能力得不到提高，海上斗争形势陷入被动。发现这种情况后，萧劲光经请示总部批准，改变了“力量后缩”的做法，进而实行“力量前伸”的方针。1953年底，海军党委经过研究决定，从年初开始，陆续从北部海区抽调一批部队南下，一则配合华东海军原有部队解放东南沿海岛屿，打开海上斗争局面，二则锻炼部队，进而为解放台湾作准备。

作为“力量前伸”的第一个部署，1954年2月，海军将新组建的海军航空兵第二师第六团调驻浙江省的宁波场站。并在宁波设立了浙东前线对空作战指挥所，派航空兵副司令员曾克林、副参谋长纪亭榭前往指挥作战。六团原为空军十七师第五十一团，装备有苏制米格-15比斯型喷气式歼击机25架，在抗美援朝战争中击落美机11架，击伤1架，多次立功。六团到达浙东前线后，政治委员马明请驻地群众向官兵们控诉了国民党空军狂轰滥炸的罪行，组织部队参观了遭国民党飞机轰炸的宁波寺庙和甬江大桥的遗迹，激发官兵带着敌情练兵，投入同敌人争夺海上制空权的斗争。

阳春三月，是浙东近海鱼汛旺季。西起三门湾海区的蛇盘屿，东到大、小鱼山，南起小鹅冠，北至莱花歧，面积约250平方公里的猫头洋，是华东近海最富饶的渔场之一。鱼汛期，差不多每天都有数千余艘渔船、五六万渔民在这里捕鱼。盘踞在东矶列岛一带大小岛屿上的国民党军便派出舰艇，在其空军的配合下，不断进入渔场抢劫、袭扰。为了保护渔民，华东军区海军派出8艘舰艇在海上掩护，巡逻。海航二师第六团则派出飞机在空中警戒。3月18日，国民党空军先后出动飞机10多批30余架次窜入猫头洋一带袭扰。由于宁波机场飞机很少，六团飞机只得轮番起飞，多方向迎敌。经多次角逐、搏斗，副大队长崔巍、中队长姜凯双机迎敌，发扬猛打穷追的精神，将敌机追至南田上空，一举击落敌机两架，为人民海军航空兵战史写下了光荣的第一页。击落敌机的喜讯传出，宁波城乡的老百姓欢呼雀跃，奔走相告。中共浙江省委第一书记江华亲率慰问团到宁波机场慰问。海军司令部授予崔巍、姜凯每人银盾一座，并各记三等功一次。

接下来，5月中旬，在配合舰艇部队解放东矶列岛战斗中，六团又与航一师第四团一起，与国民党空军飞机作战6次，击落击伤敌机8架。接连空战胜利，沉重地打击了国民党军的嚣张气焰，夺得了浙东沿海的制空权。

鱼雷快艇第三十一大队组建较早。但组建后，一直在北部海域活动，没有与敌人接触过。1954年5月，海军也将其由青岛基地调到了华东军区海军防区，在舟山岛附近、定海海域驻泊训练。主要意图，一是直接接敌，锻炼部队，二是准备参加解放大陈、一江山等岛屿的战斗。经过近半年接敌条件下高强度训练，第三十一大队的战术技术水平有显著提高。10月底，这个大队的6艘鱼雷艇在护卫舰和炮艇的拖带和掩护下，从定海继续南下，于11月1日晚抵达高岛待机。为寻找战机，他们连续在海上隐蔽待机十几个昼夜，终于在11月13日深夜发现国民党海军“太平”号护航驱逐舰由大陈驶往鱼山方向。11月14日未及天亮，在政治指导员朱洪禧、副中队长铁江海的率领、指挥下，发扬近战夜战的传统，高速接敌，在距敌舰

1953年3月，海军召开首届英模代表会议，萧劲光（前排左二）等海军领导陪同朱德（前排左三）与英模代表合影。

5 链时实施鱼雷攻击。先后发射鱼雷 8 枚，其中 1 枚击中“太平”舰舰艏左舷，敌舰受重伤后在被拖带中沉没。毙伤国民党海军官兵数十人，快艇大队无一伤亡。

鱼雷快艇部队首战告捷，萧劲光十分高兴，立即与王宏坤等海军首长联名给部队发去嘉奖电，称赞说“快艇部队首次攻击获得重大胜利，在海军建设史上留下了光荣的一页”。很快，中央军委也给他们发了嘉奖令。之后不久，鱼雷快艇一大队也取得了击沉国民党海军“洞庭”号炮舰的胜利。快艇部队指战员经受了战火的锻炼，创造了小艇打大舰的经验。

由于上海、青岛的造船厂能够建造巡逻艇，所以巡逻艇部队发展较快。但因其吨位小，只几十吨，速度也不快，开始一个时期均没有参加过战斗。实行“力量前伸”的方针后，海军也将北部海域的两个巡逻艇大队调到了福州、厦门，使其接受战火的锻炼考验。这两个艇队在乌丘屿战斗中初战告捷，显示了作为“海上轻骑”的小吨位舰艇在战斗中特有的机动灵活的优势和作用。

1954 年，是海军贯彻“力量前伸”方针的第一年，也是海上斗争最紧张、最尖锐的一年。随着航空部队、各型舰艇部队调至华东沿海斗争前线和海上斗争形势的发展，萧劲光开始把注意力从部队组建逐步转移到抓海上斗争、抓军事训练上。8 月 12 日至 16 日，海军召开党委扩大会议，集中讨论加强海上斗争问题。年底，萧劲光再次主持召开海军党委扩大会议，分析总结了一年来海上斗争的形势。大家一致认为，“力量前伸”的方针非常正确。这具体表现在两个方面：其一，海上斗争成绩是显著的。这一年中，海军部队参加大小战斗 50 次，击沉、击伤敌舰 20 艘，击落、击伤敌机 23 架。战斗的胜利，使海上斗争形势发生了根本的变化。至时，国民党海军在华东近海已由优势变为劣势。虽然他们还盘踞着部分岛屿，但再不敢肆无忌惮地劫掠、骚扰。其二，人民海军所有兵种在这一年中都不同程度地参加了战斗，经受了战火的考验。对海军、海战的神秘感在战火中消散，年轻的海军开始形成陆上、海面、空中的立体近海作战力量。但大家也看到，一年的战斗中也暴露出部队还存在不少严重问题。主要是战场纪律不严、游击习气严重、作战体制不健全、技术不过关等，以致造成在战斗和航渡中，各种事故一再发生。特别是“瑞金”号炮舰，由于指挥失措，遭敌机轰炸沉没，致使官兵 56 人牺牲，教训沉痛、深刻。

关于 1955 年的作战任务，萧劲光说，军委会议会有安排部署。当前我们需要做的是，认真贯彻这次党委扩大会精神，继续开展积极的对敌斗争，继续将力量向前伸，依托岛、岸，开展破袭敌人海上交通的作战，截断敌人之补给线；配合陆、空军解放沿海岛屿，进一步压缩敌人，扩大领海领空的控制；积极保护航运、渔业生产的安全。当前，首先要做好解放一江山岛的准备工作，协同陆、空军尽快拿下一江山。

三、协同陆、空军解放一江山岛

一江山岛位于浙江省椒江口外，距大陆 13 海里，距上、下大陈岛 7.5 海里，距台湾208海里。一江山又分为南江和北江两岛，中间相距250米。北江面积稍大，也只1平方公里左右，岛上无居民。在大陈、鱼山、披山岛等多个岛屿尚未解放的情况下，所以决定要先打面积小且无居民的一江山岛，是肩负此次战斗指挥使命的华东军区浙东前线指挥部经过认真分析研究决定的。

1954年5月，东矶列岛解放后，大陈、一江山、鱼山等岛上的国民党军陷入更加被动的境地。台湾国民党当局在强化各岛屿防御的同时，积极活动，妄图与美国政府签订所谓的“共同防御条约”，假美国之手阻遏人民解放军进一步解放沿海岛屿和台湾。7月，为了粉碎美国和台湾当局勾结的阴谋，海军浙东前线对空作战指挥所奉命会同空军轰炸了上、下大陈岛。台湾国民党当局越发紧张。遂加速与美勾结步伐，终于在12月3日，与美国政府签订了“共同防御条约”。12月8日，周恩来发表了《关于美蒋“共同防御条约”的声明》。声明指出，美国的阴谋是“企图利用条约使他武装侵略中国领土台湾合法化，并以台湾为基地扩大对中国的侵略和准备新的战争”。与此同时，中央军委命令华东军区攻占上下大陈和一江山岛。

接受任务后，华东军区迅即成立了浙东前线指挥部，由华东军区参谋长张爱萍任司令员兼政治委员。华东军区海军成立前线指挥所。经萧劲光推荐、指定，由华东军区海军副司令员彭德清、参谋长马冠三分任正副指挥。此外，海军舟山基地也与陆军二十军、空军第十一师，组成了登陆指挥所。参战的海军航空兵部队则分别成立了大场、宁波指挥所。

决心既下，待命出击。从哪里突破？是先打大陈还是先打一江山？12月8日，华东军区浙东前线指挥所召开各军兵种指挥员参加的作战会议，进行了讨论研究。大部分人提议先打大陈岛。理由是，上、下大陈是国民党在浙东占据的最大的岛屿，“大陈防卫司令部”所在地，且位处各岛之中。附近所有岛屿上总兵力约2万人，而仅大陈岛上就有1万人。攻下大陈，其他各岛问题便迎刃而解。少数人提议先打一江山。他们认为攻打大陈难度较大，且易多方受敌；而一江山面积小，岛上无居民，部队也只1000余人，并且多数是惯匪和逃亡地主，有望一举攻占……权衡比较，张爱萍肯定、支持了少数人的意见。他说，我赞成首先攻打一江山。一江山岛是大陈的前哨，拿下一江山，大陈便孤立了，我参战部队也再无后顾之忧，只要调整一下部署，就可以一江山为依托，全面出击，攻占上、下大陈。退一步，即使战斗不顺利，一江山离我军据守的头门山岛仅5海里，撤回部队也不会受太大损失。上一次我向军委首长汇报时，彭总有一句话：“这次我们就是要用宰牛的刀去杀鸡。”什么意思？我理解，就是要集中兵力稳扎稳打，不战则已，战则必胜。

经过筹集准备，海军参战兵力最后确定为：海军航空兵5个团；战斗舰艇48艘，其中包括护卫舰4艘，炮舰2艘，鱼雷艇12艘，护卫艇24艘，火箭炮船6艘；各型登陆舰、运输船140余艘；此外还有头门山等岛的海岸炮兵一部分。各种兵力加在一起，总人数4000余人。参战部队确定后，各部队根据所担负的任务组织了临战训练。1月13日，由张爱萍指挥，陆、海、空三军在大、小猫山地区举行了模拟一江山岛作战登陆演习，进一步统一了作战思想和战术动作，加强了协同指挥。

一江山岛上驻有国民党“一江山地区司令部”及所属“反共救国军”第四大队

和炮兵中队等部。兵力不多，仅1000人左右。但岛的四周岩坡陡滑，可供抢滩登陆的地方不多，且工事坚固，火力网密布。根据这种情况，鉴于已掌握了制海、制空权，张爱萍决定择一个无风无浪、适合三军行动的白天发起攻击。

1955年1月18日，天气晴朗。8时，待命出击的航空兵准时起飞，对一江山实施火力准备，拉开了攻占一江山战斗的序幕。海军航空兵第一团出动飞机27架次，与空军部队一起，对一江山岛、大陈岛进行了猛烈轰炸。飞机轰炸的爆炸声尚未停歇，头门山岛上的海岸炮兵又向一江山发起持续轰击。在飞机、大炮的轮番轰击下，一江山岛、大陈岛上的雷达、无线电、指挥所等重要设施悉数被毁，大半被夷为废墟。

14时30分，一天前已集结在头门山、蒋儿岙的登陆输送大队，在炮兵、航空兵和舰艇的共同掩护下，拔锚起航，突击向一江山进发。一路航渡顺利。登陆时，遭到敌人三面夹击、抵抗。登陆部队官兵英勇冲击，打退敌人的反抗，半个多小时就抢占了岛上的主峰。之后，迅速向纵深发展。至17时，南江、北江均被攻克，被国民党称为“固若金汤”的一江山岛，回到了人民手中。

解放一江山战斗，共击毙国民党“一江山地区司令部”司令王生明以下519名，俘虏其突击四大队大队长王辅弼以下567人。缴获各型火炮27门，及大量武器弹药、其他物资。人民海军参战部队被炸沉登陆艇1艘，伤登陆艇12艘，伤护卫舰1艘，机帆船7艘，牺牲13人，伤131人。212登陆艇艇长于延增两腿被炮弹炸断，仍坐在甲板上坚持指挥，直至光荣牺牲。之后，操舵兵柏文昌主动代理艇长指挥战斗，在艇首中弹、住舱进水，艇员伤亡半数的情况下，按时把登陆兵送达登陆点。

1955年9月，萧劲光被授予大将军衔。

一江山战斗的胜利，使萧劲光感到欣慰。当年国民党撤离大陆时，桂永清曾宣称：“共产党占了大陆，海上、空中还是我们的！”这句话曾像火一样烤着萧劲光的心。经过5年多边打边建，而今，人民海军部队已经能够与陆军、空军部队协同作战，有计划地实现战役目标，桂永清的狂言成为笑柄了。但通过这次战斗，也暴露出海军部队在部队间的兵力协同上，战斗中的通信联络上，以至基本的战术、技术上，存在不少问题，是需要认真解决的。战后，萧劲光立即派出多个工作组到参战部队调查研究，从军事指挥、政治工作、后勤保障等多方面，与官兵们共同总结战斗

1955 年 10 月 1 日，萧劲光等在天安门参加国庆观礼。前排右起：粟裕、黄克诚、谭政、萧劲光、王树声、陈赓、许光达。

的经验教训，以期进一步提高部队的战斗能力，完善、改进部队的军事训练。

1954 年 9 月 15 日，萧劲光被任命为国防部副部长，同时任第一届国防委员会委员。

1955 年 9 月，全军实行军衔制。萧劲光被授海军大将军衔，并获一级八一勋章、一级独立自由勋章、一级解放勋章。

第二十二章　开展正规化军事训练

一、海军军事训练要规范化、制度化

1952 年初，萧劲光就开始考虑在部队进行正规化军事训练的问题。

5 月 15 日至 25 日，海军召开了成立以来第一次军事训练会议。由于临时决定萧劲光率团去苏联访问，会议由副司令员王宏坤主持。出席会议人员为各军区海军、基地、水警区的司令员和各舰队、海岸炮兵、防空兵等部队的首长，计 50 余人。会上，按照既定部署，王宏坤代替萧劲光作了《有关海军建设的六个问题》的报告，总结了海军成立三年来部队军事训练的情况；海军参谋长周希汉传达、介绍了《关于一九五二年下半年海军军事教育训练计划》；邀请苏联专家到会，向大家讲授了关于海军正规化军事训练的内容、步骤、考核等 7 个方面内容的课程。会议在苏联专家的指导下，对海军各兵种训练适用的大纲、教材进行了调整、补充，对正规化训练的方针、原则、实施规程作了具体规定。考虑到部队组建早晚不一、军事素质基础不同，会议明确提出，各部队在训练中既要坚持原则，以训练大纲为依据进行系统连贯的训练，打牢基础，稳步前进，又要有灵活性，从本单位担负作战任务的实际出发，需要什么就先学什么，以适应作战、巡逻的急需。要逐步实现从突击训练向正规化训练转变。副总参谋长粟裕出席会议并在会上作了指示。他充分肯定了海军关于开展正规化训练的做法，要求各级党委、首长加强领导，“把学习技术作为当前的中心任务”，迅速提高海军建设水平，担负起保卫海防的使命。

此次会后，海军各大单位都分头召开会议，总结了几年来部队军事训练工作的经验教训，系统地学习了相关的条令条例，探讨了实施正规化训练的步骤方法，为开展正规化训练进行了探索，做了准备。

同年 12 月，军委召开全军参谋长、政治部主任联席会议，研究了部队在大规模文化教育结束后开展正规化军事训练的问题。为了贯彻这次会议精神，海军党委于 1953 年 1 月 10 日至 27 日召开了扩大会议。会上，萧劲光以《克服官僚主义作风，为建设一支海上战斗力量而奋斗》为题，作了报告。要求各级党委积极组织海军可以参战的力量，进行战斗训练，配合朝鲜战场上的志愿军和沿海兄弟部队，粉碎敌人可能的登陆进攻；军事训练要按照计划要求达到一定战术标准，按部就班，保持不间断。学校应贯彻以教学为中心，以技术学习为重点，但又必须保证政治教育计划的完成。报告明确要求海军各部队，除担负作战任务和有其他特殊情况的单位，均从当年6月起开始进行正规化军事训练。会后，海军颁发了统一的军事训练计划，下发了《正规化训练动员令》。

关于正规化训练的指导思想，海军关于军事训练的文件中作了全面准确的表述：以毛泽东思想为指导，继承和发扬人民解放军的优良传统，学习苏联海军的先进经验，按照训练大纲、教范的规定，对部队进行系统、全面的业务技术训练，使官兵牢固掌握海军技术业务知识，学会单独和联合作战，达到业务技术、战术熟练和合乎实战的要求，胜利完成所担负的战斗任务。其具体标准、要求，即达到毛泽东亲自倡导的“五统四性”：统一的指挥、统一的编制、统一的制度、统一的纪律、统一的训练；加强组织性、纪律性、计划性、准确性。

各兵种部队正规化训练的内容，在训练实践中不断调整、修改、补充，日趋科学、完善。舰艇部队训练，按教范规定分为三大类，即共同科目训练、专业技术训练、战术训练。所谓共同科目训练，就是通过课堂教学和实际操作，使全体舰员掌握条令、条例、规章，以及损害管制、轻潜水、防化学武器、伪装、侦察、轻武器射击等基本知识和技能。所谓专业技术训练，就是通过教学和操作，使舰上航海、枪炮、水中兵器、通信、机电、雷达声呐和帆缆等各部门熟练掌握本部门的专业知识技能。战术训练，则主要是掌握战术理论原则和单舰（艇）、编队战术，及兵种合同战术。飞行部队训练的内容主要分为理论教学和实际操作两部分。通过理论教学，使飞行人员掌握空气动力学、空中领航学、空中射击学、航空气象学，及航空技术装备的构造、性能、工作原理，部队的作战方针、战术原则、兵种知识等相关的基础知识；实际操作主要是掌握驾驶和战斗技术，侦察、空战、空运、空中指挥，以及各机种之间，空地、空海之间的协同作战的战术技能。海岸炮、防空兵等兵种的训练大纲，也对正规化训练内容作了具体规定。

在训练实施中，各兵种的训练内容根据本部队的军事基础和实际条件，分为若干个科目进行。如水面舰艇，从基础到专业训练通常分六个科目：第一科目为“战斗与日常的各种部署”，第二科目为“单舰航行准备”，第三科目为“单舰航行”，第四科目为“单舰的炮火使用”，第五科目为“编队航行与装备使用”，第六科目为“多兵种合练与演习”。随后，根据情况增加训练难度。

关于军事训练的组织领导，经过在实践中改进、加强，也逐步形成了党委有人管，机关有人抓，落实有保障的比较科学的机制。经过几年的实践后，萧劲光在1956年12月海军军训会议上把对军事训练组织领导要求具体归纳为六个环节：

> 第一个环节是党委领导，首长分工。党委对训练的领导首先是组织各方面的力量来保证以军事训练为中心这个方针的贯彻，其次是控制训练中各个环节和保持重点。支队以下部队的领导干部，主要是管作战和训练。有些支队的领导干部和高级机关的领导干部一样，分工很细致，司令员、参谋长可以分工不管训练而去管旁的工作，这真是天下奇闻！这等于司令员、参谋长在战斗中不去指挥战斗一样。我认为支队司令员和参谋长负责训练是责无旁贷的，应该在

党委的领导下，把这个工作认真负责地管起来。今年政治部提出政治领导干部中一定要有一个人参加军训的领导工作，这种做法很好。今年政治工作和军事训练的结合是好的，特别是开展了技术能手运动，在练兵中实行了群众路线，对训练推动很大，这是我军光荣传统的继承和发扬。

第二个环节是健全训练部门对训练的组织领导。训练部门是组织计划和具体实施训练的事业机关，必须加强。

第三个环节是发挥各级业务长的作用，健全业务长的工作制度。业务长是组织军事训练的重要力量，也是各级领导干部的有力助手。如果不充分发挥他们的作用，就会使训练受到损失。

第四个环节是有计划地培养舰艇长。舰艇长一般在二、三年内不调动。如果确有调动的必要，必须经过舰队（基地）以上党委专案通过（航空兵根据这个原则确定）。海军的基本单位是舰艇，舰艇长是我们的最基层干部。舰艇长好，部队战斗力就强，训练也会搞得好。这不但是训练中一个重要的环节，而且是我们建军的环节。

第五个环节是在舰艇的主要部门中保持一定比例的专业军士。舰艇上一些专业兵对舰艇技术的操纵使用，对训练新舰员有很重要的作用。应该有计划地保留一些人作为专业军士，适当地解决其待遇及生活问题，使他们较长期地在军舰上工作。

第六个环节是老兵复员和新兵补充不能超过一定比例。不能使部队因补充新兵过多而不得不从头开始训练，在原地踏步。

此外，对军事训练在军、政、文等全部时间中所占比例，物资、经费保障等，海军也都按照军委的要求，结合海军部队的实际情况，作了具体规定和部署。一般情况下，海军主要作战部队的训练时间均占整个时间的50%—60%。

1954年12月，中央军委在北京召开扩大会议，讨论研究实行三大制度（义务兵役制、军衔制和军官薪金制）、全国军区划分、部队军事训练等问题。彭德怀副主席在总结讲话中提出，搞好军事训练要实行“六个结合”：训与练相结合、平时训练与战斗任务相结合、军事训练与干部平时担任的任务相结合、军事训练与军事指挥相结合、军事训练与武器装备的保养相结合、军事训练与执行条令相结合。同时提出，鉴于部队作战任务逐年减少的实际情况，“今后要以部队训练成绩的优劣，作为评定部队战斗力的基本标准”。为贯彻会议精神，海军党委于1955年1月15日至18日召开了扩大会议。萧劲光在总结讲话中重点强调、阐释了彭德怀关于军事训练的指示，“今后我们就这样办。部队训练得好，战斗力就强，部队训练得不好，战斗力就弱。对于干部来说，也是如此”，今后“以部队训练成绩的优劣作为评定部队战斗力的标准。同样，以干部本人学习和领导部属军事训练成绩的优劣，作为评定干部的基本标准”。

经过两年多的正规化训练，到1955年底，海军部队军事素质有了明显提高。与此同时，通过不断修改、完善，海军关于正规化训练的制度规范也基本形成，为海军发展壮大、战斗力提高奠定了基础。

二、以军事训练为中心

海军部队开展正规化训练后，萧劲光提出了一个新口号：“以军事训练为中心。”为了引起部队的注意和重视，他多次强调这一观点。1954年6月，海军举办高级干部集训班时，萧劲光在讲话中进一步指出：“‘以军事训练为中心’，这是我们的工作方针，要写入我们的文件。政治工作、后勤工作，部队各项工作，战争时期以保证作战为中心，在平时则应以保证军事训练为中心。”

在这种思想的指导下，海军各级党委、机关都高度重视训练工作，自觉围绕着军事训练这个中心，分配资源，部署工作，竭尽全力为部队军事训练的开展发挥服务保障作用。

1955年9月，萧劲光（右二）陪同贺龙（右三）视察舰艇部队。

1956年，全海军范围内轰轰烈烈开展的培养“三手”活动是这种精神的集中体现。

随着抗美援朝战争的结束和国民经济的恢复，至1956年，海军的装备有了很大改善。这一年，海军部队接收新造舰艇62艘。其中，有中国自造的，也有从苏联进口半成品组装的。一年列编这么多舰艇，对海上战斗力建设来说，无疑是大好事。但也出现了新的矛盾，就是缺乏大批专业技术骨干。同时，航空兵、炮兵部队的装备也增加不少，也急需大量技术人才。为了解决这个问题，使列编舰艇尽快形成战斗力，在萧劲光提议下，海军党委决定，年内海军部队要以开展“创造技术能手”活动为中心，掀起学技术的高潮。同年3月30日，海军司令部、政治部按照党委决定，发出了《关于开展培养“海军技术能手”运动的联合指示》。《联合指示》在阐述了此次活动重大意义的基础上，要求海军部队在当年训练年度内培养出3万名“技术能手”（在院校、机关等单位，为“优秀学员”“先进工作者”）。后来，根据总政关于创造优等射手和技术能手的指示，海军在“技术能手”训练中又增加了“神枪手”“神炮手”的内容，合在一起，统称“三手运动”。

《联合指示》发出后，从上到下，各级机关、部队都迅速行动起来。海军政治部发出《致全海军青年的信》，号召全体青年用全部的智慧和力量，掌握技术，把海军建设事业更加迅速地推向前进。部队师、团单位都召开了军人大会或军人代表大会，动员广大官兵努力学习技术，争当“技术能手”；海军司令部、海军政治部有关部门组织人研究制定了“技术能手”（“三手”）的具体条件和评定办法；海军后勤部门、装备部门，也都从各自职能出发，想方设法为“三手运动”开展提供装备、物资保障。由于各级领导重视，广大官兵积极参与，海军“三手”活动开展得既轰轰烈烈又扎扎实实。在短短一年不到的时间里，官兵业务技术水平普遍有了长足进步。翌年2月，海军召开军事训练积极分子代表大会。海军政治部主任段德彰对“三手”活动作了总结。他在报告中说，去年海军部队涌现出技术能手、优秀学员、先进工作者等总计近3万名，达到了海军党委年初的要求。同时，促进了训练任务的完成，提高了训练质量，基本上满足了新建部队对技术骨干的需求。

1957年2月25日至3月9日，海军积极分子代表会议在北京召开。萧劲光陪同毛泽东、贺龙等接见与会代表。前排左起：李达、萧劲光、粟裕、毛泽东、贺龙、甘泗淇、苏振华、罗舜初。

在开展“三手”活动的基础上，1958年，海军部队又普遍开展了“一专多能”和“技术全能”活动，使舰艇部队的许多干部、战士做到了“战位全能”“专业全能”“舱室全能”“部门全能”。政工干部能组织军事训练，军事干部会做政治工作。彼此之间战时、平时执行任务、训练、值更，可以互相替代。

为了保障军事训练的顺利进行，海司海道测量部（航海保证部）等单位也开动脑筋，做了大量工作。到1956年，共完成水深测图125幅，出版各种海图359幅，对全国重要的港湾、锚地和航道均进行了初步测量和检测，为海军作战、训练和交通运输提供了可靠的航行保障资料，其中许多资料是前所未有的。

由于萧劲光坚持强调海军部队建设“以军事训练为中心”，海军机关各部门齐心协力抓训练，海军军事训练工作一直比较好，部队军事素质提高是快的。虽然1958年后在全军范围内进行的“反教条主义”和“突出政治”的运动中，海军军事训练也受到了干扰冲击，但由于萧劲光和海军党委作了一定抵制，“文化大革命”前海军部队军事训练总体上是好的，较好地完成了海上、海空作战任务。在学习郭兴福教学法和全军大比武运动中，海军部队也都取得了优异成绩。

三、军事训练的最高形式

随着部队正规化训练的全面开展，萧劲光提出了举行实兵演习的课题。他在多次会议上讲道：在没有战事的情况下，怎样提高部队的战斗力？这是个新课题。我看第一位的是扎扎实实搞好部队技术、战术基础训练。在此之后，便是组织多兵种实施综合演练，在近似实战条件下进行实兵演习。二战后的战争实践告诉我们，现代海战都是在海空、水面、水下三度空间进行，多兵种合同作战。所以，海上防御也必须是立体防御。他认为，有战术背景的实兵演习既是战术技术基础训练的深化和提高，又是对战术技术训练、官兵军事素质、实战能力的检查考核，是军事训练的最高形式。同时，也是正规化训练的题中应有之义。

在这种思想的指导下，海军各大单位于1955年前后，都根据部队战术、技术训练的进展情况，适时地组织部队开展了实兵演习。由于部队组建早晚不同，参战经历不同，实兵演练的部署要求也不一样。各舰队、基地，海军航空兵的实兵演习都经历了战术背景由简单到复杂、演习规模由小到大的过程。开始多为单舰、单兵种的演习，以后逐步发展到多舰只、多兵种合同训练。这期间，开海军实兵演习先河，影响比较大的，如青岛基地潜艇部队指挥员傅继泽，率领4艘潜艇进行的转移基地训练；东海舰队司令员陶勇和政治委员康志强，率领62艘舰艇进行的大编队海上航行训练；南海舰队司令员赵启民率领20艘舰艇进行的远距离航行训练等。其中，海军参加的规模最大、出动兵力最多的一次，是军委于1955年11月在辽东半岛统一组织的大规模抗登陆军事演习。

此次演习，是解放军建军以来举行的第一次陆海空三军联合大演习。中共中央、中央军委高度重视。演习由军委训练总监部组织领导，专门成立了演习总导演部，国防委员会副主席叶剑英元帅任总导演，总参谋长粟裕及有关方面领导陈赓、邓华、甘泗淇、萧克担任副总导演。总导演部下设陆、海、空三个导演部。参加演习的部队有陆军1个兵团、4个军、1个机械化师的机关和部分部队，海军、空军的部分建制部队，总兵力达4.8万人。全军各部队800余名高中级干部云集旅顺，随演习部队一起作业和参观见学。苏联、朝鲜、越南、蒙古等国家的军事代表团应邀参观了演习全过程。

这时，从苏军手中接防的旅顺基地组建刚刚半年。一方面，肩负把守京津门户重任的海军部队，亟须熟悉战场，熟悉辽东半岛这一海军重要防线；另一方面，有如此多的陆、空军部队参加的接近实战条件的大规模演习，对海军部队教育训练是难得的考核和锻炼。接受任务后，萧劲光当即决定亲自参加，与海军参谋长周希汉分别担任海军导演部司令员、参谋长，领导、组织海军部队参加演习。

为使海军在不影响战备执勤的情况下，尽可能多一些部队参加演习，海军党委对参演部队进行了认真的研究。经反复研究、讨论，征得军委批准，最后确定的海军参演部队是：东海舰队护航舰 6 艘，火箭船 2 艘，登陆舰 6 艘；水陆坦克 36 辆，陆战队 1 个步兵营。编队由东海舰队参谋长马冠三率领。青岛基地参演的兵力有驱逐舰 2 艘、潜艇 4 艘、登陆舰 2 艘、登陆艇 8 艘、扫雷舰 2 艘，编队由潜艇支队支队长傅继泽率领。航空兵参演的兵力有航空兵第三师、第五师、第六师、第一师各一部。旅顺基地参演的兵力，包括鱼雷快艇 22 艘、护卫舰 2 艘、护卫艇 9 艘、布雷舰 1 艘；海岸炮、铁道炮、高射炮部队等，总计 22 个连，另有 1 个探照灯连、1 个警卫营。此外，基地还派出潜水工作船和其他辅助船，担负演习部队的后勤保障任务。为熟悉战场，了解演习全局，旅顺基地司令员罗华生、副司令员刘昌毅、邵震，副政委宋景华等军政首长，以及基地司、政、后机关业务部门的主要干部均直接参加演习。按最后参演兵力统计，海军部队实际参加演习的官兵约 7500 人。

1955 年 10 月，萧劲光在旅顺指挥海上演习。

演习课题是在使用原子、化学武器条件下，诸兵种合同抗登陆作战。设想背景是“蓝军”在濒临中国的西太平洋重要地区、港口、机场集结了陆、海、空军重兵集团，准备同时向中国辽东半岛和胶东半岛实施大规模联合登陆战役，而以辽东半岛为登陆的主要突击方向。其目的是攻占战役登陆场，夺取中国渤海沿岸重要港口，开辟陆上战线，进而向北京方向进攻。在演习整个过程中，海军部队始终是“主角”，特别是舰艇部队，各个阶段都有重要任务。考虑到这一点，萧劲光令海军各部队均提前一个多月，于 9 月下旬先行到达旅大地区，按实战要求做好演习准备工作。为避免因技术、战术问题影响与陆、空军部队的协同配合，海军导演部于 10 月 6 日至 11 月 3 日，先后自行组织了四次各有侧重的实兵演习。

11 月 6 日，海陆空三军抗登陆演习正式开始。整个演习分两个阶段进行。第一阶段科目是登陆、抗登陆。海军部队扮演“蓝方”运输队以登陆舰运输一个陆战师的兵力，在其他的水面舰艇组成的支援编队和警戒分队的协同下，以海军航空兵为掩护，于预定地点强行登陆。“红方”海军岸防部队、高炮部队协同陆军、空军部队实施抗登陆打击。其间，进行了第一次模拟原子弹对陆地的冲击，形象逼真。第二阶段科目为海上阻击作战。海军导演部组织扮演“红方”的海军主力部队，出动潜艇、鱼雷快艇、海军航空兵等，在海上作战，对“蓝方”运输队实施打击。

演习进行了 10 天，参加演习的海军部队，普遍受到了锻炼。各级指挥员在近似实战的条件下，检验了部队战术、技术训练的水平，摸索和积累了在现代战争中各兵种之间、前方和后方之间统一指挥、密切协同的经验，并初步学得了一些在原子武器和化学武器条件下抗登陆作战的组织与实施知识。特别是旅顺基地，组建起来仅半年的时间就参加了这样大规模的演习，不仅全面锻炼了部队，而且促使各部队认真地研究了辽东半岛的军事地理和海区情况，对海上潮汐、气象、锚地、敌人可能登陆的地段也有了初步了解。这对于加强旅大地区的防务，保卫辽东半岛，保卫首都的重要门户，都有重要意义。

演习期间，党和国家领导人刘少奇、周恩来、邓小平、彭德怀、刘伯承、贺龙、聂荣臻、罗荣桓等，国防委员会副主席张治中、龙云，军队高级将领黄克诚、粟裕、谭政、陈赓、王树声、许光达，党中央和国家机关各部门负责人杨尚昆、习仲勋、王首道、黄敬、赵尔陆、吕正操、章伯钧等，都亲临现场观看了演习。演习结束，萧劲光陪同人大常委会委员长刘少奇、国务院副总理邓小平等党和国家领导

1955 年 11 月，萧劲光（前左二）陪同彭德怀、贺龙、徐向前、聂荣臻等军委领导同志在旅顺港检阅海军舰艇部队。

人乘坐着“鞍山”号驱逐舰检阅了参加演习的部队，观看了鱼水雷轰炸机低空投放鱼雷表演。之后，刘少奇、邓小平还视察了旅顺基地参加演习的潜艇、水面舰艇和岸防部队，乘坐着“长春”号驱逐舰巡视了旅顺口军港和辽东半岛海域的防务。在视察“鞍山”舰和402潜艇时，刘少奇、邓小平应官兵的要求先后两次联名题词：“同志们！共同努力，为建设一支强大的海军而奋斗！”“按照毛主席的指示，一定要建立强大的海军。”

此次演习后，萧劲光组织海军部队认真总结了经验教训。他自己也总结了参加演习的体会。在笔记本上，他这样写道：“对海军部队来说，参加这次演习获得成功，是一个重要的标志。它标志着部队的军事训练大大提高了一步，部队的战斗力也提高了一步。这也就有力地说明，在和平时期，以军事训练成绩的优劣作为衡量部队战斗力强弱的基本标准是正确的。我们只有狠抓部队的战术、技术训练，才能不断提高部队战斗力。”

由于萧劲光等海军首长重视，随着部队训练水平的提高，“文化大革命”前的一段时间里，海军各部队在一定战术背景下进行的实兵演习开展得红红火火、有声有色。这些演习，有时是首长、司令部的演习，有时是部队单方面的演习，有时是红蓝双方进行的对抗性演习。1957年，旅顺基地组织舰船27艘、飞机15架和5个岸炮连，进行了考核性实兵演习。1958年，南海舰队以实战为背景，组织由舰艇、飞行部队参加、规模不等的多次登陆作战训练和实兵演习。1959年，青岛基地组织

萧劲光（前左）与副总参谋长陈赓（前右）在辽东半岛抗登陆军事演习指挥所

了为期10天的大编队对抗性训练，参加的兵力，有战斗舰艇65艘，辅助船22艘，飞机63批213架次。这一年，全海军参加登陆作战训练的舰艇达279艘，飞机凡是完好可以飞行的，都参加了训练演习。1960年，海军各级进行规模较大的实兵演习达61次。除了海军部队自行组织外，许多部队还参加了战区组织的实兵演习。通过战术背景不同、规模不等的实兵演习，有效地锻炼摔打了部队，也锻炼提高了首长、司令部，各级指挥员和参谋人员组织实施战斗、战役的能力。

四、人民海军首次海上大阅兵

1957年8月1日，是中国人民解放军建军30周年纪念日。至时，人民海军已成立8年多，初具规模。为了检查海军部队的装备建设和训练情况，纪念建军节，萧劲光向军委建议，“八一”前后在青岛举行海上阅兵，请中央领导检阅海军部队。军委很快答复，同意了萧劲光的意见。

当时，海军北海舰队虽尚未成立，但青岛仍不失为年轻的人民海军比较集中的地区。自1950年下半年起，在这里陆续诞生了新中国海军的第一支快艇部队，第一支潜艇部队，第一支驱逐舰部队、炮兵部队，并陆续成立了海军快艇、潜艇、炮兵、航空等兵种学校。到1957年，军港设施逐步配套，军用机场也已修建完工。在这里阅兵，无须作大的兵力调动，即可以检阅海军所有兵种。接到军委同意举行阅兵式的通知，萧劲光一边令业务部门迅即下达任务，一边动身赶赴青岛。七八年来，中央、军委首长一直关注着海军的建设，从人力物力各个方面支持海军发展，是该认真作个汇报的时候了！

7月12日，毛泽东结束在华东地区杭州、上海等地的巡视到达青岛。先期抵青的萧劲光即刻前去看望。毛泽东在海滨“八大关”附近原先由德国人建造的“提督楼”接见了萧劲光。

几句问候过后，萧劲光向毛泽东简要地汇报了驻青海军部队的情况，然后说：“主席，纪念建军30周年，海军准备在青岛组织一次海上阅兵式，请您检阅。”毛泽东爽快地答应了：“很好，我要去看看海军。”

7月17日，毛泽东亲自主持的全国省、市委书记会议在青岛召开。同一天，海军兵力检阅计划在青岛基地司令部作战指挥所正式部署实施。萧劲光告诉大家：毛主席要来检阅！青岛基地政委卢仁灿、副司令员马忠全等基地首长和各编队领导，听说是毛主席要来检阅部队，又惊又喜，激动不已，个个摩拳擦掌，表示一定严密组织，把演习搞好，以最优异的成绩向敬爱的领袖和统帅汇报。

经反复论证研究，最后决定的海上受阅兵力是：青岛基地各舰艇编队和青岛水警区，共派出驱逐舰、潜艇、猎潜艇、登陆舰、练习舰、鱼雷快艇等各类舰艇计39艘，在青岛海区训练的东海舰队猎潜艇3艘；海军航空兵出动轰炸机、侦察机、歼击机、水上飞机等各种飞机42架。同时，为保证阅兵顺利进行，另部署舰艇13艘、飞机6架，担负安全警戒任务。

码头受阅部队主要由青岛基地司令部、政治部、干部部、工程部和后勤部的军官组成，共306人，编为3个干部方队。此外还有防空部队战士组成的水兵方队和海军航空、炮兵、鱼雷快艇等学校学员组成的学员方队。

为使毛泽东和中央领导能够看到海军现有的各型舰艇，萧劲光又电令东海舰队，命速派“昆明”号护卫舰（中国自行改装建造的第一批舰）前来参加阅兵。接到命令，东海舰队司令员陶勇中将亲率“昆明”舰，劈波斩浪，火速从上海赶赴青岛。

方案确定后，动员、演练随即全面展开。7月24日、29日，在萧劲光主持下，先后进行了两次预演，反复修改、完善了阅兵计划。根据气象条件，海上阅兵定在8月4日进行。为确保万无一失，8月1日上午，萧劲光又按照毛泽东检阅的预案，从陆上到海上进行了最后一次检阅演练。

按照计划，毛泽东此次莅青是来度假休养的。实际上，他除在疗养区的第二海水浴场游了几次泳之外，便再没有闲暇时间了。从到达之日至8月11日离青返京，一个月的时间里，毛泽东在这里召开了部分省、市委书记会议，接见了缅甸议会访华代表团，先后找了地方各方面若干领导谈话、做调查，还起草了关于国内形势分析的文章《一九五七年夏季的形势》。但在繁忙的公务中，毛泽东没有忘记对萧劲光“看看海军”的许诺。8月1日下午4点多，住在荣城路海军交际处的萧劲光，正在与刘道生讨论、研究着上午的阅兵仪式预演，毛泽东突然出现在院子里。

毛泽东一边向屋里走着，一边喊道：“萧司令，我要饭吃来了。”

萧劲光一边快步迎上去，一边说：“那天准备了，你说有事来不了，今天可没什么好吃的。”

“要求不高，填满肚子就行了。”毛泽东说道。

卫士附在萧劲光的耳边小声说：“主席今天真的在这儿吃饭。”

萧劲光面露难色：“怎么不早通知呢？”

“用不着早通知，你吃什么，我就吃什么。有辣椒么？”毛泽东说着摆了摆手，“吃饭是下一步的事，先听听你们的情况。”说着在萧劲光、刘道生陪同下走进了会客室。

萧劲光首先介绍了海军的装备建设情况。他说：“主席，这次准备8月4日在胶州湾海面举行的阅兵，主要是青岛基地现有的兵力，同时吸收了东海舰队在青岛遂行任务的部分舰艇及海军航空兵。近几年，海军部队有了发展，有将近20万人，但装备仍然主要靠炮艇和一些老旧、杂牌的护卫舰，护渔、护航、剿匪、解放沿海岛屿，主要是靠它们。实践证明，经过整修和训练，这些老舰艇还是有战斗力的，有些仗打得不错。从1954年下半年开始，快艇显示了威力，打沉国民党‘太平’号护航驱逐舰的就是鱼雷快艇。这个东西，反应快，速度快，机动灵活，应付小战斗，很有用处。航空兵的战绩突出，在解放一江山、大陈岛的过程中，夺取制空权，发挥了很大作用。目前潜艇的力量还很小，没有参加过战斗，但在训练中显示出是有战斗力的。今后，我们重点还是要发展空、潜、快。”

毛泽东说：“海军20万人，本不算多，可下一步还要减。海军要有装备，光有人没有用。要把人减下来，集中财力搞点儿好东西。”随着谈话的深入，毛泽东语重心长地说：“现在我们搞海军，购置的舰艇是苏联的，好多东西也是学他们的，这很重要。学苏联，要老老实实地学，但不要原封不动地学，一概照抄，机械搬运。有些东西学不了，也不要学。中国有中国的实际，有自己的传统特点。要从我们的实际出发，走自己的路。”

萧劲光、刘道生一边相互插话补充汇报情况，一边谈自己对毛泽东讲话的理解。工作人员走进来，附在萧劲光耳边小声说：“饭已经准备好了。”

毛泽东听到了，随即说：“好啊，边吃边谈。”

在简单的餐厅里，萧劲光、刘道生陪毛泽东吃了一顿简单的晚餐，有辣子苦瓜、油焖四季豆、烧茄子、肉片炒青椒、清蒸鱼、麻辣子鸡。毛泽东的工作人员还弄来一小捆油菜和一点儿海参，自带了一碗熬好的小米粥。就这样凑了八个菜和一个紫菜汤，没有酒水。

饭后，他们又接着谈，谈海军发展，谈国内形势，一直到晚上 9 点多。临下楼时，毛泽东说：“现在情况很复杂，一些右派要和共产党争天下，要轮流‘坐庄’，你们要把部队搞好。军队要起无产阶级专政柱石的作用，要把工作抓好。”

萧劲光当即表示：“海军是在党的绝对领导下，是党的军队、人民的军队，什么时候都听党的话，听主席指挥。”毛泽东满意地点了点头。

意想不到的是，毛泽东没有能够如期检阅海军。因患感冒，8 月 2 日他发烧到 39 度，最后决定请周恩来总理代他检阅海军部队。8 月 3 日上午，周恩来从北京乘专机抵达青岛。

8 月 4 日，滨城青岛空明澄碧，风平浪静。海军军营、码头、机场、阵地，彩旗飘扬，披上了节日的盛装。

9 时 30 分，萧劲光陪同周恩来来到大港三号码头。这时，胶州湾里挂满旗的艘艘战舰整整齐齐地排列海面，舰上军容严整的指战员列队站坡，昂首挺胸、精神抖擞，恭候总理检阅。

“总理同志：青岛海军受阅部队准备就绪，请您检阅！海军青岛基地副司令员马忠全。”接受阅兵总指挥马忠全的报告后，周恩来与迎候在侧的其他基地领导一一握手、问候。之后，萧劲光陪同周恩来检阅了码头上的军官、学员、水兵方队。

9 时 40 分，周恩来健步登上检阅艇。萧劲光叮嘱随同上艇的基地政治委员卢仁灿说：“你对青岛海军部队情况熟悉，就站在总理身边，随时回答总理的询问。”很快，检阅艇——中国仿制的鱼雷快艇离开码头，沿着预定航线破浪出港，驶向检阅海区。检阅艇缓缓地从整齐排开的受阅舰艇前驶过。检阅艇驶近每一艘舰艇时，站在驾驶台上的周恩来都以洪亮的声音向大家致以节日的祝贺和问候。“同志们好！”“总理好！”“中国共产党万岁！”“毛主席万岁！”总理和舰员们的声音交汇在一起，响彻海空。

10 时许，排列在海面上的舰艇检阅结束。萧劲光又陪同周恩来登上检阅旗舰——“鞍山”号驱逐舰。周恩来首先接见了在甲板列队迎候的官兵，随后与提前

1957年8月4日，萧劲光（左）陪同周恩来进行海上阅兵。

上舰陪同检阅的各方面领导人，国务院副总理乌兰夫、最高人民检察院检察长张鼎丞、山东省委书记舒同、副总参谋长韩先楚、空军司令员刘亚楼、武汉军区司令员陈再道，以及海军副司令员刘道生、方强，海军参谋长周希汉、青岛基地政委卢仁灿等，一一握手，互致节日的祝贺。

海上分列式开始，萧劲光致欢迎词：

敬爱的周总理：今天我们怀着庄严和愉快的心情，接受我们党的领袖之一、国务院周总理的检阅。我代表海军全体指战员及受阅官兵向总理致以崇高的敬礼和热烈的欢迎！

受阅官兵长时间热烈鼓掌，欢呼声震荡海空。萧劲光接着说：

海军建设八年来，在党中央和毛主席的英明领导下，在全体官兵的努力下，已经成长起来了。在保卫祖国的海防线上做了一点工作，但是距离党中央和毛主席对我们的要求和期望还很远，需要继续不懈努力。总理这次对我们的检阅，是中国人民解放军海军史上最大的光荣，给了我们极大的鼓舞和信心。我们将遵循着党中央和毛主席的指示，努力学习，熟练地掌握军事技术，提高部队的军事素质，继续发扬解放军的光荣传统，为建设一支海上战斗力量，保卫海防，保卫社会主义建设而奋斗！

接着，周恩来向指战员们讲话。他说：

海军司令员萧劲光大将同志，全体同志们：中国人民解放军建军30年了。30年来，人民解放军在党的领导下，经历了英勇艰苦的斗争，保证了我国民主革命和社会主义革命的胜利，并且正在保卫着我国社会主义建设事业的胜利进行。目前我们国家正处在新的历史时期。在过去各个革命战争时期，我国人民依靠这支军队打败了国内外敌人。在社会主义革命和建设时期，我国人民还必须靠这支军队保卫祖国的安全。

中国人民解放军海军同志们：你们在建设海上武装力量上，在保卫海防和保卫社会主义建设上，已经取得了一定成绩，我祝贺你们！但是你们都知道我国的海岸线很长，美帝国主义还霸占着我国领土台湾，你们必须继续努力，为建设一支坚强的，足以自卫的海军力量，保卫祖国保卫亚洲和世界和平而奋斗！祝同志们工作顺利学习胜利！

周恩来的讲话不时被热烈的掌声和欢呼声所打断。周恩来讲话刚停，两架水上飞机从旗舰右侧低空疾驰而过，然后在旗舰上空摇摆着机翼向总理致敬。威武雄壮的海上分列式开始了。

航行在最前面的是刚刚投入战斗行列的潜艇编队。周恩来兴致盎然地听潜艇支队支队长傅继泽介绍了潜艇部队的成长情况。1953 年 2 月，总理亲自视察了刚刚组建的旅顺潜艇学习大队，鼓励学员们遵照毛主席的指示，克服一切困难掌握军事技术，学会潜艇作战。4 年多后的今天，年轻的人民海军已经有了自己的潜艇部队。望着劈浪远去的潜艇编队，总理心情格外高兴。

紧随其后的依次是猎潜艇编队、快速炮艇编队、鱼雷快艇编队。随着一艘艘舰艇从旗舰面前飞驰而过，刘道生不时对每一类舰艇的性能、特点，向周恩来一一作介绍。

正在大家注视着海面、议论着舰艇时，远处一阵轰鸣隐隐响起——海军航空兵歼击机编队和水鱼雷轰炸机群排着整齐的队形呼啸着飞过来。周恩来仰首观望，连连挥手致意。萧劲光满意地笑着与空军司令员刘亚楼互致道贺。萧劲光对周恩来说，海军航空兵建设，空军和刘司令给了我们很大支持和帮助。刘亚楼谦虚地说，支援海军建设航空兵是我们应该做的工作，主要还是海军同志自己的努力。周恩来含笑听着他们讲话。

水上分列式结束，接下来是进行潜艇下潜、上浮表演和航空兵跳伞表演。潜水艇在官兵熟练的操作下，时而潜入水中，时而浮出海面，时而只有潜望镜带动的一条隐隐的浪花。正在人们的目光追逐着潜艇的航迹时，一架运输机呼啸着从西北方向飞来。刹那间，五彩缤纷的“花”从天而降，在碧海、蓝天的映衬下，分外美丽壮观。

周恩来看到受阅的官兵个个生龙活虎、朝气勃勃，十分高兴。他时而神采奕奕地拍手、点头，时而向陪伴左右的萧劲光和卢仁灿提问，脸上含着满意的微笑。

海上阅兵进行了两个多小时，12 时，按计划准时结束。回到旗舰会议室里，舰上领导向总理提出了题词的请求，周恩来欣然答应。他当即挥毫写道：“中国人民解放军海军同志们：庆贺人民解放军三十周年纪念！庆贺中国人民海军的成长和壮大！希望你们为建立一支更加强大的足以保卫自己的人民海军，为保卫祖国的社会主义建设，为保卫远东和世界和平而奋斗不息！”离开检阅舰前，周恩来和陪同检阅的党政军领导乌兰夫、张鼎丞等，一起与“鞍山”舰官兵们合影留念。

阅兵结束后，萧劲光前往毛泽东住处汇报了海上阅兵的情况，毛泽东非常满意。8 月 5 日下午，感冒初愈的毛泽东就在青岛汇泉体育场接见了海军驻青岛部队

1957 年 8 月 5 日，萧劲光（前排左六）陪同毛泽东、周恩来与海军驻青岛部队军官合影。

大尉以上军官。萧劲光、刘道生等海军领导陪同毛泽东同大家一起合影留念。

周恩来此次对海军检阅，是人民海军第一次海上阅兵。主席接见，总理阅兵，对海军官兵是极大的教育和鼓舞。萧劲光也深受触动。后来回忆这段经历时，他说：

> 一连几天，我的心情都不能平静。我感到，这次主席接见、总理海上阅兵，实际上是对海军装备和训练成果的一次检阅。检阅中虽然空、潜、快主要海军兵种都出动了，进行了一些表演，主席和总理也给予了很大的鼓励，但这些大都是基础科目单一表演，说明我们的训练水平还不高。我想，海军武器装备的改进和提高，不是光靠海军能解决的问题，在海军武器装备一时还不能得到显著改善的情况下，设法提高训练水平，熟练掌握军事技术，这却是我们能够做到的。

这次阅兵后，萧劲光没有立即返回北京。他用了近 20 天的时间了解了青岛基地、长山要塞区所属部队的训练情况，分析研究部队训练中存在的问题。在充分了解掌握情况的基础上，他召集青岛基地团以上干部对部队军事训练工作作了讲评。萧劲光在讲评中强调：舰艇干部要坚决克服不愿出海、留恋岸上生活的情绪，大力加强出海训练，确定以海洋为家的思想。同时明确提出，基础科目基本完成后，就必须加强合练，特别要加强远离基地的合练。“因为现代海上战争是在三度空间即空中、水面、水下进行的，训练中如不加强合练，战时就不能协同作战。”回京后，在 9 月 2 日召开的海军训练会议上，萧劲光再次强调了出海训练特别是加强合练的问题。他说："建立海上战斗力量，必须到海上训练与锻炼部队。要做海上之鹰，飞到海上去，在海上生长与锻炼我们的力量。"这次会议形成的文件中具体写明，海军的训练今后转入以战术训练为主、以合同训练为中心。"凡具有一定专业技术基础的部队，都应进一步加强海上训练，实施以战术训练为主的海上合练和远航训练。"

在这一思想的指导下，此后，海军各部队立足形成空、潜、快的整体战斗力量，主动加大了训练难度，使部队训练水平不断提高，部队实际应战能力逐步增强。

第二十三章　谋求海军发展新技术

一、召开海军第一次党代表大会

1956年，经过7年“边打边建”，海军部队建设进入新的阶段。

这时，水面舰艇、潜艇、海军航空兵、岸防兵、陆战队五大兵种，已初步建成。全海军已拥有了各类舰艇1300余艘，各种飞机360余架，以及相当数量的高炮、岸炮。随着苏联军队撤出旅顺口、中国海军旅顺基地的组建，在北起鸭绿江、黄海，直到东海、南海，漫长的海岸线和主要岛礁布兵设防基本就绪。基于此，1955年10月24日，海军遵照国防部命令，将华东军区海军、中南军区海军分别更名为“中国人民解放军海军东海舰队”“中国人民解放军海军南海舰队”，海军航空部更名为“中国人民解放军海军航空兵部”。基地以下部队，也均按照舰艇类型、使命等，重新明确了称谓和番号（原先的“舰队”改称“支队”）。海军部队各兵种院校及部队战勤保障机构，经过逐步调整也进一步健全完善。同时，连续取得了打击敌人劫掠袭扰、解放沿海岛屿多次战斗的胜利。

看着眼前的这一切，萧劲光感到由衷的欣慰。不管当初有多少困难，缺少专业技术人才、没有舰艇装备……海军的架子总算搭起来了。7年来，主席、总理一次次召见面谈，调干部，搞装备，军委一次又一次为海军编制、装备问题专门开会，都深深地印在萧劲光的脑子里。7年来，海军从全军调了一大批威名赫赫的战将，副司令、副政委、参谋长、政治部主任，主要领导人都配全了，但至今没有配政治委员。他是司令员、党委书记，也是实际上的政委。这是器重，是信任。在战争年代这样做是常有的事，但在和平时期已不多了。萧劲光明白这其中的含义：以最快的速度把海军搞起来，形势逼人……想到这些，萧劲光感到欣慰的同时，又有些惶惑，从心里着急。毛主席、朱总司令几次提出要建立“强大”的海军，他很清楚，现在的海军只是“有了”而已，与“强大”还差着遥远的距离。像这样的海军，护渔、护航，反击国民党海军的袭扰还马马虎虎，与那些虎视眈眈盯着中国的帝国主义国家中的无论哪一个都无法匹敌。就是解放台湾，到底有多少舰艇能拉得动，也还是个问题。所以，在华东海军、中南海军改称舰队的命令下达后，他就在考虑要结合选举出席党的第八次全国代表大会的代表，召开海军第一次党员代表大会，认真研究一下海军的发展问题。

1956年2月中旬，总政治部正式发出《关于军队党组织选举出席党的第八次全国代表大会代表的通知》。接到通知后，萧劲光立即召开党委会，研究了八大代表选举和海军党代会筹备事宜。鉴于党的八大定于下半年召开，海军党代会要在6月底前举行。

由于海军成立以来，各部队陆续组建，各方面工作多处于“铺摊子”“搭架子”阶段，加之海防斗争紧张，一直没有开党的代表大会。海军临时党委成员补充，下级党委的成立、班子成员调整，大都是由军政领导研究报上级党组织批准。研究部署年度工作，重大决策，一般以党委扩大会（临时党委人数很少）的方式进行。早在1953年，党中央提出准备召开党的第八次全国代表大会的时候，萧劲光曾考虑过召开海军党员代表大会的问题。由于后来发生了“高饶事件”，全党集中解决高、饶问题，海军党代表大会的准备工作也没有继续进行。[①]所以这次党代表大会是海军有史以来的第一次会议。向来党的观念极强的萧劲光，特别向海政组织部门、宣传部门交代：通过选举八大代表、筹备海军党代会，要在海军部队进行一次普遍的党的知识教育，增强官兵的组织观念、纪律观念，树立为党的事业、海军建设献身的精神。

海军第一次党代表大会于1956年6月9日在北京举行。出席大会的正式代表307人，列席代表77人。其中有海军各大单位、各兵种主要负责人，大部分是部队

在海军第一次党代表大会上，萧劲光（右一）陪同毛泽东接见与会代表。

① 见《萧劲光回忆录》续集，解放军出版社1989年版，第138页。

的战斗英雄，机关、院校各部门、各岗位上的先进工作者。他们代表着全海军5万余名党员，欢聚在北京，欢聚在海军领导机关刚落成的大院里。这是海军组建后规模最大、最隆重的一次盛会。

大会开了8天，至17日结束。会上，萧劲光致开幕词，苏振华代表党委作工作报告。经过几天热烈讨论，大会一致通过了《中国共产党海军第一届大会决议》，选举出了由萧劲光与王宏坤、苏振华、罗舜初等29人组成的海军第一届党委委员。20日，接着召开海军党委一届一次全会。经党委全会选举（后经中共中央批准），萧劲光、苏振华、王宏坤等11人为党委常委，萧劲光为书记，苏振华、王宏坤为副书记。6月11日下午，毛泽东、刘少奇、邓小平、董必武等党和国家领导人，还在百忙中抽暇接见了大会代表，并与大家合影留念——这是代表们所一致要求和期望的。整个大会开得圆满、顺利，使代表们深受振奋和鼓舞。

萧劲光的开幕词是这次大会的一个纲领性文件。他开门见山地提出了会议研究解决的中心问题，为理解海军党委的工作报告，特别是明确下一步海军建设的任务，指明了方向、思路。

萧劲光说，这次大会要研究解决两个问题。第一，是海军建设方针的问题。第二，是人与技术的矛盾问题。

经过几天讨论，大会一致通过了海军党委的工作报告，并作出了《中国共产党海军第一届代表大会决议》。

关于海军的建设方针，《决议》指出："在海军建设与国家经济建设的关系上，必须服从国家经济建设的方针；在国家与国防建设的关系上，必须服从发展空军和防空军为重点，并相应地发展海军的方针（军委提出以发展空军和防空军为重点）；在海军建设的内部关系上，必须服从以发展空、潜、快为主并相应地发展其他各兵种的方针。"

关于今后数年内海军的主要任务，《决议》指出："进一步建立和健全作战体制，加强海防斗争，打击敌人的骚扰破坏，保护海道运输和渔业生产的安全，同时，还必须做好备战工作，以便在适当时机配合陆军、空军执行解放沿海敌占岛屿，解放台湾的任务；集中力量解决人与技术之间的矛盾，培养各种专业干部，加强学校工作，加强部队的战斗训练，按照计划进行必要的装备修理制造和基地工程建筑。为此，必须充分利用现有技术装备和其他一切现有物质条件，发挥一切积极因素，挖掘一切潜在力量，改进领导方法和工作方法，提高工作质量，在海军的现有基础上提高一步，以准备随着我国国防工业和军事科学技术的发展，把海军建设事业推进到一个高级阶段。"

"把海军建设事业推进到一个高级阶段"，这是萧劲光近年来一直考虑的。大会期间，他在小组会上发言，在各组讨论情况汇报会上插话，在研究决议起草修改时谈话，都贯穿着这一思想。他了解外国海军发展情况，同时在思想深处已确立起一种观念：加强海上战斗力建设，打造海上长城，必须抓科学技术，加大武器装备的科技含量，提高官兵知识技术水平。翌年再次访苏归来后，他更加坚定了这一思想。之后几年里，他通过各种途径，为谋求海军新技术作了积极的探索和努力。

规模空前的盛会，决定了新中国战舰的航向，意义深远。同时，会议期间一些小插曲或曰“花絮”，也给人留下了难忘的印象。当时海军机关办公楼落成不久，礼堂简陋，招待所只两座小楼。人多，招待所住不下，不少代表住在机关干部宿舍，四五个人一个房间。许多代表来自边远海岛，来领导机关开会还住得如此差，萧劲光感到很过意不去。代表们住下后，萧劲光与苏振华等几位领导到代表驻地看望大家，一再表示歉意。代表们毫无怨言，笑着说，海军正在建设时期，有地方住就不错了。住得好坏不重要，开个好会，让我们有时间去看看天安门、看看毛主席阅兵的地方就够了！经过勤俭节约、勤俭建军教育，部队节约的观念很强。大会开始前，会议秘书部门曾提出，大会的伙食标准每人每天1元，个人交8角，后勤补助2角。海政组织部长边疆提出，党代会应该率先贯彻勤俭建军的原则，伙食标准每人每天8角，不补贴为宜。海军党委会研究，大家都同意边疆的意见。萧劲光说：“我看可以。但要保证饭饱水足，不生病。党代会要在勤俭节约方面为海军指战员树个榜样。”

会议还按照总政关于选举党的八大代表的要求，选举萧劲光与王宏坤、周纯全、陶勇、阎揆要、苏振华6人，为海军出席党的八大的正式代表。同年9月15日至27日，中国共产党第八次代表大会在北京召开。萧劲光出席了大会，并被选为第八届中央委员会委员。

二、随军事友好代表团访苏

1957年10月初，萧劲光正为装备建设中的几个问题所困扰，感到不好解决，突然又接受了一个新任务，参加中国军事友好代表团去苏联访问。月底，他便随代表团离开北京，再次前往莫斯科。

本次代表团组成阵容强大。团长彭德怀，副团长叶剑英。代表团成员，除萧劲光外，还有总参谋长粟裕、总政治部主任谭政、总后勤部部长洪学智及装甲兵司令员许光达、空军司令员刘亚楼、炮兵司令员陈锡联等。代表团此行，首先是参加苏联十月革命40周年纪念日——1957年11月7日庆祝活动。另外一个目的，就是到苏联进行军事考察，向苏联谋求军事装备上新技术方面的援助。

这正是萧劲光求之不得的。早在1954年一次装备会议上的讲话中，他曾将海军装备发展的方针和途径具体概括为“三个重要步骤”：第一步，争取国外援助成套材料、设备和技术，在国内装配制造，建立造船的一定基础；第二步，消化、吸收国外技术，进行仿制，材料设备逐步做到国内自给，达到半制造；第三步，立足国内，自行设计，使用国产材料、设备，完成海军第一代武器装备的研制。按照萧劲光的说法，中国的舰艇装备发展已走完了“第二步”。那么，下一步怎么办？国外大量信息说明，几年来从苏联引进材料、图纸装配制造的舰艇，虽然解了海军创建的燃眉之急，但与国际水平差距很大，是比较落后的。如果继续进口这样的装备零件和图纸，大量装备、生产这样的舰艇，不仅浪费了国家拨给海军的有限外汇，而且将使海军的装备长期徘徊在低水平上。海军舰艇装备发展的第三步怎么走？如何改进海军的装备、谋求海军新技术？萧劲光思考已久。所以，接到参加军事代表团赴苏访问的通知，萧劲光喜出望外，一连几天查资料，与机关业务部门的领导和技术人员交谈，与苏联顾问交谈。

11月2日，代表团抵达莫斯科。这时，在北京正是枫叶红了的时候，而莫斯科已经滴水成冰了。

几乎与此同时，毛泽东率领的中国党政代表团也到达莫斯科。

11月6日，萧劲光随代表团参加了庆祝十月革命40周年纪念大会。会上，毛泽东的讲话博得阵阵热烈掌声，中国代表团备受关注和欢迎。萧劲光感到莫大的鼓舞和自豪。7日上午，在红场上举行了盛大的阅兵典礼。参加观礼的萧劲光却深受触动。

阅兵式上展现了苏联军队最新的建设成就。威武的装甲车，先进的大炮，特别是各式导弹，“地对地”“地对空”“空对地”“空对空”等，使中国代表团成员们眼界大开。1951年、1952年接连两次访问过苏联的萧劲光，更是大为震动。短短几年的时间，昔日军事装备上的落后景象已一扫而光，苏联国防力量发展令人惊叹。新中国成立后，中国军队建设虽然取得不小成绩，但与苏联相比，差距太大了。当晚，苏联领导人在克里姆林宫举行盛大招待会。中国党政代表团、军事友好代表团，全体成员都参加了。这是一次少有的盛大国宴。整个宴会热情洋溢、气氛热烈。宴会上有萧劲光不少新朋旧友，他也不时与他们碰杯、交谈，却总是高兴不起来。若干年后讲到这次晚宴，他与人说，喝着酒，碰着杯，我心里不平静。白天阅兵场上那些精良的装备、各种型号的导弹，我们部队那些已不堪再用却依然在执行战备任务的舰艇，不时从脑海闪过，真是感慨颇多。

庆祝活动结束后，在苏方安排下，军事友好代表团开始访问参观。首先瞻仰了列宁墓，访问了白俄罗斯军区和远东军区，接着参观了基辅防空指挥所，赤塔、伯力、海参崴等军事基地和敖德萨造船厂，看了即将完工的原子破冰船。应代表团的要求，苏方还派人陪同大家参观了苏联空军学院和炮兵学院，看了新型米格-21战斗机和几种类型的导弹，听学院工作人员介绍了导弹的性能及构造。对导弹的有关情况，代表团成员都很感兴趣，听得十分认真，萧劲光还让随同的工作人员画了一张导弹构造的草图。在参观过程中，还看了两个科技电影片，一个是原子防空，一个是氢弹爆炸。这两个影片，形象地介绍了原子弹、氢弹的基本原理、威力和战场防护，原子武器无与伦比的杀伤力给萧劲光留下了极深的印象。

在一系列参观结束后，苏方为方便大家交流、相互学习，安排代表团成员分头活动，与苏联军队领导人对口交谈。这一安排很符合萧劲光的意愿，他有准备，便与苏联海军领导集中商谈海军所用导弹和新型武器等问题。接待萧劲光，与其商谈的主要对象是苏联国防部副部长兼海军总司令戈尔什科夫上将。萧劲光先后两次访苏，在苏联待了几个月时间。那时戈尔什科夫是黑海舰队司令员。萧劲光与其彼此都知名，但不熟悉。戈尔什科夫很热情。他告诉萧劲光，苏联武装力量管理体制前两年作了变更。此前，中央设两个部，即军事部、海军部。海军部部长是库茨涅佐夫。1953年3月，这两个部合并为国防部，国防部直管陆、海、空三军，海军不再单列作为中央一个部。所以，有什么要求、想法，尽可以向他讲，由他向国防部、向国家领导人转达。萧劲光为他的诚恳热情所感染，当即通报了希望了解的几个问题，但因时间关系加之多人在场，没有能够细谈。

11 月 10 日，苏联国防部部长马利诺夫为中国代表团访苏举行欢迎宴会。戈尔什科夫与萧劲光坐在一起。萧劲光抓住机会与其进行了第一次单独交谈。为了交流方便，萧劲光用俄语说，在我们海军建设过程中，贵国给予了很大的支援，在此表示感谢。不久前，贵国政府又与我国签订了在火箭和航空等方面提供新技术援助的协定。这样，陆军、空军的问题就解决了。您看海军的问题如何解决？

戈尔什科夫稍稍沉吟了一下说，一般情况下，海军总是落后于陆军。因为海军是从陆军基础上发展起来的，装备也更复杂。当然，我国军队现在也已经有了自己的东西，但这些新东西如何使用到海军上来，比如新武器的重量、体积、发射的稳定性等问题，仍然没有完全解决。说到这里，戈尔什科夫略思索一下，接着说，不过，按照计划，我们海军明年将改装一批新式武器，即火箭、导弹等，那时候我想不会有什么问题。

宴会在进行，不可能谈得更深、更多。萧劲光与戈尔什科夫就海军新技术问题的第一次交谈就此结束。由此，萧劲光感觉到，戈尔什科夫虽然热情、坦率，但说话保留较大。这在萧劲光的意料中，军事技术具有严格的保密性，谁也不可能把最先进的东西提供给他人。几年前他就发现，苏联在关键环节上控制是比较严的。

11 月 16 日上午，萧劲光与戈尔什科夫在苏联海军总司令部办公楼里进行了第一次正式交谈。时间是苏方统一安排的，交谈内容却是由双方自己定。苏联海军参谋长法金在座陪同。除此而外便是翻译、少量工作人员。交谈或叫商谈，形式自由，有问有答，间或有插话、讨论。整个场面显示着两个国家之间非同寻常的友好、亲密关系。萧劲光首先发言。他提出的第一个问题是关于海军工业建设和中国海军的建设方针问题。

所谓海军工业建设问题，主要是如何处理“新”“旧”海军工业关系的问题。具体说，就是现在新的海军工业，即导弹、原子动力等已经有了，原有的旧的海军工业，即鱼雷、柴油机，还要不要继续发展、扩大？萧劲光说，对这个问题，我们倾向“新”“旧”相应结合发展，两条腿走路的方针。但是，对“新”海军工业如何搞还心中无数。言下之意，对苏联在这方面到底能给予多大程度的帮助心中无数。通过多日接触，萧劲光知道苏方在这方面把得很紧，所以委婉地提出了问题。

萧劲光问题提得“艺术”，戈尔什科夫回答得很“外交”。他说，从海军建设现实看，我赞同“新”“旧”相应，结合发展，但对到底应如何结合，也拿不准。就像海军所用导弹的问题，我们至今也还没有解决。

谈到海军的建设方针，以空、潜、快为主，双方都没有异议。但在具体内容、各种部队比例上，看法不尽一致。萧劲光说，我们注意到，不久前（1957 年 8 月）贵国第一枚洲际弹道导弹发射成功后，《真理报》发表了政府公告。公告说，洲际弹道导弹制造问题的解决，使打击力可以达到遥远的地区而不需要战略航空兵。赫鲁晓夫也曾为此专门发表讲话。特别是他在答美国记者问中讲道，“有了导弹，飞机要进博物馆了”，影响很大。我们国内对海军要不要航空兵，也有不同意见，但总体的看法是，航空兵是海军不可缺少的兵种，没有航空兵，海军就等于没有手臂。你们海军的航空兵也还有，对这一问题到底应如何看？

戈尔什科夫说，赫鲁晓夫同志讲的，当然是有科学和理论根据的。但他指的是战略航空兵。因为在战略使用上，导弹比飞机容易达到目的。迄今为止，还没有出现对付洲际导弹的武器。海军是否需要航空兵的问题，我们也曾研究过，结果认为航空兵还是需要的。因为海军航空兵的活动条件与陆、空军是不同的。海军航空兵的飞行员应该能够在无地物条件下测定敌我的位置，协同舰艇活动，必须能够识别敌我舰艇。因此，训练也不相同。所以，海军必须有航空兵。

接下来，萧劲光又从海军的任务、作战方式等方面，提出了潜艇、快艇及其他武器装备的发展和改进问题。关于潜艇问题，戈尔什科夫认为中国只要建造好"641""613"型潜艇就可以了，没有必要花费极大的人力物力建造原子潜艇、导弹潜艇。并说"641"潜艇是有前途的，将来可以改装导弹。对中国是否需要生产导弹快艇，他没有正面回答，说是"要从实际出发，视情况决定"。他甚至提出，中国不必发展驱逐舰，主要发展"50"型护卫舰，"'50'型护卫舰性能很好"。但是，法金参谋长不同意他这一观点。他认为，护卫舰要搞，驱逐舰也要搞，"'50'型护卫舰不能代替驱逐舰"。戈尔什科夫很不高兴，当即反驳道，我们是讨论问题，又不是在制订造船计划！

萧劲光提的第二个问题，是关于海军的科学研究问题。萧劲光提出，我们海军近期准备成立几个科学研究机构，如有可能，希望派少数专家或短期出差性的专家给予帮助。为能尽快掌握原子武器，我们可否派学员到克雷洛夫海军工程学院学习？红旗海军学校今年有我国学员毕业，是否可以安排两人作导弹武器装置的毕业论文设计？等等。对这些问题，戈尔什科夫都痛快地答应了。他说：派少数专家帮助组建科研机构是可以的，但需要协议明确规定；你们派学员到克雷洛夫海军工程学院第六系学习，这没问题，明年你们就可以来；红旗海军学校两个中国学员要求作导弹毕业论文设计，这也可以解决，我们可以转告学校。

萧劲光提的第三个问题，是戈尔什科夫极力推崇的"641""613"型潜艇及所用鱼雷的性能问题。对这个问题，不知戈尔什科夫知之不详还是另有隐情，他只是原则地强调"性能可靠""比较先进"，至于如何可靠、先进，则没有具体讲。

这次交谈进行了一个上午。萧劲光感到颇有收获，但也觉得仍有一些问题没有解决。经过一天多的思考，决定就几个具体问题再探讨一下。从正式非正式的几次交谈看来，导弹问题不好再提了。经认真斟酌，萧劲光拟定了 7 个问题，誊抄好交给苏方翻译安德烈也夫，请他转交苏联海军司令部。这 7 个问题是：

一、戈尔什科夫司令员所赞成的中国海军工业建设须将"旧"的与"新"的两者结合进行，请详细说明如何结合，步骤如何？

二、"641"型潜艇的性能、装备如何？中国现有工厂是否能够生产？如果需要新建工厂，规模多大？

三、远航鱼雷可否用于潜艇、鱼雷快艇和飞机上？其性能如何？我们准备建设的鱼雷工厂能否制造此种鱼雷？

四、“613”型潜艇如何改进技术和改装导弹？

五、苏联决定转让我国制造的几种导弹的情况及功用如何？可否用到飞机和舰艇上？如何改进使之适用于海军？

六、直升机和水上飞机海军用的有哪些种类？它们的性能如何？制造“TY-16”的飞机工厂是否可以生产水上飞机？海军使用这些飞机担任什么任务？

七、快艇的发展前景如何？导弹快艇的性能如何？中国目前是否可以开始制造？

苏联海军对萧劲光提出的这些问题相当重视。经过研究，于11月28日，由法金参谋长出面召集会议，请有关方面专家集体给予答复。出席会议的专家有：造船方面的海军中将考哉鸣，航空兵少将米舒克，水鱼雷方面的海军少将车雷舍夫，快艇方面的海军少将安德也夫，及导弹、机电等方面专家多名。在法金的主持下，他们对萧劲光提的问题分别作了说明、介绍。有几个问题，听了专家的说明、介绍，萧劲光感到不清楚，再次提问，他们也耐心地作了进一步答复。虽然他们在谈到海军所用导弹问题上明显有保留，但就其重视程度、回答问题的态度，萧劲光当时是满意的。

访问日程基本结束，代表团准备启程回国。萧劲光的许多老朋友——有早年留学时结识的，有前两次考察、访问时结识的，也有曾在中国海军工作过的专家、顾问，不断到代表团居住的莫斯科北京饭店看望、送行。萧劲光也抽暇拜访他们，向他们告别。共同学习、战斗的生活难以忘怀，朋友间的感情友谊是真诚无私的。谈话不必讲究“艺术”，也用不着“外交语言”。就在与朋友们随意的交谈中，萧劲光了解到戈尔什科夫一再建议中国建造的“613”型潜艇，苏联已经停止生产；所说可以担负驱逐舰任务，“性能很好”的“50”型护卫舰，苏联也已不再建造。此外，转让给中国的“183”型快艇，苏联海军也结束了生产。他们讳莫如深的导弹在海军的利用问题，也绝不是“还没有解决问题”。

然而，11月30日中国代表团回国前，法金参谋长前来送行时还握着萧劲光的手一再说：海军新武器问题，我们正在研究制造，将来一定会有。我们有了，咱们是兄弟，那还有什么问题吗？

12月1日，中国军事友好代表团结束在苏联的访问。萧劲光随团乘飞机返回北京。

三、海军装备建设进入新阶段

1957年底的莫斯科之行，是萧劲光任海军司令员后第三次访苏。或许是情况越来越熟悉的缘故吧，萧劲光的感触比以往任何一次都深。回到北京若干天了，红场阅兵式上各式导弹，参观中看过的原子防空、氢弹爆炸的电影，军方接待的热情隆重，朋友们交谈的真挚坦诚，一幅幅画面仍然不时出现在脑海里。萧劲光感谢朋友们的坦诚，也理解戈尔什科夫、法金他们的处境，但更真切地看到的是，军事就是军事，国家关系再亲密，也不可能把最好的东西毫无保留地交给你。建设海军，争取外援很重要，苏联给予的帮助很宝贵，但全靠外援建设强大的海军，是不可能的。谋求新技术，提高海军装备的技术水平，必须加强科学研究工作，必须坚持独立自主、自力更生的方针，走自己的路。

萧劲光回到北京时，海军党委部署整风和裁减整编的一届三次全会尚在进行中。会议的最后一天，他结合自己访苏的感受，以“海军的发展趋向和我们如何建设海军”为主题，在会上作了报告。萧劲光说，这次到苏联参观访问，我有一个总的印象：现在世界各国军事装备的发展，总的趋向是向导弹、火箭、原子核武器方面发展，而且还有那么一种趋势，就是这种武器将逐渐成为普遍性的武器，成为未来战争中普遍使用的武器。现在世界各国，如日、英、德、瑞典和印度等国，都在普遍研究和生产。尤其是苏联的人造卫星和洲际导弹发射成功以后，军事科学技术方面从此起了很大的变化。原来战争中使用的工具，如战略空军、远程空军都将过时；防空方面，将有更大的变化。目前世界各国对付洲际导弹的办法还没有解决。常规武器也在变化，在向机动性大和装甲掩护方向发展。我们现在看到的大型火炮差不多要过时了。坦克、装甲部队所装备的武器将改成中口径的火炮和火箭武器。按照目前军队武器发展的趋势，在集团军里没有单纯的步兵师，只有装甲和坦克师。它的机动性大，在进攻和防御的各个阶段，都是使用原子武器突击，使用运动迅速的装甲、坦克部队机动。在空军方面……在前线部队，战术空军并未失去作用，因为不能任何地方都靠原子弹、导弹解决问题。但是，在一些国家有了洲际导弹后，用歼击飞机防空已不能满足防空的要求了，防空火箭将代替歼击机防空。据今天报载，苏联又出现了新的歼击飞机，不需机场，可以直升 19 公里。这说明旧的东西要被新的东西代替。

关于海军装备的发展，萧劲光说，不管是水下、水面，总的趋向是向原子动力、导弹（火箭）方向发展。尤其潜水艇更明显。因此现在的鱼雷、火炮已过时了，特别是以火炮、鱼雷装备为主的舰艇。现在设计舰艇，不是根据火炮性能的要求，而是根据如何装载、发射导弹、火箭。比较大型的军舰，对速度的要求并不高，因为使用导弹、火箭武器，在距离敌人很远就可以发射。水下武器主要是鱼雷，现在也在改进它，将来可能成为水下原子弹，有自动操纵，射程更远，是近距离自卫、水中斗争不可缺少的武器。观察通信器材，也有很大改进……潜水舰上将会装有水中观察的仪器，可以在水下看到水面的目标，潜望镜的作用将成为辅助观察器材。因此，潜水舰在水下指挥问题，也将进一步解决。

接下来，萧劲光又根据国家的战略方针、经济实力、工业水平，系统讲了关于中国海军建设的规划设想。这一报告，集中反映了萧劲光当时的感受和思考，是他急于告诉海军各级领导、告诉党委成员的。很显然，他的目的在于希望海军领导层特别是高级领导干部，在谋求海军新技术方面达成共识，集中精力，使海军的装备建设、部队发展有一个大的跃进。

党委全会结束后，萧劲光又主持召开常委会，对海军装备发展等问题进行了具体讨论、研究。此前，他们曾专门研究过成立海军科学研究机构的问题，并正式向军委、总参打了报告。通过与总参有关部门联系，获悉上级机关已原则同意。据此，他们集中讨论了科研机构人员选调、研究工作开展等问题。

1958 年 1 月 7 日，总参谋部便正式发文，批准了海军关于成立科学研究机构的报告。当月，海军造船科学研究所、海军水声科学研究所、海军水中兵器研究所、海军海洋航海研究所、海军工程科学研究所五个研究所，便按照编制计划组建起来。当时，研究人员是新调的，无经验可谈，设备也没有，是名副其实的白手起家。技术上唯一的一个有利条件，就是有各专业苏联专家的帮助指导。但大家还是满腔热情地投入工作，并陆续出了一些成果。翌年 10 月，为加强对科学研究工作的领导，萧劲光又请示国防部批准，成立了直接隶属海军首长的“中国人民解放军海军技术部”。此前为协调各研究所成立的“海军司令部第五办公室”的名称，即行停止使用。在一次次完成研究任务，攻克技术难关的过程中，海军的科研队伍逐步壮大起来。

同年 4 月，萧劲光与政治委员苏振华、分管装备工作的副司令员罗舜初，联名向国防部部长彭德怀和军委写报告，就海军工业建设、争取苏联援助等海军装备建设问题，提出了意见和建议。报告说，据我们了解，目前苏联已有若干舰艇，如潜艇、鱼雷艇、反潜艇等，动力结构有了新的改进，已试验成功几种潜艇、鱼雷艇用的火箭、导弹武器。我国第一个五年计划期间，苏联所提供的 5 种舰艇，现基本均由新设计代替。根据这种情况，我们已不宜继续按照这些老资料进行建造，而急需获得苏联新造舰艇、新的机械武器的设计图纸、技术资料。这样，我们才能少走弯路，避免不必要的浪费，并可及早获得较新、较现代化的装备，如可携带火箭、导弹的快艇、潜艇等。报告建议，以中国政府的名义向苏联政府提出请求。

彭德怀对萧劲光等人的报告很重视，阅后当即批复“同意”，并将报告转呈周恩来。彭德怀于 7 月 28 日召开的军委例会上，亲自主持对报告进行具体研究，作出了《关于海军建设的决议》。决议指出，海军以发展潜水艇为重点，并相应地发展必要的水面舰艇。无论是潜水艇还是水面舰艇，都应该特别注意采用新的技术成果，如导弹、原子动力。舰艇作战性能的综合发展等，也应积极进行研究，早日解决。

周恩来了解苏联以及西方国家海军装备的发展情况，支持萧劲光的建议。早在 6 月 28 日，他即按照萧劲光等“以中国政府名义向苏联政府提出请求”的建议，亲自给苏共中央第一书记、苏联部长会议主席赫鲁晓夫写了信。信函在感谢苏联此前给予的有效援助的同时提出，希望在可能的条件下，有计划、有步骤地向中国提供建造新型战斗舰艇和可以携带火箭、导弹武器的舰艇的设计图纸，以及制造这些舰艇的有关机械部件、材料、无线电技术器材和新式武器等设计图纸，以及必需的计算资料。

当时赫鲁晓夫上台不久，急欲在社会主义阵营树立共产主义运动领袖的形象。收到周恩来信函，9 月 8 日，他给周恩来回电，慨然表示同意向中国提供海军新技术方面的援助，并提议中国政府派代表团赴苏具体协商。

萧劲光清楚此次赴苏责任重大、意义深远。遂向周恩来建议，由海军政治委员苏振华、海军副司令员方强一起参加代表团，与国务院第一机械工业部副部长张连奎、第二机械工业部副部长刘杰等赴苏谈判。经过认真准备，10 月 22 日，以苏振华为团长的中国政府专家代表团从北京启程，前往莫斯科。

经过三个多月的紧张磋商谈判，于 1959 年 2 月 4 日达成共识。苏振华以中国政府全权代表的身份与苏联政府代表阿尔希波夫在莫斯科签订了两国政府《关于在中国海军制造舰艇方面给予中华人民共和国技术援助的协定》。后来，据签约时间，统称为“二四”协定。

“二四”协定规定，苏联援助中国五型舰艇，即导弹常规潜艇、中型鱼雷潜艇、大型导弹快艇、小型导弹快艇及水翼鱼雷快艇，以及这些舰艇的动力装置、雷达、声呐、无线电、导航器材等51项设备的制造技术资料和样品；援助中国两型舰用导弹，即潜对地弹道式导弹、舰对舰飞航式导弹的制造技术资料和样品，以及技术阵地设备和工艺测试设备。协定还明确规定，各种技术资料、设备一式二至四套。除少数资料外，均于1963年7月底前到货，并分别由三机部、第五研究院和海军接收。

“二四”协定的签订，使萧劲光喜出望外。在当时情况下，虽然协定转让的装备技术在苏联海军不是最“尖端”的，但也属于先进行列。而对中国海军来说，则是前所未有的。如果这个协定得以实现，中国海军的装备发展无疑将进入一个新的水平，部队将是另一种面貌。面对“二四”协定，萧劲光和其他几位海军领导都很兴奋。大家说，军委如此重视，样品、资料、技术条件也有了。下一步，主要看我们的工作了——关键是，要抓住这个机会，搞好部队的装备基础建设，从根本上提高部队海上战斗力水平。

为了统一思想，协调工作，从抓“二四”协定落实入手，加快海军部队建设步伐，海军党委于1959年3月初在北京召开了常委扩大会议。参加会议人员，除海军党委常委外，还吸收了海军机关主要业务部门，特别是装备部门的负责同志参加。会上，苏振华、方强向大家介绍了“二四”协定的谈判过程及相关情况，萧劲光就当前形势、海军成立10年来部队战斗力建设的现状、下一步工作设想等问题，讲了话。与会人员按照会议部署，围绕着海军部队战斗力建设，尤其是科学研究、装备发展、组织体制等问题，进行了热烈的讨论。在充分发表意见，统一思想认识的基础上，于3月25日通过了海军党委《关于今后海军建设若干问题的报告》。30日，萧劲光与苏振华联名签发，将报告连同会议通过的新的海军建设计划，一起呈报军委。

彭德怀看完报告和海军的建设计划，感到所提问题重大，涉及面广泛，遂在报告上批示：“列为军委会议文件，专门作一次讨论。”

4月16日，军委在国防部会议室召开第169次例会，专题讨论海军的报告和计划。会议由彭德怀主持，贺龙、聂荣臻、叶剑英、黄克诚、谭政等军委领导及总部有关部门的负责同志出席会议。海军除萧劲光以国防部副部长身份出席会议外，苏振华、罗舜初和周希汉等海军首长也参加了会议。

贺龙第一个讲话。他说，我同意海军提出的建设意见和计划，5年不能完成，10年完成！印度海军访问中国来了个巡洋舰，苏联海军访问中国也是巡洋舰。一边说着一边问萧劲光，你们谁去接待的？萧劲光回答，苏联海军舰队来访，是我去接待的，印度海军巡洋舰来访是东海舰队司令员陶勇同志接待的。贺龙接着说下去，我们将来去回访，总不能坐个小艇去吧！我们是个大国，海岸线又那么长，搞个百八万吨的海军是需要的。

聂荣臻向萧劲光问了几个问题，也表示赞成海军的计划。其他几位军委领导也都发言，表示同意海军对有关问题的看法，赞成海军的建设计划，并提出希望把计划搞得时间长一些。最后，彭德怀作了总结讲话。他说，我同意大家的意见，搞个海军建设计划，推动工业发展。希望海军对装备建设提出一个较长时期的规划方案，以便有一个方向并纳入国家长远工业建设计划之内。海军第二个五年和第三个五年的建设规划，最好提出两本账报请中央审查批准。请海军党委根据大家提的意见将“报告”“计划”修改一下，军委再讨论一次。

遵照彭德怀的指示要求，海军党委于6月15日至7月22日，在大连召开了党委一届六次全会，专题讨论海军建设方针和规划，研究科研和造船等问题。为了帮助党委委员扩大知识面，萧劲光还专门从国家科研部门和院校请来技术专家给大家上课，讲解新型舰艇及导弹等新型武备的战术技术特点。这次会议，按照军委领导提的意见补充、修改了海军建设计划，进一步明确了“今后海军建设以导弹为主和不断改进常规装备，以发展潜艇为重点，同时发展中小型水面舰艇”的建设方针。11月19日，军委办公会议第八次会议再次听取了萧劲光、苏振华等关于海军建设规划的说明和意见，原则批准了海军党委关于提请国家在第三个五年计划期间按40万吨战斗舰艇的计划安排造船工业基本建设，海军在第二个五年（实是后三年）和第三个五年的装备计划，以及为实现这一计划而进行的科研和培训干部的规划等文件。

■ 萧劲光和战友在一起。左起：萧华、彭德怀、陈云、萧劲光、杨成武、刘亚楼、杨勇、王尚荣。

此后，海军新技术装备的研制纳入国家科研和工业的整体规划，海军装备建设进入一个新阶段。

四、让战舰从浅蓝走向深蓝

舰艇远离基岸，特别是潜艇，远离祖国海岸，潜航在大洋深处，必须依靠无线电通信与指挥机关保持联系。无线电短波、中波、长波，都无力穿透海水把信息传给潜艇。只有超长电磁波能够穿透深深的海水，使指挥机关与潜艇联系畅通无阻，实现远距离作战指挥。正是基于对这方面知识的了解掌握，萧劲光得出了一个结论：现今条件下，没有超长波电台，战舰就无法远航，不可能从浅蓝走向深蓝，就没有真正意义上的潜艇部队，就没有真正的海军。所以，从第一支潜艇部队组建开始，萧劲光就着手抓超长波电台建设，并于1955年前后陆续建起了三个小型超长波电台。

随着舰艇部队的发展和远航任务的增加，原有的超长波电台已远远不能满足部队作战训练的需要。1957年秋，萧劲光在党委会上提出了建设大功率超长波电台的问题。在经过讨论，确定纳入计划后，他对台址选择提出三条原则，即“不要离城市太远，也不要太近，不要占用大量农田”。时过不久，萧劲光委婉地向苏联首席顾问（又称专家组长）阿夫古斯契诺维奇提出，请苏联政府给予支持、援助的要求。

或许可以说是对萧劲光要求的答复吧，1958年1月6日，苏联海军上将普拉顿诺夫发给萧劲光一份函件，写道：“为了苏联海军和中国海军设在太平洋西岸地区的长波台更加就绪，和提高双方利用这些电台的效率，苏联海军首长认为，最好组织两国海军对设在海参崴、青岛、宁波和西营各地之TAPAH超长波电台的共同使用……”同时附有“协议草案”。很显然，苏联这一提议的主旨，在于通过一定形式将中国已有的三个小型超长波电台纳入其在远东的通信网络中，以保证苏联海军在南太平洋中部海区活动的指挥。

接着，4月18日，苏联国防部部长马利诺夫斯基元帅给中国国防部部长彭德怀元帅又来函，正式提出中苏两国在中国华南地区合建大功率超长波电台和远程收信中心的问题，并主动提出派专家组来华协商。

中央军委经慎重研究并报中共中央批准，于6月12日以国防部部长彭德怀的名义复函苏联国防部，婉言谢绝了中苏合建超长波电台的提议。同时表示，中国愿意自建，请苏联给予技术上的帮助。并根据毛泽东的指示提出，建议中苏两国就此签订一份正式协议。

彭德怀的信没有引起苏联政府的足够注意。6月28日，由苏联海军通信部部长助理列特文斯基率领的专家组一行六人来华，带来了苏联海军领导给彭德怀元帅的信和中苏两国共同建设一座大功率超长波台的协议草案（苏联方面）。其信并草案的内容，与彭德怀去信的观点相去甚远。草案提出，为了“苏联国防部的需要”，两国在中国境内“共同建设一个超长波电台”，“所需费用，由苏联负担”。投资办法是，苏方70%（技术设备和材料），中方30%（土建）。并且毫不含糊地规定，超长波台建成后，由中苏共管，苏方派一个15人的小分队常驻电台。电台使用权按投资比例划分。这就是说，超长波台建成后，主要（70%）由苏联管理、使用。

对这样严重有损中国主权和民族尊严的所谓“协定草案”，萧劲光当然不能同意。听了萧劲光和国防部的汇报，毛泽东一针见血地指出，使用权七比三，在我们的土地上我们却只有三分使用权，这比袁世凯的卖国条约还厉害！

国防部、海军经过与苏联大使及专家组等多次商洽，7月21日，再次以彭德怀元帅的名义复信苏联国防部部长，重申了中国坚持自建超长波电台的原则立场。信中说："欢迎苏联在设计和建筑等技术方面给予帮助和指导。有关工程的建筑费用、设备费用和其他方面的一切费用，由中国全部承担，这是我们责无旁贷的事情。"

中国政府态度明确而坚定。但以赫鲁晓夫为首的苏联政府仍然不甘心。7月31日，赫鲁晓夫亲率代表团秘密访华，抵达北京。中苏高级会谈在中南海颐年堂举行。会谈中虽然例行讨论了中苏两党两国的关系，但双方都清楚，真正的议题是关于建设大功率超长波电台问题。

这次会谈是不愉快、无重大成果的。赫鲁晓夫晚年的回忆录中曾半含半露地记述了这次会谈：

> 我们刚开始生产内燃机潜艇和核动力潜艇的时候，我们的海军就向我们提出建议，要求中国政府允许我们在中国建立一个无线电台，以便我们能同在太平洋的苏联海军潜艇保持联络……结果，中国人就是不合作。他们的反应既愤慨又激烈。当我们驻北京的大使尤金向中国领导人提出这个建议的时候，毛嚷了起来，说："你怎么敢提出这样的建议？这种建议是对我们民族尊严和主权的侮辱！"尤金向中央委员会发来了一封吓人的电报，描述了毛的愤怒的反应。
>
> 我们领导班子讨论了这件事。根据中央委员会主席团的指示，决定由我乘飞机到中国去一趟。由于我们是去讨论军事方面的事情，陪同我去的有马利诺夫斯基，还有库兹涅佐夫。这是一次秘密访问，我们微服而行，我们要求中国同志接待我们，他们同意了。
>
> 在机场迎接的有毛、陈毅和另一个人……（会谈细节从略）
>
> ……至于无线电台的事，最终也是毫无结果。中国人背弃了协议，没有建立无线电台。

赫鲁晓夫这里的话不全是实话：因为正如其所说，他们的目的是"要求中国政府允许我们在中国建立一个无线电台，以便我们能同在太平洋的苏联海军潜艇保持联络"。有着强烈民族自尊心，且为中华民族独立自主奋斗了几十年的毛泽东，当然不会答应。不过这次谈判并非"最终毫无结果"，而是于1958年8月3日，由中国国防部部长彭德怀和苏联国防部部长马利诺夫斯基，分别代表两国政府签署了"关于建设超长波电台和收信中心问题的协定"（后称"八三"协定）。

其主要内容为：（1）超长波台由中国自己建设，主权属于中华人民共和国所有。（2）苏联在设计和建筑等技术方面给予帮助和指导。装备器材凡中国不能解决的请苏联援助，通过订货解决。苏联根据协定所提供的设计资料、装备器材和派遣的来华专家，以及其他方面的一切费用，均由中国通过贸易账户偿付。（3）苏联需要使用中国的超长波台问题，由双方另行谈判。在此基础上，同年11月，中苏两国又签订了关于提供设备器材、派遣专家的合同。

有了上述协定，萧劲光感到大局已定。遂责成副司令员周希汉负责，立即组织勘址、筹备，展开超长波台建设工程正式启动准备工作。

1959年9月13日，以苏联海军超长波台台长伊林中校为组长的专家组一行8人到京。继而成立了由苏联专家和中国技术人员参加的工程设计办公室。

1957年9月，海军在北京召开军事训练会议。萧劲光在会上强调：要建立海军的战斗力量，必须在海上训练部队，在海上生成和锻炼我们的力量。图为萧劲光在会上讲话。

翌年春，中央军委批准了超长波台总体设计方案，并列入国家重点建设项目。同时，由海军牵头成立了“超长波电台建设委员会”（简称“建委”），海军副司令员周希汉任主任委员，国家经委副主任谢北一、国家计委副主任范慕韩、海军工程部部长赵一萍和海军司令部通信兵部主任徐明德等有关部门领导任副主任委员，委员还有海军和国家建工部、一机部等单位人员多人。另外以海司通信部工程技术处的同志为主成立办公室，徐明德兼任办公室主任。为了确保质量，加快工程进度，萧劲光报请军委特批把一个从朝鲜回国的志愿军的建制师集体转业，组成建筑工程部第二工程公司，承担土建施工任务。并专门选派袁海澜、聂洪国两位大校分别担任工地的主任、政委。

由于自然灾害和政策上的失误，1960年春天，人民群众的生活已相当困难，工农业生产也受到了影响。然而，超长波台建设除外，全台的总体构想和框图设计在紧张地进行，发信机零部件等材料开始陆续进口，土建施工已破土动工，钢材、木料、水泥等各种建筑材料，火车连着汽车，源源不断地送上高原，运入工地……相关单位，各个环节一派追日赶月、热火朝天的局面。

就在这时，形势突然发生了逆转。在1960年6月于罗马尼亚召开的世界各国共产党和工人党会议上，赫鲁晓夫集团抓住中苏两党在国际共产主义运动及意识形态问题上的分歧，带头向中共代表团发难。由此，两党两国关系急剧恶化。7月16日，苏联政府突然照会中国政府，单方撕毁同中国签订的600多个专家合同和科技合同，决定撤走全部在华专家。同年8月，来华协助建设超长波台的苏联专家组奉命回国。“八三协定”、相关合同，成了一纸空文。

通讯工艺设计只进行了一半，土建工程刚刚开始，许多关键性的设备待从苏联进口……事到如今，怎么办？就此下马还是接着干？建委一时难下决断。萧劲光把周希汉请到自己的办公室，从工程进展到下一步的困难，进行了全面的分析研究。

1960 年 3 月，为了解决海上合同作战训练中存在的问题，萧劲光深入东海舰队部队调查研究。图为萧劲光（前）向潜艇水兵询问训练情况。

萧劲光说：“事已至此，下一步怎么办，你们拿出意见。当下首先要准备一下，向主管国防工程的罗秘书长作一次汇报。我的意见，争取自己干。行不行？你们委员会的同志研究，拿个意见，最后由罗瑞卿同志定夺。”

几天后，军委秘书长罗瑞卿接见了建委全体成员。听了周希汉的汇报后，他说，我们自己搞，有没有把握？有把握，接着干，没有把握，就缓缓。

多少天来，建委领导都被赫鲁晓夫无视国际惯例的恶劣行径激怒了。听了罗瑞卿的问话，都争着发言。大家说，有利条件有三条：一是中央领导重视，周总理亲自抓，我们怕什么？二是国家有关部门都积极支持，苏方如不按协定提供设备器材，我们可以立即组织研制。三是我们搞过小长波电台，又去苏联进行过学习考察，有一些经验。有这三条，我们一定能成功建设出高质量的大功率超长波电台。

就这样，罗瑞卿当场拍板：好，那就继续干！自力更生，艰苦奋斗，靠我们中国人自己的智慧和双手，干下去！

工程建设，设计是根本。苏联专家撤退时，通讯工艺设计只进行了一半，资料也被全部带走。为了解决设计问题，建委组织成立了由高级工程师周建畏、技师毛耀伯等组成的技术攻关小组。从清华大学、华中工程学院、北京邮电学院、哈尔滨军事工程学院、西安军事电讯工程学院、总参通信学校、海军工程学院等，全国各地广招贤能，参加研究设计工作。经过一年的苦心钻研，绘制出 8 本总图，整理了所有分图，突破了工程设计关键环节，为整个工程的顺利进行打下了坚实的基础。

按照“八三协定”，整套设备由苏联提供。中苏关系破裂后，没到的设备，停止了供货；已到的器材机件，非旧即残，存在严重质量问题。建委于是组织人通过香港等渠道向发达国家购买。即便如此，有些重要设备也无法买到。萧劲光将这些情况如实向周恩来作了汇报。周恩来当即指示：请邮电部、广播事业局、第三机械工业部等单位协助海军攻关，组织国内生产力量研制超长波台建设所需器材。

按照国务院的指示将任务下达后，不管是哪个省、市的工厂，还是国务院部属工厂，凡接到任务的，都立即行动，集中技术骨干夜以继日地研制，提前把设备送到施工现场。有几种设备，技术知识含量很高，研制非常困难，需要量又很少，对工厂来说，明显是“亏本买卖”。相关工厂接到任务，都毫不犹豫地停下原定产品生产，抽出最好的专家和技术人员，进行研制设计，保质保量完成任务。在超长波台建设过程中，真正体现了“全国一盘棋”。

施工高潮时，正值国家三年困难时期，生活紧张，物资奇缺。承担着繁重体力劳动的工人和海军官兵们，吃不饱饭，每餐只能定量供应两个玉米窝头或黑面馒头，一碗青菜汤。由于营养不良，不少人身体浮肿。数九隆冬，风雪交加，工棚内气温在零下七八度。高原的夏日，简陋的工棚里像蒸笼，十几个人挤在一起，热得睡不着觉。但大家没有一人叫苦，更没有人影响工作。按照苏方计划，安装一座铁塔需一两个月，而在大家的齐心努力下，不到 10 天就完成了。经过 4 年多的艰苦拼搏，1965 年 9 月顺利竣工，完成整机调试。

1965 年国庆节后，超长波台全体建设者和海军官兵们，怀着节日的喜悦迎来了一个企盼已久的日子：超长波台进行对潜艇发送信号试验。

这天，经过集中训练的海军官兵便在专家们的陪同下，早早来到各自的岗位。一把把钥匙依序打开发信机的“锁”，在大家屏息静气的注视下，若满天星斗的仪表迅即敏捷地运转起来……

数千里之外，海军潜艇已抵达预定海域。下潜、上浮、破浪前进……参试的海司通信部技师陈万余与艇员们一起热切等待一个难忘时刻的到来。

时间一分一秒地过去，联络时间到了！“超长波台在呼叫！超长波台在呼叫！”通信兵一边激动地喊着，一边摘下耳机递给陈万余……

对潜通信试验，电键声声，清脆有力，一次成功！狭小的舱室里充满了掌声、欢笑声。

内陆高原上，超长波台机房里，在场的专家、技术人员个个热泪盈眶。

这次对潜艇通信试验，前后历时 20 天。对潜艇在不同距离、不同水深、不同流速流向情况下接收信号，都作了试验。检测结果证明，各项技术指标均达到设计要求。靠自力更生，靠艰苦奋斗，中国自行设计、建造的大功率超长波电台胜利竣工了！

这些天来，身在北京海军机关的萧劲光，一直密切关注着在千里之外进行的超长波台对潜艇发送信号试验。按照萧劲光的习惯和他对这项工程的关注程度，他应该在长波台现场。但是不行，自李作鹏握着林彪的尚方宝剑到海军后，萧劲光已很难左右形势了。是时，海军党委正在按照李作鹏的“建议”召开第三届第二次会议，批评（批判）萧劲光抵触突出政治和单纯军事观点。萧劲光感到难以述说的疑惑和苦恼。但他仍然一刻也没有忘记正在进行的长波台发送信号试验。试验成功的消息传来，他立即赶到指挥所，电话接通了在试验现场的徐明德，兴奋又激动地大声说，试验成功的消息，党委会的同志们都知道了，非常高兴！告诉同志们，你们辛苦了！我谢谢大家，代表海军党委、部队官兵谢谢大家！

经中央军委批准，1965年11月28日，新中国第一座大功率超长波电台投入使用，担负训练战备任务。从此，新中国海军潜艇真正姓“潜”，各型战舰可以不受通讯距离潮汐的束缚，破浪远航，从浅蓝走向深蓝！

五、核潜艇在逆风中破浪下水

核潜艇，作为海军的新式装备出现在世界军事舞台上是在20世纪50年代中期。首先是美国，接着是苏联。

矢志建设强大海军、打造中华民族海上长城的萧劲光，一开始就把眼光放在苏联和西方发达国家海军的身上，密切关注着他们装备技术的发展。为了熟悉国外海军技术的发展形势，他经常阅读国防科委出的《科技动态》、新华通讯社编的《参考消息》，及从各种途径得到的载有美、苏、英、法、德等海军强国科学技术、装备发展动态的其他刊物。当从中看到美国将“舡鱼”号、“海狼”号等多艘攻击型核潜艇投入军中的报道后，萧劲光敏锐地看到了作为新一代海军装备代表的核潜艇的广阔发展前景。1958年3月，在他主持起草的海军党委《关于今后海军建设若干问题的报告》中，郑重地向军委建议：“在常规与尖端的结合上，首先是舰艇的动力方面。力争在第二个五年计划期间，重点解决原子动力大型潜艇的试造任务。”

军委高度重视海军党委的报告。4月16日，专门召开会议研究了海军的报告、计划。时过不久，中共中央即正式决定，由分管科研工作的聂荣臻元帅负责领导核潜艇研制工作，立即着手研制可携带导弹的核潜艇（时称“原子潜艇”）！这一决策使萧劲光大为振奋。他当即主持召开首长办公会，与苏振华政委等研究遴选海军参与工作人选，并决定，由海军副司令员罗舜初参与领导小组工作。

6月18日，聂荣臻召集苏振华、罗舜初，科学院副院长张劲夫、国防部第五研究院院长钱学森及有关方面负责人刘杰、王诤、万毅、安东等开会，就核潜艇研制问题进行了首次座谈。27日，向党中央报送了《关于开展研制导弹原子潜艇的报告》。

报告指出：“我国的原子反应堆已经开始运转，这就提出了原子能的和平利用和原子动力用于国防的问题。关于和平利用方面，科委曾开过几次会研究，已有布置。在国防利用方面，我认为也应早作安排。为此，曾邀集有关同志进行了研究。根据现有力量，考虑国防的需要，本着自力更生的方针，拟首先自行设计和试制能够发射导弹的原子潜艇。”同时，建议成立领导小组，由海军副司令员罗舜初、国务院第一机械工业部副部长张连奎等人，为领导小组成员。

毛泽东、周恩来很快批准了这一报告。7月，国防科委、海军和国务院有关部门调集专家、技术人员，组建研究机构，分别参加核动力、核潜艇总体设计等项目攻关。到年底，从研究人员到所需经费均全面落实。核潜艇研制在中国大地上秘密拉开了序幕。

万事开头难。像核潜艇这样的高科技研究项目则更难。参研人员只知道核潜艇具有高度隐蔽性、强大攻击性，最大特点是续航能力强（当时的说法是，一块高尔夫球大小的铀块燃料即可航行6万海里。如果用柴油作燃料，则需近百节火车皮），但大家谁也没有见过核潜艇是什么样子。就是常规潜艇，中国也尚在研制中。此前，苏联对中国海军建设给过不少帮助，但在核潜艇研制上，苏联军方包括援华的专家均守口如瓶。同年10月，苏振华为争取技术援助率中国政府专家代表团访问了苏联。在长达三个多月的访问期间，代表团曾几次向苏方请教核反应堆的问题，试图得到部分关于核潜艇研制的技术资料，苏联政府不仅没有提供，连参观一下核潜艇的要求，也被礼貌地拒绝。

1959年国庆节前后，苏共中央第一书记赫鲁晓夫率团访华。毛泽东当面向他提出了希望帮助研制核潜艇的问题。赫鲁晓夫傲慢地说："核潜艇技术复杂，价格昂贵，你们搞不了！苏维埃国家的海军拥有这种战略武器，同样可以保卫你们的国土。"并且宣布准备撤回援华的苏联专家。毛泽东冷静地回答了赫鲁晓夫：撤不撤专家是你们的事。核潜艇研制，我们自己试试！

时过不久，一句名言便传遍了海军部队、院校及全国科研单位。毛泽东说："核潜艇，一万年也要搞出来！"

随着中苏关系的恶化，1960年8月，以赫鲁晓夫为首的苏联政府撕毁了多年来签订的所有协议，撤走了全部援华专家，断绝了对中国的一切援助。

1959年10月，萧劲光在中南海和毛泽东在一起。

萧劲光关注着核潜艇研制工作的进展。赫鲁晓夫的傲慢无理使他感到无比愤慨，党中央、毛主席坚定不移的态度，有力地激发、鼓舞了他的信心和决心。1961年6月，经与国家有关工业部门研究协调，萧劲光报请国务院、中央军委批准，以海军科研部为主，组建了舰艇研究院（又名“第七研究院”），成立了核动力研究室。从此，在核潜艇研制领导小组、七院的协调组织下，数以万计的专家、技术人员义无反顾地投入核潜艇研制工作中。开始时，全部有形的资料只有外国杂志上刊登的几张美国核潜艇在海上航行的照片和美国超市中出售的导弹核潜艇儿童玩具。在各位专家、技术人员的协同努力下，“摸着石头过河”，各项目研究很快都有了重大进展，提出了核潜艇研制方案。

可惜的是，由于连年自然灾害和政策上的失误，加之苏联撕毁协议，这时国民经济出现严重困难。严峻形势下，党中央调整了国防科研工作方针，决定“缩短战线，任务排队，确保重点”。为了集中财力、物力保证原子弹和部分急需装备的研制，核潜艇工程暂时“下马”（保留少数骨干，继续对几项技术复杂、周期长的关键项目的研究）。海军、二机部等有关单位同时传达了国务院这一决定。

时间是1962年春节前夕，一个寒风刺骨的夜晚。

萧劲光心情复杂地出席了海军参加核潜艇研制小组工作人员会议。罗舜初传达国务院决定后，大家面面相觑。这是最不愿意听到的，也是意料中的。萧劲光怀着沉重的心情，一字一句地作了三点指示：“下马”是暂时的，要研制成功是坚定不移的；机构人员减少，不撤编；属于海军的主要研究工作一天也不停。希望大家发愤图强，把工作做得更好。

转眼3年过去了。在这期间，中国第一颗原子弹爆炸成功，国家政治经济形势明显好转。萧劲光主持编制海军装备科研第三个五年计划，再次写入了核潜艇研制问题。他找来核潜艇研制小组成员了解情况，嘱咐他们做好全面启动研制工作的准备。

1965年8月15日，周恩来主持召开会议，宣布核潜艇研制重新上马，加快进行。并且明确了三条原则：一是认真执行大力协同的原则；二是立足国内，从现实出发，分两步走，先研制反潜鱼雷核潜艇，然后再搞导弹核潜艇；三是第一艘艇既是试验艇，又要在主要战术技术性能上力求配套，可以作为战斗艇交付使用……就这样，核潜艇研制再次全面展开。

让人没有想到的是，正当研制工作突破重重难关，进入攻坚阶段时，“文化大革命”开始了。

1967年夏，“文化大革命”进入第二个年头。

“人员被揪，研制难以继续进行！”“工厂停产，无法按时交货！”一封封告急电报飞到核潜艇研制办公室，飞到海军首长的案前，重新上马不久的核潜艇研制面临着夭折的危险。

萧劲光忧心如焚。他一面通知相邻部队给予支持帮助，保护科研人员；一面指示有关部门：要尽快把情况搞清，向国务院汇报，向中央汇报。无论如何不能让核潜艇研制再次中断！

关键时刻，聂荣臻元帅主持召开了核潜艇工程协调会议。并且明令规定：所有接到通知的人员，不管是谁，即使正在被批斗，也必须按时到会。

6月25日上午，协调会在民族文化宫会议大厅召开。来自全国各地核潜艇研制单位的300多位厂长、所长、党委书记，专家、技术员，济济一堂。他们大都是刚刚摘下“走资本主义道路当权派”“反动学术权威”的牌子、帽子，从批斗会场赶来的。彼此相见，相对无语，感慨万千。9时许，聂荣臻在国防科委副主任刘华清的陪同下，一身崭新的戎装走进会场。几句问候过后，聂帅以临战的姿态，发表了简短、有力的讲话。

他说，核潜艇工程是关系着国家安危大计的重要工程。这一工程是毛主席亲自批准的，是党中央集体研究决定的。任何人都不准以任何理由冲击研究院、所和生产车间，不准以任何借口停工、停产！我可以告诉大家，毛主席非常关心这项工程，中央也全力支持这项工程。这项工程，不能等，不能停，必须保质保量地按时完成。一切干扰、延误这一任务的做法，都是错误的，都是不能允许的！

他说，参加这项工程的人员都是经过组织认真选拔的，是可以信赖的。有意见可以提，有错误可以批评，但不能随便揪斗，更不准停止工作。核潜艇研制，涉及27个省、市，上千个科研单位，协作面广，工作量大，一环扣一环。哪一个环节出了问题，都可能影响整个工程的进展，给国家造成巨大损失。希望各单位从大局出发，严密组织，千方百计克服困难，把分担的工作做好，把各自的任务完成好，为国防建设作出新的贡献。

时过不久，为了使这次会议精神得以认真贯彻，确保核潜艇研制能够顺利进行，聂荣臻又以中央军委名义签发了一份“特别公函”，明确提出研制单位不得冲击，有关人员不得揪斗，工程建设不得干扰。核潜艇工程办公室主任陈右铭拿着“特别公函”，跑遍全国各地有关科研院、所，参研工厂……

事实证明，协调会召开是及时的。发“特别公函”这一特殊时期的特殊做法，发挥了特殊的作用：借此，主持核反应堆总体设计的核动力专家彭士禄与数十名设计人员，安然地集中到一个海岛，“全封闭”地向核动力装置设计进行最后“冲刺”；全国承担了核潜艇研制任务的数以千计的科研院、所，在空前的政治风暴中基本上可以正常运转；大批军工企业顶住了所谓“反对资产阶级的关、卡、压”“以生产压革命”等种种谬论，扭转了“四大”造成的混乱局面，坚持生产。

在核潜艇研制中，7月18日是个值得纪念的日子。1958年7月18日，毛泽东签文批准了这一重大工程；12年后的1970年7月18日，核潜艇动力装置在“三线”某地进行了陆上模拟试验。

这是关键的试验，也是惊心动魄的试验。因为核潜艇试验与原子弹、氢弹不同。原子弹、氢弹试验，人可以远离现场用无线电操纵，而核潜艇操作必须坐在跟前。一旦发生意外，现场参试人员将和整个装置一起化为灰烬。

7月18日，模拟起堆试验如期举行。参试人员激动、欣喜、担心、恐惧交织在一起，整个试验现场笼罩在神秘的气氛中。当日18时，模拟堆升温升压开始。随着时间一分一秒地过去，反应堆的功率在缓缓提升。在场的领导和技术人员都屏住呼吸，目不转睛地注视着中心控制台一排排闪亮的信号灯和不停转动着的仪表。操作人员紧张、有序地记录着各种参数……

此时，北京西郊海军机关指挥中心，萧劲光等海军首长都凝神案前，关注着千里之外起堆试验的每一步进展。

试验在人们激动和焦灼的期待中进行着。一天又一天，40天过去了。8月28日，反应堆达到了额定功率，核动力装置成功了！大厅里一阵欢呼后，参试人员都不由自主地流下了激动的热泪。

时刻关注着试验进展的萧劲光，迅速拿起电话，询问详细情况，向参试专家、官兵、全体人员，表示真挚的感谢。周恩来也及时送去了亲切的祝贺和慰问。

陆上模拟堆试验成功的喜讯传到核潜艇总装厂，顶着“唯生产力”的帽子，克服工作、生活上重重困难奋战多年的职工们，无不欢欣鼓舞。大家昼夜不停进行设备安装。或许是巧合，也许是着意安排，同年12月26日，毛泽东的诞辰日，新中国海军装备的“头生宝贝”——反潜鱼雷核潜艇，胜利举行了下水典礼。

此后，按照计划鱼雷核潜艇（时称核潜艇1型）进入试航阶段。一年多的时间里，核潜艇先后出海20多次，累计航行6000多海里，顺利地完成了码头、水面，浅水、深水等阶段200多个项目的试验，为完善、改进和定型建造积累了大量宝贵的数据和经验。

然而，这一工程的政治命运远不像海上试验那样顺利。1971年“九一三”事件林彪叛逃后，借机窃取了更大权力的“四人帮”再次挥起大棒，声言核潜艇工程是“黑工程”，胡说全力抓核潜艇研制的领导、专家于笑虹等人是“唯生产力论”的典型，妄图干扰破坏核潜艇航行试验，进而把矛头指向周恩来。叶剑英元帅等老一辈革命家识破了他们的阴谋，通过有理有力的斗争，才保证了核潜艇试航的正常进行和进一步改进、完善。

1974年8月1日，中央军委颁发命令：中国第一艘鱼雷核潜艇命名为“长征一号”，授予军旗，正式编入海军战斗序列。

按照核潜艇研制分两步走的规划，接下来是研制导弹核潜艇。在所谓“反击右倾翻案风”中，这一工程再次受到严重的冲击和干扰。粉碎“四人帮”后，进程才得以大大加快：1981年4月30日，第一艘导弹核潜艇剪彩下水；翌年10月12日，首次进行潜艇水下发射运载火箭试验，取得圆满成功。

消息传出，举世皆惊。国外多家报刊在显要位置赫然报道：

“中国研制的潜艇发射的弹道导弹成功……使中国同美苏法英一起加入了拥有潜艇发射的弹道导弹的国际俱乐部。”

“中国有了第二次核打击能力！”

“潜艇水下发射运载火箭试验成功，将使中国军队现代化得以加速。”

核潜艇，中华民族的骄傲。它向世界昭示：新中国海军装备建设，已从组装、仿制、常规武器研制跃入突破“高精尖”技术的新时期！至时，萧劲光关于海军装备建设分“三步走”的设想，已变为现实。

第二十四章 坚决打击侵略者

一、对未来海上作战的思考

在有计划地组织部队展开大规模正规化训练的同时，萧劲光也开始了一个新课题的探索、研究：以现在的兵力、现有的装备条件，如果帝国主义真的从海上打进来，应怎样迎敌？怎样打退敌人的进攻？怎样才能发挥我之所长，积极配合陆战场作战，保卫海防、保卫国家的安全？

在当时，这一问题是严峻的现实。此前，美国一直把国民党蒋介石政权看作其在亚洲“遏制共产主义的中坚”，而新中国的成立使这一亚太（亚洲、太平洋）战略破产。因而，对新中国持敌视态度。经过朝鲜战场的较量，美国企图用武力挫败“共产主义进攻”的迷梦又被打破。于是美国开始调整其亚太战略，先后与日本、韩国等多个国家及台湾当局，订立双边或多边条约，建立起从阿留申群岛，经日本本土、日本的冲绳、中国的台湾省到东南亚的所谓“东方弧线”包围圈，在中国正面海上构成了以地缘为基础的战略体系。为达此目的，美国不仅派兵侵入中国领土台湾，并于 1955 年，由参众两院通过紧急决议，赋予美国总统在台湾海峡使用武装部队的权力。富有战略眼光的萧劲光，早就看清了这一态势。只是苦于部队初创，海上战斗力尚未形成而难以采取相应的部署。至 1956 年，海军部队已有了少量驱逐舰、护卫舰和一定数量的鱼雷快艇等舰船组成的水面舰艇部队，有了潜艇部队、航空部队和数量相当的岸防部队。并且经过解放一江山岛等多次战斗，参加辽东半岛三军联合大演习，部队有了一定战斗力。这样，在海军首次党代会和稍后召开的党的八大结束后，以什么作战方针、采取何种形式，打击侵略者，战胜实力强大的敌人保卫海防，便成为萧劲光研究、思考的中心课题。

为此，萧劲光找来了多种海战资料，与苏联专家，也与“第二顾问团”的原海军同志，进行了广泛的讨论和交谈。1957 年 3 月，他带着这一问题来到了南京解放军军事学院海军系。

解放军军事学院海军系，是刘伯承领导创建的中国人民解放军军事学院的一个系，创设于 1952 年，主要培训海军中高级干部。1957 年 1 月，中央军委为了满足部队正规化建设的需要，决定将军事学院所设军、兵种各系陆续撤销，分别独立办校。海军系要扩建为海军学院。萧劲光此次到海军系，一是以一定时间研究解决成立海军学院的问题，但主要是探索海军在未来卫国战争中的海上作战问题。

对萧劲光来说，这两项内容都是急迫的：关于海战问题，他考虑既久，希望尽快形成一个完整的方案、思路，而成立海军学院问题，年底前就要落实。所以萧劲光在军事学院一气住了3个多月——这是他多年来在一个单位住得时间最长的，而且时间安排相当紧。正课时间，他时常深入学员班听课，到教研室看教员准备课，有时则召开教授座谈会、高级速成班学员座谈会，与海军系的领导、教授，苏联专家个别交谈、讨论，交流思想，交换意见；课余时间、晚上，他则集中精力整理资料，阅读有关书籍。在这期间，他重读和研究了毛泽东在第二次国内革命战争、抗日战争、解放战争时期关于部队战略战术的著作，悉心研究了第二次世界大战中海战的成功战例，特别是苏联海军在卫国战争中的战例。在充分占有材料的基础上，他亲自动手，将两方面内容分别写成了文稿，一是《关于海军学院建设问题的报告》，二是《对海军未来海上作战的思考》。

萧劲光既有办学经验，又经过了深入的调查研究，所以关于组建海军军事学院的设想、计划，是符合海军建设实际，切实可行的。同年10月，在这一报告思想原则指导下，海军军事学院在海军系原址——南京半山园正式组建。从此，海军有了自己的海军学术研究和中、高级干部培训阵地。

6月13日，萧劲光在军事学院的调查研究基本结束。海军系党委专门召开扩大会，听取他关于调查研究情况的报告。萧劲光详细地介绍了自己对未来卫国战争中海军作战问题的思考。不大的会议室里坐满了人，系领导、各专业教研室的教授都到了，还有部分学员代表。因报告内容是探索性的，萧劲光没有同意请学院领导和其他系的人参加。

经过多日准备，报告已写成了结构完整的军事论文。但萧劲光没有照稿读，他摘要讲了主要观点、基本思想。

萧劲光说，根据目前的各种条件，未来海上作战的形式，应是以分散的海上游

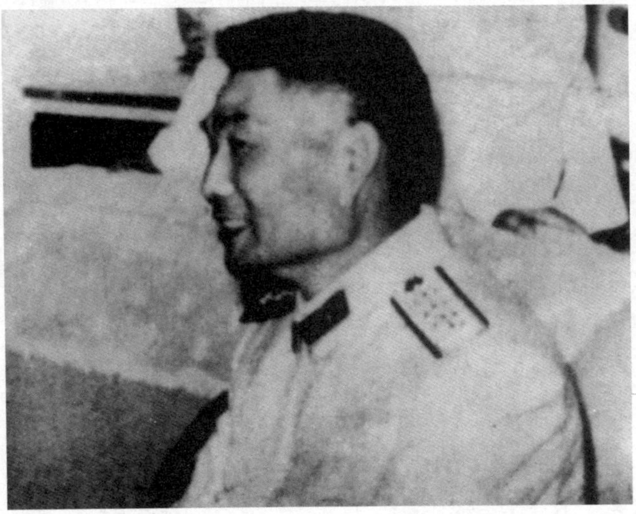

1957年3月，萧劲光在南京军事学院海军系教学座谈会上参加学术讨论。

击战与有利条件下集中打击的歼灭战相结合，海上破袭战与沿海抗登陆战相结合。接下来，就其基本依据和内容，他讲了四个方面的问题。

首先，萧劲光分析了中国所面临的国际环境和军事态势。他通过列举大量事实说明，中国正在面临敌人在海上的包围和封锁。萧劲光说，以新中国为敌的美帝国主义目前已经围绕中国在海上构建起了三道防线：第一道防线是南朝鲜、台湾和南越三个桥头堡，部署有大量地面兵力；第二道防线是日本本土、日本的冲绳岛、菲律宾、泰国、马来亚，是整个战略体系的部署重点，配置有中程导弹基地，海军和战术空军；第三道防线是小笠原群岛、马利亚纳群岛、澳大利亚、新西兰，是战略体系的前进后方，部署有战略空军和海军后方勤务兵力。夏威夷是这一防御体系的中枢，控制有两个师的战略预备兵力。整个战略防御体系正面宽5500余公里，纵深8000余公里。美国部署在这里的部队，有地面部队5个师，舰艇400余艘约170万吨，空军9个联队1300架飞机，总兵力约50万人。我们的对手试图以此对中国进行封锁遏制，将海空侦察巡逻兵力抵近我领海线附近，展开了一副战时进攻的阵势。如果一旦对我进行大规模进攻，其战略企图可能是：首先对我进行疯狂的战略性轰炸，毁灭我军事工业基地、政治中心、交通枢纽、海军基地、陆地机场，以及其他战略要点；尔后在沿海登陆，占领海港、机场、战区及战略要地；最后向我纵深及大后方进攻，直到占领我全部国土。

其次，萧劲光提出了中国海军的作战方针。他说，听说苏联同志中有速决战的观点。他们根据现代化武器装备毁灭性大和他们掌握的新式装备，要争取先发制人，采取速决战的战役方针。对这种观点，我们是不能同意的，这不适合中国情况。我们采取持久战，外线速决的进攻战和内线持久的防御战，是我们持久作战的方针。在这一方针下，海军各兵种使用，在现有的装备条件下，应以保存自己消灭敌人，利用有利的天时气候和岛岸海区的地理条件，进行隐蔽突然袭击，消灭分散和弱小的敌人为原则。

再次，根据军事态势、作战方针，萧劲光提出，以分散的海上游击战与在有利条件下集中打击的歼灭战相结合，也就是说，海上破袭战与沿海抗登陆战相结合，是未来海上作战的一种主要作战形式。他说，我们与强大对手在技术装备上的差距，在相当长的时间内难以弥合。敌强我弱的状况决定我们海上作战的战术，不能作堂堂之阵的大编队对垒，只能利用突然性，用破袭游击战术，不断打击消灭敌人，积小胜为大胜，充分利用和发挥我之有利条件，利用和制造敌人的不利条件，进行持久作战。同时不放弃有利条件下对敌人实施集中打击的歼灭战，逐步转变敌我力量对比，求得最后歼灭敌人。在敌人向我进行大规模登陆进攻时，海军当在军委意图下积极配合陆、空军进行抗登陆作战，把主要打击放在敌上陆阶段（目前海军力量，尚难以在中远海对敌进行有力打击）。在敌拟登陆的近岸海区，可以利用我一切力量协同陆、空军进行有准备的作战，以逸待劳，歼灭敌人；敌一旦从海上侵入我国国土，敌我形势将会发生很大变化。敌人将由集中进攻转为分散活动，由远海到近海，由彼岸到我岸，利用我岸作为他们的基地，利用我海区作为他们的海区，利用我之交通线作为他的交通线。同时为了支援其上陆部队作战和在我海区兵力的活动，敌势必依赖大洋、远海的交通线，由纵深海区向前沿不断进行后勤物资和人员的输送。这样，敌人的交通运输将更加频繁，兵力更须分散防守和巡逻警戒，从而为我们造成进行内线中的外线，防御中的进攻，持久中的速决作战创造条件，也极易造成敌在总体优势下的局部劣势。我们海军的中远海作战兵力，如潜艇、远程航空兵和导弹舰只，就能在远离我岸的敌交通线上，或纵深海域进行独立作战，以海战场的独立作战行动配合陆战场陆、空军作战。这实际是统一战略部署下的海上独立战场。我认为，海军兵力在敌人纵深海区开辟海上独立战场，进行破袭游击战，对扰乱牵制敌人削弱敌人有生力量，迫使敌人分散海上兵力，将在战略上对陆战场起积极配合作用。

最后，萧劲光具体分析了分散的海上破袭战与有利条件下集中打击的歼灭战相结合的作战形式所具有的特点。他说，这些特点归纳起来即“四性”：广泛性、突然性、进攻性和灵活性。这些特点决定了这一作战形式，利于我们扬长避短，克敌制胜，打退一切敢于来犯的敌人，保卫海防，保卫我们祖国的安全。

7 月 17 日至 20 日，海军系召开了由教授会、训练处、研究室和学员班的领导参加的座谈会。大家用 3 天的时间，对萧劲光的报告进行了学习、讨论。讨论中，大家虽对个别提法感到有待商榷，但整体上认为，萧劲光的报告目光深远，见解精辟，符合实际情况，解决了多年来海军没有解决的问题。高级班学员田震环（后任海军指挥学院院长）在晚年的回忆文章中怀着钦敬的心情记述了这次听报告的情景：“萧劲光同志关于海上破袭游击战的精辟论述，为海军党委确定海军的作战指导思想、作战方针和作战原则提供了重要的理论依据，对我院的教学、研究工作以及海军部队的作战和建设产生了深远的影响。它不仅是我们搞好教研工作的指南，而且是海军军事学术理论的宝贵财富。”

8 月，主持军委日常工作的彭德怀看了海军上报的萧劲光的报告，非常赞成他的意见，在文件上批示说：“劲光同志，你在南京军事学院海军系的报告，我已经看过了。我认为是适合海军建设、作战和训练的，使之贯彻到海军全体人员中，是有好处的。”

之后，萧劲光根据海军系、海军领导和机关人员提的意见，对这一报告再次进行了修改，便以海军文件形式下发部队学习贯彻。此后若干年里，萧劲光这一关于未来海战问题的思想，在海军作战、训练中一直发挥着重要的指导作用。

二、受命出击，封锁金门

海军组建最初几年，部队战斗频繁。但除解放沿海岛屿的少数战斗外，大都是“遭遇战”，反击国民党海军劫掠、袭扰。海军部队第一次有战略目的的受命出击，是 1958 年八九月间进行的封锁金门（又称炮击金门）的战斗。

这是一次为反对帝国主义侵略行径而举行的特殊形式的战役。

1955 年一江山岛、大陈岛相继解放后，人民海军根据中央军委的决定，由积极准备解放台湾等沿海岛屿转入正常防御。台湾国民党当局在内外交困、海空优势逐步丧失的情况下，也减少了对大陆沿海的袭扰，改为“以政治反攻为主，军事为辅”，“稳定前线，确保台澎”。台湾海峡的形势一度缓和了许多。然而，时过不久，随着国际形势的变化，台湾国民党当局的这一方针就完全变了。

1958年初夏，由于长期矛盾积累和帝国主义插手，中东地区发生了一系列政治事变，形势异常复杂。5月9日，黎巴嫩举行了反对本国夏蒙政府的武装起义。7月14日，伊拉克发生武装政变，推翻费萨尔王朝，建立了伊拉克共和国。美、英两国为了保持他们在中东的殖民利益，悍然出兵干涉。7月15日，美国海军陆战队3个营在黎巴嫩首都贝鲁特附近登陆，并且还在继续调兵；两天后，英国也将3个步兵营、1个伞兵大队空降约旦。与此同时，美国命令其驻远东地区的陆海空部队加强巡逻，全部进入戒备状态。英、美两国的武装干涉，破坏了中东地区的和平，激起了世界爱好和平人民的无比愤慨。而台湾国民党当局却暗中窃喜。他们不仅对美、英的侵略行动公开表示“完全支持”，而且积极策应，叫嚷“加速进行反攻大陆的准备”，连续组织海军演习和空防演习，高级将领频频到金门、马祖地区活动。台湾海峡的局势再次紧张起来。

7月18日晚9时，军队高级干部会议在中南海举行。会议由惯于夜间工作的毛泽东亲自主持。萧劲光出席了会议。其他出席会议的也俱为新中国军界首脑、开国元戎。他们是，中央军委副主席、国防部部长彭德怀，总参谋长粟裕，副总参谋长黄克诚、陈赓，空军、炮兵、工程兵司令员刘亚楼、陈锡联、陈士榘，总政治部副主任萧华，总后勤部部长洪学智。这么晚把大家召集来，毛泽东是要将自己几天来思考的一个重要决策，与大家共商。他的观点很明确：“支援阿拉伯人民的反侵略斗争，不能仅限于道义上的支援，要有实际行动的支援。”

长期血火与共的将帅间，思想是相通的。无须太多的话语，大家已经明白：采取军事行动，打击美帝的嚣张气焰，对蒋介石反攻大陆的叫嚣做出有力回应！

将军们跃跃欲试，静候主席下令。毛泽东说，炮击金门！以地面炮兵实施主要打击，打它几个月。这样既可严惩台湾，又可以牵制英美的军事力量。而且，由于是在我近海作战，我进退自如，不会给敌人扩大战火找到借口。

总参谋部很快作出了战斗部署。下达给海军的主要任务是：协同陆军、空军，以海岸炮兵打击敌人的运输和战斗舰船，控制敌舰船停泊点和飞机场，压制敌远程炮兵阵地。水面舰艇则在海岸炮兵协同下相机袭击敌航行和停泊之舰艇，切断敌人海上交通线。海军航空兵配合空军作战，夺取福建沿海的制空权。作战任务主要由东海舰队承担。

萧劲光深切理解毛泽东的战略意图，也掂得出这一特殊战斗的分量。任务一明确，他当即与海军政委苏振华、参谋长周希汉议定，在与金门隔海相望的厦门市设立海军前线指挥所，由东海舰队副司令员彭德清担任海军参战部队指挥员，并急电彭德清速来京接受任务。

彭德清，福建省同安县人，一年前才从朝鲜战场回国。听说有任务，他立即动身，当天就搭乘国务院副总理李富春的专机抵达北京。

萧劲光亲自向彭德清下达任务，传达中央军队高级干部会议精神。明确海军的任务后，萧劲光又具体谈了自己对战役的认识和思考。他说，炮打金门，或者叫封锁金门，毛主席考虑得很深很远。这是军事战，更是政治战、外交战。作战的目的，既不是单纯为了消灭敌人，也不是要攻占金门，而在于牵制美国军事力量，惩罚蒋介石。所以说，这次战斗，不比往常只是简单的要打狠、打败，而是要打好，恰到好处。一句话，这一仗政策性非常强。讲到兵力部署，萧劲光问道，金门的情况你们掌握吗？最近有无变化？

作为华东海军主管作战训练的首长，彭德清当然熟悉金门的情况。他简约地向萧劲光作了介绍：

金门岛由大金门、小金门两部分组成。大金门面积120平方公里，小金门只10多平方公里。此外还有大担、二担、东碇等几个小岛，面积更小。但设防很重。其最高机构是“金门防卫部”，司令官胡琏，下辖6个步兵师、2个战车营，加在一起8万余人。再加上部分舰艇部队、空军部队。岛上火力配备比较强。仅105毫米口径的大型火炮就有308门，另外还有90（毫米）高炮32门，40（毫米）高炮114门，轻型战车106辆。

彭德清说，小金门最近处距厦门只有6公里。您上次去的时候，天气不好。晴朗天气，金门的整体面貌历历在目，完全处于我围头、莲河、厦门、镇海等阵地三面包围中。

听了彭德清的介绍，萧劲光对他如此熟悉情况很满意，遂向他宣布了参加战斗的部队，又一起研究了从旅顺、上海等地调集兵力，及战场部署问题。萧劲光强调：海军所有参战部队都归“海军前线指挥部”指挥，归你指挥。在云顶岩、东屏山、三都澳、围头等几个重要阵地，都设指挥所，要指挥到位。“当然啦，这是我们的考虑，回去你要向叶司令汇报，叶飞司令员是前线总指挥，要按前线总指挥部的部署要求落实。”

一声令下，部队紧急行动起来。为了收到出敌不意的效果，整个行动严格保密：车运艇只、火炮，一律用帆布封盖。参战官兵任何人都不准写信，多数人还换穿了陆军军服。8月6日，通过火车从上海启运的十几艘鱼雷快艇抵达厦门港。8日，从南海方向赶来的高速炮艇大队驶抵指定海域。9日、10日，从南海、北海几个方向调来的炮连先后到达厦门。通过几天紧张的调整部署，20日前，从海军各部队抽调的兵力，如期赶到福建前线，并按照总前指的指示展开部署。此外，还有海军航空兵两个团，计有飞机53架，配属福州军区空军，由“空军前线指挥部”指挥。

从抵达厦门开始，部队调整等重大行动全部在夜间进行，并实行灯火管制、无线电静默，使用消音器。舰艇抵达待机点后，均在渔船内侧停靠，火炮加盖伪装网。事实证明，整个保密工作做得异常成功。数以万计的陆海空部队大调动，一次次增加兵力，调整部署，咫尺之隔的金门国民党军竟丝毫没有发觉。

8月20日，蒋介石到金门视察，在“金门王”胡琏的陪同下绕金门转了一圈后，进行了鼓励、训话。

8月23日，国民党“国防部长”俞大维带领“澎湖防卫部”副司令吉星文等一行到金门巡视。胡琏定于下午6点30分在闲适幽静的水上餐厅举行欢迎宴会，从5点已开始进行紧锣密鼓的准备。而此时的台北市，军政要员为美军新派来的驻台协防司令斯奈德洗尘的宴会，正在热烈地进行……

下午5点30分，嗵！嗵！嗵！一发发炮弹飞过海峡，飞上金门岛，倾泻在国民党军的阵地上。在总前指的统一指挥下，炮击金门的战斗打响了。被突然天降的炮弹打蒙的国民党军，十几分钟后才缓过神来，疯狂开炮反击。海岸炮兵一〇七连、一六〇连、一五一连、一〇八连的战士均早有准备，于是密切协同，全力压制大金门旧城、鹊山等地国民党军的炮火。岸炮一四九连、一五〇连，则集中火力轰击停泊在料罗湾的舰船……

炮战进行了1小时又25分钟。这是后来被称为“炮击金门”战役的第一次战斗，也是此次战役规模最大的战斗之一。这次战斗中，单是海军岸炮部队就发射炮弹2600余发。金门国民党军6个155加农炮阵地完全被人民海军海岸炮的强大火力所压制，岛上多处军事设施被击毁。金门防卫部中将副司令赵家骧、澎湖防卫部中将副司令吉星文被当场击毙。金门防卫部参谋长刘明奎以下数百人受伤。由于强大的炮火压制，敌人的反击没有给解放军部队造成太大的破坏，但也有部分阵地被毁，个别官兵受伤。后来被誉为“海边青松”的海军战士安业民就是在这次战斗中受伤后牺牲的。

首次炮战结束后，为了防备驻泊在料罗湾的国民党军舰外逃，23日夜，海军前指即命某部鱼雷艇第一大队秘密航行到镇海湾，隐蔽待机。翌日下午，围头和莲河的海岸炮兵连奉命向停泊在大金门料罗湾内的国民党军舰射击。一阵猛烈炮轰后，敌舰船不同程度中弹。“台生”轮和“中海”号登陆舰遂拔锚向外逃跑。发现这一迹象，海军前指便命镇海指挥所出动鱼雷艇队前往截击。在海岸炮的掩护下，待机的鱼雷艇第一大队两个中队6艘鱼雷艇顺利通过敌占东碇岛，出其不意地出现在“台生”轮、“中海”号面前。敌舰尚未来得及做出反应，两个鱼雷艇中队已闪电般地施放了鱼雷。几枚鱼雷飞出，“中海”号被击中后狼狈逃走，“台生”号在惊天动地的爆炸声中沉没海底。

金门被炮击后，损失惨重，急需补给。9月1日下午，国民党海军“美坚”号登陆舰在“沱江”号等3艘猎潜艇的护送下，从马公向金门输送兵员和物资。人民海军舰艇编队奉命再次出击。某舰艇大队3艘护卫舰把“沱江”号猎潜艇打得甲板上空无一人，机舱起火，沉没在拖回澎湖岛的途中。

战斗开始一段时间，萧劲光正在北京研究派海军代表团赴苏谈判的事。炮击发起后，前线的战斗也使他心悬千里，坐卧不宁。虽然几乎每天都有“战报”报来，但这使他赶赴前线的心情越发迫切。9月初，赴苏谈判事宜一经安排落定，萧劲光便与副参谋长张学思等立即登上南去的列车，直赴福建前线。

炮击金门，虽然直接打击的对象是国民党台湾当局，却紧牵着美国的每一根“神经”。首次炮击之后，国民党当局大为震惊，美国政府更震惊。他们对解放军的行动意图摸不透，特别是美国十分紧张。据《参考消息》报道，当时美国方面认为，这可能是共产党向台湾发动进攻的前奏。美国在向台湾海峡增兵的同时，国务卿杜勒斯于9月4日发表声明，表示要“使用美国的武装部队来确保金门和马祖的有关阵地”。为此，中国政府亦于9月4日发表关于领海的声明，宣布中国的领海宽度为12海里，“一切外国飞机和军用船舶未经我政府许可，不得进入中国的领空和领海上空”。9月6日，周恩来受权代表中国政府发表关于台湾海峡地区局势的声明：台湾和澎湖列岛自古就是中国的领土，不容许任何外国干涉。如果美国政府继续对中国进行侵略和干涉，把战争强加在中国人民头上，必须承担由此产生的一切后果。

1958年10月，萧劲光（右一）在福建前线检查海军部队炮击封锁金门作战情况。

萧劲光来到厦门前线，来不及吃饭、休息，就在海军前指听取了彭德清的工作汇报。彭德清在介绍汇报全面情况的基础上，重点讲了175鱼雷艇因主机失灵，与其他艇相撞沉没等几个问题，以及应汲取的教训。萧劲光笑着说：“你们的功劳和成绩我们已经记下了。打仗嘛，有得有失，这是兵家常事。要注意总结经验教训，以利增强我海上作战的能力。整个这次战斗比较特殊，是封锁战，在封锁中消灭敌人的有生力量，破坏他们的装备和物资，而不是全歼。蒋介石的后台老板——美国，已经坐不稳屁股了。但还是要他们把金门这个包袱背着。”接着，在彭德清的陪同下，萧劲光到医院看望了伤员。

看望伤病员后，萧劲光更急切地想见到前沿阵地的情况，遂向彭德清提出，到前沿阵地看看。连续几天，敌人不断打零炮，彭德清担心发生意外，不同意去，并一再说，想了解哪方面的情况，我都可以找人来。明天先上云顶岩指挥所，然后再去天坪山岸炮阵地，这样既看了金门的全貌，也可以看到炮兵战士，前沿首长就不要去了吧！萧劲光严肃地说，过去打仗，我们不是经常在第一线吗？现在怎么了，指战员们在前沿阵地流血，我们都不能去看看大家。

第二天天刚蒙蒙亮，萧劲光就起了床。匆匆吃过早饭，他便拉上张学思上车出发了。张学思不清楚怎么回事，直问“到哪里去”，萧劲光说，一会儿你就知道了。

吉普车沿着崎岖的山路颠簸行进。爬过几个山坡后，弹痕越来越多，眼见战场就到了。这时，张学思已完全明白了。想到昨天萧劲光并没有说一定要来，张学思兴奋地说，真想不到你还有这一手。大家就一起看望阵地上的官兵，借助手中的望远镜察看金门岛上的动静。

或许是敌人发现了什么，只听一阵“咣咣”巨响，几十发炮弹炸落在附近山头。彭德清遂问萧劲光，是不是反击一下？萧劲光说，你下命令吧！

一声令下，附近数十门炮同时打响，将敌人的炮火压了下去。

接下来，萧劲光在彭德清的陪同下又视察了围头、云顶岩几个指挥所，看望了阵地上的官兵，检查了防护措施。看到前线几个指挥所比较分散，为便于指挥，萧劲光当场决定，给指挥所增配两辆小车。回到驻地，他又找来有关部门的领导，研究决定立即组建一所医院，以有利及时抢救伤员。

随后半个多月，萧劲光一直在福建前线，有时与彭德清共同研究作战方案、指挥战斗，有时到前线看望官兵，对官兵进行教育动员，说明为什么“打而不登、围而不死”，讲毛主席的战略思想，讲这场战斗的深远意义。

在打打停停的过程中，海军不断总结经验，越打越主动，越打越精。从 8 月 23 日至 10 月 20 日，海军参战部队，参加较大型的炮击 47 次，海战 3 次，空战 2 次。共击沉敌各类舰艇 5 艘，击伤 16 艘，击毁水陆两用运输车 18 辆，击落击伤敌机各 2 架，毙伤敌官兵 800 余人。突然的炮击，又打打停停等一系列做法，令美国政府又惊又疑。开始他们以为解放军要拿下金门、解放台湾，于是急忙从地中海、太平洋、西太平洋、日本等地，向台湾海峡大举调兵。后来看形势发展和解放军的行动，又感觉不像，始终没有弄清中国政府到底想干什么，进退两难，举棋不定。为了摆脱困境，最后又企图逼迫国民党从金门、马祖地区撤兵。同时，在华沙谈判中玩弄“停火”的阴谋，通过放弃金（门）、马（祖），换取侵占台湾的合法化。针对美国这一阴谋，中共中央又采取了“留住金门，拖住美国”的决策，通过打打停停，发表公告申明利害，使国民党军无法撤离。

台湾海峡牵制了美军的兵力，也吸引了美国政府的注意力，中东地区的紧张局势明显缓和。

此次炮击金门战斗中，人民海军部队伤亡官兵 105 人，沉鱼雷艇 3 艘，伤鱼雷艇、护卫艇共 3 艘，损坏火炮 3 门。海军部队英勇顽强，敢打敢拼，圆满完成了军委赋予的作战任务，涌现了一大批可歌可泣的英雄个人和集体。

炮战开始不久，国民党军一颗空炸榴弹在镇海一五〇连阵地数米高的空中爆炸，弹片点燃了火炮后的弹药包。一五〇连方向瞄准手安业民为了保护火炮，在全身 70%烧伤的情况下，仍顽强坚持战斗，直至炮战结束。后因伤势过重，抢救无效，光荣牺牲。战后，安业民的英雄事迹很快传遍福建前线，传遍全军、全国。党和国家领导人朱德、林伯渠、郭沫若、谢觉哉、彭德怀等，先后都为安业民题了词。记述安业民英雄事迹的通讯《海边青松》《非凡的40分钟》，分别被编入了中小学课本。海战中落水的官兵们临危不惧、视死如归。为了战斗的胜利和祖国的安危，他们紧紧团结在一起，顽强地同大海和死神作斗争。以他们的英雄事迹为素材，战后不久拍摄了优秀故事片《无名岛》《海鹰》等。

在集中、大规模的炮战结束后，总前指司令员叶飞作了总结讲话。他说："炮击金门的重大胜利，是由于毛主席的英明决策。毛主席运筹帷幄，制胜于千里之外。炮击金门，打在老蒋，痛在美帝，声援了中东黎巴嫩人民的斗争，大长了中国人民的志气。根据中央军委的指示精神，这次炮打金门'打而不登、围而不死'。敌人要走，我们抓紧不放他走。打打停停，停停打打，双日停，单日打。如岛上有困难，我们还要给予帮助，节日还可以放焰火联欢。台湾终究要回归祖国。所以我们这次炮打金门，打的是政治仗……当然，打政治仗，要有资本，这就是我们的军队，我们的炮兵，我们的飞行员，我们的海军，是好样的！"

1961年5月，萧劲光（右二）陪同叶剑英（右四）观看水兵操演。

三、新中国海空不容侵犯

进入20世纪60年代以后，台湾国民党当局自知其所谓海空优势已基本丧失，到大陆近海的袭扰活动减少了很多。但这时，随着越南战火的扩大，南中国海方向形势却异常紧张起来。

1964年8月，美国派遣驱逐舰悍然侵入北部湾，并连续派出飞机轰炸越南北方，制造了震撼世界的"北部湾事件"。与此同时，美国无视中国政府的严正抗议，派遣军舰侵入南海海域，袭劫中国渔船，打伤渔民，并派出飞机对中国沿海和内陆进行侦察骚扰……中国南部边境的安全受到严重威胁。

萧劲光一面部署部队加强巡逻警戒，一面请示军委调集兵力打击美军的侵犯袭扰。1965 年 1 月中旬，军委值班人员把电话打到萧劲光的办公室：毛主席看了南海的军情急电，提议调你们十团去海南……

增加海南的防空兵力，是萧劲光多日来一直思考的问题。萧劲光没有想到，日理万机的毛泽东对南海的事竟如此关注，且决策意见这样具体。那天看了电报，毛泽东说，他们来捣乱，就打，坚决反击。海军不是有个十团吗？他们在哪里？

毛泽东所说的十团，即海军航空兵第四师第十团，是时，正在浙东海防前线执行作战任务。

十团原为空军的一个团，在朝鲜战场击落敌机多架，立下了卓越战功。抗美援朝战争结束后，调归海军，经过严格的海空训练，战术技术水平进一步提高。在解放一江山岛战斗和护渔护航战斗中，先后击落敌机 4 架，击伤 3 架。1958 年初，在山东胶东地区上空开创了在 1.5 万米上空击落国民党高空侦察机的先例。之后，转战福建、浙东沿海。1964 年 12 月，十团副团长王鸿喜驾歼 -6 单机起飞，将窜入浙江温岭以南上空的国民党 RF-101 侦察机击中坠海，飞行员跳伞被民兵生俘。此后，毛泽东与全国人大常委会委员长朱德一起接见了王鸿喜等作战有功人员。毛泽东称赞王鸿喜“打得好”，并牢牢记住了十团。

接到军委的指示，萧劲光迅即研究调整部署，命十团转进海南岛。并通过电话明确指示：“你们此去是毛主席点将。作战对象是美国空军不是国民党空军，困难大得多。希望你们不要辜负毛主席、中央军委的信任，发扬十团的光荣传统，旗开得胜，打出威风！”

2 月初，由飞行大队长张炳贤、副大队长舒积成等空地勤 29 人组成的十团机动作战小分队，在师参谋长辛英元带领下飞抵海南岛。此后，机动小分队和驻琼海航

1964 年春，萧劲光（右一）视察海军驻旅顺某基地，与海军北海舰队司令员刘昌毅（右二）随舰出海，检查训练情况。

部队一起，与骄横的美军开始了不屈不挠的空中较量。

3 月 23 日，南海舰队航空兵作战指挥所接到敌情通报：美国高空侦察机 24 日中午前后有可能对海南岛地区进行窜犯。十团机动小分队提前两小时，于当日上午到达机场，做好一切准备，待命迎敌。

美军使用的是 AQM–34A 型“火蜂”式无人高空侦察机。这种飞机，翼展 3.91 米，机长 7.01 米，飞行马赫数 0.96，飞行高度 18600—20000 米。机体小，无人驾驶，全靠无线电遥控和程序控制。作战使用中，一般先由大型运输机充当“母机”，将其带到预定位置，然后脱离母机，按既定航线自动摄影侦察。该飞机头部装有功能强大的照相机，可以将纵横数百里空域下方的建筑、军事设施，清晰地拍摄在胶卷上。此前，驻岛海航部队装备的是歼 –5 型飞机。由于飞行高度、速度的限制，无法与美机交战，已多次眼看着敌机无所顾忌地侵入领空。

一次又一次侵入中国领空侦察得手，美军甚为得意。美军发言人在若干场合宣称它们的无人驾驶高空侦察机是“世界第一流的侦察机”，“能对付它的飞机，中国没有”。仅就飞机性能而言，这话不是吹嘘。中国飞机确实无法与其相比。十团装备的歼 –6 型战斗机，当时在海航部队是最先进的，其实用升限也只有 17500—17900 米。针对这种情况，南航领导与机动小分队一起进行了分析研究和试飞训练。经过分析，大家发现，敌机有飞行高度和速度上的优势，但也有明显的弱点：只能按预定程序飞行，即使遇到攻击也不会机动规避，更没有反击能力。因此，只要飞机能达到敌机的高度，就有机会把它打掉。

为了解决歼 –6 飞机升限高度不够的问题，部队采取了许多措施。先是拆掉了飞行员座椅的防弹钢板，后又拆掉了一门机关炮，以减轻飞机的重量。飞行高度仍不够，就研究从飞行员操作技术上突破……显然，这有非常大的危险，但使命如生命，决心歼灭空中强盗保卫祖国尊严的英雄们，顾不了许多了！

是日中午 12 时 58 分，美国高空侦察机果然又出现在警戒雷达屏幕上，并很快进入我领海线上空。指挥所果断下达命令，由飞行中队长王相一单机迎敌。

已待命多时的王相一接到命令，以最快的速度开车，一起飞便使用加力爬高，扑向待战空域隐蔽截击。1 时 40 分，王相一奉命投掉副油箱，一面爬高一面修正航向，接近敌机。当与敌机相距 411 米时，王相一瞄准敌机，压下了火炮按钮。敌机左翼冒烟了。王相一紧追不舍，再次开炮……被再次击中的敌机变作火球，从 17400 多米高空歪歪斜斜向外海扎下去，坠入大海。

王相一接到返航命令时，飞机的油料已耗尽。遂按照地面指挥员的指挥，就近机场安全着陆。

美国高空侦察机被中国海军打掉了！消息传到华盛顿，白宫、五角大楼的首脑们惊诧莫名：这是真的？中国有什么秘密武器？它们不愿相信，更不甘心，于是在一个星期之后——3 月 31 日，美军再次派出无人驾驶高空侦察机侵入海南领空。

中午 1 时 48 分，指挥所下达起飞命令，副大队长舒积成与王相一相继起飞迎敌。在总结初战经验的基础上，他们巧妙出击，步步逼近，大胆接敌。500 米、300 米……110 米，敌机的投影已超出瞄准具光环，舒积成果断按下炮钮。霎时，敌机左右两翼同时火光四溅。2 时 10 分，美机便燃烧着向海南岛三亚以北栽去。

从舒积成驾机起飞到把美机击落，前后用了 22 分钟！

海军航空兵在一星期内打掉了两架美国高空侦察机！举国上下一片欢腾。4 月 3 日，国防部授予舒积成“战斗英雄”称号，给王相一记二等功。萧劲光派专机将他们接到北京，毛泽东、周恩来等亲切接见了他们。

接连被打掉两架高空侦察机，美军不能再无所顾忌，然而侵略本性决定，他们不肯就此罢休。经过几个月的策划，同年 8 月 21 日，美国无人驾驶高空侦察机又一次出现在海南岛上空。接受前两次失败的教训，这一次，美军变了个花招。用一架 C–130 运输机带着两架高空侦察机起飞，设定位置分两次在空中投放，一架做掩护，一架侵入海南上空侦察拍照。南航首长识破了敌人的诡计，命令经验丰富的舒积成驾机迎敌。舒积成不畏艰险，直赴预定空域迎敌。在与敌机相距 58 米的形势下开炮射击，把敌机一举击落。

不到半年的时间，机动小分队先后击落美国无人驾驶高空侦察机 3 架，海军航空兵声名远播。世界舆论好评如潮，许多国际友人通过多种形式向中国表示祝贺和支持。

美军在频繁派出高空侦察机在海南上空侦察拍照的同时，还多次直接派战术战斗机飞临海南岛、广东一带上空，袭扰挑衅。美军经常出动的飞机是 F–4 型战斗机。这是美国新研制的“第二代超音速”战斗机（时称“鬼怪式”），最高时速达 2300 多公里，实用升限 18000 米，作战半径 1000 公里，雷达、武备也非常先进。而海航的飞机无论升限高度还是飞行速度，都与美机相去甚远。基于这种情况，加上美机多在中国领海线上空作“S”形“擦边”飞行，忽进忽出，为避免打伤的敌机落在公海，引起纠纷，海军一度曾规定以“驱赶”为主，一般不先敌开火。美军发现这一点，越发得寸进尺，对中国海空的侵犯、袭扰越发频繁、深入。

1965 年 4 月 9 日上午 8 时许，南航部队警戒雷达发现，在榆林港正南 150 公里处，美军 8 架 F–4B 型“鬼怪式”战斗机，分两批先后从“突击者”号航空母舰上起飞，向海南岛逼近。南航指挥所遂向驻陵水场站的航八师第二十四团谷德合中队（一号机大队长谷德合，二号机飞行员程绍武，三号机中队长魏守信，四号机飞行员李大云）下达命令：“起飞巡逻，监视敌机。”

美机离海南岛越来越近……第一批 4 架飞机在靠近莺歌海后突然掉头回返，循原航线逸去。第二批则径直向前，4 架飞机相继侵入乐东地区上空。发现敌机已进入领空，谷德合等 4 人驾着 4 架歼 –5 飞机，排开队形迎上去。

敌我双方飞机各 4 架，8 架战斗机在空中同时相向排开，这在往常是很少有的。谷德合他们清楚，自己的飞机性能不能与美机比，必须用勇敢和智慧消灭敌机。谷德合中队 4 个人都是空中高手。大家凭着高超的技术，默契的配合，很快与敌机展开近战格斗。格斗中，四号机李大云被美军三号机咬尾，李发现后迅疾转弯摆脱，美机扑空冲向前。李大云占据有利位置，反咬住了这架美机。这时，美四号机又咬住了李大云，并向李大云发射了导弹。令他们没想到的是，李大云动作敏捷，已巧妙地转弯避开，导弹直接命中了被李大云逼得左右机动，企图逃脱的美军三号机。瞬间，美机立即起火向下坠去。李大云一边向指挥所报告“美军发射导弹”一边反扣咬住美四号机。美四号机见形势不利，便慌忙下滑逃跑。李大云又掉头会同谷德合等一起扑向美军一、二号机。美二号机见势不妙，慌忙向谷德合等连续发射导弹 4 枚，均被有效摆脱，在谷德合等两机下方 300 米处爆炸。导弹打空，且被李大云等反扣追踪，美机更加惊慌，遂增速下滑，狼狈逃出我领空。9 时，谷中队 4 架战机奉命安全返回机场。

战后海航机关总结提出，此次空战创下了“三个第一”，即“第一次在我领空与美军性能最好的飞机交战；第一次在同温层（同温层，是指 12000 米以上的一个高空空间。由于自然条件的限制，此前世界军史上尚没有在同温层空战的记录）与美机交战；第一次与美军带导弹的飞机作战”。近 20 分钟的交战中，海航的英雄飞行员谷德合、李大云等，严格执行上级不首先开炮的指示，未发一弹。而骄横的美军连发 6 枚“麻雀”型导弹，击落了自己的伙伴，从而创造了空战史上的“奇迹”。

战斗结束，战况迅速报到海军司令部、总参谋部，直至中南海。毛泽东明确批示：“美机入侵海南岛，应该打，坚决打。”“海军应该调强的部队去，不够就由空军调强的部队去。美机昨天是试探，今天又是试探，真的来挑衅啦！既来，就应该坚决打！”接到毛泽东的批示，萧劲光在组织党委、机关学习贯彻的同时，主持

1964 年 5 月，萧劲光视察海军驻海洋岛部队。

起草了《关于处置海、空情况建议的报告》，建议改变原先“一般不予攻击”的做法，根据目前情况作出相应规定。报告报送总参、军委。时过不久，军委便重新修订颁发了《沿海地区海、空军情况处置原则》，要求各飞行部队高度警戒，严加防范，坚决打击、消灭入侵之敌。

美军不可能知道中国海、空军已经改变了“沿海军情处置原则”，故伎重演，依然不时派飞机侵入中国领空。

9 月 20 日上午，海南岛军民像全国各地一样，都在兴高采烈地工作、生产，准备迎接建国 16 周年。近中午 11 时，美国一架 F-104C 型战斗机飞临海南岛西岸，依旧沿中国领海线擦边飞行，时而进入领空时而飞出领空，进行袭扰、挑衅。南航指挥所见时机已到，果断下令：“十团双机出击！”

1964年6月16日，萧劲光（右一）陪同周恩来（右二）、聂荣臻（右三）在北京接见击落国民党空军P2V-7型电子侦察机的海军飞行员陈根发（左前）等有功人员，听取战斗情况汇报。

1964年6月25日，海军在青岛召开击落国民党P2V-7型电子侦察机、打击小股匪特经验交流会议。图为萧劲光在会上作总结讲话。

随着绿色信号弹升起，十团飞行大队长高翔、副大队长黄凤生腾空而起，直插云天。

F-104C战斗机，是美国接受朝鲜战争的教训专门研制的一种新型战斗机。2倍音速，携带4枚“响尾蛇”导弹，美军自诩为“歼击机20世纪末代”。这种飞机自出世以来，还未曾遇到过敌手。

高翔、黄凤生很快捕捉到了目标。他们在地面指挥员的引导下，凭着高超的技术在万米高空与敌人斗智斗勇。逼近、再逼近，距离敌机只有30公里了，高翔以最快的速度向正在爬高的美机扑去。“你放心打，后面我掩护！”黄凤生鼓励高翔。距敌机越来越近，只有300米了！嗵！嗵！嗵！高翔手压住射击按钮，从291米处开炮一直打到与敌机相距39米。“打中啦！”黄凤生一边高兴地呼喊着，又迅速反扣，向坠落的敌机补了几炮。美机被连连击中，瞬间变成一个大火球，爆炸着坠落下去。由于相距太近，高翔的飞机被敌机爆炸的碎片损伤了10多处，致使右发动机停车，机身剧烈抖动。高翔小心谨慎驾驶着，以单发动机胜利返回机场。

高翔以高超的飞行技术和大无畏英雄气概，创造了空战史上短兵相接的纪录，成为世界上打掉F-104C型战斗机的第一人。

美军飞行员菲利普·史密斯（军号4360）技术也是高超的。在飞机被击中的同时，他果断地跳伞了。在琼州海峡渔民一片“缴枪不杀”的喊声中，史密斯乖乖地捧出用13国文字写印制的“身份证”，这是美国国防部发的“救命符”，史密斯做了俘虏。

从“世界第一流”的高空侦察机到最先进的战斗机连连被击落，五角大楼被震惊了。此后一年多的时间里，美机再没敢轻举妄动。直到“文化大革命”开始后，美军才又在海南一带开始活动，企图趁中国内乱捞便宜。但也仍然一次又一次被击落，没能逃脱失败的命运。事实说明，只要帝国主义霸权野心一天不变，侵入他国领海、领空的事就是不可避免的。但有一点，美军已经明白：中国飞行员不是好惹的！新中国领空不容侵犯！

当年国庆节，萧劲光派专机将作战有功人员高翔、黄凤生、王朝玉、王立珠、郑植暖、舒积成以及民兵代表符气合等，接到北京参加了国庆观礼。10 月 3 日、10 日，周恩来、毛泽东先后接见了他们，并与他们一起合影留念。

机动小分队的赫赫战绩为英雄的十团增光添彩。同年 12 月，中华人民共和国国防部颁发命令，授予十团“海空雄鹰团”的荣誉称号。

时光如流，转眼到了 1989 年。当年被俘的美国飞行员史密斯再次来到了中国。他是 1971 年被释放回国的。回国后，他做了商人，有了一笔不小的资产。此次到上海后，史密斯通过有关方面表示，希望见见当年的空中对手。中国满足了他的要求。高翔与史密斯在上海一个高级饭店里见了面。

当年他们都是 20 多岁的青年，而今都两鬓染霜，年近半百了。谈起当年的战斗，史密斯说：“你们是为了自己的祖国，而我，当时并不愿意到越南打仗。”“现在，我更不愿意看到美国和中国对抗，我希望中美友好。”高翔笑着说：“我们从来不愿意打仗，也不会无缘无故到别国去。但是你们非要来，我还会上天把你们打下来。”史密斯开怀地笑着：“这我相信，你是世界上最好的飞行员！”

他们像老朋友一样，说说笑笑，谈了 4 个多小时。高翔还请史密斯一起观看了“海空雄鹰团”飞行训练的录像带。看后，史密斯真诚地说：“败在你们手下，我不感到耻辱。这样的军队是不可战胜的。”

四、西沙岛上雄风永驻

萧劲光关于海上破袭战的思想，是毛泽东游击战思想在海战中的应用和发展。他这一思想于 1963 年提出来后，经海军党委讨论、研究，修改过多次，后报军委审定批准，在部队贯彻实行，指导部队的作战、训练。发生在 1974 年的西沙之战，是这一作战样式的成功战例。

西沙群岛，是中国南海诸岛中比较大的岛群之一。它位于海南岛东南约 330 公里处，由宣德、永乐两个岛群组成，总面积约 10 平方公里。永兴岛是西沙主岛，广东省（后属海南省）驻西沙、中沙、南沙群岛办事处，设在这里。

南海诸岛自古以来就是中国的领土。新中国成立初始，中国政府外交部部长周恩来在《关于美、英对日和约草案及旧金山会议的声明》中指出：“西沙群岛和南威岛，正如整个南沙群岛及中沙群岛、东沙群岛一样，向为中国领土。”之后，中国政府在许多重要场合，又多次重申了这一立场。

由于西沙所处战略地位重要，又有丰富的自然资源，与其毗邻的南越西贡当局一直怀有领土野心。早在 20 世纪 50 年代，他们就出兵侵占了其中的珊瑚岛。1973 年 9 月，西贡当局趁中国“文化大革命”动乱之机公然宣布，南沙群岛中的南威、太平等岛屿为他们的领土。到 1974 年初，其侵略行径达到了疯狂、肆无忌惮的地步。

1974 年 1 月 15 日，南越当局无视中国政府的一再严正警告，令 1 艘驱逐舰（舰名“李常杰”，舷号 16，以下简称 16 号舰）侵入西沙永乐群岛海域，对在甘泉岛附近生产的中国南海渔业水产公司的 402 号、407 号渔轮进行挑衅，妄图将渔轮驱赶出作业区。并开炮轰击悬挂着中国国旗的甘泉岛。

17日，南越西贡当局又增派驱逐舰1艘（舰名“陈庆瑜”，舷号4）向珊瑚岛增兵补给，继而伙同16号舰派兵侵占了甘泉、金银两岛。

18日，敌人越发猖狂。其4号、16号驱逐舰在羚羊礁北侧多次冲撞中国渔轮，将南渔407号轮驾驶台撞坏。当晚，南越又增派1艘驱逐舰（舰名“陈平重”，舷号5）和1艘护航舰（舰名“怒涛”，舷号10），气势汹汹地侵入永乐海域。至时，南越在数公里海面已摆开4艘大中型军舰，其目的昭然若揭。

掌握了南越当局的侵略企图，南海舰队及广东地方有关部门遵照军委的指示精神作了相应的准备：在琛航岛捕鱼的渔民继续坚持生产，同时严密监视敌人的行动；在西沙海域执行巡逻任务的南海舰队某部271、274猎潜艇进抵永乐群岛海区，保护渔民和岛上的民兵；南海舰队某部396、389扫雷舰，为岛上民兵运送淡水和给养；增派某部281、282两艘猎潜驶达永兴岛待命。为统一指挥各舰艇编队，成立海上指挥所（简称“海指”），由榆林基地副司令员魏鸣森担任指挥员。确定了部队行动方针：坚持说理斗争，不打第一枪。如敌人首先开火，则坚决还击。

不动用大型舰艇，力主坚持说理斗争方针，意在表示中国不准备诉诸武力。令人愤慨的是，南越当局反认为中国软弱可欺，挑衅行动变本加厉。19日上午7时，南越4号、5号舰运送40名武装人员持枪强登琛航、广金两岛。岛上中国民兵奋起反击，击毙敌人1名，击伤3名。接下来，南越16号舰撞坏了中国389扫雷舰左舷的栏杆。389舰发出严重警告，越舰不仅不收敛，反而突然开炮，4艘舰一起向中国海军舰艇射击。忍无可忍的南海舰队巡逻官兵们当即开炮，4艘舰艇全力反击。刹那间，枪炮声大作，“西沙之战”全面打响！此时是1974年1月19日上午10时23分。

敌我两方兵力上的差距是明显的。南越一艘驱逐舰排水量就达2800吨，超过中国猎潜艇10倍，其护卫舰的吨位也比中国扫雷舰的吨位大得多。但怒火满腔的中国海军官兵战斗精神是无与伦比的。为了扬长避短，魏鸣森命令各舰全速冲进敌阵，首先把敌舰群割裂、冲散，尔后寻机歼灭。中国舰艇受命迅疾行动，海军官兵越战越勇，越打越近，从距敌2000多米打到几十米，军舰上的手榴弹、冲锋枪都用起来，打得敌人在军舰甲板上乱窜。

战斗开始时，南越舰艇自恃武备强大，不把中国的小艇放在眼里。没有想到一打起来，却总是被动挨打。被击伤的南越4号、5号、16号舰很快就支持不住，于是丢下重伤的10号舰，分别向不同方位逃走。身受重创、失去操纵的10号舰，摇摇晃晃向羚羊礁方向驶去。海上指挥所便命令从永兴岛匆匆赶来的281编队（由281、282两艘猎潜艇组成）指挥刘喜中：立即向前歼灭敌10号舰。速战速决！接到命令，两艘艇全力冲上，一阵集火猛射，敌10号舰已无力反击，稍停，便起火爆炸，沉没在羚羊礁以南海域。

在整个战斗过程中，402、407两艘渔轮始终不离战区，迎着纷飞的枪弹与海军官兵共同对敌。当389舰带着大火抢滩时，两艘渔轮明知弹药库随时可能爆炸、舰体也随时可能沉没，仍不顾自身安危，分别从不同方向靠近389舰两舷，准备随时救援落水的官兵。甲板上的战士高声呼喊："快离开，军舰可能爆炸！"渔民们丝毫不为所动，一直护送着389舰向岸边逼近，直至抢滩成功。一部分渔民冒着生命危险冲上甲板和水兵们一起灭火，一部分人把受伤的官兵抬下舰，送进早已搭好的帐篷。渔民孔令任脱下身上的棉衣披在受伤战士身上，说："穿上吧，这就是你们的棉衣！"原来就在几个月前，他出海捕鱼时遇到大风，翻船落水，是海军战士把他救起，并送他这件棉衣御寒。

战斗结束后，参战部队稍事休整。20日，在后续舰艇部队的配合下，协同陆军登陆部队收复了被南越抢占的甘泉岛、金银岛和非法强占多年的珊瑚岛，全歼了岛上的敌人。

此次战斗，南海舰队参战部队以大无畏英雄气概和灵活机动的战术，打败了装备优势之敌。战斗中，击沉敌护航舰1艘，击伤敌驱逐舰3艘，毙、伤敌100余人，协同陆军登岛部队收复了被敌人抢占的3个岛。俘敌49人，其中少校军官1名，尉官2名，美国驻岘港领事官员1名；南海舰队389舰受重伤，274艇轻伤，牺牲18人，伤67人。

1月23日，中央军委、国务院颁发嘉奖令，表彰嘉奖了参战的全体军民。

接到战报，萧劲光甚感欣慰。当时正是"四人帮"最活跃的时候——通过党的第十次代表大会，他们个个位高权重，在政治舞台上飞扬跋扈，并且已经将黑手伸进海军机关，在海军搞什么"批林批孔"试点，云云，但基层部队没有乱，仗还是打胜了。立足现有装备，以弱胜强，军民携手，共卫海疆，是运筹已久的海上游击战、破袭战啊！

在萧劲光的提议下，海军党委于4月5日作出决定，在西沙永乐群岛修建烈士纪念碑。

时过不久，西沙自卫反击战烈士纪念碑在琛航岛建成。纪念碑下安葬着在战斗中牺牲的18名烈士（后从榆林移来5名），纪念碑上设置了明亮的航标灯。

西沙群岛上的纪念碑，是新中国在海岛上建立的第一座英雄纪念碑。它巍然屹立在南海丽日蓝天下，正告侵略者，也昭示天下，中华民族遭受海上入侵、掠夺的历史一去不复返了！西沙岛上雄风永驻，新中国海上长城不可逾越！

第二十五章　被挤至“第三线”

一、直面现实的挑战

1959 年初冬，东海舰队某护卫舰支队在舟山以东海区进行攻潜训练。参加训练的有 418 号潜艇和“成都”号、“衡阳”号等 4 艘护卫舰。12 月 1 日，连续数天的攻潜训练已进行到最后一天。当天训练结束，指挥舰发出信号——按规定向海中投掷了 3 枚手榴弹，命令潜艇浮起。各舰官兵都在满怀喜悦地期待胜利返航。但就在这时，一起谁也没想到的重大事故发生了：418 号潜艇上浮时，潜望镜撞到“衡阳”舰的底部，潜望镜护筒与指挥室连接部被撞裂，艇内壳大量进水，致使潜艇迅速沉入海底。艇上官兵仅 1 人生还，其余 38 名艇员不幸遇难牺牲。

这样的恶性事故，是海军组建 10 年来所未有的。接到报告，萧劲光无比痛心，立即中断手中的工作赶到出事的部队。此后数天里，他在护卫舰某支队、潜艇某支队进行了细致的调查，与事故直接责任人——担任此次训练的海上指挥员、“昆明”舰舰长张韻，“衡阳”舰实习舰舰长董继和，在宁波市海军招待所里作了个别交谈，听取了他们对事故的具体分析。

事故发生后，张韻、董继和心情沉痛，压力很大。接到去招待所见海军首长的通知，他们更紧张，甚至认为“回不来了”，要蹲大狱了。没想到萧劲光对他们非常和气，见了面，非但没有批评，还极力安慰他们。萧劲光说：“听说你们不吃饭，这怎么行？身体垮了，怎么干海军？”发现张韻回答问题结结巴巴，只是抢着检查自己的责任，萧劲光又说：“不要紧张，慢慢说。”“出海部队有责任，领导机关也有责任。你们没有经验，我们也不是什么都有经验。事故出了，最重要的是，总结经验教训，冷静地想想，问题到底出在哪里？”

在萧劲光的安慰、引导下，张韻、董继和渐渐平静下来，怀着深重的自责说明了事故的经过，检查了自己的责任。同时，他们也满怀疑惑地告诉萧劲光，因为要“反教条主义”“清肃彭（德怀）黄（克诚）的流毒”，他们的单位有好几个月没有安排军事训练。而这次训练，之所以由张韻兼任海上指挥员、由实习舰长董继和代理舰长主持训练，也是因为支队主要领导都在岸上开会，“反右倾”，“肃清彭、黄的流毒”……他们反映的情况和想法无疑是真实的。不仅部队困惑，老实说，这一年多来，萧劲光自己也有些不解：通过反教条主义，苏联海军的一些东西、前些年形成的一些规章制度不能用了；彭德怀被撤了国防部部长，他主持、倡导的一套又行不通了；自己抓学技术、搞训练的一些做法、观点，在军委一些会议上也不点名地受到批判。而新主持工作的军委领导反复强调的是“突出政治”、学习毛泽东思想，至于如何搞军事训练则少有具体的部署要求。部队工作下一步将如何进行呢？社会上问题多，官兵思想乱，部队物资供应、生活保障也越来越困难……联想到不久前总部通报的其他大单位发生的事故，萧劲光意识到问题的严峻。他对军委、总部的某些要求不甚理解，感到部队中有些情绪也不太对头。他似乎有预感，部队还要出事故。

果然，萧劲光从东海舰队调查解决“418”潜艇事故返回北京没几天，在宁波路桥机场又发生了一起重大政治事故。1960 年 1 月 12 日上午，海军航空兵某部二大队在路桥机场附近空域进行编队协同训练时，“0651”号飞机驾驶员杨德才借故驾机脱离编队，沿东南海面逃向台湾，结果在台湾东北部宜兰附近撞毁。这样一来，海军部队在一个多月的时间里就发生了两起重大事故。这太令人震惊了！

萧劲光当天就主持召开海军首长办公会，作出决定：一、立即由司政后机关组成联合工作组赴宁波，对事故进行调查处理；二、把分析总结这两起重大事故教训，列入即将召开的海军年度军政工作会议的议程；三、立即就部队连续发生事故问题，以党委名义向总部、军委写出报告。

1960 年 1 月下旬，海军党委关于事故问题的报告正式报送军委、各总部。之后，海军部队在二三月从检查事故入手，普遍开展了安全运动。5 月，海军结合贯彻总政治部《关于开展培养三八作风运动的指示》，对团以上机关、各级领导干部、分散的小单位和问题较多的单位，进行了重点整顿。整个 1960 年上半年，海军各级党委、各级领导都紧紧围绕着防事故、保安全，做了大量工作。

在这期间，萧劲光对海军部队几起事故发生的原因进行了更深入的研究和分析。通过分析研究，他意识到了一些深层次的问题。他对“反教条主义”、批“单纯军事观点”的有些做法不理解，对林彪主持军委工作后搞的“突出政治”、搞形式主义的一套，有自己的看法。而这些看法，唯一的表达方式，就是贯彻在工作指导实践中。

同年 7 月 16 日，海军第二次党代表大会在北京召开。萧劲光在会上致开幕词。开幕词的内容集中地表达了他这个时期对部队形势、问题的分析和思考。

按照惯例，业务部门起草了开幕词的稿子，萧劲光也按照自己的习惯没有照读。在对会议程序、议题等作简要介绍后，他就把话题转到对部队形势的分析上。他说，我们工作当中最主要的问题是部队的战斗力有下降的趋向，特别是核心战斗部队战斗力有下降的趋向。这突出表现在：部队思想作风方面发生了很多问题。有些基层单位资产阶级思想作风占了主导地位，战斗意志衰退，部队技术水平下降，有些舰艇原来能够在复杂条件下执行战斗任务，现在一般性情况下出海航行也有困难了；有些部队，干部责任心不强，组织纪律松懈，各种事故不断发生，武器装备的损失很大；有些部队健康水平下降，个别基层单位因疾病的长期流行而严重地损害了战斗力……在列举大量问题现象的基础上，他旗帜鲜明、有针对性地向部队提出了要求。

萧劲光说：“明确建设海军战斗力量的思想，扭转部队战斗力下降的趋向，把部队战斗力恢复和提高到一个新的水平，这就是摆在我们这次大会面前的主要问题。”为此他提出：

第一，领导机关必须把搞好战斗部队的工作放在一切工作的首要地位。

第二，以部队战斗训练为中心安排一切工作，组成海军整体的一盘棋。

第三，适当控制部队的干部流动。

第四，消灭一切可能消灭的事故，加强武器装备的维护保养。

第五，做好物质保障工作，增强战斗人员的体力。

除以上五条，萧劲光还特别强调：“最根本的一条，就是加强党的领导，加强基层党支部建设，加强政治思想工作。这是战斗力的首要因素，是一切工作的决定因素。”

会后经中共中央批准，萧劲光、苏振华等 11 人为海军党委常委，萧劲光任第一书记，苏振华任第二书记，王宏坤、刘道生为副书记。王宏坤任监委书记。

华东、中南两地的军区海军于 1955 年分别改称东海舰队、南海舰队后，几年来一直在酝酿组建北海舰队的问题。1960 年初海军党委给军委写了报告，建议以青岛基地为基础组建北海舰队，辖渤海、黄海海域旅顺、威海等地海军部队。5 月，军委、国防部正式批准。早在海军机关组建时，萧劲光就提出了沿中国海岸线三分海域，组建三个海军舰队的构想。至此，这一构想已全部实现。经过几个月的筹备，决定北海舰队成立大会在 8 月 1 日举行。萧劲光前往青岛出席了成立大会，并在会后的连以上干部大会上讲了话。

萧劲光说，这些年来，大家做了不少工作，很辛苦。但海军对我们来说是新事物，处于新环境，遇到的是新问题，所以单是辛辛苦苦还不行，必须善于动脑，学会分析。有些问题，我们应认真注意：第一，我们抓了大的政治运动，但对经常性的政治思想教育抓得不紧，没有落到实处，对部队的政治思想动态没有经常地去抓。第二，部队训练这是我们全军的经常性工作的重心，我们年年都有计划，可临时任务一来就把它冲淡了，或者丢在一边，这样必然影响到对基层单位战斗力的建设问题。第三，支部工作我们一贯强调要加强，但具体措施不多，支部工作有下降的趋势。第四，我们强调了工作中的计划性、组织性，强调了统一集中，机关也做了不少的计划与安排，但到下边各做各的，缺乏全军一盘棋的思想。第五，一面强调全体干部要深入下层，可是另一方面，领导却以干部的 70%的时间集中开会、学习、集训，使干部尤其是基层干部脱离基层工作，脱离群众生活。第六，一方面强调搞好部队建设，从各方面培养干部，要求舰艇部队及各战斗核心部队少抽调干部，保持一定稳定性，并提出干部按业就位的方针，但一个运动一来，又抽调大量的干部出去。把一个舰上的有一定技术专业的人员抽走了，对部队战斗力建设就有影响。最后，针对领导工作上的问题，萧劲光具体提出，领导干部要实行“四五六”制度，即军一级干部一年要深入部队四个月，师一级干部一年要深入部队五个月，团一级干部一年要深入部队六个月。强调各级干部一定要深入到基层去，“脚踏一只船”。基层干部要实行“五同”（同吃、同住、同学习、同训练、同娱乐）。

同年10月23日至11月22日，海军党委用整整一个月的时间召开常委扩大会议，按照总政的部署，学习贯彻军委扩大会议精神，检查海军党委和海军政治部的工作方向和作风问题。参加会议的除海军党委常委外，还有各舰队和海军直属单位的主要负责人，共37人。这是三个舰队建制、领导配齐后海军第一次高级别的干部会议。此前刚刚结束（9月14日至10月20日）的中央军委扩大会议，是由主持军委工作的副主席林彪亲自主持召开的一次以加强军队政治思想工作为中心议题的会议。会议通过的《关于加强军队政治思想工作的决议》文件，有许多正确、积极的内容，但《决议》中把阶级斗争作为主要矛盾、把反“右倾”作为政治上的主要任务，把林彪提出的“四个第一”一套法制化，会议还作出了《关于谭政同志错误的决议》。会后，不仅撤销了谭政总政治部主任的职务，还抓出了一个所谓“谭政反党宗派集团”（包括总政组织部部长刘其人、宣传部部长姜思毅等，1979年均平反）。对军委的决议，萧劲光当然只能“拥护”，组织大家学习、贯彻，但在会议总结讲话时，他却针对部队的实际情况和训练中发生事故问题，着重讲了部队教育管理问题。他特别强调：

光坐在机关开会，战斗力量是不可能建设起来的。那种不管部队的作风一定要改变。要把屁股坐在舰艇、飞机、炮位上，不能把部队放在一边不管。应当把思想注意力和事业心摆在战斗力建设上，好好把武器抓起来。把武器放在一边，把政治思想工作、部队训练工作放在一边，光搞什么系统的大规模运动方式的文化、政治学习，打球、写诗歌，战斗力是不可能提高的。

从以上报告、讲话中，可以清楚地看到“418”潜艇沉没前后一段时间里，萧劲光的工作和对问题的思考。他注重调查研究，坚持实事求是的原则，许多讲话既牢牢把握了政治方向，又抓住要害，一针见血。海军党委有关决议和为避免事故采取的许多措施也是相当适时、有力的。在海军各级党组织的共同努力下，此后一年多的时间里，海军部队再没有发生大的政治、责任事故，一般训练事故也开始下降，部队战斗力逐步恢复。

然而事情是复杂的。矛盾和问题只要一天不从根本上解决，一有机会就会反映出来。1962年3月3日，地处东南沿海的海军航空兵某部，又发生了飞行员刘承司驾机逃往台湾的严重事件。这一事件的发生，给海军的工作又带来许多新的问题，也使萧劲光面临着新的考验和挑战。

二、军委检查团的结论

东海舰队连续发生重大事故，不仅震动了海军，也惊动了军委。1962年4月2日，军委向东海舰队派出了庞大的检查团。

当时的东海舰队机关驻在上海水电路。军委检查团到来前，萧劲光已先期到上海一个多星期了。他原本在广州参加全军编制装备会议。刘承司叛逃事件发生后，他寝食不安，会议还没有完全结束就直接从广州赶过来了。到上海后，他先是到刘承司所在部队了解了事件发生的过程及有关情况，接着听取了舰队领导对事件原因的分析，与舰队司令部、政治部领导分别谈话，了解了舰队军事训练和政治工作情况。最后，他参加舰队党委会，与舰队领导一起对东海舰队发生的几起重大事故逐个进行了具体的解剖、分析，总结了教训，制定了相应的措施。这一些活动基本结束，萧劲光准备返京时，军委检查团到了。

军委检查团到来，萧劲光非常支持、欢迎。近年来海军部队连续发生重大事故，萧劲光怀着沉重的愧疚和自责进行了反复思考。原因到底在哪里？是该好好调查总结总结了！检查团住下后，萧劲光立即与舰队领导一起到招待所看望了大家，向他们简单地介绍了部队的情况，并指示舰队对检查团的工作、生活要好好配合、照顾。这一切安排妥当，他起程返回北京。

这实在是一个庞大的检查团。全团41人，副总参谋长杨成武为团长，成员均为总部机关的部、处长。其中最引人注目的成员是总参军训部部长李作鹏等。此前，军委已内定他们下一步要到海军工作（林彪在编制会上已向萧劲光打招呼），他们自己心里也明白。所以在整个调查过程中，李作鹏等分外活跃，他们的意见在检查团里也举足轻重。军委检查团，毋庸置疑是代表军委首长的，但他们下车伊始就宣布，检查内容很单纯：主要是政治工作。

按照后来的汇报材料上所说，检查团检查的面，或者说所到的单位非常广泛。在不到一个月的时间里，检查团走遍了上海、舟山、宁波、路桥、杭州等地，东海舰队几乎所有部队的驻地，看了从舰队司、政、后机关到各基地、水警区、舰艇支队、飞行师、岸炮团等20多个单位，且在9个单位“蹲点调查”。在这期间，他们听取了舰队、舟山基地、东航等单位领导的汇报；开座谈会57次，参加座谈的干部、战士、家属280多人；与400多个官兵个别谈了话，其中包括师以上干部100余人，团以下干部200余人，飞行员21人，战士100余人。从4月2日检查团到上海，到29日写出初步总结，与东海舰队领导见面，前后满打满算共26天的时间。所以，听检查团汇报了检查结果后，舰队司令员陶勇、副司令员周仁杰都不禁皱起眉头：在如此短的时间里，做了这么多“工作”，真不知道是怎么做的。

但是，检查结论清楚了，汇报材料洋洋数万字，“内容充实”，言之凿凿。

5月16日，杨成武带着汇报材料到了萧劲光家里，就检查团的工作情况——对东海舰队工作的基本看法并今后工作的建议，与萧劲光通了气。听了他们介绍的情况、得出的结论，萧劲光很惊讶：检查团的结论与此前林彪在编制装备会上的批评太一致了！不但观点相同，连许多话也一样。是检查团按照林彪的旨意起草的材料，还是汇报材料写完后按照林彪讲话内容作了修改？萧劲光意识到，杨成武似乎对检查对材料内容不很满意。

林彪批评海军，是在军委4月28日（那时检查团的工作尚未结束）召开的编制装备工作碰头会上。军委在广州召开的编制装备会议结束后，各大单位领导于4月下旬又在北京开了碰头会。听完大家汇报后，林彪在28日作了总结讲话。其中，一个重要内容就是不点名地批评了海军。林彪说，有的单位一味强调自己特殊，抓军事、抓技术，就是不抓政治思想，“把四个第一不是当作第一，而是变为四个第二，没有把政治工作突出出来，没有把政治工作摆在首位，没有认真抓活思想，工作做得不少就是没有抓政治思想工作”，“放着大路不走走小路。如同治病，已找到了好药单子不吃，又去乱找药单子。乱抓二三十个药单子，抓不住一个好单子”，“不是紧张地做工作，而是松松垮垮、拖拖拉拉，是懒婆娘管家，管得稀稀拉拉，乱七八糟”。（后来被称为“林副主席对海军工作的三点指示”）萧劲光把检查团通气的情况与林彪的批评联系起来，越想越感到这次检查不寻常。

检查团负责人与萧劲光通气后没几天，汇报材料跟着就到了。厚厚一大本，题目上没有“东海舰队”的字样，而是《关于海军工作情况的汇报材料》（以下简称《汇报材料》）。萧劲光清楚记得，在上海与检查团见面时他们讲，此次检查的重点是政治思想工作，而今题目上也不见“政治思想”的字样。很显然，原定的检查范围、内容都变了，材料汇报反映的是海军全面工作的情况。翻开内容，除开头笼而统之地用几百个字讲了“成绩是主要的”外，以数万字（含所附“详细材料”）的篇幅集中讲述“存在的根本问题”：“问题成堆、基层薄弱、关系紧张、风气不好。”而这些问题之所以存在，“最本质的问题，是政治工作没有摆在第一位，‘四个第一’的红旗举得不高。集中表现在三个方面：(1) 政治思想工作薄弱，人的工作没有做好；(2) 中央、军委和林总的许多重要指示没有落实，有的认识不一致，有的贯彻不力；(3) 领导作风上也有不少问题。林总最近在编制会议中心小组讲话中关于政治思想、落实和作风问题的三条指示，完全适合海军的情况”。

老实说，对这样的结论，萧劲光很难一下子接受。东海舰队组建十几年来，完成例行的护渔、护航等任务不算，与国内外敌人作战350多次，和兄弟部队一起解放了东南沿海除台湾、金门、马祖等之外的所有岛屿，怎么突然从政治工作到基层建设一无是处了呢？纵然这些都属实，偌大海军，机关、院校不说，除了东海舰队还有北海舰队、南海舰队呢，怎么又成了“海军的情况”？

如果说《汇报材料》的第一个问题、前半部分，尚属不够全面，缺乏具体的、实事求是的调查、分析的话，那后面的部分，则完全可以说是“扣帽子”“打棍子”了。

《汇报材料》“存在的根本问题”部分的第二个问题是：“中央、军委和林总的一些重要指示没有落实。”一开始，《汇报材料》即说：“在许多重大问题上，海军有一些和军委不很一样的提法和口号，有的是在军委规定的原则、方针之外，又提出了一些原则、方针。这些提法不是起了把军委提法具体化的作用，而是冲淡了军委的提法，或者给军委提法作了与原来意义不同的解释。因而引起了认识上的混乱，使军委规定的一些原则、方针，不能很好落实……有些中央、军委决定的事情，海军也布置了，也做了，但是用多少时间去做，怎样去做，却没有安排适当，结果也还是不落实。”接下来，就从“关于部队工作的纲和重点的提法问题”“关于基层政治干部的来源问题”“关于政治机关的地位和威信问题”“关于军事训练方面的问题”等八个方面，分别从海军党委文件和萧劲光讲话中摘出一些语句、段落，与军委文件、林彪讲话指示中的话进行对比，以证明海军党委特别是萧劲光是错误的，是不按军委和林总指示精神办事的。

当时，林彪主持的军委“突出政治”调门正高，政治上炙手可热。与军委、林总的指示、提法“不一致”，这还了得？《汇报材料》上列举的言论、观点，大都是萧劲光在1961年前后讲过或提出来的。后来，当时任军委秘书长的罗瑞卿曾与人讲道，由于1960年一次军委会议上萧劲光没有按照林彪的意图对罗荣桓反对“突出政治”的观点表态，林彪很生气。这在当时，萧劲光是不清楚的。所以对检查团的结论，他心里压力很大，又有些不理解。

7月中旬，海军党委常委开交心会。这时，李作鹏等人到海军任职。为了弄清问题，统一认识，萧劲光对《汇报材料》中列举的所谓海军党委指示、文件与中央、军委和林总一些重要指示的提法“不很一样”的内容，有针对性地作了说明。

关于部队的纲和重点的提法问题。萧劲光说，林总指示，在今后两三年内，仍然要以四好为纲，大力加强连队建设。但在其他场合，他也多次强调着重抓军训，加强军事训练。根据海军的情况，我们提出“四好为纲、军训为重点”。为什么这样提？因为怕出偏向。军事训练加上四好为纲作为方向来挂帅。同时，军训在四好中的位置是明确的，政治第一位，军训第二位。以四好为纲，既作为方向挂帅，又把军训位置确定了，而军训时间又有规定，所以，觉得海军的提法与军委的提法是一致的，没有什么毛病。

关于政治干部来源问题。萧劲光讲，从1958年以后，特别是1958年、1959年，部队经常性的中心工作被一系列的重点运动所代替，部队干部调动也十分频繁，干部情况变化很大。技术干部本来就不多，有的不配套。这些调动和变化，使部队战斗力的巩固和提高，受了很大影响。1959年、1960年，海军部队技术干部改行的740多人。其中改为政治干部的525人，占改行总数的70.9%。由于技术干部不配套，有的舰艇开不动，出不了海，所以才发了“专业技术干部按业就位的指示”，这和军委的规定没有矛盾，实践中效果也是好的。

关于军事训练方面的问题。萧劲光先谈了自己对林彪提出的“少而精”训练方针的理解，接着讲了海军“训练实施方针”的产生过程：1960年召开常委扩大会时，同时也在开训练会议。大家说部队训练工作不落实，有虚假、走过场的现象，事故严重，等等。我强调要贯彻“少而精”的方针，并讲了训练要“稳步前进、巩固提高、鼓足干劲、力争上游、质量第一、安全第一”等带方针性的话。之后，下边就这样办了，证明这句话还好，在训练中起了作用。后来在一次常委会上，有同志提出，作为一个方针与“少而精”混淆不好，于是一致同意改为“训练实施方针”。从哪个角度看，这些话与“少而精”也没有不一致的地方。

关于干部过技术关的问题。萧劲光认为，海军这样装备技术复杂的军种，考虑到指挥作战的需要，团以下军事干部要求过技术关是需要的。他说，我在1961年到上海和青岛基地调查发现，要求支队长和舰艇长一样是不合适的，便给海军党委发了电报，意见是支队长以战术为主，并要求党委审查，征求各舰队意见。根据部队的实际情况，舰艇长、大队干部要过技术关，是毫无问题的，但支队长应以战术为主。我们从来没有提出所有干部都要过技术关的要求。

检查团的《汇报材料》说：“军委和林总指示的精神是：我们的战备工作要立足应付大战，准备两手。但海军党委二届二次会议却强调战备工作要‘面对现实’，准备两手。”对此，萧劲光也作了说明，认为这两者没有任何不同。

萧劲光对《汇报材料》中列举的内容、观点，主要是想说明，海军党委、他本人，对军委、林总的指示贯彻是认真、积极的，只是根据海军的实际情况作了要求、部署，没有完全照搬军委、林总的提法而已。对萧劲光的发言，海军多数常委理解、赞同，但李作鹏等不以为然。按照惯例，会后海军党委将常委交心通气会的情况报告了总部、军委。据有关人员透露，李作鹏等也从另外渠道把萧劲光的发言内容反映上去。很快，总部机关就有话传下来，说萧劲光“态度不好，不承认错误”。

同年 10 月 26 日至 12 月 1 日，总政治部又派出十多人的检查团，对地处北京西郊的海军机关大院进行了检查。这次检查的起因，当时说是因为 8 月有一个人向时任总书记的邓小平写了信，反映海军大院管理混乱；也有人说是因为检查团成员听到有人反映，《汇报材料》把东海舰队的情况作为“海军工作情况”，是以偏盖全；也还有其他一些说法。不管怎么说，由总政首长亲自带检查团，对一个军队大单位的机关大院进行编制、住房、管理（按职责，这些内容不属政治部管辖）等，长达一个多月的检查，在解放军的历史上是没有过的。通过这次检查，又写出各方面汇报材料多份，结论与军委检查团在东海舰队的《汇报材料》完全一致：“政治工作软弱无力”，“大院内风气不好”，“管理混乱、漏洞百出”，“违法乱纪事件层出不穷”。总之，再次证明，林彪对海军的“三条指示”符合海军部队实际，是完全正确的。

萧劲光责任感极强，从受命组建海军那天起，他就把建立强大海军，建设中华民族的海上长城，视为自己毕生的事业。几年来部队连续出了多起重大事故，他十分痛心，压力很大。两年多来，为了弄清根源，消灭事故，他进行了广泛深入的调查和思考。由是，他越来越清晰地意识到，之所以出现这些问题，诚然有部队管理上的原因，有干部经验不足的问题，同时与国民经济困难、社会上思想混乱的大环境也有很大关系。军委检查团去东海，总政检查团到机关，开始，他从心里欢迎，期望他们超脱些、站得高些，能够找到事故的关键所在，帮助海军实事求是地分析问题、解决问题。然而，事实让他失望了。检查团中的一些人热衷搞调查、找问题，上纲上线地分析，却似乎并不注重、不积极解决问题。萧劲光开始意识到了问题的复杂。

近两个月来，李作鹏等已几次向萧劲光建议召开党委会，研究贯彻林彪“三条指示”问题。这当然是大事。只是由于忙于应付总部检查，向军委、总部首长写检查报告，没能安排下。12 月初，总政检查团结束工作撤走。于是，萧劲光决定择日部署召开党委扩大会。

半年多来，萧劲光太累了。工作上的压力，思想上的困惑，使他常常失眠，一夜夜睡不好觉。林彪，他原是熟悉的，过去他很少过问政治工作，主持军委工作后似乎换了个人，批谭政，整罗荣桓，他想干什么呢？《汇报材料》一气列举了那么多讲话和海军的文件，看来军委关注海军已有时间了……想来想去，萧劲光决定起草一个讲话，在即将召开的党委会上对两次检查团汇报材料中讲到的问题作个说明、检查，为了海军的建设、发展的大局，这是值得的。他让秘书找来需要的文件，便亲自动手拟提纲，起草检查发言稿。

发言稿尚未收笔，萧劲光病倒了。那是一个星期天，他全天都为起草发言稿思考着、忙碌着。晚 8 时，他突然感到头晕目眩。叫来医生检查，血压急剧升高，心律不齐……十几年前还在湖南工作时，萧劲光就在长沙市湘雅医院查出有心脏病。长期的劳累，心情不好，于今发病了。当晚，他被送进了解放军总医院。

三、李作鹏来海军“挡第一线”

1962 年 12 月 5 日，海军党委扩大会议如期举行。

此前的 11 月 3 日，海军党委常委会按照检查团的意见和军委有关精神对每个常委负责的工作再次进行了分工。上报军委、总政的关于这次分工的报告，在笼统说明“常委的全面工作由萧劲光、苏振华主持，党委日常工作由苏振华主持”后，明确规定：军事行政方面的日常工作，“主要由李作鹏主持”；常委会，萧劲光、苏振华因身体、工作不能出席，“由李作鹏、杜义德主持”；党委办公会议，由“李作鹏、杜义德主持”。很显然，李作鹏调任海军副司令员虽还不足半年，但在 12 人的海军党委常委中已不是一般成员。既然萧劲光因病住院，李作鹏理所当然应与海军政委苏振华共同主持党委扩大会议。尤其这次会议的主题是贯彻“林副主席的三条指示”，李作鹏积极、主动，当仁不让，俨然成了“第一主角”。

直到若干年后，讲到李作鹏，海军机关有人总是说，李作鹏是萧劲光从总参要来的。这话不全对，但也不是没有来由。

从资历上看，李作鹏堪称典型的红小鬼。他 15 岁参加红军，之后长期在高级军事机关做参谋工作。解放战争期间，萧劲光任民主联军副总司令兼参谋长时，他任参谋处长，工作上经常打交道。后来李作鹏担任了纵队司令、军长，与萧劲光仍然是直接的上下级关系。围困长春时，他率部打援，任务完成得比较好，给萧劲光留下了不错的印象。组建海军时，萧劲光确曾建议他到海军工作，他没有来。后来，他调到了总参谋部，担任了军训部部长。

海军接连发生了几起重大事故，萧劲光很伤脑筋。加上自己身体不太好，有时感到工作上有点儿顾不过来，为此他曾向军委提过建议，希望能给海军增加力量。年初，广州全军编制装备会议期间，林彪找萧劲光谈话，告诉他，准备让李作鹏到海军当副司令员。萧劲光当即表示欢迎。他当时主要考虑，主管全军训练工作的军训部部长，对如何搞好部队军事训练应该说是一个“专家”。海军出现的事故和问题，大都是在训练过程中发生的。由总参军训部部长来当副司令员，对解决军训中发生的问题有利，是件好事情。得到这个消息后，萧劲光从心里希望他早点儿来。然而，令萧劲光没有想到的是，李作鹏完全变成了另一个人。

3 月下旬，萧劲光从广州抵达上海。这时，林彪的妻子、“林办”主任叶群也在上海。4 月 1 日，她把萧劲光叫到居处，传达了所谓“林彪的指示”。叶群说：“林副主席要我转告你，刘承司大事故，政治影响大，首先军委要负责，没有增加力量，工作帮助不够。今后要改变，要重视。增加李作鹏等主要是帮助研究原因，改进工作。派工作团来也是帮助工作，引起舰队的重视，要维持海军威信，商量做事。海军问题，萧劲光有信仰作用，海军党委对军委是良好的，拥护主席。主要是帮助工作，不出事故，由萧劲光放手抓。组织上主要是加强力量，继续支持海军领导。出了事故，海军党委是否齐心协力不够？基层作风是否朝气不够？思想教育是否也有问题？要提倡雷厉风行的工作作风和方法，加强核心领导。”第二天，李作鹏等就随军委检查团一起来到了上海，参加了在东海舰队进行的工作调查。

5 月初，军委检查团回到北京。数天后，李作鹏等到海军参与工作。萧劲光是个原则性很强的人。虽然在广州林彪已向他打过招呼，说李作鹏到海军任常务副司令，因正式命令没到，萧劲光也就没有正式宣布。直到 6 月中旬（命令为 6 月 10 日），国防部命令到了后，才向部队转发命令，并在机关公布。按说，这是尽人皆知的组织原则，却被李作鹏等作为萧劲光打击他、排挤他的“罪状”——这是后话。

由于李作鹏一再催促，强调这次会议的重要性，此次党委扩大会一直扩大到部队师以上单位的政委、政治部主任，海直机关的二级部长，使到会人员达 130 多人。会议从 12 月 5 日开始，风风火火地开了一个多月。

会上，除用短短几天的时间讨论了精简整编问题和 1963 年的工作计划外，主要是学习林彪 4 月 28 日在军委编制装备碰头会上对海军的“三条指示”，并以此和军委检查团的《汇报材料》为据，检查海军党委对 1960 年中央军委扩大会议《关于加强军队政治思想工作的决议》的贯彻执行情况。其间，苏振华在大会上发言，就海军工作中存在的问题作了检查。李作鹏等人在会上发言，阐释了林彪指示的内涵、重大意义。对此前海军文件和萧劲光等海军领导讲话中的一些观点、提法，再次进行了批评。会议最后通过了《关于坚决贯彻执行林彪同志三条指示，加强海军政治思想工作的决议》。其主要内容是：一、坚决贯彻“四个第一”；二、工作一定要落实；三、改进工作作风；四、加强党委领导。会议于 1963 年 1 月 17 日结束。

会议期间，萧劲光一直住在总医院。他的发言稿写好了。陆续听到会议的一些情况后，他不赞成李作鹏等人对海军文件和自己讲话中一些观点的“上纲上线”的批评。他没有到会讲话，也打消了将自己准备的发言稿作为书面发言的想法。会议结束的当天，东海舰队司令员陶勇到医院看望萧劲光。谈到会议情况，他说对检查团的结论有意见，对这次会上一些人的发言“不敢苟同”。最后，严肃表示：说海军犯了方向性错误，现在接受不了，还要看三年。萧劲光当即接过来说，再过三年，如果实践证明我错了，我再作检查！

对这次会议，军委非常重视。会议议程基本完成的 1 月 15 日，总参谋长罗瑞卿代表中央军委到会讲了话。他首先对海军党委扩大会议作了肯定，说“这次会是个好会，是建设性的会，是促进的会”。继而就海军建设方针的提法、海军的作战指导思想，及什么是当前海军工作中的主要矛盾等问题，谈了看法。讲到海军的问题，他说：“海军的问题是林总首先发现的。”“各总部的同志都讲了，今后对你们的工作要多抓一抓。不抓，你们可以提意见。”据知情人透露，讲话稿是原检查团的成员参与起草的，所以对海军形势看法的主要观点与《汇报材料》基本相同。但调子明显低了些，且增加了对海军工作成绩，对海军主要领导肯定的内容。但有一个内容是新的，即对领导工作职责作了明确要求：“少壮派”李作鹏等挡第一线，苏振华等挡第二线，萧劲光挡第三线。

军队日常领导工作要设“三道防线”，此前没有过，之后也很少听到这种说法。意思很清楚，萧劲光可以“放手”了。

罗瑞卿讲话后，把讲话稿留在了海军。很显然，这样重要的讲话，是要学习、讨论、下发部队的。值得注意的是，在留下讲话稿的同时，罗瑞卿还留了个便笺，全文是：

关于“在海军党委扩大会议上的讲话”的说明

这个报告定稿前，我已将其中的主要点，当面报告了主席和林总。主席问了一些情况，并有指示，大意是说，错误和缺点应当批评，但目的是团结起来，做好工作。海军工作应当做好一些，也可能做好一些。林总说，他完全同意。并指示说，军委各总部今后要多抓海军的工作，不然，三军中我们松了一军，就可能要犯一个大错误。刘主席、周总理和中央书记处还没有来得及报告，以后还要补报。特此注明。

罗瑞卿

一九六三年一月十二日

海军党委扩大会结束不久，军委便根据这次会议的情况和检查团的《汇报材料》，给党中央和毛泽东写了《关于海军问题的报告》。

报告中说，海军问题最本质的是：一、毛泽东思想红旗举得不高，四个第一没有真正摆在第一。海军党委在指导思想上存在着单纯军事观点的偏向。从1956年以来，萧劲光同志一直把人与技术的矛盾当作海军建设中最基本的矛盾，把海军装备技术的复杂性强调到不适当的程度。在1960年林彪同志领导作出《关于加强军队政治思想工作的决议》以后的这两年间，这种思想还继续有所发展。二、没有认真贯彻执行军委指示，有的没有落实，有的走了样。海军党委的领导，不适当地强调海军的特殊，许多事情另搞一套，确实存在着林彪同志所批评的“大路不走走小路”“找到好药方子不吃，又去乱找药方子”的偏向。三、三八作风没有贯彻好、培养好，主观主义、官僚主义相当严重，而且老虎屁股摸不得。具体表现在“空、偏、骄、浅、慢”这五个方面。四、海军党委内部长期不团结，没有及时很好贯彻民主集中制。萧劲光同志作为党委第一书记，官僚主义和家长作风相当厉害，很多情况不了解，很多问题没有解决，有个人说了算、个人否定集体、少数否定多数等不正常现象。

军委报告在报中央的同时，抄给了海军。萧劲光看到后，心里什么滋味都有。检查团的材料变了一下说法，报给了中央、毛主席，还有什么可说的呢？若干年后，萧劲光回忆当时的思想说：看了军委对海军问题，特别是对我的错误所作的结论，我心真有点儿凉了，沉闷得很，“按照党的组织原则，组织上我必须服从。这对于我这样一位党龄几十年的老党员来说是丝毫也不含糊的。但思想上却不能剥夺我保留意见的权利。我所想的是：错与不错，实践会作出公正的评价。当然，也做好了最坏的思想准备，即准备被罢官撤职”。

毛泽东对萧劲光是了解的。此前，他对海军机关、部队进行过多次视察。从某种意义上说，他对海军的了解远比其他军委领导，特别是林彪要多得多。1963 年 5 月 2 日，毛泽东在军委的报告上作了批示：“关于海军问题的报告已经看过，认为很好，照此执行，每年检查一次执行情况。希望海军各级党委同志们团结起来，以大局为重，焕发精神，努力工作，发扬成绩，纠正缺点错误，同其他军种一样，把海军工作做好。有错误并不要紧，只要改正就好了。”

这是林彪没有想到、不愿看到的（从后来的大量事实看，林彪一直希望把萧劲光的海军司令员撤掉），但他无可奈何。这也是萧劲光、海军党委多数人所没有想到的。海军党委接到毛泽东批示后，集中两天时间组织学习讨论，研究落实意见。5 月 31 日，海军党委将学习情况向中央军委、中共中央和毛泽东作了专题报告。在对存在问题作检查和自我批评的基础上，表示绝不辜负党中央、毛主席的期望，把海军工作做好。6 月 24 日，中央军委向全军各大单位转发了海军党委的报告。

萧劲光是在解放军总医院看到毛泽东批示的。毛泽东鲜明的态度，满怀热望的话语，使他说不出地感动。霎时间，似乎多少天来的苦闷、烦恼都过去了，所有的是深深的愧疚和自责——出了这么多问题，辜负主席的希望了！经过几天的思考，萧劲光决定给主席写一封信。至时，他想到，已好长时间没向主席报告工作了。

信是 1963 年 7 月 3 日在病房里写的。虽然不足 2000 字，萧劲光却字斟句酌写了一天多的时间。他先诚恳地检讨了自己工作中的错误和问题，作了自我批评，继而表示了改正错误，做好工作的决心。信最后说：

> 今后决心一定按照主席的指示去做，坚决改正错误，从头做起，永远跟着主席的思想行动走。一方面认真地学习主席的著作，另一方面下苦功夫到群众中去，到实践中去，继续改造自己，彻底改造思想，改变作风。我现在虽然有病，正在疗养，希望能争取早日恢复，能把我最后一段时间和精力为党做点有益的事情，求得少犯错误，或不犯严重错误，以补偿过去工作中的某些损失。
>
> 我到海军工作，还没有向主席作过系统汇报。曾经有好几次打算找主席，但没有适当机会。如主席时间许可的话，我可随时前来。我写这封信时，心情有些乱，写得不全面也不深刻，请主席阅后给予指示，以便遵行。

信发出后，萧劲光思想仍然平静不下来。他苦苦思考：在没有战事或战事极少的情况下，部队工作究竟应以什么为主？是大搞政治，还是以军事训练为中心？尤其是对于海军这样一个技术复杂的军种，抓军事训练是过头了呢，还是远远不够？对照十几年来海军建设的实践，萧劲光想来想去，最后坚定了一个思想：和平时期的部队建设必须以军事训练为主，作为装备技术复杂的海军尤其应该如此。海军以往的工作，不是抓训练过了头，而是抓得很不够。训练上不去，部队没有战斗力，保卫海防，完成党和人民交给的任务，都是空话！

9 月，病情稳定后，萧劲光便出院回海军机关，一边休养一边工作。

第二十六章　在逆风中搏击

一、该坚持的，什么时候都要坚持

1964年1月18日，中国共产党海军第三次代表大会在北京召开。

这次会议的筹备工作是在萧劲光住院期间进行的。萧劲光出席了会议，并致开幕词。苏振华代表海军第二届党委作了题为《更高地举起毛泽东思想伟大红旗，坚持四个第一，把创造四好连队运动提高一步》的报告。由于有毛泽东的"五二批示"，萧劲光仍被选为海军党委委员，并经中共中央批准为海军党委第一书记，但此后，他已很难驾驭形势、主持党委的全面工作了。因为有林彪的支持，李作鹏等人，在党委内部形成了自己的"核心"，使海军党委的议程、海军部队的工作，按照他们的思路，沿着所谓"突出政治"的轨道行进。

对海军党委，特别是常委成员的格局和形势，萧劲光看得很清楚。鉴于自己被明确定位为"挡第三线"，政治委员苏振华"挡第二线"，李作鹏等已开始我行我素。这样，许多长期形成的工作规章、程序都变了。这一切，使责任感、事业心极强的萧劲光心里异常沉重。与其在机关看着着急，不如到部队做点儿实际工作。党代会结束后已是春节了。春节假期刚过，萧劲光就离开北京前往青岛。他决意在北海舰队部队搞点儿调查研究，从学习郭兴福教学法入手，抓一下军事训练工作。

1964年1月初，中央军委批转了叶剑英副主席《关于开展学习郭兴福教学方法运动的报告》，号召全军部队学习、推广南京军区某部连长郭兴福，发扬传统、大胆创新，带领部队开展技术基础训练的方法。这一文件，在"高举毛泽东思想伟大红旗""政治可以冲击一切"的氛围中，算得上是一个"另类"的文件。它给一度被冷落了的军事训练，提供了新的动力。接到这个文件，在萧劲光的提议下，海军党委于2月6日发出指示，要求海军全体官兵行动起来，掀起学习郭兴福教学方法的热潮。指示要求：各兵种部队应根据自己的特点，着重培养基层战斗单位，即舰艇部队的单舰、单艇（中队），飞行部队的单机、中队，炮兵部队的单炮、分队，以及单兵、战位部门的基础训练标兵。同时要求各院校和各观通、侦察、后勤、工程、防化等勤务部（分）队，均应根据上述精神培养自己的郭兴福式的专业分队和个人。并提出，部队在此基础上，要切实搞好协同训练。

这一指示发出后，海军又组织了一批师以上领导干部和基层指挥员到南京军区推广郭兴福教学法先进单位参观见学，请这些部队的“尖子”分队到海军部队示范表演。在这一运动中，萧劲光不仅主持下发文件，抓了宏观上的组织领导，还亲自深入到部队，和舰队、基地领导一起培养树立典型，推动运动深入。5月8日，他在北海舰队司令员刘昌毅陪同下，视察了大连的海军指挥学校。听取了学校领导的工作汇报，检查了课堂教学，看了学校仪仗队的表演，萧劲光很高兴。他说，我现在发现了一个几十年没有解决好的问题，现在解决了。这就是如何保持学习、训练经常化的问题。领导抓一下就好一点，不抓就松下去，这个问题怎么解决呢？我的看法就是比、学、赶、帮、超，树立标兵。关于郭兴福教学法问题，要有一个整体观念，并不是学校不存在郭兴福。要从本质上了解这个问题。在郭兴福教学法的基础上，可以提高训练，培养我们自己的郭兴福教学法。郭兴福也要发展提高的，否则他就会落后。你们对此也要有比、学、赶、帮、超的观点。

1957年前后海军部队开展“三手”活动时，培养了一批技术基础训练的“尖子”。学习郭兴福教学法开始后，许多单位把学习和推广郭兴福的教学法与专业技术学习结合起来，一些老的“三手”、技术尖子发挥了酵母作用，使海军部队群众性的练兵活动搞得生动活泼、有声有色。部队军事训练质量和水平提高很快。5月底，海军在舟山召开了学习郭兴福教学法现场汇报会。由海军各大单位选拔出来的，不同兵种的28个小分队，作了汇报表演。官兵们规范的操作、精湛的技术，受到了现场观看表演的叶剑英元帅、张宗逊副总参谋长的肯定和表扬。

6月11日，驻山东海军航空兵某部陈根发和石振山机组在平度至莱阳一线击落国民党P2V–7型电子侦察机1架。敌机上乘员13名全部毙命，缴获“响尾蛇”导弹4枚、侦察原子试验情况的空气采样器2部。这是一次重大的胜利，在此之前，这样高性能的飞机，海军部队还没有击落过。为了鼓舞官兵的练兵热情，提高部队的战斗能力，萧劲光于战斗结束的第二天即提出，在青岛召开现场会，总结交流击落P2V飞机和东南沿海打击小股匪特的经验。萧劲光的意见一提出，李作鹏即表示反对，认为不是开这种会议的时候。经萧劲光一再说明这一会议的意义，李作鹏勉强同意召开，但又提出，不少师以上干部正在参加学习毛主席著作集训，所以支队以上主要领导不参加现场会。听了李作鹏的话，萧劲光很生气地说：“支队以上主要领导不参加，会议开与不开就没有什么意义了，我也不参加了！”6月16日，周恩来、聂荣臻、罗瑞卿接见了作战有功人员，对此次战斗给予很高的评价。至时，李作鹏才不再说什么，同意按照萧劲光的意见召开现场会。

6月25日，现场会在驻青岛海军航空兵某部召开。在参战单位、部门等介绍战斗经过、经验教训后，萧劲光作了总结讲话。针对李作鹏等人一再强调的“政治搞好了，军事和其他工作自然就好了”的观点，萧劲光不仅讲了这次空战的意义，应该吸取的经验教训，还具体讲了赢得战斗胜利的一些技术方面的因素。他说：“许多战例证明，取得胜利是大家经过长期努力的结果，绝不是一日之功，或偶然制胜。据了解，这次击落P2V，领航员经过了长期的研究，得出了100多个航向引导方案，实际引导也达1100余次之多。雷达员先后积累了397个波型识别资料，飞行员在35秒钟内攻击3次，3次命中。如不经过长期苦练，这是无论如何做不到的。”在介绍参战部队大量军事训练资料后，萧劲光进一步强调指出：“从部队单位来说，要培养部队的战斗作风，学会组织指挥，搞好部队的密切协同，不经过长期的千锤百炼和付出辛勤劳动，也是不可能的。所以我们要提倡平时多流汗，战时少流血，通过平时的苦练、实干，把各方面的战备工作落实下来。”

当年参加过这次会议的一位老首长说，那时我们都知道，军委已把萧司令当成单纯军事观点的典型，李作鹏他们在找他的麻烦。他在那里滔滔不绝地讲，我们真替他捏一把汗。会后，我委婉地提醒他，说：“现在像你这样讲的不多了！”他意味深长地说：“有些事情可以糊涂点，但原则问题不行。该坚持的什么时候都要坚持。突出政治当然没有错，但敌人的舰艇来了、飞机来了，打不下来，赶不出去，还有什么政治？”

为了检查海军部队贯彻执行军委指示和学习推广郭兴福教学方法的成果，同年12月5日至17日，海军在青岛地区召开了比武大会。这次比武大会规模很大。参加比武的，有包括水面舰艇、潜艇和陆上部队等不同兵种的89个分队，108名个人，另有35个分队、27名个人，到会参加表演。海军支队（师）以上主要领导干部，都出席了大会。与会官兵总计2800余人。为了搞好这次比武，专门成立了大会领导委员会，萧劲光任主任委员，刘道生任副主任委员。军委副主席贺龙、总参谋长罗瑞卿出席了大会，并在萧劲光陪同下，乘“鞍山”号驱逐舰观看了舰艇海上比武表演。

此前，各舰队等大单位都分别举行了大比武。这次会上参加比武、表演的分队、个人，都是通过层层比武选出来的。所以，比武、表演成绩突出：109个分队

1964年12月，萧劲光祝贺在比武中取得优秀成绩的飞行员。

获集体奖，102名官兵获个人奖，18个单位获安全奖，33艘舰艇、28名个人获装备维护保养奖。比武大会达到了预期的目的，是比较成功的。

当然，比武中也暴露出一些问题。特别是水面舰艇部队，在舰艇操纵比赛中，参赛舰艇很大部分有差错，有的碰弯了栏杆，有的锚位差达100多米。在风浪较大的条件下，有的航海长不能辨认真假水天线。参赛的17名航海长，天文计算只有一人无差错。31名信号兵，收发报文155份，差错率达54%。此外还有一些问题。这些问题，反映部分单位军事训练离实战要求还有不小差距，军事训练工作犹待进一步改进、加强。

贺龙、罗瑞卿对比武大会及海军的训练工作给予充分肯定。萧劲光总体上也比较满意，感到通过比武和表演活动，检阅了部队的训练成果，比出了技术尖子，树立了标兵，交流了经验，也找到了训练工作上的差距。比武大会尚未完全结束，他就与刘道生开始讨论、研究改进下一年度军事训练工作问题。

然而，萧劲光完全没有料到，就在他倾心致志地考虑着海军部队新年度军事训练，运筹着如何减少事故，加强海军全面建设的时候，一个妄图从政治上把他搞臭、搞倒，彻底剥夺他在海军的领导权的阴谋已开始形成了。

二、打击接踵而来

到1964年底，李作鹏任职海军副司令已两年多了。两年多来，李作鹏等人的所作所为，使萧劲光感到失望又困惑。在他的印象中，李作鹏精明、能干，平时为人豪爽（喝酒是有名的“大烧锅”），接受任务不讲条件，而今，趾高气扬，咄咄逼人，他都有点儿不认识了。

对李作鹏等人的放肆、妄为，萧劲光初始有埋怨情绪，认为军委、林总过于相信他们了！渐渐地，萧劲光明白：岂止是相信！他们是受命而来，许多言论行动是受到明确支持、指使的！

战争年代，萧劲光与林彪共事多年。在萧劲光的印象中，林彪只顾打仗，很少过问政治工作。但他在1959年主持了军委工作后，却完全变了一个人。他揣摩毛泽东的想法，根据当时的政治气候，别出心裁地提出“政治挂帅”，必须坚持“四个第一”。这些提法、口号，认真推敲起来，不仅偏颇、牵强，有些甚至是荒谬的。但在当时，他得到了毛泽东的默认和肯定。所以他有恃无恐，“大打出手”：总政治部主任谭政大将不赞成“三八作风”等的提法，被点名批判，被诬为“反党宗派集团头子”，受到降职处理；与其携手共事多年的罗荣桓元帅，因对“带着问题学”“四个第一”等提法有异议，遭到一次次批评和责难，被扣押总政治部主任的任命，难以开展工作。在如此强大的声威面前，军委、总部首长提不得不同意见，部队各大单位便只有“紧跟”“理解的执行，不理解的也要执行”的份了！

然而，在这些方面，萧劲光一开始就跟得不够紧。据萧劲光自己讲，诚然他对某些观点、做法有自己的看法，倒也不是刻意抵制，而是由海军部队的特点造成的。海军是新建的高技术军种。军舰要出海，飞机要上天，没有系统的专业技术训练是无论如何不行的。而海上、空中训练本来就受着自然气候条件的制约，政治教育、毛主席著作学习再“雷打不动”，训练时间如何保证？所以，为了保证训练工作落实，有时难免对军事训练与政治教育在时间上作些调整。“政治可以冲击一切”，怎么可以被军事训练冲击？一向很少过问海军的林彪，上任不久便发现海军“军政位置摆得不正”，缺乏“雷厉风行、闻风而动”的作风。之所以出现这种情况，林彪得出结论：责任全在萧劲光。

林彪向来注重人际圈子，注意在关键位置安插“自己的人”。萧劲光原是东北民主联军副总司令员、四野第十二兵团司令员，在东北战场上曾与林彪共蹈战火3年多。到海军任职，虽然不是他推荐，却是经他同意的。按说，这应该算“自己人”了。但林彪清楚，萧劲光很有自己的见解，不轻易听命于人。加之，萧劲光年龄比他大，资历比他深（林彪进入黄埔军校时，萧劲光已留苏归来，就任国民革命军中将、师党代表），且与毛泽东有特殊的关系，指挥起来也不是“很方便”。或许是林彪想到，要把海军抓到手，不把萧劲光搞掉，看来是不行的。基于这种思想，以1962年向海军派出了41人的庞大“军委检查团”为起点，他不动声色地向萧劲光“动手”了。

据有关资料披露，李作鹏等人来海军前，林彪专门召见了他们，向他们谈了对海军工作的看法和设想，并具体交代：“你们到海军是加强领导。以后海军的工作，萧（劲光）、苏（振华）他们的做法，你们认为对的就执行，你们认为不对的就不执行。”李作鹏等人心领神会。到海军不久，他们很快便和由于工作上的分歧原本与萧劲光有些矛盾的一位副司令员纠合在一起，成了常委内的小集团。他们一面互相吹捧，勾结起来在各种会议上搅闹，打击政治委员苏振华、副司令刘道生，架空萧劲光，一面在海军机关及舰队、基地等各级领导中分线划派。“李作鹏是林副主席信得过的人”，很快传遍机关、部队。他们一伙无视军委其他领导的意见、态度，更不管部队的工作实际，一切唯林彪马首是瞻。稍不如意，就给人扣上“反对突出政治”“单纯军事观点”“资产阶级军事路线”的大帽子。一时间，弄得海军部队，特别是中、上层领导，抓军事训练怕“单”（单纯军事观点），抓政治工作怕“偏”（偏离方向），工作无所适从，空气异常紧张。在林副主席这把“尚方宝剑”面前，萧劲光更是动辄得咎，举步艰难。

林彪的支持，海军形势的发展，使李作鹏一伙头脑越来越热。至1965年初，他们再不满意单靠舆论、靠帮派势力控制部队，而是要从组织上解决问题，名正言顺地掌权。在李作鹏等人的一再坚持下，海军党委常委于这年3月召开了整风会议。

会议由李作鹏主持，萧劲光、苏振华等10名常委均出席，海军机关大部主官列席。会议议题冠冕堂皇：“集中讨论刘道生同志与党委在一些重大问题上的原则分歧。”谁代表党委？刘道生与党委的意见存在“原则分歧”？题目是李作鹏出的，他们在“一线”主持工作，当然代表“党委”的是他们。而与“党委”存在分歧，需要“讨论”的，却绝不是一个刘道生！

刘道生，1915年生，1930年加入共产党并参加红军。是红军、八路军中小有名气的年轻优秀军事指挥员、政治工作者。海军初创时，与萧劲光一起从湖南军区调到海军，任海军副政委兼政治部主任。1953年赴苏联海军指挥学院学习，4年后毕业回国改任海军副司令员，分管军事训练，并先后兼任海军学院院长、海军航空兵司令员。他熟悉海军业务，资历深且年轻，在部队深孚众望，是呼声很高的海军司令员接班人。以攫取海军领导权为目的的李作鹏，自然清楚他是最大的潜在威胁。整风会议以“主要解决刘道生的问题”为题，可谓一箭双雕、用意深远。

整风一开始，李作鹏等人就把刘道生多年来在工作中的一些做法和言论罗织在一起，作为“单纯军事观点”的罪证，逐一进行批判。且私下透露，要争取把刘道生搞出海军。对李作鹏一伙的卑鄙目的，刘道生心知肚明。他理直气壮地发言，对李作鹏等人的无理指责进行了反驳。

刘道生说，1962年以前，海军工作有错误，但成绩是主要的。海军从无到有，从小到大，一次次海战、空战胜利就是铁证，这是谁也否定不了的。你们到海军后，做了工作，也有成绩，但是不能有了成绩都是你们的，是“突出政治”的结果；出了问题都是别人的，是“单纯军事观点”造成的。这样讲，你们不觉得心虚吗？我工作中有缺点，有错误，但有缺点、错误就是“资产阶级军事路线”吗？搞军事训练就是“资产阶级军事路线”吗？不错，我讲过“快艇不快、潜艇不潜，将来还要飞机不飞”的话。那是针对军事训练工作不落实讲的。政治是空的吗？“突出政治”可以不要军事训练吗！有人说，政治觉悟高了，没有技术，用头顶也可以把鱼雷顶出去，叫他顶顶试试！这么明显的问题，你们却故意搅浑水，敢讲讲你们这样搞是为什么吗？

刘道生义正词严的发言，说出了多数人的心里话，大家暗暗叫好。

被打在痛处的李作鹏大为恼火。他板着脸质问萧劲光：“刘的发言是什么意思，你听懂了没有？”

萧劲光说：“我没有听懂。”

“你是大知识分子，你听不懂，谁信？”李作鹏一边说着，转问萧劲光：“京剧中有一出戏叫《将相和》，你看过没有？”

萧劲光冷冷地回答：“略知一二。”

李作鹏遂挖苦地说：“可惜呀，我们现在有些人连廉颇都不如。”

萧劲光当即回敬道：“是可惜！可惜你不是蔺相如，我也不是廉颇！”已颐指气使惯了的李作鹏，霎时气得面色苍白，双手发抖。

整风会在吵吵闹闹中开了20多天，于4月12日宣告结束。先搞臭刘道生，再逐步削掉萧劲光的权力，调整海军军以上领导班子，“彻底的搞，大调动，老干部尽可能地外调”，从而控制海军，是得到林彪指使和默许的一整套计划，也是李作鹏执意召开这次会议的主要目的。由于多数常委不赞成他们的意见，他们的计划无法如期实现，但在李作鹏等人的胁迫下，会议作出了一个非同寻常的决定，即向军委上报了《关于海军党委常委分工等问题的报告》。

党委常委分工原本明确，成员又没有变化，有什么好分的？且看，分工“报告”是这样决定的：

1. 军、政工作由萧劲光、苏振华领导同志全面领导。日常军事行政工作，统由李作鹏负责处理。并建立海军首长集体办公制度。由李作鹏主持。苏振华、杜义德应以主要精力抓好政治思想工作。

2. 改变党委书记、副书记轮流主持党委日常工作的情况，决定由苏振华、王宏坤主持党委日常工作。如苏、王不在家或身体不好时，则由李作鹏、杜义德负责（党委第一书记的萧劲光无须负责）。

3. 今后不提“海军党委以萧、苏为核心”，而应强调党委是统一和团结的核心。

4. 要加强党委的毛主席著作的学习，坚持每星期四下午半天的学习制度。

文字不多，清楚明白，所谓分工，无非变着法限制、削弱萧劲光等人的权力，扩大李作鹏的权力罢了。

但这一报告，军委于5月29日正式批复同意了。

从此之后，“海军党委以萧、苏为核心”不准提，海军司令员、海军党委第一书记萧劲光，海军政治委员、第二书记苏振华，再难以主持海军日常工作，副司令员、副书记李作鹏实际上成了海军党委的“核心”。再往后，“海军党委以李作鹏等左派首长为核心”的提法，虽然没有正式行文作出规定，但不仅海军上下清楚，连兄弟军兵种也知道了。

整风会议后，李作鹏心神疲惫，血压升高，心率不正常，住进了医院。在病床上，他想想林彪交付的“任务”和这次会议的全过程，心里很不平静。虽然没有完全达到预期目的，有了这个分工的“报告”，总算暂时可以向林副主席交账了，而他们几个会不会见难退坡呢？反复思考后，他在医院给海军常委张秀川等人写了一封信。信中说：“林副主席对我们三人寄予了很大希望。如果海军工作垮下来，那就证明我们辜负了林副主席对我们的支持和信任，一切牛鬼蛇神就会纷纷倾巢而出。”“只要林副主席了解我们，不管有多大困难，处境如何艰巨，也要在困难中辟出一条光明前途来，个人问题完全置之度外。”

目的达不到，李作鹏不甘心，时过不久，他们又找到了新的题目。

1965年8月6日，南海舰队鱼雷快艇11艘、护卫艇4艘，在驻汕头某部副司令员孔照年、参谋长王锦指挥下，在福建东山岛兄弟屿附近海面击沉了企图进行登陆袭扰的国民党海军的两艘猎潜艇“剑门”号、“章江”号。击毙敌巡防第二舰队司令胡嘉恒以下官兵170余名，俘“剑门”号中校舰长王韫山以下官兵33人。南海舰队参战部队牺牲4人，伤28人。史称“八六”海战。

“八六”海战贯彻集中优势兵力，各个歼灭敌人的作战原则，在海战中采取了近战夜战的传统战法，以较小的代价换取了较大的胜利，整体来说，仗打得不错。所以，当天国防部即通令嘉奖。之后，海军还分别授予参战的611护卫艇、119号快艇“海上英雄艇”“英雄快艇”称号。当然，由于缺乏部队间协同训练，某些方面也存在着处置失当的问题。对这样的战斗，实事求是地总结经验教训，是需要的。李作鹏却把海战当成为自己树碑立传，贬低、打击萧劲光的契机，与林彪勾结在一起大做文章。

“八六”海战结束的第二天，李作鹏就亲自赶到作战部队组织“总结经验”。他草草问了一下战斗经过，就按照预先设定的路子起草了《海军关于击沉蒋匪“剑门”、“章江”两舰战斗经验总结报告》。报告完全否定了海军长期以来教育训练的成绩，闭着眼睛写道：“这次战斗的胜利，再一次证明了突出政治的强大威力。只要突出政治，就有敢于斗争、敢于胜利、不怕牺牲的精神，就能克服一切困难，战胜一切敌人。”

这一报告甚得林彪欢心。9 月 8 日，林彪的秘书给海军司令部办公室打电话：“海战经验总结，主席已阅，并退回来了。主席看得很仔细，并划了许多杠杠。送海军李作鹏同志一阅，并要特别看划了杠杠的地方，尤其要特别看划双杠杠的地方。”要不要送身为海军司令员、海军党委第一书记的萧劲光“一阅”，林彪的秘书没有讲。

至此，李作鹏等人还不满足。他们决计以此为契机总结工作，与萧劲光、苏振华“以辨是非”。他们要把戏唱够。于是，李作鹏他们几个人内定后，通告其他常委，10 月下旬召开海军党委第三届第二次全体会议（以下简称海军“三二”会议）。议题主要是总结海军近三年来的工作。

就议题论，这实在是个莫名其妙的会议。总结“近三年”的工作，哪三年？只能是此前的三年，即从 1962 年下半年起至 1965 年下半年。按照惯例，总结工作，短的有月总结、年总结，长的有一届党委（或一届行政班子等机构）、一个相对完整的历史时期的总结。而这里的三年，一半是属于海军第二届党委期间，在 1964 年 1 月召开第三次党代会时已总结过了，而另一半属于第三届党委期间的工作，至时还不足两年，搞什么总结？但李作鹏他们要总结，会议就要开。

10 月 25 日，海军党委“三二”会议在北京召开。出席会议的除全体党委委员外，另有机关、部队军以上领导干部 47 人列席会议。整个会议分两个阶段进行。第一阶段，总结近三年来的工作，第二阶段，研究作战和院校工作，交心通气，统一思想认识。为了震慑他人，会议一开始，李作鹏就开诚布公地宣布：“林副主席对我们这个会议很关心，每天都听我们的情况汇报。”

会议开始，一切便清楚了：所谓总结近三年来的工作，实际上就是要用会议和文字的形式，充分肯定李作鹏等人到海军后的功绩，记录下他们对“林副主席”的忠诚。会前，李作鹏组织起草了一个《关于贯彻执行 1963 年海军党委扩大会议决议的基本总结》（简称“海军三年工作总结”）。在这份材料中，他们割断历史，全盘否定了海军十几年来的工作，似乎海军的一切成绩都是他们到海军后取得的，是他们坚决贯彻林彪对海军的“指示”的结果。报告说：海军三年来取得的成绩，“充分显示了突出政治、坚持四个第一的巨大威力。雄辩地证明：只要我们突出政治，坚持四个第一，使政治思想工作成为全盘工作的基础，就会一通百通”。而部队存在的问题，“主要还是突出政治不够，在四个第一的落实上还有很多薄弱环节”。并且按照对待“四个第一”的态度，罗列出部队 14 种现象和问题，据此把海军团以上干部划分为高举的、犹豫的和反对的三种类型。宣称要根据这三种表现，调整和配备各级干部，特别是军以上领导班子。

对这样一份混淆是非、别有用心的材料，萧劲光当然不会同意。在会前和会议期间，他都旗帜鲜明地提出了不同意见。所以李作鹏说，萧劲光对这个总结报告，“态度是怀疑和抵触的，实际上是思想不通”。但这不影响会议通过和上报军委，因为“林副主席”支持。林彪看了这个报告，果然大加赞赏。他亲自给李作鹏打电话：“海军这几年工作有很大进步，不是很小进步。现在的样子和三年以前的样子明显不同。一个军种几十万人，这种进步和转变很不容易。”

会议第二个阶段，名为研究工作，实际上成了对不赞成李作鹏等人观点，不同意“三年总结”结论的海军常委，苏振华、刘道生、杜义德等人，特别是萧劲光的围攻。李作鹏等人通过串联和煽动，安排了数十人次大会发言，轮番对萧劲光等海军领导抵制“林副主席指示”、反对突出政治、坚持单纯军事观点，进行“全面、深刻的批判”。

在李作鹏等人的欺骗、唆使下，少数干部的发言不仅内容荒谬，而且语言尖酸刻薄，有的甚至谩骂。身经百战，以敢打硬仗著称的海军副政治委员杜义德，气得脸色铁青，几次怒不可遏地指出：“这是党的会议！你们杀气腾腾的，想干什么？”兼任着海军副司令的东海舰队司令员、著名“虎将”陶勇，实在看不过去，会议开了一半，就借口前线形势紧张去了福建。一天，“提意见”（实则是批判）大会结束时，被围攻了一天的萧劲光气得站都站不起来。他一边步履沉重地离开会场，一边小声自语：我写报告调走，把权让给他们。为什么非要把我的身体也搞垮？

海军“三二”会议还在进行中，萧劲光和李作鹏都接到了到上海参加中共中央政治局常委扩大会议（以下简称“上海会议”）的通知。萧劲光感到突然，李作鹏却是心中有数，面露喜色。后来得知，会议是林彪提议召开的。事前叶群按照林彪的旨意专程到杭州，向在那里疗养的毛泽东作了专题汇报，之后又分别与各大单位的“自己人”打了招呼。他们经过周密策划，欲置主持军委日常工作的军委秘书长、总参谋长罗瑞卿于死地。

上海会议由中共中央主席毛泽东主持。参加会议的人员除林彪、周恩来、邓小平等政治局常委外，其余为军委、总部机关及海、空军等几个大单位的主要领导。会上，作为打击罗瑞卿的重磅炮弹，印发了李作鹏等人在林彪具体授意下精心炮制的揭发罗瑞卿与萧劲光、苏振华“勾结”在一起，“反对林彪、反对突出政治，阴谋占领海军阵地的罪行”。很显然，他们经过充分准备，材料洋洋万言，纲目清晰，“罪行”有 10 条之多。至时萧劲光才清楚，李作鹏为什么执意坚持在这个时间召开“三二”会议——打击他萧劲光，抬高自己，只是一个方面，更重要的，它是林彪部署的一部分。

按照李作鹏等人的设想，会上撤掉罗瑞卿职务，会议文件（连同他们提供的材料）一批转，萧劲光（连同苏振华）也就“从政治上、组织上解决了”。然而，他们失算了。根据叶群、李作鹏、空军司令员吴法宪等人炮制的几份材料，特别是叶群在会上长达 10 个小时的发言，毛泽东错误地免除了罗瑞卿军委秘书长、总参谋长的职务，同意“把问题先挂起来”，但没有被李作鹏一伙编造的“萧劲光、苏振华与罗瑞卿勾结的罪行”所迷惑。毛泽东看了会议文件后，断然否定了他们企图将联系批判萧劲光等军队高级将领的材料作为会议文件下发的提议。明确指出，会议涉及到海军等单位高级将领的问题，一律不准向下传达，文件到此为止。会后，毛泽东特别召见了萧劲光。在例行的问寒问暖，聊了一段后，毛泽东结论式地说，海军的问题与罗瑞卿的问题是两回事，不要相提并论。

获悉这一信息，李作鹏等人又惊又恼。但他们不甘心。上海会后，海军“三二”会议继续进行。在李作鹏等人的把持下，不仅通过了《海军三年工作总结》《海军 1966 年的工作纲要》，也堂而皇之地通过了《关于大胆提拔新生力量，调整加强军以上领导班子的决议》。他们下决心“彻底搞，把老干部统统调出海军”，全面调整军以上领导班子。

会议于 12 月 21 日结束，但李作鹏一伙控制、攫取海军领导权的步伐没有停止，且进一步加快了。有“林副主席”的支持，他们无所畏惧，不达目的誓不罢休！

关于上海会议，萧劲光晚年的回忆录中有一段记述：

> 大约是离开上海的前一两天吧，我接到林彪处打来的电话，说林彪请我去谈一谈。当时我的心情很复杂，我是很想与林彪谈一谈自己的思想的，一方面检讨自己工作上的错误，一方面对李作鹏等揭发中的不实之词当面向林彪作一些解释。但同时，我也感到惶惑，就上海会议的一些突然袭击式的做法，我不知林彪的用意，也不知是不是会有什么灾难落到我的头上。待我如约到达林彪住处的时候，接待我的却是叶群。她说林彪近些天来身体很不好，正在睡觉，委托她与我谈一谈。谈到李作鹏等揭发的我与罗瑞卿的关系问题，叶群说我这些年来在突出政治问题上反对林彪，并说，希望我起来揭发罗瑞卿的问题。我对林避而不见的做法，不能不有所考虑。而且，我感到有些问题是不便与叶群谈的。所以，我只是一般地谈了谈自己对工作上“错误”的认识，对李作鹏揭发信中的一些情况做了些说明，请叶群转达林彪。临走时，叶群弦外有音地对我说：“你身体不好，工作上的事情就不要多管了，让李作鹏他们干去。”还说，“你回去后，不要参加‘三二’会议了。你放心，李作鹏不会夺你的权。”这些说法不能不使我领悟到，林彪让我向李作鹏交权的用意。

有了这段记述，林彪及李作鹏一伙在海军“三二”会议期间的所作所为，就好理解得多了。

三、粉碎林彪操纵的夺权阴谋

海军“三二”会议结束还不到半年，1966 年 5 月，海军党委又在北京召开了第三届三次会议（简称海军“三三”会议）。

海军“三三”会议是 5 月 27 日开幕的。这时，“文化大革命”风暴已逐步形成，开始从文化学术领域向政治领域发展。与此同时，林彪的地位却越发显赫。在这样的形势下，李作鹏等人更不把萧劲光、苏振华放在眼里了。整个会议都是他们——李作鹏一伙及刚由副司令提升为海军第二政治委员的 × × × 等人筹划的。后来的事实说明，会前他们就做好了彻底“摊牌”，“从组织上解决问题”的准备。考虑到毛泽东的态度，为进退方便，在会议一切准备工作就绪后，李作鹏以“心脏病犯了”为由，去庐山“疗养”，遥控指挥。鉴于海军在两次批判罗瑞卿会议上暴露出来的问题，军委对海军“三三”会议异常关注，专门抽调叶剑英办公室副主任莫阳、总政组织部副部长刘德润、总政干部部副部长朱光等，组成军委联络组出席会议。

会议通知上写明，海军“三三”会议议题有两个，一是传达学习中共中央关于“文化大革命”的指示，二是传达贯彻上海和北京两次“批罗”（批判罗瑞卿）会议精神。“文化大革命”是当前头等政治任务，党委成员没有分歧，更没有异议，学习、讨论、表态，“坚决贯彻执行”就是了。会议很快转入第二个议题，即“批罗”。由于上海会议是在海军“三二”会议期间召开的，主要精神已作过简要传达，所以重点是传达北京“批罗”会议精神。

北京的“批罗”会议，是3月在京西宾馆召开的。后来通称“三月京西宾馆会议”。会议由邓小平、彭真、叶剑英主持。参加人员为军委各总部、公安部、国防工办、国防科委、军事科学院和部分军区、军兵种主要负责人。按照规定，各单位副职领导不参加会议。李作鹏等人因为提供“批罗”炮弹有功，军委特别点名要其出席。这样，在这个全军一共只有42个人参加的会议上，海军就有了萧劲光、苏振华、李作鹏等4人。

按照中央既定思想，“三月京西宾馆会议”是传达上海会议精神，将罗瑞卿的“问题”在高级干部中吹风、打招呼。结果，在林彪的指使和叶群等人的串联下，实际上成了对罗瑞卿的批判、斗争会。少数别有用心的人和部分不明真相的人，突然变脸，激愤地声讨、批判罗瑞卿“反对突出政治”“篡军反党”的罪行。李作鹏等会同林彪的几员大将——空军司令员吴法宪、广州军区司令员黄永胜、总后勤部部长邱会作及叶群，在会上作了充分表演。他们几次强行发言，大喊大叫，恶毒地诬蔑罗瑞卿企图篡军、篡党、篡国，是“大野心家、大阴谋家、大危险人物”。并且无视会议关于“只讲罗的问题不要牵扯别人”的规定，硬是把海军的问题和所谓罗瑞卿“反革命修正主义路线”联系在一起批。李作鹏煞有介事地在会上会下散布说，上海会议后有三种态度，第一种是反罗瑞卿的，第二种是罗瑞卿分子和半罗瑞卿分子，第三种是没有引起重视，无所谓的。话里话外暗示，萧劲光、苏振华是第二种人。与此同时，李作鹏等三人联名抛出了两份材料：《萧劲光与罗瑞卿关系十六条》《苏振华与罗瑞卿关系十一条》。很明显，他们要在置罗瑞卿于死地的同时，也置萧劲光、苏振华于死地。

由于会议主持人清醒地把握了中央原定的会议主旨，李作鹏等人的目的没有能够得逞。彭真在大会、小会上几次强调，发言时要讲大问题，不要讲枝节问题，只讲罗的问题，不要牵扯别人，只讲站得住脚的材料，不要讲无把握的材料。针对李作鹏等人的发言和某些人在会上表现得很激动，彭真说：“海军一个时期工作中有缺点，这几年有改进。领导人之间有意见是另一个范畴的问题，主要领导有错误，那是工作中的问题。”“现在愤慨的人，将来冷静下来是会失悔的，人在火头上和冷静下来的时候不一样。冷下来时，人们还想说什么，很难说。”这些讲话向不明真相的人敲了警钟，也决定了彭真时过不久便像罗瑞卿一样遭受厄运。在当时，对李作鹏等人来说，这些话无疑是一瓢冷水。

6月17日，海军“三三”会议由党委全会转为党委扩大会。出席人员扩大到师以上单位主官，会议人数增加到130多人。会议开始后，萧劲光为了维护党委的团结，争取主动，使会议能顺利开下去，率先发言对会议表了态，检查了自己工作中的错误及执行罗瑞卿“错误路线”的问题。受李作鹏等人操纵、指使的部分人抓住不放，一次次打断萧劲光的讲话，提问题、发难。有人频繁进行会外活动，私下在追随者中间定调子：“这次会议最主要、最本质、最核心的问题是萧、苏与罗瑞卿的关系问题”，“现在检查路线错误已经晚了，要害是把他们与罗瑞卿的关系交代清楚”。“这次会议就是要从政治上、组织上解决问题。”对部分“不够坚定的人”，他连诱导带恐吓地说：“开了头就要干到底。打虎要打死，打不死跳起来要伤人。”因有这些人一味搅闹起哄，坚持正确意见的同志很少有发言的机会，并且一发言就被抓辫子、扣帽子，被称为“保皇派”“罗瑞卿分子”。会场时常吵吵嚷嚷，气氛越来越紧张。会议简报的语录栏里出现了“凡是反动的东西，你不打它就不倒”“坦白从宽，抗拒从严”等对敌斗争的语录。

会议进行两天后，会议领导小组正式作出决定：撤销会前海军党委向军委报告中关于扩大会议不谈常委内部问题的决定，提出“海军党委常委的团结问题，是两种建军思想、两条建军路线的大是大非问题”，“现在是解决问题的时候了”。这样一来，会议就完全成了对萧劲光、苏振华的揭发、批判会。

7月2日，李作鹏一伙暗中安排的人争前恐后地发言，叫嚷要抓海军的“罗瑞卿分子”。有的人对他们无视事实的恶毒中伤难以容忍，发言反驳。会议乱到了极点。上午会议行将结束时，有三个小组公然提议撤换会议领导。他们说，海军不能继续执行罗瑞卿路线。“萧、苏是批判重点，不适合领导会议，领导小组要调整。”有的人一面假意制止，一面却说“要李作鹏同志回来领导”。见此情况，性情豪爽、脾气火暴的杜义德怒不可遏，站起来大声说道：“这是在部队，是党的会议！希望大家冷静点，不要走得太远！”向来沉稳持重的海军参谋长张学思，也愤怒地对旁边的人说：“没想到他们真敢在天子脚下下毒手，随便抓我们的保皇派、黑帮，还有王法吗？”正是由于张学思的这一态度，事过不久他便被关押起来，最后被迫害致死。

然而，谁反对也没有用。撤换萧劲光、苏振华的领导，是他们蓄谋已久的，要的就是这一结果！当晚，会议秘书长将会上的情况向在庐山遥控指挥的李作鹏作了电话汇报，李作鹏的答复只一句话：“群众这么要求，就按群众的意见办！”于是，会议材料组连夜加班，将三个组要求撤换会议领导（岂止是会议领导！）的提议作为“群众意见”编成简报，正式报送总政、军委。

当时林彪在大连休养，无从知道他获悉这一信息后的心态和反应。而海军党委扩大会上有一伙人，是弹冠相庆、喜形于色的。他们满以为胜券在握、大功告成：接下来便是萧劲光、苏振华被撤职，李作鹏等人上台。“海军要改朝换代了！”

然而，事情远不像他们想的那样简单。

海军党委扩大会上的混乱局面和不正常的举动，引起了军委联络小组的注意。

莫阳、刘德裕、朱光为了弄清原委，分别与参加会议的各方面领导谈了话，并如实地向叶剑英等军委、总部首长报告了海军会议的进展情况。莫阳后来说："我们到海军去的时候，叶帅亲自交代的任务是带着耳朵去，多听大家的意见，作调查研究，了解情况，不要随便发表议论。我们不了解海军党委过去的情况，没有任何框框。只是凭着党性，凭着传统的观念，感到一个副司令，一个政治部主任，操纵着党委扩大会，搞地下活动，抓住党委一二把手工作上的缺点错误不放，一定要往敌我矛盾上整，甚至想通过会议罢官、夺权，很不正常。"因为这次汇报及在会议上的鲜明态度，莫、刘、朱三人后来在"文化大革命"期间受到了残酷的打击迫害。

会议的发展，使萧劲光越来越难以接受和理解。几年来，他明白林彪对自己有看法，自己对林彪所谓突出政治的一些观点也确有些想法，但绝没有反对的意思，而是努力在"跟"，往好处理解。至于"反党"，更是没有边际的事。林彪他们为什么总是抓住不放呢？时至今日，一切都清楚了：他们要海军的领导权。自然接班，等不及，要立即把领导权搞到手！否则，他们是不会甘心的。那么，像他们这样，能搞好海军吗？他们口口声声"照毛主席的指示办事"，毛主席的意见是这样的吗？想到毛主席当年的嘱托和在上海的谈话，想到海军当前的局面和未来的发展，萧劲光从气愤和痛苦中冷静下来。不能任其下去，要向总部、军委反映！当晚，他与苏振华一起研究分析了会议的形势，并立即将会议要撤换领导的严重情况写成报告，连夜报送了党中央、中央军委。

对海军党委扩大会出现的局面，叶剑英似乎早有预料。7月3日一早，他就亲自打电话给萧劲光。告诉萧劲光，报告已看了，看来问题比较复杂。他将报告林彪同志、报告中央，然后决定处理意见。明天是星期一，你们的会议可以休息一天。最后，建议会议重新印发学习毛泽东1963年5月对海军党委扩大会议的批示："关于海军问题的报告已看过，认为很好，照此执行，每年检查一次执行情况。希望海军各级党委同志们团结起来，以大局为重，焕发精神，努力工作，发扬成绩，纠正缺点错误，同其他军种一样，把海军工作做好。有错误并不要紧，只要改正就好了。"这一批示，海军党委反复学过多次，萧劲光每一句话都记得清清楚楚。回味着这一批示，萧劲光基本明白了叶剑英对海军问题的态度。但他深深疑惑：这仅仅是团结问题吗？

当晚，叶剑英又与在大连休养的林彪通电话，汇报了海军的问题。叶剑英旗帜鲜明地讲，通过一个会议撤换领导，是极不正常的。实质上操纵着会议的林彪，佯作不知情地问了问会上的情况，然后模棱两可地说，海军现在的领导不能改变，萧劲光、苏振华两同志的领导不能改变。李作鹏等3年来，工作是有成绩的，工作是好的。萧、苏要支持李作鹏等去工作，李作鹏等要维护萧、苏的威信。不能撤换。通过这样一个会议，把萧、苏撤职了，全军就会乱了，此风不可长。如果撤换李作鹏等，实际工作又没有人做。因此，他们之间，可以相互批评、相互帮助，但不能撤换。按照这个方针努力工作，如坚决执行这个方针，继续搞下去，如果再出问题，就调离。讲到这里，林彪夹杂着讲了几句空军的事，又接着说，海军领导每个人都要高举毛泽东思想伟大红旗，开展批评和自我批评，要自己洗澡，互相擦背，提高思想，但不能夺权。主要是从思想上解决。可能为了避免使李作鹏等人引起误会的原因，林彪特别强调，传达他的意见时，“要告诉他们，这是我们两个直接通电话讲的”。

与林彪通电话后，叶剑英又向党中央和毛泽东作了汇报。

海军党委扩大会的异常情况，引起了中央领导的高度重视。7月4日，由中共中央副主席刘少奇主持召开政治局常委会，专门研究海军党委扩大会问题。除毛泽东、林彪不在北京外，周恩来、邓小平等均出席，中央书记处常务书记陶铸，贺龙、陈毅、叶剑英、聂荣臻四位元帅列席会议。大家都为海军的复杂形势感到忧虑。会议一开始，刘少奇就严肃指出：“其他不说，夺权是第一位的错误，其他错误都是第二位的。”经过讨论，形成了《对海军会议的三条指示》：

> （一）不能够也不允许搞地下活动。应按党的民主集中制原则，公开讲自己的意见，进行批评和自我批评；（二）萧、苏已经进行了自我批评，应欢迎。不够的以后再讲，其他同志也应利用这个机会洗洗澡；（三）由会议本身作出决议撤换领导，这种方式是错误的。

7月7日，中央军委也召开常委会议，并集体与海军常委谈话，研究海军“三三”会议的问题。会议在军委办公楼会议室召开，由贺龙主持。徐向前、聂荣臻、叶剑英均出席，中央书记处常务书记陶铸及总参、总政的领导李天佑、王新亭、刘志坚、徐立清也列席会议。海军党委常委除李作鹏不在北京外，9名常委全部出席会议。叶剑英在逐字逐句地向会议（主要是海军常委）传达中央常委的“三条”指示和林彪的指示后，做了近一个小时的长篇讲话。

叶剑英说：

> 你们这次会议总的说来是好的，但出现了一些异常现象。特别是到7月3日，几个小组提出萧、苏不能领导会议，要×××同志领导，而且登了简报。中央、军委、林副主席根据这种情况，认为有必要同海军常委的同志谈谈。会议的积极方面要继续发扬，消极因素要及时克服，使会议更健康的发展，所以7月4日，要你们休会一天。请同志们看看文件，再好好地想一想。
>
> 萧劲光、苏振华两位同志，在海军工作十几年，对他们工作的成绩、缺点如何看，这几年，一开会就搞这个问题。一个人只要做工作，或大或小、或多或少，总有错误。海军的问题，检查海军常委的领导，首先检查萧劲光、苏振华同志的错误，这样做也应该。因为他们是主要负责同志，海军工作做得好有他们的份，做得不好也有他们的份，而且是主要的。关键在领导嘛！……这次会议上，萧、苏检查几次，也比较深，挖了单纯军事观点、教条主义的问题。他们的检讨，中央、军委和常委都看了，我们认为是很好的。他们的问题，是认识问题，是工作中的错误……但从这次会议反映出来的情况看，有这样一种趋势，极少数同志想把萧、苏划到罗瑞卿的圈子里面去，是“海军的罗瑞卿分子”，这种做法在会议的过程中表现的相当顽强，相当坚持，似乎非把萧、苏搞成黑帮，推到“罗瑞卿反党集团”里面不可。7月2日那天，三个小组提出萧、苏是批判重点，要×××同志来负责领导。这个情况不仅是我耳朵听到

的，而且登了简报，有文字可查。简报代表领导的态度，是指导会议的重要工具。你们准备把会议引导到哪里去？这样搞下去，把萧、苏搞成黑帮，罢了官，从领导岗位上赶下来，×××上台，黄袍加身，这意味着什么？会是什么后果？你们想想吧！

最后，叶剑英对李作鹏一伙人进行了尖锐的批评。他严厉地指出："×××是个老同志。但由于个人主义严重，放弃党的原则。李作鹏利用×××的老资格，在海军工作时间长，把他推到前台，自己在后边摇鹅毛扇子。意见好像是群众提出来的，这不能怪群众，因为领导上有人在引导。中央军委密切注意着你们会议的发展，认为很危险。危险的不是萧、苏，危险的是引导会议把萧、苏搞成黑帮分子的同志。你们的会议已到黄河边了！中央如果不管，对党的事业不利，后果是不堪设想的。"

接下来，贺龙、聂荣臻、徐向前和陶铸也都讲了话，要求海军领导按照中央常委和林副主席的指示，同心协力地把会开好。都要多检查自己，"洗洗澡"，使这次会议成为海军的一个转折点。认真学习贯彻毛主席的指示、批示，为建设强大海军作出努力，作出贡献！

为了切实把会议方向转过来，第二天，叶剑英又到海军党委扩大会议上，亲自向与会人员传达中央政治局常委的指示、林彪的指示及军委常委会议精神，对在会上无理取闹，有意扭转会议方向的人、事，进行了严肃的批评。

7月中旬，李作鹏从庐山疗养回京，在大量事实和各方面的压力面前，也不得不承认"搞了非组织活动"，表示"要承担责任，接受教训"。在后一段会议中，李作鹏等人情绪很低，不时借故离开会场。他们怕把事情弄大，在私下威胁知情人："事情牵涉林副主席，讲不得。"

事情与自己有关，林彪当然清楚。8月13日，已在党的八届十一中全会上荣升为仅次于毛泽东的中国"二号人物""副统帅"的林彪，在"文化大革命"百忙中专门对海军常委成员作了评价，说李（作鹏）等是"高举毛泽东思想红旗的，突出政治的，反对罗瑞卿有功的"，"萧劲光、苏振华是反对我的"，并要求尽快传达到海军党委常委、海军领导。

"副统帅"有明确指示，对李作鹏等人当然不能再批了。由于旨在全面发动"文化大革命"的党的八届十一中全会后，"文化大革命"浪潮已席卷全国。至时，海军内部也开始乱起来，不断有院校群众组织的代表跑到北京来，要求揪斗本单位参加党委扩大会的领导干部，会议也无法再继续开下去了。8月25日，会议通过了以《团结起来，以大局为重，焕发精神，努力工作》为题的大会决议。《决议》明确指出："海军党委三届二次全会关于《海军党委常委内部争论问题的情况报告》，是错误的，是违背组织原则的，除留一部分存档外，一律销毁。《三年工作基本总结》有原则错误，应一律收回，作为历史文件存档。"至此，历时三个多月的海军"三三"会议（含后期扩大会议）宣告结束。

在"三三"会议结束前，还有一段插曲。8月18日，毛泽东在天安门广场接见红卫兵，萧劲光、苏振华及李作鹏等海军领导都上了观礼台。接见临近尾声时，毛泽东把他们叫到身边，一一握手，简单地问了海军的情况，尔后严肃地对李作鹏等人说："萧劲光是个老同志，苏振华是个好同志，你们老整他们干什么？"一边说着拉过萧劲光，两人照了一张合影。

毛泽东这一举动，深深印在了李作鹏等人的脑子里。事后，李作鹏无奈地说，凡是毛主席握过手、照过相的人，就是要保的人。从此，他们打击、排挤萧劲光不得不有所收敛。

四、有职无权的海军司令员

海军"三三"会议后，随着社会上"四大"（即大鸣、大放、大字报、大辩论）高潮的到来，海军机关也开始汇入内乱中。1966年9月中旬，地处北京西郊的海军机关大院内，群众组织纷纷成立，大字报、大标语铺天盖地，机关工作已无法正常进行。萧劲光想理解，理解不了；置之不理，又坐不住。接连召开常委会，研究运动的情况，极力想跟上形势，领导运动，又没有好的办法。请示总部，没有明确意见。军队是令行禁止的。主持军委工作的林彪不发话，坐得住，其他谁再着急、上火，也没有用。

林彪关注着海军。海军机关运动形势的发展，终于让他坐不住了。

海军机关最初阶段的大鸣、大放、大字报中，尽管涉及了海军机关的大批领导干部，但是，最处于不利地位的是张秀川。或许是到海军几年里过于张扬了，在给10个常委的2000多张大字报中，他一个人就占了一半。这一情况很快反映到林彪那里。于是，十几年从来没到过海军机关的林彪，决定到海军大院看大字报。

9月22日上午刚上班，海军司令部值班室就接到军委的电话，说林副主席已出发去海军机关。萧劲光立即与李作鹏等一起到大门口迎接。按照惯例，他们把林彪连同随同前来的叶群等人一起接到办公大楼的会议室。林彪表情极其冷淡，一直未与萧劲光讲话。叶群倒热情，与萧劲光一边握手、寒暄，一边就说，"主要是看大字报"，并特别点名要看政治部的大字报。当天看了几个小时，就回去了。第二天，即23日下午，林彪等再次来到海军机关。他先草草看了下大字报，接着视察了海军政治部的各二级部、报社、法院、检察院，以及海军司令部的作战、情报、通信等部门。视察过程中，林彪对海军常委们说："你们开了几个月的会，会议情况我了解一些。""是非既然已搞清楚，应该团结起来，全力以赴，做好工作。""希望你们原班人马在海军工作，我们没有要把你们哪一个人调出海军，你们要把谁排挤出去，我们也不赞成。"视察结束，他和海军领导成员合影留念。令人注意的是，合影时，林彪不顾长期以来形成的依职务顺序排列的惯例，特意让李作鹏等人紧挨自己站在旁边。

林彪"看大字报"，在海军机关影响很大，一度使揭发李作鹏等人的大字报有所减少。但随着运动的声势越来越大，机关、院校都分成了两派，其中一派主要是在"站队"中遭受李作鹏等无情打击的干部。这部分人起来后，以李作鹏等人为运动目标，着力揭发批判他们在海军"三二""三三"会议期间的夺权活动。因其中有相当部分机关干部，又比较知底细，揭发的内容越来越深，甚至有人提出要开李作鹏等人的控诉会，要给他们“戴高帽”游街。这使李作鹏等人大为恐慌。1967年1月6日，李作鹏匆忙给代总长杨成武写信，提出了遏制形势发展的三个方案：一是请军委对海军“三三”会议决议表态，把问题揭开，看究竟谁是刘邓路线；二是将林彪在1966年8月13日对李作鹏等人的评价公布；三是把所有的问题重新揭开，进行大辩论。

1967年1月8日，杨成武约萧劲光、苏振华和李作鹏在军委办公室谈话，具体讲了对李作鹏信的处理问题。他说，收到李作鹏信的当天就把信转呈给了林副主席，林副主席又将信转给了毛主席、周总理。“主席、总理的意见是按第二个方案办，请萧劲光同志出面传达一下。”对这一意见，萧劲光是不赞成的。因为那时对林彪的指示谁也不会、不敢有异议，所以传达他对李作鹏等人评价的结果，不仅保了李作鹏，造成整个形势的大转折，而且也推翻了军委肯定的海军“三三”会议的决议，将带来更大的问题。然而，是“主席、总理的意见”，没有第二个选择，只有照办。

事关已身，李作鹏雷厉风行。1月9日一早，李作鹏就让秘书送来了他亲笔起草的传达提纲和说明。“说明”写的是：“萧司令：我上午有外事活动，下午又有会议，因此替你讲话写了一个短提纲（我认为不需要讲得更多）。能不能用，请你考虑。”“提纲”是以萧劲光名义起草的，的确文字不长，主要是对副统帅“高度评价”的说明，但时髦的词句，诸如坚定的左派、无产阶级司令部的人、反对他们就是反对毛主席，等等，全有。至于“高度评价”的全文，清清楚楚地抄在上面：“李作鹏、×××、×××同志是高举毛泽东思想伟大红旗的，拥护毛主席的，是突出政治的、旗帜鲜明的，对海军工作转变做了很多工作，反对罗瑞卿是有功的。”

已有40多年党龄的萧劲光，握着这样一个提纲啼笑皆非：一个党委第一书记，传达“副统帅”对第三书记（此前，林彪亲自指定李作鹏为海军党委第三书记）的评价，这本已是非常时期的奇事，还要由被评价人代传达人起草讲话稿，更是奇上加奇。若非亲历其事，实在令人难以相信。

1月9日晚10点，遵照军委指示，由萧劲光公布林彪对李作鹏等“高度评价”的会议在军委西苑旅社礼堂召开。参加人员为海军直属机关、部队行政十七级（大尉，是时已取消军衔）以上干部。会议时间很短，但效果是显著的。第二天，海直机关立即铺天盖地地贴满了坚决支持李作鹏等“革命左派”的大标语、大字报。从此，海军机关秩序大乱，李作鹏借此机会翻了海军“三三”会议的案，“名正言顺”地掌握了海军的领导权。接着，以是否支持李作鹏等人划线，开始对一大批干部进行残酷斗争、无情打击。

1月16日，李作鹏首先指挥揪斗了海军政治委员苏振华，名曰“摧毁海军苏记黑司令部”。既然是“黑司令部”，当然不会是苏振华一个人，很快，刘道生、杜义德及各大部的主要负责人都被隔离审查。1月18日，海军召开常委会议，给苏振华强加了反党、反社会主义、反毛泽东思想的“三反分子”和“彭（德怀）、罗（瑞卿）反党集团漏网分子”等罪名，决定撤销他的党委第二书记职务，并决定改组海军党委。会议明确决定，由李作鹏主持海军党委常委工作。为与“贯彻执行资产阶级军事路线”的原海军党委区别开，李作鹏主持的党委称“新党委”。

海军党委被改组后，在海军第一招待所门前召开“庆祝以李作鹏等为核心的海军新党委成立大会”，把一些被李作鹏等人认为“犯错误、有罪行”的海军领导揪到会场批斗。因为名义上萧劲光还是新党委的成员，所以仍上了主席台，坐在李作鹏的旁边。会议进行中间，便有造反派将矛头指向了萧劲光。一个造反派突然大步跳到萧劲光面前，指着萧劲光大叫：“萧司令，你反对毛主席！”萧劲光端坐不动，冷冷地回答：“我没有反对毛主席。”造反派又说：“你反对林副主席！”萧劲光没有作声，因为林彪讲过萧劲光反对他。接着，会场响起一片口号声：“谁反对毛主席就打倒谁！”“谁反对林副主席就打倒谁！”“打倒萧劲光！”随着口号声，两个造反派冲到主席台前，企图揪下主席台上的萧劲光。面对会场的混乱局面，李作鹏端坐不动，一声不吭。

见此情景，萧劲光怒不可遏。他霍地站起来，用力甩掉身上的棉大衣，厉声喝道：“你们哪个敢上来？”一声怒吼，全场皆惊。面对声威逼人的萧劲光，造反派心虚胆怯，愣了一下，眼睛转向李作鹏。李作鹏把手一挥，那两个人遂灰溜溜地退下去。会议很难再进行下去了。散会后，萧劲光驱车紧随李作鹏来到李的居处，质问李作鹏：“这是怎么回事？”李作鹏面红耳赤，支支吾吾，连说自己也不知道是怎么回事。萧劲光生气地说：“你不知道，别人哪个敢搞啊！”李作鹏慌不择言，连连说：“下次不搞了，下次不搞了！”

然而，头脑发烧的李作鹏说话是不算数的。几天后，萧劲光便被造反派劫持到天津。

这年春节是2月9日。春节马上到了，萧劲光去向仍然不明。秘书、萧劲光的孩子们都十分着急。于是秘书打电话报告了军委领导。军委副主席徐向前亲自给李作鹏打电话，查问萧劲光的下落，李作鹏回答说，萧劲光在天津，住旅馆，很安全，没抄他的家。在军委首长的催促下，萧劲光才于1月底被带回北京。

是时，海军机关的“文化大革命”已完全汇入全国性的潮流中。接踵而来的是“一月夺权”“二月决战”“三月总攻”“四月围歼”“大战红五月”……在前4个月里，李作鹏等在海军组织、操纵从数千人到上万人，大小不等的批斗会30多次，数十人、上百人的小型批斗会难以计数。原先海军党委的10个常委，半数被整，有的被打倒，有的靠边站。海军第三届党委委员37人，被立案、被批斗的23人。海军副司令员兼东海舰队司令员陶勇等多名高级将领被迫害致死。参加过海军“三三”会议的130余名师以上干部，除紧跟李作鹏等人搞非组织活动的10余人外，其余全被打成“苏记黑司令部狐群狗党”“三反分子”。机关、部队一般干部中，被立案、批斗，被错误处理的数字更是大得惊人。

而与此同时，李作鹏的职务一路飙升，权力越来越大：

1967年6月9日，中央军委命令：李作鹏为海军第一政治委员。

1968年9月29日，中央军委命令：李作鹏为中国人民解放军副总参谋长兼海军政治委员。

1969年3月9日，军委办事组通知：经毛泽东主席、林彪副主席、中央、中央文革批准，李作鹏为海军党委第一书记，萧劲光为第二书记。

1969年8月7日，中央军委批复海军第四届党委常委组成，李作鹏任第一书记，萧劲光任第二书记，王宏坤任第三书记，吴瑞林、张秀川任副书记。

1967年1月底，萧劲光被造反派从天津带回北京后，原海军党委常委苏振华、刘道生、杜义德已先后被打倒，立案审查。在以李作鹏等为核心的“新党委”中，萧劲光是被孤立的，完全没有发言权。加之头上还有一顶“反对林副主席”的帽子，萧劲光虽然仍保留着海军司令员、海军党委第二书记的职务，实际上已不能参与决策了。不仅如此，据说是根据林彪的意思，“新党委”对萧劲光采取了“一批、二臭、三保”的做法。具体说，就是第一位的是批判，直到批臭，但不能打倒，因为毛泽东不同意打倒，所以要“保”。很显然，“保”不是目的，目的是“臭”，只有“臭”了，这个司令员才形同虚设，李作鹏等人才能我行我素。

1967年10月16日，李作鹏主持海军党委召开扩大会议，讨论“文化大革命”的形势问题。部队师以上单位各参加一名领导，出席会议人员100多人。会议开始两天，按照议程从分析政治形势入手，讨论了关于实现革命大联合和复课闹革命问题，关于正确对待干部问题，关于“三支两军”问题。但很快讨论会就变成了批斗会，对萧劲光进行了面对面的公开批斗。在李作鹏等几名常委的唆使下，少数干部和部分不明真相的干部轮番发言，批判萧劲光反对突出政治，推行资产阶级军事路线；反对林副主席，打击李作鹏等“革命领导干部”；“反对毛主席，反对毛主席的革命路线”。在当时的环境、形势下，萧劲光无法解释，也不可能说清楚。为了尽快结束会议，使大家能回到部队抓工作，萧劲光违心地作了检讨。

后来的事实说明，李作鹏等人的目的，是要萧劲光自己提出辞职，放弃在海军的领导权。因为萧劲光检讨中只是笼统地“戴大帽子”，没有这一实质内容，所以检讨一遍又一遍，总是通不过。看看会议时间已近半个月，只得宣布“挂起来”。会议于31日结束。

为了贯彻林彪关于“突出政治”“坚持四个第一”“大兴三八作风”等指示，海军政治部于1968年2月26日至3月24日召开了政治工作座谈会。配合这个会议召开，海直机关的“造反派”在李作鹏的授意下，把总政治部主任萧华揪到海军，与萧劲光一起进行揭发批判。批判大会连续开了几天，座谈会也选出代表参加了大会批判发言。批判会最后一天，海军部队师以上单位都拉了有线广播，有4万余人收听了批斗实况。接着，政工座谈会也专门拿出两天时间，集中揭发批判萧劲光“一贯推行资产阶级反动军事路线”的错误。会后，海军机关的“造反派”将批判大会和座谈会揭发的材料整理在一起，编印了《萧劲光同志的错误言行一百三十条》的小册子，发到部队，供官兵“结合实际进行批判，肃清影响”。

同年11月7日，海军党委三届四次扩大会议在北京召开。由于15名党委委员已立案审查，加上病故的、被迫害致死的，到会的海军党委委员已不足半数，李作鹏遂主持研究决定由部队各大单位和海军机关推选代表36人，列席会议。会议通知说明，此次会议的中心议题，是传达学习和贯彻落实党的八届十二中全会公报和各项决议，协商出席党的第九次全国代表大会的代表名单。但在会议开始后，很快便把重点转到研究对海军党委“三二”会议、“三三”会议的评价问题。李作鹏完全不顾自己当初“搞了非组织活动”“承担责任、接受教训”的表态，不容置辩地宣称，海军“三三”会议否定海军“三二”会议，就是否定林彪1962年对海军的三条指示，实际上就是要在海军复辟萧劲光极力推行的彭、黄的一套东西。这是“两条军事路线的斗争”。按照这个调子，会议完全推翻了海军“三三”会议的决议，对萧劲光进行了“上纲上线”的批斗。会议进行中，萧劲光几次试图说明问题，都被无理打断，被斥为“狡辩”。因为此前萧劲光讲过“陈毅在十万人大会上的讲话讲得好”，“毛主席讲过萧华要保”等话，被批判为“二月逆流分子”“萧华分子”，无限上纲为反对林彪、反对毛主席。最后，在声色俱厉的批判、声讨中，会议通过了《关于海军三届二次全会以来几个重要问题的决定》。“决定”对海军“三二”会议、海军“三三”会议作了颠倒是非的评价，萧劲光被认定为“海军错误路线的代表”。

1968年10月，毛泽东在天安门城楼上与萧劲光亲切交谈。

这次会议的一个重要议题是，协商出席党的第九次全国代表大会的代表名单。经过一次次批判，萧劲光似乎成了“罪人”，代表资格被否定了。这是李作鹏等人所期望的，但他们也知道，真的这样报上去是不行的。于是，李作鹏等人又半真半假地分头做工作。李作鹏说：“不选萧劲光，我们就被动，中央不会通过。”又说：“主席讲了，党代会要有各个方面的意见，‘二月逆流’的人不还是选了……”李作鹏的妻子董其彩更露骨地说："九大代表要有代表性，萧劲光是右的代表。"就这样，萧劲光作为"右的代表"取得了九大代表的资格。

在萧劲光的代表登记表上"文化大革命运动期间的立场和态度"一栏里，这样写着："长期执行资产阶级军事路线，文化大革命初期执行资产阶级反动路线，打击陷害革命领导干部，压制革命群众运动；中期也有错误……""协商单位意见"一栏则写道："萧劲光同志的错误是极为严重的，不具备'九大'代表条件，有些错误过了线。但其错误性质基本上仍属于人民内部矛盾，因此我们同意他为海军出席'九大'的代表。"

沧海横流，方显英雄本色。林彪、李作鹏等政治上的打、压，部分不明真相的人和屈于形势的人的"落井下石"，萧劲光似乎全然不觉。他泰然自若地应对着各种复杂的环境、尴尬的局面，以自己的身体力行，与部分尚在位的老干部一起，按照军队的传统、纪律，尽力管理着部队，关注着形势的发展，在自己力所能及的范围内，关心、照顾着一批处境更为困难的军内外老干部和他们的子女。

第二十七章　所谓“上贼船”事件始末

一、因不投票而“结怨”

1969年4月1日，中国共产党第九次全国代表大会（以下简称九大）在北京召开。此时，新中国在“文化大革命”内乱中已过了近3个年头。

作为海军19名代表之一，萧劲光出席了党的九大。对一个老共产党员来说，全国代表大会的召开是令人振奋的盛事，但眼前全国、全军的混乱局面，自己几年来的遭遇，却使萧劲光心里异常沉重。会前，他大病一场。时任保健医生的张愈后来回忆说：“党的‘九大’召开，通知萧老为‘九大’代表。秘书在填写代表登记表时向萧老汇报说，他将作为右的代表参加会议，萧司令勃然大怒地说：‘我不当代表也不作为右的代表出席会议！’萧老的心脏病发作了……”他是在医院做完病情复查，直接赶赴会场的。

九大会场的气氛也与往常不同。代表驻地保密，会议时间保密，整个会议处处带着神秘色彩。由于各省市自治区党委尚未正式建立，很大一部分党员还没有恢复组织生活，代表产生无法进行正常选举，多数代表由革命委员会同各造反组织头头协商决定或上级指定，以致很多品质恶劣的帮派骨干、打砸抢分子，林彪、江青一伙的爪牙成了九大代表。有的人在确定为代表之后，才赶办入党手续，有的竟在赴京的列车上突击入党。而与此同时，大批优秀的共产党员、老一辈无产阶级革命家却被排挤在九大之外。部分地方党政机关的老干部、军队开国将领虽出席了会议，也与萧劲光一样，被作为“右”的代表，在会上受到攻击和排斥。据海军代表舒积成后来揭发，军队代表团对中央委员选举投票，作了布置和分工。李作鹏亲自部署，规定海军代表不投参与了“二月逆流”的朱德、叶剑英、陈毅、聂荣臻等人的票。许多情况，李作鹏不告诉萧劲光，选举的事更是要求其他代表对萧劲光严格保密。会议分组讨论中，不知什么时候就会对老干部（在海军主要是萧劲光）进行一通批判。李作鹏等人会上会下、鬼鬼祟祟，每天都好像有多少不可告人的大事要做。这还是神圣、庄严的党的代表大会吗？萧劲光坐在会场上，心里有说不出的压抑、郁闷。

靠着毛泽东无以复加的政治影响和威望，许多矛盾被掩盖下来，九大在完成通过政治报告、修改党章、选举中央委员会等各项议程后，于4月24日宣告闭幕。会上通过的报告和新党章，对给国计民生造成重大伤害的“文化大革命”作了肯定的结论，使“文化大革命”的理论与实践合法化，并从无先例地把“林彪是毛泽东同志的亲密战友和接班人”写入党章。在这次大会上，萧劲光与部分开国元勋虽然也再次被选为中央委员，但江青、叶群及李作鹏、吴法宪等一批投机分子、野心分子、阴谋分子，也进入了中央委员会，给党和国家埋下了严重的隐患。

4月28日，九届中央委员会召开第一次全体会议，选举党的中央领导机构。已开始形成的林彪、江青两个集团的主要成员，黄永胜、吴法宪、叶群、李作鹏、邱会作，以及江青、张春桥、姚文元等，都作为中共中央政治局委员候选人，名字赫然印在选票上。这些人在“文化大革命”中的表演，使萧劲光真切感受到，他们漂亮的口号下面有着不可告人的目的。尽管萧劲光清楚，选举的组织权已掌握在他们手中（从中央委员选举可以看出，他们对军队代表投票的控制，是相当有效的），并且是等额选举，从19名候选人中选19名政治局委员，不管自己投不投这些人的票，他们也会照样当选。但萧劲光经过慎重考虑，还是凭着一个老共产党员的党性，严肃、坚决地行使了自己的权利。在张春桥、姚文元、叶群、李作鹏、吴法宪、邱会作等人名字的选票上打上了“×”。萧劲光认为，党内选举，投谁的票，不投谁的票，是党员的权利，无可非议。他在晚年同身边工作人员谈起这件事时，气愤地说：“他们在‘文革’中的所作所为，我不放心，不愿选他们。”江青、张春桥一伙发现他们自己少得了许多票，很恼火，就公然违背组织原则，私下布置查票。当他们得知萧劲光在选举时划掉了他们一伙的名字，一直耿耿于怀。

3年后，他们继续整萧劲光。在一次批斗会上，江青指责萧劲光：“你在一中全会上为什么不投忠于毛主席革命路线人的票？这个问题你要好好交待。”萧劲光大义凛然，当面承认没有投票。

1970年8月，萧劲光参加中共九届二中全会时在庐山仙人洞留影。

李作鹏被选为政治局委员。他大权在握，背后有靠，觉得在海军的地位更巩固了。于是，公开按照自己的好恶分线划派，层层站队，以是否支持自己为标准，把海军的干部分成三六九等。同年10月，他借执行林彪“一号命令”，进行战备疏散的名义，把部分“半打倒”、靠边站的干部分别遣送到江西上饶、湖南零陵等地的“干校”，名曰“毛泽东思想学习班”，实则进行劳动改造。这样一来，海军机关干部大换班，要害部门都由坚决拥护李作鹏等人的“左派”当政，萧劲光越发没有说话的余地，处境更加困难。

然而，大自然的规律是铁定的，物极必反。党的九大以后，在动乱中逐步形成的林彪、江青两个政治集团之间的矛盾斗争达到顶点。面对江青、张春桥一伙咄咄逼人的气势，政治野心极度膨胀的林彪集团迫不及待地想把党和国家的最高权力弄到手。当他们妄图通过政变夺权的阴谋败露以后，不得不仓皇出逃。1971年9月13日，林彪、叶群等人折戟沉沙，摔死在蒙古温都尔汗。史称“九一三”事件。

“九一三”事件发生，举国皆惊。林彪，从“语录不离手，万岁不离口”，到谋害毛泽东，反差太大了。萧劲光回忆录中对当时军队的反应，作了这样的记述：

> 一九七一年“九·一三”事件的消息传来之时，我们这些老同志既吃惊，又从心眼里高兴。一方面，我们没有想到林彪会发展到抢班夺权谋害毛主席而最终落得折戟沉沙的下场；另一方面，我们又为搬掉了心头长期压着的一块石头而感到无比的轻松。在军委召开的会议上，我见到了粟裕、谭政同志，大家兴奋地在一起交谈，都颇有同感。谭政同志还百感交集地告诉我，他的夫人王长德同志听到林彪死了的消息，大笑一声，便去世了。这种乐极生悲的事是多么令人心酸。老同志们对林彪的倒行逆施恨到了极点，才发生了这样的事。在这次会议上，我带头呼口号，拥护党中央对林彪事件的处理意见，同时期待着党、国家、军队从此有一个转机。

9月24日，中共中央政治局委员纪登奎在海军常委扩大会议上，传达了中共中央的决定：对林彪集团主要成员李作鹏进行隔离审查。由萧劲光主持海军全面工作。之后，萧劲光与各常委分头召开会议，部署各大单位采取措施稳定部队，从消除派性入手，搞好各级领导班子团结，落实战备训练工作。

萧劲光清楚，由于李作鹏拉帮结派，严重地破坏了海军党委的团结，使海军首长、海军党委常委中间形成了很深的隔阂。要重振海军建设，这是首先要解决的。为此，经过认真准备，海军党委常委于1972年1月5日召开了交心通气会。

多年来，海军党委常委第一次平静地坐在一起，交心通气，共同总结与林彪反党集团斗争的经验教训。跟随林彪、李作鹏犯了严重错误的几名常委，主动检讨了自己的错误。其他常委也认真检查了自己的思想，开展了批评和自我批评。这次会议开了12天，于1月17日结束。大家能够畅所欲言，讲心里话，诚恳交换意见，使萧劲光感到无比高兴。为了借批林整风之机，通过批评和自我批评，使常委一班人结束长期以来不团结的局面，在新的基础上达到新的团结，萧劲光提出，召开一次党委扩大会议，以期扩大常委交心通气会议的成果，使各级领导干部消除隔阂，团结起来，同心同德搞好工作。萧劲光的提议得到了常委的一致赞同。

二、为率先解放60名领导干部“交火”

1972年2月4日，粉碎林彪集团后海军党委常委第一次扩大会议在北京召开。

这年春节是2月15日。会前，有的人曾建议春节后开。萧劲光说：“时间不等人，节后还有好多事。现在就开，开不完，春节可以加几天班。”为了首先集中解决海军党委、机关的问题，参加会议的人员，除海军党委常委外，只扩大了海军驻京单位军以上领导干部29人。

会议一开始，萧劲光就开诚布公地宣布：我们这个会是整风会。整风、解决思想问题，当然要讲真话，所以绝不许抓辫子，要真正做到“言者无罪，闻者足戒”。同时强调，发言中要注意两点：一是掌握斗争大方向，矛头指向林彪集团，重点放在党的九大以来，特别是九届二中全会以来，联系实际批林彪、李作鹏对海军的破坏。二是以大局为重，搞好团结。立说立行，萧劲光自己带头发言，结合自己参加庐山会议的经历，揭发批判林彪集团的罪行，检讨自己的思想，总结经验教训。在他的带动下，各常委也都积极踊跃发言，联系海军实际批林，开展批评和自我批评。会议开了两天后，萧劲光将会议情况向叶剑英作了报告，叶剑英满意地说：“会议开得好，畅所欲言。”

批林整风，很自然地联系到李作鹏一伙大搞“层层站队”，打击迫害干部的问题。后来邓小平说海军在“文化大革命”期间是遭受干扰破坏的“重灾区”，此言不差。在这期间，海军机关、部队无端受打击迫害的干部、战士数字太大了。其中，有的受了处分，有的作了复员转业处理，有的被以莫须有的罪名逮捕、判刑。相当部分中、高级干部被分别送到湖南、江西等地的“干校”。在这些所谓的“毛泽东思想学习班”里，每天除了繁重的体力劳动，就是无休止的检讨、请罪、接受批判。生活条件更是无从谈起。在“干校”劳动期间，苏振华生病很厉害，得不到及时治疗，病情日益加重。海军副政委杜义德，母亲去世，连300元钱的丧葬费都拿不出。讲到这些，大家无不黯然神伤。会议进行中，萧劲光把大家在会上反映出的干部问题集中起来，向军委首长作了专题汇报。叶剑英说，老干部大都经过几十年斗争的锻炼，有经验，是党的宝贵财富，还是要用。并告诉萧劲光，解放干部的工作，毛主席在亲自抓。

萧劲光对遭受残酷迫害的干部非常同情。“九一三”事件发生后，他连续收到多封要求平反、要求戴领章帽徽的投诉信件和上访材料。了解了中央、军委的精神，他深受鼓舞，对解决海军干部问题充满信心。在海军常委扩大会议期间，总政召开的全军干部工作座谈会结束了。会议的主要精神即是批判林彪的干部路线，解放“文化大革命”中受打击迫害的干部，团结大多数人一道工作。萧劲光立即主持并在会上传达了全军干部座谈会精神，并连夜召开常委会，作出三项决定：第一，马上由海军政治部组织召开海军干部工作会议，迅速传达贯彻全军干部工作会议精神；第二，起草海军党委《关于专案审查和结论复查工作的指示》，成立海军专案审查、结论复查办公室，尽快展开工作；第三，由政治部副主任李君彦牵头，对海直机关师以上干部逐个进行查对。凡属“文化大革命”中受打击迫害又没有什么问题的，一一列出名单。

由于身为海军司令员、党委书记的萧劲光亲自抓，海军解放干部工作进展迅速。3月初，海军政治部经过认真核查，提出了60名师以上领导干部的名单。萧劲光亲自带着名单当面向叶剑英副主席作了报告。经叶剑英同意，海军常委作出决定：全部解放，予以分配工作。3月9日海军党委扩大会结束时，60名干部平反、恢复工作的文件已经发出。

这一决定是众望所归，大家企盼已久的。决定一作出，机关有关部门迅速行动。3天之内，其中多数人被解除监管，并陆续开始出席会议、参与工作。动作之快，是这些被隔离数年的领导干部所没有想到的。接到通知，许多人不知所措，热泪长流。

3月中旬，海军机关召开师以上干部会议，传达海军常委扩大会议精神。60名刚获得自由、恢复工作的干部全部出席会议。当他们步入会场时，全场掌声雷动，场面甚是动人。传达文件前，萧劲光又就60名干部恢复工作问题讲了话。他说，欢迎大家回来工作，李作鹏一伙强加给大家的一切不实之词全部推倒，宣布解放。讲到这里，雷鸣般的掌声再次响起，久久不息。萧劲光接着对他们说，由于长时间遭受打击迫害，一些同志身体也搞坏了。希望大家把这些记在林彪、李作鹏的账上，大家团结起来，共同搞好海军的工作。同时，希望大家对自己也要一分为二，正确对待过去的问题。把群众对自己的批评，哪怕过火一些，也要同林彪、李作鹏的打击、迫害区别开来，不能搞什么报复，搞什么反复。当然了，过去与这些干部认识上有分歧，有斗争的同志，也不要抱有成见，要尊重这些同志的领导，支持他们的工作。大家携起手来，同心同德搞好海军建设。

这次大会对海军的干部触动、影响很大。原先有思想包袱的人，放下了包袱，精神愉快地投入工作，早出晚归，认真负责。有的干部曾宣称，即使平反也再不干了，打起行李回家当老百姓。参加会议后，他们心情舒畅，表示要继续留队，把晚年献给海军事业。部分含冤离开海军的官兵，闻讯也纷纷来信，要求重回部队，为保卫海防，建设强大海军贡献力量。

此后不久，海军常委再次专门开会，研究了解放干部问题。决定在师以上单位成立专案审查和结论复查办公室，专门审查、甄别林彪、李作鹏设立的专案和所作的结论，加快解放干部的步伐。在此之前的3月5日，毛泽东在苏振华于1971年底写给他的信上批示：“此人似可以解放了。如果海军不能用他，似可改回陆军（或在地方）让他做一些工作。可否，请中央酌定。请汪（东兴）印发各同志。”萧劲光7日得到批示，连夜赶到阜外医院向苏振华传达。5月初，苏振华与刘道生、杜义德一起重新回海军工作，萧劲光主持召开干部大会表示欢迎，并上报增补他们为海军党委常委。

“海军机关60名领导干部解除隔离，分配工作了！”消息传开，海军机关、部队备受鼓舞，驻京部队各大单位也深受震动。不少老战友把电话打到萧劲光的办公室。

“萧司令，你们搞得快，走到前头了！”

“萧公，干得好！向你们学习呀！”

军委朱德、聂荣臻等领导，在一次会议上见到萧劲光，对他解放干部的做法表示赞赏，说你们走的步子是对的。

但这一行动却引起了分管海军工作的张春桥的极大不满。张春桥原本是中央文革小组副组长。“九一三”事件后，撤销了原军委办事组，成立了由叶剑英主持的军委办公会议。张春桥成为军委办公会议 10 名成员之一。据说，当初分工时，张春桥主动提出分管海军。几年来，他心里一直记着萧劲光的账，得到海军解放 60 名干部的消息，不由怒火中烧。他当即打电话，严厉指责萧劲光：这样重大的问题，你们不报告就私自决定，是违反组织原则的。萧劲光实事求是地作了解释，说明海军的决定是根据军委和总政的指示精神作出的，具体意见和做法报告了叶剑英副主席，总的情况书面报告了毛主席，并专门指示干部部门向总政机关作了工作汇报，自始至终均系照章办事，并没有违反组织原则。

萧劲光不卑不亢的解释使张春桥一时语塞，无言以对，心中却更为恼火。他气急败坏地找到叶剑英，大发脾气，宣称：“我管不了海军，萧劲光不买账！”后来，张春桥又将这事告到周恩来那里。叶剑英、周恩来都清楚问题的根子所在，但不能说破，只好从大局出发，出面做萧劲光的工作，强调军委既然决定张春桥分管海军，还是应该尊重他，应注意工作方法，等等。

对这件事，萧劲光晚年的回忆录中作了比较详细的记述：

> 至于说我没有向张春桥个人作专门的报告，这倒是事实，但当时究竟是出于什么具体原因我记不清了。因为当时尽管我从思想上对张春桥这类在文革中靠投机钻营、摇唇鼓舌上来的人格格不入，话不投机半句多，但在领导关系上，我还是很注意组织原则的，该请示报告的就请示报告……张春桥对我积极解放干部问题的责难，并不仅仅是由于我对他的不尊重，不向他报告，这应当与当时全国的形势联系起来看。

一句话，张春桥怕失去对海军的控制权，更怕带来连锁反应，否定他借以发迹的“文化大革命”！从此，张春桥对萧劲光在海军的领导更不能容忍了！

林彪集团被粉碎后，江青、张春桥一伙成为当时中国政治舞台上最活跃的实力集团。他们仗恃着骗取的毛泽东的信任，呼风唤雨，为所欲为。触怒了张春桥，萧劲光不可避免地要大祸临头了！

三、一次党委扩大会开了 8 个月

粉碎“四人帮”后，全国人大常委会副委员长郭沫若在词作中称张春桥是“狗头军师”，是形象而精当的。在“四人帮”中，他位不如江青显，职没有王洪文高，但“大主意”总是他拿，在四个人中起着核心作用。因解放干部问题与萧劲光发生冲突后，联想到党的九大不投票的问题，张春桥越想越窝火。于是，他决心整一整萧劲光，最理想的是将他搞掉，或从海军调开，至少要削掉他的权柄。经与江青等密谋，决定利用当时比较时髦的“上贼船”的罪名。

所谓“上贼船”，是20世纪70年代批陈（伯达）、批林（彪）整风运动中的一个特定用语。1971年初，毛泽东看了一位追随陈伯达（实为林彪，当时林尚未被揭露）参与非组织活动，犯了严重错误的高级干部写的检查后，批示中有一句话：“上贼船容易，下贼船难。”意思是说，该人与陈伯达等人搅在一起，陷得很深，和他们划清界限、改正错误不容易。此后，特别是在粉碎林彪集团后的一段时间里，“上贼船”成了“林彪死党”“林彪集团追随者”的代名词。权欲熏心的“四人帮”更把“上贼船”当作排斥异己的大棒，到处乱舞，肆意整人。在报复、打击萧劲光无计可施的情况下，他们也挥起了这根大棒。

为贯彻中央批林整风会议精神，海军党委于1972年7月在京西宾馆召开了第四届五次扩大会议（以下称海军“四五”会议）。参加人员，除海军党委成员外，另有师以上领导干部200多人。会议由萧劲光主持。最初的计划，会议开一个半月左右，分三步走：第一，解决1962年以来海军与林彪反党集团斗争的大是大非问题；第二，海军党委成员整风；第三，参加会议的各级领导同志整风。会议开始一段进展得比较顺利。萧劲光首先代表海军党委作了系统发言。（发言稿是此前中央召开的批林整风会上用过的。包括周恩来在内的中央、军委许多领导都听过，并认为内容有深度，反映不错。）尔后受林彪、李作鹏打击迫害的人积极发了言，追随林彪犯了错误的人也自觉作了自我批评。9月初，按预定计划会议接近尾声的时候，会议却被扭转了方向。

原定海军党委扩大会，由军委叶剑英领导。但张春桥自行派了联络员，并不断私下了解会议进展情况。从其联络员的行动和后来张春桥自己的所作所为看，张春桥期望通过这次会议抓住萧劲光的问题，剥夺至少是削弱萧劲光对海军的领导。会议的进展情况使他大失所望。于是张春桥就与江青勾结起来，以汇报工作为名在毛泽东面前搬弄是非，说海军的会议不是批林而是算历史旧账云云。毛泽东在他们“汇报情况”时插了几句话，张春桥、江青如获至宝。

9月21日，中央召开了政治局会议，萧劲光和苏振华、王宏坤、吴瑞林等列席了会议。会上传达了毛泽东的话：“海军的会议，纠缠着历史问题。在批林整风运动中，在历史的旧账上纠缠，容易走偏方向。”江青抢话说：“还有，毛主席说：‘首先是批林，其次才是整风。’”

接着，张春桥发言。他直视着萧劲光，声色俱厉地说：“从去年77号文件以来，就明确了批林是重点、‘九大’以来是重点，而你们把重点放在过去的问题上，‘考古’，是指导思想问题。这次会议给人一个印象，搞不好海军可能出现反复。对此，我很担心。”江青更是咄咄逼人：“你们到底想干什么？斗争的锋芒是对着‘文化大革命’还是对着林彪，这是大是大非问题！”

张春桥见其他人仍不发言，便忍不住放肆地把憋在心底的话倒出来。他当面再次指责萧劲光无组织无纪律，解放60名干部这样大的事情事先不报告。萧劲光也只得再次作解释，借机向大家说明情况。最后，会议以“海军党委扩大会暂不能结束，要按照主席指示精神继续进行”为结论，宣布休会。

接下来，会议便掉转方向开始“纠偏”。先是萧劲光就前段会议“走偏方向”

作检查，然后按照“以批林为重点”“以‘九大’以来为重点”的要求，集中批判李作鹏参与林彪集团阴谋活动及另外两名常委在这期间所犯的严重错误。如此进行了一个多月，会议又接近尾声。萧劲光觉得应该差不多了，遂主持起草了会议总结，并上报了军委和党中央。

11 月 16 日，叶剑英主持召开军委办公会，专题研究海军“四五”会议的报告。海军常委均列席会议。会上多数人都肯定了海军后一段会议的做法，对会议总结报告提了一些修改意见，总结报告基本上获得通过。军委办公会之后，叶剑英、李先念等中央军委领导还陪同周恩来到京西宾馆看望了海军与会人员，在会上讲了话。叶剑英说，他热切希望通过这次会议，海军党委、海军各级领导班子，在批林整风的基础上把思想统一起来，团结起来，形成一个核心，有计划、有步骤地加速搞好海军建设。周恩来、李先念也对海军“四五”会议作了充分肯定。周恩来同时提出，会议不要开得时间太长，适时结束。

然而，就在海军修改完总结报告，准备召开闭幕大会的时候，海军接到通知：11 月 29 日下午，军委召集海军常委和列席海军“四五”会议的沿海几个军区的负责人开会。开始，大家以为可能是讲一讲海军“四五”会议结束和下一步贯彻的问题，没有料到传达的是一个令人震惊的消息：中央政治局于 11 月 28 日开会研究了海军党委扩大会议的总结报告。认为，海军党委扩大会，第一阶段纠缠历史，走偏了方向；第二阶段，颠倒主次，没有抓住重点，仍然没有把握住方向。中央不能批准海军党委关于会议的总结报告。一句话，海军“四五”会议第二阶段又错了！

听完传达，萧劲光不知怎么办好。其他常委也都茫然不知所措。海军“四五”会议一直是在军委直接指导下开的，尤其是第二阶段，会议的每一步都直接报告了主持军委工作的叶剑英副主席，每期简报都分别上报了军委首长和中央有关领导。军委会上，周恩来、叶剑英、李先念等领导都已对这次会议作了肯定，报告也按照军委办公会议的意见作了具体修改，怎么突然一下全错了呢？

12 月 4 日，军委再次召开办公会议，专题研究海军“四五”会议下一步怎么开下去。为了海军这次党委扩大会，中央政治局已先后开了两次会，而军委办公会议，于今已经是第三次了。这次会议有点儿特别：军委办公会议 10 个成员多数没到会，相反，不仅在军内没有任何职务的江青、姚文元出席会议，连不久前刚从上海调到北京的王洪文，也坐在会场上。后来揭发出来的大量事实证明，这是张春桥一手策划的。因为，至此他已全然明白，单凭自己不行，单在幕后不行，必须到前台，必须同伙几个人一起出动，否则是不可能达到目的的。

照例，会议由叶剑英主持，萧劲光和海军其他几个常委列席会议。在“四人帮”的干预下，不仅再次否定了海军党委对会议的领导，对军委首长、军委办公会议对会议的指导意见，也被全盘否定。望着眼前的一切，联想到是自己的工作殃及军委和中央首长，萧劲光心里隐隐作痛。

会议一开始就带着火药味。从来没有接触过部队、对海军更是一无所知的姚文元抢先发难：“萧劲光一直是被林彪拉的……”一语出口，举座皆惊，海军副司令员周仁杰不由得站起来，冷对着姚文元：“萧劲光一直是挨林彪整的……”闻言，张春桥阴沉着脸直视着周仁杰，厉声说：“你要作检查，萧劲光上贼船是有文件的。”

这样一来，大家都不吭声了。因为谁也不清楚张春桥手里到底有什么文件。于是，张春桥径自说下去：海军的党委扩大会开了半年，第一阶段纠缠历史不批林，第二阶段颠倒主次不批林，主要应由主持会议的萧劲光负责。萧劲光同志在路线斗争中犯了严重错误。他上了林彪的贼船，长期不同林彪划清界限，所以，他不执行毛主席“首先是批林，其次才是整风”的指示。

几天来，海军常委和会议工作人员分析来分析去，谁也没有弄清“颠倒主次”是什么意思。颠倒了批林与整风的关系？混淆了两类不同性质的矛盾？没有摆正批林与联系海军实际的位置？张春桥在会上绕来绕去讲了半天，自己也没有讲清到底什么是“颠倒主次”。直到他的最后一句话，终于露出了他们讲的“颠倒主次”的真谛：萧劲光错误是严重的，党委扩大会首先要解决萧的问题。“萧劲光上了林彪的贼船，解决萧的问题是批林的组成部分，不属于整风。”至此，大家才恍然大悟，原来他们极力否定海军“四五”会议的目的在这里！这样，军委办公会只得重新作出决定，海军“四五”会议不能结束，下一步要着重解决萧劲光“上贼船”的问题。

这次军委办公会后，海军“四五”会议上成立了一个 40 人的骨干小组，作为大会中的“小型会议”，专门“帮助”萧劲光认识“上贼船”的问题。大会接着小会，有分工、有重点地分析批判，逼迫萧劲光承认“上了林彪的贼船”。张春桥、江青不仅派了联络员，定期听汇报，还多次跑到会上，亲自“启发”“诱导”，具体操纵着会议的进程。

一个多月的时间里，“小型会议”开了 30 多次。萧劲光对张春桥抛出的几个问题逐一作了说明，实事求是地介绍了自己与林彪集团在所谓“突出政治”“单纯军事观点”等方面的不同认识和斗争，也诚恳地检查了自己工作中的失误及对林彪集团的阴谋活动缺乏明察，但不认为自己上了林彪的贼船。因而，他检查了一遍又一遍，总也过不了关。

转眼 1973 年春节就要到了。半年多的会议使与会人员都感到说不出的腻烦。这时，萧劲光已被排除在党委扩大会领导成员之外，只是由于周恩来亲自过问，才得以在领导小组中保留了一个名字。他会上接受批判，会下作检讨，每晚只能睡两三个小时，心脏病频繁发作，精神几乎崩溃了。但张春桥、江青仍然不肯罢手。他们彼此相约，分头行动，一边频频在会上施压，一边在毛泽东面前告状，说萧劲光上了林彪的贼船，至今不认识，必须从海军司令的位置上彻底调开，云云。

此时，毛泽东虽然还没有失去对张春桥、江青的信任，但他是了解萧劲光的。几十年南征北战、风雨与共，使他对萧劲光有一个基本的看法。毛泽东说：“萧劲光是个老同志，他上什么贼船？萧劲光是终身海军司令。他在，海军司令不易人。”毛泽东的话，给了张春桥、江青当头一棒。他们明白了，完全打倒萧劲光是不可能的。

萧劲光经过反复思考，他抑制着满腔愤慨，违心地修改了自己的检查：“我在党的第十次路线斗争中所犯的错误，是极为严重的。上了林彪的贼船……背离了毛主席，背离了党中央。我长期没有向主席和党中央作交待检查，辜负了毛主席对我几十年的教育培养，是有罪的。”之后，会议按照这一口径修改了总结报告，上报了军委和中央。张春桥摸清了毛泽东的态度，也顺水推舟，海军“四五”会议报告便顺利获得批准。

2月20日晚，中央政治局成员在人民大会堂集体接见出席海军“四五”会议的全体人员。江青、张春桥自恃得势，目空一切，未等主持接见的周恩来讲完开场白，便你一句我一句地插话。他们巴不得置萧劲光于死地，但又明白打不倒萧，因此发言中“又打又拉”，软硬兼施。

张春桥心里明白，一次会议开了8个月，完全是自己作梗所致。他故作真诚地说：“会议前段批其他几个犯错误的同志是对的，后来批萧劲光也是必要的。有人说，好像中央也纠缠历史，把萧劲光1967、1968年给林彪的信也拿出来。这是不得已。中央一直在等待着萧劲光同志自己交代，总等也不讲，只好拿出来。如果采取主动，‘九一三’以后与大家站在一起批林，这些问题就不成其为问题。”随后，他就大谈自己如何关心海军建设，如何关心这次会议，如何一字一句地修改会议的情况报告，等等。

转眼间，会议在张春桥、江青轮番“轰炸”的闹剧中过了两个多小时，已近午夜。叶剑英以军委领导的身份发表了自己对海军“四五”会议的看法，江青认为叶是包庇萧劲光，几次无理打断叶剑英讲话。其他人便很少再发言。最后，周恩来作了总结性发言。他非常策略地批评、保护了萧劲光。他说，希望萧劲光同志以全党的大局为重，以海军建设的大局为重，改正错误，继续负起责来，把工作做好。同时宣布，经毛主席批准，萧劲光的检查会后不下发。

接见到21日凌晨结束。萧劲光怀着满腔怒火，拖着疲惫的身子刚迈进家门，电话铃响了。电话是周恩来打来的：“劲光同志，你要注意身体，要想开些，心胸放宽些，眼光放远些。要注意身体。留得青山在，不怕没柴烧嘛！有些问题历史会作结论，抽时间我们再谈谈……”周恩来一席话，理解和关怀溢于言表。萧劲光联想总理的处境和身体状况，心中有说不出的感动。

萧劲光接完总理的电话刚挂机，电话铃又响了，是江青。她假惺惺地说：“萧劲光啊，在延安我就是你的一个兵，我是不同意打倒你的……今天我们用吊车把你吊下来，让你痛痛快快地洗了个澡。上了贼船有什么关系？下来就是了。浪子回头金不换嘛！……”

“老子上得哪门子贼船！”萧劲光狠狠地扔下电话，不由得大骂张春桥、江青。2月24日，中共中央（1973）10号文件全文转发了经过张春桥精心修改的“海军第四届五次党委扩大会议情况报告”（向全党转发军队大单位一次党委扩大会的报告，此前是很少有的）。“萧劲光上了林彪的贼船”，这一莫须有事件，经过张春桥、江青“两年四季八个月”（自1972年7月至1973年2月）呕心沥血地炮制、导演，以中央文件的形式通报了全党。

四、忍辱负重，战斗不息

为了控制海军，掌握军权，“四人帮”在军队中有打有拉，穷尽伎俩。萧劲光被戴“上了林彪贼船”的帽子后，1973年3月9日，中央军委正式发文，由苏振华任海军党委第一书记，萧劲光由海军党委第一书记降为第二书记，再次失去了主持全面工作的权力。

此时，“四人帮”的政治地位扶摇直上。同年8月召开的中共第十次全国代表大会上，不仅江青、姚文元继续选为政治局委员，张春桥还进入政治局常委。由张春桥推荐、经毛泽东批准到北京工作的王洪文，一路飙升，成为仅居周恩来之后的中共中央副主席，俨然一个不容置疑的接班人。至此，张、江、姚、王，个个大权在握。

“文化大革命”开始不久，张春桥、江青一伙就深为自己手中“光有笔杆子，没有枪杆子”不安。随着形势的发展，他们越发意识到了枪杆子的重要。于是，江青公开提出要“放火烧荒”，在部队打出自己的“地盘”，要掌握武装。海军所属部队绝大多数驻守在沿海重要城市，始终是他们最想控制的部队之一。萧劲光被扣上“上贼船”的帽子后，“四人帮”认为有机可乘，便拼命往海军插手。他们今天给这位领导写信，明天给那个部队送学习材料，有打有拉，丧心病狂地挑拨领导之间的关系。江青还亲自到青岛等地的海军部队活动，借以笼络人心，制造新闻，扩大影响。萧劲光作为被“四人帮”排斥、打击的主要对象，动辄得咎，处境十分困难。

逆境中，萧劲光没有消沉。在海军“四五”会议闭幕式上，他违心地作了检查后曾坚定地表示：“有的同志可能担心我会撂挑子。我向大家表示，既然主席和党中央信任我，还要我在海军工作，我一定放下包袱，改正错误，轻装上阵。海军的事业是伟大的，前途是光明的。我虽然年迈七十，愿将我的余年贡献给海军建设事业。鞠躬尽瘁，死而后已。”此后几年的时间里，萧劲光忍辱负重，一步一个脚印地实践着自己的诺言。

1973年夏天，军委根据国际形势的发展和稳定部队的需要，向各大单位提出，要调研部队组织体制、作战、国防工业和军队装备、干部工作四个急需解决的问题。当时正值批林整风的高潮，大量的时间是学习批判，军事训练无法系统进行。萧劲光是“上了贼船”的人，抓运动自然不妥当。于是，他主动提出亲自主持这项调研工作。

至此时，全国性的内乱已经持续7年。由于李作鹏等人追随林彪拉帮结派、结党营私，造成了海军部队特别是许多领导班子内部严重不团结，教育训练、装备建设问题成堆。所以，要进行这样的调查，困难很多。在萧劲光的建议下，海军专门成立了四个调研组，每个组由一位海军首长或大部领导负责，限期完成任务。工作开始时正值7月盛暑。年逾古稀的萧劲光不顾天气炎热，与机关干部一起上高山，下海岛，从高级机关到舰连基层，逐级考察，分门别类地进行集体座谈，个别交谈。经过半年多的深入调查，掌握了大量第一手资料。到1974年2月，由萧劲光主持起草的《关于干部队伍建设几个问题的报告》《关于海军组织体制方面急需解决的问题的报告》《海军主要装备七年发展规划（1974—1980）》三份文件，经海军党委讨论上报了军委。关于作战问题，也在对国内外形势分析的基础上，根据海军部队兵力和装备实际，拟定了应急作战预案和措施，并向军委作了汇报。

8月19日，萧劲光与副司令员刘道生一起，陪同朱德委员长视察了中国自行设计制造的“长征一号”核潜艇等四种类型的舰艇。他们还一起乘坐着223号导弹驱逐舰出海，在北戴河海区观看了各类舰艇的操演。视察期间，萧劲光向朱德汇报了海军的工作和当前形势。

“文化大革命”期间最突出的特点就是形势多变。邓小平经毛泽东批示复出主持国务院工作以后，大刀阔斧地对各行各业进行了整顿。1975年，全国工农业生产、交通运输、科技教育等各方面，曾一度出现好转的局面。但是，正如《关于建国以来党的若干历史问题的决议》所说：“毛泽东同志不能容忍邓小平同志系统地纠正‘文化大革命’的错误，又发动了‘批邓、反击右倾翻案风’运动，全国再度陷入混乱。”在这期间，萧劲光头脑是清醒的。同年底，他与主持海军全面工作同时又是中央政治局候补委员的苏振华一起参加了军委会议。会上，传达了攻击邓小平的中央打招呼会议精神。听完传达，萧劲光预感到一年来军队建设在邓小平领导下取得的成就又将被否定掉，心情异常郁闷。他对苏振华说，刘冰的信（刘冰，时任清华大学党委副书记，曾将一封反映当时教育战线问题的信交邓小平转呈毛泽东）写的是什么，我们还不清楚。说邓小平翻案事实根据是什么，我们也不清楚。这件事我们不要抢先，看看情况再说。一个月后，中央要求扩大文件传达范围。苏振华不在北京，由萧劲光主持。有人提出要他在传达后，讲一讲文件的重要意义，萧劲光淡淡地说：“我不晓得怎样讲！直到现在，我们连刘冰信的内容都不清楚。不清楚怎么讲?”在调门越来越高的反击右倾翻案风运动中，萧劲光一边努力作稳定部队的工作，一边密切注视着事态的发展。

1976年，是中华民族历史上的多事之秋。元旦刚过，一个噩耗震惊全国：动乱中，呕心沥血支撑着全国局面的周恩来总理逝世了。7月，德高望重的开国元勋朱德委员长，撒手西归。接着，又是百年不遇的唐山大地震。重重灾难面前，举国上下忧心如焚。而“四人帮”却在为除掉夺取最高权力的障碍而暗中窃喜、弹冠相庆。

9月初，毛泽东病情日重，中央连续发出病危通报。严峻的政治形势面前，萧劲光意识到党和国家面临着一个最高领导权落到谁手里的问题。他坐不住了。一天晚饭后，天下着零星小雨，路上人少车稀。萧劲光悄悄驱车赶到西山叶剑英的住地。他对叶帅充满信任，一见面，就坦率地陈述了自己的忧虑。叶剑英肯定了他的担心，并说自己也在考虑这个问题。这一天，他们虽然谈话时间不长，但萧劲光心中有底了。

9月9日，毛泽东主席逝世了。噩耗传出，全国人民都沉浸在极度的悲痛中。但“四人帮”控制下的大小报刊上，在“按既定方针办”的通栏标题下，字里行间透出夺权的杀机。进入10月，形势更为严重。6日下午，萧劲光再次驱车来到叶剑英居处，把自己对时局的看法和盘托出。他说：“事不宜迟。再不动手，让他们抢在前面，就麻烦了！”叶剑英告诉他，正在着手解决这个问题。说着，叶剑英便拿起电话，要通了主持中央全面工作的中共中央第一副主席、国务院总理华国锋，说萧劲光对解决他们（“四人帮”）几个人的问题有些想法，请你抽时间与他谈谈。华国锋说，现正忙，请稍等一等。10 多分钟后，叶剑英再次给华国锋打电话问，华说，仍抽不出身，改时间吧！

粉碎“四人帮”后，华国锋在中央工作会议上见到萧劲光。华握着萧劲光的手歉意地说，由于那天我正忙于解决那个问题，没能与你面谈，太对不起了！萧劲光很感动，连说，问题解决了，这就好了！

1977 年 4 月，萧劲光视察南海舰队，在舰艇上向部队挥手致意。

五、一生真伪天下知

粉碎“四人帮”后，全国政治经济形势发生着日新月异的变化。特别是 1978 年，随着真理标准讨论的展开，党的实事求是的思想路线开始恢复，各条战线呈现生机勃勃的新局面。

时年，萧劲光已达 75 岁高龄。长期工作劳累和心情压抑，他身体越来越差。1978 年 8 月初，他因患严重的心肌梗死住进了 301 医院。在生命垂危中醒过来，萧劲光回首一生，感慨万端。特别是想到自己至今仍然戴着一顶“上了林彪贼船”的帽子，心里有说不出的痛苦。各大新闻媒体热火朝天的关于真理标准问题的讨论启发了萧劲光：是弄清海军“四五”会议是非的时候了！经过几天思考，9 月 6 日，他抱病给叶剑英副主席写了一封信，请求军委清算“四人帮”插手海军“四五”会议的罪行，推倒“四人帮”强加给自己的“上贼船”的罪名。

叶剑英是“四人帮”插手海军“四五”会议的见证人，对这一“马拉松会议”的来龙去脉完全清楚。收到信，他立即批示：“请华主席、邓、李、汪副主席阅示（建议小平同志考虑，萧劲光同志是一位很老的同志，信上所提问题应予重新考虑，作出正确结论）。”

华国锋、李先念、汪东兴一一圈阅了萧劲光的信件。邓小平于10月20日在信上批示：“同意叶帅意见，请国清同志办理。”

1979年1月3日，邓小平专程到解放军总医院看望了萧劲光。交谈中，他郑重告诉萧劲光：你放心养病，你的问题中央要彻底解决，不实材料全部烧掉。

总政治部主任韦国清对这一事件非常重视。接到萧劲光的信和中央首长的批示后，他立即将中央首长批示向海军党委传达，并责成专人成立调查组，对信件反映的问题及海军“四五”会议情况，进行全面调查。

海军党委常委成员都清楚，所谓“萧劲光上贼船”完全是江青、张春桥联手炮制的一个冤案。接到总政通知的当晚，他们便连夜召开会议。1979年1月8日，海军党委给党中央起草了请示报告。报告郑重说明，萧劲光同志是受“四人帮”迫害的。所谓“上了林彪贼船”的结论，是“四人帮”强加给萧劲光的。“本着拨乱反正、实事求是的精神，我们建议党中央撤销萧劲光同志‘上了贼船’的结论。待中央批示后，我们将在全海军和现在正在召开的党委全会上，予以宣布。”

中共中央和中央军委各位副主席，除李先念不在北京外，其他人都迅速圈阅了海军党委的请示报告。

针对海军党委报告中提出，由于1973年中共中央批转的《海军党委四届五次全会扩大会议情况报告》中除萧劲光外，还讲到王宏坤、吴瑞林“上贼船”的问题，建议中央不撤销原文件，而是为解决萧劲光的问题另行发文，陈云具体批示说：

> 劲光病得很重。我的意见，对萧劲光平反不要留尾巴，而且要说明七二年至七三年的会议，萧劲光是受“四人帮”迫害的。十大时，总理在人大会堂检查窗帘是否露光时，当时见到劲光，总理对劲光说“你经过了一场很大的风险”。这就证明，当时萧劲光是受迫害的。

考虑到萧劲光病重，时任中共中央和中央军委主席的华国锋特意批示：“要迅速告萧。”

与此同时，总政调查组的调查、复查工作业已结束。1979年2月3日，总政治部向军委、党中央正式报送了《关于萧劲光同志问题的复查报告》。报告在简略地介绍了海军“四五”会议的情况后，对作为萧劲光“上贼船”证据的五个问题，一一作了说明：

> （一）关于林彪找五人谈话问题。林彪为了解决其死党李作鹏和×××之间争权夺利的矛盾，巩固他们在海军的阵地，并为了在九大向党进攻做准备，于1969年1月25日找李作鹏、×××和×××、×××同志谈话。当时因萧劲光同志是海军党委书记之一，也临时找萧劲光去参加了谈话，而林彪谈话时始终是强调“战斗集体”要以李作鹏为核心。林彪说什么“你们这条线是信任的，另一条线是不相信的”，“应该团结起来”，“共同对付敌人”。林彪讲的这些话是对李作鹏等人的，而对萧劲光同志则另外讲了一段话。但“四人帮”却不顾事实，不作具体分析，硬把萧劲光同志打成林彪线上的人。
>
> （二）关于“九大”选举没有投所谓“忠于毛主席的中央领导同志票”的

问题。党的九大选举时，萧劲光同志认为叶群、李作鹏、邱会作、吴法宪、姚文元、张春桥等人，不论哪一方面都不够当政治局委员的条件，所以没有选他们。这本来是党内正常的民主生活。但“四人帮”不顾党纪国法，查了“九大”的选票。当知道萧劲光同志没有选他们时，对萧恨之入骨，进行政治陷害，故意将其与李作鹏在“九大”时布置选谁不选谁的阴谋活动联系起来，给萧劲光同志加上不选“忠于毛主席的中央领导同志”的罪名。

(三) 关于在九届二中全会上在华北组的发言问题。萧劲光同志是相信了有人反对毛主席时才在华北组发言的，本来是属于上当受骗而不是由于林彪反党集团的布置。但“四人帮”把萧劲光同志的发言无限上纲，混淆是非，与林彪反党集团的阴谋活动向党进攻联系起来，是别有用心的。

(四) 关于“北兵南调”问题。“北兵南调”是经毛主席、周总理、中央军委下发的作战方案，萧劲光同志执行了指示，没有责任。1973 年中央 10 号文件中说萧劲光同志“负有严重责任”是不对的。

(五) 关于所谓顶撞“中央领导”的问题。“九一三”事件后，萧劲光同志直接向毛主席请示报告并经批准，积极主动地解放了一批干部，而张春桥为此怀恨在心，妄加指责，当时萧劲光同志进行了申辩，是坚持原则的表现。把这说成是顶撞“中央领导”，是完全错误的。

1979 年 3 月 5 日，中共中央发出通知（中发 19 号），批转了总政的“复查报告”。同时决定，撤销张春桥插手搞的 1973 年中发 10 号文件（文件中涉及其他人的问题，建议海军另行处理），将中央本通知连同总政的复查报告，在（1973）中发 10 号文件传达范围内传达，海军传达到全体干部。至此，历经 6 年，所谓“萧劲光上贼船”一案，终于大白于天下。

1987 年 9 月 13 日，从全国人大常委副委员长位上退下来的萧劲光，在家中迎来了半个多世纪风雨与共的老战友、中共中央原副主席陈云。都是耄耋老人了。老友相见，分外亲切。他们讲历史，讲现实，讲惊心动魄的“文化大革命”风雨，讲这段“上贼船”的前前后后。抚今思昔，感慨不已。讲到动情处，陈云打开带来的一大字条幅。上面摘录了白居易的诗句：

周公恐惧流言日，
王莽谦恭下仕时，
向使当初身便死，
一生真伪复谁知？

书赠萧劲光　　陈云

陈云轻轻读了一遍，笑道：为你的事，中央已正式发文件至县团以上单位，所以可以说是“一生真伪天下知”了！

第二十八章　“军神”生活中的艺术情愫

一、别具特色的教子风范

萧劲光有两次婚姻，育有五男三女，应该算个大家庭。大女儿出生在苏联，后一直没有找到。儿子，老大萧永定，以下依次是策能、卓能、伯鹰、纪龙；二女儿萧凯，三女儿萧楠。他们各个学有所成，有的从政，有的从军，有的经商，有的搞艺术，每个人都有自己的一番事业。令萧劲光欣慰的是，儿女们的事业都没有让他额外操心，儿子、女儿，包括儿媳、女婿加在一起十几人，没有一人是靠特权吃饭。他们的一切业绩、功利，都是凭自己的聪明才智、奋力拼搏赢得的。如果说有关系，那就是萧劲光别具风范的家庭教育。

1974 年夏，萧劲光与家人在一起。前排右起：萧劲光、萧轶（孙），后排右起：萧林华（孙）、张铁铮（长媳）、萧永定（长子）、萧卓能（三子）、萧策能（次子）、何德凤（次媳）、萧彬华（孙）。

当年，一位采访过萧劲光的青年记者曾这样写道：萧劲光，一米八几的高大身躯，鼻高口阔的大脸盘，由于刮掉了过于浓密的胡子，下颌连同两腮泛着青光，睿智、深邃的眼神不怒而威。初次见面，联想到他 60 年戎马生涯、30 年海军司令、身经百战的经历，不由人不顿生敬畏：俨然一尊“军神”。

描述可谓精当、传神。不错，萧劲光爱好军事，是职业军人。以枪炮轰鸣、军号、汽笛为音符的军事乐章，是他人生的主旋律。但这绝不是他生活的全部。日常生活中的萧劲光，诚然行止依旧军人做派，即便穿了便服也依然透着“军旅气”。但他没有把严肃冷峻的军戎氛围带到家庭生活、子女教育中。他慈祥、宽厚，对子女的教育严肃、严格而不严厉，打、骂、体罚从来不曾有。家庭关系中充满民主气氛，充满书卷气。

身为长子，萧永定是跟随父亲在战争的烽火中长大的。1948年，萧劲光全家住在中共中央东北局当时的驻地哈尔滨市。8月下旬，组织上决定派萧永定去苏联学习。28日，在长春围城前线指挥战斗的萧劲光返回哈尔滨参加了一天会议。当晚，他与儿子在居处二层小楼的狭小房间里，进行了一次多年来少有的长时间交谈。

萧永定是1931年在上海出生的（时年萧劲光在苏区福建的永定）。转眼十几年过去，已经是大小伙子了。要分别了，萧劲光才感到，这些年来战争连连，工作繁忙，对孩子关心太少了。从小学到中学，萧永定的学习成绩都不错，是上下公认的好学生，可自己连翻翻孩子的作业都没有时间！这天晚上，萧劲光与儿子进行了长时间的交谈。他们从家庭生活谈到社会交往，从国内战争形势谈到苏联的建设情况。萧劲光还向儿子介绍了自己两次在苏联学习的情况。过了深夜12点，萧永定恋恋不舍地睡下了，萧劲光却难以入睡。他在一个小笔记本上连夜写下了自己对儿子的嘱托和期望：

永定：

你今天为着你的前途和事业，就要离开我们了。我写下几句话作为赠言，希望记住：

一切从实际出发，实事求是。要把了解情况、钻研问题，学习别人的经验教训，总结自己的经验教训，成为你的日常生活作风；常找人谈话，细听同志们的意见，尤其是群众意见，看报纸，成为你的生活习惯。

一定要有事业心、进取心，这就是一定要具有生活的目的和方向。否则，你就没有出息。事业的成就必须依靠群众力量和基础，离开群众的个人英雄主义就是失败主义。所以时刻要具有群众观点，掌握群众路线。

凡事都有困难，事业是从不断地克服困难中完成。遇着困难就要勇敢地去克服它，撞了钉子就要向钉子学习，并研究如何去拔除它。千万不要急躁，急躁没有用处，不能出办法，只能使你垂头丧气。

为人要正派，要有原则性；对党要忠诚老实，对同志要诚恳热情，要讲团结友爱；对敌人要恨；诚恳热情、团结友爱，是从高度的原则性产生。没有原则性的阿谀谄媚、迎合取巧，是最不忠诚老实，最可耻。凡是事实、凡是真理，就应当承认，坚定不移，哪怕用千斤力量来摧毁你，你也应当屹立不动，表现你的清高气节。如果事实证明你错了，就应当首先自我批评，立即纠正错误。这也是一种最高尚的品质，是最聪明、最有进步的表现。

你的事业是党的事业，是中国人民的事业，也就是我所希望的事业。希望你好好的努力！

祝你前途成功！祝你成人！希望你保重身体，有机会常写信回来。我以很爱的心情疼爱着你！

你的父亲　萧劲光

1948年8月28日于哈尔滨

萧永定一觉醒来，天已大亮，萧劲光已启程返回长春前线了。捧着父亲的“赠言”，萧永定思前想后，激动不已……9月2日，他带着这一“赠言”登上了赴苏的列车。

1955年，萧永定完成学业回到祖国。之后几十年里，他一直把父亲的“赠言”带在身边，也印在脑子里。在“赠言”的激励、鼓舞下，他矢志不移、艰苦拼搏，取得一项项骄人的成绩，从科研机关的一位基层研究人员干起，一步步成长为共和国的轻工业部副部长、国家投资公司党组书记。

1960年夏，在北京市101中学获得金质奖章的次子萧策能，被保送哈尔滨军事工程学院学习。临行前，萧劲光抽暇与策能交谈后又让永定将这一“赠言”工整地誊抄一份，转交给了他，将自己满腔的希望和要求，寄托在了“赠言”中。有哥哥这个榜样，萧策能自然不会差。哈军工毕业后，他投身军队尖端装备研究工作，先后取得多项重要成果。改革开放后，他主动请缨参加海南开发，为海南岛的经济发展、现代化建设作出了突出贡献。

萧劲光多才多艺。大革命时期，他曾与刘少奇等同台演过话剧。长征途中，他在弹火纷飞的行军间隙用委婉的洞箫声为官兵们消除疲劳、鼓舞士气，一直被传为美谈。1951年，中苏两国在大连举行关于收回旅顺口的谈判。联欢会上，一曲味道正宗的《喀秋莎》技惊四座，令苏联代表团亲切地欢呼起来。乐器，除历史最长的洞箫外，萧劲光还会拉二胡、弹月琴，到海军后又向著名作曲家吕远学会了演奏曼陀林。

他自己懂乐器，也支持子女学。二儿子萧策能小时候没学过乐器。受父亲和哥哥姐姐的影响，上中学的时候突然提出想学弹月琴。萧劲光很高兴。为了鼓励他，当即从全家不宽裕的生活费中挤出钱，给他买了一把好琴，还专门请了指导老师。策能学了一段后，热情降下来，终于没能坚持下去。对此，萧劲光很不满意，但没有更多地批评他。过了几天，萧劲光送给二儿子策能一本书，是当时流行的《青年修养丛书》中的一本：《怎样培养毅力》。这件事对萧策能教育很深。弹月琴，他终于学会了，书也一直保存着，用以时时提醒自己学习、做事善始善终，注意锻炼、培养自己的意志力。

受萧劲光的影响，萧家兄弟姊妹，包括大儿媳张铁铮、二儿媳何德凤、大女婿李海涛等，大都喜爱音乐。伯鹰、纪龙的二胡，萧凯的三弦琴及策能的月琴，都很有些味道。节假日，繁忙的工作之余，萧家那虽然不大却典雅、清幽的院落里，时常会有乐声飘出。在这种时候，萧劲光轻易不露的节目，洞箫吹奏《春江花月夜》《梅花三弄》等，高亢低回，委婉悠扬……常令儿女和身边工作人员听得如痴如醉，身经百战、叱咤风云的“军神”，这时似乎成了另外一个人。

二、寄情属意水墨丹青

有人说，官高少挚友。这话也许有道理。曲高和寡？囿于利害？说不清，但也不尽然。至少萧劲光不是这样。他不仅几十年来与军界、政界一大批血火与共的战友保持着始终不渝的友谊，而且在文化艺术界特别是画坛，有许多无话不谈的朋友、知音。

萧劲光喜好绘画是很有来历的。早年在长沙读中学时，他甚至曾与同窗好友任弼时尝试过利用为人画像谋生路，只是由于很快有了去俄罗斯学习的机会，这种尝试没有继续下去。但这段经历在萧劲光脑海中留下了不可磨灭的记忆。在晚年的回忆录中，他还清楚地记述了这件事：

> 1920 年夏天，学校放暑假，我和弼时同志商量好不回家，找事情做。这样可以为家里节省一点路费，更重要的是再有几个月就毕业了，必须为毕业以后的出路想办法……我们白天结伴而行，夜晚共宿一舍，反复商谈着……记得有一天，我俩在街上经过一个画像馆，弼时同志看了外面挂着的画像，胸有成竹地对我说：“这种画我们也可以画。画一张可以挣不少钱，就不会饿肚子了。”于是，立即买了一点碳墨和纸，回到宿舍我们就画起来了。弼时画画很有天赋，第一张就画得很好。第二张画成时，拿到画像馆去与那里挂着的画像对照，竟比那家画像馆的画还要高明。而我则画得不如他……

战争年代，萧劲光把对绘画的喜好运用到军队管理教育中，把所属部队的报纸、墙报、板报办得生动活泼。围困长春时，他亲自指导部队美术工作者画了宣传画，用大炮等形式送到敌人的阵地上，瓦解敌军的士气。当时有不少敌军官兵手握着解放军的宣传品跑过来投诚。调任海军司令员后，他更重视部队的文化工作。机关一组建，萧劲光就点名从第十二兵团把青年画家江平调入海军，并由他主持组建了海军美术创作组。一个时期，司令员亲自抓文化工作、抓美术创作，成为部队的佳话。很快，江平他们就创作出了一大批生气勃勃的好作品。1952 年 4 月，萧劲光率团访苏时把江平创作的油画《毛主席来到军舰上》作为礼品赠送给苏联海军司令员，深受这位司令官的喜爱和赞赏。

20 世纪 50 年代末，海军“搭架子、铺摊子”的创建工作基本结束，逐步进入全面建设时期，萧劲光开始有了节假日。此后一段时间，他与全国各地著名画家李可染、高冠华、李苦禅、周怀民、唐云、谢稚柳，部队的画家黄胄等都有交往。有时多位画家相约或前后脚进了萧劲光的客厅，萧劲光热情招待，他们也无拘无束。大家一起论作品、谈见闻，宛然一个高水平的艺术沙龙。在这样的聚会交谈中，萧劲光提出的问题，对一些作品的见解，特别是书画历史方面的知识，常令专家高手们引为真正的知音。甚至，荣宝斋收购了拿不准的书画、瓷器，有时也请萧劲光帮助鉴定一下。这在当时书画名流中被传为美谈。

1960 年前后，是新中国历史上一段有名的经济困难时期。萧劲光家里生活也同样不宽裕。孩子们的衣服、鞋袜补了又补。吃饭时一粒米掉在桌上也要捡起来。即使这样，饭也常常不够吃。一天，东北有位老战友托人给他捎来一只鹿腿，他仍然舍不得吃。让厨师精心烹制好，请了李可染、黄胄等多位画家来家共同品尝。萧劲光酷爱艺术、坦诚待友的许多趣事，多少年一直为圈中人津津乐道。

一个星期天，萧劲光在琉璃厂荣宝斋看画时发现了多幅历史久远的名画。其中最著名的是四幅明朝的画（共5件）：一是明代画坛四大家之首的沈周的《山水观瀑图》（2件），二是明代院体花鸟画中变格的代表画家林良的《雪景双雉图》，三是万历年间以笔力峭拔、墨色湿润为特色的山水高手张宏的《三松图》，四是明末皇室族人朱瀚之画的《远浦风帆图》。萧劲光清楚，这些画是真品。经过几百年历史变迁，尤其是近一百多年来帝国主义列强的疯狂掠夺，连年战火，这样的东西已不多了。他问了一下价格，每张只几十元，太便宜了！但萧劲光一下拿不出这么多钱。

回到家中，他心里一直放不下这几张画：会被谁买走呢？不懂行的人买走毁坏了怎么办？近日常有外国人到那里去，他们中也会有识货的，会不会被外国人弄走？……第二天，他凑够了钱，和秘书一起把四幅画买了回来。当天晚上，他就打电话把这件事告诉了郭沫若及李可染等几个画家。几天后，李可染他们一起来到萧劲光居处。打开画卷，但见画面色泽清幽，逸韵灵动，陈旧中更显优雅，分外入眼。大家品评、欣赏再三，一致认为这四幅画都是极难得的上品、珍品，非常佩服萧劲光有眼力。

时过不久，萧劲光又从荣宝斋买回了一张元代的名画《芦雁图》。

1964年，为了庆祝新中国成立15周年，故宫博物院收集、整理了一批书画、艺术品，于当年国庆节期间进行了展出。萧劲光在海军美术创作人员陪同下参观了展览。参观中，故宫博物院院长吴仲超讲道，展览中历史书画作品有一些，但比起来明代的不多，特别是没有院体花鸟画中最有代表性的画家林良的作品。萧劲光想到了自己购得的林良等人的四幅画，于是决定将手中的几幅明代画作捐给故宫博物院。

尽管家里有人反对，但是萧劲光毅然决然地将四幅名画捐给了故宫博物院。几十年过去了，这几幅画依然在博物院展出，接受着来自全国各地、五大洲宾朋的参观、欣赏。

另一幅名画，元代的《芦雁图》，结局是令人痛心的。

四幅明代的画作捐出后，《芦雁图》便一直挂在萧劲光的客厅里。“文化大革命”中，海军的“造反派”到萧劲光家中抓人，把《芦雁图》连同黄胄的巨幅国画《风雪夜归图》等艺术珍品，作为“四旧”一把火烧掉了。“文化大革命”期间，萧劲光被拘禁、遭批判，受了不少委屈。他都没有过多地放在心上，解决了就过去了。唯独《风雪夜归图》《芦雁图》等名画被毁的事，他耿耿在怀。尤其是《芦雁图》，他直到去世前也没有忘记。他几次痛心后悔地对身边的工作人员说：“早知这样，一起捐了就好了。本来想挂几年，年龄大了再捐的，没有想到结果会是这样。太可惜了！这是孤品，没有办法弥补的。”

萧劲光喜爱书画。在这方面，与擅长画海的专职画家大女婿李海涛有更多的共同语言。听说李海涛的两个儿子李欧、李东也学画画，萧劲光非常高兴，嘱咐他们每次到家中来把自己的画作带上，让大家看看。1984年末，李海涛看望岳父时谈了自己一个大胆的想法：以中国万里海疆为题材，画一幅大型的中国画长卷。听了他的构想，萧劲光说：“这个想法很好。中国海岸线从南到北一万八千多公里，内容丰富极了，画下来肯定是一幅了不起的好画。”李海涛插话说，内容很丰富，也很难表现。萧劲光鼓励说：“难表现才有意义啊！中国几千年，留下来的名画不少，但没有一幅是画海的，搞好了将是个突破。”

萧劲光的支持增加了李海涛的信心。李海涛经过认真准备，深入港口、海岛采风、写生，搜集素材，精心构思，终于于1986年底拿出了《海疆万里图》小样。这时萧劲光已患了白内障。他拿着高倍放大镜费力地看完了画稿，对几个重要景点提了修改意见，尔后嘱咐说：“现在有一种说法，叫海洋国土。属于我们的海域同样是我们国土的一部分。这个说法好啊！我们的海洋国土宽阔，差不多占大陆国土的三分之一。一定要将这幅画画好，唤起人们的海洋意识，唤起人们寸海必争的海疆意识。”并表示：“画好了我给你题字。”遗憾的是，1990年底《海疆万里图》最后完成时，萧劲光已逝世。但这幅长50米、宽0.9米的长卷，气势恢宏，是非常成功的。翌年夏在北京美术馆展出，受到中外参观者广泛好评。

三、盛世书怀唱大风

作为开国大将，萧劲光的文韬武略，赫赫战功，世人皆知。然而，萧劲光的灿然文采，豪放诗作，却鲜有人闻。当年，同样担任过全国人大常委会副委员长的著名诗人郭沫若，曾赋诗赞称陈毅元帅道：“将军本色是诗人。”同样，萧劲光本色也是诗人！

萧劲光上过私塾，有很扎实的文字功底。解放前的几十年，萧劲光基本上是在战争中度过的。戎马倥偬中，虽然没有太多的诗作问世，但从所能见到的有限诗篇和文稿中，已足可见其非同凡俗的文才。抗日战争期间，八路军后方留守处（内称留守兵团）与国民党政府、西北地方政要联系、纠葛繁多，文书往来频繁，基本上都是萧劲光出面应付。萧劲光半文言的函电，字斟句酌，流畅的蝇头行楷，苍劲俊雅，受到毛泽东、刘少奇等中央领导人的称赞。几十年过去了，家乡赵州港还流传着萧劲光回乡改对联的逸事。

1949年秋，萧劲光在战斗的间隙回到了阔别近30年的家乡赵州港。在离村庄还有一里多路时，萧劲光就提前下了吉普车，一边和纷纷迎上来的乡亲们热情地打招呼，一边在大家的簇拥下向村里走去。来到村头一棵大树下的土地庙前，见庙门上仍保留着一副老对联“土生万物，地降吉祥”，萧劲光遂幽默地对大家说：“这副老对联，小时候我们看不懂，现在才明白，土地爷净说半截话。万物不会自己生，吉祥也不会平白无故降。人民得解放、过幸福生活，都靠共产党的领导，靠自己劳动。所以说这副对联应改为：‘土生万物靠劳动，地降吉祥在人为。’”乡亲们开心地笑了，齐声称赞改得好。

由于军务繁忙，萧劲光在解放后很长时间没能回到故乡。他再次回到赵州港已是1970年底。那时，在“文化大革命”破“四旧”风的影响下，“赵州港”已改名“红旗港”。初至家门，萧劲光发现门牌上写着“红旗港”，遂对当地党政陪同人员说：“这里原叫‘赵州港’，远近都知道，其实不一定要改。如果改，我认为还是将姓赵的‘赵’字改成照耀的‘照’字为好。毛主席的光辉照九州嘛！”一字之变，既保留了原名，又增加了新意，同时也满足了群众当时的心理。萧劲光话刚讲完，在场的乡亲们就热烈鼓起掌来，齐声说“改得好，改得好”。从此以后，“照州港”门牌便钉在了乡亲们的门楣上。

1980年1月，萧劲光被免除了海军司令员的职务。虽然在此前召开的全国人大五届二次会议上他已被补选为全国人大常委会副委员长，后又被选为中共中央顾问委员会常务委员，但毕竟不在第一线，闲暇时间明显多了。此后，他虽然身患多种老年病，但胸襟旷达，心情很好。除了继续关注海军建设、关注改革开放形势的发展外，他还自学英语、复习俄语，在海军党史资料征集办公室的帮助下，撰写回忆录。同时，写了不少脍炙人口的诗篇。一次他到桂林海军疗养院休养，在游历桂林山水后赋诗道：

碧莲含苞宠妖妍，
独秀英姿挂紫金，
欲穷桂林风光美，
再上阳朔更更新。

1984年，萧劲光在书房练习书法。

1985年，是人民解放军发展史上极其重要的一年。在这年6月初召开的中央军委扩大会议上，军委主席邓小平郑重宣布了一项震动世界的重大决策：把中国人民解放军的员额减少100万。对这一重大决策，萧劲光由衷地拥护。“八一”节前，海军司令员刘华清到家中看望，向萧劲光简要汇报了海军精简整编的计划和进程，萧劲光很高兴，说，养兵是为打仗的，既然近期无大仗打，精简一下，很有必要。减少了人省下钱，才能有条件发展装备。现代条件下，兵贵精不在多，关键是要训练好，要把装备建设搞好。一次例行的节前探望，由于萧劲光关切地询问、谈话，竟然用了近一个小时。刘华清走后，萧劲光依然兴致不减。稍加沉思，吟得“为纪

1987年1月，萧劲光（右）与前来看望的海军司令员刘华清亲切会见。

念八一建军节而作”七绝一首：

从来养兵为征战
卫士戍疆老少安。
宜将剑戟多砥砺，
不叫神州起烽烟。

党的十三大，是一次重要的新老交接的历史性会议。萧劲光等一批开国元勋退出了中顾委常委，大批新人选入各级领导机构。萧劲光看了报纸上刊载的中央各机构人员选举名单，多次对身边工作人员说，我们党有希望！我们国家有希望！1987年11月1日晚，中央电视台报道了党的十三大胜利闭幕的消息。看罢新闻，萧劲光激动不已，当晚写成了《贺党的十三大胜利闭幕》一诗：

大乐一曲响高音，
盛会促人长精神。
纪程丰碑前程远，
宏图长卷画图新。
富国强国好国策，
顺人动人悦人心。
改革开放花似锦，
一年四时都胜春。

党的十三大后一段时间，萧劲光心情非常好。他在看书看报，以至日常生活中，常浮想联翩，写下了不少深邃、典雅的诗句。其中完整成篇的如1987年12月1日写的《朱总逸四海》：

晴波摇翠浪，
云海舞长虹。
三军起高歌，
满旗卷长风。
朱总逸四海，
傲步登云空。

壮志立功业，
志在攀高峰。

时过不久的12月14日，他又连写了《赏心篇》两首。一曰《看盆景》：

盆景小天地，
小而寓大成。
有水看婉转，
有石赏葱茏。
飞来增奇秀，
峰岭自纵横。
山山水水皆有情，
游人不在此山中。
意追九天高飞鸟，
云海蒸腾战旗红。

另一首题为《听画眉》：

画眉原是鸟，
歌唱悦人心。
人唱多似假，
鸟唱都是真。

1988年1月4日，是萧劲光85周年诞辰。多位党和国家领导人、海军及驻京军队各大单位首长，宋任穷、万里、耿飚、杨得志、萧克、王平、陈慕华、于若木、刘华清、李耀文等先后前来祝寿，看望萧劲光。送走了最后一批客人，萧劲光又专门与子女及身边的工作人员合影留念。继而，他兴致不减地赋诗一首，曰《八五抒怀》：

八十五岁不等闲，
春光依旧在眼前。
堪笑白发似瑞雪，
常怀丹心祝丰年。

1988年春节，萧劲光（左一）和国家体委原副主任荣高棠（左二）切磋书法。

阅世已阅险中险，
识人又识天外天。
几番潮涌心底事，
犹自神驰浪里船。

“老骥伏枥，志在千里。”当年叱咤风云、横扫千军的萧劲光，耄耋之年依然壮怀激烈，“气吞万里如虎”。字里行间没有了昔日的战火硝烟，却平添了若干洞天理、悟大道的箴言哲思。

四、大写“人”字下的细事末节

从古至今，千百年来的历史经验证明，因了长期共同战斗生活的缘故，军队是很容易形成“山头”的。深谙治军之道的毛泽东非常清楚这一点，所以他主张一个人在一个单位不要时间太长，要换换地方，“文化大革命”期间他搞了八大军区司令员对调。但他没有调动20多年一直在海军的萧劲光，或许他太了解萧劲光了。

“文化大革命”期间，林彪、江青两个集团都抓海军。因此，海军部队建设受到严重的冲击、干扰，形成多个派系。萧劲光在海军整整30年，却始终没有“萧派”。在萧劲光身边工作10年、20年的人不少，但没有一个人破格提拔使用。工作上意见不同的人，甚至在政治运动中参与批判、诬陷过他的人，也没有人受到他的打击报复。“四人帮”横行时，一位在海军司令部机关工作的干部，写大字报揭发他在党的九大选举时不投张春桥等人的票。这在当时的环境下不失为一枚重磅炮弹。自然，在粉碎“四人帮”后也算得上是一个严重的政治问题。但萧劲光没有过多追究。他认为，大字报内容并不假，把这当问题揭发只是认识问题。此后，这位干部依然担负着极其重要的工作。长期与其共事的海军原副司令员方强曾动情地说，萧劲光是个大写的“人”。思考问题、做决策，是大手笔。他无愧为海军大将，真正是心胸如海、大将风范！

但有些事情，他也想得很细。老战友们谁有什么病痛，身边工作人员婚姻解决了没有，家中生活有什么困难，他都挂在心上，千方百计给予支持和帮助。

早在1949年，萧劲光就被查出有心脏病。随着年龄的增长，到1970年前后已明显加重，早搏、心律不齐，并时有心绞痛。根据这种情况，医务部门决定为他定期不定期地注射罂粟碱等几种针剂。那时，萧劲光家住在市里，离海军机关大院还有一段距离。有时晚上打针，便将医务人员接过去。这样坚持了一个阶段，1971年夏，萧劲光决定派自己的警卫员罗桂华参加卫训班，学习打针。他对罗桂华说，现在看来我打针不是短时间的事。如果在上班时间好办，在家里，我去还是医生来，都要派车，跑来跑去，浪费人力不说，还要浪费多少油？家里配医生，就浪费人。医护人员本来就不多。如果你学会打针，兼起来，问题就解决了。此后，罗桂华在卫生训练班不仅学会了打针，还学会了按摩和其他一些简单医护技术。萧劲光不仅在家里，下部队甚至出国访问，都无须配专职医护人员。1972年4月，萧劲光与陈锡联一起率中国军事代表团访问朝鲜。陈锡联发现担任警卫工作的罗桂华既会打针又会按摩，十分羡慕，回国后也派自己的警卫员去学。后来，他还向其他首长推荐。

1980年后，随着党的改革开放政策的贯彻实行，国家经济生活空前活跃。部分城市出现了干部子女凭借老子的地位牟取私利、违法犯纪的问题。这引起了萧劲光的深思。1983年7月19日，考虑到自己年事已高，萧劲光在进一步加强对子女教育的同时，正式起草了自己身后的遗嘱。

《遗嘱》在对自己长期积存的部分珍玩、衣物提出明确处置意见后，进而写道：

> 我在晚年写了几篇回忆录，如实地记述了我投身革命为实现共产主义伟大理想而奋斗的历程。在那些艰苦战斗的年月，无数革命同志献出了宝贵的生命。我是幸存者。幸存者的责任之一，就是要把这一革命斗争的史实告诉后代人，使他们真正懂得新中国来之不易，社会主义的成就也来之不易。我没有什么值钱的东西留给他们，这些回忆录就是留给他们的最珍贵的遗产。我希望他们不仅自己继承老一辈革命家开创的事业，也要告诉子孙后代永不忘记继承革命传统，为共产主义奋斗。他们都是党的干部和国家干部，希望他们深明大义，能够自重。在处理家庭问题上，考虑到对党、对社会的影响，不要做被人笑齿之事。
>
> 我从内心里希望他们继承老一辈的革命传统，在各自的工作岗位上为党和国家的四个现代化建设努力工作，不断前进，作出应有贡献。也希望他们兄弟姐妹之间能和睦相处，互谅互让。今后各自独立生活，不要再为家庭之事纠缠。如果有人在我身后为家庭旧事、为争夺遗产吵闹斗殴，寻机闹事，那就违背我的遗愿，不准继承我的任何遗产，并依法承担法律责任。

《遗嘱》最后，萧劲光强调其身后的一切追悼活动，凡需要家属参与意见时，均由萧永定、萧策能代表参加，由他们负责与其他子女商量。同时，为确保《遗嘱》的执行，还严正注明：“聘请万敏同志（北京市法律顾问处律师）和王祖尧同志为我的遗嘱执行人。”

第二十九章　最后的期望和嘱托

一、抱病写成“万言书”

“文化大革命”结束时，萧劲光已 73 岁高龄。面对海军的现状，他很快从粉碎“四人帮”的欣喜和振奋中沉静下来，随之而来的是满怀的痛心、焦急，是不可名状的遗憾：如果没有党内连续“左”的错误，没有林彪、“四人帮”的干扰、破坏，人民海军将是另一种面貌。过去的十年是怎样的十年啊！是世界科学技术突飞猛进的十年，是各国海军装备发展日新月异的十年。我们海军耽误得太多了！

他似乎忘却了自己还戴着“上了林彪贼船”的帽子，很快全身心投入到清除“左”的影响，重振海军建设，改变海军落后面貌的工作中。然而，现实使他很快失望了。

粉碎“四人帮”后，全国人民都热切期望以华国锋为首的党中央能够尽快拿出新的治国方略，拨乱反正，迅速改变“文化大革命”造成的混乱局面。但眼见几个月过去，除了公开揭批“四人帮”外，方针政策没有大的变化。1977 年 2 月 7 日，“两报一刊”（《人民日报》《解放军报》《红旗》当时的通称）社论《学好文件抓住纲》更明确提出：“凡是毛主席作出的决策，我们都坚决拥护；凡是毛主席的指示，我们都始终不渝地遵循。”（后来这两句话被简称为“两个凡是”）最初，人们并没有把这两句话看得很重，但渐渐大家意识到，它是拨乱反正的最大障碍。很显然，按照“两个凡是”，“右倾翻案风”要照反，“天安门事件”的案不能翻，“文化大革命”中的一切东西都不许变。这是绝大多数人所无法接受的。萧劲光与陈云谈过，也和王震、耿飚、王净等人谈过。大家共同的认识是，毛泽东晚年有些事情是错误的，不能什么都变不得；“天安门事件”不是“反革命事件”，它和邓小平同志也没有关系。所谓“邓小平是天安门事件的总后台”，纯系谣言；邓小平 1975 年整顿是正确的，“反击右倾翻案风”不能再搞……所以萧劲光提出，请陈云挑头，代表大家向中央陈述这些意见。王震立即表示赞成，说陈云德高望重，会引起重视。

1977 年 3 月 13 日，是星期天。萧劲光刚吃过早饭就接到王震打来的电话，邀他到其居处商讨事情。萧劲光立刻驱车前往。待到达时，王净、耿飚等人已先行到来。不多时，陈云来了。

原来此次聚会是陈云提议的。待大家坐定，陈云讲话了。他说，大家都知道，中央工作会议明天召开，我写了个书面意见，准备在会上作个书面发言。他一边说着，随手将两页纸递给坐在旁边的萧劲光，说："请劲光同志给大家念念吧。"

萧劲光接过一看，文字不长，像一个发言提纲（后来此文收入《陈云文选》，题目为《粉碎"四人帮"后面临的两件大事》）。遂念道：

粉碎"四人帮"反革命集团，这是我们党的一个伟大胜利，对中国革命具有伟大的历史意义。

我对天安门事件的看法：（一）当时绝大多数群众是为了悼念周总理。（二）尤其关心周恩来同志逝世后党的接班人是谁。（三）至于混在群众中的坏人是极少数。（四）需要查一查"四人帮"是否插手，是否有诡计。

因为天安门事件是群众关心的事，而且当时在全国也有类似事件。

邓小平同志与天安门事件是无关的。为了中国革命和中国共产党的需要，听说中央有些同志提出让邓小平同志重新参加党中央的领导工作，是完全正确、完全必要的，我完全拥护。

我国目前总的形势是好的。虽然有些困难，但这是暂时的困难。只要全党团结在党中央周围，共同商量，同心同德，经过努力，这些困难一定会克服的，我们的前途是光明的。

内容都是几个人往常议论过多次的，自然大家完全赞成。

在此后召开的中央工作会议上，陈云不仅以此为基本内容作了书面发言，且在讨论中也就这两件事再次谈了自己的看法。萧劲光也与王震等一起旗帜鲜明地表态，支持陈云的发言。随着讨论的深入，与会人员基本上都赞同陈云的发言。但是，华国锋不同意。缘此，陈云的发言及赞同陈云发言的观点，均未能在会议简报上刊登，"两件大事"自然也没有解决，但已经有了一个很有利的开端：一是解决"两件大事"提上了中央委员会的议事日程，二是改变了多年来中央会议"一家之言"的局面。

在这次中央工作会议的基础上，经过一番斗争，同年 7 月召开的中国共产党第十届三中全会顺利地通过了《关于恢复邓小平同志职务的决议》。此后，在叶剑英及邓小平、胡耀邦等领导下，通过开展真理标准大讨论，砸碎了"四人帮"的精神枷锁，使亿万人民获得了真正意义上的"第二次解放"。1978 年底，十一届三中全会召开，党中央作出了实行改革开放等一系列具有划时代意义的重大决策。喜讯传出，万民欢腾。有心人说，1979 年元旦、春节的爆竹响的时间特别长。人民群众心里高兴啊！

看到这一切，作为一个为国家的独立、解放，人民的自由幸福奋斗了半个多世纪的老共产党员，萧劲光当然高兴，和广大群众一样由衷地高兴。但作为海军司令员，他高兴不起来。"文化大革命"期间饱受干扰破坏，被称为军队"重灾区"的海军，这时远远落在了全国政治形势的后面。1978 年，他过得并不轻松。

3 月 9 日，南海舰队某部一艘新型导弹驱逐舰在军港内突然爆炸起火，最后沉没，死伤官兵 160 余名。这是人民海军建军以来发生的最严重的一起事故。它集中反映了十年动乱对部队造成的严重危害。事故发生后，主持军委工作的邓小平副主席对海军领导机关和主持海军全面工作的海军第一政委进行了严肃批评。

为了贯彻中央军委关于“军队要整顿”的重要指示，总结驱逐舰爆炸沉没的教训，海军党委决定并经军委批准，于同年4月开始，在海军部队开展“查整改”运动。运动的指导思想主旨是：以军舰爆炸沉没事件为借鉴，查林彪、“四人帮”在部队的流毒和影响；整顿部队师以下领导班子，整顿部队作风纪律和规章制度；改进工作，恢复、发扬党和军队的优良传统。在这一运动中，从海军、舰队到军、师各级，先后有领导和机关干部6000余人组成工作组，分头深入基层舰连、驻岛部队，现场办公并现场解决问题。这一运动前后用了近200天的时间，到年底才结束。由于各级党委机关协力抓落实，这次运动取得了成效，确为部队建设解决了一些长期得不到解决的实际困难和问题。但是，由于海军主要负责人没有摆脱“左”的思想的束缚，不自觉地改变了运动原定的主旨，在干部问题上采取了一些过火的做法，随意点名批判，甚至停职、撤职，又伤害了不少干部，给部队团结造成了新的危害，带来了新的矛盾。

1981年1月，邓小平（中）同萧劲光（左二）等老同志亲切交谈。

同年5月开始，在邓小平等老一辈革命家的支持下，一场旨在冲破“两个凡是”束缚的真理标准大讨论在全党、全国范围内陆续展开。几个月的时间里，全国各省、市、自治区和军队大单位领导，都通过发表讲话、写署名文章等形式先后表态，坚决拥护这一大讨论。许多军队大单位还发动机关、部队，参加这一大讨论。然而，在这样一场空前规模、影响深远的马克思主义思想教育和思想解放运动面前，海军党委按兵不动。不仅党委、机关不动，在9月召开的政治工作会议上，还对主动参加、要求参加讨论的单位和个人给予制止、批评。在举国上下轰轰烈烈的真理标准大讨论中，偌大海军部队，万马齐喑，俨然置身事外。

对这些情况和问题，萧劲光看在眼里，急在心上。在几次会议上，他坦率地发表了自己的意见，但没有被采纳。强烈的责任感、使命感，使他深深感到忧虑和焦急。盛夏的北京，天气闷热难熬。海军部队特别是党委、机关沉闷的局面，更使萧劲光难以入睡。联想到自己头上至今还顶着一个“上了林彪贼船”的帽子，更感到苦闷。经过几天的苦苦思索，他决定亲自起草一个材料，向军委和总部首长反映海军的问题，提出解决问题的意见和要求。8 月 4 日晚上，萧劲光获悉在德国逝世的罗瑞卿大将的骨灰第二天将接回北京。他安排好去机场迎接的车辆，坐在书案前拟定提纲，开始起草给军委首长的报告。突然，他感到心前区一阵阵剧烈疼痛，倒在案前……

经检查确诊，萧劲光为大面积心肌梗死，一时生命垂危。在叶剑英、徐向前等军委领导的关怀下，经半个多月的抢救，萧劲光奇迹般地战胜死神，脱离了危险。随后，他一边治疗，一边酝酿，思考海军的工作，构思给军委的报告。

12 月 12 日至 22 日，中国共产党第十一届中央委员会第三次会议在北京举行。萧劲光抱病出席了会议。这次会议作出的以全党工作着重点转移为核心的一系列重大决策，使萧劲光大受鼓舞。会议结束后，中央军委立即召开了关于贯彻十一届三中全会精神的座谈会。在座谈会上，萧劲光以几个月来在病床上准备的材料，作了近两个小时的发言。

因为经过了较长时间的准备，发言是系统、充实的。萧劲光首先分析了海军当前的面貌和政治形势。他说，海军是受林彪、“四人帮”破坏的“重灾区”。由于先是林彪、后是“四人帮”插手海军，大搞阴谋活动，给海军造成的损失非常严重。“思想搞乱了，组织体制也搞乱了，技术力量大为削弱，资产阶级派性泛滥，拉帮结伙之风盛行。”粉碎“四人帮”两年多来，虽然做了些工作，部队面貌有了改观，但问题仍然很多，摆在我们面前的任务仍十分艰巨。接着具体谈了六个方面的意见：

第一，从思想理论上继续深入批判林彪、“四人帮”散布的各种谬论，拨乱反正，消除余悸，砸碎林彪、“四人帮”的精神枷锁，解放思想。

第二，落实党的政策，积极稳妥地处理好过去运动中积存下来的冤案、假案、错案，尽快把这些同志解脱出来，平反昭雪，分配工作。

第三，海军党委常委要认真总结一下十一次路线斗争（即与“四人帮”的斗争，此为当时的提法）的经验教训。对这一问题，萧劲光用较大篇幅作了分析阐述。他坦诚地承担了责任，作了自我批评，同时列举大量事实，对有人在“反击右倾翻案风”、真理标准讨论中的一些做法进行了批评。

第四，集中力量，面对现实，抓好海军部队战斗力建设，形成一支有战斗力的拳头。

第五，精简机构，减少层次，简化手续，改革管理方法和规章制度，适应现代化装备的使用、维护和保养。

第六，建设一支雄厚的技术骨干队伍。

由于长时间住院，萧劲光身体很虚弱，但整个发言依然干脆、有力，既有对海军部队当前形势的认识和分析，也有对海军下一步工作的设想和规划，有对自己思想工作的检讨和分析，也有对同志实事求是的严格批评，责任感、事业心、急于改变海军面貌的心志，溢于言表。发言结束，整个会场发出经久不息的热烈掌声。心直口快的老将军王震跑上前紧握着萧劲光的手，一迭声地连说：“讲得好！讲得好！”主持会议的军界元老、国防部部长徐向前也当场肯定萧劲光的发言，与在场的同志交换看法说，萧劲光讲得不错，有内容，实在。

座谈会结束一周后，即 1979 年 1 月 7 日，海军党委便召开五届二次全会（简称海军“五二”会议），贯彻中央十一届三中全会和军委座谈会精神。参加会议的，除海军党委全体委员外，海军顾问、军以上单位主官和海军机关直属师以上单位党委书记，均列席会议。考虑到治疗的连续性，主管医师不同意萧劲光继续参加会议。萧劲光便将军委座谈会上的发言稿进一步补充修改，使其更加翔实、具体，作为书面发言交付海军“五二”会议秘书组。会议以简报的形式印发至与会全体同志。萧劲光书面发言稿对海军形势、问题鞭辟入里的分析，在会上引起很大震动，对会议舆论和各项文件的形成，发挥了巨大影响作用。

会议系统总结了海军建军近 30 年的历史经验，对“文化大革命”前和“文化大革命”中海军的十一个重大问题，即关于林彪用“三条指示”否定 1962 年以前海军建设成绩的问题；关于所谓“二月逆流”的问题；关于所谓“二月兵变”在海军造成的冤案的问题；关于海军“层层站队”问题；等等，按照实事求是的原则充分讨论，澄清是非，推倒一切不实之词，重新作出结论，最后形成了重要文件《关于海军历史遗留的若干问题的决定》。讨论通过了《海军党委在批林批孔以来，特别是所谓“反击右倾翻案风”中的主要错误》的决议。通过刘道生代表党委常委作的《以战备、教育训练为中心，迅速把海军工作着重点转移到现代化建设上来》的报告。23 日，会议结束。

会议期间，许多与会人员到医院看望了萧劲光。10 多年来深受不正常的党内政治生活压抑的各级领导，对海军“五二”会议的气氛、成果，异常满意。谈到萧劲光的书面发言，大家真诚地说，司令员虽然没有出席会议，但对会议的成功进行起了非常重要的作用。书面发言讲出了大家的心里话，为开好全会定了调子，事实上成了海军“五二”会议讨论、研究问题的纲领。萧劲光感到欣慰，说，我身体不好，不能到会。就我的身体情况，今后能否继续坚持工作也很难说。这只是一个老党员、老海军对党组织、对海军官兵的一个交代。

会后，《萧劲光同志的书面发言》以海军党委五届二次会议《简报》（第 33 期）的形式保留在海军档案中。这份长达 22 页的文件，概括地记录了海军特定时

1981 年 11 月 30 日，担任副委员长的萧劲光（左）和委员长叶剑英（右）在全国人大五届四次会议上。

■ 时任中顾委常委的萧劲光（右）和中纪委第一书记陈云在中南海合影

期的一段重要史实，反映了一个亲自主持创建了人民海军的老司令员、开国元戎，期望重振海军、建设强大海军的拳拳之心，是后人研究海军历史的一部不可或缺的文献。

二、留给党，也留给后辈子孙

1980 年 1 月 11 日，中央军委颁发命令，免除了萧劲光海军司令员的职务，任命叶飞为海军司令员（此前为海军政治委员）。从此，萧劲光正式告别了战斗了 30 年的海军司令员的工作岗位。他所担负的职务，主要是全国人民代表大会常务委员会副委员长（1979 年 7 月，第五届全国人大二次会议增选。此前系五届人大常务委员会委员）。

1982 年 9 月召开的中国共产党第十二次代表大会上，萧劲光又被选为中央顾问委员会常务委员。

这时，萧劲光虽已不在第一线，但他仍然时时思考着国家政治经济建设大计，关注着党的事业发展、壮大，尽职尽责地履行着自己的义务。他一如既往、孜孜不倦地学习钻研海军知识，通过报刊、电视等多种渠道了解世界各国海军的最新信息，搜集积累有关资料，思考总结海军任上 30 年的成败得失。基于萧劲光的资历、阅历，在他离职前后，许多老战友提议他写回忆录，萧劲光没有答应。他信守着几十年的三条原则：不讲条件、不争名利、不计得失，他不愿意写自己。1982 年，他突然改变了想法。促成他想法改变的有两方面因素。首先是党中央作出决定，要求各级党组织趁部分经历丰富的老一辈革命家健在，搜集、积累近代中国革命的历史资料。为此，地方、军队各级机关于 1981 年前后，先后都成立了“党史资料征集办公室”。另一个直接的因素是，海军党史资料征集办公室的工作人员找上门来了。来的是一位年轻的女干事张炜，她是一位专修党史的研究生。

萧劲光逝世后，张炜在回忆文章《交之忘年　得之永年》中记述了这一过程：

> 那是 1982 年的仲夏，你的秘书带我走进幽雅的客厅。在青年人眼中，像您这样的老一辈无产阶级革命家的身上都有一种神秘光环。您知道吗？当我举手向您敬礼的时候，我似乎是面对一个军神……由于我的年轻、我的浅薄阅历和夹杂着的女性的自馁和怯懦，我很紧张。
>
> “抢救?!”您听了我谈的遵照中央和全军党史资料征集委员会的指示，向

老同志“抢救党史资料”的来意后哑然失笑。您说：“我被抢救过两次了，因为两次心肌梗死。不晓得现在又需要一次抢救……”这风趣的语言，这深深的幽默，一下缩短了我们之间的距离。“我一向不主张写回忆录，感到自己没有什么好写的，只不过在党的领导下工作了几十年，沧海一粟吧。”您收敛了笑容，认真地说：“听了你的宣传，既是为党史提供资料，老同志有义不容辞的责任。”随即您又问及我的情况。

“我是学历史的，对党史感兴趣。萧老的一生与党的历史同步，我想这是一个很好的学习机会……可是我年轻，水平不高，但我有信心……”由于担心得不到您的信任，我有些语无伦次。

“好嘛，好嘛。你有兴趣，我也有兴趣，我们就有了合作的基础，水平高低都是相对的。”您看出了我的心思，“我喜欢青年人，谁都是从青年走过来的。我们交个朋友吧。请你来抢救我。”

从这一天开始，萧劲光打开了尘封已久的记忆大门，向张炜和秘书王祖尧等，缓缓叙述自己60余年跌宕起伏、多姿多彩的军旅生涯。

长期的军旅生活，使萧劲光饮食起居也军事化。一事既定，绝不变更。计划一旦议决，便照章办事。此后一年多的时间里，他每天上午都拿出一至两个小时的时间回忆、介绍情况。为了准确无误，萧劲光翻出了早年的若干工作笔记、日记，有时还认真列了提纲。整个“合作”是愉快的。当然，小的“误会”也在所难免。

在这期间，张炜一边听萧劲光介绍情况，一边跑档案馆、找知情人谈，努力挖掘、搜集鲜为人知的党史资料。一天，她提出：司令员参加过北伐战争，在“四一二”政变前见过蒋介石，能否谈得细一点？还有，您在延安8年，与毛主席、朱老总交往很多，这些在文件记载上是没有的，最好能多介绍些情况。

在此前一天，因张炜连续问及他在苏联6年学习期间的生活细节，听列宁、斯大林、托洛茨基讲演，为列宁守灵，以托尔马乔夫学院中国班党支部书记身份主持蒋经国转党，等等，萧劲光已有些不高兴。今天见她又提出这几个问题，便严肃地说，这些事谈那么细干什么？党史工作是一项严肃的工作，不能猎奇、图热闹！

满腔热情的张炜脸上挂不住了，眼里含着泪，久久无语……经王祖尧一再解释，介绍情况，才继续进行下去。

萧劲光口述、提供资料，重点篇章亲自起草；王祖尧、张炜、漆剑影等执笔，进行文字上的加工整理。历经近3年的时间，到1985年初，记述萧劲光新中国成立前30年戎马生涯的《萧劲光回忆录》基本定稿。

就在这时，萧劲光查出患了结肠癌，住进了301医院。手术前，他听说回忆录已送出版社正式出版，很感欣慰。张炜等前来探视时，萧劲光幽默地说，书出了，幸亏你们“抢救”及时啊！

在中央、军委和海军党委等各级的关怀下，经过医护人员的精心治疗，萧劲光于1985年底病愈出院。于是，他又在漆剑影、张炜等人的协助下，着手回忆整理新中国成立后任海军司令员30年的工作经历。

海军这段经历的回忆整理与新中国成立前的一段有不同特点。一是时间近，事件原委记得清；二是和平环境，文献资料保存完整。不利的方面主要是：由于时间短，某些问题尚需经过实践的检验；许多事情涉及在职在位的领导，行文须注意到上下、左右各个方面的关系。对这一点，一开始萧劲光就摆明了观点。他说："古人有个说法，叫做'生不立传'。咱们是写回忆录、留党史资料，可另当别论。但必须明确，重在写事，不突出个人。并要真正做到立足全局、着眼未来，实事求是。"

海军初创时期，在制订海军建设计划、购买各型武器装备的数量等问题上，海军党委、领导中曾有过一些分歧。有一位副司令员一味指责萧劲光提出的计划、方案"脱离实际"，是"盲目冒进""搞大海军主义"。后来的实践证明，这位副司令员的意见是错误的。一次党委全会上，大家对他提出了批评，他自己也做了自我批评，承认"在海军发展问题上，看的不远，束手束脚"，对萧劲光的批评"片面、有情绪"。整理回忆录时，漆剑影从文献上看到了这些资料，以"海军初创时期的一场争论"为题，将这件事写入初稿。当漆剑影读给他听时，萧劲光沉吟了一下，说："你写的这些都是事实。这位同志当时思想是有些保守，看困难多些。但他是个好同志。解放战争时期，在东北和南下途中，我们都在一起共事。他工作积极，敢负责任，性格直率，生活艰苦朴素，有很多优点。我们之间的争论也只是工作上的分歧意见。事情过去几十年了，他又在几年前先我去世了，这些事写它干什么？"稍停，他又补充说："如果要写，也要换个角度。那个时候，党委内部一些分歧没有及时消除，影响了团结，作为党委书记，我首先应该负责。"

由于王祖尧、漆剑影、张炜、傅东启等加班加点，突击整理，1988 年秋，《萧劲光回忆录（续集）》最后定稿，送解放军出版社。这时，萧劲光结肠癌已转移到肝上，加上几次大面积心肌梗死、脑血栓，身体急剧恶化。他强忍着疼痛，亲自审阅了最后一遍，签了字。随后，再次住进了 301 医院。

《萧劲光回忆录（续集）》书稿于 1989 年 2 月付印出版。萧劲光对书的出版很关心，几次询问印刷情况。这年春节是 2 月 6 日，为使萧劲光能及早看到印好的书，出版社的编辑人员和参与整理、校对工作的傅东启等，节日期间都没有休息。萧劲光知道后很不安，一再表示感谢，并嘱咐大家，不要赶得太紧，要和家人一起过节。

在各方的共同努力下，3 月中旬，《萧劲光回忆录（续集）》印出了第一批样书。抚摸着散发着油墨香的书，萧劲光说，这是我的心意，是大家共同的成果。留给党，留给后辈子孙。并要求秘书，一定向出版社的同志转达他的谢意。

一个月以后，在纪念海军成立 40 周年的日子里，按照萧劲光的遗愿，《萧劲光回忆录（续集）》一书发到海军机关部队。

三、离职 7 年后第二次再交班

1987 年，萧劲光年届 84 岁高龄。这时，他从海军司令员的职务上退下来，已是第七个年头了。

在这 7 年里，他先是任全国人大常委会副委员长，后又被选为中国共产党中央顾问委员会常务委员。但不管在什么职位，他始终没有忘记军队，没有忘记海军，依然从不同的角度关注着国防建设，关注着军队特别是海军装备技术的发展。1985年因结肠癌手术后，定期的检查、治疗已使他身体异常虚弱，心脏病也日趋加重。萧劲光身边的工作人员说，整整30年的海军司令，此前，中国没有，外国也没有，今后也很难再有。萧老已把自己的生命融入海军。海军18艘舰船的庞大编队远下南太平洋，胜利完成发射远程运载火箭试验任务，他高兴地打电话祝贺；潜艇水下发射运载火箭成功，他比什么都开心；听到海军部队发生这样那样的事故，他嘘叹不已。离职后的老司令员，依然和海军官兵共喜忧。

这年3月下旬的一天，报纸、电视等各大媒体同时报道了一条新闻：总参一位领导与外宾谈到中国海军建设时坦言：中国海军的战略是近海防御，中国不需要也不准备搞航空母舰。短短几句话，引起了萧劲光的注意和深思。

讲起萧劲光当时的反应，他的秘书傅东启回忆说，那天，我陪首长看电视新闻。听主持人播了那条消息后，他轻轻地重复了一句："中国不需要搞航母？"说着看了我一眼，像是对我又像是自语地说："这个问题要研究——不知刘司令怎么考虑？我的印象中，他是主张搞航母的。"

事后得知，刘华清司令员也注意到了这一消息。就在媒体报道这一消息的第二天晚上，刘华清来到萧劲光的住处。在乍暖还寒的仲春夜晚，两代海军司令员在萧劲光海味十足的会客厅里，就中国海军装备建设、中国到底要不要搞航空母舰问题，进行了倾心交谈。

萧劲光说，1979年叶飞来海军，先任政委后改任司令员。当时，我还在301住院，交班是在总医院的病房里进行的。装备建设没谈多少。前几天，你在国防大学讲《海军战略》的一个材料，傅秘书给我读了。你说"我国的海军战略是近海防御，属于区域防御的战略"，这符合毛主席和中央军委一贯主张的积极防御的战略思想。毛主席讲的积极防御，就是"消灭敌人，保存自己"。我们是社会主义国家，永远不称霸。需要清楚的是，近海防御，实际上是以近海作战为主，绝非不要中远海作战。事实上，单纯的近海作战是防御不了近海的。

刘华清说，我们这样一个濒海大国，300多万平方公里的"海洋国土"。随着海洋开发事业和海上斗争形势发展，面临的海上威胁与过去大不相同。要对付具有远战能力的弹道导弹核潜艇和舰载航空兵，仅有中小型舰艇和短程岸基航空兵不成。积极防御，当然包括战略退却中的进攻，没有航母，不能远距离作战，仗打起来只能望洋兴叹。所以，去年（1986年）8月，听海军装备部和论证中心领导汇报工作，我向他们交代了开展航母论证的问题。我对他们说，航母怎样造法，是海军全面建设的事；是直升机航母、护航航母分步造，还是直接造护航航母，要好好论证。

萧劲光接过来说，过去几十年里，我们没有航母，不是不需要，也不是不想搞，而是搞不了，也不可能搞。开始几年，为了抗美援朝，集中上空军，后来经济困难了。20世纪60年代初，经济刚好转，"文化大革命"开始了。那时，技术达不到，经济实力也不行。

刘华清说，现在搞，技术提高了，经济上也强多了，但也不是没有问题，财力、技术仍有困难。但不能等。10 年内不搞，10 年之后再搞，也还会有困难。因此，要早论证，早点把这个问题研究透。那样才有主动权。

萧劲光连连点头，说，是这个意思。你这些想法，可以向军委、总部首长作个汇报。刘华清说，有这个考虑，还有您的这些意见，我一并向军委首长反映。同时，他建议萧劲光把对发展航母的看法，连同对海军建设的其他意见一并写下来，以作为对建军 60 周年的纪念。

两代海军司令，一样拳拳之心。萧劲光完全忘了身体的不适和疲劳，刘华清也似乎忘记了不过多影响老司令员休息的承诺。他们彼此交流着，商讨着，一直谈到很晚。

3 月 31 日，刘华清向总部机关汇报了关于海军装备建设的两大问题，一是核潜艇发展，另一个就是航母问题。他说，这两个问题，涉及海军核心力量建设，是关键性问题。这两项装备搞出来，从长远看，对国防建设是有利的；这两项装备不仅为了战时，平时也是威慑力量。

鉴于对核潜艇发展上下认识比较一致，刘华清重点谈了航母建设问题。他说，现在各国都在注意发展航空母舰。无论是攻击型的或垂直短距离起降的，都是为了解决防空和海上攻击问题，都在注意发展。美国、苏联都在大搞，其他国家，如法国、意大利、英国这些比较发达的国家都在搞；日本因为是战败国，宪法不允许搞，但搞起来也容易，过去就很有基础，现在技术、生产能力都很强，说搞很快就能搞起来。我们当前财力、技术都有些困难，但也应着手研究。不能等到一切都具备了，那样就太晚了，没有主动权。要及早立项、早论证，早点把相关问题研究透。就这个问题，我曾征求过萧劲光同志的看法，他也是主张搞航母的。

这次汇报，在总参某部和国防科工委机关产生了一定影响。后来，国防科工委组织科研单位和海军装备系统开展了有相当深度的论证研究工作。

此次交谈后，萧劲光接受刘华清的建议，写成了《建设现代化的强大海军》一文。文章首先回顾了海军建军 38 年的战斗历程：在战火中诞生，边打边建。“参加大小战斗 1200 余次，击沉击伤敌舰船 400 余艘，击落击伤敌机 200 余架。收复了除台、澎、金、马和东沙、南沙以外的沿海岛屿，完成了保卫海防、护渔护航，防范敌人来自海上侵略的光荣使命。”继而郑重地提出：“何以在新的历史条件下建设现代化的强大海军？这是海军各级指挥员尤其是高级指挥员，包括已经退下来的老同志，应该不断研究的课题。”接下来，萧劲光从三个方面阐述这一问题：

（一）确立近海防御的海军战略。文章指出，近海防御需要解决的一个课题是要不要进行中远海作战。我以为是需要的，应该实行近海作战为主，中远海作战为辅。其理由是：

1. 近海防御是一个战略概念。它所说的近海作战只是一个为主的作战形式、作战海区，不可能也不应该排除中、远海作战。

2. 近海防御是积极防御，不是待在近海等着挨打，只搞近海作战是防御不了近海的。防御也要重视进攻，为防御而进攻，积极防御就是进攻性防御。

3. 从未来反侵略作战的实际看，海军要在敌我海上交通线上开辟独立战场，保护我运输船队，打击敌运输船队，进行破袭游击战，以及潜艇游弋打击敌舰船，战略核潜艇打击敌重要军事目标，这些都是牵制敌人消灭敌人的有效手段。战略反攻阶段，就需要中远海作战。

（二）发展现代化的海军装备。文章强调指出："武器装备建设是海军现代化建设的物质基础。没有武器装备的现代化，就没有海军的现代化。"在对海军装备发展的历史作简略的分析后，振聋发聩地提出："我们在研究制造新型核潜艇、潜艇、驱逐舰、护卫舰、导弹护卫艇等舰艇，和新型轰炸机等海上专用飞机的同时，要不要研究制造航空母舰和航母舰载机呢？我以为是需要的。"

文章说，海军要不要建造航空母舰，决定于国家财政经济的可能和军委战略方针的需要。在这一方针的指导下，海军有什么样的战略任务，到什么地方去活动，就应该建立一支什么样的舰队和兵力。我们实行近海防御战略，并不排除到中远海作战。而到中远海作战，没有航空母舰是不行的。一个舰队在远海活动，没有航空母舰就没有制空权。没有制空权，就没有远海作战胜利的保证。在远海，没有一种兵力可以取代航母夺取制空权，掩护我远海舰船的活动。

中国是一个大国，也是一个海洋大国。我国领土南沙群岛距我大陆近1000海里。为维护我国领土主权和海洋权益，即使在和平时期，中国海军也应该到这些海区去活动，以保证我们国家在这些海区的应有地位和主权。到南沙去，就要有航空母舰对水面舰船进行空中掩护、支援和打击消灭敌人的有生力量。有航母到远海去活动，也是保卫世界和平、支援进步力量所需要的。

当然，目前我们的国家还很穷，不可能马上就建造航空母舰。邓小平同志指示军队要忍耐，就是说，国防建设要服从国家经济建设的大前提，在海军武器装备建设中，既要积极又要稳步，逐步缩短与先进国家的差距，逐步实现海军武器装备的现代化。

（三）培养全面发展的海军人才。文章基于部队装备发展、全面建设对海军人才的需要，对海军院校建设、教育训练提出了意见和建议。

当年8月，《海军杂志》为纪念建军60周年出了一期专号，集中发表了海军、舰队首长写的署名文章。萧劲光《建设现代化的强大海军》一文，刊登在本期杂志的第一篇。与此同时，《人民海军报》也全文登载了这篇文章。

文章发表后，在海军部队特别是海军机关、院校，引起了强烈反响。多年来，以社会青年为主要对象的《当代海军》杂志收到了成百上千封"海军迷"的来信，询问中国海军什么时候有航母？盼望中国海军强大，盼望在大海上能看到中国的航母劈波斩浪。若干小学的红领巾把自己从几十元到上千元的压岁钱寄到杂志社，写道："支援海军建航母！"杂志社的编辑看到报刊上登载的萧劲光的文章，拍案叫好，激动地说，讲得好，太好了！这是老司令员在离开海军7年后，再次作的重要指示。

四、最后的军礼

1989年元旦过后，萧劲光肝上的肿瘤已压迫到脾脏，疼痛难忍，呼吸困难。大面积心肌梗死加上肿瘤转移，萧劲光吃不下、睡不安，瘦得脱了形，时常连续几个小时处于昏迷状态。

3月20日，医院发出萧劲光病危通知书。家人、海军机关都在怀着沉痛的心情着手准备后事。

上午，萧劲光从昏迷中醒过来，看到身边子女、工作人员都在，吃力地说，我这里没有多少事，你们休息去吧！

稍停，他又问起邓小平、彭真、王震等老战友的情况。他断断续续地对子女们说："以后有时间常去看看王新兰、林月琴、楚青、刘志、魏兵（均为萧已故战友的遗孀）等同志。""别人在危难之时一定要伸出援助之手，不要眼睛光往上看，要往下看，要老老实实做人，清清白白做事。"

此后几天，他一直被病痛苦苦折磨着，但只要清醒过来仍然坚持听广播，要身边的工作人员给他读报。一天，他突然听中央广播电台报了一条总部首长视察南海舰队的消息，遂自语道，海军，海军已40年了！接着断断续续地问："没听说机关部队有什么活动吗?"秘书回答说，机关正在准备，听说要开纪念大会。

秘书讲得没有错。是时，海军成立40周年纪念活动的各项准备工作正在紧张地进行着。由于最先组建的华东军区海军和军委海军领导机关成立前后差了近一年的时间，长期以来，究竟以哪个时间作为海军诞生纪念日，大家意见不一。为此，今年海军党委专门开会研究，就确定海军成立纪念日问题，向军委写了报告。

报告是春节前报送中央军委的。报告指出：

> 为激发海军官兵献身海军事业的光荣感和责任感，推动海军革命化、现代化、正规化建设，我们准备在海军成立四十周年之际，开展纪念活动。对海军官兵普遍进行海军光荣历史和优良传统教育。
>
> 我国海军成立的历史是：一九四九年四月二十三日，奉中央军委电令，华东军区海军在江苏泰州白马庙成立，张爱萍任司令员兼政治委员。同年十二月，中央军委电令："为统一管理和指挥各地人民海军及现有舰艇"，决定组建海军领导机关。一九五〇年四月十四日，海军领导机关在北京成立。这说明在海军领导机关成立之前，海军部队已经组建了。一九八七年经编委会审批出版的《当代中国海军》已有明确记载，并在国内外发行。
>
> 无论从开展纪念海军成立四十周年的活动还是从海军的长远建设看，都需要对海军成立的日期给予正式确认。经研究，我们的意见是：一九四九年四月二十三日华东海军的成立，标志着我军又增加了一个新的军种。因此，海军成立纪念日应以一九四九年四月二十三日为宜。有关纪念活动将专题报告。
>
> 当否，请批示。

2月17日，中央军委正式批复，同意海军意见，"以一九四九年四月二十三日成立华东军区海军的日期，为中国人民解放军海军成立日期”。

这样一来，这年是海军成立纪念日正式确定后的第一年，又是海军成立40周年，所以纪念活动准备得早，安排活动内容也比较多。秘书知道萧劲光对此十分关心，择时将纪念活动准备情况作了简要介绍。

听了秘书的介绍，萧劲光使劲点了下头，脸上掠过欣慰的一笑："海军40年，风风雨雨，不易，该好好庆祝庆祝。”待了一会儿，他又费力地对身边的工作人员说，你们要帮我准备个稿子，我有话说。

按照萧劲光的要求，身边的工作人员与海军学术研究所的研究人员一起帮助他准备了《致纪念人民海军诞生40周年大会的贺词》。他强忍着病痛亲自过目，一句句修改，直到满意了，才郑重签上了自己的名字。这一天是“1989年3月25日”。

这天，他还亲眼看到了再次从出版社拿回来的《萧劲光回忆录（续集)》样书，听傅东启介绍了封面和几处改动的情况。萧劲光微微点头，疲惫地闭上眼睛。或许是了结了最后的心愿，此后几天，他一直在昏迷中。

3月29日，萧劲光病情加重，心脏功能衰竭，呼吸困难，经多方抢救无效，于18时25分停止呼吸，与世长辞。

4月23日，“海军成立四十周年纪念大会”在海军礼堂举行。时任中共中央政治局委员、国防部部长的秦基伟，全国人大常委会副委员长叶飞，中央军委副秘书长刘华清，中国人民解放军总参谋长迟浩田，总政治部副主任周文元，总后勤部副部长刘明璞等出席大会。北京军区、空军、第二炮兵、国防科工委、国防大学、军事科学院及武警总部等驻京各大单位领导到会祝贺。与萧劲光一起为创建海军付出过心血、汗水的离休的海军原领导方强、方正平、周仁杰、卢仁灿、张汉丞等十几人，也与海军党委常委一道出席了庆祝大会。但萧劲光没能到会。在他为大会准备的《贺词》定稿4天以后，即3月29日，他被病魔夺去了生命，永远离开了他所挚爱的祖国和人民，离开了他为之呕心沥血奋斗了30年的海军事业。

大会开始，主持人海军政治委员李耀文郑重宣布，全体起立，为萧劲光司令员默哀。接着，海军副司令员张序三怀着沉痛的心情宣读了萧劲光给庆祝大会的贺词：

同志们：

今天，大家怀着喜悦的心情，欢聚一堂，隆重举行纪念中国人民解放军海军诞生40周年。我作为人民海军行列中的一名老战士，此刻的心情与同志们一样感到由衷的高兴。由于身体的原因，我不能亲临这一盛会，但我的身心与同志们是连在一起的。值此，我向在座的各位同志，并通过你们，向海军全体指战员，向离退休的老同志，向关心和帮助海军建设事业的同志们、朋友们，致以节日的热烈祝贺和崇高的敬意。

40年来，人民海军从无到有、从小到大，发展到今天已具备一定现代作战能力的海上力量。这些成就的取得，一靠党中央的英明领导，一靠几代人艰苦奋斗、无私奉献。在欢庆佳节的时刻，我深切怀念毛泽东、朱德、周恩来、刘少奇等老一代我党我军的伟大缔造者、领导者，深切怀念为人民海军建设事业而光荣捐躯的同志们。

当前，我们国家正处于一个改革创新的新时代，伟大的时代赋予了人民海军以新的任务和使命。我衷心祝愿人民海军在现代化建设中不断取得辉煌的成就，衷心祝愿同志们奋发努力，再攀高峰，尽早实现中国人民“建立强大海军”的崇高夙愿，为保卫祖国，实现国家统一，维护人类的和平与进步事业而奋斗！

祝同志们节日愉快！

祝老同志健康长寿！

张序三读着读着，声音哽咽了。座无虚席的会场一片肃穆、沉寂。台上台下，

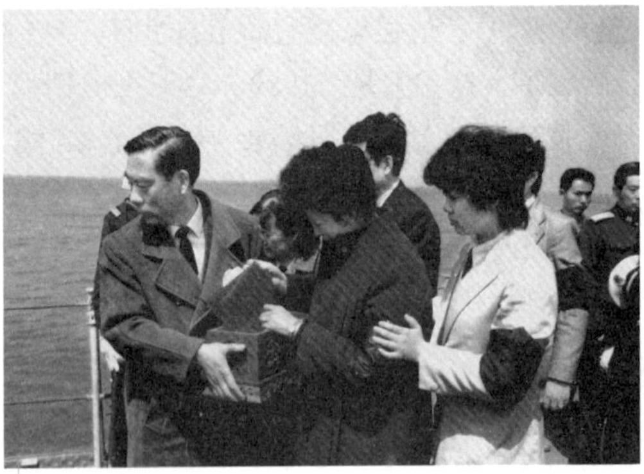

萧劲光的亲属将萧劲光骨灰撒入大海

萧劲光去世后，家乡的人民在湖南长沙市岳麓山上为他树立了一座铜像，纪念他为人民共和国立下的不朽功勋。

不少人热泪盈眶。大家被贺词的一片拳拳真情震撼了。

在场的每一个人都明白：这是萧劲光大将生命最后一刻的心声，是他对自己亲自领导创建的人民海军事业的期望和祝愿，是他对全体海军官兵最后的嘱托！

萧劲光逝世后，他身边的工作人员和亲属子女向海军党委转达了他生前的意愿：“49年底，毛主席当面交代，要我建设一支强大海军。我在位海军任上三十年，毛主席都去世十几年了，海军还谈不上强大。我到海军第一个大任务就是解放台湾。后来，随着形势发展，这一任务撤销了。一直到现在，台湾问题也没有解决。以后，我的骨灰就撒在东海。随着时间的推移，我会看到我们的海军越来越强大，台湾回到祖国的怀抱，实现中华民族的团结统一……”

为了实现老司令员的意愿，海军党委常委专门开会作了研究：派一艘新型驱逐舰执行这一任务，由海军副参谋长王祖尧、海政副主任杜果代表党委参加海上撒骨灰仪式。

1989年4月16日上午，海军副参谋长王祖尧、海军政治部副主任杜果陪同萧劲光的亲属子女和身边工作人员一起，在上海军港码头登上“051”导弹驱逐舰，缓缓向东、向南，驶入大海。在宽阔的海面上举行仪式，将新中国第一任海军司令员、为打造中华民族海上长城奋战了30年的老战士——萧劲光大将的骨灰轻轻撒入大海……那一刻，初春的天空云幕低垂，往日喧嚣的东海海面波澜不惊……

萧劲光生平大事年表
（1903—1989）

1903 年　诞生

■ 1 月 4 日　出生于湖南长沙市岳麓山乡赵州港一个贫苦的小手工业者家庭。乳名小（萧）满。上有 3 个哥哥、2 个姐姐，是父母最小的儿子。

1910 年　7 岁

■ 秋　入本村一家私塾读书。取学名萧玉成。

1913 年　10 岁

■ 年中　进入岳麓山镇新办的“洋学堂”读书。

1917 年　14 岁

■ 夏　以优异成绩考入长沙市长郡中学。

1919 年　16 岁

■ 夏　受五四运动影响，参加了长郡中学组织的罢课、游行及抵制日货等反帝爱国运动。

1920 年　17 岁

■ 8 月　加入由毛泽东、何叔衡等创办的湖南俄罗斯研究会。之后，与任弼时、任岳、周昭秋等 6 人，被研究会选定为第一批赴俄学习人员。

■ 秋　离开长沙抵达上海，进入上海共产主义小组创办的“外国语学社”（又称“俄文专修馆”）学习，为赴俄留学作准备。其间加入外国语学社内部的进步组织“工读互助团”，并更名为萧劲光。

■ 年底　由“工读互助团”转入“社会主义青年团”。

1921 年　18 岁

■ 4 月　和刘少奇、任弼时等一起，由上海吴淞港上船，绕道日本长崎前往俄国莫斯科。

■ 7月初　抵达莫斯科。适逢共产国际召开第三次代表大会，以东方民族代表的身份出席会议，聆听列宁作报告。不久，入“莫斯科东方劳动者共产主义大学”（简称“东方大学”）学习。按照学校的要求，为避免将来回国工作时暴露身份，取用一个俄文名字“查戈洛斯基”。

■ 秋　学校进行志愿调查时，在调查表上填写“军事”，第一次表达了希望学习军事专业的愿望，引起学校重视。

1922 年　19 岁

■ 1月　东方劳动者第一次代表大会（又叫远东劳动人民代表大会）在莫斯科举行。与刘少奇、任弼时等一起参加会议，在会上做文秘工作。

■ 春　与任岳、周昭秋等一起转入专事培养军队基层军官的“苏联红军学校”学习。

■ 年底　转为中国共产党党员，成为中共旅俄支部的主要成员之一。按照当时的惯例，学校党组织同时颁发了联共（布）党证，也成为联共（布）党员。

1923 年　20 岁

■ 年初　从苏联红军学校转回东方大学，继续在东方大学学习。

1924 年　21 岁

■ 1月21日　世界无产阶级的革命领袖列宁逝世。治丧期间，与任弼时等一起以东方民族代表身份为列宁守灵。

■ 春夏之交　接到中共中央要求在苏联学习的中国留学生回国的通知。遂与任岳、胡士廉、周昭秋等一道由海参崴登船，经日本长崎抵达上海。被中共党组织分配到湖南工作。

■ 秋　由中共湖南省委分配去安源从事工人运动，任安源路矿工会工人俱乐部游艺股长，从事宣传工作。

1925 年　22 岁

■ 6月初　与工会和安源工人俱乐部领导成员一起领导俱乐部所属1万3000多工人开展了声势浩大的罢工、游行等活动，声援上海“五卅”惨案。

■ 6月底　携带慰问信和路矿工人及各界群众数万元捐款前往上海，代表安源党组织和工会慰问上海罢工工人。

■ 秋　受党组织派遣到广东工作。在广州，按照党的第三次代表大会决议，以个人身份加入国民党。同时，由周恩来介绍进入国民革命军第二军第六师，任党代表兼政治部主任，授中将军衔。六师师长为戴岳。

1926 年　23 岁

■ 7月7日　广州革命政府决定国民革命军（后称“北伐军”）出师北伐。与戴岳一起率第二军第六师从韶关出发，沿仁化、城口、汝城、桂东、酃县北进。

■ 9月6日　北伐军向孙传芳部总攻战役打响。与戴岳率第六师之第十七团、十八团参加萍乡之战。当日，进占萍乡。

■ 9月底　第六师在攻打樟树城时，接到军部命其前往南昌增援的通报。遂与戴岳率六师并协同攻打樟树的第四师，一道向南昌进发。

■ 11月8日　攻破南昌城。战后，北伐军总司令部以《第二军最近之战况》为题，表彰了二军，表彰了六师，同时充分肯定了政治工作在战斗中的作用。

■ 11月底　第六师接到南下策应第十四军共同截击福建军阀周荫人的命令。与戴岳一起率部沿临川、资溪、光泽、邵武挺进，由建阳直趋建瓯。

1927年　24岁

■ 3月初　杭州被北伐军攻占。与戴岳率部随第二军北上，经选城、高淳、溧水，冒雨奔袭南京。

■ 3月24日　北伐军第二军、第六军攻入南京城。

■ 4月12日　蒋介石在上海发动反革命政变，大肆逮捕、杀害共产党员和革命群众，并抛开武汉国民政府（此前广州国民政府迁至武汉），宣布成立南京国民政府。

■ 6月初　六师抵达鄂皖边界的宿松镇，在宿松天主教堂召开讨蒋大会，在会上发表讲话，痛斥蒋介石背叛革命、屠杀人民群众的罪行，提出了“反对独裁”“打倒蒋介石”的口号。

■ 6月中旬　鄂西战役开始。与戴岳率六师在仙桃镇将驻鄂军阀杨森部击溃，乘胜追击到沙市、宜昌。

■ 7月15日　第一次国共合作宣告破裂后，中共党员奉命撤离部队。萧劲光接到去汉口的通知。

■ 7月下旬　抵达汉口，住在中共湖北省委军委委员李富春家里。由李富春、蔡畅夫妇等介绍、主持，与湖南著名教育家朱剑凡的女儿朱仲芷结婚。

■ 7月底　被选定参加第二次赴苏留学。不日，离开武汉赶赴上海，等待出国。

■ 9月初　化装成商人乘船离开上海，前往苏联。

■ 秋　抵达苏联列宁格勒（彼得堡），入列宁格勒托尔马乔夫军政学院学习。开课不久，在该校学习的中国学生成立了中国共产党党支部，被选为支部书记。

1928年　25岁

■ 7月中旬　中国共产党第六次全国代表大会在莫斯科召开，新当选的总书记向忠发到学院看望中国留学生并传达会议精神，主持会议，并汇报了中国学生在军政学院的学习情况。

■ 7月底　妻子朱仲芷由莫斯科到列宁格勒。朱仲芷是上年末来莫斯科东方大学学习的。

1929年　26岁

■ 春夏之交　大女儿出生。翌年回国时，因孩子太小无法带回国，寄养在莫斯科国立第四幼儿园。新中国成立后，曾借到苏联访问的机会多次寻找，未曾找到。

1930年 27岁

- 夏 在苏联托尔马乔夫军政学院修业期满，绕道莫斯科与妻子朱仲芷一起回国。
- 9月初 到达上海。遵照中共中央关于“干部多派往下层去，多派往外县去，加强红色区域的领导”的指示，党组织派其到湘赣苏区工作。到湖南后，因联系人宁迪卿叛变，未能联系上，遂返回上海。党组织经过研究，又改派其去闽西苏区工作。
- 年底 与李卓然一起离开上海，转道香港赴闽西苏区。抵闽西后，任闽粤赣军区参谋长兼政治部主任。

1931年 28岁

- 1月 兼任闽西彭杨军事学校的校长。在这期间，不仅负责学校的组织领导工作，并且亲自讲课，训练连排基层干部。
- 3月 出席闽粤赣省委在机关所在地虎岗召开的省委扩大会议。会议传达了中共中央此前在上海召开的六届四中全会精神，作出了“保卫龙岗、虎岗，巩固以龙岩、永定为中心的闽西基地”的错误决策。萧劲光不赞成会议的决策，但军事委员会决定后，仍认真执行。
- 7月 在挫折与失败面前，与邓发、张鼎丞、罗明等同志一起认真总结前一段失败的教训，决定改变原有战略方针，调动部队“向北发展”。
- 8月中旬 指挥十二军主力及彭杨学校学员向汀州、连城方向进军。数日抵达闽赣边境的汀州附近。钟屋村一仗，击溃了敌人主力卢兴邦、易启文等部，乘势夺取了汀州城，接着又攻占了连城等地。
- 9月下旬 中央苏区红军在毛泽东的指挥下胜利地粉碎了敌人的第三次“围剿”，中央苏区和闽西苏区连成一片，新、老第十二军在汀州会师，合编为红一方面军第十二军。罗炳辉任军长，谭震林任政委，萧劲光任参谋长。
- 11月 出席在中央革命根据地瑞金召开的中华苏维埃共和国第一次代表大会。会后，由毛泽东推荐，调任中央军事政治学校（又名中国工农红军学校、红军大学）校长。
- 12月18日 调任红五军团政治委员。与刘伯坚（任红五军团政治部主任）等一道领导、主持了红五军团整编工作。红五军团原为驻守宁都的国民党第二十六路军，本月14日宣布起义，加入红军。

1932年 29岁

- 2月中旬 红五军团完成整编。与总指挥季振同率部增援红三军团，参加赣州战役。
- 4月5日 给中国革命军事委员会主席朱德发电报，建议对红三军进行整顿。
- 4月 率部协同红一军团、红三军团攻打漳州，大获全胜，歼灭张贞（国民党第四十九师师长）的主力，缴获大量武器弹药和物资。

■ 12月30日 苏区中央局、中央军委决定组建建（宁）黎（川）泰（宁）警备区。被任命为警备区司令兼政治委员。调离红五军团。

1933年 30岁

■ 2月 兼任红军第十一军政治委员，率部参加黄陂、东陂战役。

■ 3月7日 给红一方面军总政委周恩来发电，报告红十一军军政工作情况，并对人事调整提出建议。

■ 4月 第四次反“围剿”胜利后，中央人民委员会决定组建闽赣省，成立省委和省革命委员会（即省政府），任命顾作霖为省委书记，邵式平为省革命委员会主席。同时成立闽赣省军区，萧劲光任军区司令员。

■ 6月10日 致电总司令朱德、总政委周恩来，就所属部队军事行动及游击区域划分提出建议。

■ 6月 率部配合由彭德怀率领的红三军团等部组成的“东方军”入闽作战。

■ 8月底 奉命回闽赣军区，准备迎击国民党军第五次“围剿”。

■ 10月16日 致电中国革命军事委员会代主席项英、总司令朱德、总政委周恩来，报告所属部队战斗部署。

■ 10月28日 军委决定成立红军第七军团，任军团政治委员。红七军团军团长为寻淮洲。

■ 11月中旬 率部配合红军第三军团参加旨在收复黎川的浒湾战斗。因敌强我弱等原因，战斗失利。15日，致电朱德、周恩来，总结浒湾战斗之教训。

1934年 31岁

■ 年初 被诬为“罗明路线在军队的总代表”，受到撤职、开除党籍、判刑5年的错误处理。

■ 2月初 监禁解除，到红军大学任教员。

■ 10月 中央红军撤离江西根据地。红军大学等改编为上级干部大队（简称“上干队”），隶属军委干部团。任上干队大队长，随部队参加长征。

1935年 32岁

■ 1月 中共中央在遵义召开政治局扩大会议，会议揭发和批评了第五次反“围剿”和长征以来中共中央在军事领导上的错误，毛泽东重新掌握了军事指挥权。会上，研究、纠正了对萧劲光的错误处理，决定予以平反。

■ 3月1日 率上干队等部在娄山关阻击国民党军对红军主力的追击。当晚率部抵达遵义城，周恩来召其谈话，表扬娄山关阻击战打得好，并将中央已决定予其平反的消息通知他。

■ 7月底 调任红三军团参谋长。红三军团军团长是彭德怀。

■ 11月 任陕甘省委军事部长。

1936 年　33 岁

■ 3 月　兼任红二十九军军长。

■ 8 月 12 日　接待美国记者埃德加·斯诺。

1937 年　34 岁

■ 2 月 27 日　任中共中央革命军事委员会参谋长（后改称中共中央军委参谋长）。

■ 8 月下旬　参加筹备和出席中共洛川会议。会后，按照国共两党达成的协议，红军主力部队改编为“国民革命军第八路军”。延安设“国民革命军第八路军后方总留守处”，驻守陕甘宁根据地。根据中共中央的提议，南京政府任命萧劲光为总留守处主任。

■ 9 月、10 月　一边组织、整编留守部队，一边指挥部队在边区内开展剿匪。

■ 12 月　为加强领导，便于指挥，中共中央军委决定将“第八路军后方总留守处”内部改称“第八路军后方留守兵团”，萧劲光任司令员兼政治委员。同时任命曹里怀为参谋长，莫文骅为政治部主任。

1938 年　35 岁

■ 春　主持编写了《统一战线教程》，组织部队系统对官兵进行统一战线教育。

■ 7 月初　留守兵团党委召开党委扩大会，重点研究部队开展农副业生产问题。会后发出电报，对兵团各部队农副业生产作了具体部署，提出了具体任务指标。

1939 年　36 岁

■ 1 月　《八路军军政杂志》创刊。在创刊号上发表署名文章《留守兵团的生产运动》，介绍留守兵团半年来开展生产运动的情况。

■ 2 月　留守兵团召开作战会议，专题研究保卫河防的问题。在会上总结了部队保卫河防的经验。

■ 3 月 6 日　致信陕甘宁边区保安司令部司令员高岗，就保安司令部工作提出意见。

■ 3 月 15 日　在《八路军军政杂志》上发表文章《第八路军留守兵团一年来的军事教育》，纪念留守兵团成立一周年。

■ 4 月　致电国民党晋陕绥边区总司令邓宝珊，对其晋升表示祝贺。

■ 5 月　由其亲自主持编订的留守兵团《内务条令》《纪律条令》《参谋工作条例》正式颁布执行。这是中国共产党领导的人民军队自 1927 年建军以来第一套比较完备的法规性文件。

■ 7 月 14 日　接受《新中华报》记者采访。访谈录以《谈河防战斗与巩固团结》为题，载 7 月 18 日《新中华报》。

■ 11 月 18 日　出席中国共产党陕甘宁边区第二次代表大会，并在会上作军事报告《两年来的留守兵团与保安部队》。

■ 12 月 9 日　遵照毛泽东主席指示，写文章驳斥国民党顽固派对王震领导的三五九旅返回陕北的污蔑。署名文章《加强河防，反对造谣破坏的阴谋家》载当日

《新中华报》。

1940 年 37 岁

■ 1 月底　致电阎锡山，表示愿意出面调解山西新军、旧军之间的冲突。

■ 2 月 20 日　再次致电阎锡山，申明去从利害，望其以抗战大局为重，搞好新旧两军团结，使“和协之局立现，抗日战线重整于三晋之间”。

函电发出后，2 月 25 日与中共华中工委秘书长王若飞一起带着毛泽东的亲笔信，到宜川秋林镇与阎谈判。

■ 同日　根据留守兵团近战教育要求写军事论文《发扬勇猛机动顽强的近战教育》，载《八路军军政杂志》1940 年第 2 期。

■ 5 月 25 日　为呈请奖励三五九旅旅长王震，致电国民党军事委员会委员长蒋介石等，力陈王旅抗日劳绩，批驳顽固派谣言。

■ 7 月　主持在延安召开的留守兵团首长会议，总结了留守兵团的工作。会后，与莫文骅联名发出《对目前部队工作的指示》，亦称“七月训令”。

■ 10 月 20 日　致电国民党第八战区司令长官朱绍良等，揭露国民党顽固派构筑封锁线封锁陕甘宁边区的卑劣行径。

1941 年 38 岁

■ 11 月　出席陕甘宁边区第二届参议会并在会上作报告，介绍陕甘宁边区的军事工作。

■ 12 月　在军政干部会上发出号召，要求留守兵团各部队以三五九旅为榜样，实现生产自给，为保卫、建设边区，支援前线作贡献。

1942 年 39 岁

■ 9 月　留守兵团与晋绥军区部队合并，组成陕甘宁晋绥五省联防军。任联防军副司令员，主管训练工作。联防军司令员为贺龙，政委为关向应。

■ 年内　在延安与伟涛结婚。此前，朱仲芷在所谓“审干”和“抢救运动”中被错误处理（后平反）。在组织的干预下，萧劲光与朱仲芷脱离夫妻关系。

1943 年 40 岁

■ 2 月　组织留守兵团在春节期间开展拥政爱民活动。这一活动受到毛泽东的肯定，并亲自起草文件在全国各抗日根据地推广。

1944 年 41 岁

■ 4 月初　与贺龙、徐向前、谭政一起参加毛泽东召开的座谈会，座谈军队政治工作问题。

■ 9 月 21 日　陪同毛泽东出席中共中央办公厅在中央大礼堂举行的招待八路军留守兵团全体模范学习代表及从敌后转战归来参加整训的各部队战斗英雄代表大会。

■ 10 月 6 日　出席陕甘宁晋绥联防军司令部高级干部会议并在会上作报告，对 1943 年的冬季整训工作进行了总结，对 1944 年整训部队工作提出了要求。

1945 年　42 岁

■ 4 月 23 日至 6 月 11 日　出席中国共产党第七次全国代表大会，当选为中央委员会候补委员。

■ 8 月 25 日上午　与刘伯承、邓小平、林彪等一起搭乘军调组的飞机离开延安。当日抵太行八路军总部稍事休息，与林彪步行转赴山东。

■ 8 月 26 日　中共中央通知中共山东分局，决定罗荣桓任山东分局书记及山东军区政治委员，林彪为山东军区司令员，萧劲光为副司令员，林、萧均为分局委员。

■ 9 月 22 日　在晋冀鲁豫军区某部看到中共中央 19 日电报：根据形势发展，中央决定成立冀热辽中央局，扩大冀热辽军区，李富春为书记，林彪为司令员，萧劲光为副司令员，罗荣桓到东北工作。而后，与林彪一行转道赴东北。

■ 10 月下旬　抵沈阳，任东北人民自治军副总司令员兼参谋长。

1946 年　43 岁

■ 1 月　东北人民自治军改称东北民主联军。任副司令兼第一参谋长。

■ 11 月　与陈云一起到南满，任中共中央东北局南满分局副书记，兼辽东（南满）军区司令员。

■ 12 月 11 日至 14 日　和陈云主持辽东军区在七道江召开的军事会议。与会师以上干部在坚持南满问题上出现严重分歧。经做工作，与陈云作出了坚持南满的正确决策。史称“七道江决策”。

■ 12 月 17 日　由即日起至翌年 1 月 21 日，指挥南满部队奋战一月余，歼敌 4000 余人，打退了国民党军对南满临江根据地的第一次进攻。

1947 年　44 岁

■ 1 月 30 日至 2 月 8 日　指挥部队打退了国民党军对临江根据地的第二次进攻。歼敌 4000 余人，从根本上改变了南满地区的战争态势。

■ 2 月 13 日至 3 月 6 日　指挥部队打退了国民党军对临江根据地的第三次进攻，歼敌 1 万余人。

■ 3 月 24 日至 4 月 3 日　打退了由郑洞国率领的国民党军对临江根据地的第四次进攻，歼敌 7600 余人。至时，彻底粉碎了国民党军“南攻北守，先南后北”的战略企图，巩固和扩大了南满根据地，初步改变了东北战场的战略态势。

■ 4 月 2 日　出席中共中央东北局南满分局、辽东军区直属机关和部队干部大会，并在会上作军事报告《树立坚持南满军事斗争的正确思想》。

■ 5 月　指挥南满部队参加夏季攻势。

■ 8 月　主持在通化召开的南满军区师以上军政干部会议，并在会上作长篇军事报告，总结四保临江、夏季攻势作战的经验教训。

■ 10月 指挥部队参加秋季攻势。

■ 12月底 主持南满分局在通化召开的土地改革工作会议。

1948年 45岁

■ 1月 遵照中央军委指示，东北民主联军改称东北人民解放军。民主联军总部改称东北军区兼东北野战军。萧劲光任东北军区副司令员。

■ 2月底 根据形势发展，东北局决定撤销南满分局。与陈云、萧华一起离开南满，前往哈尔滨参加东北局省委联席会议和东北局常委会。

■ 5月下旬 与萧华一起率部围攻长春，兼任东北野战军第一前线指挥部（后称第一兵团）司令员。

■ 10月21日 郑洞国率部投诚，长春宣告和平解放。

■ 10月23日 奉东北野战军命令，率部撤离长春，日夜兼程南下，前往参加沈阳外围战役。

■ 11月2日 沈阳解放。萧劲光率第一兵团部队开至抚顺进行休整，以恢复体力，补充兵员、粮草，同时进行思想动员，做好进关作战的准备。

■ 11月下旬 与副司令员陈伯钧等率东北野战军第一、第三、第六、第十共四个纵队，紧急入关，参加平津战役。

■ 12月8日 第一兵团先头部队经喜峰口、冷口入关，前锋抵达冀东蓟县、玉田一带。

■ 12月14日 遵照东野首长指示，与陈伯钧指挥第三、第六、第十等部与东野和华北军区部队，占领北京南口、海淀、丰台、黄村、通县等地，完成对北平的包围。

1949年 46岁

■ 1月21日 中央军委颁发命令，任命萧劲光兼任天津卫戍区司令员。此前1月15日，天津解放。

■ 2月3日 所部参加北平入城仪式。随后，入城参观，平生第一次进入北平。

■ 2月中旬 部队正式执行中央军委统一颁发的新的编制番号。东北野战军改编为第四野战军。东野第一兵团改编为第四野战军第十二兵团。萧劲光任司令员兼政委，陈伯钧、唐天际分别任副司令员、副政委，解方仍任参谋长。

■ 2月25日 率第四十军、第四十三军及兵团部机关，即四野南下先遣兵团从北平市郊先后出发，赶赴武汉。

■ 3月底 先遣兵团部队进入河南。先后收复驻马店、明港、长台关、信阳等地。

■ 4月初 先遣兵团进入湖北境内，先后解放了花园、汉川、应山、广水和鄂东的浠水等大片地区。在攻克广水车站时活捉白崇禧部官兵800余人。

■ 5月17日 解放武汉，任武汉市警备区司令员。在着手整顿社会秩序、维护社会治安工作的同时，开始做争取湖南国民党守军将领程潜、陈明仁起义的工作。

■ 8月4日 长沙和平解放。率部进入长沙，任湖南军区司令员、长沙军管会主任。组织改编起义部队，建立地方政权，整顿改编地方武装，部署清剿土匪，维护社会治安，恢复生产。

■ 9月13日至10月16日　指挥第四十军、四十一军、四十五军等6个军参加衡宝战役。通过多日斗智斗勇，歼灭国民党军仅存的主力白崇禧部4个主力师，为进军广西、解放华南创造了有利条件。

■ 10月末　奉召进京，在中南海接受毛泽东主席召见。毛泽东与其商谈了组建人民解放军海军事宜。

■ 12月初　毛泽东动身访苏前再次召见萧劲光，听取他对组建海军的意见，并向他了解苏联社会环境、生活及军队方面的情况。

1950年　47岁

■ 1月15日　任海军司令员，并兼任大连海军学校校长、政委（大连海校任命于1949年11月22日下达）。

■ 1月底　将第十二兵团、湖南军区及省、市的工作移交给黄克诚，离开长沙进京赴任。

■ 3月中旬　参加由代总长聂荣臻主持的军委会议，研究打捞“重庆”舰问题。

■ 3月中旬　在中南海向毛泽东汇报海军机关筹建工作情况。

■ 4月14日　海军领导机关成立大会在北京协和医院礼堂举行。萧劲光在会上发表讲话。

■ 5月3日　抵达青岛。之后考察青岛进行布防和组建青岛基地情况。

■ 5月16日　根据考察情况起草了给毛泽东、朱德、刘少奇、周恩来等中央和军委领导的报告，就青岛地区布防和青岛基地成立提出具体建议。

■ 6月22日　中共中央决定，由萧劲光、王宏坤、刘道生、罗舜初、雷永通5人，组成中国共产党海军临时党委。萧劲光任书记。

■ 8月10日　主持召开了海军建军会议，为海军早期建设制定了明确而具体的方针，确定了海军建设的组织线路，制订通过了海军建设的第一个整体计划——《海军三年建设计划》。会议于30日结束。

■ 11月中旬　由苏联顾问库兹敏陪同，率海军代表团离京赴苏联考察海军建设中的一些重大问题。

1951年　48岁

■ 1月4日　中央军委成立兵工委员会，萧劲光任委员。主任为周恩来。

■ 6月20日　致电苏联海军部长尤马谢夫哥洛夫果将军，对苏联海军帮助打捞“重庆”舰一事表示感谢。

■ 8月6日至31日　海军首届政治工作会议在青岛召开。萧劲光出席会议并在会上作了题为《以新的工作姿态对待新的事物》的讲话，强调“建设一支坚强的海上战斗力量应成为我们一切工作的重心”。

■ 8月10日　与刘道生一道陪同朱德总司令、公安部长罗瑞卿检阅正在青岛训练的华东军区海军“西安”舰，并登舰与指战员合影留念。29 日、30 日，又陪同朱德视察了海军炮兵学校、海军航空学校，并观看了雅克 -18 型教练机的飞行表演。

■ 11 月 20 日　在《八一杂志》发表文章《目前海军建设中的几个基本问题》。文章指出：“要实现建军路线，具有决定性的问题是技术。掌握技术，这是我们当前的口号，这是把人民海军建设从现有基础上提高一步的关键。”

■ 12 月　主持召开海军首长会议。在会上以《建立一支政治上具有高度觉悟、组织上坚强和技术上优越的有战斗力的现代化正规化海军》为题作总结报告。

1952 年　49 岁

■ 2 月 14 日　毛泽东主席在公安部部长罗瑞卿、空军司令员刘亚楼的陪同下视察海军机关。向毛泽东汇报海军开展“三反”运动的情况和装备建设等问题。

■ 4 月 22 日　率领中国海军代表团抵达莫斯科。访苏期间，就当年和 3 年内向苏联购置海军装备问题与苏方进行了研究、磋商。

■ 6 月中旬　在中南海向毛泽东汇报率团访苏的情况和海军装备建设的问题。

1953 年　50 岁

■ 1 月 5 日　致函毛泽东主席、朱德总司令，报告海军 1952 年主要建设的基本情况，并提出为配合志愿军和朝鲜人民军粉碎敌人在朝鲜西海岸登陆作战的企图，拟派岸炮、快艇部队参战。毛泽东 8 日批示：第五项问题请彭处理。彭德怀 16 日批示：海岸炮团和 18 艘快艇参战阵地建筑费，由战费内报销。

■ 2 月 2 日　与罗舜初、刘道生联名向周恩来总理呈报《请求解决工程技术人员》的报告。周恩来批准，由重工业部、第一机械部、第二机械部、交通部、铁道部等，调给工程师 21 人，技术员 50 人。

■ 3 月 5 日　海军在北京召开首届英模代表大会。参加会议的英模代表 48 人，先进单位代表 10 人。萧劲光出席会议并在会上作了题为《为人民海军建设事业树立更多的功勋》的讲话。

■ 10 月 12 日　经中央军委和总政治部批准，中国共产党海军委员会由萧劲光、刘道生、王宏坤、方强、周希汉、段德彰、雷永通、罗舜初、赵启民、张学思、顿星云 11 人组成。萧劲光、刘道生、王宏坤等 6 人为常委。萧劲光任书记，王宏坤任代理副书记。

1954 年　51 岁

■ 1 月 23 日　收到周恩来的信函及随同转来的毛泽东主席在 1953 年 12 月 4 日对海军建设的指示。信中指出，根据毛泽东主席指示，拟于军委高干会后、四中全会前，商谈一次海军建设问题。

■ 2 月 12 日　出席周恩来总理在中南海西花厅召集的军事会议。议题为研究海军建设计划问题。参加会议的党政军领导人有：邓小平、彭德怀、李富春、刘伯承、贺龙、陈毅、聂荣臻、谭政、黄克诚、黄敬，以及海军的领导同志罗舜初、方强、周希汉等。萧劲光在会上介绍了海军五年建设计划和要求。会后，周恩来综合大家的意见，向党中央写了《关于海军建设问题》的报告。4月16日，中央批准了这一报告。

■ 8月21日　海军第一届军人代表大会在北京召开。萧劲光出席会议并被选为出席全国人民代表大会的代表。海军共两名代表，另一名是华东军区战斗英雄王维福。

■ 8月23日　与第一机械工业部部长黄敬商谈、研究转让制造五种舰艇问题。

■ 9月15日　被任命为国防部副部长。同时任第一届国防委员会委员。以后，又连任第二、第三届国防委员会委员。

■ 10月4日　接见来中国访问的苏联军事代表团海军上将乌拉基米尔斯基、海军工程少将柯多夫，向他们介绍了中国海军的情况，并听取了他们对中国海军建设的意见。

1955年　52岁

■ 3月底　以中央慰问团副团长的身份，与慰问团团长彭德怀、副团长宋庆龄等率团赴旅大地区慰问驻旅苏军。之后，以中苏联合军事委员会中方军事代表团主席、旅大地区接收委员会总会负责人的身份，主持与驻旅苏军旅顺口防务交接工作。至5月底，中苏防务交接全部结束、旅顺基地组建完毕后回北京。

■ 9月7日　陪同中央军委副主席贺龙在青岛视察海军潜艇学校和潜艇部队。

■ 9月27日　被授予中国人民解放军大将军衔，并获一级八一勋章、一级独立自由勋章、一级解放勋章。

■ 11月6日　在旅顺组织海军部队参加由总参谋部统一组织的陆海空三军辽东半岛抗登陆战役演习。其间，陪同刘少奇、邓小平、彭德怀等党和国家领导人检阅了海军参加演习的部队。

■ 11月7日　陪同国防委员会副主席彭德怀、贺龙、聂荣臻视察了大连第一海军学校。

1956年　53岁

■ 2月25日　与应邀访华的印度尼西亚海军参谋长苏比雅克托率领的海军访华代表团一行6人会谈。国务院总理周恩来、国防部部长彭德怀分别接见了代表团成员。

■ 6月9日至18日　出席海军首次党代会并致开幕词。被选为出席党的第八次全国代表大会的代表，中国共产党海军第一届委员会委员。

■ 6月20日　海军党委举行一届一次全会，与苏振华、王宏坤等11人，被选为海军党委常委。后经中央和军委批准，萧劲光任海军党委书记，苏振华、王宏坤为副书记。

■ 同日　经国务院常委会会议批准，萧劲光任军工产品定型委员会委员。

■ 9月15日至27日　出席中国共产党第八次全国代表大会，并当选为中央委员会委员。

■ 10月20日　中共中央发出通知，与黄克诚、洪学智、刘亚楼一起被增补为中央军事委员会委员。

1957年　54岁

■ 3月初　到南京军事学院海军系进行考察研究。经过3个多月的调查研究，完成了关于海上破袭战的研究，并在军事学院海军系党委扩大会上作了报告。

■ 8月4日　陪同周恩来在青岛检阅海军舰艇部队。翌日陪同毛泽东主席接见海军青岛地区大尉以上军官，并一起合影留念。

■ 11月初　参加以彭德怀为团长、叶剑英为副团长的中国军事友好代表团访问苏联。在苏联参加了十月革命40周年纪念活动，参观了苏军的部队、院校和科研机构。

1958年　55岁

■ 7月18日　出席中共中央在北京召开的军队高级干部会议。会议决定，对金门、马祖地区的国民党军队实行炮击。

■ 7月22日　在北京与海军政委苏振华上将一起接见了印度海军舰队司令查克洛伐蒂海军少将夫妇，及"麦索尔"号巡洋舰舰长南达上校。查克洛伐蒂率"麦索尔"舰访华于17日抵达上海。

■ 9月　在福建前线检查海军参加炮击金门战斗部队情况，并与前线指挥员彭德清一起指挥海军部队协同陆、空军参加炮击战斗。

■ 11月10日至25日　海军四级干部会议在北京召开，萧劲光出席会议并在会上作总结讲话。21日，陪同中共中央副主席周恩来、朱德，中央政治局委员林伯渠、彭德怀、贺龙，中央书记处书记王稼祥，国防委员会副主席聂荣臻、叶剑英等接见了出席会议的全体人员，并合影留念。

1959年　56岁

■ 3月30日　与苏振华联名签发海军党委向中央军委呈报的《关于今后海军建设若干问题的报告》。4月中旬，军委研究了这一报告，并提出修改意见。海军遵照军委指示对《报告》进行修改后，同年11月19日，军委第八次办公会议再次讨论了海军党委的报告，批准了《报告》和相关文件。

■ 6月12日　与海军政治委员苏振华一起陪同军委、三总部和军队各大单位领导罗荣桓、叶剑英、谭政、张爱萍、刘亚楼、陈锡联、陈士榘、邓华、杨得志，及国防部第五研究院副院长钱学森、辽宁省委第一书记黄火青等视察参观海军试验基地对海上目标（靶船）进行第一次岸舰导弹实弹射击。

■ 6月13日　出席海军某试验基地成立大会，并在会上讲话。

■ 9月26日　中共中央军委发出《关于军委组成人员的通知》。新的中央军委成员，主席毛泽东，副主席林彪、贺龙、聂荣臻；萧劲光与朱德、刘伯承、陈毅、邓小平等17人为委员。

1960 年　57 岁

■ 2 月 22 日　在东海舰队召开的第二次党员代表大会上，与陶勇等 81 人一起被选为出席海军第二届党代表大会代表。

■ 2 月 29 日　海军在中央军委于广州召开的扩大会议上，提出《海军八年造船规划、八年造船工业体系建设规划》的建议。中央军委副主席贺龙、聂荣臻主持专门会议作了研究，议定了第三个五年计划末期海军拥有潜艇、水面舰艇和导弹快艇的数量。

■ 7 月 16 日至 24 日　中国共产党海军第二次代表大会在北京召开，萧劲光出席会议并致开幕词。被选为海军党委委员。25 日，海军党委第二届委员会举行第一次全会。与苏振华、王宏坤等 13 人被选为海军党委常务委员。经中央和军委批准，任第一书记，苏振华任第二书记，王宏坤、杜义德、刘道生为副书记。

■ 8 月 1 日　北海舰队成立大会在青岛海军政治学校举行。萧劲光陪同中央军委常委徐向前元帅及山东省、济南军区领导等出席大会。

1961 年　58 岁

■ 5 月 6 日　海军军事训练会议在上海召开。萧劲光主持会议并作了会议总结。中央军委常委、国防委员会副主席叶剑英出席会议并作重要讲话。

■ 6 月 3 日　向中央军委、林彪、贺龙、聂荣臻、罗荣桓以及总参谋部、总政治部呈送报告《关于“四好”运动和部队训练问题》。

■ 6 月 26 日　与苏振华、周希汉联名将《关于海军军事训练会议主要情况的报告》呈报罗瑞卿总参谋长并报中央军委。

1962 年　59 岁

■ 2 月 20 日　从广州向海军机关并各大单位发报，传达军委副主席贺龙对海军工作的指示，并就贺龙指示对海军部队建设提出要求。

■ 12 月 5 日　出席在北京召开的党委扩大会议。会议检查了海军党委对中央军委扩大会议《关于加强军队政治思想工作的决议》的贯彻执行情况，讨论了海军精简整编问题和 1963 年的工作。

1963 年　60 岁

■ 5 月 2 日　毛泽东在中央军委《关于海军问题向中央的报告》上批示：“关于海军问题的报告已经看过，认为很好，照此执行，每年检查一次执行情况。希望海军各级党委同志们团结起来，以大局为重，焕发精神，努力工作，发扬成绩，纠正缺点错误，同其他军种一样，把海军工作做好。有错误并不要紧，只要改正就好了。”这个批示粉碎了林彪等人妄图剥夺萧劲光在海军领导权的阴谋。

■ 9 月 20 日　陪同贺龙、聂荣臻、徐向前元帅，罗瑞卿大将等军委领导接见海军学习毛泽东著作经验座谈会的全体代表。

1964年 61岁

■ 1月18日至30日 中国共产党海军第三次代表大会在北京召开。会上被选为海军党委委员。31日，海军党委召开三届一次会议，与苏振华等10人被选为海军党委常务委员。经中央批准，任第一书记，苏振华为第二书记，王宏坤、李作鹏、杜义德、刘道生任副书记。

■ 5月29日 出席海军四好连队五好战士代表会议。6月5日陪同贺龙、罗瑞卿接见会议代表并合影留念。

■ 9月22日 在海军第三届军人代表大会上，经投票选举，与刘道生、王天保等6人一起被选为第三届全国人大代表。

■ 12月5日至17日 在青岛主持召开海军比武大会。这是对海军的军事技术训练，特别是对学习和推广郭兴福教学法所取得的成果进行的一次全方面检验。其间，陪同贺龙、罗瑞卿乘“鞍山”号驱逐舰观看了比武舰艇的海上表演。

1965年 62岁

■ 1月3日 在第三届全国人大第一次会议上，被选为第三届全国人民代表大会常务委员会委员。

■ 3月7日 陪同国家主席刘少奇和人大常委会副委员长彭真、阿沛·阿旺晋美观看海政话剧团创作演出的话剧《赤道战鼓》。

■ 8月12日 与苏振华联名发布命令，授予在“八六”海战中立功的某部611艇以“海上英雄艇”称号，某部119艇以“英雄快艇”称号。

■ 11月14日 东海舰队某部在福建崇武以东海面上击沉国民党海军护卫舰“永昌”号、击伤大型猎潜舰“永泰”号。当日与苏振华一起向参战部队颁发了嘉奖令和贺电。

1966年 63岁

■ 5月27日 出席在北京召开的海军党委第三届委员会第三次全体会议。

■ 8月18日 毛泽东在天安门城楼上接见了在观礼台参加检阅红卫兵的海军领导，对李作鹏等人说：“萧劲光是个老同志，苏振华是个好同志，你们老整他们干什么?”毛泽东与萧劲光合影留念。

1967年 64岁

■ 1月中旬 被受李作鹏指使的造反派劫持到天津，后经军委徐向前副主席干预被放回。此后，被剥夺了主持海军全面工作的权力。

1968年 65岁

■ 8月11日 陪同毛泽东等中央领导接见海军第二次四好连队代表大会代表。

■ 11月7日 出席在北京召开的海军党委第三届委员会第四次扩大会议。会议传达了党的八届十二中全会和军委办事组座谈会精神。

1969年 66岁

- 4月 出席中国共产党第九次全国代表大会，当选为第九届中央委员会委员。在九届一中全会选举中，坚持原则，没有投吴法宪、李作鹏、叶群、邱会作及张春桥、姚文元等人的票，受到他们的嫉恨。
- 5月16日至6月6日 中国共产党海军第四次代表大会在北京召开。萧劲光出席会议并讲话。被选为海军党委委员。6月9日，在海军党委四届一次全会上，与李作鹏、王宏坤等10人被选为海军党委常务委员，后经中央军委批准任第二书记。第一书记为李作鹏，第三书记为王宏坤。

1970年 67岁

- 1月12日 出席在北京召开的海军党委四届二次会议并讲话。会议学习了毛泽东主席关于加强战备的指示和《全军战备工作纪要》，通过了海军党委1970年工作要点等文件。
- 1月26日 出席海军第二次活学活用毛泽东思想积极分子与第三次四好连队、五好战士代表大会（简称“三代会”）开幕式并致开幕词。
- 4月1日 出席在北京召开的海军四届三次全体会议扩大会议。会议议题为：传达贯彻毛泽东主席关于召开“四届人大”的指示，协商通过海军出席“四届人大”的预选代表等。经过协商，一致通过萧劲光、王宏坤等33人为海军出席“四届人大”预选代表。
- 6月18日 接见出席“七〇六”会议代表，并以《海军装备建设要快马加鞭，迎头赶上》为题讲话。
- 7月11日 接见出席海洋局业务工作会议人员并发表讲话《胸怀全局，大胆创新，努力搞好海洋工作》。
- 7月27日 陪同以约尼查为团长的罗马尼亚武装部队代表团一行，参观东海舰队舰艇部队。
- 9月17日 巴基斯坦海军司令穆扎法尔·哈桑中将一行7人应邀抵中国访问。
- 9月25日 萧劲光与海哈桑就中国海军向巴基斯坦海军提供援助进行了会谈。

1971年 68岁

- 9月24日 中共中央政治局委员纪登奎向海军党委常委扩大会议传达中共中央的决定：对林彪反革命集团重要成员李作鹏进行隔离审查，由萧劲光、王宏坤等主持海军工作。

1972年 69岁

- 2月24日 出席由周恩来在人民大会堂主持召开的政治局扩大会议，研究海军“四五”会议总结。
- 4月23日至30日 应朝鲜民族保卫省邀请，以中国政府军事代表团副团长的身份与陈锡联（团长）一起率代表团访问朝鲜，参加朝鲜人民军创建40周年庆祝活动。

■ 5月15日　与中央军委副主席徐向前一起陪同柬埔寨国家元首西哈努克亲王一行36人参观海军驻旅顺基地海上校阅性军事表演。

■ 5月23日　中央军委批准，由萧劲光等8人组成海军党委常委，萧劲光任第一书记，王宏坤任第二书记，苏振华任第三书记。

■ 7月17日　海军党委四届五次全体会议扩大会议在北京召开。毛泽东对会议作了两次指示。周恩来、叶剑英到会讲了话。会议期间，王洪文、张春桥、江青为了达到控制海军的目的，多次到会上活动，强行给萧劲光加了“上了林彪的贼船”的帽子。萧劲光为顾全大局，违心作检查。会议于1973年2月20日方宣告结束。会后，中共中央（1973）10号文件批转了海军党委关于会议情况的报告。

1973年　70岁

■ 3月9日　中央军委批复，经毛主席、党中央批准，苏振华任海军党委第一书记，萧劲光为第二书记，王宏坤为第三书记。

■ 3月11日至16日　秘鲁海军“独立”号练习舰官兵462人，于远洋训练途中访问上海。其间，萧劲光接见并宴请了访问北京的“独立”号舰舰长及20名秘鲁海军官兵代表。

■ 6月5日　出席在北京召开的海军党委四届六次会议。会议首先传达学习了中共中央工作会议精神，最后根据中央关于党的十大代表产生的原则和方法，举行全体会议，选出萧劲光、苏振华、王宏坤等17人为海军出席党的十大代表。

■ 8月28日　在党的第十次全国代表大会（24日—28日）上当选为中共第十届中央委员会委员。

■ 12月3日　中共中央批准，海军党委常委由苏振华等12人组成。苏振华任第一书记，萧劲光任第二书记，王宏坤为第三书记。

1974年　71岁

■ 8月19日　在北戴河陪同朱德委员长乘坐新型导弹驱逐舰在渤海视察和检阅了中国自行设计制造的新型舰艇，同水兵合影。朱德为部队题词：“增强革命团结，加速人民海军建设。”

1975年　72岁

■ 1月17日　在第四届全国人民代表大会第一次会议（1月13日—18日）上被选为人大常委会委员。

■ 8月30日　中共中央发出通知：经毛泽东主席、中共中央批准，海军领导班子调整配备如下：萧劲光任司令员，苏振华为第一政委，王宏坤为第二政委，刘道生、周仁杰、周希汉、马忠全、梅嘉生、王万林、孔照年、高振家为副司令员，杜义德、卢仁灿为副政委，王昕为副政委兼政治部主任，杨国宇为副司令兼参谋长，王晓为海军后勤部长；海军党委常委由苏振华等 11 人组成。第一书记苏振华，第二书记萧劲光，第三书记王宏坤。

1976 年　73 岁

■ 4 月 6 日　将长期保存的中央机关在延安时期毛泽东修改过的文电底稿 140 多份转交毛泽东，并给毛泽东写了一封信。

■ 10 月初　两次到叶剑英居处密谈，向叶剑英建议尽快采取措施除掉“四人帮”。

■ 11 月 5 日　会见并宴请斯里兰卡海军司令古纳赛克拉海军少将一行。

1977 年　74 岁

■ 3 月 13 日　在王震家中与陈云、王震、王诤、耿飚等共议请邓小平重新参加党中央领导工作。

■ 6 月 23 日至 7 月 14 日　海军党委召开四届七次扩大会议。会上协商选举萧劲光、刘道生等 20 名同志为出席党的十一大代表。

■ 8 月 12 日至 18 日　出席中国共产党第十一次全国代表大会。会上，被选为中央委员会委员。

■ 9 月 8 日　就加速海军建设问题，向中央和军委领导华国锋、邓小平、叶剑英、徐向前、聂荣臻写报告，对新时期海军作战指导方针和海军装备建设等重大问题提出建议。

■ 12 月 2 日至 10 日　海军第五次党代表大会在北京召开。萧劲光出席大会并致开幕词，会上被选为海军党委委员。11 日，海军党委召开五届一次全会，与苏振华、杜义德等 10 人被选为海军党委常务委员，经总政治部批准任第二书记。第一书记为苏振华，第三书记为杜义德。

1978 年　75 岁

■ 5 月 16 日　与政治委员苏振华等海军首长一起视察海军第一水面舰艇学校。检阅了全校学员和干部战士组成的 17 个方队，观看了水中兵器展览，接见了部、系以上的主要领导干部并作了指示。

■ 6 月 28 日　与第六机械工业部领导一起向邓小平汇报装备建设问题。邓小平对部队装备质量问题作重要指示说，质量不好根本不接收，凡不合格的都不接收，宁肯少，没有，也不要烂货。

■ 8 月 4 日　突然发病，大面积心肌梗死，住进中国人民解放军总医院。住院期间，给叶剑英写了一封信，请求军委清算“四人帮”插手海军“四五”会议的罪行，推倒强加给自己的“上贼船”罪名。

■ 12 月 18 日至 22 日　抱病出席其间召开的党的十一届三中全会。

1979 年　76 岁

■ 3 月 5 日　中共中央发出通知（中发 19 号），批转了总政治部关于萧劲光所谓

"上贼船"问题的"复查报告"。同时决定，撤销张春桥插手搞的中共中央（1973）10号文件（文件中涉及其他人的问题，建议海军另行处理），将中央本通知连同总政的复查报告，在（1973）中发10号文件范围内传达，海军传达到全体干部。至此，所谓"萧劲光上贼船"一案被彻底推翻。

■ 4月20日　海军党委印发《关于为萧劲光、苏振华、杜义德、刘道生等同志彻底平反的决定》。决定说："所谓刘、邓设在海军的分店、'篡军反党集团'，完全是林彪及其死党一手制造的一桩冤案，应彻底平反。""强加给萧劲光、苏振华……傅继泽等同志的莫须有的罪名和一切诬蔑不实之词，统统推倒。彻底平反，恢复名誉。"

■ 7月1日　在五届全国人大二次会议上被补选为全国人大常务委员会副委员长。

1980年　77岁

■ 1月11日　中央军委发布命令，从海军司令员任上退下来，由叶飞接任海军司令员。

■ 7月25日　海军党委五届三次全会扩大会议根据中央有关文件精神和总政治部《关于军队出席十二大代表的名额和产生办法的通知》要求，与其他25名同志一起被选为出席党的第十二次代表大会代表候选人。

■ 12月20日　在海军召开的党代表会议上，与叶飞、李耀文等19人一起被选为出席党的十二大的正式代表。

1981年　78岁

■ 6月27日至29日　出席在北京召开的中国共产党第十一届六中全会。会议审议并一致通过了《关于建国以来党的若干历史问题的决议》。

■ 11月30日至12月13日　出席在北京召开的第五届全国人大第四次会议。

1982年　79岁

■ 夏　在王祖尧秘书和海军党史资料征集办公室工作人员协助下，开始撰写回忆录。

■ 8月22日　由于"文化大革命"开始后政治生活和家庭生活中的各种矛盾不断发展，在与伟涛多年分居、断绝往来后，经北京高级人民法院判决解除婚姻关系。

■ 9月1日至11日　出席党的第十二次代表大会。会上被选为中共中央顾问委员会常务委员。

■ 9月13日　出席中共中央顾问委员会第一次全体会议。

1983年　80岁

■ 年中　以很大一部分时间进行革命经历、历史事件的回顾、整理工作。

1984年　81岁

■ 年中　为《中国人民解放军历史资料丛书》"八路军"卷、"海军"卷起草所经历重大历史事件的回忆文章；起草、修改《萧劲光回忆录》解放前部分。

1985年　82岁

■ 年初　病重，住进中国人民解放军总医院，做结肠癌手术。

■ 年中　着手撰写《萧劲光回忆录》续集即海军部分。并参与审定军队、地方革命史编写部门和战友、同事撰写的书稿和回忆文章。

1986年　83岁

■ 12月28日　在家中接见前来看望的海空雄鹰团等单位英模代表。对代表们说："海军建设要打好基础，在过去打基础的基础上再打基础，一定要建设一支强大的海军。"

1987年　84岁

■ 5月12日至15日　海军战略理论研讨会在南京海军指挥学院召开。会上播放了萧劲光特意为研讨会准备的关于谈近海防御战略问题的录音。

■ 8月1日　《海军杂志》第8期发表萧劲光为纪念人民解放军建军60周年而撰写的署名文章《建设现代化的强大海军》。文章在回忆人民海军历史的基础上，阐述了对海军在新形势下发展的意见：(一) 确立近海防御的海军战略。(二) 发展现代化的海军装备。(三) 培养全面发展的海军人才。

1988年　85岁

■ 6月　全国老龄委主办的《中华老年报》创刊，被聘请担任报社的顾问。

■ 7月30日　中央军委在人民大会堂隆重举行授予军队离休干部功勋荣誉章仪式。被授予人民解放军一级红星功勋荣誉章。

■ 8月中旬　病情加重，肿瘤压迫到脾脏，呼吸困难，再次住进中国人民解放军总医院。

1989年　86岁

■ 3月25日　修改定稿《致纪念人民海军诞生四十周年的贺词》。

■ 3月29日18时25分　因病在北京解放军总医院逝世。享年86岁。

■ 4月16日　遵其遗愿，海军派员陪同其子女亲属在上海码头乘中国自行建造的新型导弹驱逐舰，在大海上举行仪式，将其骨灰撒入大海。

后 记

《萧劲光传》是1999年秋经海军党委批准立项，列入当代中国出版社编辑的《当代中国人物传记丛书》出版计划的。整个编写工作大体经过了三个阶段。

按照中央有关文件规定，新中国成立后担任过国家“三副两高”（副主席、副总理、副委员长，最高法院院长、最高检察院检察长）以上领导职务的老一辈革命家，在诞辰100周年时要举行一次纪念座谈会。据此，海军政治部编研室从1999年下半年即开始着手曾任全国人大常委会副委员长的原海军司令员萧劲光百年诞辰纪念的准备工作。当时议定并经海政、海军首长批准编写三本书：《萧劲光军事文选》、《萧劲光大将》画册、《萧劲光传》。

任务明确后，编研室（时主任吴殿卿、副主任袁永安）便迅即分别成立编辑组，展开工作。由于时间紧迫（萧劲光百年诞辰时间为2003年1月3日），人手不足，当时首先集中完成了文集、画册的编辑出版工作，并以这两本书作为纪念品，如期在人民大会堂召开了纪念座谈会。相比之下，工作量较大的《萧劲光传》的撰写工作便拖下来。不过这期间已进行了采访，也收集积累了相当的资料。所以，这应该算《萧劲光传》编写工作的第一阶段。

之后，随着时间推移，编写组人员作了调整，但工作一直没有停顿。在这前后，编写组成员两次去了萧劲光的故乡长沙，走访了其战斗时间较长的延安、东北的临江等地，采访了方强、张汉丞、卢仁灿、范维纲、王祖尧等熟悉、了解萧劲光战斗、生活经历的老首长，及萧劲光的亲属子女和身边工作人员。在这期间，《萧劲光传》编写组的主要成员吴殿卿将收集到的资料加工整理，陆续在《人物》《军事史林》《党史博览》《湘潮》等多家刊物上，发表了一些记述萧劲光生平事迹的作品，并于2005年将这些片段编辑在一起，出版了《在毛泽东关怀下成长起来的萧劲光大将》一书。该书的撰写，是对萧劲光生平事迹采访调查的总结，也是对整个资料、材料系统的提炼、加工，为《萧劲光传》的编写奠定了坚实的基础。这是《萧劲光传》撰写工作的第二个阶段。

第三个阶段，基于《在毛泽东关怀下成长起来的萧劲光大将》一书，进一步拟定、完善纲目，搜集、补充材料，编写组成员分工写作。经过两年多的努力，完成了全部书稿。整个书稿由吴殿卿拟定提纲，并执笔撰写了绝大多数章节。吴宏博撰写了萧劲光任海军司令员后的部分章节，承担了整理萧劲光生平大事年表的工作。

张忠云除参与少数章节撰写、修改外，主要担负资料整理、校订、打印等工作。

《萧劲光传》的编写，是海军原副政治委员李俊琏担任“中国人民解放军历史资料丛书海军编审委员会”主任期间启动的。他退休后，一如既往关注、指导着本书的编写工作。近年来新到职的海军、海政领导同志，及此前已离职休养的老首长们，都非常重视、关心该书的编撰出版，从各方面对编写工作给予了有力的支持和帮助。长期任萧劲光的秘书并曾任海军编审委员会成员的海军原副参谋长王祖尧，先后担任过海军报社社长、海政宣传部部长、海军政治学院政委的魏艾民，萧劲光晚年的秘书、现任《知识博览报》社长兼总编傅东启同志，不仅为本书的编写提供了大量珍贵资料、素材，且几次审读书稿，提出了许多重要、宝贵的修改意见。作为本书的顾问，他们都为《萧劲光传》的编写作出了重要贡献。海政宣传部领导及负责海军书稿审查工作的海军出版社原总编刘玉平同志，组织许多老同志对书稿进行了认真审读，对本书出版给予了大量积极支持和帮助。

当代中国出版社从1999年《萧劲光传》列入出版计划开始，一直关心、支持、指导着本书的编写工作。

此外，中央档案馆、军委档案馆、海军档案馆、湖南省档案馆、陕西省档案馆等单位的同志都提供了许多具体支持和帮助。在撰写本书过程中，笔者们参阅了《毛泽东传》《周恩来传》《任弼时传》等多本相关传记，及“中国人民解放军历史资料丛书”中的红军卷、八路军卷、辽沈战役卷、平津战役卷、海军卷等多部书中的若干文章。由于篇目浩繁，恕难一一注明作者、编者。在此一并表示诚挚感谢。

英国现代最杰出的传记作家和传记理论家李顿·斯特拉屈说：“要写出一部好的传记，几乎跟度过一个好的人生一样的不容易。”回顾撰写《萧劲光传》的过程，甚感这话真切。特别是为萧劲光这样一位几乎经历了20世纪中国全部战争烽火、政治风雨的杰出人物立传，实为不易。所以直至成书的今天，抚稿沉思，仍感惶惑，总觉得尚有许多该写的东西没有能够写出，许多当说的话没有能够说透。想来，由于部分重要史料难得查到，加之我们笔拙识浅，不足以传神达意，书中错讹、疏漏、偏颇之处在所难免。然既已成书，便不揣呈教诸方家、学长案前。有什么错讹不妥之处，敬请批评指正，不吝赐教，以便再版时补充、纠正。

《萧劲光传》编写组

2010年11月